文都教育

2020年

国家法律职业资格考试

民法宝典

方志平 编著

中国政法大学出版社

2019·北京

图书在版编目（ＣＩＰ）数据

2020 年国家法律职业资格考试民法宝典/方志平编著.—北京：中国政法大学出版社，2019.11
ISBN 978-7-5620-9367-1

Ⅰ.①2… Ⅱ.①方… Ⅲ.①民法－中国－资格考试－自学参考资料 Ⅳ.①D923

中国版本图书馆 CIP 数据核字 (2019) 第 275354 号

出 版 者	中国政法大学出版社
地　　址	北京市海淀区西土城路 25 号
邮寄地址	北京 100088 信箱 8034 分箱　邮编 100088
网　　址	http://www.cuplpress.com（网络实名：中国政法大学出版社）
电　　话	010-58908285(总编室) 58908433（编辑部）58908334(邮购部)
承　　印	北京鑫海金澳胶印有限公司
开　　本	787mm×1092mm　1/16
印　　张	29
字　　数	550 千字
版　　次	2019 年 11 月第 1 版
印　　次	2019 年 11 月第 1 次印刷
定　　价	88.00 元

寻找小白，这是一场自我革命

为什么人们常说"人的成见是一座山"？为什么人们又常说"士别三日当刮目相待"？如果一个人停留在原地吃老本，就会实锤"人的成见是一座山"、破掉"士别三日当刮目相待"，因为人们会说，现在的你就是原来的你。如果一个人日夜奔袭不断精进，就会破掉"人的成见是一座山"、实锤"士别三日当刮目相待"，因为你会说，今天的我已经不是昨天的我。"人的成见是一座山"，看上去是在说"别人"，何尝不是在警惕自己。"士别三日当刮目相待"，看上去是在说别人，何尝不是在激励自己。每个人都会对他人产生成见，他人也会对这个人产生成见。每个人都会有令人刮目的高光，他人也会有令人刮目的高光。

我参与法考教育培训已经是第五个年头，写作《民法宝典》是第五个版本。过去的 5 年，我一直在追寻小白的脚步，探入小白的心灵，感受小白的渴望，分享小白的羽化。小白一路辛苦备战，我全程陪同不断思索。小白的痛点在什么地方呢？在写作第五版本的《民法宝典》过程中，我在微信朋友圈发起了一个寻找小白试读样章的活动，让曾经的小白通过切身的体验，对我写作中的《民法宝典》提出修改和完善的建议。集众人之力，2020 版《民法宝典》出现了脱胎换骨之变化，这是一场自我否定的自我革命，这是一个破除对小白的成见和小白对我的成见的教学写均相长的过程。修改一本自己写的书，是多么的艰难！谁没有小白过？在 20 多年前，我刚刚学习法律属于典型小白；在浸淫了 20 多年法律学习之后，我已经"淡忘了初心"，模糊了"小白的印象"。2019 年我通过重新捡起民诉的体系化知识，灵感乍现，那一层专业反转到小白的窗户纸被我捅破了，瞬间天空亮堂，云淡风轻。我终于寻回了小白的感觉，理解了小白的困惑，找到了小白的痛点。

小白学习法律三部曲：入门、精细、复盘。入门要体系，精细要解释，复盘要速度。2020 版《民法宝典》通过体系图解决入门问题、通过实务案例解决法律概念和规则的精细理解问题、通过记忆和秒杀解决再次复盘的高速度以获取轮次优势。稳、准、狠，短时间快速入门还能熟练运用法律规则解决实务问题，这会给小白输入学习法律的强劲动力。《民法宝典》不废话、不啰唆、不呆板。该有体系的时候有体系，该秒杀的地方要秒杀，该有记忆口诀的时候要有口诀。有一本书，读完了，你就是民法专家；有一本书，读完了，你就是民商律师！这本书，叫《民法宝典》，案例思维，民法思维，全程没有断点，刀刀见肉；这本书，叫《民法宝典》，五年规划，升级压缩，横扫千军万马，页页是钱；这本书，叫《民法宝典》，不能预见的内容，不能克服的阅读，不能避免的沉迷，不可抗力的提升！压缩 400 来页，浓缩 3500 多个实务案例，可见树木还见森林。贯穿民法体系思维、实务案例思维、应试判断思维，与《中华人民共和国民法典》同步，读起来让你从头爽到尾！

只要是考试，必然有规律；只要有规律，必然被发现。法考命题老师在不断进步，法考培训老师岂能原地踏步。法考客观题阶段，培训老师需要帮助考友解决知识面无限广泛和考卷卷面题量有限的矛盾，提炼应试规则。法考主观题阶段，培训老师需要帮助考友化解开卷考试的便利与考试时间有限的矛盾，总结条件反射。法考培训老师的努力方向有三点：革命、秒杀、记忆。只有一个革命的老师才能跟进实务发展和命题变化；只有一个秒杀的老师才能提高轮次复盘的效率；只有一个记忆的老师才能真正地帮助到考友将知识转化为分数，没有记忆，一切清零。因为我体会过既学民法，又学知产，还学民诉，仅仅三个部分，大脑已然麻木不思考。而考友要同步学全科，一天考全科客观，半天考全科主观，大脑肯定要爆炸休克。所以，如果我作为考友，我会急切地希望老师不但要告诉我概念、规则和体系，我还希望老师化繁为简，告诉我记忆的奥秘，一击必中的法门，这样我才能全科碾压，我才能全科推进，我才不会学了这科忘了那科，我才能超速复盘，我才能完成法考备战需要的最低有效轮次。为了与法考培训需求相吻合，做一个"革命"的、"秒杀"的和"记忆"的培训老师，我一路狂奔，不懈努力。

备考的路很辛苦，备考的情绪会波动，我们需要《光辉岁月》，我们需要激情燃烧，我们也需要心理按摩。我的微信号全程陪考：minafangzhipinggeren，欢迎大家添加，这里可以看到我朋友圈的日常、鸡血和宽慰。爆发你的小宇宙，释放你的正能量；你在哪里，哪里就有阳光；你在哪里，哪里就有温暖；你的家人和朋友为你感到幸福，你为自己感到人生成就和满足。

感谢法考"小白"飞扬、荣雪曦、深海随风、王圈圈、谷幽兰、摩西猪、江玉郎等对我提供的帮助和给出的建议！感谢文都法考王贤文老师、感谢文都法考教育对民法宝典的出版提供的大力支持！让我们相约 2020 版《民法宝典》的直播带读吧！

方志平

2019 年 12 月

另附学友"荣雪曦"一段话：

罢卷，慨然有感

余自幼尤嗜民间断案传奇异事，常寻家中破旧古籍，将其藏于书案，遇学堂授课之瑕相时而动窃窃窥读；亦逢黑夜熄灯后于棉被中以手电明之，每当家人夜起，甚惧而不敢作声。当年所读诸卷，虽通读再四，然或因少不更事天赋拙劣，对断案之方、评事之理一知半解，未得其华。后闻故友谓现代民法以"人身、财产"为畴、以"填平"为纲，掌其精髓便可通解无碍，遂一时兴致萌生，欲过断案之瘾，向友人索书借阅。然一经开卷，便觉满目专业术语无数、烧脑案例无穷，须臾间顿感天地反转、法海苍茫，于猝不及防之中潸然泪下、自愧弗如，无奈憾然作罢。近日机缘巧合下经方先生授意，操本书勘校之业，故而逐字拜读不敢疏懒。本作晦涩难懂之预想，然未料自阅其之初便畅然无阻，爱不释手，逢精彩之处屡屡拍案叫绝，大有醍醐灌顶之感。予谓本书，法著之良作也，是以于其英华之处，不禁与君略表一二。观其脉络，清晰条理中所蕴逻辑之美令人心旷神怡。甫读其文，何之为民、何之为法、何之为人身财产关系；归属之认定、效力之判定、权利之移转、缔约之规范等思路跃然纸上，各案分析步骤之全面缜密直指应试规律。先生不吝工巧，以大小图构将纷杂概念或法律关系精心梳理，将疑难重点反复推敲以达前后呼应，其苦心可见。观其表述，实为通俗易懂、家常生动，既有以"我爱你，你爱我吗"为喻之要约承诺，又有以"超级钥匙人"为喻之租赁权人；既有"首富变方志平"之幽默风趣，又有"银行面临甜蜜烦恼"之贴切实践，使读者莞尔之际，已将诸般规则了然于胸。观其口诀，经典之语比比皆是——实践合同种类之"保定用钱"言简意赅；普通动产一物多卖之"交钱先"令人过目不忘；多物一债之债权人选择中"自物优先，其他乱来"更为一针见血，道破天机。先生以寥寥数字，便领吾辈参悟文中奥妙。嗟乎，师之智，吾等难及也欤！观其效率，浩文历经日夜兼程反复打磨，《民法典》三审未毕，本书已成！是以公等有志之士今阅斯作，便可先人一步，畅晓新规，何其快哉！古有"律者所以定分止争"之论，罢卷之刻，彻改余于律法之繁冗浅见，使吾辈得窥定分止争要术之门径矣。文中所言，深入浅出，是以初涉此道者不生畏惧，精于此道者亦所获良多。故盼鸿作早日成刊，公之于世，令吾等自此潜居抱道，以积跬步而达万里也。

荣雪曦
己亥年冬

目 录
Contents

应试民法学视野中的民法总则，年幼的（行为能力、监护制度）、人间蒸发的（宣告失踪、宣告死亡）、虚伪的（无效民事法律行为之通谋虚伪表示）、违法的（无效民事法律行为之违反强行法）、违反公序良俗的（无效民事法律行为）、恶意串通的（无效民事法律行为）、误解的（可撤销民事法律行为之重大误解）、被骗的（可撤销之受欺诈）、被胁迫的（可撤销之受胁迫）、被乘人之危的（可撤销之乘人之危致显失公平）、被无权代理的（效力待定）、躺在权利上睡觉的（诉讼时效）。

第一章　民法基础

一、非民事法律关系

（一）情谊行为（好意施惠关系）

行为人在人际交往时以交流情感、建立友谊等为目标，实施的不具有法律效果意思的行为。

例1：【朋友关系】（1）甲单独邀请朋友乙到家中吃饭，乙爽快答应并表示一定赴约。甲为此精心准备，还因炒菜被热油烫伤。但当日乙因其他应酬而未赴约，也未及时告知甲，致使甲准备的饭菜浪费。乙是否需要对甲承担责任？答：否。甲乙无缔约的效果意思，故甲乙之间不形成合同法律关系。乙对甲损害的发生无过错，故甲乙之间不形成侵权法律关系。（2）甲应允乙同看演出，但迟到半小时，乙提出索赔，甲乙不形成民事法律关系。（3）甲对乙承诺，如果乙足球夺冠则陪其出国旅游，后甲失约，乙提出索赔，甲乙不形成民事法律关系。

例2：【恋爱关系】（1）甲对女友书面承诺，如我在上海找到工作，则陪你去欧洲旅游，甲和女友之间不形成民事法律关系。但是，如果甲乙谈恋爱期间吵架，乙女要自杀，甲发现时未劝止，则甲乙之间形成侵权法律关系。（2）乙对甲讲，如你考上研究生，我就嫁给你，甲乙不形成民事法律关系。但是，如果甲以缔结婚姻为目的向乙给付彩礼，后甲乙未结婚，则甲乙之间形成彩礼返还法律关系。

例3：【同学关系】某寝室六人约定谁拿奖学金谁请客吃饭，该寝室甲、乙均拿奖，同学之间不形成合同法律关系。但是，如果甲乙请大家到丙餐馆吃饭，因费用问题发生分歧，则甲乙等人与丙餐馆形成合同法律关系，丙餐馆可要求甲乙等人承担连带责任。

例4：【志愿活动】甲作为青年志愿者，定期去福利院做帮工。甲和福利院之间不形成民事法律关系。但是，如甲在帮工期间致乙损害，则会发生帮工侵权法律关系。

例5：【好意搭乘】甲开车回家，乙顺道搭乘，甲乙之间不形成运输合同法律关系。但是，如甲违章驾驶导致乙损害，则甲须负侵权赔偿责任，甲乙之间形成侵权法律关系。

例6：【好意帮忙】甲将倒地老人扶起，甲与老人之间不形成合同法律关系。但是，如甲将倒地老人扶起并且打车将其送到医院救治支出费用100元，甲和老人之间形成无因管理的法律关系。

（二）戏谑行为

即戏言，是指表意人基于游戏目的而做出表示，并可预见他人能认识其表示欠缺诚意。

例1：【电视吹牛】某大师带着自己的三层镂空作品，参加电视台节目，说没人能做出更高的。主持人问如果有人做出来了呢？大师说做出来，就把自己之前的作品赠送给他。大师与主持人击掌为誓，并邀请观众做见证。节目播出后，有人做出了5层镂空作品。关于某大师的行为应如何定性？戏谑行为。

例2：【家里吹牛】阎崇年校注的《康熙顺天府志》出版发行前，请北京晨报等报纸的记者到家中谈该书的校注出版，访谈后，阎崇年请4名记者在家中吃了炸酱面。3天后，记者撰写《阎崇年新书求错一字千元——40载定孤本15遍细心校》一文在《北京晨报》"文娱新闻"版刊发，报道中有如下内容："著名清史学家、《百家讲坛》主讲人阎崇年校注的《康熙顺天府志》已由中华书局出版。对于这部倾注了40年心血、先后校注15遍的书，阎崇年也希望读者来监督，挑出一个错，奖金1000元。"阎崇年虽然认为报道没有写明"挑出一个错，奖金一千元"仅是其与刘婷的一个玩笑，容易造成读者误解，但考虑到该报道属一则娱乐新闻，没有读者提出异议，也不愿因此影响刘婷本人，遂未提出异议。山西大学文学院白平教授看到上述报道后，挑出909处错误，要求阎崇年按照报刊所登载"悬赏广告"的约定支付相应报酬。法院认为：不能以《北京晨报》等相关报道认定被告实施了发布悬赏广告的行为。"挑出一个错，奖金一千元"的表述不能认为是被告发布悬赏广告的意思表示。

例3：【微博吹牛】张一一新书《带三只眼看国人》由南方出版社发行。同年3月25日11时28分，张一一在其 腾讯微博公开留言 ："为推广和普及中国地域文化知识，让14亿华人更了解中国各省人不同性格特点，兹郑重承诺凡挑出拙作《带三只眼看国人》1个错者即奖赏1001元"，并@了多位媒体人，称"请各位老师为我作证，绝不像阎崇年老头般要无赖不认账！"山西大学文学院教授白平共在书中挑出错误172处，包括一般政治性差错、叙述不符合事实、用词不当、错别字等。白平教授索要悬赏不成，诉至法院，北京朝阳区法院认为：悬赏人以公开方式声明对完成一定行为的人支付报酬，完成特定行为的人请求悬赏人支付报酬的，人民法院依法予以支持。

> 原理：①法律不是万能的，并不是所有的关系都由民法调整。②民法仅调整平等主体之间形成的人身关系和财产关系。

二、民事法律关系

（一）民事法律关系、行政法律关系与刑事法律关系

例：【交通肇事】甲醉酒后驾车将乙、丙、丁撞死，则会形成如下法律关系：①甲须对乙、丙、丁承担侵权责任；②甲须承担行政责任；③甲须承担刑事责任；④民事主体的财产不足以支付的，优先用于承担民事责任。

（二）民事法律关系的原因：民事法律事实＝自然事实＋人[1]的行为（民事法律行为/准民事法律行为/事实行为）

1. 自然事实：与人的意志无关的客观现象。可再分为事件和状态。

（1）事件：客观现象的发生。

例1：【死亡】甲死亡，继承人继承甲的遗产，该继承法律关系的产生是基于死亡这一事件。

例2：【地震】地震导致甲房屋倒塌，该所有权的消灭是基于地震这一事件。

（2）状态：客观现象的持续。

例1：【时间经过】甲对乙有100万元债权，但一直未提出主张。经过3年后，甲才要求乙还款，则乙有权对甲的债权请求权提出诉讼时效届满的抗辩权。

例2：【生死不明】甲离家出走，下落不明4年后，甲配偶乙申请法院宣告甲死亡。

2. 民事法律行为：行为人通过意思表示[2]旨在设立、变更或消灭民事法律关系的行为。因行为人有预期的效果意思，所以，该行为能产生当事人意欲达到的民事法律关系产生、变更和消灭的效果。包括单方民事法律行为（一个意思表示）、双方民事法律行为（两个相对立意思表示重合的部分）和多方民事法律行为（多个意思表示指向同一方向）。

例1：【单方民事法律行为】甲将1件旧手表抛弃，由6周岁的乙拾得。甲的抛弃行为，因其有1个抛弃所有权的意思表示，属于单方民事法律行为。但是，乙的"拾得"行为，叫先占，不属于民事法律行为，乃事实行为，乙先占无主物而取得所有权。

例2：【双方民事法律行为】甲将1个手表赠送给乙，乙表示同意。甲有赠与的意思表示，乙有受赠的意思表示，成立赠与合同，有2个方向对立的意思表示，乃双方民事法律行为。

例3：【多方民事法律行为】甲乙丙丁4人达成合伙协议，开设餐馆"湘菜公主"，后经营失败亏损1万元，甲乙丙丁须对债务负连带责任，在程序法上属于必要共同被告。4人达成的合伙协议，有4个意思表示，且目标方向一致，不是彼此对立，乃多方民事法律行为。

---

[1] 民法上的人，包括自然人、法人和非法人组织，又称民事主体。

[2] 意思表示：当事人将内心希望发生法律效果的意思表达于外部的行为。如甲要卖房给乙，双方签订合同。甲的内心意思是出卖房屋，希望该意思具有法律效果，并且将该意思体现在合同中即"表示"。

> 原理：①以上民事法律行为，如自然人实施，则皆要启动行为能力制度。②有相应行为能力，才能实施。因为民事法律行为需要具备"意思表示"，没有一定行为能力的人，就无法做出"意思表示"。

3. 准民事法律行为：有"表意内容"但不属于"意思表示"的行为，称之为"准"民事法律行为，可分为意思通知、事实通知、感情表示。

（1）意思通知。是指以一定的意愿为表示内容的行为。[1]

例：【履行债务通知】甲对乙享有1万元到期债权，3年内某日，甲发微信要求乙偿还。甲微信内容即通知乙履行到期债务，该通知属于"准民事法律行为"。①甲发出该意思通知，是人的行为，须具备行为能力。②甲发出意思通知将导致诉讼时效中断，该法律效果是来自法律直接规定，而非来自当事人主观意愿。

（2）事实通知。是指以通知对方或者公众一定客观事实为表意内容的行为。[2]

例：【质量瑕疵通知】甲收到乙网店交付的买卖合同项下的手机，发现手机屏幕有划痕，故甲在乙的网店留言通知：手机屏幕有划痕，该通知属于"准民事法律行为"。①甲发出该事实通知，是人的行为，须具备行为能力。②甲发出该事实通知后，就会导致甲在买卖合同的质量异议期内对货物质量提出了异议，将会导致质量异议期间"一次用尽"，即不能以质量异议期间届满为由豁免卖方乙的合同责任。该法律效果是来自法律直接规定，而非来自当事人主观意愿。

（3）感情通知。是指以一定感情为表意内容的行为。

例：【宽恕表示】乙虐待其父甲情节严重，其后有悔改表现，甲生前表示宽恕，该宽恕属于"准民事法律行为"。①甲发出宽恕的感情通知，是人的行为，须具备行为能力。②甲发出宽恕的感情通知将导致乙不丧失继承权，该法律效果是来自法律直接规定，而非来自当事人主观意愿。

> 原理：①准民事法律行为中，需要有表意内容，所以需要当事人具有相应行为能力；②但是其发生法律效果不取决于当事人的意愿，而是依法产生法律效果。③正是这一点有别于民事法律行为，因为民事法律行为的法律效果是来自当事人的主观意愿，而非法律规定。[3]

4. 事实行为：行为人不具有设立、变更、终止民事法律关系的意图，但依照法律规定客观上能引起民事法律后果的行为。

（1）侵权行为：过错侵犯他人权益或虽无过错侵害他人权益但依法应承担侵权责任的

---

[1] 如留置权人对于债务人履行催告、无权代理关系中相对人对被代理人是否追认的催告、要约的拒绝等。

[2] 如股东大会召集公告、承诺迟到的通知、标的物瑕疵的告知等。迟到承诺的通知、授予代理权的通知、债权让与的通知等。

[3] 是否认识到这一点，是区分民法基础是否薄弱的重要标志：比如甲乙签订合同，对甲乙有法律约束力，当然初步看是来自合同法的规定，但根本原因还是甲乙自由意志，愿意接受其约束。故该合同效果来自当事人意愿，而不能说来自合同法。但是，我们在观察其效力时，又不能脱离合同法。再但是，我们绝对不能说合同效果是来自合同法。

行为。

例：【熊孩子坑爹】7周岁甲将邻居老太太推的婴儿车连带婴儿从12楼抛下去，导致婴儿受害。①甲的过错侵权行为，属于事实行为。②法律不考虑甲是否有与婴儿发生侵权关系的效果意思，甲（和其监护人）均须依法对婴儿承担侵权责任。

（2）无因管理：无法定或约定义务而管理他人事务，支出必要费用可要求被管理人偿还。

例：【孩子学雷锋】12周岁的甲将邻居生病的老太太送到医院，垫付医疗费。①甲的无因管理行为，属于事实行为。②法律不考虑甲是否有与老太太发生无因管理法律关系的效果意思，甲均可依法请求老太太支付无因管理发生的必要费用。

（3）创作行为：行为人进行的独创性表达。

例：【天才画家】7周岁甲画了一幅画《爸爸在工作》。①甲的创作行为，属于事实行为。②法律不考虑甲是否有取得该画著作权的效果意思，自该美术作品完成之日起，甲就依法取得著作权。

（4）先占行为：行为人以无主物属于自己所有的意思的占有（又称"自主占有"）。

例：【天降陨石】天上掉下来一块小陨石片，落在村民温某的院子里，唐某目睹这一过程，6周岁的潘某捡而拾之，村长说这是国家所有。则小陨石片归谁所有？归潘某所有。①因为潘某先占无主物，乃事实行为，事实行为不适用行为能力制度，故6周岁的潘某可以获得小陨石的所有权。②温某、唐某没有实施任何行为。

（5）加工行为：在他人之物上附加自己的有价值的劳动，使之成为新的财产。

例：【增值加工】甲误将乙的价值100元的石头当做自己的进行雕刻，变成了价值1万元的石雕。①甲不是主观故意侵权，乃加工行为，属于事实行为。②法律不考虑甲是否有取得石雕所有权的效果意思，自该加工行为完成之日，甲取得石雕的所有权，但需要给材料人乙进行补偿。③但是，如果加工后变成了价值105元的石雕，则石雕仍然归乙所有，乙给加工人甲补偿5元。④再但是，如果甲明知是乙的石头还进行加工，这属于侵权行为，应负侵权责任。

（6）建造行为：在土地上建设房屋的行为。

例：【拿地盖房】甲公司取得某地块建设用地使用权，在该土地上建设房屋。①甲公司的建造行为，属于事实行为。②法律不考虑甲公司是否有取得房屋所有权的效果意思，只要甲公司建造行为完成，即取得该房屋的所有权。

原理：①事实行为中，行为人没有希望取得一定法律效果的意思，但是却依法要发生相应法律效果。②因为是人的行为却没有意思表示，故为"事实"；没有意思表示但却是人的行为，故为"行为"。③因为行为人没有效果意思，不要求行为人具备相应行为能力。④既然行为人没有效果意思，故其发生的法律效果自然不来自人的主观意愿，而是来自法律的规定。

人的行为	民事法律行为	准民事法律行为	事实行为
内容	有意思表示	有意思表示	无意思表示

续表

人的行为	民事法律行为	准民事法律行为	事实行为
种类	合同行为、遗嘱行为	意思通知；事实通知；感情通知	侵权行为；无因管理行为；创作行为；建造行为；先占行为等
效果	依意思表示发生	依法发生	依法发生
行为能力	要求行为能力	准用行为能力制度	不要求行为能力

秒杀判断：①事实行为＝这件事任何人都可以做＋做了就产生法律后果。②民事法律行为＝一定人才可以做＋做了是否产生法律效果还要根据情况判断，比如是否满足年龄条件等。

（三）民事法律关系的分类：人身关系和财产关系

1. 人身法律关系：与民事主体的人身不可分离、为满足民事主体的人身利益所形成的民事法律关系，包括人格关系和身份关系。

（1）人格法律关系：民事主体为实现人格利益而发生的权利义务关系。①具体人格权：民事主体的生命权、身体权、健康权、姓名权、名称权、肖像权、名誉权、荣誉权、隐私权等权利。②一般人格权：自然人享有基于人身自由、人格尊严产生的其他人格权益。

（2）身份法律关系：民事主体基于身份利益而发生的权利义务关系。包括父母子女、兄弟姐妹、祖父母、外祖父母等亲属关系。

2. 财产法律关系：民事主体之间因财产的归属和流转而形成的，满足民事主体财产利益需要的民事法律关系，包括支配型财产关系和流转型财产关系。

（1）支配型财产关系：表述的是财产归何人控制的状态，回答财产"是谁的"或"由谁利用"的问题。如对物的支配，谓之物权；如对智力成果的支配，谓之知识产权。

（2）流转型财产关系：反映的是商品交换中的财产关系。如财产因买卖、租赁、借贷、承揽等行为而发生的转移状态。流转型财产关系民法上谓之债的关系，债的关系还包括侵权之债、不当得利之债、无因管理之债、悬赏广告之债，这些都属于财产关系。

例：【狗咬人】 甲被乙家的狗咬伤下嘴唇，要求乙承担赔偿责任。关于甲乙之间的索赔关系，属于人身关系还是财产关系？答：财产关系。

（四）民事法律关系的内容：民事权利

1. 人身权和财产权（根据权利内容区分）

（1）人身权：①生命权②身体权③健康权④姓名权⑤名称权⑥肖像权⑦名誉权⑧荣誉权⑨隐私权等。

（2）财产权：①物权是支配物并具有排他性效力的财产权。②债权是得请求债务人为特定行为的财产权。③知识产权是以受保护的智力成果为客体的权利。④股权是指通过出资取得的按出资份额享有收益的权利。⑤继承权是按遗嘱或法律的直接规定承受被继承人遗产的权利。⑥数据、网络等虚拟财产，也依法受保护。

2. 绝对权和相对权（根据权利效力所及相对人范围区分）

（1）绝对权：权利效力所及相对人为不特定人的权利。绝对权的义务人是权利人之外的一切人，又称"对世权"。物权、人身权等均属绝对权。

（2）相对权：权利效力所及相对人仅为特定人的权利。相对权的效力仅仅及于特定的义务人，故又称"对人权"。债权就是典型的相对权。

> **原理：**①绝对权受到侵害，会向相对权转化，即出现了特定的义务主体。②如房屋所有权是绝对权，义务主体是不特定的人，即我可以住我的房屋，任何人不得干涉。③一旦有人侵犯房屋所有权，则属于绝对权受到侵害，义务主体就特定了，我有权请求义务人赔偿损失。

3. 支配权、请求权、形成权和抗辩权（根据民事权利的作用区分）

（1）支配权：对权利客体进行直接的排他性支配并享受其利益的权利。如人格权、身份权、物权、知识产权都属于支配权。

例：【汽车物权】甲对其汽车享有的所有权，为支配权。甲的支配权行使无须他人履行积极义务，仅需要他人容忍、不行使同样的支配行为即可。

（2）请求权：特定人得请求特定他人为一定行为或不为一定行为的权利，如债权；还如支配权受到侵害时，需要以请求权作为救济，称支配权请求权。

例：【合同债权】甲对乙有合同债权，为请求权。请求权人甲对权利客体（债务人乙的给付行为）不能直接支配，其权利的实现有赖于债务人乙的协助。

（3）形成权：依权利人单方意思表示就能使权利发生、变更或者消灭的权利，如撤销权、解除权、追认权、抵销权。

例：【解除合同】甲因乙未按期交付汽车故主张解除汽车买卖合同，解除权为形成权。只要形成权人甲一方意思表示就足以使权利发生法律效力。因其对相对人影响特别重大，故只有及时行使，才能使法律关系尽快明确，因此，形成权受期间限制，我们称该期间为"除斥期间"，在"除斥期间"内不行使，则形成权消灭。

> **区分：**支配权一个人说了算，形成权也是一个人说了算，区别何在？①支配权是我的地盘我做主，对其他人不产生影响。②形成权是我决定与你怎么相处，对你会产生影响。

（4）抗辩权：能够阻止请求权效力的权利。如诉讼时效届满的抗辩权、一般保证人的先诉抗辩权、双务合同中的同时履行抗辩权、双务合同中的顺序履行抗辩权、双务合同中的不安抗辩权。

例1：【诉讼时效届满】甲对乙享有1万元债权，因届期后3年内甲一直未向乙主张，当甲再向乙主张3万元债权时，乙享有诉讼时效届满的抗辩权。抗辩权是针对请求权而言，换言之，如果没有一方提出请求权主张，则不存在他方主张抗辩权问题。

例2：【先诉抗辩权】甲向乙借款1万元，丙与乙签订保证合同，对该1万元主债提供一般保证。甲届期无力清偿，乙应先就甲的财产主张还款，穷尽甲的财产仍未受偿部分，才由丙承担责任。如甲先向丙主张保证责任，则一般保证人丙享有先诉抗辩权。

　　例 3：【双务合同同时履行抗辩权】甲乙签订买卖合同，约定一手交钱一手交货，甲未交货却要求乙交钱，则乙享有同时履行抗辩权，对抗甲的交钱请求。因为按合同约定，甲乙双方应同时履行。

　　例 4：【双务合同顺序履行抗辩权】甲乙签订买卖合同，约定甲先交货，乙后付款。甲未交货，却在约定付款日要求乙付款，则乙享有顺序履行抗辩权，对抗甲的交钱请求。因为按合同约定，甲应该先交货。

　　例 5：【双务合同不安抗辩权】甲乙签订买卖合同，约定甲先交货，乙后付款。甲的交货日期到了的时候，乙却出现破产情形，乙要求甲交货，则甲可主张不安抗辩权，对抗乙的交货请求。因为乙的破产情形会导致甲的不安。

　　4. 民事权利的救济：公力救济+私力救济

　　(1) 公力救济：权利人通过行使诉权，诉请法院依照民事诉讼和强制执行程序保护自己权利的措施。在能够援用公力救济保护民事权利的场合，则排除适用自力救济。

　　(2) 私力救济：权利人依靠自己的力量救济自己权利的行为，包括自卫行为（正当防卫+紧急避险）和自助行为。①正当防卫是当公共利益、他人或本人的人身或其他利益受到不法侵害时，行为人所采取的一种防卫措施。②紧急避险是为了使公共利益、本人或他人的合法权益免受现实和紧急的损害危险，不得已而采取的致他人损害的行为。③自助行为是权利人为保证自己请求权的实现，在情事紧迫而又不能及时请求国家机关予以救助的情况下，对他人的财产或自由施加扣押、拘束或其他相应措施，而为法律或社会公德所认可的行为。如旅馆在客人住宿后不付住宿费时有权扣留客人所携带的行李。

　　原理：①因自力救济容易演变为侵权行为，故只有在来不及援用公力救济而权利被侵犯或者有被侵犯的现实危险时，才允许被例外使用，以弥补公力救济的不足。②自力救济不得超过一定的限度，超出限度的，构成侵权。

三、民法基本原则

(一) 平等原则：民事主体在民事活动中的地位一律平等

1. 自然人民事权利能力一律平等。
2. 不同民事主体参与民事法律关系适用同一法律，处于平等地位。
3. 民事主体在民事法律关系中必须平等协商。
4. 对民事权利予以平等保护。

(二) 自愿原则：民事主体在从事民事活动时，在法律允许的范围内自由表达自己意愿，并按其意愿设立、变更、终止民事法律关系。又称意思自治原则

1. 自主决定是否参加民事活动和以什么形式参加民事活动。
2. 所有权自由。
3. 合同自由。
4. 婚姻自由。

买汽车合同，<u>该合同效力如何？</u>①有效。②因为甲属于完全民事行为能

人＝限制民事行为能力人＝不能完全辨认自己行为的成年人＋8周岁以上

施：纯获得利益的行为＋与其年龄、智力相适应的民事法律行为。

二代有房】甲的爷爷与9周岁的甲签订赠与合同，将1套房屋赠与给甲，<u>该</u>
<u>？</u>①有效。②甲属于限制行为能力人，但可以独立签订纯获得利益的合同。

实施：超越年龄的合同效力待定＋立遗嘱这一单方法律行为无效。

二代买手机】14周岁的甲与20周岁的乙签订买卖5000元手机的合同，<u>该</u>
<u>？</u>①效力待定。②因为甲属于限制行为能力人，其签订的买卖手机合同与其

相适应。该合同须待甲的法定代理人追认。

才才小说家】小刘从小就显示出很高的文学天赋，9岁时写了小说《隐形翅

说的信息网络传播权 转让 给某网站。 小刘的父母反对该转让行为 。①问
作者？ 小刘。写小说乃创作行为，属于事实行为，而事实行为不适用民事

小刘将小说创作完成，即取得该文字作品著作权。②问2：<u>小说信息网络</u>
<u>同效力如何？</u>无效。小刘签订的转让小说信息网络传播权的合同与其年龄智

本属于效力待定的合同，有待其法定代理人追认。但是，本案中，小刘的父
对该转让行为，故该合同无效。

人＝无民事行为能力人＝完全不能辨认自己行为的成年人＋不满8周岁的

妈妈不要公公的画】在小张6岁时，爷爷将家中祖传的一幅价值200万元
父的小张。母亲刘某得知此事后，坚决表示反对。<u>爷爷与小张赠与名画合同</u>
无效。②小张是无行为能力人，即使该合同对其属于纯获得利益，也不能签
定代理人实施。③但是，该合同无效的原因不是因为其母亲没有追认，而是
④如果要受赠名画，需要由小张母亲代为签订赠与合同。

人与人的差别很多，为什么在区分完人、限人和无人时，只考虑年龄和辨
因素？①因为行为能力制度是规范民事法律行为的制度，只有在一个人实
行为时，我们才需要观察其是否具有相应行为能力。②而实施民事法律行
要作出意思表示。③而作出意思表示时，必须要有意思能力，是否具有意
取决于人的年龄和辨认能力吗？④立法上，年龄是坚持统一划分主义，
保护弱势群体，不考虑个别情况下有"早熟"的人；⑤辨认能力则坚持个
对应民事诉讼法有宣告一人为无民事行为能力人、限制民事行为能力人的

5. 遗嘱自由。

6. 自由不是绝对的，而是相对的，当事人根据自己的意志从事民事活动，不得违背法律规定，不得损害国家利益和社会公共利益。

（三）公平原则：民事主体本着公平的理念从事民事活动，司法机关应根据公平的理念处理民事纠纷

1. 公平的理念贯彻在整个民事法律制度的设计中，均衡配置当事人之间的权利义务。如情势变更制度、显失公平制度、受害人减损义务、损益相抵规则等。

2. 公平原则在合同关系中直接体现为等价交换原则。

3. 公平原则在侵权法中体现为公平责任。

（四）诚信原则：民事主体从事民事活动时，应当诚实守信，正当行使民事权利并履行民事义务，在不损害他人利益和社会公共利益的前提下追求自己的利益。诚信原则被誉为"帝王条款"

1. 诚信原则的第一含义：民事主体从事民事活动时，必须将有关事项和真实情况如实告知对方，禁止隐瞒事实真相和欺骗对方当事人。

2. 诚信原则的第二含义：民事主体应依善意的方式行使权利，不得滥用权利，加害他人。

例：【坑邻居】甲、乙二人同村，宅基地毗邻。甲的宅基地倚山、地势较低，乙的宅基地在上将其环绕。乙因琐事与甲多次争吵而郁闷难解，便沿二人宅基地的边界线靠己方一侧，建起高5米围墙，使甲在自家院内却有身处监牢之感。<u>乙的行为违背民法的什么原则？</u>违反了民法的诚信原则。

（五）公序良俗原则：民事主体从事民事活动的内容和目的不得违反公共秩序和善良风俗。公共秩序是由法律和社会共同体维护的秩序；善良风俗是符合伦理道德习惯和风俗

1. 损害正常的家庭关系秩序的行为：如双方离婚后约定禁止一方当事人生育，如约定断绝亲子关系，如夫妻在离婚时约定禁止任何一方在离婚后再婚，如订立劳动合同限制劳动者在几年内不得结婚、生育的合同等。

2. 违反有关收养关系的规定：如收养人和送养人在达成收养协议时约定送养人收取一定的报酬。

3. 违反性道德的行为：如有偿性服务合同。

4. 赌债偿还合同。

5. 贬损人格尊严和限制人身自由的合同：如在雇佣合同中规定不准雇员外出，或规定离开商场、工作场地需要搜身等。

6. 限制职业选择自由的合同：如在合同中规定不准另一方选择任何合法的职业。

7. 违反公平竞争的行为：如拍卖或招标中的串通行为，数个企业互相约定共同哄抬价格、操纵市场等。

8. 违反劳动者保护的行为：如订立生死合同条款，即只要发生工伤事故雇主概不承担责任。

9. 禁止投诉的合同：如在合同中约定，禁止一方投诉另一方的某种违法行为。

例 1：【北雁云依】指导案例 89 号："北雁云依"诉济南市公安局历下区分局燕山派出所公安行政登记案。公民选取或创设姓氏应当符合中华传统文化和伦理观念，仅凭个人喜好和愿望在父姓、母姓之外选取其他姓氏或者创设新的姓氏，不属于"有不违反公序良俗的其他正当理由"。

例 2：【情人遗嘱】立遗嘱将个人财产给"情人"案：只要遗嘱人不是"旨在酬谢其满足自己的性欲或旨在决定或加强这种两性关系的继续"，因婚外同居所引起的赠遗就不违反公序良俗。

> "避免向一般条款的逃避"的原理：①"向一般条款的逃避"；法律对某一类案件本有具体规定，不过，法官适用该具体规定时可以与适用公平原则或者诚实信用原则获得同一结论。如果法官在裁判案件时，不适用该具体规定而适用公平原则或诚实信用原则，这构成向一般条款的逃避。②如果任由法官在判决时，通过行使自由裁量权适用公平原则或诚实信用原则，而不适用具体法条，则会严重降低法律权威。③根据立法法原理，特别法优先于一般法适用，特别法中的法条优先于原则适用。④用法条，用法条，用法条，即"避免向一般条款的逃避"。

第二章　自然

第一节　能力

【思考题】 甲在动物园用硫酸泼熊，导致熊毁容为什么？

一、民事权利能力（形式平等）：自然人取得（抽象层面＝区分是人还是鬼）

（一）法律确认的自然人享有民事权利、承担民

例：【死人无继承资格】甲死亡后遗有个人房屋分割。甲妻死亡后，甲妻的遗产，甲是否有权继承？事权利能力，无取得继承权的资格。③甲妻遗产应由

（二）胎儿娩出为活体，视为有民事权利能力自始不存在

例：【胎儿抚养费】乙违章驾车撞死甲，甲与其在协商赔偿事宜期间，胎儿丁出生。乙是否需要支付生，视为其在胎儿时即具有民事权利能力，故肇事由丁出生时为死体，则乙无须支付胎儿抚养费。④如付丁的抚养费，该笔费用作为胎儿丁的遗产发生继

> **原理：** 保护胎儿的继承权、保护胎儿受赠财产事权利能力呢？因为如果直接规定胎儿具有民事权

二、民事行为能力（实质平等）[1]：参加义务的资格（具体层面＝区分是什么人）

（一）完人＝完全民事行为能力人＝18 周岁入为主要生活来源的未成年人

例：【北漂打工】甲 16 周岁高中毕业去外地

---

[1] 民事权利能力类似男人与女人，都是人，无区别；行为

甲与乙签订赠力人。

（二）限的未成年人

1. 可以实

例：【富合同效力如何

2. 不可以

例 1：【富合同效力如何年龄、智力不

例 2：【无榜》，并将该

1：谁是小说的行为能力制度传播权转让合力不相适应，母已经明确反

（三）无未成年人

例：【骨气的名画赠与丧效力如何？①订，需要由法其一概无效。

> **原理：**
> 认能力两个
> 施民事法律
> 为时，必须
> 思能力，不
> 是卡死的，
> 案审查制，
> 特别程序。

第二节 监护制度

【思考题】"无限人"都有民事权利能力，均有取得民事权利的资格。但是"无限人"通过民事法律行为即意思表示参加民事活动又受到民事行为能力制度的限制。通过什么制度可以协调民事权利能力和民事行为能力制度内部的矛盾，才能解决"熊孩子坑爹"和"熊爸爸坑孩子"的问题？

一、谁担任监护人

（一）基于法律规定产生的监护人

1. 成年人的监护人：配偶+父母子女+其他近亲属+其他愿意担任监护人个人或组织（经居委会或村委会或民政部门同意）+民政部门兜底。

2. 未成年人的监护人：父母+祖父母外祖父母+兄姐+其他愿意担任监护人的个人或组织（经居委会或村委会或民政部门同意）+民政部门兜底。

3. 协议监护：依法具有监护资格的人之间可以协议确定监护人，应当尊重被监护人的真实意愿（无纠纷）。

例1：【两亲家争孙子】甲男作为上门女婿，与乙结婚。婚后夫妻双方从事活鸭运输业务，因交通意外双亡。留有一子，爷爷奶奶和外公外婆，协议确定外公外婆作为监护人，是否可行？①可以。②因为爷爷奶奶和外公外婆都有监护资格，具有监护资格人之间可以协议确定监护人。

例2：【夫妻离婚】甲男乙女离婚，协议确定乙女作为孩子监护人。①孩子对外侵权致人损害，应如何承担责任？乙女作为监护人与孩子作为共同被告，甲男未与孩子共同生活，但仍然应承担侵权法上责任，故甲男、乙女和孩子为共同被告。②甲男是否需要负担孩子的抚养费？需要。乙女监护的意思是乙女作为与孩子直接生活的一方，并非甲男就无须承担任何责任。

4. 指定监护：对父母之外的监护人的确定有争议的，由被监护人住所地的居民委员会、村民委员会或者民政部门指定监护人，有关当事人对指定不服的，可以向人民法院申请指定监护人；有关当事人也可以直接向人民法院申请指定监护人。指定监护应尊重被监护人的真实意愿，按照最有利于被监护人的原则在依法具有监护资格的人中指定监护人。监护人被指定后，不得擅自变更；擅自变更的，不免除被指定的监护人的责任。

例1：【孤儿寡母】寡母携子改嫁他人，爷爷是否可以要求启动指定监护程序指定自己为监护人？①否。②因为父母是未成年人天然第一顺位监护人，不存在指定监护问题。

例2：【指定得罪人】甲父母早亡，年届25周岁，但是智力发育不健全。恰逢房屋拆迁，其大舅、二舅、三舅均到村委会要求指定自己作为甲的监护人。村委会不予处理，怎么办？①当事人可以直接向法院申请指定监护人。②村委会指定并非前置程序，因为指定监护人会得罪人，而得罪人的事情一般村委会或居委会不愿意做，那么这个事情就应当由法院来做，避免法院和村委会居委会各自踢皮球。③法院就是得罪人的地方。

例 3：【私人订制龙凤胎】甲男乙女婚后，乙女无生育能力。甲男提取精子，与买到的第三人卵子，在第四人代孕，生育出来龙凤胎。乙女将龙凤胎抚养到 3 周岁时，甲男因病去世，甲男父母与乙女均诉到法院要求成为龙凤胎监护人。乙女是否具有监护资格？①有。②乙女属于有抚养关系的继母，属于"父母"，故属于民法上的"近亲属"。③双胞胎爷爷奶奶即甲男父母，也属于"近亲属"。④法院应根据最有利于孩子的利益指定监护人。

> **原理：**①父母离异可以协议确定监护人，因为协议成功就没纠纷。②如果协议失败，则不得启动指定监护人，因为他们都是监护人。③一句话：父母可以协议监护（无争议），不存在指定监护（有争议则因父母本来就是监护人故视为无争议＝不需要指定监护）。

（二）基于当事人意思产生的监护人

1. 遗嘱监护：被监护人的父母担任监护人的，可以通过遗嘱指定监护人。

例：【凶手碰瓷】甲因工钱纠纷将其雇主砍死后寻短见，到国道上找大货车"碰瓷"后死亡。死亡赔偿金分给甲母、甲妻、甲子。甲母和甲妻因赔偿款分配发生分歧，感情破裂。不料甲妻患艾滋病，去世前希望为孩子确定孩子舅舅为监护人，是否可行？①可以。②因为甲妻作为孩子的母亲，可以通过立遗嘱指定监护人。③假设孩子父亲在世，则孩子妈妈还可以立遗嘱确定孩子舅舅做监护人吗？可以。孩子舅舅和孩子父亲作为共同监护人。

2. 委托监护

（1）一般的委托监护：监护人可以将监护职责部分或者全部委托给他人。因被监护人的侵权行为需要承担民事责任的，应当由监护人承担，被委托人确有过错的，负连带责任。

例：【课后全托班】渔民夫妇双亡，渔民爷爷奶奶将上小学的孙子小鱼儿交由唐某办的托管班，托管班内温某不慎用铅笔戳伤小鱼儿的眼睛。本案应如何分责？①温某的爹妈赔。②唐某承担与其过错相应责任。

（2）附条件的委托监护：具有完全民事行为能力的成年人，可以与其近亲属、其他愿意担任监护人的个人或者组织事先协商，以书面形式确定自己的监护人。协商确定的监护人在该成年人丧失或者部分丧失民事行为能力时，履行监护职责。

例：【孤老钱没花完】上海孤老与一修手机夫妇梁祝因聊天熟识。孤老有 1 套房，拆迁即可获得 600 万元。孤老与祝发生关系后，梁祝回老家办理离婚手续，孤老与祝结婚。居委会出面担任监护人代理孤老与祝离婚，孤老被送至精神病老人院，并不符合老人意愿。老人怎么办可以防患未然？①老人与自己信任的人签订附条件的委托监护协议，待自己丧失行为能力时，由该人担任监护人。②兜底监护存在外部监督失效的风险。

> **原理：**①遗嘱监护，本质是对未成年人之法定监护顺序的修改。②附条件的委托监护，本质是对丧失行为能力成年人之法定监护顺序的修改。

二、监护人的职责

1. 非为被监护人利益，不得处分被监护人的财产。

例：【熊爹妈炒股坑孩】甲 8 周岁，多次在国际钢琴大赛中获奖，并获得大量奖金。甲的父母乙、丙为了甲的利益，考虑到甲的奖金存放银行增值有限，遂将奖金全部购买了股票，但恰遇股市暴跌，甲的奖金损失过半。乙丙是否需要对甲承担赔偿责任？①是。②乙、丙行为不是无因管理，因为这属于履行监护职责，属于有因管理。③但乙丙不能随意处分甲的财产。④如甲主张赔偿，则其诉讼时效起算应从法定代理终止之日起计算 3 年。

2. 履行监护职责不当导致严重后果，则由有关个人和组织申请法院撤销监护资格，如未申请，则由民政部门申请法院撤销监护人监护资格。（1）撤销监护不影响被撤销者本应负担的抚养费、赡养费、扶养费义务。（2）一旦被撤销监护资格，只有被监护人的父母或子女可能恢复监护资格，其他则一概不得恢复。（3）"父母"或"子女"对被监护人实施故意犯罪，则绝对不允许恢复监护资格。

例：【养父性侵养女】养父依法收养孤儿为养女，后养父多次性侵养女。群众向公安机关匿名举报，媒体也纷纷曝光此事。法院判决养父构成强奸罪，判决有期徒刑 3 年。民政部门可以直接取消养父的监护人资格吗？①否。②应该由法院撤销养父监护资格。③撤销养父监护资格后，不影响养父应该承担的给付抚养费义务。④如果养父出狱有悔改表现，即使申请法院恢复其监护资格，法院也不能准许，因为养父对被监护人实施了故意犯罪。

第三节 宣告制度

【思考题】甲公司将机动车出卖给唐某，交付但未办理车辆过户手续。唐某将车出租给张某，张某驾车肇事致行人李某损害。为了避免麻烦，甲公司欲将车辆过户给唐某，但是唐某完全失联，故无法办理过户手续。问：甲公司有何办法？

一、宣告失踪

自然人下落不明满 2 年，经利害关系人申请，由人民法院宣告该自然人为失踪人并为其设立财产代管人。

例：【老婆代管称职否】老婆作为代管人，将被宣告失踪老公的房屋出卖，是有权处分还是无权处分？①具体情况具体分析，取决于代管是否适当，即为什么卖房。②为救治公公，适当，则属于有权处分；③为自己，不适当，则属于无权处分；④莫名其妙（即题干未交待为什么卖房），不适当，则属于无权处分。

二、宣告死亡

自然人下落不明满 4 年（一般情况的下落不明如外出打工失联）、2 年（因为发生意外下落不明如旅游意外游客失联＝"不一定死"）、0 年（因为发生特殊意外下落不明如

"普吉岛翻船游客失联" = "死定了"），经利害关系人申请，由法院推定其死亡，宣告结束失踪人以生前住所地为中心的民事法律关系。

1. 申请冲突的解决办法：申请人无顺序要求+一方申请宣告失踪，他方申请宣告死亡，则宣告死亡。

例：【婆媳矛盾】甲下落不明 5 年，有 1 套个人所有房屋，由其妻子乙居住。甲父母申请宣告甲死亡，乙不同意。<u>则甲父母是否可宣告甲死亡？</u>①可。②因为宣告死亡申请人并无顺序的限制。③如乙申请宣告失踪，甲父母申请宣告甲死亡，则法院判决宣告死亡。

2. 宣告死亡日期的确定：一般是判决作出日死亡+因意外而宣告死亡，则是意外日为死亡日。

例：【普吉岛翻船】甲妻去普吉岛旅游，向保险公司购买了旅游意外险，有效期 1 周。因乘坐船舶出海倾覆，甲妻下落不明。甲申请法院宣告甲妻死亡，法院在半年后宣告甲妻死亡。甲持判决书要求保险公司支付保险金，保险公司以死亡日期并非保险期间为由拒绝。<u>则保险公司主张是否成立？</u>①否。②因为甲妻属于意外而宣告死亡，其死亡日期为意外日，而非法院判决日死亡。③甲妻死亡日恰好属于旅游意外险有效期间内，故属于出险，保险公司应该理赔。

3. 宣告死亡的法律效果≈自然死亡=遗产发生继承+婚姻关系消灭+"活死人"实施民事法律行为有效。

例 1：【活死人深圳卖房】甲在北京被宣告死亡，但在深圳与乙签订卖房合同，房价上涨后，甲以其在北京被宣告死亡为由主张合同无效。<u>该主张是否成立？</u>①否。②因为被宣告死亡人在被宣告死亡期间实施的民事法律行为不受死亡宣告的影响。

例 2：【坐火车人不见】甲、乙为夫妻，长期感情不和。2010 年 5 月 1 日甲乘火车去外地出差，在火车上失踪，没有发现其被害尸体，也没有发现其在何处下车。2016 年 6 月 5 日法院依照法定程序宣告甲死亡。之后，乙向法院起诉要求铁路公司对甲的死亡进行赔偿。<u>甲被宣告死亡后有何法律效果？</u>①甲的继承人可以继承其财产。②2016 年 6 月 5 日为甲的死亡日期。③铁路公司无须负合同责任，也无须负侵权责任。因为无证据证明铁路公司有违约行为或侵权行为。

4. 撤销宣告死亡的法律效果=孩子还是自己的孩子吗？+老婆还是老婆吗？+房子还是自己的房子吗？

（1）撤销死亡宣告后，不得以未经自己同意为由主张收养关系无效。

（2）撤销死亡宣告后婚姻关系自行恢复：①如配偶发生异动（配偶再婚+配偶再婚后离婚+配偶再婚后配偶他方自然死亡+配偶再婚后配偶他方宣告死亡），则不自行恢复。②或者配偶书面说明不恢复婚姻关系，则不自行恢复。

（3）撤销死亡宣告后，已经继承的遗产如果在继承人处，则原路退回；如果已经由第三人合法取得（受赠或购买），则第三人不退回，由继承人适当补偿。

例：【姐夫宣告死亡小舅子获得汽车】甲出境经商下落不明，2015 年 9 月经其妻乙请求被 K 县法院宣告死亡，其后乙未再婚，乙是甲唯一的继承人。2016 年 3 月，乙将家里的一辆轿车赠送给了弟弟丙，交付并办理了过户登记。2016 年 10 月，经商失败的甲返回 K 县，为还债将登记于自己名下的一套夫妻共有住房私自卖给知情的丁；同年 12 月，甲的死亡宣告被撤销。<u>如何评价本案？</u>①甲、乙的婚姻关系自撤销死亡宣告之日起自行恢复。因为题干没提到配偶是否发生异动，也没提到配偶是否书面反对，故视为这些要件不具备，因此婚姻关系可自撤销死亡宣告之日起自行恢复。②乙有权赠与该轿车。因为轿车一半是遗产由妻子继承，另一半是妻子所有，故轿车为妻子乙所有，乙有权赠与轿车给弟弟丙。③丙可不返还该轿车。因为第三人已经基于合法受赠取得轿车。④甲出卖房屋的行为有效。

> 原理：①宣告失踪制度的价值在于救济因自然人下落不明而导致的财产关系不稳定状态，而不涉及失踪人的人身关系如婚姻关系，保护失踪人利益。②宣告死亡的制度价值在于维护生者的利益，包括配偶的再婚权、继承人的继承权、债权人的受偿权，保护生存人利益。

第三章 法人和非法人组织

【案例】甲年老孤苦无依，对其所养秋田犬感情深厚，拟立遗嘱将其全部财产赠与给秋田犬。问：该遗嘱是否有效。答：无效。秋田犬无民事权利能力。如甲立遗嘱将全部财产赠给"秋田犬基金会法人"，由该法人用该笔财产照料饲养秋田犬，则遗嘱有效。

一、法人

（一）法人性质和种类

1. 法人性质

法人是具有民事权利能力和民事行为能力，依法独立享有民事权利和承担民事义务的组织。法人财产属于法人所有，独立于出资人，也独立于其雇员。任何以法人名义所为行为，其后果由法人承担，即使行为的作出者是作为法人成员的自然人，也由法人承担该行为的后果。

例：【法人财产范围】德胜公司注册地在萨摩国并在该国设有总部和分支机构，但主要营业机构位于中国深圳，是一家由台湾地区凯旋集团公司全资设立的法人企业。由于决策失误，德胜公司在中国欠下 700 万元债务。如何承担该债务？①该债务应以深圳主营机构和萨摩国总部及分支机构的全部财产清偿。②无论德胜公司的全部财产能否清偿，凯旋公司作为股东仅以其出资范围为限承担责任。

2. 法人种类

（1）营利法人：以取得利润并分配给股东等出资人为目的成立的法人，为营利法人。

①营利法人包括有限责任公司（股东对公司享有股权，以出资为限对公司负债承担有限责任，股东不多，规模不大）、股份有限公司（股东对公司享有股份，以出资为限对公司负债承担有限责任，股份分散，规模比较大）和其他企业法人（非依据公司法设立的企业法人）等。

②营利法人人格否认原则：营利法人的出资人不得滥用法人独立地位和出资人有限责任损害法人的债权人利益。滥用法人独立地位和出资人有限责任，逃避债务，严重损害法人的债权人利益的，应当对法人债务承担连带责任。

例：【揭开公司面纱】为了资金周转，甲公司利用其控股地位，向其全资子公司多次无偿调取资金，各个子公司之间如果资金短缺，甲公司就在其所有全资子公司之间统一调度资金使用，且关联公司之间账目不清。甲公司的某全资子公司的债权人乙公司，因到期债权不能获得清偿，乙公司能否要求甲公司及其各子公司承担连带责任？①能。②因为甲公司及其各子公司构成财产混同，甲公司及其各子公司债权人可主张适用法人人格否定制度，要求甲公司及各子公司承担连带责任。

　　原理：①认定公司人格与股东人格是否存在混同，最根本的判断标准是公司是否具有独立意志和独立利益，最主要的表现是公司的财务或者财产与股东的财务或者财产是否混同，公司的财产是否独立。②出现以下情形之一的，可以认定为财务或者财产混同：股东随意无偿调拨公司资金或者财产，不作财务记载的；股东用公司的资金偿还股东个人的债务，或者调拨资金到关联公司，不作财务记载的；公司账簿与股东账簿不分；股东自身收益与公司盈利不加区分，致使双方利益不清；公司的财产记载于股东名下，由股东占有、使用。③在出现财务或者财产混同的情况下，往往同时出现以下混同：公司业务和股东业务混同；公司员工与股东员工混同，特别是财务人员混同；公司住所与股东住所混同。④人民法院在审理这类案件时，关键要看是否构成财务或者财产混同，而不要求同时具备其他方面的混同，其他方面的混同往往只是财务混同或者财产混同的补强。

　　（2）非营利法人：为公益目的或者其他非营利目的成立，不向出资人、设立人或者会员分配所取得利润的法人，为非营利法人。

　　①非营利法人包括事业单位（国家出资从事公益事业）、社会团体（会员加入开展活动实现会员共同意愿）、基金会（以一笔财产设立法人从事公益事业）、社会服务机构（民间资本从事公益事业）等。

　　②公益法人坚持近似原则：为公益目的成立的非营利法人终止时，不得向出资人、设立人或者会员分配剩余财产。剩余财产应当按照法人章程的规定或者权力机构的决议用于公益目的；无法按照法人章程的规定或者权力机构的决议处理的，由主管机关主持转给宗旨相同或者相近的法人，并向社会公告。

　　例：【众筹钱没花完】甲患白血病，经乙发起公益筹款获得100万元，后甲不治身亡，该100万元应如何处理？①应交由帮助白血病患者宗旨相同或近似的公益法人处理，不能作为甲的遗产。②也不需要退回给捐款者。

　　（3）特别法人：

　　①机关法人（有独立预算经费的国家各级领导机关）。

　　②农村集体经济组织法人（农村集体所有土地的所有人和管理经营农村集体资产的特别法人）。

　　③城镇农村的合作经济组织法人（根据《农民专业合作社法》登记或依法设立的特别法人）。

　　④基层群众性自治组织法人（居委会和村委会）。

　　（二）法人权利能力和行为能力

　　1. 法人民事权利能力＝法人民事行为能力

　　（1）法人民事权利能力：法律赋予法人参加民事法律关系、取得民事权利、承担民事义务的资格。

　　（2）法人民事行为能力：法律赋予法人独立进行民事活动的能力。法人的民事行为能力和法人的民事权利能力在范围上是一致的。

2. 法人民事权利能力的限制

（1）性质上的限制：基于自然人的天然属性而专属自然人的民事权利能力内容，法人不能享有。如身体权、健康权、隐私权、继承权、抚养请求权、婚姻自主权等。但法人享有名称、名誉、荣誉等，可构成商号、商誉等无形资产，在价值上可以评估，并可以转让，在性质上完全属于财产权，与自然人享有"同名同姓"的权利，却不同质。

例：【精神损害】甲公司在乙公司开设网店恶意差评，损害乙公司名誉权，致乙公司货品销售剧烈下滑，乙公司被迫降低员工工资薪金。乙公司及其员工可否主张甲公司承担精神损害赔偿责任？①否。②因为乙公司虽然有名誉权，但不具有主张精神损害赔偿的主体资格。

（2）法律上的限制：法人的权利能力范围受到法律的限制。如机关法人和以公益为目的的事业单位法人、社会团体法人不得为保证人。

例：【国家背书】甲市政府为招商引资，为担保甲市乙公司与投资方丙公司履行合同，甲市政府与丙公司签订保证合同。该保证合同效力如何？①无效。②因为甲市政府不具有签订保证合同的民事权利能力。

（3）目的事业的限制：法人的民事权利能力范围，以其目的事业为限，原则上由法人章程或设立目的决定。企业、事业单位法人的权利能力范围以登记为准；基金会的权利能力则由捐赠人的意思决定。当事人超越经营范围订立合同，法院不因此认定合同无效，但违反国家限制经营、特许经营以及法律、行政法规禁止经营规定的除外。

例1：【一般超越】甲公司登记经营范围为网络咨询服务，却也从事餐饮服务，与乙公司签订了买卖食材的合同。该买卖合同效力如何？①有效。②甲公司超越经营范围签订的合同，须接受行政处罚，但不因此影响买卖合同效力。

例2：【致命超越】甲公司登记经营范围为网络咨询服务，却从事黄金买卖，与乙公司签订了黄金买卖合同。该买卖合同效力如何？①无效。②甲公司超越经营范围签订合同，但黄金属于国家限制经营的范围且违反国家限制经营的范围，故合同无效。

（三）法人的机构

1. 法人机构的性质和组成

（1）法人机构的性质：①根据章程或法律规定，对内形成法人意思、对外代表法人为民事法律行为的自然人或自然人团体。②法人机构是法人的组成部分，无独立人格。③法人只要存在，法人机构不可变更，但法人机构的具体担任人可以变更，如董事、董事长、监事长等可以换人，但不等于董事会、监事会发生了变更。

例：【大老板死了不影响法人】王某是甲公司的法定代表人，以甲公司名义向乙公司发出书面要约，愿以 10 万元价格出售甲公司的一块清代翡翠。王某在函件发出后 2 小时意外死亡，乙公司回函表示愿意以该价格购买。甲公司新任法定代表人以王某死亡，且未经董事会同意为由拒绝。如何评价缔约过程？①甲公司法定代表人以公司名义对外发出要约，希望与乙公司签订出卖翡翠的合同。②该要约到乙公司后，发生效力，乙公司具有承诺的资格。③乙公司回函愿意购买，这属于承诺。④甲乙公司合同有效成立，不受王某死亡的影响。⑤甲公司内部对法定代表人权限的限制，不得对抗不知情的相对人。

（2）法人机构的组成：①意思机构＝权力机构＝形成法人意志的机构。②执行机构＝执行法人意思机构的决定事项的机构。③监督机构＝根据法人章程和意思机构的决议对法人执行机构、代表机构实施监督的机构。④代表机构＝法定代表人＝"法人代表"＝法人的表示机构＝法人代表机构＝对外代表法人为意思表示，是法人的对外机构。

2. 法定代表人行为效果

（1）法定代表人签订合同的法律效果

①有权代表行为＝法定代表人在代表权限范围内以法人名义从事的民事活动，其法律后果由法人承受，该合同约束法人和相对人。

例：【有权代表行为】甲公司法定代表人唐某在公司授权范围内，以甲公司名义与乙公司签订采购办公设备的合同，该合同是否约束唐某？①否。②因为唐某是公司法定代表人，其以公司名义地外签订合同，由公司承担法律后果，唐某不是合同当事人。③如唐某以自己名义在淘宝上购买一台家用打印机，该合同是否约束甲公司？否。因为唐某虽然是甲公司法定代表人，但其签订购买打印机合同时是以个人名义，基于合同相对性，应由唐某承担法律后果，甲公司不是合同当事人。④如唐某在其代表权限范围内委托员工小张与乙公司签订买卖合同，则唐某实施了代表行为，唐某委托员工小张对外与乙公司签约，应视为甲公司委托小张与乙公司签订合同。而小张则实施了有权代理行为，其与乙公司签订的合同约束被代理人甲公司和相对人乙公司。基于合同相对性，本案中，唐某和小张均不是合同当事人。

②无权代表行为＝法定代表人以法人名义从事民事活动，超越代表权限，与知情的相对人签订合同，该合同效力待定。法人追认，由法人承担法律后果；法人不追认，则该合同对甲公司不发生效力，由法定代表人自己负责。

例：【无权代表行为】甲公司法定代表人唐某未经董事会决议便以公司名义与乙公司签订采购价值100万元电脑的合同，根据甲公司章程规定，唐某签订50万元以上合同，应经董事会决议。乙公司对此知情。则甲乙公司合同效力如何？①效力待定。②如甲公司追认，则甲公司应履行合同。③如甲公司不追认，则该合同对甲公司不发生效力，由法定代表人自己负责。

③表见代表行为＝法定代表人超越代表权限，对外与善意不知情相对人签订合同，该合同有效，约束法人和相对人。因为法人章程或者法人权力机构对法定代表人代表权的限制，不得对抗善意相对人。且法人的实际情况与登记的事项不一致的，不得对抗善意相对人。

例：【表见代表行为】甲公司法定代表人唐某未经董事会决议便以公司名义与乙公司签订采购价值100万元电脑的合同，根据甲公司章程规定，唐某签订50万元以上合同，应经董事会决议。乙公司对此不知情。则甲乙公司合同效力如何？①有效。②因为唐某的行为构成表见代表，为保护乙公司善意信赖和交易安全，该合同有效。

④法定代表人多重身份签订合同的区分判断＝同一法定代表人可能有多重身份。比如唐某是甲公司法定代表人，还可能是乙公司法定代表人，他还可能是他自己。他到底是谁，取决于其对外是以谁的名义签订合同。如以甲公司名义签订合同，则甲公司承担责任；如以乙公司名义签订合同，则乙公司承担责任；如以自己名义签订合同，则唐某自己承担责任。

例：【大老板与公司连带】甲公司和乙公司签订了《货运代理合同》，第四条约定："乙公司法定代表人对乙公司支付货运代理费承担连带责任。"乙公司法定代表人李红在合同尾部签字。后双方发生纠纷，甲公司起诉乙公司，并要求此时乙公司的法定代表人李蓝承担连带责任。李蓝是否需要承担连带责任？①否。②李红签字在合同上有双重含义，他既代表乙公司签字，该合同由乙公司承担责任；他还代表他自己签字，李红要对乙公司支付货运代理费义务承担约定的连带责任。③基于合同相对性，新任法定代表人李蓝无须承担任何责任。

（2）法定代表人实施侵权的法律效果：①法定代表人因执行职务造成他人损害的，由法人承担民事责任。②法人承担民事责任后，依照法律或者法人章程的规定，可以向有过错的法定代表人追偿。

例 1：【东哥哥大】 甲公司法定代表人东哥在哥伦比亚大学组织的公司年会上对乙女实施了性骚扰，乙女要求甲公司承担侵权责任，该主张能否成立？①否。②东哥是甲公司法定代表人，但其实施性骚扰的行为并非执行职务行为，故应由东哥而非甲公司承担侵权责任。

例 2：【上班撞人】 甲公司法定代表人东哥在驾驶汽车去公司上班的路上，撞伤了乙女，乙女要求甲公司承担侵权责任，该主张能否成立？①能。②东哥是甲公司法定代表人，其驾驶汽车去上班，属于执行职务致人损害，应由甲公司而非东哥承担侵权责任。

> **秒杀**：区分法定代表人实施的侵权行为是否由公司承担侵权责任，关键看法定代表人是否在执行职务过程中致人损害。

（四）法人的分支机构

法人分支机构以自己的名义从事民事活动，产生的民事责任由法人承担；也可以先以该分支机构管理的财产承担，不足以承担的，由法人承担。

例：【天地会分舵】 甲公司的总部设立在深圳，为拓展业务，其在北京依法设立甲分公司并领取营业执照。甲分公司以自己名义与乙公司签订买卖发电机合同，收货后届期未支付价款。乙公司诉至法院。如何评价分支机构的法律地位？①甲分公司是甲公司的分支机构，虽然没有民事权利能力，不能独立承担责任，但是可以自己名义对外签订合同，由甲公司负责。②甲分公司依法设立并领取营业执照，属于《民诉法》中的"其他组织"，具有诉讼权利能力，故列甲分公司为被告。

> **区分 1**：①民法上，法人分支机构不是一个独立的民事主体，它只是法人对外拓展业务的一个机构，不具有民事权利能力。②民诉法上，依法领取营业执照并且登记的法人分支机构，可以作为当事人参加诉讼，具有民事诉讼权利能力。
> **区分 2**：①法人机构是法人组成部分，强调的是他属于法人的内部治理问题，是每个法人构造必须具有的组成部分，即每个法人都必须有法人机构。②法人分支机构是法人为扩展业务而设立的部门，强调的是他属于法人的业务拓展方式，不是每个法人都有在全国拓展业务的需要，即不是每个法人都有分支机构。

（五）法人的设立、合并与分立

1. 法人的设立

（1）设立人为了设立法人，以正在设立中的法人名义从事民事活动：①法人成立的，由法人承受法律后果。②法人未成立，由设立人承受法律后果，设立人为2人以上的，享有连带债权，承担连带债务。

例：【创业公司名义】唐某与方某一起创业，以设立中甲公司名义与乙公司签订租赁办公设备的合同。届期未支付租金，乙公司向谁主张租金？①如甲公司成立，由甲公司支付租金；②如甲公司不成立，由唐某、方某就支付租金义务承担连带责任。

> **原理：** 为什么以创业公司名义签订合同，成功由创业公司承担，失败由全体设立人一起负连带？①因为合同是为了设立法人，即为了创业公司利益，在合同签字的就是创业公司，故创业公司是当事人，相对方乙公司对此完全知情。②如果创业公司设立，坚持相对性，由创业公司承担责任。③如果创业公司失败，则找不到合同签字相对人，故将全体设立人抓起来承担连带责任。

（2）设立人为设立法人而以自己名义从事民事活动：①法人成立的，第三人有权选择请求法人或设立人承担民事责任，选择之后不得变更。②法人未成立，由设立人承受法律后果。

例：【创业者名义】唐某与方某一起创业拟设立甲公司，以唐某自己名义与乙公司签订租赁办公设备的合同。届期未支付租金，乙公司向谁主张租金？①如甲公司成立，则乙公司可选择要求甲公司或者唐某支付租金，选择之后不得变更。②如甲公司未成立，则乙公司可要求唐某支付租金，不能要求唐某、方某承担连带责任。因为连带责任是比较重的责任，无法律明确规定或者当事人约定，则不能适用连带责任。

> **原理：** 为什么以设立人个人名义签订合同，成功后对方可以选择，失败后对方只能要求签字的设立人承担责任？①因为在合同上签字的是设立人个人，故该个人是当事人，合同相对方不会知道设立人是为创业而签约。②如果设立成功，相对人有选择权，这突破了合同相对性。③如果设立失败，则相对人只能要求签字的设立人个人承担责任。

记忆： 个人-成功-选择，其他该咋地咋地。

2. **法人的合并与分立**

法人合并的，其权利和义务由合并后的法人享有和承担。法人分立的，其权利和义务由分立后的法人享有连带债权、承担连带债务，但是债权人和债务人另有约定的除外。

例：【合并分立】甲公司与乙公司合并为丙公司，或者甲公司分立为乙公司和丙公司，丁公司是甲公司债权人。①在合并甲乙公司情形，丁公司可要求丙公司履行债务；②在甲公司分立情形，丁公司可要求乙公司和丙公司承担连带责任。

二、非法人组织

（一）非法人组织的性质

不具有法人资格，可以该组织名义参加民事活动，但无独立民事责任能力的组织。非法人组织的财产不足以清偿债务的，其出资人或者设立人承担无限责任。

（二）非法人组织的种类

1. 个人独资企业。是指依法在中国境内设立，由一个自然人投资，财产为投资人个人所有，投资人以其个人财产对企业债务承担无限责任的经营实体。个人独资企业财产不足以清偿债务的，投资人应当以其个人的其他财产予以清偿。

例：【个人独资企业亏了】甲设立了 S 个人独资企业。为扩大经营规模，S 企业向丙借款 200 万元届期未还，<u>对此甲应如何承担责任？</u>甲仅于 S 企业财产不足以清偿债务时以个人其他财产予以清偿。

2. 合伙企业。合伙企业是指由各合伙人订立合伙协议，共同出资，共同经营，共享有收益，共担风险，并对企业债务承担无限连带责任的营利性组织。

（1）合伙企业分为普通合伙企业（全体合伙人对合伙企业债务承担无限连带责任）和有限合伙企业（部分合伙人对合伙企业债务承担无限连带责任，部分合伙人对合伙企业债务承担有限责任）。

（2）合伙企业对其债务，应先以其全部财产进行清偿。合伙企业不能清偿到期债务的，合伙人承担无限连带责任。

例：【合伙亏本】甲企业是由自然人安琚与乙企业（个人独资）各出资 50%设立的普通合伙企业，欠丙企业货款 50 万元，由于经营不善，甲企业全部资产仅剩 20 万元。现所欠货款到期，<u>相关各方因货款清偿发生纠纷，怎么处理？</u>①欠款应先以甲企业的财产偿还，不足部分由安琚与乙企业承担无限连带责任。②就乙企业对丙企业的应偿债务，乙企业投资人承担无限连带责任。

3. 不具有法人资格的专业服务机构。主要指不具有法人资格的律师事务所、会计师事务所。

第四章　民事法律行为

【案例】甲抛弃一台电脑，乙捡拾后出卖给丙。丙买得后将其作为出资与丁达成设立公司的协议。公司设立后，公司决议将该电脑出租给戊。问：有哪些民事法律行为？

答：（1）甲抛弃的单方法律行为。（2）乙先占无主物，乃事实行为，不是民事法律行为。（3）乙、丙买卖的双方法律行为。（4）丙、丁设立公司的多方法律行为，又称共同行为。（5）公司决议行为。（6）公司和戊出租的双方法律行为。

第一节　民事法律行为基础

一、意思表示：将欲发生私法上效果的内心意思，表示于外部的行为

（一）意思表示的构成

1. 意思表示的主观要件：目的意思和效果意思。

（1）目的意思：指明民事法律行为具体 内容 的意思要素。聚焦的是表意人的意思内容，如买卖合同中的标的物和数量。

（2）效果意思：表意人欲使其表示内容引起法律上效力的意思要素，当事人追求设立、变更、终止民事法律关系的意图。聚焦的是表意人追求将其意思内容发生法律拘束力。

例：【卖房要约的意思表示】唐某向温某发出要约，欲将坐落在北京市海淀区幸福小区 A 楼一单元 101 号房屋出卖给温某，温某收到后表示同意。如何分析要约的意思表示？①"出卖坐落在北京市海淀区幸福小区 A 楼一单元 101 号房屋"＝目的意思。②唐某期待一旦温某表示同意自己将受卖房合同约束＝效果意思。③要约的目的意思是要约中所包含

的未来合同中的主要条款；要约的效果意思是要约人意欲订立合同的意思，即一经承诺即受合同拘束的意思。

> **原理**：为什么意思表示的主观要件只需要目的意思和效果意思，不需要"表示意思"？（1）外国法语境中意思表示的主观要件是 3 要件理论，即目的意思+表示意思+效果意思，其中的"表示意思"，是指表示意思行为人认识其行为具有某种法律上的意义。如在拍卖场所不知交易规则，向友人举手示意，因欠缺表示意思而不构成竞买行为。（2）在学理上，我国大部分学者认为，表示意思可以包括在效果意思中，即存在受法律约束的意图。（3）在立法上，《民法典》（合同编）明确对要约这一意思表示进行了定义（同时也是对意思表示进行的定义），"要约是希望和他人订立合同的意思表示，该意思表示应当符合下列规定：①内容具体确定；②表明经受要约人承诺，要约人即受该意思表示约束。"（4）因此，在中国，要约这一典型意思表示的主观构成要件就是 2 个：①"内容具体确定"=内容包括未来合同的主要条款=目的意思。②"表明经受要约人承诺，要约人即受该意思表示约束"=追求拘束效果=效果意思。

2. 意思表示的客观要件：表示行为，表意人将目的意思和效果意思表现于外部的行为。

（1）表意人有意识的自主行为。如甲被麻醉而失去知觉，乙强按甲的指纹在合同上签名，甲的行为不符合表示行为的构成要件，故甲的行为不是意思表示。

（2）须足以让外界所接触理解。意思须发表，让人能知晓。表意人实施法律行为的目的是要与他人发生权利义务关系，如他人不知道表意人的意思，达不到自治自己事务的目的。

例：①我要买房。②我要用 100 万元买你位于某地的 100 平方米某房。③我要把"我要用 100 万元买你位于某地的 100 平方米某房"这个内容写进合同受其约束。④我在该合同上已经签字了。上述四个意思各自是什么意思？①什么都不是。②有了目的意思。③有了目的意思和效果意思。④有了目的意思、效果意思和表示行为。

> **原理**：为什么去掉了外国法语境中的"行为意思"？①所谓行为意思，是指行为人自觉地从事某项行为的意思，而不能是醉酒后被强按签名。②我国大部分学者认为：行为意思可以包括在表示行为之中。因为表示行为本身就是一种有意的、自觉的行为，单纯的、毫无意识的行为不能称为表示行为。

（二）意思表示的发出、撤回和撤销

1. 意思表示的发出：表意人向意思表示受领人作出了意思表示，完成了一切为使意思表示生效所必须的行为。

（1）表意人的权利能力和行为能力，以意思表示发出时认定。

例：【"250"还是"520"立遗嘱】甲立遗嘱时，是无民事行为能力（"250"）的成年人，待甲死亡时，甲又恢复了辨别能力，成为完全民事行为能力人（"520"）。该遗嘱效力如何？①遗嘱无效。②因为甲作出意思表示的时候，不具有完全民事行为能力。③反言之，甲立遗嘱时是完全民事行为能力人，待甲死亡时，甲失去了辨别能力，成为无民事行为能力人，但其遗嘱仍然有效，因为甲作出意思表示的时候，具有完全民事行为能力。

（2）意思表示发出后，表意人死亡、丧失行为能力或行为能力受限制的，其意思表示不因之失去效力。

例：【要约到达对方后要约人死亡】甲向乙发出卖房要约，乙收到后向甲发出同意买房的承诺时，甲已经死亡。该房屋买卖合同效力如何？①有效。②乙有权要求出卖人甲的继承人继续履行合同。③如果甲没有继承人或者继承人放弃继承遗产，则乙有权要求遗产管理人继续履行合同。

（3）意思表示有无瑕疵（欺诈、胁迫、重大误解、乘人之危致显失公平），应以发出时点为准据。

例：【上错菜≠点错菜】唐某去餐馆点基围虾，餐馆下单基围虾，却将邻桌点的对虾给了唐某。唐某认为上错菜了可以白吃，未提示餐馆。唐某吃完对虾后，要求餐馆继续履行上一盘基围虾。本案意思表示是否发生重大误解？①否。②因为唐某点菜基围虾，餐馆下单基围虾。③上错菜属于合同履行不当，乃违约问题，而非意思表示出现瑕疵。④关于对虾问题，唐某构成不当得利。⑤关于基围虾问题，餐馆构成违约。

（4）意思表示的生效，以发出为前提，对未经发出的意思表示不得为承诺。

例：【外人截胡】甲到乙的办公室，见乙的桌上有一信件，载明愿承租甲的房屋，甲即对乙承诺，愿意出租该房屋。甲乙房屋租赁合同是否成立？①否。②因为乙愿意承租甲房屋的要约尚未发出，故甲没有承诺资格。③当然，甲发出的愿意出租房屋的"承诺"，属于"新要约"，这时轮到乙表态。④如乙表态同意承租，则其承诺与甲新要约意思表示一致，则房屋租赁合同成立。⑤如乙没表态或者拒绝，则房屋租赁合同不成立。

2. 意思表示的撤回：表意人对尚未生效的意思表示阻止其生效的意思通知。撤回意思表示的通知应当同时于或先时于意思表示达到相对人＝撤回成功。

例：【后发先至】甲向乙发出了出租房屋的1函即后悔，甲马上追加2函告知乙自己不愿意出租房屋，且1函作废。2函同时或早于1函到达乙。则1函还有效吗？①1函的意思表示被撤回。②因不会破坏乙的合理期待，故意思表示的撤回无须理由，只需要"后发先至或同时至"。

3. 意思表示的撤销：表意人对已经生效但未获承诺的意思表示发出撤销通知，以消灭其拘束力。

（1）要约可以撤销。①撤销要约的意思表示以对话方式作出的，该意思表示的内容应当在受要约人作出承诺之前为受要约人所知道。②撤销要约的意思表示以非对话方式作出的，应当在受要约人作出承诺之前到达受要约人。

例：【反悔有责】甲向乙发出了出租房屋的1函，1函已经到达了乙。甲后悔，向乙发出2函，2函在乙作出承诺之前到达乙。则1函还有效吗？①1函的意思表示被撤销。②因1函会破坏乙的合理期待，比如乙因相信1函而去备货或者寻找仓库等，故1函被撤销后，乙可向甲主张缔约过失责任。[1]

---

〔1〕 缔约过失责任：缔结合同过程中，一方过错导致合同不成立、无效、被撤销等情形，导致对方信赖利益损害，对方可要求有过错一方承担缔约过失责任。本例即一方过错导致合同不成立情形。

（2）要约不可撤销。①要约人以确定承诺期限或者以其他形式表明要约不可撤销。②受要约人有理由认为要约是不可撤销的，并已经为履行合同作了合理准备工作。

例：【有期之约】甲向乙发出卖秋田犬的 1 函，明确希望乙在 1 周内答复。甲发出 1 函后即后悔，故向乙追加 2 函，要求撤回 1 函。是否可行？①可行。②"1 周内答复"属于要约的有效期间，又称承诺期间。③只要甲追加 2 函"后发先至或同时至"，即可撤回 1 函。④如果 1 函已经到达了乙，则甲不得撤销 1 函，因为 1 函存在"承诺期限"。⑤如果乙在第 10 天答复称同意购买，则属于"过了承诺期限"作出的承诺，属于"新要约"，接下来就看甲是否同意。如甲同意，则买卖合同成立；如甲不同意，则买卖合同不成立。

（三）无相对人的意思表示和有相对人的意思表示

1. 无相对人的意思表示：无须向相对人作出意思表示，自己完成即可。

（1）无相对人的意思表示，表示完成时生效。如抛弃动产所有权的行为，抛弃完成时生效。

例：【抛弃物品】甲托乙将其旧手表放在分类垃圾箱的"可回收"类垃圾箱中，乙将手表投放垃圾箱后，又将该表捡回。某日，甲见乙戴该表，要求乙返还手表。甲的主张能否成立？①否。②甲托乙抛弃动产所有权的行为，在乙完成抛弃行为时，抛弃即发生法律效力，该手表成为无主物，乙可"先占"取得所有权。③如果乙在没有完成抛弃行为时，将手表占为己有，则因抛弃行为尚未完成，故甲仍然是手表物权人，可要求乙返还手表。

（2）法律对无相对人意思表示的生效时间另有规定的，依照其规定。如遗嘱行为（遗嘱继承 = 通过遗嘱将个人财产分配给法定继承人；遗赠 = 通过遗嘱将个人财产分配给法定继承人之外的人），在立遗嘱人死亡时生效。

例：【遗赠图书】孙某临终前在日记中写道：若离人世，愿将个人藏书赠与好友王某，王某对此毫不知情。孙某死亡时，继承人分遗产时，王某对藏书提出主张。众法定继承人认为遗嘱没有生效，因为王某不知情。该主张能否成立？①否。②孙某将个人财产立遗嘱给法定继承人之外的人，这属于遗赠。③遗赠乃无相对人意思表示，该意思表示无须向受遗赠人，该意思表示在立遗嘱人死亡时发生效力。

（3）无相对人意思表示解释：不能完全拘泥于所使用的词句（因为这里不存在相对人的交易安全和善意信赖保护问题），而应当结合相关条款、行为的性质和目的、习惯以及诚信原则，确定行为人的真实意思。

例：【古某送"酒"】小说家古某颇爱喝酒，平时常用"酒窖"指代其"藏书"。古某立下遗嘱，将其"酒窖"给小说家金某。经查，古某并无酒窖。古某的遗嘱是否有效？①是。②因为遗嘱属于无相对人意思表示，不能拘泥于字面含义解释该遗嘱，而应探求立遗嘱人的真实意思表示，故金某有权基于遗赠受赠古某的"藏书"。

2. 有相对人的意思表示：指表意人应向相对人为意思表示，又可分为对特定的人的意思表示和对不特定人的意思表示。

（1）对特定人的意思表示是指意思表示的对象是特定的，如要约和承诺。该意思表示生效时间点：①对话 = 了解主义。②非对话 = 到达主义。③电子签约：第一，收件人指定接收邮箱 = 到达主义。第二，收件人未指定接收邮箱 = 了解主义。

例：【电子签约】甲向乙发出电子邮件，欲出卖手表，乙有多个收件箱，未明确告知甲应发向哪个邮箱。甲将该邮件发送到乙的收件箱 1。则甲出卖手表的要约何时生效？乙点击收件箱 1 时，乙才了解甲的要约，故此时甲的要约生效。

（2）对不特定人的意思表示是指意思表示的对象是不特定的，如悬赏广告（悬赏人以公开方式声明对完成特定行为的人支付报酬的，完成该行为的人可以请求其支付）。该意思表示生效时间点：以公告方式作出的意思表示，公告发布时生效。

例1：【悬赏广告】甲手机丢失后发布寻物启事称："拾得者送还手机，本人当面酬谢"。出租司机乙将手机送还甲，要求甲支付适当报酬，甲以出租司机拾得乘客物品有义务归还为由拒绝。甲的理由是否成立？①否。②乙拾得遗失物负有将遗失物归还失主的义务。③但甲发布悬赏广告，自广告意思表示发布时发生效力，故甲应向乙支付报酬。④这体现了"物债"两分思维，即乙向甲归还遗失物是物权返还问题，即使不存在悬赏广告，乙也应当返还拾得的遗失物。甲向乙支付报酬是悬赏广告之债的问题，只要乙完成了特定行为，甲就应支付报酬。

原理：悬赏广告是单方允诺？还是要约？（1）所谓单方允诺，即单方意思表示就发生债的约束力。悬赏广告发布人一旦发出广告，即受其约束，不考虑对方意思表示。（2）所谓要约，即希望对方接受自己意思表示，要考虑对方意思表示，待对方承诺后合同才成立。（3）如果将悬赏广告定性为单方允诺，利在解决下列难题：①如果孩子拾得遗失物，虽然孩子没有承诺的行为能力，但是仍然可以主张悬赏报酬；②如果大人不知道有悬赏广告而归还拾得物，仍可主张悬赏报酬。弊在于需要增加一个法条。（4）如果将悬赏广告定性为要约，利在通过合同法一个条文搞定；弊在需要对前述 2 情形进行单独解释，即孩子可以主张报酬，以及不知悬赏广告的成年人仍可主张报酬。（5）学说不存在优劣，关键在于我们如何去解释现实生活。基本原则是：结论不能违反日常经验法则。

例2：【自动售货机】甲在某大学摆设饮料自动贩卖机，乙投入两枚硬币购买了一罐咖啡，咖啡出来后，两枚硬币因机器故障跳出。乙见四处无人，乃取两枚硬币放入口袋。如何评价甲乙订立合同的过程？①甲摆设自动贩卖机的行为属于要约。②乙投币购买咖啡的行为属于承诺。③甲乙咖啡买卖合同已经成立并生效，双方履行完毕。④乙将两枚硬币放入口袋的行为构成不当得利，即没有法律根据取得他人利益，导致他人受损，且获益和损失之间存在因果关系。⑤甲有权请求乙返还该两枚硬币。

例3：【移动公司活动】中国移动甲分公司推出"充话费、送话费+抽奖"活动，并将该活动的具体内容以宣传栏的形式在营业厅展示。甲公司的活动属于用什么方式作出的意思表示？①以公告方式做出的意思表示。②自公告发布时该意思表示发生效力。③所谓公告方式，是指通过报纸刊登、广告栏张贴、广播电视传播以及互联网发布等公共媒介形式发布意思表示。

（3）有相对人意思表示解释：应当优先按照所使用的词句（文义解释）（因为这里存在交易相对人交易安全和善意信赖保护问题），后结合相关条款（整体解释）、行为的性质和目的（目的解释）、交易习惯以及诚实信用原则，确定意思表示的含义。

例：【文化人借钱】2003 年甲向乙借款 3000 元，借据中有"借期一年，明年十月十五前还款"字样，落款时间为"癸未年九月二十日"。后来二人就还款期限问题发生争执，法院查明"癸未年九月二十日"即公元二〇〇三年十月十五日，故认定还款期限为二〇〇四年十月十五日。法院运用了哪几种合同解释规则？①文义解释。法院查明，"癸未年九月二十日即公元二〇〇三年十月十五日"，这一结论来自字面解释，查万年历就可以得出来。②整体解释（又称体系解释）。"故认定还款期限为二〇〇四年十月十五日"，这一结论来自"借期一年……"+"落款时间……"上下文结合起来理解所得出，基于合同各个条款组合得出的解释结论，故使用了整体解释规则。

（四）明示的意思表示和默示的意思表示

1. 明示的意思表示：使用直接语汇实施的表示行为，如口头、书面、公告等形式。

2. 默示的意思表示：默示所含意思，需要通过推理手段才能理解其意思表示，如租赁合同届满，承租人继续交付租金并为出租人接受，便可推知其表示要延展租赁期间。

3. 沉默只有在法律有规定、当事人有约定或者符合当事人之间的交易习惯允许时，才可视为意思表示。

例：【合同变更不代表放弃主张违约责任】 甲先同意卖 1 号房给乙，乙同意付全款购买。后甲却将 1 号房出卖并过户给了丙。甲和乙讲，同小区还有 2 号房可卖给乙，乙同意购买 2 号房，并在原合同文本上将房屋信息修改替换。因 2 号房价格较高，乙需要贷款。后政府出台贷款调控政策导致乙不具备贷款资格。则乙诉求甲承担未能履行 1 号房买卖合同中的违约责任，能否得到支持？①能。②因为同意变更合同有明示意思表示。③但并无放弃诉卖方违约责任的意思表示。④买方对此"沉默"，不能当做买方放弃诉卖方的违约责任。

沉默＝同意	沉默＝拒绝
被代理人知道"被代理"不作否认表示＝同意代理	要约后受要约人未作出承诺＝不要要约
试用买卖试用期届满试用人不作表示＝同意购买	对方催告爸爸妈妈追认而后者未表示＝不追认
房东知道租户擅自转租 6 个月内未异议＝同意转租	对方催告被代理人追认而后者未表示＝不追认
继承中内人没表示＝同意继承	继承中外人没表示＝不要受遗赠

二、民事法律行为：民事主体通过意思表示设立、变更、终止民事法律关系的行为

（一）单方、双方、多方和决议的民事法律行为（根据意思表示数量区分）

1. 单方民事法律行为：（1）仅由一方意思表示就能成立的民事法律行为。（2）常见的如抛弃动产所有权的行为、免除债务的行为、授予代理人代理权限的行为、订立遗嘱的行为、选择之债行使选择权的行为、抵销债务的行为、对效力待定合同进行追认的行为、撤销因受胁迫而缔结婚姻的行为、解除合同的行为。

> **原理1：** 为什么一个人可以说了算？①要么该行为仅涉及自己权利的处分，比如抛弃一个手表，比如抛弃一个债权。②要么该行为仅使相对方取得权利而不承担义务，比如授予代理人代理权，比如立遗嘱将财产赠给他人。③要么该行为是依照法律规定享有，比如依照法律规定享有的解除权而解除合同。④要么该行为是依照当事人约定享有，比如依照当事人约定享有的解除权而解除合同。以上总总，皆有其正当性。
>
> **原理2：** 单方法律行为与形成权是什么关系？①单方法律行为是单方意思就成立的民事法律行为，是从民事法律事实角度观察，是事实。②形成权是权利人单方意思就可以使得民事法律关系发生变动的一种权利，是从民事权利的功能角度观察，是权利。③两者不是同一个层面和角度的问题。④有的单方行为是形成权的行使，比如解除合同的行为。⑤有的单方行为不是形成权的行使，比如抛弃手表所有权。⑥将这两个概念作区分实在没有必要，考试不会考，因为考生经常有这么个疑问，故此处阐明之。

2. 双方民事法律行为：（1）须双方"意思表示一致"才能成立的民事法律行为。（2）常见的是合同行为，所谓"合同"就是"合"在一起的两个意思表示"相同"的地方，就是"合同"。

例：【赠与须你情我愿】甲欠乙500元到期未还，丙替好友甲向乙还了500元。丙对甲说："这500元送你了"。甲对丙讲，"我一定会还你500元"。甲向丙付了250元后，双方交恶。甲要求丙退250元，丙要求甲支付另外250元。<u>谁的主张能成立？</u>①丙。②丙向甲发出了赠与的意思表示，甲拒绝，双方的赠与合同并未成立。③赠与合同属于双方民事法律行为，故丙有权要求甲支付另外的250元。

3. 多方民事法律行为：（1）两个或两个以上共同的意思表示一致而成立的民事法律行为。"共同行为"，要求多个意思表示完全重合。（2）如合伙合同、设立公司的协议。

4. 决议的民事法律行为：（1）又称组织内部行为，是指社团组织成员依照一定规则（多数决）实施的多方民事法律行为，如股东会、董事会决议等。（2）决议主要发生于社团内部，不直接产生对外法律效果。（3）不是意思表示全部平行的合致，而是多数平行的合致，但其对没有表示同意的表决成员也具有约束力。

辨析意思表示与民事法律行为的区别	主体	生效要件	生效时间
意思表示	一方意思表示	意思表示是民事法律行为的组成部分	①对话意思表示＝了解主义；②非对话意思表示＝到达主义；③无相对人意思表示＝完成主义；④公告意思表示＝公告发布。

续表

辨析意思表示与 民事法律行为的区别	主体	生效要件	生效时间
民事法律行为	①1 个意思表示如单方民事法律行为； ②2 个意思表示如双方民事法律行为； ③多个意思表示如多方民事法律行为。	民事法律行为生效要件包括当事人具有相应行为能力、意思表示真实和内容合法	①单方民事法律行为 =意思表示作出时； ②双方或多方民事法律行为 = 各方意思表示一致； ③决议行为 = 依法或章程规定程序和方式才成立生效。

（二）有偿行为和无偿行为（根据当事人是否要付出对价区分）

1. 有偿行为：双方当事人各因给付而取得对价利益的行为。如买卖合同、租赁合同等。所谓对价或对价利益，是按市场法则判断当事人在交易中各得其所，而不是按观念判断的绝对均等。

2. 无偿行为：当事人约定一方当事人履行义务，对方当事人不给予对价利益的行为。如赠与合同、借用合同等。

财产性双方行为	主体要求	法律适用	意思表示瑕疵效力	承担法律责任要件
有偿行为	完人	可以有偿可以无偿，如保管、委托等，从约定	有偿行为，才可能存在因趁人之危致显失公平等意思表示瑕疵	当事人负担义务属于取得对价利益的给付，有一般过失时就要承担责任
无偿行为	限人纯获利益行为有效	赠与合同、借用合同	无偿行为本身就是没有对价给付的，不存在因趁人之危致显失公平问题	因义务人不获对价，承担赔偿责任通常以重大过失为要件，如无偿保管人证明自己无重大过失，不承担赔偿责任

（三）诺成行为和实践行为（根据意思表示之外是否需要交付标的物为区分标准）

1. 诺成行为：当事人一方意思表示一旦经对方同意即可成立的行为，不以标的物的交付为要件。"一诺即成"。

2. 实践行为：又称"要物行为"，除当事人意思表示一致之外，还需要交付标的物才能成立的民事法律行为。保管合同、定金合同、借用合同、自然人之间借款合同均为实践行为，又称实践性合同。

例1：【不能诉出借人交钱】唐某同意出借 500 元给温某，但未交付借款，温某诉至法院要求唐某交付 500 元，<u>能否获得支持？</u> 否。因为唐某和温某签订的是自然人之间的民间借贷合同，属于实践性合同，唐某尚未交付 500 元，故借款合同不成立。温某要求唐某交付 500 元，没有合同依据。

例2：【履行合同不是实践行为】唐某和温某签订买卖 A 手机的合同，温某却将 B 手机交付给了唐某。<u>温某交付手机的行为，是否是实践行为?</u> ①否。②因为所谓实践行为，是除了双方当事人意思表示一致之外，还需要交付标的物才能成立的民事法律行为，即实践行为首先必须得是民事法律行为。③出卖人交付买卖合同项下手机的行为，是履行买卖合同的义务，是一个事实，并非民事法律行为。④本案双方签订的买卖合同，属于双方民事法律行为，乃诺成行为。

实践性合同记忆口诀："保、定、用、钱"。

（四）要式行为和不要式行为（根据法律行为是否必须采用特定形式作区分）

1. 要式行为：必须依照法律规定的形式实施的行为。比如立遗嘱，立遗嘱人必须严格依照继承编规定实施方能发生法律效力；比如结婚，婚姻当事人必须到民政部门办理登记方能发生法律效力。

2. 不要式行为：不拘形式的民事法律行为，即当事人可以自由决定行为的形式，只要该行为意思表示合法，行为即可生效。比如当事人签订买卖合同，不是必须采用书面形式。

（五）负担行为和处分行为（在承认物权行为的立法体例中存在该分配，帮助我们理解"物债两分"的区分原则）

1. 负担行为：以发生债权债务为内容的民事法律行为，又称债权行为。负担行为是令义务人负担一项义务，是物权变动的原因，如房屋买卖合同。

2. 处分行为：直接使权利发生、变更或消灭的民事法律行为，又称物权行为。处分行为是针对一项既存权利的处分，是物权变动的结果，如基于房屋买卖合同而发生的房屋过户登记。

例1：【房屋买卖和过户的区分原则】甲乙双方签订了房屋买卖合同，后甲将房屋过户给了乙，乙成为房屋所有权人。<u>从物债两分角度怎么评价?</u> ①甲乙签订的合同，这是负担行为，是转移房屋所有权的原因。②甲乙办理房屋过户手续，这是处分行为，是转移房屋所有权的结果。

例2：【手表买卖和交付的区分原则】甲乙双方签订了手表买卖合同，后甲将手表交付给了乙，乙成为手表所有权人。<u>从物债两分角度怎么评价?</u> ①甲乙签订的合同，这是负担行为，是转移手表所有权的原因。②甲向乙交付手表，这是处分行为，是转移手表所有权的结果。

辨析负担行为与处分行为	效果	客体	处分权	公示	排他性
负担行为	产生债权法上效果，即产生请求权	不要求客体事先特定	无须有处分权	不要求公示	没有排他性，甲的1台电脑可以签订3个买卖合同（负担行为），这3份合同效力没有问题，尽管最终只有1份合同能够履行

续表

辨析负担行为与处分行为	效果	客体	处分权	公示	排他性
处分行为	产生物权法上效果，即发生物权变动	要求处分的客体在处分前确定	要求处分人有处分权	要求公示	具有排他性，甲只能交付 1 次而转移电脑所有权（处分行为）

原理 1：负担行为与处分行为的区分意义＝有助于理解交易过程。①负担行为使人负担义务，仅具有相对效果。一个人可以承担任意多次义务，虽然他无法履行所有这些义务。②处分行为具有分配属性，其后果改变财物的归属，其效果可以对抗任何人。一个人仅能进行一次处分行为，因为一旦转让权利，就丧失了该项权利，不再具有处分权。③一个人可以多次出卖同一物（负担行为），出卖人对每一个买受人都负有转移物的所有权并交付物的义务，虽然他只有能力履行一次这样的义务。④这种区分对于理解现实生活中的交易过程颇有意义，特别是"一物多卖"的现象更容易得到解释。

原理 2：负担行为与处分行为的存在形态。①既有负担行为也有处分行为，如甲乙签订买卖房屋的合同（该合同是负担行为），同时转移房屋所有权（该所有权转移是处分行为）。②仅有处分行为而无负担行为，如所有权抛弃。③只有负担行为而无处分行为，比如雇佣。

原理 3：负担行为与处分行为的有限功能。①负担行为和处分行为不能囊括所有的民事法律行为。比如撤销、解除等形成权的行使行为虽然是民事法律行为，但其标的并不是权利义务本身，因此难以归入负担行为或处分行为的分类中去。②负担行为和处分行为仅仅是从一方当事人来定义的。负担行为是对义务人来说的，如从相对人角度，则是取得行为；处分行为是从处分权人角度来说，如从相对人角度，则相对人不存在所谓"处分"问题。

第二节　有效民事法律行为

【案例】 甲、乙双方在房屋买卖合同上已经签字，后房屋价格下跌，买房人甲要求退房。问：甲可否要求退房？答：不能。契约必守！有效民事法律行为是当事人的"法律"。

一、民事法律行为的成立

（一）有当事人＋有意思表示＋有内容＝一般民事法律行为成立＝民事法律行为客观上已经存在＝事实判断

（二）实践性行为除需要具备上述成立要件外，还需要以交付标的物为特别成立要件

二、民事法律行为的生效

（一）当事人有相应的行为能力+意思表示真实+内容不违反法律、行政法规的强制性规定、不违背公序良俗=一般民事法律行为生效=民事法律行为对当事人具有拘束力=价值判断

例：【买卖妇女合同】甲乙之间签订买卖妇女的合同。①当事人是甲乙，甲有卖的意思而乙有买的意思，内容是转移"妇女所有权"，故该民事法律行为成立。②甲乙具有相应的行为能力，意思表示也真实，但是其内容违反法律强制性规定，故该民事法律行为无效。

> **原理：**民事法律行为生效要件的对立面是什么情况？（1）不具有相应的行为能力签订的合同：①"无人"签订合同一概无效。②"限人"签订合同有的有效（纯受益或与其年龄智力相适应的），有的效力待定（不是纯受益，且与其年龄智力不相适应）。③"无限人"订立遗嘱一概无效。（2）意思表示不真实签订的合同：①双方意思表示不真实属于"双方通谋虚伪表示"，则无效；②单方意思表示不真实（如重大误解、受欺诈或受胁迫、被乘人之危导致不公平），则可撤销。（3）违反强制性规定和公序良俗签订的合同无效。

（二）附生效条件的民事法律行为除需要具备上述生效要件外，还需要满足当事人约定的生效条件

例：【附生效条件的合同】甲乙签订房屋租赁合同，特别约定待双方办理房屋租赁合同备案登记时发生效力，后尚未办理备案登记。①租赁合同已经成立。②同时符合一般生效要件。③但要待办理备案登记时才满足当事人约定的生效条件。

三、针对他人之物签订的各种合同

（一）无权出卖他人之物的买卖合同不因无权处分而无效：因出卖人未取得处分权致使标的物所有权不能转移的，买受人可以解除合同并要求出卖人承担违约责任

1. 物主认可该合同，则买方可正常取得标的物所有权。（1）即汽车这一动产，买方因取得占有而成为所有权人。（2）房屋这一不动产，买方因取得过户登记而成为所有权人。（3）都是基于有效合同而取得所有权。

2. 物主不认可该合同，则需要启用"物债两分"的"区分原则"。从物权变动和合同效力两层面来观察：（1）物权变动角度：检讨买方是否构成善意取得，如构成善意取得，则买方成为所有权人；如买方不构成善意取得，则买方不能成为所有权人。（2）合同效力角度：该合同有效。如买方构成善意取得，但仍不是基于合同取得物权，而是依法善意取得物权。如买方不构成善意取得，则买方有权要求卖方承担违约责任或者解除合同并主张损害赔偿。

例1：【无权出卖他人之物】唐某将温某交由其保管的价值1万元手表出卖给潘某，双方签订了买卖合同。<u>如何评价唐某与潘某的交易？</u>（1）如温某认可该合同，则唐某和潘某的合同一切正常，潘某自取得手表占有时成为所有权人。（2）如温某不认可该合同，则适用"物债两分"的区分原则：①物权变动角度，如果潘某对唐某无权处分一事不知情

（即善意）、手表的签约价格合理（7 折以上）、潘某已经取得对手表的占有（完成交付），则潘某可主张"善意取得"该手表的所有权。②合同角度：欠缺上述"善意取得"的任何一个要件，潘某都不会取得手表所有权。但是该合同有效，故潘某可要求卖方唐某承担违约责任或者解除买卖手表合同并主张损害赔偿。

例 2：【可以容忍无权处分瑕疵，但不能容忍其他瑕疵】甲将其手表交由 7 周岁的侄子乙保管，乙将该手表卖给 20 周岁的丙，<u>则乙丙合同效力如何？</u>①无效。②因为乙丙合同既是无权出卖他人之物的合同，又是无行为能力人签订的合同。③行为能力制度是保护特殊利益群体，而无权出卖他人之物规则是保护交易安全，对未成年人或缺乏辨认能力的成年人利益保护，其位阶高于对交易安全的保护。

（二）无权出卖他人技术的技术合同无效

例：【侵害他人技术成果技术合同无效】甲利用不正当手段从乙处获得技术秘密，甲将该技术秘密出卖给丙，双方签订了技术转让合同。<u>该合同效力如何？</u>①无效。②因为《民法典》合同编明确规定，侵害他人技术成果的技术合同无效。这属于技术合同的特别规则。

（三）无权赠与他人之物的赠与合同效力待定

例：【老公背着老婆赠夫妻共有财产给第三者】甲未经配偶乙同意，擅自将夫妻共有的财产（汽车房屋或者其他财产）赠送给第三者丙。乙拒不追认，要求丙返还。丙以不知该财产是共有为由拒绝。<u>丙的主张能否成立？</u>①否。②因为甲擅自无权赠与夫妻共有财产给丙，未经共有人乙追认，则该赠与合同无效。③乙有权要求丙返还房屋。④假设丙再将其名下的房屋以市价出卖给不知情的丁，则丁可主张善意取得所有权，因为丙丁之间属于交易，需要保护丁的交易安全。

> **原理：**为什么无权出卖他人之物的合同有效，而无权赠与他人之物的合同却效力待定取决于权利人追认与否？①因为无权出卖他人之物的合同，本身是一项交易，这属于有偿行为，需要保护交易安全。②而无权赠与他人之物的合同，不是交易，这属于无偿行为，不存在保护交易安全的问题，故法律的天平倾向于保护原权利人利益。

（四）无权出租他人之物的租赁合同区分处理

1. 无权出租他人"房屋"，一房东知情后在 6 个月内不作表示，则此后不得主张转租合同无效或请求解除原租赁合同。

2. 无权出租他人动产，该合同有效。因租赁合同不要求出租人是所有权人。如甲将从乙处偷来的汽车出租给不知情的丙，则甲丙租赁合同有效。

四、多重买卖的合同

（一）出卖人就同一标的物签订 2 个或 2 个以上合同，属于多重买卖

例 1：【同一出卖人卖自己的】甲将自己的手表卖给乙，又将该表卖给丙。①甲乙买卖合同有效。②甲丙买卖合同有效。无法取得手表所有权的人可要求卖方甲承担违约责任。

例 2：【同一出卖人卖别人的】甲将乙的手表卖给丙，又将该手表卖给丁。①甲丙买卖合同、甲丁买卖合同，既属于无权出卖他人之物的合同，又属于多重买卖合同。②该2个合同均不因无权出卖他人之物而无效，也不因多重买卖而无效。

例3：【不同出卖人】甲将自己的手表卖给乙，丙以自己名义将又该手表卖给丁。①甲乙买卖合同有效。②丙丁无权处分的买卖合同有效。③丙不是所有权人，故丙丁合同还属于无权出卖他人之物合同。

（二）普通动产多重买卖＝"交"、"钱"（交钱不在多少，而在先后）、"先"

例1：【出卖"手表"＝交、钱、先】甲将手表先卖给乙，后卖给丙，再卖给丁，先后签订了3个买卖合同。甲将手表交付给了丁，丙付了一半钱，乙付了全款。关于3个合同的履行，怎么排序？①丁＞丙＞乙。②因为普通动产一物多卖，先看谁先受领交付；③再看谁先行支付价款（支付价款看先后而不看多少）；④再看合同签订的先后。⑤得不到手表的买方可诉卖方承担继续履行之外的其他违约责任。[1] 因为3个合同都有效。

例2：【出卖他人"手表"＝交、钱、先】顺风电器租赁公司将一台电脑出租给张某，租期为2年。在租赁期间内，张某谎称电脑是自己的，分别以市价与甲、乙、丙签订了三份电脑买卖合同并收取了三份价款，但张某把电脑实际交付给了乙。3个合同效力如何？①张某非电脑所有权人，其出卖为无权处分，但其与甲、乙、丙签订的合同仍然有效。②张某是合法占有人，其与甲、乙、丙签订的合同有效。③乙接受了张某的交付，取得电脑所有权。④张某不能履行对甲、丙的合同义务，应分别承担违约责任。

例3：【出卖"挖掘机"＝取决于是履带式挖掘机还是轮式挖掘机：如果是履带式挖掘机，适用"交、钱、先"规则；如果是轮式挖掘机（属于交通工具，可以上路行驶），适用"交、记、先"规则】甲为出售一台挖掘机分别与乙、丙、丁、戊签订买卖合同，具体情形如下：2016年3月1日，甲胁迫乙订立合同，约定货到付款；4月1日，甲与丙签订合同，丙支付20%的货款；5月1日，甲与丁签订合同，丁支付全部货款；6月1日，甲与戊签订合同，甲将挖掘机交付给戊。上述买受人均要求实际履行合同，就履行顺序产生争议。履行顺序是什么？戊＞丙＞丁＞乙。

> **原理1：** 为什么受领交付者最大？①因为根据物权变动规则，基于买卖合同受领交付的人会取得物权。②而其他购买人仅对卖方取得基于买卖合同的债权。③根据民法原理，"物权具有优先于债权的效力"，因此受领交付的人最大。
>
> **原理2：** 如果都没受领交付，也都没支付价款，仅看合同先后，会存在什么风险？①因为此时只能看合同成立的先后，成立在先的合同，买方可以要求卖方继续履行。②合同在什么时候签订这个事情需要证据来证明，而书面合同这种证据可以用来说明合同内容，但却无法证明合同签订的真实时间，即可能会"倒签"。比如本来是10月1日签订的合同，当事人可能会重新拟定一份合同，注明是1月1日签订。③如此一来，到底谁优先，决定权将在卖方手里，即卖方来决定和谁配合倒签时间。④当然，如果一旦查明存在倒签时间问题，则属于恶意串通损害他人利益无效。⑤不过，这个事情很难查明。

---

〔1〕　违约责任有四种承担形式：继续履行的违约责任；修理、更换、重作等补救措施的违约责任；损害赔偿的违约责任；违约金的违约责任。

（三）特殊动产多重买卖 = "交"、"记"、"先"

例：【出卖"汽车" = 交、记、先】甲将汽车（船舶、航空器）先卖给乙，后卖给丙，再卖给丁，先后签订了3个买卖合同。甲将汽车交付给了丁，过户给了丙，乙交付了全款。关于3个合同的履行，怎么排序？①丁>丙>乙。②因为汽车（船舶、航空器）属于特殊动产，特殊动产一物多卖，先看谁受领交付；③再看谁取得所有权转移登记手续；④再看合同成立的先后。⑤这里不看付款的先后。⑥受领交付的人，可以请求取得过户的人将汽车所有权过户登记在自己名下。⑦得不到汽车的买方可诉卖方承担继续履行之外的其他违约责任，因为3个合同都有效。

（四）一房多租 = "交"、"记"、"先"

例：【1房多租 = 交、记、先】甲将1房先出租给乙，后出租给丙，再出租给丁（或者甲将1房先出租给乙，后出租给丙，丙经甲同意转租给丁），存在3个租赁合同。甲将房屋交付给了乙，与丙办理了备案登记手续。关于3个合同的履行，怎么排序？①乙>丙>丁。②因为出租人就同一房屋签订数份租赁合同，承租人均主张履行合同，按照下列顺序确定履行合同的承租人：第一，已经合法占有租赁房屋的；第二，已经办理登记备案手续的；第三，合同成立在先的。③不能取得租赁房屋的承租人有权请求解除合同、赔偿损失。

（五）城镇建设用地使用权一地多卖 = 登记>占有>付款>合同 = "登记" + "交钱先"

例：【1地多转 = 登记+交、钱、先】甲开发企业将A地使用权先转让给乙，又转让给丙，后又转让给丁，最后再转让给戊，先后签订了4个土地使用权转让合同。甲企业将A地使用权过户给了丁，交付了丙，乙支付了全部转让款。关于4个合同的履行，怎么排序？①丁>丙>乙>戊。②土地使用权人作为转让方就同一出让土地使用权订立数个转让合同，在转让合同有效的情况下，受让方均要求履行合同的，按照以下情形分别处理：第一，已经办理土地使用权变更登记手续的受让方，请求转让方履行交付土地等合同义务的，应予支持；第二，均未办理土地使用权变更登记手续，已先行合法占有投资开发土地的受让方请求转让方履行土地使用权变更登记等合同义务的，应予支持；第三，均未办理土地使用权变更登记手续，又未合法占有投资开发土地，先行支付土地转让款的受让方请求转让方履行交付土地和办理土地使用权变更登记等合同义务的，应予支持；第四，合同均未履行，依法成立在先的合同受让方请求履行合同的，应予支持。③未能取得土地使用权的受让方有权请求解除合同、赔偿损失。

（六）一房数卖呢？无具体法律依据，但可参照建设用地使用权多卖处理。

第三节 无效民事法律行为

①主体瑕疵：无民事行为能力人实施的民事法律行为无效
②意思瑕疵：虚假意思表示的民事法律行为无效
③内容瑕疵
　　①违反法律、行政法规的强制性规定的民事法律行为无效
　　②违背公序良俗的民事法律行为无效
　　③行为人与相对人恶意串通，损害他人合法权益的民事法律行为无效

一、无效民事法律行为的性质

因欠缺民事法律行为生效条件而自始、确定和当然不发生行为人意思之预期效力的民事法律行为，如无效合同、无效遗嘱。

（一）自始无效

1. 无效民事法律行为一旦被确认无效，将产生溯及力，自始无效，以后也不能转化为有效民事法律行为。

2. 已经履行的，应当通过返还财产、赔偿损失等方式使当事人的财产恢复到民事法律行为实施之前的状态。

（二）当然无效

1. 国家对无效民事法律行为进行干预。法院和仲裁机构不待当事人请求确认民事法律行为无效便可以主动审查其是否具有无效因素。如发现民事法律行为属于无效，便主动地确认其无效。

2. 利害关系人主张民事法律行为无效。可表现为消极防御，即以合同无效来对抗对方当事人主张合同权利；还可表现为积极进攻，即请求法院或仲裁机构确认合同无效，使合同权利义务不复存在。

例1：【离婚时转移财产】 甲乙夫妻在诉讼离婚期间，甲将夫妻共有不动产权利转移给知情丙，乙可主动请求法院确认合同无效。

例2：【三角债】 张某把10万元借给刘某，年利率50%。刘某到期未清偿。而刘某另外对李某享有15万债权，怠于主张。①张某可对李某行使代位权，以自己名义要求李某履行债务。此时李某可主张借款合同中超过36%部分无效。②如果张某没有对李某提起代位权诉讼，李某不能主动请求法院去确认张某、刘某的借款合同部分无效。

（三）不得履行

1. 无效民事法律行为不得实际履行，如允许履行，则意味着允许当事人实施不法行为。

2. 无效民事法律行为不得"解除"，因为当事人之间本来就不存在有效民事法律行为，故不存在解除问题。

（四）意思无效

1. 不发生当事人约定的法律效果，即无效民事法律行为的无效，是意思表示无效，而非该行为完全没有法律效力。

2. 发生法律规定的法律效果。（1）民事法律行为无效、被撤销或者确定不发生效力后，行为人因该行为取得的财产，应当予以返还；（2）不能返还或者没有必要返还的，应当折价补偿。（3）有过错的一方应当赔偿对方由此所受到的损失；（4）各方都有过错的，应当各自承担相应的责任。

例1：【施工合同无效】 建设工程施工合同无效，但建设工程经竣工验收合格，施工人有权请求发包人参照合同约定支付工程价款。

例2：【房屋租赁合同无效】 房屋租赁合同无效，出租人有权请求承租人参照合同约定的租金标准支付房屋占有使用费。

3. 解决争议的条款有效。合同不生效、无效、被撤销或者终止的，不影响合同中有关解决争议方法的条款的效力。

二、无效民事法律行为的类型

（一）无民事行为能力人实施的民事法律行为无效

例：【爷爷不能直接赠表给孙子】甲的爷爷将 10 万元手表赠送给 6 周岁的甲，<u>该赠与合同效力如何？</u>①无效。②如甲要受赠，必须由甲的监护人代为实施，与甲的爷爷签订赠与合同。③因为无民事行为能力人签订纯受益的赠与合同是无效的。④只有限制民事行为能力人可签订纯受益的赠与合同。⑤简言之，无民事行为能力人实施的一切民事法律行为都是无效的。⑥假设爷爷立了一个遗嘱，说财产给孙子，则该遗嘱发生效力，因为该遗嘱属于遗赠，遗赠乃单方法律行为，无须孙子作出意思表示。

（二）虚假表示的民事法律行为无效

1. 双方通谋虚伪表示：指行为人与相对人都知道自己所表示的意思并非真意，通谋做出与真意不一致的意思表示。

（1）构成要件：①须同时存在表意人与相对人，缺一不可；②表意人须作出需受领的意思表示，而相对人须作出受领意思表示，双方达成合意；③表意人与相对人主观上须有共同故意或有意思联络；④表意人与相对人均须明知该意思表示是不真实的。

（2）法律效果：①双方通谋虚伪无效：行为人与相对人以虚假的意思表示实施的民事法律行为无效。②隐藏民事法律行为依法处理：以虚假的意思表示隐藏的民事法律行为的效力，依照有关法律规定处理。

例 1：【双方通谋虚伪表示之"人情关系"】甲在诸友人中，与乙交情最深，欲赠手表，但为避免人情困扰，乃与乙假装作成买卖。后甲乙交恶，甲要求乙支付购买款，乙拒绝。<u>甲的主张能否成立？</u>①否。②甲乙之间买卖合同属于双方通谋虚伪表示，因当事人并无买卖的真实意思表示，故买卖合同无效。③甲乙之间隐藏的民事法律行为是赠与合同，该赠与合同有效。

例 2：【双方通谋虚伪表示之"融资租赁借款"】甲将"太阳"（或方志平）出卖给乙，签订"太阳"买卖合同。乙给甲支付 1 亿元。后甲又与乙签订租赁合同，将"太阳"从乙处租回。按月向乙支付租金。<u>甲乙之间是否成立融资租赁合同？</u>①否。②甲乙之间的"融资租赁太阳"的合同属于双方通谋虚伪表示，因当事人并无买卖太阳的真实意思表示，且太阳不可买卖，无法转移所有权，故融资租赁太阳的合同无效。③甲乙之间隐藏的民事法律行为是民间借贷，该民间借贷合同有效。

例 3：【双方通谋虚伪表示之"闭合买卖"】甲乙丙三方协议，甲将其工厂的煤炭以 500 元每吨出卖给乙，乙将其转卖给丙，甲再从丙处以 1000 元每吨买回。特别约定："煤炭继续由甲占有，由丙直接向甲支付 500 元每吨，而后甲再向丙支付 1000 元每吨"。<u>甲乙、乙丙、甲丙之间的买卖煤炭合同是否有效？</u>①否。②甲乙丙三方协议关于煤炭买卖的约定，构成"闭合"连环交易，即甲的煤炭卖得越多，将来要以高价从丙处购回，则甲亏得越多。这不符合通常买卖的商业习惯。三方达成的买卖属于通谋虚伪表示而无效。③背后隐藏是民间借贷。甲丙之间隐藏的行为是民间借贷，该民间借贷合同有效，但是超过年利率36%部分无效。

例4：【双方通谋虚伪表示之"赌债借款"】甲欠乙赌债10万元。乙将该赌债转让给丙。甲再给丙出具一张借条，载明甲向丙借了10万元。丙是否有权要求甲返还借款10万元？①否。②甲丙之间出具的借条，为双方通谋虚伪表示，借款合同无效。③甲丙之间隐藏的是赌债。丙收购乙对甲享有的赌债债权，因赌债不受法律保护，故丙不因收购赌债取得债权。甲乙赌债不受法律保护，丙收购非法债权，也不受法律保护。④本案中，假设乙丙直接转让赌债且不存在借条等其他安排，即使丙不知情，该转让协议也是无效的，因为非法债权不能交易。

例5：【双方通谋虚伪表示之"真假结婚"】甲为了获得小客车摇号指标（或为了方便办理户口手续），假装与乙结婚，甲乙双方到婚姻登记处办理了结婚手续。该婚姻是否无效？①否。②甲乙双方不具有结婚的真实意思，属于双方通谋虚伪表示。③但是，结婚属于身份行为，不适用通谋虚伪表示规则。④因为婚姻行为对社会正常生活秩序影响较大，婚姻登记机关的公信力尤为重要。如果依法经登记机关登记的婚姻轻易地被以意思表示不真实为由主张无效，将使得社会大众对婚姻关系无从信赖，影响社会正常的婚姻家庭秩序。基于对现实因素的考虑，在私法领域，为保护社会大众的信赖，对于婚姻等身份行为应当坚持形式主义，对于经合法登记的身份上的行为不应由于通谋虚伪表示而无效。

2. 单方虚伪表示：又称真意保留。表意人故意隐匿其真意，而表示与其真意不同的意思表示。

（1）外观主义：相对方对表意人单方虚伪表示不知情，则保护相对人信赖，以外观为准。

例：【外观主义：用假名保证】唐某向温某借款，唐某请来朋友许秩祥作为担保人，许秩祥在保证人栏签了名，但并没有署真名，而署的是"许志强"，债权人温某对此不知情。债务到期后，唐某下落不明，温某遂将其与担保人一起告上法庭。庭审中，许秩祥说自己不叫"许志强"，所以担保行为无效，不同意承担担保责任。许秩祥主张是否成立？①否。②在本案中，许秩祥署假名的行为是一种"真意保留"，他不签真名而签假名，说明他内心并不愿意做保证人。③但是，他在并未受到欺诈、胁迫，或是对自己行为的后果有重大错误认识的情形下，愿意在保证人栏签名，对外表明了他愿意承担保证责任，债权人温某对此并不知情。④应坚持外观主义，保证有效，许秩祥应承担保证责任。

（2）意思主义：相对方对表意人单方虚伪表示知情，则保护表意人意思自由，以表意人意思为准。

例：【意思主义：军产房买卖】购房人向老太太购买军产房，签订房屋买卖合同后，购房人支付了购房款，约定待房屋具备办理过户手续时再过户。购房人担心老太太在房屋过户前死亡，双方一致同意，由老太太办理公证遗嘱："待老太太过世后，房产归购房人继承"。公证遗嘱是否有效？①否。②立遗嘱将财产分配给法定继承人之外的人，属于遗赠。③立遗嘱的行为属于单方法律行为，无须受遗赠人同意。④但该遗嘱并非立遗嘱人真实意思表示，属于单方虚伪表示，即真意保留。⑤其真实意思表示是出卖房屋，故本案案由应属房屋买卖合同纠纷，而非继承纠纷。⑥老太太死亡后，法定继承人继承房屋，同时要继承老太太生前签订的房屋买卖合同，给买房人配合办理房屋过户手续。⑦买房人并非基于受遗赠而取得房屋所有权，而是基于买卖合同取得请求卖方配合办理房屋过户手续的债权请求权。

（三）恶意串通损害他人利益的民事法律行为无效

例1：【一房屋二卖】张某将 A 房屋出卖给唐某，又将 A 房屋出卖给知情的温某，先后签订了 2 个买卖合同。后张某将房屋过户给了温某。唐某以张某、温某房屋买卖恶意串通损害其利益为由主张该合同无效。<u>唐某主张能否成立？</u>①否。②恶意串通需要双方当事人存在意思沟通，存在主动积极追求损害他人的意思。温某单纯的对第一个买卖知情，不直接等于恶意串通。③但是，如果唐某有证据证明张某、温某存在恶意串通，则唐某可以主张张某、温某买卖合同无效。

例2：【恶意串通配合逃债】甲公司对乙公司享有到期债权未获清偿。乙公司将主要财产以明显不合理低价转让给其全资子公司，子公司在明知乙公司欠债的情况下，未实际支付对价，与乙签订买卖合同。<u>乙公司和其子公司合同是否有效？</u>①否。②乙公司和其子公司构成恶意串通，损害债权人利益，故合同无效。③基于合同相对性，子公司应向乙公司返还财产，而不能直接将财产返还给甲公司。（指导案例 33 号：瑞士嘉吉国际公司诉福建金石制油有限公司等确认合同无效纠纷案）

（四）违反效力性强制性规定或者违背公序良俗的民事法律行为无效

1. 任意性规定和强制性规定

（1）任意性规定：法律对某一情形的法律后果既作出了具体规定，又允许当事人进行约定，且一旦当事人进行了约定，则该约定优先，我们将这种法条称为任意性规定。

例：【约定签约时动产所有权转移】法律规定买卖手表合同中，自出卖人向买受人交付手表时所有权归买受人，但当事人另有约定则从该约定。<u>该规定属于任意性规定还是强制性规定？</u>①任意性规定。②因为法律条文明确了当事人有约定则从该约定。③故当事人约定手表在签订合同时即转移所有权，该约定有效。

（2）强制性规定：法律的规定不允许当事人通过约定予以修改，该规定即为强制性规定。

例：【约定房屋不过户仍转移所有权】法律规定买卖房屋合同中在卖方将房屋过户给买方后，买方才取得房屋所有权。<u>该规定属于任意性规定还是强制性规定？</u>①强制性规定。②因为法律的该规定不允许当事人通过约定进行修改。当事人不得约定房屋即使没有过户仍然转移所有权。③如果当事人做了与强制性规定不同的约定，该约定是否有效，取决于该强制性规定是"管理性强制性规定"还是"效力性强制性规定"。④房屋是不动产，买卖房屋合同中，必须登记过户后买方才能取得所有权，该规定属于"效力性强制性规定"，故该约定无效。

2. 管理性强制性规定和效力性强制性规定

（1）效力性强制性规范：指法律直接规定法律行为不发生意思表示效果的规定。①违反效力性强制性规定的民事法律行为当然、绝对无效。②常见的效力性强制性规定：违法经营需要许可证的食品、药品等，该买卖合同无效；违建房屋的租赁合同无效；违法的临时建筑房屋租赁合同无效；违法的建筑施工合同无效（承包人未取得建筑施工企业资质或者超越资质等级的；没有资质的实际施工人借用有资质的建筑施工企业名义的；建设工程必须进行招标而未招标或者中标无效的)。

例：【过期临时建筑出租合同无效】居民甲经主管部门批准修建了一排临时门面房，核准使用期限为 2 年，甲将其中一间租给乙开餐馆，租期 2 年。期满后未办理延长使用期限手续，甲又将该房出租给了丙，并签订了 1 年的租赁合同。因租金问题，发生争议。甲丙租赁合同效力如何？①甲与丙的租赁合同无效。②甲无权将该房继续出租给丙。③甲无权向丙收取该年租金。

（2）管理性强制性规范：又称取缔性规范，指仅规定法律行为应当遵守的公法秩序，却未规定其私法效果的规定。①因违反管理性强制性规定，不会导致民事法律行为无效。行为人须承担行政责任，即需要依法接受工商行政部门警告、罚款甚至吊销营业执照的处罚。②常见的管理性强制性规定：企业超越核准登记的经营范围内经营签订的合同有效；侵犯房屋承租人优先购买权的房屋买卖合同有效。

例：【房东背着租户卖房合同有效】甲将商铺出租给丙后，未通知丙即将该商铺出卖给乙，侵犯了丙的优先购买权。丙可否主张甲乙买卖合同无效？①否。②丙作为房屋承租人享有优先购买权，即同等条件下，商铺应先卖给承租人丙。③出租人出卖商铺未在合理期间内通知承租人，侵犯了承租人丙的优先购买权。④丙有权请求出租人甲承担赔偿责任，但不得请求确认出租人甲和买受人乙签订的房屋买卖合同无效。

3. 公序良俗

（1）公序，指公共秩序，是指国家社会的存在及其发展所必需的一般秩序。（2）良俗，指善良风俗，是指国家社会的存在及其发展所必需的一般道德。

例：【代孕租赁子宫无效】甲乙婚后久未生子，故甲乙与丙签订代孕合同，由丙给甲乙代孕，如果是男孩则代孕酬劳 80 万元；如果是女孩则代孕酬劳 50 万元。该代孕合同效力如何？①无效。②因为代孕合同本质上是租赁子宫，子宫是人的身体，不可租赁，甲乙与丙签订的代孕合同违反公序良俗，故无效。

口诀 "无双二公子" =①无（"无"）民事行为能力人签订合同+②双（"双"）方通谋虚伪表示+③恶（"二"）意串通+④公（"公"）序良俗+⑤强制（"子"）性规定。

三、部分无效的民事法律行为

（一）民事法律行为部分无效，不影响其他部分效力的，其他部分仍然有效

例1：【打架私了】甲被乙殴打，住院治疗花费 5 万元。甲乙约定，乙向甲支付 5 万元，甲不许报案。如何评价甲乙的约定？①部分有效，部分无效。②乙向甲支付 5 万元的约定有效。③甲不许报案的约定无效。

例2：【房屋买卖中的阴阳"合同"】甲将市价 100 万元的房屋出卖给乙，双方签订了房屋买卖合同。但在提交税务部门和房屋登记机构的合同中显示房屋合同交易价格为 60 万元，税务部门以 60 万元为基准计算本起房屋交易应缴纳税款。如何评价甲乙的房屋买卖合同？①部分有效，部分无效。②房屋买卖合同中做低价格避税的条款无效，因恶意串通损害了国家利益。但该房屋买卖合同其他部分有效。

例3：【倒签起租日】甲在 5 月 1 日将房屋抵押给银行担保其向银行的借款，办理了抵押权登记，银行取得抵押权。10 月 1 日甲将房屋出租给乙，双方签订了房屋租赁合同。

因甲届期无力清偿对银行的借款债务，银行主张拍卖抵押房屋变价实现其抵押权。甲乙将房屋租赁合同的起租日由 10 月 1 日修改为 4 月 1 日。如何评价甲乙房屋租赁合同效力？①甲乙房屋租赁合同有效。②甲乙修改起租日期的约定无效。

（二）合同中的下列免责条款无效：造成对方人身伤害的；因故意或者重大过失造成对方财产损失的

例：【洗浴受害概不负责】甲到乙开办的浴室洗澡，浴室前台提示："贵重物品请放前台保管，否则损坏概不负责""小心地滑，摔倒自负"。因浴室清洁工清洁不到位，甲摔倒导致骨折，且损坏了戴在手上的定情信物玉镯。甲对乙提出索赔主张，乙拒绝。本案应如何处理？①"小心地滑，摔倒自负"，属于合同一方当事人免除造成对方人身伤害责任的条款，无效。②"贵重物品请放前台保管，否则损坏概不负责"，如果浴室有过错导致顾客财产损失，则应承担赔偿责任。③关于人身侵权，乙承担全部责任。④关于财产损害，乙承担部分责任，因甲未将玉镯放前台保管对损害的发生有一定过错，甲自负部分责任。

（三）合同中的无效格式条款：当事人预先拟定，并在订立合同时未与对方协商的条款，属于格式条款。下列格式条款无效：提供格式条款一方不合理地免除或者减轻其责任、加重对方责任、限制对方主要权利的；提供格式条款一方排除对方主要权利的

例 1：【临时退票扣手续费有效】甲按照 8 折购买了乙航空公司的机票，起飞前甲临时退票。按照约定，起飞前 1 小时退票需要按机票价格的 30% 扣手续费。甲主张应退全款，乙航空公司主张需要按照机票原价格扣除 30% 作为手续费。如何评价本案？①甲乙签订客运合同，关于机票退费规则属于格式条款。②起飞前 1 小时退票需要扣除手续费，属于合理约定，有效。③按照原价扣除 30% 还是按照折后价扣除 30%，双方有分歧，则应按照不利于格式化条款提供方航空公司的结论进行解释，即按照折后价扣除 30% 手续费。

例 2：【软件安装损害自负无效】甲从乙公司购买杀毒软件后进行安装，在安装过程中，该软件提示，如安装过程中导致系统某文件被删除，乙公司概不负责。果不其然，该软件安装后，删除了甲《民法宝典》的写作初稿。甲要去乙公司承担赔偿责任，乙公司拒绝。乙公司主张是否成立？①否。②软件安装提示属于格式条款。③不合理的免除了提供方的责任，该条款无效。

例 3：【美容院强制继续消费条款无效】甲与乙公司订立美容服务协议，约定服务期为半年，服务费预收后逐次计扣，乙公司提供的协议格式条款中载明"如甲单方放弃服务，余款不退"（并注明该条款不得更改）。协议订立后，甲依约支付 5 万元服务费。在接受服务 1 个月并发生费用 8000 元后，甲感觉美容效果不明显，单方放弃服务并要求退款，乙公司不同意。甲起诉乙公司要求返还余款。如何评价美容服务协议效力？①"如甲单方放弃服务，余款不退"，属于排除对方主要权利的格式条款，无效。②美容服务协议其他部分有效。③甲有权要求乙公司返还余款。

例 4：【卖手机假一罚十对卖方有约束力】甲经营手机店，店铺贴出告示，"假一罚十"。乙自甲店购买 1 部手机发现被骗，该手机果然是假手机。乙要求甲赔偿十倍已付价格，甲拒绝。甲的拒赔理由是否成立？①否。②"假一罚十"是格式条款。③但该条款没有排除相对方主要权利，也不是免除提供方责任或加重相对方责任的条款，而是加重了提

供方责任的条款，有效。

（四）租期超过20年超过部分无效，故缩短为20年

例：【续租超长租期】甲乙签订房屋租赁合同，为期20年，并且约定租期到了自动续期20年。如何评价自动续期条款？①无效。②租赁合同的租赁期限最长不得超过20年，超过部分无效。③当事人在租赁期限未届满，即提前约定自动续期，这变相的违反了该效力性强制性规定，故自动续期20年条款无效。④当事人只有在租赁期限届满后才可以续订租赁期限，续订期间自续订之日起也不得超过20年。

（五）经同意转租坚持相对性，转租期限＝剩余期限，超过部分无效。应将转租2的租期缩短为租1的剩余期限

例：【转租期≤原剩余租期】甲将房屋出租给乙为期3年，1年后经甲同意，乙将房屋转租给丙，转租期间为3年。如何评价转租合同的效力？①部分有效，部分无效。②经出租人同意，乙丙转租合同有效。③乙丙转租合同超过原租赁合同期间的部分无效，应将其缩短至原租赁合同的剩余期间。

（六）租赁期限超过临时建筑的使用期限，超过部分无效

例：【售楼处变幼儿园】甲公司开发楼盘，建设了售楼处，该售楼处为临时建筑，使用期限为3年。3年后，甲公司将该售楼处出租给乙开设幼儿园，签订了为期5年的租赁合同。如何评价该租赁合同？①无效。②但甲公司可向乙主张实际使用费。

（七）定金超过主合同标的额20%，超过部分不产生定金效力，即缩短为20%

例：【定金数额的20%规则】甲乙签订商品房买卖合同，房屋价格100万元，甲向乙交付了30万元定金作为签订合同的担保。后甲决定不买房，要求乙退定金。提出什么主张可以获得法院支持？①乙可主张超过合同标的额20%的部分定金不具有定金效力，即乙可要求甲返还10万元。②另外20万元启用定金罚则，不得要求甲公司返还。

（八）建设工程施工合同中的阴阳合同，以备案的中标合同即阳合同价为结算工程价款根据

例：【建设工程合同中的阴阳合同】甲施工企业与乙开发公司签订建设工程施工合同，中标工程的备案合同价格是1亿元，甲乙双方私下签订的施工合同价格为8000万元。以哪个价格作为确定工程款的标准？①备案合同价格。②招标人和中标人另行签订的建设工程施工合同约定的工程价款，与中标合同不一致，一方当事人有权请求按照中标合同确定权利义务。

（九）借款合同中预先扣本，按实际金额为借款金额。借款的利息不得预先在本金中扣除。利息预先在本金中扣除的，应当按照实际借款数额返还借款并计算利息

例：【借款合同预先扣利息无效】甲出借10万元给乙，按年利率10%计算，为期1年。甲先扣除1万元利息，向乙交付了9万元。如何评价甲乙的约定？①甲乙借款合同实际交付了9万元，故应以9万元为本金计算利息，年终利息为9000元。②年底，乙应向甲返还9万9000元。③即甲出借本金9万元，只能收到9万元本金计算出来的9000元利息，而不能收到10万元本金计算出来的1万元利息。

四、相对无效的民事法律行为：相对无效，即合同无效是相对于特定人，而不是相对于所有人均无效

（一）退伙说退伙前债务和我无关，不得对抗合伙债权人

例：【退伙分手】甲乙丙签订合伙协议，经营餐馆"湘菜公主"，眼见亏损日益严重，甲提出退伙，乙丙同意，三方约定甲负责 10 万元债务，乙丙向甲出具"甲的合伙债务清偿完毕"的字据。"湘菜公主"对外负债 30 万元。<u>如何评价"字据"？</u>①对甲乙丙内部有效。②对"湘菜公主"债权人不发生效力，甲仍需负连带责任。③甲负担 30 万元后，可向乙追偿 15 万元，向丙追偿 15 万元。

（二）离婚说债务和我无关，不得对抗夫妻的债权人

例：【离婚出户】甲乙协议离婚，约定夫妻共同债务全部由甲承担。离婚后，夫妻共同债权人丙要求乙承担债务，乙拒绝。<u>乙的主张是否成立？</u>①否。②甲乙协议离婚约定由甲承担全部夫妻共同债务，对甲乙有效。③但对债权人丙不发生效力。④乙向丙承担全部债务后，可以全额向甲追偿。

（三）企业分立合并说债务和我无关，不得对抗企业的债权人

例：【企业分立】甲企业分立为乙企业和丙企业，分立协议约定，甲企业债务均由乙企业承担。甲企业债权人丁要求丙企业承担，丙企业拒绝。<u>丙企业的主张是否成立？</u>①否。②分立协议约定对乙企业和丙企业有效，但对丁企业不发生效力。③丙企业承担责任后，可全额向乙企业追偿。

第四节　效力待定民事法律行为

一、限制民事行为能力人待追认的行为（保护"孩子"）

（一）限人签订的合同

限制民事行为能力人实施的纯获利益或与其年龄、智力、精神健康状况相适应以外的其他民事法律行为，该合同效力待定。

例：【熊孩子乱花钱】14 周岁的甲与 20 周岁的乙签订买卖价值 3000 元手机的合同，<u>该合同效力如何？</u>①效力待定。②不属于纯受益合同。③也不属于与甲年龄相适应的合同。④限制行为能力人实施的民事法律行为效力要坚持两分法：部分有效；部分效力待定。

（二）法定代理人有追认权

1. 法定代理人不追认，该行为无效。

2. 法定代理人追认，该行为有效，但当事人仍然是限制民事行为能力人，而非法定代理人。

（三）相对人催告权和撤销权

1. 相对人有催告权：（1）相对人可催告法定代理人在收到通知之日起 1 个月内予以

追认。(2) 法定代理人未作表示的,视为拒绝追认。

2. 善意相对人有撤销权:(1) 在法定代理人追认之前,善意相对人有撤销的权利,该撤销通知即可,无须诉讼。(2) 在法定代理人追认之后,该行为有效,故善意相对人无撤销的权利。

记忆:①父母认了,合同有效,约束孩子和对方。②父母不认,合同无效。③父母认还是不认之前,善意相对方可撤销,合同无效。

二、无权代理行为相对于被代理人而言(保护"皇帝")

(一) 无权代理人签订的合同

行为人没有代理权、超越代理权或者代理权终止后,仍然实施代理行为,乃无权代理行为,合同效力待定。

例:【反客为主】张某到王某家聊天,王某去厕所时张某帮其接听了刘某打来的电话。刘某欲向王某订购一批货物,请张某转告,张某应允。随后张某感到有利可图,没有向王某转告订购之事,而是自己低价购进了刘某所需货物,以王某名义交货并收取了刘某货款。如何分析张某将货物出卖给刘某的行为?①"行为"一词指向民事法律行为,即出卖货物的行为,换言之即买卖合同,因为合同是最典型的双方民事法律行为。②张某以王某名义与刘某签订买卖合同,但张某并没有代理权,故张某行为构成无权代理,该合同效力待定,也可以说该双方民事法律行为效力待定。③另外单独分析缔约过程。④刘某向王某发出订购货物的意思表示,王某并没有对该意思表示作出承诺,故刘某和王某之间不直接成立买卖合同。⑤刘某向王某发出订购货物的意思表示,张某不具有承诺资格,故刘某和张某之间不成立买卖合同。⑥刘某向王某发出订购货物的意思表示,张某以王某名义进行承诺,属于无权代理,故在刘某和王某之前成立合同,但该合同效力待定。⑦可见,无权代理签订的合同中,无须考虑被代理人是否有签订合同的意思表示。恰恰是被代理人没有签订合同的意思表示,才会存在无权代理。

(二) 被代理人有追认权

1. 被代理人不追认:(1) 该行为对被代理人不发生效力。(2) 该行为应由无权代理人负责。①善意相对人有权请求无权代理人履行债务或者就其受到的损害请求行为人赔偿,但是赔偿范围不得超过被代理人追认时相对人所能获得的利益。②恶意相对人知道行为人无权代理,则相对人和无权代理人按照各自过错承担责任。

2. 被代理人追认:(1) 该行为由被代理人承担法律后果。(2) 被代理人已经开始履行合同义务或者接受相对人履行的,视为对合同的追认。

例1:【付款行为视为追认】甲委托张某持有大蒜授权委托书去乙采购大蒜,后张某采购了大蒜和绿豆。甲向乙付了50万大蒜款和50万绿豆款。甲乙签订的绿豆买卖合同效力如何?①有效。②因甲通过向乙支付50万绿豆货款的行为,表示其已对张某无权代理行为进行了追认。

例2:【回函宽限付款日视为追认】丁酒店公司员工方某驾车接送酒店客人,为躲避逆行摩托车将行人赵某撞伤。方某自行决定以丁公司名义将该车放在戊维修公司维修,为获得维修费的八折优惠,方某以其名义在与戊公司相关的庚公司为该车购买一套全新坐垫。汽车修好后，方某将车取走交丁公司投入运营。戊公司要求丁公司支付维修费，丁公司回函请宽限一周。<u>如何评价方某签订的维修合同和买卖合同？</u>（1）汽车维修合同：①方某签订的维修合同属于无权代理签订的合同，效力待定，但被代理人丁公司回函请戊公司宽限一周，视为追认，该合同直接约束丁公司和戊公司。②方某实施的行为同时也构成无因管理，即方某无法定或约定义务，却替公司管理事务，可要求公司支付由此付出的必要费用。③无权代理聚焦的是谁是当事人，谁负有支付维修费的合同义务。无因管理聚焦的是管理费用由谁最后承担。④假设丁公司未追认方某的无权代理合同，则方某要自己负责，方某为此支出的费用，属于无因管理的费用，可向丁公司主张。⑤在丁公司追认方某无权代理合同场合，则丁公司是当事人，要依据合同支付维修费。方某如果还有为签约支出的必要交通费，属于无因管理费用，可向丁公司主张。（2）坐垫买卖合同：方某自己名义签订的坐垫买卖合同，基于合同相对性，直接约束方某和庚公司。

（三）相对人有催告权和撤销权

1. 相对人有催告权：（1）相对人可催告被代理人自收到通知之日起1个月内予以追认。（2）被代理人未作表示的，视为拒绝追认。

2. 善意相对人有撤销权：（1）在被代理人追认之前，善意相对人有撤销的权利，该撤销通知即可，无须诉讼。（2）在被代理人追认之后，该行为有效，故善意相对人无撤销的权利。

> **记忆：**①被代理人认了，合同约束被代理人和相对人。②被代理人不认，合同约束行为人和相对人。③被代理人认还是不认之前，善意相对方可撤销，合同无效。

> **原理：**效力待定的民事法律行为的法律特征：①民事法律行为的效力有待于第三人意思表示，在第三人意思表示前，效力处于不确定状态。第三人的行为属于辅助行为。②不同于可撤销的民事法律行为。可撤销的民事法律行为在被撤销前是有效的民事法律行为，仅在被撤销后才溯及开始发生无效的后果；而效力待定的民事法律行为在效力确定前既非有效也非无效，究竟是有效还是无效有待第三人定夺。③不同于无效的民事法律行为。无效的民事法律行为自始无效，不可能起死回生；而效力待定的民事法律行为，其发生何种法律效力处于待定状态。限制行为能力人签订的合同，经法定代理人追认，合同有效；未经追认则合同无效。无权代理人签订的合同，经被代理人追认，合同对被代理人发生效力；未经被代理人追认，对被代理人不发生效力，但对无权代理人发生效力。

第五节　可撤销民事法律行为

```
         ①重大误解的民事法律行为
         ②欺诈的民事法律行为 { ①当事人欺诈
                            ②第三人欺诈，对方当事人知情
  ①种类
         ③胁迫的民事法律行为：当事人胁迫或第三人胁迫
         ④乘人之危致显失公平的民事法律行为

         ①3个月：重大误解（主观标准起算）
                                         ①主观标准起算
  ②撤销权期间："315"规则 ②受胁迫自胁迫行为终止之日起
                                         ②1年：其他撤销事由
         ③5年：全部撤销事由，客观起算标准
```

记忆口诀："大"（重**大**误解）、"失"（显**失**公平）、"迫"（胁**迫**）、"人"（乘**人**之危）、"欺"（**欺**诈），可以谐音为：大师破人妻──→可撤。

一、重大误解可撤

（一）属于重大误解的情形：重大误解

行为人因对行为的**性质**（误以借贷为赠与）、**对方当事人**（误将甲当做乙，但对行为能力的误解不适用重大误解制度，而适用行为能力制度）、**标的物的品种**（如误以轧铝机为轧钢机而购买）、**质量**（以临摹画为真迹）、**规格**（误以千吨水压机为万吨水压机）和**数量**（误将10吨误解为10公斤）等的错误认识，使行为的后果与自己的意思相悖，并造成较大损失的，可以认定为重大误解。

例1：【误将买卖当赠与】甲入住乙宾馆，误以为乙宾馆提供的茶叶是无偿的，并予以使用。如何评价甲乙之间关于使用茶叶形成的合同关系？①甲入住乙宾馆，误以为乙宾馆提供的茶叶是无偿的，并予以使用，甲基于对行为性质的错误认识（误将买卖当做赠与），而实施了相应行为，造成其损失。②虽然茶叶已经被使用，甲仍可主张撤销茶叶买卖合同，此后对乙进行补偿或者赔偿。③乙宾馆发出出卖茶叶的要约，甲内心意思是实施了接受"赠与"的承诺，甲的外在行为是实施了购买茶叶的承诺。必须从外在表现来确定甲的意思表示是购买的承诺。如果从甲的内心意思来确定甲的意思表示是接受赠与的承诺，则承诺与要约没有重合，那么甲和乙宾馆的合同因没有达成合意压根就不成立，如此一来，就无重大误解制度的适用余地。

例2：【误把傻瓜当常人】甲要购买电动车，误以为精神病人乙是完全民事行为能力人，并与之签订买卖合同。该合同效力如何？①甲误以为精神病人乙是完全民事行为能力人而与乙签订买卖合同，可分两种情形：精神病人乙为无行为能力人；或者为限制行为能力人。②如果乙是无行为能力人，则行为无效。③如果乙是限制行为能力人，则行为效力待定。

例3：【误把他人财产当自己财产立遗嘱处分】 甲立下遗嘱，误将乙的字画分配给继承人。<u>遗嘱效力如何？</u>①无效。②遗嘱处分他人财产，无论立遗嘱人是有意为之，还是发生重大误解，该部分内容均属无效，不属于可撤销的民事行为。③这属于特别法优先于一般法适用，即不适用民法总则规定的重大误解制度，而应适用继承法律规则，该遗嘱无效。

例4：【误将邻居地砖当自己的使用】 甲装修房屋，误以为乙的地砖为自家所有，并予以使用。<u>如何评价甲使用地砖行为？</u>①甲的行为构成附合，即将乙的动产和甲不动产附合在一起，无法分割或分割会减损物的价值。②附合行为属于事实行为，并非民事法律行为，不存在意思表示，不构成民法上的重大误解。③应适用附合规则解决（甲为房屋所有权人，需要向乙返还不当得利），而不能适用重大误解规则解决。

> **原理：** 重大误解何以发生？甲想把画卖给乙，对乙说："我有一幅画，你要不要"，因未约定价格，乙理解为赠与而予以接受。①依据意思主义，甲内心是要卖，乙要受赠，故意思表示不一致，买卖合同因未形成合意而不成立。②如依据表示主义，虽然甲内心要卖，但外观上甲表达的是赠与的意思，乙内心和外观均接受赠与。赠与合同成立，该赠与合同中，甲发生错误，乙没有发生错误。甲可基于错误而主张撤销赠与合同。③故只有在坚持表示主义的场合，才会有重大误解制度的产生。如果一概坚持意思主义，那么当事人之间的合同永远无法订立，就谈不上重大误解制度的适用。④重大误解制度存在本身，先侧重宣扬了一种外观主义理念，而后再检索严格的重大误解条件，以缓和外观主义带来的忽略表意人真实意思的弊端。

（二）不属于重大误解的情形：动机错误 = 表意人在形成意思表示时所产生的错误

例：【同床异梦】 甲误以为妻子没有购买电脑，故自乙处新购电脑一台。回家后发现真相，甲以发生重大误解为由撤销买卖电脑合同，<u>该主张能否成立？</u>①否。②甲的误会属于动机错误，不得适用重大误解制度主张撤销。

> **原理：** 为什么动机错误不是重大误解？①动机错误不得撤销的实质理由，并非因为所误认的事实，他人不可得而知，而是基于合理分配危险的思想。②即表意人对意思形成有关的事实，认识是否正确，是自己应承担的风险，不得转嫁于相对人。③如不愿承担该风险，则应设法将该"动机"提升为民事法律行为的内容（即条件和期限），使法律行为的效力受条件或期限的影响。

（三）诉讼或者仲裁撤：基于重大误解实施的民事法律行为，行为人有权请求人民法院或者仲裁机构予以撤销

例：【商场淘货】 甲商场标价1000元出卖钻石戒指，本来市价是10000元，因工作人员失误漏写了一个0。乙见到后随即购买付款取走，甲主张乙补足价款，乙拒绝。甲遂通知乙撤销该合同，要求乙退回戒指。<u>甲是否有权通知撤销该合同？</u>①否。②甲内心意思是卖10000元，外部表现为1000元，发生了重大误解，甲有撤销该买卖合同的权利。③但是甲需要诉到法院，而不能通知撤销。④乙没有发生重大误解，因为乙内心意思和外部表示都是要以 1000 元购买钻石戒指。

> **原理**：基于重大误解的撤销，为什么必须诉讼或者仲裁，而不是通知撤？因为在民事交易中，"重大误解"是普遍存在的，如果允许当事人通知撤，没有第三方介入予以监督把关，将会极大地破坏交易秩序。

二、受欺诈可撤

> **三要件**：（1）行为人有欺诈的故意。①使相对人陷于错误的故意，即表意人明知自己所表示的不真实，也明知相对人有陷入错误的可能。②有使相对人陷于错误而作出意思表示的故意。（2）行为人有欺诈的行为。①积极欺诈。②消极欺诈。（3）双重因果关系。①第一重：受欺诈人因行为人的欺诈行为陷入错误。②第二重：受欺诈人基于错误而作出意思表示。

（一）积极欺诈：一方当事人故意告知对方虚假情况，诱使对方当事人作出错误意思表示

1. 具体的＝积极欺诈：以具体、量化的语言文字对商品或服务的性能、成分、功效、原产地、生产者、保质期等作出虚假的意思表示。

例1：【具体的夸大】声称某人体增高器使用 1 个月后将长高 5 厘米；声称某矿泉水含有 32 种微量元素；宣传水果很甜而且含糖量 25%；声称某个学习仪器能保证在 10 天内熟记 1000 个单词；声称某旅游线路包含 20 个旅游景点等。若实际上均未达到这些具体数值，则构成欺诈。

例2：【学区房】甲对外宣传其所卖房屋为学区房，实际上该房屋不是学区房，乙误信而购买。该合同效力如何？①可撤销。②甲属于积极欺诈，受欺诈人乙可请求法院撤销该合同。

例3：【知假买假】甲知道乙销售的商品是假货，仍然予以购买。甲是否有权请求法院撤销该合同？①否。②甲并未因乙的欺诈陷入错误认识，并基于该错误认识而做出意思表示。③换言之，甲的意思表示不存在瑕疵，故不得主张受欺诈撤销该合同。

例4：【跳楼价】甲店搬迁，对外宣传其所卖服装跳楼价、进货价甩卖，一件 15 元，实际进货价是一件 13 元。乙购买一件后知道真相，请求法院撤销买卖合同。乙的主张是否成立？①否。②对不需要说明的问题的虚假表述，不构成欺诈。③还比如招工中，询问受聘人是否近期内准备结婚，受聘人回答永远做单身狗，岂料入职后即奉子成婚，怀孕生产。受聘人的虚假回答不构成欺诈，因为是否准备结婚不是劳动合同签订过程中员工需要披露的信息，故员工可以乱说。

2. 抽象的 ≠ 积极欺诈：故意告知抽象的、夸大的信息，不构成积极欺诈。

例：【天山童姥】甲经营的 SPA 店，宣传女士做完后，可以返老还童，秒变少女。乙信任该宣传而与甲签订合同办理了会员卡，但是效果并不明显，乙要求退卡，以甲欺诈为由请求法院撤销该合同。乙的主张能否成立？①否。②甲的宣传属于适当夸大，不构成欺

诈。③因为这种适当夸大不会产生信赖，当事人宣传得越浮夸、越抽象，越不会产生信赖，故不构成欺诈。

（二）消极欺诈：一方当事人故意隐瞒真实情况，诱使对方当事人作出错误意思表示

1. 对负有披露义务的信息，当事人未披露，构成消极欺诈。

例1：【装傻】 如不告知汽车曾经受过重大撞击的事实；不告知动产已经设定抵押担保的事实；不告知明示价格中不包含附加费或服务费的事实等。

例2：【凶宅】 甲的房屋内发生过非正常死亡事件，其将该房屋出卖给乙，未告知乙前述事实，双方签订了买卖合同。该合同效力如何？①可撤销。②出卖人对可能影响合同订立或合同价款的信息具有披露义务，民法保护当事人的"封建迷信"，以贯彻意思自由和意思真实。③甲属于消极欺诈，受欺诈人乙可请求法院撤销该合同。

2. 对不负有披露义务的信息，当事人未披露，不构成消极欺诈。

例1：【通常理解】 某旅游地的纪念品商店出售秦始皇兵马俑的复制品，价签标名为"秦始皇兵马俑"，2800 元一个。王某购买了一个，次日，王某以其购买的"秦始皇兵马俑"为复制品而非真品属于欺诈为由，要求该商店退货并赔偿。王某主张能否成立？①否。②商店实际出售的是秦始皇兵马俑复制品，标签名为"秦始皇兵马俑"，信息交代不完整。③但是，按照通常理解，真正的秦始皇兵马俑属于文物，且在旅游纪念地商店，一般公众不会因此将商店出售的秦始皇兵马俑理解成真品。故商店未披露"秦始皇兵马俑复制品"，不构成消极欺诈。④培养题感：旅游地的纪念品商店，"秦始皇兵马俑"，2800 元一个，指向意思是真正的秦始皇兵马俑不可能这么便宜，根据生活常识推断可知不构成欺诈。

例2：【公知信息】 陈老伯考察郊区某新楼盘时，听销售经理介绍周边有轨道交通19号线，出行方便，便与开发商订立了商品房预售合同。后经了解，轨道交通19号线属市域铁路，并非地铁，无法使用老年卡，出行成本较高；此外，铁路房的升值空间小于地铁房。陈老伯深感懊悔。开发商是否构成欺诈？①否。②开发商卖的是铁路房，披露的信息是房屋周边有轨道交通19号线，属于披露信息不完整。③但是轨道交通19号线到底是铁路还是地铁，属于公知信息。对公知信息未披露不构成消极欺诈。④另外，本案也不发生重大误解，因为公知信息不存在重大误解的可能。

（三）欺诈的判断不要求受欺诈人遭受损害结果：受欺诈人因受欺诈而受益，也不影响其撤销权

例：【聪明反被聪明误】 乙公司以国产牛肉为样品，伪称某国进口牛肉，与甲公司签订了买卖合同，后甲公司得知这一事实。此时恰逢某国流行疯牛病，某国进口牛肉滞销，国产牛肉价格上涨。如何评价甲乙签订的买卖合同？①虽然最终的结果是甲以原来比较便宜的价格购买到国产牛肉，即甲因为被骗而受益，但乙公司仍然构成欺诈。②受欺诈人甲有权撤销该合同。③受欺诈人甲也可不撤销合同要求乙公司继续履行合同交付国产牛肉。④欺诈人乙公司不得主张撤销该合同。

> **原理：** 欺诈与重大误解的两点区别。（1）损害结果：①欺诈无须受欺诈人遭受损害结果。②重大误解需要误解人受有重大损失。（2）缔约过失责任：①受欺诈人撤销合同后无须对欺诈人负缔约过失责任。②重大误解人撤销合同后需要对相对方负缔约过失责任。

（四）结婚和离婚均不因"欺诈"而可撤销

例：【婚姻充满了欺诈】 甲向乙承诺，以其外籍华人身份在婚后为乙办理外国绿卡。婚后，乙发现甲是在逃通缉犯。乙以甲欺诈为由撤销婚姻，<u>乙的主张能否成立？</u>①否。②隐瞒重大疾病的欺诈才是可撤销婚姻的撤销事由。

（五）当事人欺诈和第三人欺诈

1. 当事人欺诈：一方以欺诈手段，使对方在违背真实意思的情况下实施的民事法律行为，受欺诈方有权请求人民法院或者仲裁机构予以撤销。

2. 第三人欺诈：第三人实施欺诈行为，使一方在违背真实意思的情况下实施的民事法律行为，对方知道或者应当知道该欺诈行为的，受欺诈方有权请求人民法院或者仲裁机构予以撤销。

例：【"托"】 齐某扮成建筑工人模样，在工地旁摆放一尊廉价购得的旧蟾蜍石雕，冒充新挖出文物等待买主。甲曾以5000元从齐某处买过一尊同款石雕，发现被骗后正在和齐某交涉时，乙过来询问。甲有意让乙也上当，以便要回被骗款项，未等齐某开口便对乙说："我之前从他这买了一个貔貅，转手就赚了，这个你不要我就要了。"乙信以为真，以5000元买下石雕。<u>如何评价所涉民事法律行为的效力？</u>①当事人欺诈：齐某与甲的合同，甲受欺诈，可主张撤销其购买行为（即合同）。②第三人欺诈：齐某与乙的合同，第三人甲实施欺诈，齐某知情，属于第三人欺诈，乙可主张撤销其购买行为（即合同）。③基于合同相对性，购买人乙和购买人甲之间没有任何法律关系。

记忆： ①开发商忽悠购房人称所售房屋是学区房，这属于当事人欺诈。②开发商员工忽悠购房人，这属于当事人欺诈。③开发商小舅子忽悠购房人，开发商知情，这属于第三人欺诈；开发商不知情，这不是欺诈。

> **原理1：** 为什么第三人欺诈一方当事人，需要对方当事人对此知情，受骗者才可主张受欺诈的撤销？①因为任何一个交易都会征求第三人意见。②第三人有言论自由，且无任何收益。③如果一概将第三人欺诈视为当事人欺诈，则会极大地破坏交易安全和秩序。
>
> **原理2：** 第三人欺诈≠恶意串通行为。①甲、乙乃合同当事人，丙欺诈乙，让甲受益，甲对此知情，则属于第三人欺诈，即乙可主张撤销。②甲、乙乃合同当事人，甲、乙合谋损害丙的利益，则属于恶意串通损害他人利益，丙即可主张无效。

（六）无权处分与欺诈：出卖他人之物的买卖合同

1. 出卖他人之物的合同，买方知情，则不构成欺诈。该合同不因无权处分而无效。以市场价格交易，买方也不会与卖方构成恶意串通损害他人利益，即该合同不因恶意串通损害他人利益而无效。

例：【无权处分买方知情】 甲将乙的手表以市价卖给丙，丙对此知情。<u>如何评价甲丙的合同？</u>①丙不是受欺诈而做意思表示。②丙对此知情，不代表丙与甲恶意串通损害乙的利益，因为丙在市场交易中完全可能会信赖甲会事后征得乙的同意，如此一来，这属于一个正常的交易。

2. 出卖他人之物的合同，买方不知情，则构成欺诈。该合同不因无权处分而无效。受欺诈人享有向法院主张撤销合同的权利。

例：【无权处分买方不知情】甲将乙的手表以市价卖给丙，丙对此不知情。<u>如何评价甲丙的合同？</u>①丙基于受欺诈作意思表示。丙可以受欺诈为由向法院主张撤销该合同，也可不向法院主张撤销该合同。②无论如何，甲丙无权处分的合同不会因无权处分本身而无效。

（七）代理与欺诈：代理人欺诈相对人或者相对人欺诈代理人

1. 有权代理与欺诈

（1）有权代理人欺诈相对人。合同约束被代理人和相对人（即对方当事人），故相对人可以受欺诈为由向法院主张撤销其与被代理人的合同。

例1：【员工很拼】甲公司授权员工乙销售劣质手机，乙以甲公司名义与不知情丙签订手机买卖合同。<u>如何评价该合同效力？</u>①乙属于有权代理人，有权代理中合同当事人是被代理人甲公司和相对人丙。②有权代理人乙构成欺诈，丙受欺诈而签订合同。③丙可以受欺诈为由向法院主张撤销丙甲的手机买卖合同。

（2）相对人欺诈有权代理人。合同约束被代理人和相对人（即对方当事人），故被代理人有权以受欺诈为由向法院主张撤销其与相对人的合同。

例2：【员工很傻】甲公司授权员工乙采购手机，乙以甲公司名义与丙签订手机买卖合同，经查，丙交付的手机与其描述不一致，构成欺诈。<u>如何评价该合同效力？</u>①乙属于有权代理人，有权代理中合同当事人是被代理人甲公司和相对人丙。②相对人丙构成欺诈，乙受欺诈而签订合同。③甲公司可以受欺诈为由（代理人受欺诈即视为被代理人受欺诈）向法院主张撤销其与相对人丙的合同。

2. 无权代理与欺诈

（1）无权代理人欺诈相对人。

例：【无权代理人很拼】甲用伪造的乙公司公章，以乙公司名义与不知情的丙公司签订食用油买卖合同，以次充好，将劣质食用油卖给丙公司。合同没有约定仲裁条款。<u>如何评价该合同效力？</u>①甲公司以乙公司名义签约，属于无权代理。②甲公司"以次充好"，构成欺诈。③乙公司有权追认。④如乙公司追认该合同，乙公司成为当事人，丙作为受欺诈人，可向法院主张撤销其与乙公司的买卖合同。⑤如乙公司不追认该合同，无权代理人甲公司成为当事人，丙作为受欺诈人，可向法院主张撤销其与甲公司的买卖合同。

> **秒杀1**：无权代理人骗了相对人。（1）先看谁是当事人，即先看被代理人追认了没有。①如果追认了，则被代理人是当事人；②如果没有追认，则无权代理人是当事人。（2）再看欺诈，谁是当事人谁欺诈。①如果被代理人是当事人，相对人可向被代理人主张撤销；②如果无权代理人是当事人，相对人可向无权代理人主张撤销。

（2）相对人欺诈无权代理人。

例：【无权代理人很傻】甲委托乙采购一批电脑，乙受丙诱骗高价采购了一批劣质手机。丙一直以销售劣质手机为业，甲对此知情。<u>如何评价手机买卖合同？</u>①甲托乙买电脑，乙却买了手机，乙构成无权代理。②乙受丙诱骗买劣质手机，丙构成欺诈。（代理中，代理人代理被代理人签订合同是否受到欺诈，应以代理人为判断标准，不考虑被代理人的意思。即代理人被骗即被骗；代理人没被骗即没被骗。本案中，代理人乙被骗，被代理人甲没有被骗，我们只以代理人乙为判断标准。）③甲有权追认。④如甲追认该合同，甲成为当事人，因丙存在欺诈行为，故受欺诈的甲有权撤销该合同。⑤如甲不追认该合同，则无权代理人乙是合同当事人，因丙存在欺诈行为，故受欺诈的乙有权撤销该合同。

> **秒杀2**：相对人骗了无权代理人。（1）先看谁是当事人，即先看被代理人追认了没有。①如果追认了，则被代理人是当事人；②如果没有追认，则无权代理人是当事人。（2）再看受欺诈，谁是当事人谁受欺诈。①如被代理人是当事人，其享有撤销权。②如无权代理人是当事人，其享有撤销权。

> **原理**：为什么代理关系中，无论是代理人被相对人骗、被相对人胁迫，还是代理人骗相对人、胁迫相对人，均以代理人为判断中心，而不考虑被代理人？①代理人在代理权限范围内是独立作出意思表示的，被代理人不参与具体的意思表示。②如果代理人骗人，则构成欺诈，不考虑被代理人是否骗人。③如果代理人被骗，则构成受欺诈，不考虑被代理人是否被骗，此时，撤销权归属于被代理人，而非代理人。因为代理人实施法律行为的效果要归属于被代理人，基于法律行为产生的权利包括撤销权，也归属于被代理人。

三、受胁迫可撤

> **三要件**：（1）胁迫人主观上有胁迫的 故意 ，即故意实施胁迫行为使他人陷入恐惧以及基于此恐惧心理做出意思表示。①须有胁迫相对人使之产生恐惧的故意。②须有使相对人因恐惧而作出意思表示的故意，即胁迫的目的在于使相对人作出迎合性意思表示。（2）胁迫人客观上实施了胁迫的不法 行为 ，即将要实施某种加害行为威胁受胁迫人，以此使受胁迫人产生心理恐惧。①该加害既可是对受胁迫人自身的人身、财产权益的加害。②也可以是对受胁迫人的亲友甚至预知有关的其他人的人身、财产权益的加害。（3）受胁迫人因恐惧而 迎合 胁迫人作出意思表示。

（一）**胁迫行为**：以给自然人及其亲友的生命健康、荣誉、名誉、财产等造成损害，或者以给法人、非法人组织的荣誉、名誉、财产等造成损害为要挟，迫使对方作出违背真实的意思表示的，可以认定为胁迫行为

例1：【欺诈式胁迫】某校长甲欲将一套住房以50万元出售。某报记者乙找到甲，出价40万元，甲拒绝。乙对甲说："我有你贪污的材料，不答应我就举报你。"甲信以为真，以40万元将该房卖与乙。乙实际并无甲贪污的材料。如何评价该房屋买卖合同的效力？①因受胁迫而可撤销。②从乙的角度来看，乙是希望甲陷入恐惧，同时基于恐惧做出意思

表示；乙不是希望甲陷入错误，同时基于错误做出意思表示。③从甲的角度来看，甲信以为真做出意思表示是因为怕，而不是因为被骗。乙欠缺欺诈的故意（使他人陷入错误的故意+促使他人作出错误意思表示的故意）。④所谓欺诈，指故意欺骗他人，使其陷于错误判断，并基于此错误判断而为意思表示之行为。所谓错误，是指对合同内容及其他重要情况的认识缺陷。在本题中，乙的行为的确构成对甲的欺骗，但并不构成影响合同效力的欺诈行为。

例 2：【举报不相关犯罪以缔约】甲对乙说如不出借 1 万元则举报乙犯罪，乙照办，后查实乙构成犯罪。甲对丙说，如不将藏獒卖给甲，则举报丙犯罪，丙照办，后查实丙不构成犯罪。<u>如何评价甲乙、甲丙合同的效力？</u>①乙因受胁迫而可撤销；②丙因受胁迫而可撤销。③举报犯罪行为本身合法，目的是借款或买卖本身也合法，但两者的关联不合法，故甲的行为属于胁迫行为。

例 3：【举报相关犯罪以缔约】甲对乙说，如不赔偿乙撞伤甲的医疗费，则举报乙醉酒驾车。乙照办，甲取得医疗费和慰问金。<u>如何评价甲乙的协议效力？</u>①有效，甲的行为不是胁迫行为。②举报犯罪行为本身合法，目的是获得赔偿，本身也是合法，且两者紧密关联，故甲的行为不属于胁迫行为。

> **原理**：什么是胁迫行为的不法性？①手段不法=胁迫。如"若不出租房屋，即杀害之"。还如甲威胁乙，如乙不将房屋低价出卖给甲，则甲将揭露乙的隐私，乙不得已将房屋以低价（或者高价）出售给甲，甲的手段不法，构成胁迫。②目的不法=胁迫。如"若不出资拐卖儿童，即告发偷税之事"。③手段和目的的关联不法=胁迫。手段合法、目的也合法，但是两者关联不合法。最典型的为"举报犯罪"达到合同目的。如甲以检举乙贪污受贿行为予以威胁，要求乙将其房屋低价出售，乙无奈只得答应签订合同。甲的检举行为本身合法，目的房屋买卖合同本身也合法，但两者的关联不合法。④手段和目的的关联合法≠胁迫。如出租人以向法院起诉为要挟，要求承租人按合同约定及时履行交付租金的义务，则出租人不构成胁迫。

例 4：【部分迎合构成受胁迫】如甲威胁乙不赠与金钱 1000 元则杀掉乙，乙表示赠与 800 元，<u>甲是否构成胁迫？</u>①构成。②因为部分迎合也属于迎合。③胁迫不要求胁迫人与受胁迫人意思内容完全一致，只要双方意思方向一致即可。④但是，如果不构成迎合，则不属于胁迫，如甲威胁乙如不赠与金钱则将乙杀害，乙陷于恐惧，故购买一把匕首以防身。对于乙购买匕首的行为，甲不构成胁迫。

（二）当事人胁迫和第三人胁迫：一方或者第三人以胁迫手段，使对方在违背真实意思的情况下实施的民事法律行为，受胁迫方有权请求人民法院或者仲裁机构予以撤销

例：【第三人胁迫=当事人胁迫】甲向乙银行借款，乙银行要求甲提供担保。丙为帮助甲借款，以举报丁偷税漏税相要挟，迫使其为甲借款提供保证，乙银行对此不知情。<u>丁是否有权以其受到胁迫为由撤销保证？</u>①有权撤销。②第三人胁迫=当事人胁迫。③无论因"胁迫"而受益的人是否知情，均构成胁迫。

四、乘人之危致显失公平可撤

> **二要件：**（1）主观要件：一方当事人利用对方处于危困状态、缺乏判断能力等情形。①利用：乘危人使危难人按照自己意思进行意思表示的故意，危难人被迫使自己的意思表示迎合乘危人的意思。②危困状态：因陷入某种暂时性的急迫困境而对于金钱、物的需求极为迫切等。③缺乏判断能力：缺少基于理性考虑而实施民事法律行为或对民事法律行为的后果予以评估的能力。（2）客观要件：民事法律行为成立时显失公平。

一方利用对方处于危困状态、缺乏判断能力等情形，致使民事法律行为成立时显失公平的，受损害方有权请求人民法院或者仲裁机构予以撤销。

例1：【觊觎邻居古董】甲父罹患重病急需一大笔治疗费，邻居乙觊觎甲的市值10万元的明代青花瓷盘已久，趁甲需要用钱之际，约定用5万元购买该青花瓷盘，双方签订合同。如何评价该合同效力？甲可以乙乘人之危致显失公平为由向法院主张撤销该合同。

例2：【赌石】潘某去某地旅游，当地玉石资源丰富，且盛行"赌石"活动，买者购买原石后自行剖切，损益自负。潘某花5000元向某商家买了两块原石，切开后发现其中一块为极品玉石，市场估价上百万元。商家深觉不公，要求潘某退还该玉石或补交价款，该主张是否成立？①否。②符合当地交易习惯，不存在乘人之危，更加不存在显失公平。

例3：【明星道具】甲十七岁，以个人积蓄1000元在慈善拍卖会拍得明星乙表演用过的道具，市价约100元。事后，甲觉得道具价值与其价格很不相称，颇为后悔。该合同效力如何？①有效。②判断交易是否公平，不能仅关注交易标的的市场价格，而应该在具体的交易中判断当事人的权利义务是否对等。③本题中的道具虽然市值仅为100元，但甲之所以愿以高价拍得，关键在于其被乙明星使用过，因此本题的情形不构成显失公平。本题也不存在趁人之危情节，故合同有效。

> **辨析：**①其与胁迫的差异：没有积极的胁迫行为，只是利用他方处于困境的消极行为。对方迫于自己的危难处境接受了不利甚至极为苛刻的条件，不得已与"利用"危难境地的一方订立了合同。②其与胁迫的竞合：如表意人处于危难境地而行为人又对其施加他种要挟，则同时构成胁迫和乘人之危致显失公平。

> **原理：**为什么要在民事法律行为成立时判断是否显失公平？因为民事法律行为从成立到实际履行往往有一个过程，这一过程中的许多因素都可能对双方当事人的权利义务产生影响，如果不限定判断时点，对显失公平的判定将会缺少客观标准，也无法将原来已经存在的"权利义务失衡"结果与民事法律行为成立后当事人以外因素对权利义务产生的影响相区分。

五、撤销权（形成权）

（一）撤销权主体：重大误解人、受欺诈人、受胁迫人、被乘危受不利益人。

例：【被第三人骗因此误解】钱某有一副祖传名画，市值百万，高某欲以低价购入，联合艺术品鉴定家李某欺骗钱某说这是赝品，价值不超过 10 万元，钱某信以为真，但并未将画卖给高某，而是以 15 万元卖给不知情的陈某。<u>如何评价该合同效力？</u>①属于重大误解，钱某可撤销与陈某的买卖合同。②陈某无乘人之危、高某不构成第三人欺诈。

（二）行使方式：诉讼或者仲裁。我们把不需要到法院或仲裁机构行使的形成权，叫单纯形成权，比如解除合同，发出通知就可以。我们把必须到法院或仲裁机构行使的形成权，叫形成诉权，比如因受欺诈而撤销合同，需要到法院或仲裁机构处理。

（三）行使期间：除斥期间＝315 规则＝不变期间

1. 重大误解 3 个月。自重大误解人知道或应知道重大误解之日起计算。

2. 其他事由 1 年。自当事人知道或应当知道撤销事由之日起计算。受胁迫的，自胁迫行为终止之日起 1 年内。

3. 最长 5 年。自民事法律行为发生之日起计算。

例：【过期不候】甲向首饰店购买钻石戒指 2 枚，标签标明该钻石为天然钻石，买回后即被人告知实为人造钻石。甲遂多次与首饰店交涉，历时一年零六个月，未果。现甲欲以欺诈为由诉请法院撤销该买卖关系，<u>其主张能否获得支持？</u>①否。②因已超过行使撤销权的 1 年期间。

（四）法律效果：1. 撤销前，民事法律行为有效。2. 撤销后，民事法律行为溯及无效。

例：【"当胁迫是空气"】甲的弟弟乙，胁迫丙以"市价"将一副古画出卖给甲。甲将该画赠送并交付给丁。<u>丁能否取得该古画所有权？</u>①能。②丙受第三人乙胁迫，将古画卖给甲，丙享有撤销该合同的权利。③题干未交待丙行使撤销权，则"当胁迫是空气"，丙甲合同有效，甲成为古画所有权人。④甲再将该画赠与丁，乃有权处分。丁取得古画所有权。

辨析两个撤销	方式	时间
可撤销合同中的撤销权	只能诉讼或仲裁	除斥期间 315 规则
效力待定合同中善意相对人的撤销权	通知撤（当然也可诉讼撤）	原权利人追认前

第六节　附条件、附期限的民事法律行为

一、附生效条件的民事法律行为：以将来客观上发生与否不确定的事实，作为民事法律行为生效的条件

例：【出国才卖房】甲、乙双方签订房屋买卖合同，约定甲将房屋出卖给乙，但条件

是甲出国定居，不在国内居住。如何评价甲乙买卖合同？①该房屋买卖合同已经成立，但未生效。属于附生效条件的合同。②如甲出国定居，则"生效条件成就"，甲、乙房屋买卖合同生效。③甲不出国定居，则"生效条件不成就"，甲、乙房屋买卖合同不生效。④民法学理上，下列 3 个词语表达的意思相同：生效条件＝延缓条件＝停止条件。

二、附解除条件的民事法律行为：以将来客观上发生与否不确定的事实，作为民事法律行为失效的条件

例：【回国就不出租】甲、乙签订房屋租赁合同，约定出租人甲的儿子一旦留学归国并需要住房，就终止合同。如何评价甲乙租赁合同？①该租赁合同成立并生效。属于附解除条件的合同。②如甲儿子回国，则"解除条件成就"，甲乙租赁合同失效。③如甲儿子不回国，则"解除条件不成就"，甲乙租赁合同继续有效。

三、条件的拟制：当事人负有必须顺应条件的自然发展而不是加以不正当干预的义务，即不作为义务。如果违反该义务，则发生条件拟制的法律效果

（一）拟制条件成就。当事人违反不作为义务，恶意阻止作为条件的事实发生，则拟制条件成就

例：【喜鹊与买房】如甲、乙约定，如甲家早晨 8 点有喜鹊停留，则乙购买甲的房屋。乙后来反悔，便将甲家早晨 8 点飞来喜鹊赶跑。如何评价乙的行为？乙恶意阻止条件成就，则拟制条件成就，甲、乙房屋买卖合同生效。

（二）拟制条件不成就。当事人违反不作为义务，恶意促成作为条件的事实发生，则拟制条件不成就

例：【辞退与卖房】如甲、乙约定，当甲不在 A 公司工作时，就把位于 A 公司附近的自住房产出卖给乙。乙为了尽快得到甲的房产，暗中找到 A 公司的经理，让其辞退甲，从而使买卖合同生效。如何评价乙的行为？乙恶意促成条件，拟制条件不成就，甲、乙房屋买卖合同不生效。

四、附期限的民事法律行为

（一）附始期的民事法律行为：生效期限届至之前，民事法律行为的效力是停止的，在期限到来时，民事法律行为的效力方才发生

例：签订合同注明"自明年 1 月 1 日生效"，该 1 月 1 日即合同的生效期限。

（二）附终期的民事法律行为：民事法律行为效力终止期限，在终止期限届至时，既有的效力便告解除，故也称终期或者解除期限

例：合同条款中约定"本合同于明年年底终止"，明年年底就是该合同所附的终止期限。

原理：怎么区分条件和期限？条件是某事实发生与否是"？"（发生与否不确定），期限是某事实发生与否是"。"（确定发生）①时期不确定，到来也不确定，是附条件。如甲对乙说，如果你将来与丙结婚，我把藏书送给你。本例，何时结婚，是否结婚均不确定，故属于附条件赠与。②时期确定，到来不确定，是附条件。如甲对乙说，你成年之日，我送你宝马车一辆。本例，虽然乙成年的时期确定，但也可能成年前死亡，则仍然属于附条件赠与。③时期不确定，到来确定，是附期限。如甲对乙说，如丙去世，则送你奔驰车一辆。本例，人终有一死，只是何时不确定，故属于附期限赠与。④时期确定，到来确定，是附期限。如甲对乙说，今年国庆节，我送你戒指一枚。本例，时期确定，也必然会到来，故属于附期限赠与。⑤一句话，我们只看"到来确定与否"，到来与否不确定，为条件；确定到来，为期限。

五、区分附条件的民事法律行为与附期限的民事法律行为

例：【父债子还】刘某欠何某 100 万货款届期未还且刘某不知所踪。刘某之子小刘为替父还债，与何某签订书面房屋租赁合同，未约定租期，仅约定："月租金 1 万，用租金抵货款，如刘某出现并还清货款，本合同终止，双方再行结算。"涉案租赁合同是附解除条件的合同还是附终期的合同？①附解除条件的租赁合同。②刘某欠何某 100 万元到期未还，刘某之子并无义务清偿。③刘某之子与何某达成协议清偿，属于债务加入。④刘某之子没有采取直接支付 100 万货款的方式，而是用房屋出租方式履行债务，属于代物清偿，即"以物抵债"，用另一种给付（出租房屋的方式）代替原给付（支付货款）。⑤刘某之子与何某之间签订的房屋租赁合同，未约定租期，但是根据整体解释（合同的前后条款），可以得知，货款是 100 万元，租金顶货款，即租金为 100 万元。而月租金是 1 万元，故房屋租赁合同的租期是 100 个月。本来这属于附终期的租赁合同。⑥但是，合同还附了另外一个条件："刘某出现并还清货款"，该事实发生与否不确定。如果刘某提前出现并且还清货款，则该租赁合同会提前结束。⑦综合观察，该合同何时提前结束是不确定的，故属于附解除条件的租赁合同，但是其有租赁期限即 100 个月，是定期租赁，不是不定期租赁。

原理：为什么需要一个附条件、附期限的民事法律行为制度？①给当事人提前将未来不确定的风险，通过条件，揉入合同中来；②或者当事人将未来确定的事情，通过期限，揉入合同中来。③"条件"用来化解已经预判的风险；④"期限"用来安排已经确定的风险。

第五章　代　理

一、代理的三方结构和三层关系：代理人在代理权限内，以被代理人名义实施的民事法律行为，对被代理人发生效力

（一）内部关系：代理人和被代理人的身份关系（法定代理）或授权关系（委托代理）

1. 法定代理：以法律的直接规定为根据产生的代理。

（1）是概括代理：法定代理人可以被代理人名义实施各种的民事法律行为。

（2）具有义务性：法定代理人行使代理权不得以取得己利为目的，不得任意放弃代理权，也不得怠于行使代理权。

（3）法定代理人包括：监护人、失踪人的财产代管人、清算组等。

> **原理**：监护和法定代理有什么区别？①监护是监督和保护，对被监护人行为的监督和对被监护人利益的保护，即父母对孩子一切活动负责，比如孩子的侵权行为或者孩子的被害结果。②法定代理是父母代理孩子实施民事法律行为，主要是签订合同，因为父母不得代理孩子实施单方法律行为，如抛弃所有权，因为这不是为被监护人利益；还如不得代理孩子立遗嘱，因为身份行为不得代理。③但是，法定代理还包括宣告失踪中，失踪人的财产代管人也是代理人。因此，监护和法定代理是两组不同概念。④他们在父母与孩子的关系处理上出现了交叉：父母代理孩子实施民事法律行为，是父母众多监护职责中的一个而已。

2. 委托代理：代理人根据被代理人授权而进行的代理。

（1）代理权授予行为

辨析：代理权授予行为与基础关系的区分原则	示例	效果
有基础法律关系，也有代理权授予行为	如商场聘用员工，授予其销售商品代理权	代理权授予行为具有无因性，不受基础关系效力的影响
有基础法律关系，没有代理权授予行为	如商场聘用员工实习观摩，尚未授予其销售商品的代理权	
无基础法律关系，仅有代理权授予行为	如甲授权乙卖车，乙有权卖，也可以不卖。因为没有基础关系的约束，故乙不负担出卖的义务	因此，授权人如要约束被授权人，必须签订委托合同等形成基础法律关系

例 1：【网络天才 ≠ 法律天才】甲公司与 15 周岁的网络奇才陈某签订委托合同，授权陈某为甲公司购买价值不超过 50 万元的软件。陈某以甲公司名义与乙公司签订了购买 45 万元软件的合同。陈某的父母知道后，明确表示反对。如何评价涉案民事法律行为的效力？(1) 甲公司与陈某签订的委托合同：①属于双方法律行为，与陈某年龄不相适应，该合同效力待定。②因陈某父母已经明确表示反对，故该委托合同无效。(2) 甲公司授权陈某购买软件：①属于单方授予代理权的行为，已经发生法律效力，对陈某无任何不利影响。②因为如果陈某以甲公司名义购买软件，被代理人甲公司是当事人，应履行付款义务，陈某无付款义务。③如果陈某不以甲公司名义购买软件，陈某也没有任何不利法律后果，因为委托合同无效，陈某没有去购买的义务。④"委托合同"这一基础关系无效，但是"单方授予代理权行为"仍然有效的现象，被称为"单方授予代理权行为"具有"无因性"。(3) 陈某以甲公司名义与乙公司签订的购买 45 万元软件的合同：①有权代理，应由甲公司承担法律后果，履行付款义务。②假设陈某以甲公司名义与乙公司签订了购买 100 万元软件的合同，则属于无权代理。③甲公司可以追认，则甲公司付款。④甲公司可以不追认，则陈某是合同当事人，而此时陈某父母不追认，则陈某与乙公司签订的购买 100 万元软件的合同彻底无效。(4) 本例显示，学理通说认为，限制民事行为能力人可以担任代理人，可以被授予代理权；无民事行为能力人不得担任代理人。我认为，学理上这种区分实际上不是特别有说服力，因为无论是限人还是无人实施有权代理，法律后果都是由被代理人承担，与行为人年龄意思能力无关。从考试角度，我们按限人可以做代理人，无人不可以做代理人把握。

例 2：【限人代理与限人行为】甲授权 15 周岁的乙买电脑，乙以甲的名义向丙购买电脑，双方签订了买卖电脑的合同。乙同时以自己名义在丙处购买了价值 3000 元的网络游戏充值卡。如何评价本案民事法律行为的效力？①甲授予 15 周岁的限制民事行为能力人代理权，这属于单方民事法律行为，有效。②乙以甲名义与丙签订电脑买卖合同，这属于有权代理，甲和丙是电脑买卖合同当事人。③乙以自己名义与丙签订网络游戏充值卡合同，这属于与其能力不相适应的合同，效力待定，需要等待乙的法定代理人予以追认。如被追认，则乙丙网络游戏充值卡买卖合同有效；如未被追认，则乙丙网络游戏充值卡买卖合同无效。

> **原理：**为什么可以授予限制民事行为能力人代理权？由授予人自己承担该限制民事行为能力人缺乏经验的风险，这对后者来讲既无利益也无不利，后果归被代理人承受，故允许授予限制民事行为能力人代理权。

(2) 基于职务产生的授权。①执行法人或者非法人组织工作任务的人员，就其职权范围内的事项，以法人或者非法人组织的名义实施民事法律行为，对法人或者非法人组织发生效力。②法人或者非法人组织对执行其工作任务的人员职权范围的限制，不得对抗善意相对人。

例：【坑老板的员工】甲是乙公司的销售经理，超越职权范围，以乙公司名义与不知情的丙签订了货物买卖合同。该合同是否对乙公司发生法律效果？①是。②甲实施的是无权代理行为，但是乙公司对甲的职权范围限制，不得对抗不知情的丙，故乙公司受买卖合同约束。

> **原理**：为什么在民法总则中突然出现了代理制度？①法定代理对接的是自然人民事行为能力制度，委托代理对接的是法人制度。②如果没有法定代理制度，则民事行为能力制度无法落地，"无"人和"限"人无法参与民事法律行为。③如果没有委托代理制度，则法人制度无法落地，因为法人的签约活动都是由员工实施，而员工的身份都是代理人。④因此，民法总则中规定的代理制度，本质属于民事主体制度范围，放在民法总则规定，就是顺理成章的事情了。

（二）**外部关系**：代理人与第三人的表意关系，代理人实施民事法律行为。代理人进行代理活动时独立进行意思表示，是否存在意思表示瑕疵，应根据代理人来判断，而不考虑被代理人

例：【看代理人脑子】甲授权乙出卖房屋，乙以甲名义受丙欺诈而与丙签订房屋买卖合同。该合同是否属于受欺诈而可撤销合同？①是。②被代理人甲未受丙欺诈。③但是代理人乙受丙欺诈，故代理行为属于受欺诈而实施。该合同属于可撤销合同。④原理是坚持"可能出现的意思瑕疵，仅可在做出意思决定的地方寻找"的原则。⑤当然，撤销权归被代理人甲享有（甲可自己行使或者授权代理人乙行使）。

（三）**结果关系**：被代理人与第三人权利义务关系，即代理行为的权利义务直接由被代理人和第三人承受

> **原理1**：行为人不承受结果，而由他人承受结果，是民法创设的一种特别制度，目的就是使行为结果归属他人，这恰恰是代理制度的价值。当然，身份行为不允许代理，比如结婚、离婚、收养、遗嘱等。
>
> **原理2**：家事代理与一般民事代理的差异。①家事代理是夫妻双方因日常家庭事务与第三人进行一定民事法律行为时可以相互代理的制度。家事代理的法律效果是，夫或者妻的任何一方的民事法律行为的效果，由夫和妻双方共同承担。②而一般民事代理中，代理人实施的民事法律行为的法律效果原则上由被代理人承担，代理人不承担。

（四）**区分无权代理和无权处分**：从相对人信息知晓范围观察

例1：【无权代理】甲擅自以马云名义将马云的手表卖给乙，双方签订买卖合同。如何评价该合同效力？①该合同属于无权代理的合同，效力待定，法律的天平偏向被代理人马云。②因为乙在签约时，对于"马云"的存在是知情的，有机会去审核甲是否有代理权限。③如果甲存在"有代理权的表象"（看上去有代理权），由此，启动"表见代理制度"来保护乙的交易安全。（"表见代理制度"对乙的要求比较高，要求善意不知情且有理由相信甲有代理权）

例2：【无权处分】甲以自己名义将马云的手表卖给乙，双方签订买卖合同。如何评价该合同效力？①该合同属于无权处分的合同，不因无处分权而无效，法律的天平偏向购

买人乙。②因为乙在签约时，对于"马云"的存在是不知情的，没有机会去审核手表到底是马云的还是甲的，只能信赖手表是甲的。③如果乙善意不知情，且价格合理，取得交付，由此，启动"善意取得制度"来保护乙的交易安全。（"善意取得制度"对乙的要求比较低，仅要求善意不知情即可）

> **原理**：无权处分和无权代理为什么存在这么大的差异？①关键就在于行为人对外是打什么旗号，如果是"狐假虎威"，打被代理人旗号，那么对方知道的信息更多；②如果是打自己的旗号，那么对方知道的信息更少。

（五）区分代理人和法定代表人：三方结构和双方结构

1. 三方结构：代理人在代理时，仍是以自己的意思独立实施行为，只是该行为的法律效果归属于被代理人。

2. 双方结构：法人代表代表法人时，自己的人格被法人吸收，法人代表的行为＝法人的行为。

3. 两者的相似之处在于行为人均不承担行为的效果，而分别由被代理人和法人承担责任。

二、代理违法的民事责任

代理人知道或者应当知道代理事项违法仍然实施代理行为，或者被代理人知道或者应当知道代理人的代理行为违法未作反对表示的，被代理人和代理人应当承担连带责任。

种类	示例	责任主体	规律
代理事项违法，但代理人不知道	甲将假冒伪劣产品委托乙代为销售，乙不知道	被代理人甲	甲坏＝甲赔
代理事项违法，且代理人知道	甲将假冒伪劣产品委托乙代为销售，乙知道	被代理人甲和代理人乙负连带责任	甲坏乙知＝连带
代理事项不违法，但代理人实施了违法的代理行为，而被代理人不知道	甲委托乙销售合法产品，乙将该产品贴上假冒商标进行销售，甲对此毫不知情	代理人乙承担责任	乙坏＝乙赔
代理事项不违法，但代理人实施了违法的代理行为，且被代理人知道	甲委托乙销售合法产品，乙将该产品贴上假冒商标进行销售，甲知道后装作不知道	被代理人甲和代理人乙负连带责任	乙坏甲知＝连带

三、被代理人死后的代理

自然人为被代理人，死亡后，代理人以该自然人名义实施民事法律行为，在 4 种情形下均属于正常代理，法律效果由死亡的自然人承担：①代理人不知道并且不应当知道被代理人死亡；②被代理人的继承人予以承认；③授权中明确代理权在代理事务完成时终止；④被代理人死亡前已经实施，为了被代理人的继承人的利益继续代理。（作为被代理人的法人、非法人组织终止的，参照处理）

例：【死后代理】自然人甲授权乙购买房屋，甲出国旅游期间意外死亡，乙不知其事，仍以甲名义在授权范围内与丙签订了房屋买卖合同。如何评价该合同效力？①属于有权代理，合同约束甲和丙。②因甲死亡，故该合同作为"遗产"发生继承。甲的继承人应履行该合同的义务。③如果甲是被宣告死亡，则法律效果同上。④如果甲被宣告死亡后，又"王者归来"，申请法院撤销了死亡宣告，其法律效果仍然同上。

> 原理：为什么"死人"可以成为合同当事人？①因为根据民法规定，人的民事权利能力始于出生，终于死亡。人已经死亡，没有民事权利能力，故无取得民事权利的资格。②但是，代理制度中存在例外。③立法原理是为了保护信守承诺的代理人。

四、直接代理和间接代理

①直接代理：以被代理人名义进行的代理，效果直接归属被代理人

②间接代理：以代理人名义进行的代理
- ①显名间接代理：相对人知情
- ②隐名间接代理：相对人不知情

效果间接归属被代理人

（一）显名间接代理 ≈ 正常代理 = 由被代理人承担法律后果

例：【显名间接代理】甲授权乙购买房屋，乙以自己的名义与知情的丙签订房屋买卖合同。如何评价该合同效力？乙实施了间接代理行为，因为第三人丙知情，属于显名间接代理，故该合同直接约束委托人甲和第三人丙。

（二）隐名间接代理 = 启动受托人披露规则 + 委托人介入权或者第三人选择权

1. 第三人导致交易障碍：（1）如受托人因第三人原因对委托人不履行义务，受托人应向委托人披露第三人。（2）委托人因此可行使受托人对第三人的权利。（3）第三人可对委托人主张其对受托人的抗辩。

2. 委托人导致交易障碍：（1）如受托人因委托人原因对第三人不履行义务，受托人应当向第三人披露委托人。（2）第三人因此可以选择受托人或委托人作为相对人主张权利，但是第三人不得变更选定的相对人。（3）第三人选择委托人主张权利，委托人可对第三人主张其对受托人的抗辩以及受托人对第三人的抗辩。

例：【隐名间接代理】甲授权乙购买房屋，乙以自己的名义与不知情的丙签订房屋买卖合同。如何评价该合同效力？（1）乙实施了间接代理行为，因为第三人丙不知情，属于隐名间接代理。（2）如第三人丙不按约定过户房屋：①乙应向甲披露丙。②甲可要求丙过户房屋。③丙可对甲主张丙对乙的抗辩，比如丙没有从乙处收到购房款，故拒不办理房屋过户手续。（3）如委托人甲不按约定付款，导致乙不能向丙付款：①乙应该向丙披露甲。②丙可选择要求甲付款，或者选择要求乙付款。丙选择之后不得变更。③假设丙选择要求甲付款，甲可对丙主张甲对乙的抗辩、和乙对丙的抗辩。④假设丙选择要求乙付款，自然乙可向丙主张乙对甲的抗辩。

$$
隐名间接代理 \begin{cases} ①因委托人导致不履行义务 \begin{cases} ①受托人披露（谁是委托人） \\ ②第三人选择（选择后不得变更） \end{cases} \\ ②因第三人导致不履行义务 \begin{cases} ①受托人披露（谁是第三人） \\ ②委托人（介入） \end{cases} \end{cases}
$$

$$
"委托"、"托"、"名义" \longrightarrow 代理 \begin{cases} ①他人名义，直接代理三方结构 \\ ②自己名义，间接代理三方结构 \end{cases}
$$

例 1：【区分无权处分和无权代理】方某擅自将汤某的手机出卖。①方某以手机所有权人自居出卖汤某手机，即以自己名义处分，构成无权处分。②方某擅自以汤某名义出卖汤某手机，即明确告诉对方自己是代汤某签约，构成无权代理。

例 2：【区分无权处分和间接代理】汤某委托方某卖手机。①方某以自己名义出卖给唐某，构成间接代理，而不是无权处分。唐某知情则方某属于显名间接代理，合同约束汤某和唐某；唐某不知情则属于隐名间接代理，启动披露规则。②方某以汤某名义出卖给唐某，构成直接代理，合同约束汤某和唐某。

五、本代理、复代理（再代理）

（一）本代理：由本人选任代理人的代理

（二）复代理：又称再代理，由代理人基于复任权选任代理人的代理

```
甲（被代理人）————→ 乙（原代理人）
       ↖                  │转委托
        ╲                 ↓
         ╲          丙（现代理人）
   代理效果归属         │
           ╲           ↓
            ╲→ 丁（相对人）
```

1. 有效复代理：经被代理人同意或情况紧急，为了被代理人利益而转委托第三人代理。约束被代理人和相对人。

例：【有效转委托】甲授权乙购买茶叶，经甲同意，乙转委托丙去购买茶叶。丙以甲名义与丁签订茶叶买卖合同。如何评价该合同效力？①乙经被代理人甲同意转委托丙实施代理行为，属于有效复代理。②丙以甲名义与丁签订买卖合同，属于有权代理，该合同当事人是被代理人甲和第四人丁。

2. 无效复代理：未经被代理人同意且不属于情况紧急，为被代理人利益而转委托第三人代理。约束原代理人和相对人。

例：【无效转委托】甲授权乙购买茶叶，乙擅自转委托丙去购买茶叶。丙以甲名义与丁签订茶叶买卖合同。如何评价该合同效力？①乙擅自转委托丙实施代理行为，属于无效复代理。②丙相对于甲来讲，属于无权代理。③依《民法总则》第 169 条第 3 款规定，原

代理人乙应当对丙的行为承担责任，合同约束原代理人乙和第三人丁。

六、有权代理中代理权的滥用

（一）恶意串通的代理：代理人和相对人恶意串通，损害被代理人合法权益的，代理人和相对人应当承担连带责任

例：【员工坑公司吃回扣】甲公司员工唐某受公司委托从乙公司订购一批空气净化机，甲公司对净化机单价未作明确限定。唐某与乙公司私下商定将净化机单价比正常售价提高200元，乙公司给唐某每台100元的回扣。商定后，唐某以甲公司名义与乙公司签订了买卖合同。<u>如何评价该合同效力？</u>①唐某与乙公司恶意串通损害甲公司的利益，应对甲公司承担连带责任。②甲公司未对净化机单价作明确限定，故唐某以甲公司名义签订购买合同，无论以什么价格购买，都是有权代理。③但是有权代理人唐某应该"受人之托、忠人之事"，其与相对人恶意抬高价格采购，属于恶意串通损害被代理人利益。④一般情形下，恶意串通损害他人利益实施的民事法律行为是无效的，但是在代理制度中，有特别法规则，即被代理人有权要求代理人和相对人承担连带责任。特别法规则优先适用。⑤所谓连带责任自然包括甲公司主张继续履行该合同，接受净化机，然后主张由唐某和乙公司就甲公司多付款项承担连带责任。

> **辨析**：①代理人和相对人恶意串通，损害被代理人合法权益，自然属于《民法总则》第154条规定的恶意串通损害他人利益情形（无效）。②也属于《民法总则》第164条第2款情形（连带责任）。③发生了规范竞合，后者属于特别法规范，应优先适用。

（二）自己代理：代理人不得以被代理人的名义与自己实施民事法律行为，但是被代理人同意或者追认的除外。（"厚己薄人"＝有权代理情形下发生的效力待定合同）

例：【自己代理】甲委托乙买房，乙代理甲与自己签订买房合同，将自己的房屋卖给甲。交易完全由一人操纵。<u>如何评价该合同效力？</u>①这属于自己代理，效力待定。②如甲追认，则合同有效。③如甲不追认，则合同无效。④正确的做法应该是，乙先退出代理关系，以买卖合同当事人身份与甲协商签订合同。⑤实务中还存在另一种变形但实质属于自己代理的情形，即乙找到小乙代理自己，然后乙代理甲，乙和小乙签订合同，仍然属于自己代理，取决于甲是否追认。

（三）双方代理：代理人不得以被代理人的名义与自己同时代理的其他人实施民事法律行为，但是被代理的双方同意或者追认的除外。（"顾此失彼"＝有权代理情形下发生的效力待定合同）

例：【双方代理】甲委托乙买房，丙委托乙卖房，乙遂以代理人身份代理甲丙签订房屋买卖合同。交易完全由一人操纵。<u>如何评价该合同效力？</u>①这属于双方代理，效力待定。②如甲丙追认，则合同有效。③如甲丙不追认，则合同无效。④正确的做法是，乙作中介，不要做代理人，然后介绍双方签订合同。⑤实务中还存在另一种变形但实质属于双

方代理的情形，即乙找到小乙代理丙，然后乙代理甲，乙和小乙签订合同，仍然属于双方代理，取决于甲丙是否追认。

七、无权代理、表见代理、表见代表

(一) 狭义无权代理

1. 狭义无权代理类型图

①狭义无权代理 { ①自始不具有代理权 ②超越代理权 ③代理权终止后

②法定代理不存在无权代理，因为是概括代理权，只可能发生代理权的滥用

2. 狭义无权代理的效果图

被代理人A ⟷ B代理人（自始无代理权/超越代理权/代理权终止）

代理行为 —— 效力未定
- ①对A确定生效：A追认
- ②对A确定不生效
  - ①A不追认
  - ②催告后A不追认
  - ③催告后A不表示
  - ④A追认前善意

相对人 C

(二) 表见代理

1. 行为人没有代理权、超越代理权或者代理权终止后（无权代理），仍然实施代理行为，相对人有理由相信行为人有代理权的，代理行为有效。

例：【离职后还签单】甲是某校后勤部主任，经常以学校名义在乙饭店宴请客人。甲自学校离职后，继续以学校名义在乙饭店宴请朋友。乙饭店要求甲学校支付餐费，甲学校拒绝。乙饭店主张是否成立？①成立。②甲自学校离职后，仍以学校名义与乙饭店签订餐饮服务合同，构成无权代理。③乙饭店有理由相信甲有代理权，构成表见代理，该代理行为有效。故乙饭店有权要求被代理人学校支付餐费。

2. 表见代理属于广义无权代理的一种，关键在于判断相对人是否有理由相信行为人有代理权，即判断行为人是否有"外观授权的表象"。

例：【盖章后签约】甲公司和乙公司签订建设工程施工合同，约定合同纠纷提交 A 市仲裁委仲裁。后甲公司欠乙公司 8000 万元工程款届期未还，双方同意甲公司公章交由乙公司保管。乙公司便用甲公司公章对建设工程施工合同进行了修改，将 A 市仲裁委修改为 B 市仲裁委。乙公司的行为是否构成表见代理？①否。②甲公司同意公章交乙公司保管，双方成立无偿保管合同法律关系。③乙公司使用甲公司公章签订合同，擅自以甲公司名义实施代理行为，构成"自始无代理权"的无权代理。④但是，乙公司没有理由相信乙公司自己有代理权，故乙公司的行为不构成表见代理，该修改合同的行为无效。

> **原理：** 什么是"有理由相信"？什么是代理人具有"外观授权的表象"？①行为人持有被代理人发出的证明文件，如被代理人的介绍信、盖有合同专用章或者盖有公章的空白合同书，或者有被代理人向相对人所作法人授予代理权的通知或者公告，这些证明文件构成认定表见代理的客观依据。对上述客观依据，相对人负有证明责任。②在我国司法实践中，盗用他人的介绍信、合同专用章或者盖有公章的空白合同书签订合同的，一般不认定为表见代理，但被代理人应负举证责任，如不能举证，则构成表见代理。③对于借用他人介绍信、合同专用章或者盖有公章的空白合同书签订的合同，一般不认定为表见代理，由出借人与借用人对无效合同的法律后果负连带责任。因为表见代理中，仅被代理人负责，代理人对外不负责，不是合同当事人。

（三）表见代表

法人的法定代表人或者非法人组织的负责人超越权限订立的合同，除相对人知道或者应当知道其超越权限外，该合同对法人或者非法人组织发生效力。

例：【大BOSS胡作非为】甲公司法定代表人唐某超越公司授权范围，以甲公司名义与不知情的乙公司签订合同。如何评价该合同效力？唐某行为属于越权行为，但乙公司不知情，故构成表见代表，由甲公司承担法律后果。

第六章 诉讼时效

【案例】倪某借了金某 10 万元届期未还，金某碍于情面未向倪某主张。3 年后，金某向倪某索要，倪某称金某债权请求权已经过了诉讼时效。如倪某承诺仍会归还，就不得援引此前享有的抗辩。

一、诉讼时效的性质

（一）定义：权利人在一定期间不行使权利，在该期间届满后，发生义务人可以拒绝履行其给付义务效果的法律制度

> **原理：**（1）一般认为，诉讼时效制度具有三个价值：①稳定法律秩序，确保交易安全。②促使权利人积极行使权利，"惩罚躺在权利上睡觉的人"。③有利于司法机关确认案件事实。（2）实际上，诉讼时效的价值只有一个：稳定法律秩序。①至于方便查清事实，只是一种理论假设，可能符合某些案件时间情况，但并非所有的案件都因年代久远而证据灭失。②即使证据灭失，也并非都无法查明事实。而且很多时效届满的纠纷，事实非常清楚，证据很确凿。③诉讼时效制度是在平衡两种对立的利益：一是基于请求权人对义务人的权利义务关系而形成的旧秩序。另一是请求权人因长时间怠于行使权利而形成的处于"休眠"状态的新秩序。④诉讼时效制度是对这两种对立秩序和冲突利益中作出的适当选择。⑤诉讼时效制度之所以偏好新秩序，目的是为了敦促权利人行使权利、加快民事流转、促进交易。因为社会财富是有限的，而人们的需求是巨大的。

（二）三年：向人民法院请求保护民事权利的诉讼时效期间为三年。法律另有规定的，依照其规定

辨析 1：诉讼时效与申请执行时效	起算点	期间	中止、中断次数	法律效果
诉讼时效	①一般起算点（权利人知道权利被侵害和义务人次日）；②特殊起算点（权利被侵害次日）	3 或 20 年不等	不受次数限制，但最长诉讼时效不适用中止、中断规则	过期主张权利，义务人启动诉讼时效届满的抗辩权

辨析1：诉讼时效与申请执行时效	起算点	期间	中止、中断次数	法律效果
申请执行时效	①文书内置履行期最后一日起算。②文书内置分期履行，每次履行期间的最后一日起算。③文书无内置履行期，从文书生效之日起算	2年	①适用诉讼时效中止、中断的规定。②申请强制执行或诉讼外主张权利，诉讼时效中断，或者客观情况导致中止。③无次数限制。	过期申请法院执行，则胜利一方不能获得法院的强制执行。

辨析2：诉讼时效与除斥期间	适用对象	价值定位	弹性	起算点	届满后果	强制性	法院是否援引
诉讼时效	请求权	从新：维护新建立的秩序，不再保护原权利义务关系	可以中止、中断、延长	一般自权利人知道或应当知道权利受到损害以及义务人之日起算	届满不消灭实体权利，仅义务人发生拒绝履行义务的抗辩权，存在可抛弃的利益	法定	法院不依职权援用，由义务人自己决定是否提出时效已过的抗辩。
除斥期间	形成权	守旧：维持原来秩序。只要权利人不行使形成权或形成权过期，原有秩序就存续	不变期间	一般自权利人知道或应当知道权利产生之日起算	届满消灭的是实体权利（形成权），不会存在可抛弃的利益	有的法定，有的约定（如约定解除权期间）	法院依职权主动适用法律关于存续期间的规定（因为权利已经消灭，法律关系已经变更，不以权利人主张与否为转移）

（三）强制：诉讼时效的期间、计算方法以及中止、中断的事由由法律规定，当事人约定无效。当事人对诉讼时效利益的预先放弃无效

例：【商人>律师】甲出借10万给乙，约定2016年1月1日还，同时让乙签收"催款通知"，落款时间为2017年12月1日。如何评价催款通知？①无效。②因为这属于当事人变相约定延长诉讼时效期间，违反了法律关于诉讼时效制度具有强制性、不得约定的效力性规定。

二、不适用诉讼时效的权利

（一）有的债权请求权不适用诉讼时效

1. 请求支付抚养费、赡养费或者扶养费债权请求权

例：【抚养费债权没有保质期】甲乙婚后育有一女小甲，小甲 3 周岁时，甲乙离婚。自此甲一直未支付抚养费，小甲成年后，请求甲支付抚养费，甲称诉讼时效已经届满，故有权拒绝支付。甲的主张是否成立？①否。②小甲请求其父甲支付抚养费请求权，不适用诉讼时效。③如果甲对小甲实施侵权行为，如侵犯小甲财产权或人身权，则小甲对甲的债权请求权需要适用诉讼时效，诉讼时效期间自法定代理终止之日起算。④如果甲对小甲实施性侵犯，则小甲对甲的请求权需要适用诉讼时效，诉讼时效期间自小甲年满 18 周岁时起算。

2. 业主大会请求业主缴付公共维修基金请求权

例：【住不起自己的房屋】指导案例 65 号：①专项维修资金是专门用于物业共用部位、共用设施设备保修期满后的维修和更新、改造的资金，属于全体业主共有。②缴纳专项维修资金是业主为维护建筑物的长期安全使用而应承担的一项法定义务。③业主拒绝缴纳专项维修资金，并以诉讼时效提出抗辩的，人民法院不予支持。

3. 公司享要求出资人缴付出资请求权

例：【"认缴出资"的风险】甲公司欠乙公司 300 万元，经查甲公司股东张某欠缴出资 100 万元。本案各个债权请求权是否适用诉讼时效制度？①诉 1，其他股东要求张某缴付 100 万元出资，不适用诉讼时效。②诉 2，甲公司要求张某缴付 100 万元出资，不适用诉讼时效。③诉 3，甲公司债权人乙公司要求张某承担补充责任，不适用诉讼时效。④诉 4 即 300 万元债权，本身要在诉讼时效期间内，适用诉讼时效。

4. 股东对公司分配利润和支付股息请求权；储户对银行支付存款本金和利息的请求权；债权人对兑付国债、金融债券以及向不特定对象发行的企业债券本息的请求权

（二）部分物权请求权不适用诉讼时效

1. 不动产返还原物请求权

例：【房屋永远在呼叫主人】甲的房屋被乙占用，甲出国 3 年后回国，请求乙返还房屋，乙以 3 年诉讼时效届满为由拒绝。乙的主张是否成立？①否。②甲请求乙返还房屋的请求权，不适用诉讼时效制度。

2. 登记的动产返还原物请求权

例：【登记的机动车永远在呼叫主人】甲名下的汽车出借给乙使用，借期届满后，乙

未归还。3年后，甲请求乙返还汽车。乙以3年诉讼时效期间届满为由拒绝。<u>乙的主张是否成立？</u>①否。②甲请求乙返还登记机动车请求权不适用诉讼时效制度。

> **原理**：为什么普通动产返还原物请求权要适用诉讼时效制度？①甲占有乙价值10元的物，又向乙借款100万元。②如果规定所有的动产物权的权利人请求返还财产均不适用时效，乙对价值10元的物可以长期请求返还，但对于更大价值的100万元债权，却只能在普通诉讼时效期间的3年内主张。看似法律对价值小的法益保护更重，这属于法益失衡。③一般动产价值小、流动大、易损耗，如果不适用诉讼时效规定，多年后再提起诉讼，因年代久远举证困难，会增加诉累，不利于矛盾及时解决。④对于动产的返还原物区别对待：一般动产比如手表等的返还原物请求权，适用诉讼时效制度。特殊动产比如船舶、航空器和机动车等的返还原物请求权，已经登记的，则不适用诉讼时效。如果尚未登记，仍然要适用诉讼时效制度。

3. 占有保护请求权 = 1年

例：【占有返还只保护1年】甲的停车位被乙侵占，3年后，甲要拿回停车位，<u>则提出什么主张能获得法律支持？</u>①如甲提出占有返还，因过了1年期间而无法获得支持。因为返还占有的期间是1年，自侵占发生之日起计算。②如甲提出返还不动产停车位，则该请求权不适用诉讼时效。故甲提出返还不动产的原物请求权，能够获得法律支持。

（三）部分侵权责任承担方式不适用诉讼时效：请求停止侵害、排除妨碍、消除危险

例：【侵权在继续】甲在网络上散布不实信息，侵害了乙的名誉权。3年后，乙请求甲停止侵权，删除不实信息。甲以诉讼时效已经届满为由拒绝。<u>甲的主张是否成立？</u>①否。②因为停止侵害的请求权不适用诉讼时效。

（四）形成权不适用诉讼时效：比如可撤销合同的撤销权

（五）确认合同无效不适用诉讼时效

> **归总**：①只有请求权才可能适用诉讼时效制度。形成权、抗辩权、支配权本身都是不适用诉讼时效的（支配权请求权有一部分适用诉讼时效，如普通动产"手表"返还原物请求权；有一部分不适用诉讼时效，如房屋返还原物请求权）。②请求权中的部分请求权适用诉讼时效制度，另外一部分请求权不适用诉讼时效制度。

三、诉讼时效届满后的法律效果

（一）对权利人（原告）

1. 可以起诉，法院应该受理。

2. 如果义务人行使诉讼时效届满的抗辩权，则法院判决驳回原告诉讼请求。

3. 如果义务人没有行使诉讼时效届满的抗辩权，则权利人可以保有该利益，不构成不当得利。因为学理上将"诉讼时效届满后的债权"称之为"自然债权"，该自然债权即

权利人获得利益的根据。

例：【自然债权】甲对乙享有 10 万元债权，到期后第 4 年才向乙提出主张诉到法院。如何评价该诉讼？①法院应该裁定予以受理。②如乙提出 10 万元债权诉讼时效已经届满，则法院判决驳回甲的诉讼请求。③如乙没有提该抗辩，则甲可以获得 10 万元。乙不得事后以诉讼时效届满为由主张返还。

（二）对义务人（被告）

1. 义务人提出诉讼时效届满的抗辩（又称"不要脸"抗辩）。

2. 义务人自己决定是否提出，如果在诉讼中，法院不得进行"释明"，即法官不得提示让义务人提出该抗辩。实务中法官有"释明"的冲动，因为一旦义务人提出，则本案可以马上判决驳回原告诉讼请求而结案。

3. 义务人应该在一审提出诉讼时效届满的抗辩。在二审时，必须有新证据证明义务人一审没提出时效届满抗辩有新理由。再审时义务人一概不允许提出诉讼时效届满的抗辩。（"一审可以，二审不能，再审不行"）

例：【"不要脸"抗辩】甲对乙享有 10 万元债权到期已经经过了 3 年。甲诉乙还款，乙"正要"提出诉讼时效届满的抗辩，甲提出一个"函"证明其曾经在 3 年内向乙提出了请求，乙就"闭嘴了"。一审法院判决乙败诉，乙上诉到二审法院，有新证据证明，甲的"函"是伪造的，此时，乙可以在二审中提出诉讼时效已经届满的抗辩。

4. 义务人如果在诉讼时效届满后，通过意思表示同意履行或者通过行为实际履行债务，则不允许以权利人的权利诉讼时效届满为由抗辩。

例：【通过意思表示放弃诉讼时效届满的抗辩】甲公司向乙公司催讨一笔已过诉讼时效期限的 10 万元货款。乙公司书面答复称："该笔债务已过时效期限，本公司本无义务偿还，但鉴于双方的长期合作关系，可偿还 3 万元。"甲公司遂向法院起诉，要求偿还 10 万元。乙公司接到应诉通知后书面回函甲公司称："既然你公司起诉，则不再偿还任何货款。"如何评价本案的答复和复函？①10 万元已经过了诉讼时效，乙的书面答复属于通过意思表示放弃了 3 万元诉讼时效届满的抗辩，即乙的书面答复意味着乙需偿还甲 3 万元。②乙对于另外 7 万元仍可主张诉讼时效届满的抗辩。③乙公司的回函称不再偿还任何货款，属于对已经放弃的 3 万元诉讼时效届满的反悔，不发生效力。因为义务人已经放弃的诉讼时效抗辩，不能再反悔。

四、诉讼时效期间的起算点

（一）主观标准起算："一般"的诉讼时效期间自权利人知道或者应当知道权利受到损害以及 义务人 之日起计算

1. 知道与应当知道日期不一致，以早到的为起算点

例：【区分"实际知道"和"应当知道"】合同约定第 10 日交货，"应当知道权利被侵害"的时间点是固定的，即第 10 日届满未交货。但是，权利人实际知道的时间点则是不确定的，有 3 种情况：①"实际知道"早于"应当知道"：义务人第 5 日就明确告知不交货，即权利人实际知道权利被侵害。则从第 6 日起算诉讼时效。②"实际知道"晚于"应当知道"：权利人在第 15 日才实际知道权利被侵害。则从第 11 日起算诉讼时效。③"实

際知道"等于"应当知道",则从第 11 日起算诉讼时效。④小结:起算点赶早不赶晚,督促权利人尽快行使权利,不要"躺在权利上睡觉"。

2. 具体个案中"一般"的诉讼时效期间的起算点

(1) 人身损害赔偿时效起算点:受伤害之日或伤势确诊之日+知道谁是侵权人。

(2)"无限人"对法定代理人的请求权时效:从法定代理终止之日起计算 3 年。

例:【亲戚坑孩子】"无限人"甲的父母早亡,甲的近亲属担任甲的监护人,却侵犯甲的财产权。"无限人"甲要求监护人索赔请求权,自监护结束起算。

(3) 未成年人遭受性侵害之"损害赔偿"请求权时效:自受害人年满 18 周岁时计算 3 年。未成年人遭受"性"之外的其他人身侵害,则适用"法定代理终止之日"起算规则。

(4) 不当得利时效起算点:知道不当得利事实+知道谁是不当得利人。

(5) 无因管理时效起算点:①管理人主张费用和赔偿时效的起算点,管理行为结束+知道谁是被管理人。②被管理人主张赔偿时效的起算点,知道损害事实+知道谁是管理人。

(6) 合同被撤销后返还"财产"和赔偿的时效起算点:合同被撤销之日。

例:【诉撤还是诉赔还是诉撤和赔? 诉讼策略】甲欺诈乙签订买卖手机合同,乙可撤销该合同,要求甲返还手机并赔偿损失。乙可采取什么诉讼策略?①乙以受欺诈为由撤销该合同的撤销权,是形成权,需要适用除斥期间。②乙要求甲返还手机并赔偿的权利,其中主张返还手机属于普通动产返还原物请求权,要适用诉讼时效;索要赔偿属于债权请求权,也要适用诉讼时效。③如乙诉撤销,未同时诉要求返还手机和赔偿损失,其后乙如果另行要求返还手机和赔偿损失,则请求权的诉讼时效期间,从合同被撤销之日起算。④如乙诉撤销(形成之诉),并同时诉要求返还手机(给付之诉)和赔偿损失(给付之诉),会导致后两个给付之诉发生诉讼时效中断。当然,因为乙已经提起了诉讼,此时再去计算两个给付之诉的诉讼时效价值就不大了。

(7) 合同责任时效起算点:①履行期限明确,则从履行期届满时起算诉讼时效。②履行期不明确,如法律推定可以明确履行期,则履行期届满起算;如债权人给了明确宽限期,则从宽限期届满起算;如债权人提出履行要求,遭义务人明确拒绝履行,则从义务人拒绝之日起算。③同一债务分期履行,从最后一期届满时起算。

例:【借条之诉讼时效起算】甲借乙 5 万,向乙出具借条,约定 1 周内归还,乙债权的诉讼时效期间何时起算?①借条的诉讼时效从债务履行期届满时起算,而非出具借条之日起计算。②借条出具日并非乙知道或者应当知道权利被侵害时,不能起算诉讼时效。③借条约定 1 周内归还,是为履行期限明确,推定履行期届满之日起算诉讼时效。因为此时乙知道或者应当知道权利被侵害(且知道债务人),故起算诉讼时效。

例:【分期付款买卖合同=同一债务分期履行】甲、乙签订合同买卖机床,约定总价款 50 万元;甲先交 20 万元后乙发货;乙安装调试完后甲再交 20 万元;甲用该机床生产出质量合格产品后,再交剩余 10 万元。如甲一笔货款均未交纳,乙已经交货,乙要求甲履行付款义务的时效何时起算?①应从最后应交 10 万元届满时起算。②如果每期单独起算时效,势必造成乙担心债权过期,而频繁主张权利、频繁起诉,浪费了有限的司法资源。

（8）商业责任险的被保险人向保险人请求赔偿保险金的诉讼时效期间，自被保险人对第三者应负的赔偿责任确定之日起计算。

例：【责任险诉讼时效起算】甲向乙保险公司投保了商业机动车第三者责任险，甲驾驶保险车辆撞伤行人丙，应负赔偿责任 10 万元。甲对乙保险公司享有的保险赔偿请求权诉讼时效期间何时计算？①自甲对丙应负赔偿责任确定之日起计算。②督促甲尽早向乙保险公司提出诉讼或要求。③甲对丙应负赔偿责任 10 万元债权已经明确，丙不断向甲主张，会导致丙对甲的侵权之债诉讼时效不断中断，"要一次中断一次"。④而甲却怠于向乙保险公司主张，则会导致甲基于责任保险合同对乙保险公司享有的支付保险金请求权过掉诉讼时效。⑤甲要赔丙，甲却不能向保险公司索赔，则甲当初订立责任保险合同试图将赔偿责任转移给保险公司的目的也就落空了。

（二）客观标准起算："最长"的诉讼时效期间自权利受到损害之日起超过 20 年的，人民法院不予保护

例：【主观标准起算和客观标准起算的关系＝以短的为准，即谁先到以谁为准】甲被乙侵权，对乙享有侵权之债。何时起算侵权之债权的诉讼时效？（1）假设甲在第 4 年知道侵权人是乙。①主观标准起算计算结果是：第 4 年甲知道其权利被害以及侵权人是乙。故此时起算侵权之债诉讼时效，后续再加 3 年。②客观标准起算计算结果是：自侵权发生之日起算，未超过 20 年。③综合看来，主观标准起算计算结果先到！④故本案采主观起算标准，从甲知道侵权人乙时起算侵权之债诉讼时效期间 3 年。（2）假设甲在第 21 年知道侵权人是乙。①主观标准起算计算结果是：第 21 年甲知道其权利被害以及侵权人是乙，此时计算到第 24 年。②客观标准起算计算结果是：自侵权发生之日起算，已经超过了 20 年。③综合看来，客观标准起算计算结果先到！④故本案采客观起算标准，从侵权发生之日起计算，本案已经超过了最长时效 20 年。

> **秒杀：**①20 年之内适用主观起算标准；②20 年之外适用客观起算标准。

五、诉讼时效期间的终止点

（一）一般请求权诉讼时效期间：3 年

（二）特殊请求权诉讼时效期间

1. 因国际货物买卖合同和技术进出口合同争议提起诉讼或者申请仲裁的期间为 4 年，自当事人知道或者应当知道其权利受到损害以及义务人之日起计算。

2. 人寿保险的被保险人或者受益人向保险人请求给付保险金的诉讼时效期间为 5 年，自其知道或者应当知道保险事故发生之日起计算。

（三）最长诉讼时效期间：20 年

六、诉讼时效的中止：在诉讼时效行将结束往前推 6 个月内，发生客观障碍导致权利人无法主张权利，则诉讼时效中止，待客观障碍消灭后，再补足 6 个月。

客观障碍
①不可抗力
②无限人无法定代理人；法定代理人死亡、
　丧失行为能力、丧失代理权
③继承开始后未确定继承人或者
　遗产管理人
④权利人被义务人或者其他人控制
⑤其他障碍

甲（权利人）　　6个月　　乙（义务人）

3年

障碍消灭日补足6个月

例1：【公司告大老板】义务人和权利人之间存在代表与被代表关系，义务人是权利人法定代表人。权利人欲提起诉讼，需要法定代表人的签字授权或者盖取公章，但法定代表人显然不会允许对自己提起诉讼进行授权或者同意盖章。

例2：【子公司告母公司】义务人和权利人之间存在控股关系，义务人是母公司，权利人是母公司控股的子公司。权利人子公司无法取得控股公司的诉讼授权。

例3：【婚内老婆告老公】甲与李某离婚，李某认为当年甲擅自处分夫妻共有房屋造成了自己的损失，要求赔偿。甲抗辩说，赔偿请求权已过诉讼时效。甲的主张是否成立？①不成立。②因为双方为夫妻共同财产制，夫妻关系存续是诉讼时效期间中止的法定事由。

七、诉讼时效的中断

甲（权利人）　　　　乙（义务人）
3年

中断事由
①权利人"要"：发函要、起诉要、仲裁要等
②义务人"还"：义务人同意履行义务

从中断事由、有关程序终结时起，诉讼时效期间重新计算3年

（一）诉讼时效中断体系：手段宽松+影响宽松＝中断容易，尽可能地认定中断时效

```
┌ ①要求导致中断      ┌ ①分债主张，全债中断
│ ②诉讼导致中断      │ ②连带债权，连带中断
┤ ③调解导致中断 ──→ ┤ ③连带债务，连带中断
│ ④控告导致中断      │ ④代位主张，全部中断
└ ⑤承认导致中断      └ ⑤转让承担，到达中断
```

（二）权利提出要求导致诉讼时效期间中断

1. 权利人送交主张权利文书，对方签字、盖章或其他方式证明已送达：法定代表人/主要负责人/负责收信人/被授权主体。

2. 权利人发送信件或数据电文，到达或应到达。

3. 金融机构依法从对方账户中扣收欠款本息。

4. 权利人针对义务人下落不明情况，权利人在国家级媒体刊登主张权利公告/权利人在义务人住所地省级有影响媒体刊登主张权利公告。

（三）义务人承认导致中断诉讼时效中断

1. 分期履行。

2. 部分履行（支付利息）。

3. 提供担保。

4. 请求延期履行。

5. 制定清偿债务计划。

（四）中断诉讼时效的影响

1. 分债主张，全债中断：权利人对部分债权主张，全部债权都中断

例：【要部分≈要全部】甲对乙有10万元债权届期，甲向乙先要3万元，会导致甲对乙享有的整个10万元债权诉讼时效中断。

2. 连带债权，连带中断：1个权利人主张债权，视为其他债权人也提出了主张。

例：【老婆要≈老公要】甲乙夫妻养的宠物狗被丙打死，甲乙为连带债权人。甲向丙提出了索赔请求，就会导致侵权之债诉讼时效中断。

3. 连带债务，连带中断：1个义务人被主张债权，视为其他义务人也被主张债权。

例：【向老婆要≈向老公要】甲乙夫妻养的宠物狗咬伤了丙，甲乙为连带债务人。丙向甲提出了索赔请求，会导致侵权之债诉讼时效中断。

4. 代位主张，全部中断：代位诉讼，代位之债、原债、次债时效都中断，"一箭三雕"。

例：【上向下要≈上向中要+中向下要】甲对乙有8万元到期债权（"原债"），乙对丙有到期10万元债权（"次债"）。甲对丙提起代位权诉讼（"代位之债"）。甲的行为会导致哪几个债诉讼时效中断？①甲丙代位之债诉讼时效中断。②甲乙原债诉讼时效中断。③乙丙次债诉讼时效中断。

5. 转让承担，到达中断

（1）债权转让通知到达债务人时，该债权诉讼时效中断。

例：【债权转让通知】甲对乙有10万元债权，甲将该债权转让给丙，通知债务人乙。

该债权诉讼时效何时中断？①自通知债务人乙时中断。②而不是自甲与丙签订债权转让协议时中断。③因为当甲将债权转让通知乙时，其言外之意即乙应该向丙还款，此约等于"权利提出了主张"，故导致10万元债权诉讼时效中断。

（2）免责债务承担，新债务人愿意履行债务通知到达债权人时，该债权诉讼时效中断。

例：【免责债务承担】甲对乙有10万元债权，经甲同意，乙将债务转移给丙。丙通知甲愿意履行债务。该债权诉讼时效何时中断？自丙承担债务的意思表示到达债权人甲之日起中断。

6. 已经届满的诉讼时效期间不存在中断可能，但是新的诉讼时效期间存在中断问题。

例：【"新旧衔接"】甲对乙10万元债权已经经过了3年诉讼时效。甲向乙提出主张，乙回函同意1周内履行。1周过后乙未履行，甲向乙提出主张。如何评价本案诉讼时效问题？①甲向乙提出主张以及乙回函同意，都不会导致10万债权诉讼时效中断，因为它已经届满，不存在中断可能。②乙回函同意1周内履行，属于放弃诉讼时效届满之抗辩，故甲乙之间形成新的债权债务关系。③1周过后甲向乙提出主张，将会导致该新债权债务诉讼时效中断。

> **秒杀：**①诉讼时效开始前，不存在中止中断问题。②诉讼时效期间内才会发生中止中断问题。③诉讼时效届满后，该诉讼时效不存在中止中断问题，但新的债权债务关系会存在中止中断问题。

【案例】殡仪馆把骨灰摆错了，家属痛哭半天才发现哭错了，侵犯了 一般人格权 。人死了吗？ 生命权 。人残了吗？ 身体权和健康权 。妹妹用姐姐的名字结婚，结果姐姐被结婚了，老公是妹夫，妹妹侵犯了姐姐的姓名权。我的照片，你擅自拿去作广告"照骗"，你侵犯了我的 肖像权 。你说我是个"女汉纸"，我的内心是崩溃的，这是名誉感，不是 名誉权 。我爱你，你把这个信息告诉她，结果她说："我也收到了一样的……"，你侵犯了我的 隐私权 。你把我的个人信息出卖了，骗子打我电话把我钱给骗了，你侵犯了我的 个人信息权 。你说某死者是因花柳病而去世，死者近亲属不爽，这是侵犯了 死者人格利益 。

一、一般人格权：自然人享有基于人身自由、人格尊严产生的其他人格权益

例：【发现自己的屁股】某日，甲看到乙网店居然贴出了一张图片，截取了甲照片中的屁股那一部分，用于说明乙网店销售的一款弹力内裤。乙侵犯了甲的什么权利？①一般人格权。②因为我们无法通过甲的屁股识别出来甲，故屁股不是甲的肖像。

> 原理：为什么需要一般人格权？①缓解具体人格权法定带来的法律困境。②为了避免具体人格权爆炸，方便案由归类，我们将人格权具体化为法律规定的几种类型，比如生命权、健康权、身体权等。以免当事人被打歪了嘴去以接吻权受害为由起诉到法院、或者以吃饭权、喝酒权等受害为由诉到法院。③但是，人格权法定带来另外一个问题：有些案件当事人的人格尊严受到损害，但是却无与之匹配的具体人格权。比如兄弟不睦，哥哥擅自将父母坟墓迁移，导致弟弟不知道去哪里"上坟"。立法上不存在"祭奠"权，故弟弟可以一般人格权受害为由诉到法院。

记忆：具体人格权有哪些？生命权、身体权、健康权、姓名权、名称权、肖像权、荣誉权、名誉权、隐私权。

口诀："出生后身体健康，名称，像荣誉隐。"

> 原理：身份权纠纷如何适用法律？①对自然人因婚姻家庭关系等产生的身份权利的保护，适用《民法典》总则编、婚姻家庭编和其他法律的相关规定。②没有规定的，参照适用人格权编的有关规定。

二、生命权：自然人享有生命权，有权维护自己的生命安全和生命尊严。生命权是人格权中唯一一项对其侵害只能由被侵权人之外的第三人主张赔偿请求权的权利

例：【安乐死构成侵犯生命权】丙应丁要求，协助丁完成自杀行为，丙是否构成侵权？①构成。②丙侵犯丁的生命权。

三、身体权：自然人享有身体权，有权维护自己的身体完整和行动自由

例1：【假肢不是"肢"】彭某因车祸双腿截肢，安装了假肢，晚上睡觉时将假肢取下。某晚，唐某误以为假肢是贵重物品将其偷走。唐某侵犯了彭某什么权利？①所有权。②与人身体已经分离的部分，如取下的假肢、剪掉的头发、拔去的牙齿、捐献的血液、精子或其他人体器官，属于独立的物，如果受到侵害，属于所有权而非人格权受害。

例2：【假肢是"肢"】彭某因车祸双腿截肢，安装了科技含量高、只能由专业人员拆卸的假肢，一日与李某发生口角，李某一怒之下将彭某的假肢打碎。彭某有权提出什么主张？①可主张身体权受到侵害、可主张精神损害赔偿。②不可主张所有权受到侵害、不可主张生命健康权受到侵害。

例3：【不得搜身】甲在乙超市购物，乙超市工作人员认为甲偷盗其货品，对甲进行强行搜身。乙超市侵犯了甲的什么权利？①身体权。②甲有权维护自己的行动自由。③以非法拘禁等方式剥夺、限制他人的行动自由，或者非法搜查他人身体的，受害人有权依法请求行为人承担民事责任。

例4：【父母捐献已亡孩子眼角膜】小强罹患不治之症而过世，小强父母决定向医院捐献小强的眼角膜。是否可行？①行。②器官不能买卖，但可以捐献。③生前："完人"采用书面形式或者有效遗嘱形式，有权依法自主决定无偿捐献其人体细胞、人体组织、人体器官、遗体。④死后："自然人"生前没有表示不同意捐献的，死亡后，其配偶、成年子女、父母可采用书面形式共同决定捐献。⑤买卖人体细胞、人体组织、人体器官、遗体的行为（合同）无效。

四、健康权：自然人享有健康权，有权维护自己的身心健康

例1：【侵害生理健康】如将带有病毒的血液输入他人体内致感染疾病；如故意殴打他人致脏器损伤；如美容机构过失致他人毁容。

例2：【侵害心理健康】。如甲谎称乙父死亡请殡仪馆人前来接尸，致乙极为愤怒；如装修工人在装修房屋内上吊自杀，致业主受到惊吓。

例3：【性骚扰构成侵权】甲女美貌如花，乘坐地铁上班，乙男在并不拥挤的地铁车

厢，多次恶意触碰甲的胸部。<u>乙是否构成侵权?</u> ①构成。②违背他人意愿，以言语、行为等方式对他人实施性骚扰的，受害人有权依法请求行为人承担民事责任。用人单位应当采取合理的预防、受理投诉、调查处置等措施，防止和制止利用职权、从属关系等实施性骚扰。

辨析三项物质性人格权	身体权	健康权	生命权
砍掉他人手臂	√	√	
强行剪去他人头发、指甲	√	×	
注射有毒药物导致住院、故意给人传染疾病	×	√	
医院误摘肾脏，患者于索赔期间死亡	√	√	√

五、姓名权：自然人享有姓名权，有权依法决定、使用、变更或者许可他人使用自己的姓名。任何组织或者个人不得以干涉、盗用、假冒等方式侵害他人的姓名权

（一）"取名"

自然人的姓氏应当随父姓或者母姓。有 3 个例外：从外婆姓（选取其他直系长辈血亲的姓氏）；从养父姓（因由法定扶养人以外的人扶养而选取扶养人姓氏）；其他正当理由（有不违反公序良俗的其他正当理由）。

例：【北雁云依和王者荣耀】 父亲姓吕、母亲姓张，给女儿取名为"北雁云依"，来自诗经，寓意北方美丽的女子，派出所说：不可以。父亲姓王、母亲姓张，给儿子取名为"王者荣耀"，派出所说：可以。

（二）"改名"

依法办理登记手续，改名前实施的民事法律行为继续有效。（名称权保护同理）

例：【小强变小果】 唐某向张某借款 10 万元，小强出具担保书，愿意承担保证责任，张某同意。后小强将名字变更为小果，<u>则小果是否需要承担保证责任?</u> ①需要。②民事主体变更姓名的，变更前实施的民事法律行为对其具有法律约束力。

（三）"有名"

具有一定社会知名度的笔名、艺名、网名、字号、姓名和名称的简称等，被他人使用足以致使公众混淆的，与姓名受同等保护。（名称权保护同理）

例：【Angel】 甲参与一档电视娱乐节目而为公众知悉，其艺名为 Angel。甲公司申请将 Angel 注册在茶叶上，在宣传其所售普洱茶时广告如下："知名商标 Angel，一饼 59 元普洱带来的艳遇，免费把 Angel 抱回家，想怎么泡就怎么泡，直到泡到没味为止，今天，你泡了我吗?"。<u>甲公司是否构成侵权?</u> ①构成。②侵犯了甲的姓名权。

（四）盗用他人姓名：未经姓名权人同意，擅自以姓名权人的名义实施民事活动。（名称权保护同理）

例：【刘德华来了】甲公司要举办一场大型活动，但是没有赞助单位，于是谎称明星"刘德华"将来参加，出于不同的目的，不少单位都出了钱来赞助。甲公司是否构成侵权？①构成。②"以刘德华的名义"，而不是说"自己是刘德华"，属于盗用他人姓名，侵犯了刘德华的姓名权。

（五）假冒他人姓名：使用他人的姓名，冒充他人进行活动。行为人自称是"他人"，参加民事活动。（名称权保护同理）

例：【冒名顶替上大学】湖南邵东县学生罗彩霞被当地公安局政委的女儿王佳俊冒名顶替，失去在贵州师范大学读书的机会。王佳俊冒名顶替罗彩霞后，被贵州师范大学以定向招生形式补录为本科生，之后顺利入党、毕业、工作。王佳俊是否构成侵权？①构成。②假冒他人，侵犯了姓名权。

六、名称权：法人、非法人组织享有名称权，有权依法使用、变更、转让或者许可他人使用自己的名称。任何组织或者个人不得以干涉、盗用、假冒等方式侵害他人的名称权

例：【企业名称简称受法律保护】指导案例 29 号：天津中国青年旅行社诉天津国青国际旅行社擅自使用他人企业名称纠纷案。①对于企业长期、广泛对外使用，具有一定市场知名度、为相关公众所知悉，已实际具有商号作用的企业名称简称，可以视为企业名称予以保护。②擅自将他人已实际具有商号作用的企业名称简称作为商业活动中互联网竞价排名关键词，使相关公众产生混淆误认的，属于不正当竞争行为。

七、肖像权：自然人享有肖像权，有权依法制作、使用、公开或者许可他人使用自己的肖像

肖像是通过影像、雕塑、绘画等方式在一定载体上所反映的特定自然人可以被识别的外部形象。对自然人声音的保护，参照适用肖像权保护的有关规定。

（一）侵权责任法保护肖像权（消极防御）

1. 丑化他人肖像构成侵权：任何组织或者个人不得以丑化、污损，或者利用信息技术手段伪造等方式侵害他人的肖像权。

2. 一般人擅自使用构成侵权：未经肖像权人同意，不得制作、使用、公开肖像权人的肖像，但是法律另有规定的除外。（不再限于侵权人以营利为目的的使用他人肖像）

例：【无法识别则不侵犯肖像权】甲到乙医院做隆鼻手术效果很好。乙为了宣传，分别在美容前后对甲的鼻子进行拍照（仅见鼻子和嘴部），未经甲同意将照片发布到丙网站的广告中，介绍该照片时使用甲的真实姓名。丙网站在收到甲的异议后立即作了删除。如何评价本案侵权问题？①乙医院侵犯了甲的姓名权。②乙医院没有侵犯甲的肖像权。③丙网站不承担责任，因其及时做了删除。

3. 著作权人擅自使用构成侵权：（1）未经肖像权人同意，肖像作品权利人不得以发

表、复制、发行、出租、展览等方式使用或者公开肖像权人的肖像。（2）照片上通常会存在的三个权利，即物权、肖像权和摄影作品的著作权。①照片这张纸，指向物权，归物的主人。②照片上的人，指向肖像权，归照片主人。③照片属于摄影作品，承载了智力创造成果，指向著作权，归摄影者。

例 1：【乱用他人图片】摄影爱好者李某为好友丁某拍摄了一组生活照，并经丁某同意上传于某社交媒体群中。蔡某在社交媒体群中看到后，擅自将该组照片上传于某营利性摄影网站，获得报酬若干。如何评价蔡某的行为？①侵害了丁某的肖像权。②侵害了李某的著作权中的信息网络传播权和获得报酬权。

例 2：【嫁接半裸照片】甲女委托乙公司为其拍摄一套艺术照。不久，甲女发现丙网站有其多张半裸照片，受到众人嘲讽和指责。经查，乙公司未经甲女同意将其照片上传到公司网站做宣传，丁男下载后将甲女头部移植至他人半裸照片，上传到丙网站。如何评价本案侵权关系？①甲女"受到众人嘲讽和指责"，说明该照片可以识别甲女，甲女社会评价降低，名誉权受害。②甲女有肖像权，乙公司侵犯了甲女的肖像权。③甲女有名誉权，丁男侵犯了甲女的名誉权。④甲女有权就肖像权和名誉权受害，主张精神损害赔偿。⑤乙公司有著作权，丁男侵犯了乙公司的著作权，侵犯了乙公司著作权中的信息网络传播权和获得报酬权。

（二）肖像权许可使用合同（积极使用）（对姓名、名称等的许可使用，参照适用肖像许可使用的有关规定）

1. 许可使用条款解释规则：当事人对肖像许可使用合同中关于肖像使用条款的理解有争议的，应当作出有利于肖像权人的解释。

2. 许可使用期限规则：（1）不定期则双方有任意解除权：当事人对肖像许可使用期限没有约定或者约定不明确的，任何一方当事人可以随时解除肖像许可使用合同，但是应当在合理期限之前通知对方。（2）定期则肖像权人单方有任意解除权：当事人对肖像许可使用期限有明确约定，肖像权人有正当理由的，可以解除肖像许可使用合同，但是应当在合理期限之前通知对方。因解除合同造成对方损失的，除不可归责于肖像权人的事由外，应当赔偿损失。

例：明星甲与著名品牌"范思哲"签订了肖像权许可使用合同，为期 3 年。"范思哲"旗下一款系列 T 恤，将中国香港、中国澳门划分至"国家"，引起了广大中国同胞的不满。甲是否有权解除肖像许可使用合同？有权解除。

（三）未经肖像权人同意，合理使用其肖像，不侵权，也无须付酬

1. 为个人学习、艺术欣赏、课堂教学或者科学研究，在必要范围内使用肖像权人已经公开的肖像。

2. 为实施新闻报道，不可避免地制作、使用、公开肖像权人的肖像。

3. 为依法履行职责，国家机关在必要范围内制作、使用、公开肖像权人的肖像。

4. 为展示特定公共环境，不可避免地制作、使用、公开肖像权人的肖像。

5. 为维护公共利益或者肖像权人合法权益，制作、使用、公开肖像权人的肖像的其他行为。

八、荣誉权：民事主体享有荣誉权。任何组织或者个人不得非法剥夺他人的荣誉称号，不得诋毁、贬损他人的荣誉。获得的荣誉称号应当记载而没有记载的，民事主体可以要求记载；获得的荣誉称号记载错误的，民事主体可以要求更正

例1：【"优秀学生干部"与"三好学生"】1998年毕业于锦州中学的贾跃参加高考，由于发挥失常。仅以2分之差未能进入重点大学。但是，贾跃在高中期间一向品学兼优，年年被评为"三好学生"并荣获锦州市"优秀学生干部"称号。按当年高考招生政策规定，获市级以上优秀学生干部的考生可享受加十分的待遇。而锦州市教委在整理审核学生档案时，把"优秀学生干部"换成了"三好学生"，致使该生不能享受到这种荣誉待遇。锦州市教委侵犯了贾跃什么权利？①荣誉权。②锦州市凌河区人民法院判决，责令锦州市教委向受害者赔礼道歉，恢复其荣誉，并赔偿受害者经济和精神损失8万余元。

例2：【荣誉权与物权】如当众摘人荣誉牌匾、撕人荣誉证书，属于侵犯荣誉权。过失损毁他人的奖杯、奖品等物，属于侵犯物权。

九、名誉权：民事主体享有名誉权。任何组织或者个人不得以侮辱、诽谤等方式侵害他人的名誉权。名誉是对民事主体的品德、声望、才能、信用等的社会评价。（社会评价降低＝侵犯名誉权）

（一）侮辱方式侵犯名誉权

用语言（包括书面和口头）或行动，公然损害他人人格、毁坏他人名誉的行为。如用大字报、小字报、漫画或极其下流、肮脏的语言等形式辱骂、嘲讽他人，使他人的心灵蒙受耻辱等。

例：【当街泼粪】甲乙夫妻，因甲与第三者丙同居，乙当场将丙拖至街上，在众目睽睽之下，向丙泼粪。如何评价乙的行为？以侮辱方式侵犯了丙的名誉权。

（二）诽谤方式侵犯名誉权

捏造并散布某些虚假的事实，破坏他人名誉的行为。如毫无根据或捕风捉影地捏造他人作风不好，并四处张扬、损坏他人名誉，使他人精神受到很大痛苦。

例：【被当妈】张某旅游时抱着当地一小女孩拍摄了一张照片，并将照片放在自己的博客中，后来发现该照片被用在某杂志的封面，并配以"母女情深"的文字说明。张某并未结婚，朋友看到杂志后纷纷询问张某，熟人对此也议论纷纷，张某深受困扰。如何评价本案侵权问题？①张某未结婚被当妈且社会评价降低，故杂志社侵犯了张某的名誉权。②未经张某同意，使用其肖像，故杂志社侵犯了张某的肖像权。③张某有权基于名誉权和肖像权受害，要求杂志社赔偿精神损害。④张某去外地旅游的隐私信息通过其发布微博而被放弃，故杂志社没有侵犯张某的隐私权。

1. 文学艺术作品

（1）含沙射影，指向明确：行为人发表的文学、艺术作品以真人真事或者特定人为描述对象，包含侮辱、诽谤内容，侵害他人名誉权的，受害人有权依法请求该行为人承担民事责任。

（2）如有雷同，纯属巧合：行为人发表的文学、艺术作品不以特定人为描述对象，仅是其中的情节与该特定人的情况相似的，不承担民事责任。

2. 媒体报道内容

（1）如实报道，影响他人名誉，不构成侵权。

（2）失实报道，影响他人名誉，构成侵权。①受害人有权请求该媒体及时采取更正或者删除等必要措施。②媒体不及时采取措施的，受害人有权请求人民法院责令该媒体在一定期限内履行。

3. 新闻报道内容

（1）正当舆论监督，影响他人名誉，不构成侵权。

（2）不正当舆论监督，影响他人名誉，构成侵权。①捏造事实、歪曲事实。②对他人提供的失实内容未尽到合理审查义务。[1]③使用侮辱性言辞等贬损他人名誉。

（三）信用错误评价侵犯名誉权

民事主体可以依法查询自己的信用评价；发现信用评价错误的，有权提出异议并要求采取更正、删除等必要措施。信用评价人应当及时核查，经核查属实的，应当及时采取必要措施。

例：【欠款人逾期，保证人信用遭殃】张桂平从农商行处借款 10 万元，期限 1 年。刘某为该笔借款提供连带责任保证。张桂平届期未还，案外人张来平与农商行签订《个人借款合同》一份，张来平用其从农商行借来的钱，履行了张桂平欠农商行的本息。因刘某所担保的张桂平贷款已逾期，成为不良贷款，刘某便产生了不良担保记录。因张桂平已经不欠农商行的本息，刘某是否有权要求农商行删除不良担保记录？①否。②刘某无法再在银行申请贷款，不能办理信用卡，社会信用评价降低，本案为名誉权纠纷。③张桂平的贷款本息还清，无法消除其曾有的不良贷款记录，以及刘某曾经有的不良担保记录。④当然，根据《征信业管理条例》规定，不良信息记录在不良行为或事件终止之日起超过 5 年应当予以删除。

十、隐私权：自然人享有隐私权。任何组织或者个人不得以刺探、侵扰、泄露、公开等方式侵害他人的隐私权。隐私是自然人不愿为他人知晓的私密空间、私密活动和私密信息等

（一）侵犯隐私权情形

1. 擅自搜查、进入、窥视、拍摄他人的住宅、宾馆房间等私密空间。

2. 擅自拍摄、录制、公开、窥视、窃听他人的私密活动。

3. 擅自拍摄、窥视他人身体的私密部位。

4. 擅自收集、处理他人的私密信息。

5. 以短信、电话、即时通讯工具、电子邮件、传单等方式侵扰他人的生活安宁。

6. 以其他方式侵害他人的隐私权。

---

[1] 行为人应当就其尽到合理审查义务承担举证责任：①内容来源的可信度；②对明显可能引发争议的内容是否进行了必要的调查；③内容的时效性；④内容与公序良俗的关联性；⑤受害人名誉受贬损的可能性；⑥审查能力和审查成本。

（二）不侵犯隐私权情形

1. 被放弃的"隐私"不是隐私：权利人主动公布个人信息，则就该信息不得再主张隐私权保护。

例：【宁可在宝马车里哭也不愿意在自行车后座笑】女青年马某因在一档电视相亲节目中言词犀利而受到观众关注，一时应者如云。有网民对其发动"人肉搜索"，在相关网站首次披露牛某的曾用名、儿时相片、家庭背景、恋爱史等信息，并有人在网站上捏造马某曾与某明星有染的情节，导致评价被降低。如何评价网民的"人肉搜索"行为？①"首次披露"相关信息，故网民侵犯了马某隐私权。②捏造有染情节，故网民用诽谤方式侵犯马某名誉权。③擅自使用马某儿时相片，故网民侵犯了马某肖像权。④不存在盗用或假冒姓名行为，故网民未侵犯姓名权。

2. 公布非真实信息没有侵犯隐私权：非真实信息不是隐私，故未侵犯隐私权。如造成被害人社会评价降低，则构成"诽谤方式"侵犯被害人名誉权。

十一、个人信息保护：自然人的个人信息受法律保护。个人信息是以电子或者其他方式记录的能够单独或者与其他信息结合识别特定自然人的各种信息，包括自然人的姓名、出生日期、身份证件号码、生物识别信息、住址、电话号码、电子邮箱地址、行踪信息等。（可以借由该信息锁定特定人）

（一）违法收集个人信息的侵权：未经自然人同意或自然人监护人同意（不以行为人营利为前提）

（二）违法处理个人信息的侵权：个人信息的处理包括个人信息的使用、加工、传输、提供、公开等（不以行为人营利为前提）

例：【买卖个人信息】张某因出售公民个人信息被判刑，孙某的姓名、身份证号码、家庭住址等信息也在其中，买方是某公司。从人格权法上如何评价张某和某公司的行为？①买卖个人信息违反效力性强制性规定，该合同无效。②张某侵害了孙某对其个人信息享有的民事权益。③某公司构成共同侵权，应负连带责任。

（三）收集、处理自然人个人信息不构成侵权的情形

1. 在自然人或者其监护人同意的范围内实施的收集、处理个人信息行为。

2. 处理该自然人自行公开的或者其他已经合法公开的个人信息。（但是如果该自然人明确拒绝或者处理该信息侵害自然人重大利益的则构成侵权）

3. 为维护公共利益或者该自然人合法权益，合理实施的其他行为。

（四）信息收集者、信息控制者的法定义务

1. 依自然人请求，接受查阅、抄录或复制以及更正请求：自然人可以向信息控制者依法查阅、抄录或者复制其个人信息；发现信息有错误的，有权提出异议并要求及时采取更正等必要措施。

2. 依自然人请求，对违规收集、处理的个人信息应及时删除：自然人发现信息控制者违反法律、行政法规的规定或者双方的约定收集、处理其个人信息的，有权要求信息控制者及时删除其个人信息。

3. 不得泄露、篡改其收集、存储的个人信息。

4. 不得向他人非法提供个人信息。（但可以提供经过加工无法识别特定个人且不能复原的信息）

5. 确保信息安全。信息收集者、控制者应当采取技术措施和其他必要措施，确保其收集、存储的个人信息安全，防止信息泄露、丢失。发生或者可能发生个人信息泄露、丢失的情况的，应当及时采取补救措施，依照规定告知被收集者并向有关主管部门报告。

十二、精神损害赔偿：自然人在人身权或者"人格物"受到不法侵害，致使其人身利益或者财产利益受到损害并遭到精神痛苦时，受害人本人、本人死亡后其近亲属有权要求侵权人给予损害赔偿的民事法律制度

（一）主体

1. 自然人：自然人才有权提出精神损害赔偿。法人或非法人组织不得提出精神损害赔偿请求权。

2. 顺序：如果自然人因被侵权而死亡，则死者的配偶、子女、父母有权向加害人提出精神损害赔偿请求。如果不存在这些人，才由死者的近亲属提出精神损害赔偿。

（二）客体

1. 对象：人身权受害或者"人格物"（如冷冻卵子、冷冻胚胎、骨灰盒）受害，才可以提出精神损害赔偿请求权。

2. 程度：受害达到严重程度，受害人才可主张精神损害赔偿。

（三）路径

1. 选择：诉侵权可以主张精神损害赔偿；诉违约也可主张精神损害赔偿。

例：【冷冻卵子】甲与乙辅助生殖中心达成冷冻卵子协议，为期 1 年，手术费 1 万 1 千元，每个月保存费 110 元。乙中心不慎将冷冻卵子丢失或损坏。甲可提出什么法律救济措施？①甲可诉乙中心侵权，主张精神损害赔偿。②甲也可诉乙中心违约，主张精神损害赔偿。因当事人一方的违约行为，损害对方人格权并造成严重精神损害，受损害方选择请求其承担违约责任的，不影响受损害方请求精神损害赔偿。③根据《人类辅助生殖技术管理办法》，申请人必须要身份证、结婚证、生育证明等"三证"齐全，而且夫妻双方都要到场。未婚女性不在此列。正常手术费用仅要万余元，保存冷冻卵子每月也只要 100 多元。

2. 用尽：侵权之诉终结后不得另行单独提起精神损害赔偿之诉。违约之诉同理。

（四）双重

1. 死者生前自己的痛苦：加害人书面承诺同意赔偿精神损害或者受害人已经提出了精神损害赔偿诉讼，受害人死亡的，则受害人的精神损害赔偿请求权可以作为遗产发生继承。

2. 死者死亡后近亲属的痛苦：自然人因受害死亡，痛苦留给了近亲属，故近亲属可提出精神损害赔偿，当然，要符合顺序要求。

例：【错拿腰子】张某因病住院，医生手术时误将一肾脏摘除。张某向法院起诉，要求医院赔偿治疗费用和精神损害抚慰金。法院审理期间，张某术后感染医治无效死亡。如何评析本案？①医院构成加害给付，侵犯了张某的健康权和生命权。②张某请求精神损害赔偿，既可在侵权之诉提出，又可在合同之诉提出。③张某已经就其痛苦诉到法院，故张某死亡后，张某继承人有权继承张某的精神损害抚慰金请求权，当然，自然可以继承张某的医疗费赔偿请求权。④张某死后其配偶、父母和子女有权另行起诉，请求医院赔偿自己的精神损害。

十三、死者人格利益：死者的姓名、肖像、名誉、荣誉、隐私、遗体（"除了生命和健康"）等受到侵害的，其配偶、子女、父母有权依法请求行为人承担民事责任；死者没有配偶、子女并且父母已经死亡的，其他近亲属有权依法请求行为人承担民事责任

例：【鞭尸】宋某实名制微博发布文章，称已经过世的著名导演谢某生前与婚外第三人有私生子，且罹患花柳病而死亡。宋某所言查无实据，均系子虚乌有。谢某配偶徐某以宋某侵犯谢某名誉为由，将宋某诉至法院。徐某提出的哪些诉讼请求能够获得法院的支持？①停止侵权撤下相关博客。②说明事实真相并赔礼道歉。③请求经济损失赔偿。④请求精神损害赔偿。⑤法院后来支持了停止侵权、赔礼道歉、经济损失 8.9 万元，精神损害赔偿金 20 万元。

十四、人格权统一规则

（一）人格权人身性

1. 不得放弃、转让、继承：人格权不得放弃、转让、继承。
2. 姓名、名称、肖像等可以许可他人使用：民事主体可以将自己的姓名、名称、肖像等许可他人使用，但是依照法律规定或者根据其性质不得许可的除外。

（二）人格权请求权

1. 损害赔偿请求权：适用诉讼时效。
2. 停止侵害、排除妨碍、消除危险、消除影响、恢复名誉请求权：（1）不适用诉讼时效。（2）替代履行：行为人因侵害人格权依法承担消除影响、恢复名誉、赔礼道歉等民事责任的，应当与行为的具体方式和造成的影响范围相当。行为人拒不承担前款规定的民事责任的，人民法院可以采取在报刊、网络等媒体上发布公告或者公布生效裁判文书等方式执行，产生的费用由行为人负担。
3. 诉前禁令：民事主体有证据证明行为人正在实施或者即将实施侵害其人格权的行为，不及时制止将使其合法权益受到难以弥补的损害的，有权依法向人民法院申请采取责令行为人停止有关行为的措施。

（三）合理使用不侵权

实施新闻报道、舆论监督等行为的，可以合理使用民事主体的姓名、名称、肖像、个人信息等；使用不合理的，应当依法承担民事责任。

应试物权编，一言以蔽之，即明确两个问题：物在呼叫主人。物在什么时候，在呼叫哪个主人。换言之，即明确一个问题：谁能抢得赢！

导论：什么是物？什么是物权？

【案例】温某请朋友在饭店吃饭，将其从唐某处购买的海螺交给饭店处理，厨师在海螺中发现了大珍珠，问：大珍珠在呼叫谁？答：温某。温某将房屋出租给唐某，问：房东大还是租户大？谁离开？答：租期届满后，房东大，租户离开；租期内，租户大，房东离开。

一、物：人身之外能满足人的需要，被人支配或控制的物质实体或自然力，是物权的客体

（一）不动产和动产

1. 区分

（1）不动产指土地以及建筑物等土地附着物。

（2）动产指不动产以外的物。

2. 意义

（1）不动产以登记为公示方法。

（2）动产以占有为公示方法。

（二）主物与从物

1. 区分

（1）在必须结合适用才能发挥经济效益的两个独立的物中，起主要效用的为主物。

（2）在两个独立物结合使用中处于附属地位，起辅助和配合作用的是从物。

例1：【主从关系＝主物和从物＝2个物】汽车是主物，备胎是从物；锁是主物、钥匙是从物；自划船是主物、船桨是从物；马和马鞍；电视机和遥控器。

例2：【成分关系＝组成部分＝1个物】门窗是房屋的成分；树上的苹果是树的成分；动物腹中的胎儿是动物的成分。这些都不是主物与从物的关系，他们是独立的1物，分别是：房屋、树和动物。

2. 意义

（1）物权变动角度：①所有权：转移主物所有权，则从物所有权亦随之转移。如卖

车，自然包括备胎。②抵押权：主物设定抵押权，则抵押权效力追及从物。如甲将汽车抵押登记给了乙，则乙的抵押权要追及该车的备胎。③质权：以主物设立质权，从物须交付才设立质权。如甲将马交付给乙出质，则马鞍随之交付给乙，乙才对马和马鞍有质权。④留置权：留置权人留置主物，须同时占有从物，才能对主物和从物都享有留置权。如修车人留置车辆，如车后备箱无备胎，不得要求修车人再交付备胎追加留置。

（2）合同交易角度：①买卖合同标的物的主物不合约定，买方解除合同的，解除合同的效力及于从物。如电视机买卖合同中，出卖人甲交付给买受人乙的电视机不符合约定，乙可解除合同，退电视和退遥控器。②因买卖合同标的物从物不符合约定，则不能以此为由解除合同。如电视买卖合同中，出卖人甲交付给买受人乙电视机和遥控器，其中遥控器不符合约定，乙不可解除电视机买卖合同。

（三）原物与孳息

1. 区分

（1）原物是指依自然属性或法律的规定，能够产生收益的物。①基于自然属性能产生收益的物，如能结果实的果树、生幼畜的母畜等。②基于法律规定产生收益的物，如能收租金的出租屋、生息的本金等。

（2）孳息是原物产生之物。①自然孳息（天然孳息）：依自然属性产生的孳息称天然孳息。有机物的出产物如摘下的苹果、鸡下的蛋、剪下的羊毛、挤出的牛奶；无机物的出产物如矿产品。但是，埋藏物不是孳息，因为埋藏物是由人埋藏的，是独立的物，不是"出产物"。②法定孳息：依法律规定产生的孳息称法定孳息。如存款的利息、彩票中奖的奖金（射幸孳息）、股票分红的派息。

> **原理**：孳息必须是独立的物，否则不是孳息。（1）原物与孳息是各自独立的物，未与原物分离的，不是孳息，而是原物的组成部分。①如树上的苹果是树的成分；树上摘下来的苹果是树的孳息。②动物腹中的胎儿是动物的成分；动物生下来的小动物是动物的孳息。③牛黄在牛体内不是孳息。（2）孳息的取得不以原物的消灭为代价，但意外事件或者不可抗力除外。①孳息的取得，不能消灭原物：如将房屋出租，出租人有权按照约定数额、时间取得租金。租赁关系中，房屋就是原物，获得的租金亦即法定孳息。②原物因意外事件或者不可抗力灭失的例外：如母牛生小牛，母牛难产死了，但小牛活的，则小牛还是孳息。

2. 意义

（1）一般规则：①天然孳息，归所有权人；既有所有权人又有用益物权人，归用益物权人。如采矿权人可以取得原物所生自然孳息；如农民取得耕种土地的收益。②法定孳息，从约定，无约定从交易习惯。

例：【土豪吃饭】2018 年 3 月 2 日，苏某为了庆祝自己和其他作者合著的新书大卖，邀请其他作者一起前往海河大饭店聚餐。前往饭店前，苏某在海鲜市场张某处购买了一只大海螺。后交给海河大饭店加工，厨师何某剥开发现海螺里有一颗橙色的椭圆形大珍珠。珍珠归谁所有？①苏某。②珍珠和海螺分离前，属于物的成分，即珍珠是海螺的组成部分。归原物所有人张某。③苏某和张某签订买卖大海螺合同，买卖合同中，交付转移海螺所有权。因为苏某是海螺所有权人。④珍珠与海螺分离后，是海螺的自然孳息，归原物所有人苏某享有。⑤苏某与海河大饭店之间是餐饮服务合同，不是买卖合同，故不能适用买卖合同中"交付转移孳息"的规则。

（2）"买卖合同"中标的物的孳息：①交付之前归卖方。②交付之后归买方。③只有买卖合同适用该规则，其他合同不适用，比如租赁合同，租金归出租人，而不归承租人。

例：【房屋租金归购房人】甲开发商将房屋出卖给乙，交付但尚未办理过户手续，乙将房屋装修出租给丙，该房屋租金归谁？租金为房屋的法定孳息，归乙。

（3）担保物孳息：①担保物和孳息的所有权均归担保物所有权人。②但在抵押物被法院扣押后、质物质押期间、留置物留置期间，担保物权人对担保物的孳息有"收取权"。用收取的孳息充抵债务，充抵后担保物权人才取得孳息的所有权。

例：【质权人收取鹦鹉蛋】甲将名贵鹦鹉出质并交付给了乙，担保其欠乙的 10 万元借款。出质期间，鹦鹉产下价值 1000 元的蛋。从物权角度如何评价鹦鹉蛋？①属于天然孳息。②所有权归甲。③收取权归乙，即乙对鹦鹉和鹦鹉蛋的变价款有优先受偿权，故在债权未受偿前乙无须将鹦鹉蛋交回给甲。④如果乙交回鹦鹉蛋给甲，则乙对鹦鹉蛋丧失质权。

（4）夫妻共有物孳息：①婚前个人财产在婚内用于投资所得收益，归双方共有。②婚前个人财产在婚内所得孳息和自然增值，归单方所有。

例：【投资与存款】甲婚前存款 10 万元，与乙婚后，用 10 万投资办厂收益 100 万元。或者该 10 万元在银行存款获得利息 500 元。如何评价原物与孳息归属？①投资办厂中，10 万元本金归甲个人，投资收益 90 万元归夫妻共有。②存款收益中，10 万元本金归甲个人，500 元孳息也归甲个人。

（四）物的重要成分和物的非重要成分

1. 区分

（1）物的重要成分：经毁损才能分离。①因附合成为不动产的重要成分，如房屋的栋梁、土地的石墙。②因附合成为动产的重要成分，如用颜料做油画，颜料是油画的重要成分。

（2）物的非重要成分：无须毁损就可和物分离。如房屋的活动门窗、汽车的发动机。

> **原理：**物的成分重要与否的区分标准。①不在于某特定成分是否重要，而在于它与物分离时是否毁损或变更性质。②分离时不毁损也不变更其性质，无论它多么"重要"，都是非重要成分。

2. 意义

（1）物权角度观察：①同一物的重要成分不能独立该物形成另外一个物权。如甲误取乙的砖盖房，砖因附合成为房屋重要成分，甲取得砖的所有权。砖不能独立于房屋成为乙享有所有权的物。②同一物的非重要成分，可以单独作为物权客体，不必与合成物形成同一法律上命运。如甲误将乙的轮胎装在甲向丙借用的汽车上，轮胎所有权仍然归乙，因为轮胎并非丙汽车的重要成分，该轮胎可以和汽车分离，故乙可向丙主张返还轮胎。

（2）合同角度观察：无论是重要成分还是非重要成分，在交易中，成分是物的构成部分，是合同标的物，无须特别约定。如电梯，如已安装于房屋内即与该房屋有不可分离之关系，而为该房屋之构成部分，因此买卖房屋合同中出卖人负有交付房屋的义务，自然包括电梯在内。

（五）货币：特殊的种类物，具有高度可替代性

1. 物权角度观察：①在物权法上，货币所有权的客体，其占有权与所有权合二为一。②货币的占有人视为货币所有人。③货币所有权的转移以交付为要件，即使"借钱"，借的也是货币所有权，而不是货币的使用权。④就货币不能发生返还原物请求权之诉，仅能基于合同关系、不当得利或侵权行为提出相应的请求。

例：【存款合同】甲将 1 万元存入乙银行。<u>如何评价甲乙法律关系?</u> ①从物权法角度观察，乙银行是 1 万元所有权人。②从合同法角度观察，甲对乙银行享有到期还本付息的债权请求权。

例：【金钱质权】甲将其在乙银行指定账户中的 100 万元，出质给乙银行，以担保其欠银行的另一笔债务。乙银行对该"特定化"的金钱，<u>享有什么权利?</u> ①"金钱质权"。②所谓金钱质权，是以金钱出质设立质权，即将货币以特户、封金、保证金形式特定化后，交由债权人控制。

2. 合同角度观察：①货币之债是一种特殊的种类之债。货币之债本身原则上只发生履行迟延，不发生履行不能，债务人不得以履行不能而免除付款义务。如欠债还钱，天经地义。即使债务人家里发生地震了、遇到灾害了、生意失败了，债务人都需要履行金钱之债，不得主张"不可抗力"免责。②在其他类型的债发生履行不能时，都可以转化为货币之债来履行。如货物买卖合同中，因货物已经被烧毁，出卖人不能交付货物，即不能继续履行该合同，买受人可请求出卖人支付违约金或者承担赔偿责任。

（六）有价证券：标有票面金额，用于证明持有人或该证券指定的特定主体对特定财产拥有所有权、债权，或者股权的凭证

1. 设定等额权利的有价证券，如股票。

2. 设定一定物权的有价证券，如提单、仓单。

3. 设定一定债权的有价证券，如债券、汇票、本票、支票等。

例：【礼品券】甲、乙两公司签订协议，约定甲公司向乙公司采购面包券。双方交割完毕，面包券上载明"不记名、不挂失，凭券提货"。甲公司将面包券转让给张某，后张某因未付款等原因被判处合同诈骗罪。面包券全部流入市场。甲公司主张解除与乙公司的协议，<u>能否成立?</u> 否。①面包券为债权凭证，不是物权凭证。②甲乙协议已经履行完毕，甲公司不得主张解除协议。③面包券上载明"不记名、不挂失，凭券提货"，故乙公司应该对购入该面包券的持券人进行兑付。

二、物权：权利人依法对特定的物（不动产或动产）享有直接支配和排他的权利，包括所有权和他物权（用益物权和担保物权）

（一）物权的效力

1. 排他效力：（1）物权具有排他效力：1 个物上只能有 1 个所有权；1 个物上不能存在内容相互冲突的他物权（如不能存在 2 个内容一样的土地承包经营权；如不能存在 2 个内容一样的抵押权，故需要对抵押权的先后进行排序）。（2）债权具有包容性：1 个合同可以出卖多个物。

例：【买卖羊群】甲有 10 只羊，与乙签订 1 份买卖合同。乙付款后，甲向乙交付 10 只羊。如何评价甲乙法律关系？①从合同角度观察，甲乙签订 1 份买卖合同，标的物可以是 10 只羊，双方无须签订 10 份买卖合同。②从物权角度观察，甲将 10 只羊交付给乙，需要分别判断，每 1 只羊因交付而转移所有权，交付 10 只羊故转移 10 个所有权。

2. 追及效力："物在呼叫主人"，物权人可追及物之所在，无论该物在何处，物权人均可主张物权占有人返还。

例：【物上代位】甲将其价值 120 万元的房屋抵押给乙银行办理了抵押权登记手续，担保其欠乙银行的 100 万元。后甲的房屋被丙公司拆迁，丙公司未通知乙银行，将拆迁款 200 万元直接付给了甲。乙银行可否对拆迁款中的 100 万元主张实现抵押权？①可。②抵押权具有追及力，可追及抵押物的代位物，即拆迁款。③如甲将 200 万元用于从丁公司购买房屋且已经付款，则乙银行不可再追及丁公司收到的 200 万元货币了，因为货币是谁占有谁就所有。

3. 优先效力：同一物上存在数个冲突权利，物权具有优先效力。包括物权优先于物权以及物权优先于债权。

例 1：【物权>债权】甲将表出卖给乙，又出卖给丙。后甲实际将手表交付给了乙。丙可否要求乙返还手表？①否。②乙对手表享有物权。③丙对手表享有请求甲履行合同义务即交付手表的权利，丙属于债权人。④物权优先于债权，故丙不可要求乙返还手表。

例 2：【物权 A>物权 B】甲将房屋先抵押给工商银行担保其欠工商银行的债务，做了抵押登记；后又将该房屋抵押给建设银行担保其欠建设银行的债务，也做了抵押登记。甲届期无力清偿 2 笔债务，房屋拍卖后获得变价款，谁优先受偿？①工商银行。②因为工商银行的抵押权登记在先，故优先于建设银行登记在后的抵押权。

原理：物债两分，即从物权和债权两个角度区分观察当事人之间的法律关系。

（1）电脑"一物两卖"案

甲卖电脑给乙，约定 10 日内交付。乙已经向甲支付了购买款。交付前，甲的电脑被丙偷了。乙在丙处发现该电脑。试分析当事人之间的法律关系。

①甲乙之间形成买卖合同法律关系，乙是债权人，是对人权（仅可对特定人提出主张），乙有权请求甲履行合同交付电脑。②甲丙之间形成物权法律关系，甲是物权人，是对世权（可对不特定人提出主张），甲可要求丙返还原物。③乙丙之间不形成法律关系，乙不可要求丙返还电脑，因为乙的债权是对人权，不是对世权。故乙丙之间无合同，不成立债权债务关系。丙的行为虽然会导致甲无法向乙交付电脑，表面上看"侵犯了乙的债权"，但是，乙不可诉丙承担侵权责任，因为"债权"不是《民法典》中侵权责任制度所保护的对象。④假设甲到期无力赔偿乙，电脑在丙处毁损，甲怠于向丙主张赔偿。则乙作为债权人，可代位甲以乙自己名义对丙提起"代位权诉讼"，解决"三角债"。

（2）房屋"一物两卖"案

甲在 11 月 11 日出卖房屋给乙，乙付款后取得交付但未获得过户；12 月 12 日再出卖该房屋给丙，丙尚未付款，但过户完毕。甲乙、甲丙买卖是否都有效？哪个优先？

丙可否要求乙返还房屋?

　　①甲房屋卖 1 给乙"钥匙人",卖 2 给丙"过户人"。两个合同都有效。②物债两分角度观察,乙是债权人,乙付了款没有取得房屋过户的登记,故没有取得物权。丙是物权人,丙虽然没有付款但取得过户登记,故取得物权。③甲乙之间形成买卖合同法律关系。乙是债权人。乙对房屋的占有相对于甲来讲,属于有权占有。④甲丙之间形成买卖合同法律关系。丙成为物权人。乙对房屋的占有相对于丙来讲,属于无权占有。⑤丙的物权优先于乙的债权。故丙可请求乙返还房屋。乙取得房屋占有却无法取得房屋所有权,只能请求甲承担违约责任。⑥假设甲到期无力赔偿乙,又怠于向丙要购房款,则乙作为债权人,可代位甲以自己名义对丙提起"代位权诉讼",解决"三角债"。

(二) 物权的分类

　　1. 意定物权和法定物权。(1) 意定物权指基于当事人的意思而发生的物权,比如抵押权。(2) 法定物权指非依当事人意思,而是基于法律的直接规定而产生的物权,如留置权、优先权。

　　2. 自物权(所有权)与他物权(限制物权)。(1) 自物权是权利人对于自己的物所享有的权利。以其与他人之物无关,故称作自物权。所有权是自物权。(2) 他物权是在他人所有的物上设定的物权。他物权是对他人的物享有的权利,其内容是在占有、使用、收益或者处分某一方面对他人之物的支配。①用益物权人,支配的是物的使用价值。②担保物权人,支配的是物的交换价值。

第一章　物权法定原则

【案例】 我要向银行借款，将房屋抵押给银行，同时约定该抵押权不办理登记也可以设立，该抵押权设立了吗？我要向某借款，将机动车出质给汤某，同时机动车不交付给汤某，该质权设立了吗？我把房屋卖了且过户了但约定还保留所有权，行不？答：不行。因为均违反了物权法定原则。

```
              ┌─①业主的建筑物区分所有权
      ┌─①所有权┤②相邻关系
      │       │③共有
      │       └─④所有权取得的特别规定
      │       ┌─①土地承包经营权+土地经营权
      │       │②建设用地使用权
物权─┤─②用益物权┤③宅基地使用权
      │       │④居住权
      │       └─⑤地役权
      │                   ┌─①一般抵押权
      │       ┌─①抵押权┤②最高额抵押权
      │       │        └─③所有权人抵押权
      └─③担保物权┤②质权┌─①动产质权
              │      └─②权利质权
              │③留置权
              └─④占有事实
```

一、物权法定原则：物权的种类和内容，由法律规定

> **原理**：为什么要坚持物权法定？①因为物权的效力非常强大，具有对世性，可对抗不特定的第三人。②如果任由当事人创设法律没有规定的物权或者约定物权的内容，将会对不特定第三人造成不利影响，破坏交易秩序。

二、所有权：权利人对自己的<u>不动产和动产</u>，依照法律的规定享有占有、使用、收益和处分的权利。包括国家所有权、集体所有权、私人所有权

（一）国家所有权

1. 矿藏、水流、海域属于国家所有。

2. 无居民海岛属于国家所有。

3. 城市的土地，属于国家所有。法律规定属于国家所有的农村和城市郊区的土地，属于国家所有。

4. 森林、山岭、草原、荒地、滩涂等自然资源，属于国家所有，但是法律规定属于集体所有的除外。

5. 法律规定属于国家所有的野生动植物资源，属于国家所有。

6. 无线电频谱资源属于国家所有。

7. 法律规定属于国家所有的文物，属于国家所有。

8. 国防资产属于国家所有。

9. 铁路、公路、电力设施、电信设施和油气管道等基础设施，依照法律规定为国家所有的，属于国家所有。

例1：【乌木归谁所有】应试做题，看题干表述。值钱的归国家。不值钱的归个人。所谓值钱，限于科研考古价值。"由于乌木的形成过程非常漫长，有的甚至可以达到上万年之久，通过对乌木的科学研究，还可以了解与探究远古时期的地理结构与环境状况。"

例2：【狗头金归谁所有】2015年1月30日，由一位哈萨克族牧民在新疆阿勒泰地区青河县境内发现。据当地史志办工作人员称，这是迄今为止在新疆发现的最大一块狗头金。捡到的天然金块，所有权归谁？狗头金属于矿产资源，归国家所有。

（二）集体所有权

1. 法律规定属于集体所有的土地和森林、山岭、草原、荒地、滩涂。

2. 集体所有的建筑物、生产设施、农田水利设施。

3. 集体所有的教育、科学、文化、卫生、体育等设施。

4. 集体所有的其他不动产和动产。

（三）私人所有权

1. 私人对其合法的收入、房屋、生活用品、生产工具、原材料等不动产和动产享有所有权。

2. 营利法人对其不动产和动产依照法律、行政法规以及章程享有占有、使用、收益和处分的权利。营利法人以外的法人，对其不动产和动产的权利，适用有关法律、行政法规以及章程的规定。

3. 社会团体法人、捐助法人依法所有的不动产和动产，受法律保护。

（四）业主的建筑物区分所有权

业主对建筑物内的住宅、经营性用房等专有部分享有所有权，对专有部分以外的共有部分享有共有和共同管理的权利。

（五）相邻权

不动产的相邻权利人应当按照有利生产、方便生活、团结互助、公平合理的原则，正确处理相邻关系。

1. 不动产权利人应当为相邻权利人用水、排水提供必要的便利。

2. 不动产权利人对相邻权利人因通行等必须利用其土地的，应当提供必要的便利。

3. 不动产权利人因建造、修缮建筑物以及铺设电线、电缆、水管、暖气和燃气管线等必须利用相邻土地、建筑物的，该土地、建筑物的权利人应当提供必要的便利。

4. 建造建筑物，不得违反国家有关工程建设标准，妨碍相邻建筑物的通风、采光和日照。

5. 不动产权利人不得违反国家规定弃置固体废物，排放大气污染物、水污染物、噪声、光、电磁波辐射等有害物质。

6. 不动产权利人挖掘土地、建造建筑物、铺设管线以及安装设备等，不得危及相邻不动产的安全。

例：【买房养鸽】小区一幢楼的楼顶居民唐某，买了房子不住人，而是放养了成群成群的鸽子，致使楼下的居民不敢开窗透风，否则就是满地鸽子毛和臭味，使其他居民无法正常生活。如何评价唐某的行为？唐某行为侵犯了相邻业主的环保相邻权。

三、用益物权：权利人对他人所有的不动产或者动产，依法享有占有、使用和收益的权利。包括土地承包经营权、土地经营权、建设用地使用权、宅基地使用权、居住权和地役权

（一）土地承包经营权：土地承包经营权人依法对其承包经营的耕地、林地、草地等享有占有、使用和收益的权利，有权从事种植业、林业、畜牧业等农业生产

1. 一级市场：集体和农民之间＝意思主义

（1）土地承包经营权自土地承包经营权合同生效时设立。

（2）登记机构应当向土地承包经营权人发放土地承包经营权证、林权证等证书，并登记造册，确认土地承包经营权。

2. 二级市场：农民 1 和农民 2 之间＝意思主义+登记对抗

（1）土地承包经营权人依照法律规定，有权将土地承包经营权互换、转让。未经依法批准，不得将承包地用于非农建设。

（2）土地承包经营权互换、转让的，当事人可以向登记机构申请登记；未经登记，不得对抗善意第三人。

例 1：【集体、农民 1、农民 2】村民胡某承包了一块农民集体所有的耕地，订立了土地承包经营权合同，未办理确权登记。胡某因常年在外，便与同村村民周某订立土地承包经营权转让合同，将地交周某耕种，未办理变更登记。如何评价案涉土地承包经营权？①胡某的土地承包经营权合同自生效时设立。②周某的土地承包经营权自土地承包经营权转让合同生效时取得。

例 2：【集体、农民 1、农民 2、农民 3】甲村将耕地发包给本村农民乙，签订了土地承包经营合同。乙将该土地承包经营权转让给本村农民丙，签订了土地承包经营合同，未办理登记。乙又将该土地承包经营权转让给本村农民丁，签订了土地承包经营合同，办理了登记。如何分析本案 3 个土地承包经营合同的效力？①甲乙之间的土地承包经营合同是意思主义，合同生效时乙取得农村土地承包经营权。②乙丙之间的土地承包经营合同是意思主义，合同生效时丙取得农村土地承包经营权，但同时坚持登记对抗主义，因未登记，故不得对抗善意第三人。③乙丁之间的土地承包经营合同是意思主义，合同生效时丁取得农村土地承包经营权，因其已经登记，故最后丁实际取得土地承包经营权。

（二）土地经营权：土地经营权人有权在合同约定的期限内占有农村土地，自主开展农业生产经营并取得收益

1. 一级市场：农民和 X 之间 = 意思主义 + 5 年以上登记对抗

（1）土地承包经营权人可以自主决定依法采取出租、入股或者其他方式向他人流转土地经营权。

（2）流转期限为五年以上的土地经营权，自流转合同生效时设立。当事人可以向登记机构申请土地经营权登记；未经登记，不得对抗善意第三人。

2. 二级市场：X 和 Y 之间 = 意思主义 + 5 年以上登记对抗主义

例：【"农民变地主和地主变农民"】村民甲承包集体的耕地，取得土地承包经营权。其将土地经营权转让给乙农业公司。乙农业公司将该土地经营权抵押给丙银行融资贷款，未办理登记。如何评价土地承包经营权的交易？①乙农业公司自土地经营权转让合同生效时取得土地经营权。②丙银行自土地经营权抵押合同生效时取得土地经营权抵押权。

> 原理：农村的荒地处理方式与耕地有何不同？①荒地 = 荒山、荒沟、荒丘、荒滩。②耕地的土地承包经营权承包方式被称为家庭承包，具有社保性质。③荒地的承包方式属于非家庭承包，价高者得。④荒地的承包方式包括招标、拍卖、公开协商方式。⑤荒地的承包主体包括本村村民和外人，但本村村民有优先承包权。⑥外人如果要成功承包荒地，需要具备如下要件：2/3 村民代表同意 + 乡人民政府批准。

例：【外人承包荒地】河西村在第二轮承包过程中将本村耕地全部发包，但仍留有部分荒山，此时本村集体经济组织以外的 Z 企业欲承包该荒山。如何评价 Z 企业的承包？①Z 企业只能通过招标、拍卖、公开协商等方式承包。②如河西村村民黄某也要承包该荒山，则黄某享有优先承包权。③河西村将荒山发包给 Z 企业，经 2/3 以上村民代表同意之外，还需要经过乡政府批准。

（三）建设用地使用权：建设用地使用权人依法对国家所有的土地享有占有、使用和收益的权利，有权利用该土地建造建筑物、构筑物及其附属设施

1. 登记生效主义：（1）一级市场：设立建设用地使用权的，应当向登记机构申请建设用地使用权登记。建设用地使用权自登记时设立。登记机构应当向建设用地使用权人发放权属证书。（2）二级市场：建设用地使用权转让、互换、出资或者赠与的，应当向登记机构申请变更登记。

2. 房地一体主义：（1）房归地主：建设用地使用权人建造的建筑物、构筑物及其附属设施的所有权属于建设用地使用权人。（2）房随地：建设用地使用权转让、互换、出资或者赠与的，附着于该土地上的建筑物、构筑物及其附属设施一并处分。（3）地随房：建筑物、构筑物及其附属设施转让、互换、出资或者赠与的，该建筑物、构筑物及其附属设施占用范围内的建设用地使用权一并处分。（4）裸地抵押：建设用地使用权抵押后，该土地上新增的建筑物不属于抵押财产。该建设用地使用权实现抵押权时，应当将该土地上新增的建筑物与建设用地使用权一并处分，但是新增建筑物所得的价款，抵押权人无权优先受偿。

例：【裸地抵押】甲公司用其建设用地使用权作抵押向乙银行贷款 3000 万。后甲公司

在施工开始后进行商品房预售。乙银行抵押权的客体是什么？①如乙银行行使抵押权，其权利标的是建设用地使用权，不包括房屋。②乙银行实现抵押权时可将商品房一并处分，但不能就商品房所得价款优先受偿。

3. 建设用地使用权到期后如何处理？（1）住宅建设用地使用权期间届满的，自动续期。续期费用的缴纳或者减免，依照法律、行政法规的规定办理。（2）非住宅建设用地使用权期间届满后的续期，依照法律规定办理。该土地上的房屋及其他不动产的归属，有约定的，按照约定；没有约定或者约定不明确的，依照法律、行政法规的规定办理。

（四）宅基地使用权：宅基地使用权人依法对集体所有的土地享有占有和使用的权利，有权依法利用该土地建造住宅及其附属设施。宅基地使用权的取得、行使和转让，适用土地管理的法律和国家有关规定

（五）居住权：居住权人有权按照合同约定或者立遗嘱人遗嘱，对他人的住宅享有占有、使用的用益物权，以满足生活居住的需要

1. 登记生效主义：设立居住权的，应当向登记机构申请居住权登记。居住权自登记时设立。

例：【后妈的居住权】甲男 75 周岁，前妻亡故后，与 55 周岁乙女结婚生活。甲男与前妻育有三个女儿，其从前妻处继承 1 套房屋。甲男希望自己过世后，乙女可以一直居住该套房屋到其死亡时为止，三个女儿表示同意和理解。甲男立下遗嘱，该套房屋待其死亡后归三个女儿继承。但是，甲男、乙女和三个女儿同时又签订了协议，约定待甲男过世后，乙女对该房享有居住权，进行了居住权登记。甲男过世后，乙女在半年后将其弟弟、弟媳妇一家邀请入此房居住。三个女儿非常愤怒，将房屋换锁出卖给唐某。乙女有何救济办法？①乙女享有居住权，具有对世性，居住权不得出租、转让或继承，具有人身性。乙女无权邀请弟弟一家入住。②唐某无法取得房屋过户，但有权诉卖方承担违约责任。

2. 人身专属性：（1）居住权无偿设立，不得转让、继承。（2）设立居住权的住宅不得出租，但是当事人另有约定的除外。（3）居住权人死亡的，居住权消灭，但是当事人另有约定的除外。

（六）地役权：地役权人有权按照合同约定，利用他人的不动产，以提高自己的不动产的效益。他人的不动产为供役地，自己的不动产为需役地

1. 地役权设立：意思主义+登记对抗主义

地役权自地役权合同生效时设立。当事人要求登记的，可以向登记机构申请地役权登记；未经登记，不得对抗善意第三人。

例：【观景大楼之眺望地役权】甲房地产开发公司拍得某市区河畔一块土地，准备以"观景"为理念设计并建造一所高层观景商品住宅楼。但该地前面有制衣厂的平房，为了该住宅楼业主能在房间里欣赏河畔风景，双方约定：制衣厂在 30 年内不得在该土地上兴建三层高以上建筑；作为补偿，甲每年向制衣厂支付 20 万元。甲享有的是什么权利？甲享有地役权。

例：【地役权（奢侈品）和相邻权（必需品）区分】甲、乙、丙依次比邻而居。甲为修房向乙提出在其院内堆放建材，乙不允。甲遂向丙提出在其院内堆放，丙要求甲付费 200 元，并提出不得超过 20 天，甲同意。修房过程中，甲搬运建材须从乙家门前经过，乙予以阻拦。如何评价案涉物权关系？①甲堆放建材，对应地役权。乙有权拒绝甲在其院内

堆放建材。甲应依约定向丙支付占地费。②甲搬运建材，对应相邻权。乙无权阻拦甲经其门前搬运建材。

2. "供役地换人，考对抗性"

供役地以及供役地上的土地承包经营权、建设用地使用权等部分转让时，转让部分涉及地役权的，地役权对受让人具有约束力。

例：【供役地换人考"对抗性"】甲房地产公司从他人手中购得土地一块，以"观景"为理念设计并建造观景商品住宅楼。该地块前有一学校乙，双方协议约定：乙在20年内不得在该处兴建高层建筑，为此甲每年向乙支付10万元作为补偿。合同签订后，双方未办理地役权登记。一年后乙学校迁址，将学校土地和房屋全部转让给丙房地产公司，乙未向丙提及其与甲之间的协议约定。丙购得该地块后建高层住宅。甲得知后要求丙立即停止兴建，遭到拒绝便向法院提起诉讼，请求确认乙与丙之间转让土地合同无效，并要求赔偿损失。甲的主张能否获得支持？①不能。②因为甲的地役权未登记，不得对抗善意的丙。③甲只能追究乙的违约责任。

3. "需役地换人，考从属性"

（1）地役权不得单独转让。土地承包经营权、建设用地使用权等转让的，地役权一并转让。

（2）地役权不得单独抵押。土地经营权、建设用地使用权等抵押的，在实现抵押权时，地役权一并转让。

（3）需役地以及需役地上的土地承包经营权、建设用地使用权等部分转让时，转让部分涉及地役权的，受让人同时享有地役权。

例：【需役地建设用地使用权被抵押】甲乙签订地役权合同，约定甲享有地役权，未办理地役权登记。甲将其建设用地使用权设定抵押，担保其欠银行的贷款，给银行办理了抵押权登记。后甲届期无力清偿贷款，银行申请法院拍卖其建设用地使用权，由小甲购得，过户给了小甲。小甲取得地役权吗？①取得。②甲乙地役权合同采用意思主义，合同生效时，甲取得地役权。③甲的土地属于需役地，由小甲购得，故基于地役权从属性，小甲自动取得地役权。

原理：为什么需役地转让，和需役地抵押，用同样的口诀"需役地换人，考从属性"？①因为当我们拿一个东西去抵押、拿一个东西去出质，这个东西将来面临的命运就是"被卖"，即抵押权人、质权人需要变价抵押物、质物实现债权。②因此，抵押≈买卖。出质≈买卖。③反过来推理，一个可以买卖的东西，才能被抵押，才能被出质。这个观念在2019的主观案例真题中考到了。④同理，供役地转让，与供役地抵押，也会用同样的口诀"供役地换人，考对抗性。"

4. "供役地和需役地均换人，既考对抗性，又考从属性"

甲（原需役地人）←————— 地役权合同 —————→ 乙（原供役地人）

地役权人换人　　　　　　　　　　　　　　　地役义务人换人

小甲（新需役地人）———————————————— 小乙（新供役地人）

①甲地役权消灭（需役地换人后）
②小甲地役权可对乙主张，无论登记与否（地役义务人换人前）
③小甲地役权可否对小乙主张——①登记了，可对小乙主张
　　　　　　　　　　　　　　——②未登记，不可对小乙主张

做题口诀：（1）需役地人和供役地人之间，考意思主义。看合同生效了没，生效了就设立了地役权。（2）需役地换人，考从属性，"自动换人"。新需役人获得需役地，也获得地役权。（3）供役地换人，考对抗性：①地役权登记了，可以对抗新供役人。②地役权没登记，不可对抗新供役人。

例：【需役地和供役地都换人】2013年2月，A地块使用权人甲公司与B地块使用权人乙公司约定，由甲公司在B地块上修路，甲公司依约向乙公司支付费用。同年4月，甲公司将A地块过户给丙公司，6月，乙公司将B地块过户给不知上述情形的丁公司。如何评价案涉地役权变动？①2013年2月，甲公司对乙公司的B地块享有地役权。因为直接当事人之间地役权的设立，采用意思主义。②2013年4月，丙公司对乙公司的B地块享有地役权。因为需役地换人，考从属性。丙公司取代甲公司成为需役地人，自动成为地役权人。③2013年6月，丙公司的地役权不得对抗丁公司。因为供役地换人，考对抗性。丙公司的地役权没有登记，不得对抗善意第三人丁公司。

5. 地役权不可分性

（1）"需役地分割"：在需役地分割时，地役权在分割后的地块的利益仍然存续（不论地役权是否登记）

例：【需役地分割】甲地在乙地有通行地役权，后来甲地分割为大甲、小甲两地。（1）大甲、小甲两地的所有人或者使用人仍得各自从乙地通行。（2）如果南北相隔则有例外：甲地南部的住宅与乙地毗连，在乙地上设有不得建高层建筑的地役权，后来甲地南

部分割给大甲，北部给小甲，那么该项地役权仅能为大甲存续而与小甲无关。

甲（需役地）①大甲（新需役地） 地役权关系？→ 乙（供役地）
　　　　　　②小甲（新需役地）

（2）"供役地分割"：在供役地分割时，地役权仍就分割后的各地块存续（地役权未登记，不得追及新的供役地人）

例：【供役地分割】甲地在乙地上设有排水地役权，以后乙地分为大乙、小乙两块地。（1）甲地仍得对大乙、小乙两块地行使地役权。（2）如果依地役权的性质，其行使只关系供役地一部分的，则有例外：甲地在乙地有汲水地役权，以后乙地分割为大乙、小乙两地，只有大乙地有水井，则甲地的地役权只存在于大乙地。

甲（需役地） 地役权关系？→ 大乙（新供役地）① 乙（供役地）
　　　　　　　　　　　　　　小乙（新供役地）②

6. 地役权合同解除的特别规则：需役地人有偿利用供役地，在约定的付款期间届满后的合理期限内经供役地人2次催告未支付费用，供役地权利人有权解除地役权合同，地役权消灭

四、担保物权：担保物权人在债务人不履行到期债务或者发生当事人约定的实现担保物权的情形，依法以该担保财产折价或者以拍卖、变卖该财产的价款优先受偿，但是法律另有规定的除外。担保物权可以分为抵押权、质权、留置权和让与担保权

例：【什么是优先受偿】甲欠乙100万元，该债权无担保；甲又欠银行200万元，该债权有甲房屋抵押担保。甲届期无力清偿对外债务。房屋变价250万元。乙和银行均要求受偿，怎么办？①银行债权有担保物权保护，故"优先受偿"，银行满足200万，剩余50万元再轮到乙。②如果甲财力雄厚，则讨论受担保物权担保的债权人优先受偿就没有实际意义。

（一）抵押权：为担保债务的履行，债务人或者第三人不转移财产的占有，将该财产抵押给债权人的，债务人不履行到期债务或者发生当事人约定的实现抵押权的情形，债权人有权就该财产优先受偿。债务人或者第三人为抵押人，债权人为抵押权人，提供担保的财产为抵押财产。（以登记为公示方法，无须转移抵押财产占有）

1. 抵押的分类

（1）单纯自己物保。甲向银行借款100万元，用自己房产设置抵押并登记。

抵押合同关系+抵押权关系
甲 ←———————— 银行
　　←———————→
　　　　主合同关系

（2）单纯第三人物保。甲向银行借款 100 万元，乙用自己房产设置抵押并登记。

```
甲 ←——— 主合同关系 ———→ 银行
                              │
              抵押合同关系 +抵押权关系
                              ↓
                              乙
```

（3）自己物保和第三人物保同时存在。甲向银行借款 100 万元，甲用自己房产、乙用自己房产设置抵押均登记。

```
              主合同关系
甲 ——————————————————————→ 银行
                                │
抵押合同关系+抵押权关系            │
 ←—————————————————————————————┘
              抵押合同关系+抵押权关系
                     乙
```

小结：第三种形态之所以存在，因为银行多金，自然会为放贷设置"苛刻条件"，担保多多益善。

2. 抵押权的设立

（1）不动产抵押权的设立（建筑物和其他土地附着物；建设用地使用权；海域使用权；正在建造的建筑物）①物权变动角度观察：不动产抵押权的设立，采用登记生效主义。②合同角度观察：不动产抵押合同的效力，采用意思主义，即意思表示一致，不动产抵押合同生效。但如不动产抵押权未登记，不会因此影响不动产抵押合同的效力。

例：【不动产抵押的区分原则】甲与银行签订抵押合同，用房屋为银行设立抵押权担保欠银行债务，未办理抵押权登记。如何评价甲与银行之间的法律关系？①抵押合同有效。②抵押权设立失败。③如果办理了抵押权登记，则抵押合同有效且抵押权设立成功。

原理：不动产抵押权未登记，抵押合同有效，其法律效果是什么？①不动产抵押合同有效成立后，未办理抵押登记手续的，抵押权未有效设立，但债权人可以请求抵押人办理抵押登记手续。②抵押人因怠于履行办理登记义务、抵押物灭失以及抵押物转让他人等原因不能办理抵押登记的，应承担相应的责任，该项责任以抵押合同成立时抵押物的价值为限。③债权人怠于履行协助义务的，可以减轻甚至免除抵押人的责任。④抵押合同是主合同的从合同，在当事人并未约定抵押人与债务人承担连带责任的情况下，抵押人仅在债务人不能清偿的范围内承担补充责任。债权人请求抵押人承担连带责任的，人民法院不予支持。

（2）动产抵押权的设立。①物权变动角度观察：动产抵押权的设立，采用意思主义，登记对抗主义。动产抵押权自动产抵押合同生效时设立；未经登记，不得对抗善意第三人。以动产抵押的，不得对抗正常经营活动中已支付合理价款并取得抵押财产的买受人。②合同角度观察：动产抵押合同的效力，采用意思主义，即意思表示一致，动产抵押合同生效。

例1：【动产抵押的区分原则】甲与乙公司签订抵押合同，把设备或机动车抵押给乙公司担保欠乙公司债务，未办理抵押权登记。如何评价甲与乙公司之间的法律关系？①抵押合同有效。②抵押权设立成功，但不得对抗善意第三人。

例2：【债权人、未登记动产抵押权人、登记动产抵押权人、购买抵押动产的所有权人】甲与乙公司签订抵押合同，把设备或者机动车抵押给乙公司担保欠乙公司的债务。下面需要假设以下情形各自分析债权人、未登记的动产抵押权人、已经登记的动产抵押权人、所有权人的关系：①如果乙公司的动产抵押权未登记，而甲公司尚欠丙公司货款届期未还，则乙公司未登记抵押权要优先于债权人丙公司受偿。②如果乙公司的动产抵押权未登记，而甲又将该动产抵押给丁公司担保欠丁公司债务，并且办理了抵押权登记，则丁公司已经登记的动产抵押权，优先于乙公司尚未登记的动产抵押权。③如果乙公司的动产抵押权已经登记，甲将该动产出卖给戊公司，戊公司已经支付合理价款，并且取得该抵押动产的占有，则戊公司的所有权要优先于乙公司的动产抵押权。

> **公式**：债权人<未登记的动产抵押权人<已经登记的动产抵押权人<所有权人

> **原理**：①为什么债权人<未登记的动产抵押权人？因为物权优先于债权。②为什么未登记的动产抵押权人<已经登记的动产抵押权人？因为公示的物权优先于未公示的物权。③为什么已经登记的动产抵押权人<所有权人？看物权编规定。

> **原理**：动产浮动抵押设立规则和动产抵押设立规则相同。动产浮动抵押：企业、个体工商户、农业生产经营者可以将现有的以及将有的生产设备、原材料、半成品、产品抵押，债务人不履行到期债务或者发生当事人约定的实现抵押权的情形，债权人有权就抵押财产确定时的动产优先受偿。

例：【动产浮动抵押】甲服装公司与乙银行订立合同，约定甲公司向乙银行借款300万元，用于购买进口面料。同时，双方订立抵押合同，约定甲公司以其现有的以及将有的生产设备、原材料、产品为前述借款设立抵押。借款合同和抵押合同订立后，乙银行向甲公司发放了贷款，但未办理抵押权登记。如何评价该抵押合同以及抵押权设立？①该抵押合同为动产浮动抵押合同。②乙银行自抵押合同生效时而非抵押登记完成时取得抵押权。③乙银行的抵押权不得对抗在正常经营活动中已支付合理价款并取得抵押财产的买受人。

（二）质权

1. 动产质权：为担保债务的履行，债务人或者第三人将其动产出质给债权人占有的，债务人不履行到期债务或者发生当事人约定的实现质权的情形，债权人有权就该动产优先受偿。债务人或者第三人为出质人，债权人为质权人，交付的动产为质押财产。质权自出质人交付质押财产时设立。（以占有作为公示方法，需要转移动产的占有）

（1）现实交付设立动产质权

例：【债权人直接占有质物】甲向乙借款 1 万元，将马交付给乙设立质权。从物权角度如何评价马？①出质人甲将马现实交付给了乙，转移了占有。②甲成为马的间接占有人，是马的所有权人。③乙成为马的直接占有人，是马的质权人。④乙对马的质权优先于甲对马的所有权，因为这是甲"自甘落后"。

例：【债权人指令第三方占有质物】乙欠甲货款，二人商定由乙将一块红木出质并签订质权合同。甲与丙签订委托合同授权丙代自己占有红木。乙将红木交付与丙。从物权角度如何评价红木？债权人甲指令第三方丙实际占有质物红木，甲是质权人，乃红木的间接占有人，丙不是质权人。因为质权人必须是债权人。

例：【权利质权：金钱特定化质权】指导案例 54 号：中国农业发展银行安徽省分行诉张大标、安徽长江融资担保集团有限公司执行异议之诉纠纷案：当事人依约为出质的金钱开立保证金专门账户，且质权人取得对该专门账户的占有控制权，符合金钱特定化和移交占有的要求，即使该账户内资金余额发生浮动，也不影响该金钱质权的设立。

（2）简易交付设立动产质权

例：【债权人继续占有质物】甲将马先出借给乙，后甲向乙借款 1 万元，甲、乙约定以马为乙设立质权。从物权角度如何评价马？①甲乙先有借用马的合同。②后甲乙有借款主合同。③再后甲乙约定用马设定质权，该约定生效时，乙取得对马的质权，这是"简易交付"设立动产质权。

（3）指示交付设立动产质权

例：【第三人继续占有质物】甲将马交由丙保管，后甲向乙借款 1 万元，甲通知丙将马出质给乙。从物权角度如何评价马？①甲将马交由丙保管，甲对丙有返还马的请求权。②甲乙借款主合同关系。③甲通知丙将其对丙的返还请求权让渡给乙，为乙设定质权，这属于"指示交付"设定质权。④在通知送达占有人丙时，乙取得对马的质权。丙是直接占有人，乙是间接占有人，甲是第二阶层的间接占有人。

（4）占有改定不能设立动产质权

例：【债务人占有质物，不能设定质权】甲向乙借款 1 万元，用马出质给乙作担保。双方约定甲继续占有该马。从物权角度如何评价马？①甲乙主借款合同关系。②约定甲继续占有马，这属于"占有改定"，但是占有改定不能设定质权，故乙对马没有质权。

例：【债务人指令第三方占有质物，不能设定质权】甲向乙借款 1 万元，用马出质给乙作担保。双方约定，由甲指定的第三方丙占有该马。从物权角度如何评价马？①甲乙主借款合同关系。②约定由甲指定的第三方丙占有该马，约等于甲自己占有该马，这属于"变相"的占有改定，但是占有改定不能设定质权，故乙对马没有质权。

例：【债务人因债权人自愿交回质物而占有质物，动产质权消灭】甲欠乙 50 万元，丙以一辆高级轿车为质押并交付给债权人乙，但后经丙要求，乙让丙取回使用，丙又私自将该车以市价卖给不知情的丁，并办理了过户登记。丙应对乙的债权承担什么责任？①不承担责任。②乙对轿车的质权因丧失占有而消灭。

原理：为什么占有改定不能设定动产质权？因为质物仍然在出质人（债务人）手里控制，债权人对其没有控制力，而动产质权的设立本义是债权人需要对质物有控制力，才能"逼"债务人还钱，起到担保作用。

原理：区分两种指令第三方占有。①在"流动质押"中，经常由质权人、出质人与监管人签订三方监管协议，此时要根据实际的权利义务关系来确定监管人究竟是受质权人的委托还是受出质人的委托来监管质物。②债权人指令第三方占有质物，属于"现实交付"，能够设立质权；如果监管人系受质权人的委托监管质物，则其是质权人的间接占有人，应当认定完成了质物交付，质权有效设立。监管人违反监管协议约定，违规向出质人放货、因保管不善导致质物毁损灭失的，质权人有权请求监管人承担违约责任。③债务人指令第三方占有质物，属于占有改定，不能设立动产质权：如果监管人系受出质人委托监管质物的，表明质物并未交付质权人，应当认定质权未有效设立。监管合同尽管约定由监管人监管质物，但质物实际上仍由出质人管领控制的，也应当认定质物并未实际交付，质权未有效设立。

2. 权利质权：债务人或者第三人有权处分的下列权利出质给债权人：汇票、本票、支票；债券、存款单；仓单、提单；可以转让的基金份额、股权；可以转让的注册商标专用权、专利权、著作权等知识产权中的财产权；现有的以及将有的应收账款；法律、行政法规规定可以出质的其他财产权利。

（1）交付设立权利质权：有权利凭证的汇票、本票、支票、债券、存款单、仓单、提单出质的，质权自权利凭证交付质权人时设立。

（2）登记设立权利质权

①电子的（即无权利凭证）汇票、本票、支票、债券、存款单、仓单、提单出质的，质权自办理出质登记时设立。

②以基金份额、股权出质的，质权自办理出质登记时设立。以基金份额、证券登记结算机构登记的股权出质的，质权自证券登记结算机构办理出质登记时设立。以其他股权出质的，质权自工商行政管理部门办理出质登记时设立。

③以注册商标专用权、专利权、著作权等知识产权中的财产权出质的，质权自办理出质登记时设立。以著作财产权出质的，质权自在国家版权局办理出质登记时设立。以专利权出质的，质权自在国家知识产权局办理出质登记时设立。以商标权出质的，质权自在国家商标局办理出质登记时设立。

④以应收账款出质的，质权自办理出质登记时设立。应收账款设立权利质权，质权自在信贷征信机构办理出质登记时质权设立。

例：【应收账款出质登记】指导案例53号：福建海峡银行股份有限公司福州五一支行诉长乐亚新污水处理有限公司、福州市政工程有限公司金融借款合同纠纷案。①特许经营权的收益权可以质押，并可作为应收账款进行出质登记。②特许经营权的收益权依其性质不宜折价、拍卖或变卖，质权人主张优先受偿权的，人民法院可以判令出质债权的债务人将收益权的应收账款优先支付质权人。

（3）"加速到期"实现质权

①汇票、本票、支票、债券、存款单、仓单、提单的兑现日期或者提货日期先于主债权到期的，质权人可以兑现或者提货，并与出质人协议将兑现的价款或者提取的货物提前清偿债务或者提存。

②基金份额、股权出质后，不得转让，但是经出质人与质权人协商同意的除外。出质人转让基金份额、股权所得的价款，应当向质权人提前清偿债务或者提存。

③知识产权中的财产权出质后，出质人不得转让或者许可他人使用，但是经出质人与质权人协商同意的除外。出质人转让或者许可他人使用出质的知识产权中的财产权所得的价款，应当向质权人提前清偿债务或者提存。

④应收账款出质后，不得转让，但是经出质人与质权人协商同意的除外。出质人转让应收账款所得的价款，应当向质权人提前清偿债务或者提存。

例：【出卖高速公路收费权】甲将高速公路收费权出质给乙，担保其欠乙的货款债务。经乙同意，甲将该收费权转让给丙。乙的质权如何实现？甲从丙处获得的价款，向乙提前清偿债务或者提存。

（三）留置权：债务人不履行到期债务，债权人可以留置已经合法占有的债务人的动产，并有权就该动产优先受偿。法律规定或者当事人约定不得留置的动产，不得留置

例：【修车不交费】甲将汽车交由乙维修，甲未付维修费，乙扣下汽车。乙扣下汽车是否有依据？①有。②甲乙签订了加工承揽合同，乙享有请求甲支付维修费的债权。③甲未付维修费，乙对汽车享有留置权。④先给甲 2 个月以上宽限期，如甲还不支付维修费，乙可实现留置权，即就汽车拍卖变价款优先受偿。⑤乙的该项留置权无须约定，因为留置权属于法定担保物权。

（四）让与担保权

1. 传统担保的困境

（1）流押条款：抵押权人在债务履行期届满前，不得与抵押人约定债务人不履行到期债务时抵押财产归债权人所有。

例 1：【流押条款无效】甲向银行借款 100 万元，用价值 200 万元的房屋抵押，办理了抵押登记。抵押合同约定，如甲届期不还款，房屋直接归银行所有。该约定是否有效？①这属于流押条款，无效。②借款合同签订时，借款人处于被动地位，会轻易答应这种不公平的约定，故无效。

例 2：【折价实现抵押权】甲向银行借款 100 万，用价值 200 万元房屋抵押，办理了抵押登记。债务届期甲无力还款，甲与银行协议约定用房屋折价。该折价约定是否有效？①这属于折价方式实现抵押权，有效。②借款合同到期，出借人处于被动地位，双方协议用抵押房屋来折价，抵顶借款债务，"多退少补"，即多出 100 万元退给甲。结果公平，故有效。③如果该折价协议损害其他债权人利益的，其他债权人可以请求人民法院撤销该协议。

（2）流质条款：质权人在债务履行期届满前，不得与出质人约定债务人不履行到期债务时质押财产归债权人所有。

例：【流质条款无效】甲向乙借款 1 万元，用牛出质，交付了牛。质权合同约定，如

甲届期不还款，牛直接归乙所有。该约定是否有效？这属于流质条款，无效。

2. 让与担保权

主合同债务成立时，债务人或者第三人通过将动产、不动产或者股权等财产转让至债权人名下的方式，为主合同项下的债务提供担保的，该合同有效。作为担保财产的动产已经实际交付债权人，或者不动产、股权等已经进行变更登记的，可以参照动产质权、不动产抵押权以及股权质押的相关规定确定当事人间的权利义务关系。

在债务人不履行到期债务或者出现约定的事由时，债权人主张享有动产、不动产所有权或者股权的，人民法院不予支持，但其与债务人事后就动产、不动产或者股权达成折价或者回购协议的除外。债务人请求人民法院参照《民事诉讼法》"实现担保物权案件"的相关规定，拍卖、变卖动产、不动产或者股权的，人民法院应予支持。

例1：【房屋让与担保权】甲向乙借款，同时签订房屋买卖合同，担保该借款。甲将房屋过户给了乙。甲届期无力清偿借款，经查，甲尚欠丙借款未还。如何评价乙对房屋享有的权利？①乙对甲享有民间借贷之债权。②甲将房屋过户给乙的目的不是买卖，而是作为借款的担保。③乙享有的不是房屋所有权。④乙享有的是让与担保权。⑤就房屋变价款，乙优先于丙受偿。⑥如果乙的借款债权是100万元，房屋价款是120万元，则20万元退回给甲，由甲还给丙。⑦如果乙的借款债权是100万元，房屋价款是80万元，则乙对甲还享有无担保的普通债权20万元，该债权与丙的债权属于同一法律地位。

例2：【汽车让与担保权】自然人甲与乙订立借款合同，其中约定甲将自己的一辆汽车作为担保物让与给乙。借款合同订立后，甲向乙交付了汽车并办理了车辆的登记过户手续。乙向甲提供了约定的50万元借款。一个月后，乙与丙公司签订买卖合同，将该汽车卖给对前述事实不知情的丙公司并实际交付给了丙公司，但未办理登记过户手续，丙公司仅支付了一半购车款。甲与乙关于将汽车让与给债权人乙作为债务履行担保的约定效力如何？乙对汽车享有什么权利？①有效。②因为我国物权编虽然没有规定这种让与担保方式，但并无禁止性规定。通过合同约定，再转移所有权的方式达到担保目的，是不违反法律的，也符合合同自由、鼓励交易的立法目的。③乙享有的不是所有权，而是以所有权人的名义享有担保权。

3. 后让与担保

借款合同成立时，当事人以签订买卖合同作为民间借贷合同的担保，借款到期后借款人不能还款，出借人请求履行买卖合同的，人民法院应当按照民间借贷法律关系审理，并向当事人释明变更诉讼请求。当事人拒绝变更的，人民法院裁定驳回起诉。

按照民间借贷法律关系审理作出的判决生效后，借款人不履行生效判决确定的金钱债务，出借人可以申请拍卖买卖合同标的物，以偿还债务。就拍卖所得的价款与应偿还借款本息之间的差额，借款人或者出借人有权主张返还或补偿。

例1：【房屋后让与担保】甲向乙借款，同时签订房屋买卖合同，担保该借款。房屋仍然继续登记在甲名下。甲届期无力清偿借款，经查，甲尚欠丙借款未还。如何评价乙对房屋享有的权利？①乙对甲享有民间借贷的债权。②甲将房屋签订合同卖给乙，作借款的担保。但是房屋没有过户。③乙不享有房屋所有权，乙也不享有让与担保权。④乙只可向甲主张返还借款本息。⑤因为房屋是甲的"责任财产"，故乙拿到生效判决后，自然可申请法院执行甲的房屋（其实也可以申请法院执行甲的银行账户）。⑥但是，乙就房屋变价款无优先受偿权。⑦如果债权人丙也已经对甲起诉且获得生效判决，则可启动民诉法上的"参与分配程序"与乙一起平等受偿。⑧如果乙的借款债权是 100 万元，房屋价款是 120 万元，丙的借款债权是 100 万元，则各获得 60 万元。⑨如果房屋价款是 50 万元，则各获得 25 万元。

例 2：【房屋后让与担保】自然人甲与乙签订了年利率为 30%、为期 1 年的 1000 万元借款合同。后双方又签订了房屋买卖合同，约定："甲把房屋卖给乙，房款为甲的借款本息之和。甲须在一年内以该房款分 6 期回购房屋。如甲不回购，乙有权直接取得房屋所有权。"乙交付借款时，甲出具收到全部房款的收据。后甲未按约定回购房屋，也未把房屋过户给乙。因房屋价格上涨至 3000 万元，甲主张偿还借款本息。<u>如何评价甲乙之间的合同关系？</u>①甲乙之间是借贷合同关系，不是房屋买卖合同关系。②应在不超过年利率 24% 以内承认借款利息。③乙不能获得房屋所有权。④因甲未按约定偿还借款，应承担违约责任。

> **原理**：为什么让与担保会勃兴？①因为无论当事人用房屋设定抵押，还是用设备设定质权，去担保主债务，都会存在一个问题："流押条款"、"流质条款"无效。②流押条款无效是指"抵押权人在债务履行期届满前，不得与抵押人约定债务人不履行到期债务时抵押财产归债权人所有。"③流质条款无效是指"质权人在债务履行期届满前，不得与出质人约定债务人不履行到期债务时质押财产归债权人所有。"④民间借贷中，债权人却有这种冲动，就是钱借出去之后，就很被动，希望借款人的房屋或者设备直接由债权人控制。⑤既然签订"抵押合同"、"质押合同"会面临流押条款无效、流质条款无效的限制，那么，我债权人就和你债务人签订"买卖合同"，换个名字。⑥这样的事情多了，学说认为，基于当事人意思自治，应该认可这种担保，一旦房屋过户了，汽车交付了，股权过户了，则属于"让与担保权"。⑦承认让与担保权人对担保物有优先受偿权，不享有所有权或股权，某种意义上是变相的认可了当事人"规避"流押条款无效、流质条款无效的行为。⑧从法律效果上看，我债权人实现让与担保权，会省事很多，因为我拍卖的是我名下的房屋、汽车和股权。而不像抵押权或质权，我拍卖的是别人名下的东西。⑨让与担保权将秒杀抵押权或质权。因为我作为债权人，我肯定更愿意选择让与担保权。⑩本质上讲，让与担保与流押、与流质的差别："换了一个马甲"而已，只是让与担保权实现需要变价，而流押、流质是直接拿抵押人或出质人的所有权，后者会有不公平问题。

> **原理**：如何区分代物清偿、让与担保、后让与担保和流押条款？
>
> 1. 履行期到了，指向代物清偿。
>
> （1）情形 1：明确约定原债消灭，用房屋抵债，当事人之间仅履行房屋买卖合同。（最高院第 72 号指导案例）[1]
>
> （2）情形 2：未明确约定原债消灭，用房屋抵债，这属于诺成性合同，债权人可主张交付抵债物。
>
> 2. 履行期没到，指向让与担保、后让与担保、流押条款
>
> （1）履行期没到，说用房屋来担保（或者来抵债），房屋过户了，指向让与担保（参照让与担保处理），对方取得让与担保权，不是房屋所有权人，该方处分房屋属于无权处分（因为房屋不是让与担保权人的）
>
> （2）履行期没到，说用房屋来担保（或者来抵债），房屋没过户，指向后让与担保（参照后让与担保处理），对方没有取得让与担保权，不是房屋所有权人，也不得请求过户房屋，只能诉返还借款。
>
> （3）履行期没到，说用房屋来做抵押（必须有抵押两个字），设立了抵押权登记，约定届期未还款，房屋归对方所有，这叫流押条款。流押条款无效，不影响其他部分效力，抵押权仍然设立的。

> **秒杀**：到期了吗？到期了就是代物清偿。没到期就是担保。是担保的话，公示了吗？公示了是让与担保；没公示是后让与担保。流押条款只存在抵押合同中；流质条款只存在质押合同中。

五、违反物权法定原则的法律效力

（一）不发生物权效力

1. 不能创设新的物权类型。如不动产不能设立质权，不可以成立留置权，可以设立抵押权。汽车可以设定质权也可以设定抵押权还可以成立留置权。

2. 不能增添或减免已有物权的权能。如不能约定限制所有人对其所有物的处分权。

例：【连环赠与之毕业纪念册】甲将其父去世时留下的毕业纪念册赠与其父之母校，赠与合同中约定该纪念册只能用于收藏和陈列，不得转让。但该大学在接受乙的捐款时，

---

[1] 在指导案例 72 号 [（2015）民一终字第 180 号案] 中，最高法院查明：①汤龙等四人与彦海公司于 2013 年先后签订多份借贷合同，通过实际出借并接受他人债权转让，取得对彦海公司合计 2.6 亿元借款的债权。②为担保借贷合同履行，4 人与彦海公司分别签订多份商品房预售合同，并办理了备案登记。③该债权陆续到期后，双方经对账确认了尚欠借款本息数额。④双方随后重新签订商品房买卖合同，约定彦海公司将其名下房屋出售给 4 人，欠款本息转为已付购房款，剩余购房款待办理完毕全部标的的物权转移登记后一次性支付给彦海公司。⑤从法院查明的事实来看，虽然双方当事人一开始存在借款担保的意思表示，但是在确定借款人无法偿还借款时，双方当事人业已就借款担保关系转为买卖合同关系达成了合意。⑥这属于双方当事人自行就变更法律关系达成一致，实现双方权利义务平衡的一种交易安排。⑦因此，最高法院认定本案当事人签订商品房买卖合同并非为双方的借贷合同履行提供担保，而属于代物清偿协议。

将该纪念册馈赠给乙。<u>如何评价甲与其父母校的约定?</u>①从物权角度观察,不发生物权效力,该约定限制了母校所有权的处分权能。②从合同角度观察,发生合同效力,该约定属于受赠人负担的合同义务。③本案中,母校取得毕业纪念册的所有权,再赠与给乙属于有权处分,乙受领交付后成为纪念册所有权人。④但是母校违反了其受赠合同中的义务,即不得转赠他人。根据"附义务赠与合同"规则,受赠人违反该义务,赠与人有法定撤销权,可以撤销赠与合同。故甲可撤销与其父母校的赠与。一旦撤销,则甲的赠与溯及无效,因此母校再转赠给乙就无效,而乙是无偿受让,不得主张善意取得纪念册所有权。⑤本案中,未交待甲撤销了该赠与合同,故原赠与和转赠与两个合同都正常。

3. 不能依据约定的公示方法产生物权的变动

例:【交付房屋设定抵押】甲公司向乙银行借款 500 万元,以其闲置的一处办公用房作担保。乙银行正好缺乏办公场所,于是与甲公司商定,由甲公司以此办公用房为乙银行设立担保物权。随后,甲公司向乙银行交付了办公用房。借款到期后,甲公司未能偿还,乙银行主张对办公用房行使优先受偿的权利。<u>乙银行主张是否成立?</u>①否。②因乙银行与甲公司之间的约定不能设定担保物权。③甲乙之间有借款合同;甲乙之间还有抵押合同。不是同一双务合同。故甲不还款,乙银行不得主张扣押房屋。④房屋是不动产,也不能适用留置权。⑤乙银行可以诉甲还款,获得胜诉判决后,申请执行法院强制执行甲名下的房屋。

4. 违反物权法定的部分内容无效,但不影响其他部分的效力

例:【交付房屋并且办理抵押权登记】甲乙约定将抵押物转移给抵押权人占有,同时办理了抵押权登记。<u>如何评价甲乙之间的法律关系?</u>①约定转移抵押物占有无效。②但抵押权仍然因为办理了抵押登记而有效。

(二) 发生债权效力:当事人之间合同义务如无其他无效事由,则有法律拘束力

例:【约定不动产代持】甲以房产抵押给银行担保借款 1200 万元,后甲不能还款,银行拍卖房屋。甲要保住房屋,故甲丙达成备忘录:"约定让丙参与竞买,甲付钱,房屋产权归甲公司。"丙竞买成功,甲将房屋过户给了丙。<u>如何评价备忘录的法律效力?</u>①从物权角度观察,在法院依据竞买结果制作裁决书后,甲公司将房产过户给了丙公司,丙公司是房产所有人。故备忘录约定甲有房屋所有权不产生物权变动效力。②从合同角度观察,备忘录没有违背法律的强制性规定,具有债权效力,丙公司对甲公司负有合同义务,即依约履行将房产过户给甲公司的义务。

第二章 一物多债之物权优先效力和多物一债之银行的选择

第一节 一物多债之物权优先效力

房屋先抵押给工行，后抵押给建行，"抢"房屋之变价款，哪个"行"行？汽车先抵押给温某，后出质给唐某，再交给张某维修，温某、唐某和张某"抢"汽车之变价款，怎么排队？

一、物权与债权的关系

（一）物权>债权

1. 所有权>债权

（1）不动产一物两卖："过户人"优先于"钥匙人"

例：【1房2卖】甲将房屋卖给乙，后又卖给丙，先后签订了2份买卖合同。房屋交付给了乙，过户给了丙。乙付款了，丙未付款。谁优先？①丙是物权人，乙是债权人，丙优先于乙，可要求乙返还房屋。②乙只能诉甲承担违约责任。

（2）动产一物两卖："钥匙人"优先于"合同人"

例：【1车2卖】甲将汽车卖给乙，后又卖给丙，先后签订了2份买卖合同。汽车交付给了乙，过户给了丙。乙未付款，丙付款了。谁优先？①乙是物权人，丙是债权人，乙优先于丙，可要求丙配合办理汽车过户手续。②丙只能诉甲承担违约责任。

2. 担保物权>债权：有担保的债权优先于无担保的债权

例：【先卖房屋后抵押房屋】甲与乙6月1日签订合同，将自己名下的房屋出售于乙，乙支付了全部房款的60%作为首付，甲则于6月5日将房屋钥匙交付于乙，双方约定6月15日办理房屋过户登记；甲因其对丙的债务，6月10日与丙签订房屋抵押协议，并办理了抵押登记。甲届期无力清偿对丙的债务，丙主张对房屋实现抵押权。乙主张甲配合办理房屋过户手续。谁优先？①丙优先。②乙的房屋买卖合同先于丙的抵押合同成立，并且乙已完成了房屋的交付占有。但是，丙的抵押权为物权，乙要求办理过户登记为债权，该债权不得对抗丙的抵押权。

例：【房屋押1没登记，押2登记了】甲因A公司对乙的负债而与乙签订抵押合同，约定将自己的房屋抵押给乙担保A公司债务的履行，但未办理抵押登记手续；后，甲又因自己要向丙借款而与丙签订抵押合同，约定将自己的房屋抵押给丙，以担保借款，并办理了抵押登记。甲届期无力清偿债务。乙主张甲配合办理抵押权登记。丙主张实现抵押权。

谁优先? ①丙优先。②两个抵押合同都是有效的，原本也可以存在两个相容的抵押权，无非是按照抵押登记的时间先后确定抵押权的顺位，现在乙的抵押因未登记而抵押权未设立，虽然抵押权未设立，但抵押合同仍是有效的，甲仍要对乙承担抵押合同约定的责任，乙公司对甲享有的是抵押合同的债权。③丙对甲的房屋享有抵押权。④丙的权利为物权，而乙的权利为债权，丙对甲享有抵押房屋的优先受偿权，如果抵押的房屋在对丙承担责任后还有剩余价款的，且对甲再无其他优先受偿权人，乙才有权要求甲在原房屋的价值范围内承担担保责任。

> **原理**：为什么一般情况下物权会优先于债权？①根据物权的公示和公信原则，不动产经过登记或动产经过交付转移了占有，就发生物权转移，产生对抗第三人的债权的效力。②如未经过登记或交付，就还停留在债权阶段，债权当事人之间地位平等，彼此不发生某一债权优先于其他债权的问题。

（二）债权>物权

1. 预告登记债权优于物权：预告登记后，未经预告登记的权利人同意，处分该不动产的，不发生物权效力。

例：【预告大】甲开发企业将房屋出卖给乙，办理了预告登记，即对乙请求甲办理房屋过户的债权请求权进行了登记。后甲企业将房屋抵押给丙，并且办理了抵押权登记。乙请求甲办理正式过户，丙请求实现房屋抵押权。谁优先? ①乙。②因为未经乙同意，甲企业再给丙设定抵押权，即使办理了抵押权登记，也不发生物权变动的效力，即抵押权视为未设立。

2. 买卖不破租赁：租赁期间发生所有权变动，不影响租赁关系。

例：【租大】甲将房屋出租给乙并转移占有，租赁期间，甲将房屋出卖给丙。丙可否要求乙返还房屋? ①否。②乙的租赁权要优先于丙的所有权，因为"买卖不破租赁"。租赁物在承租人依据租赁合同占有期间发生所有权变动的，不影响租赁合同的效力。

3. 抵押不破租赁：租赁期间租赁物被抵押的，抵押权实现不影响租赁关系。

例：【租大】甲将房屋出租给乙并转移占有，租赁期间，甲将房屋抵押给丙银行担保其欠丙银行的借款。借款届期后，丙银行申请法院拍卖抵押房屋，由丁购得。丁可否要求乙返还房屋? ①否。②乙的租赁权要优先于丁的所有权，因为"买卖不破租赁"。③当然，在乙的租期届满后，丁可要求乙返还房屋。

二、物权与物权的关系

（一）他物权>所有权

【按揭买房】甲与开发商签订房屋买卖合同，甲依约向开发商交付了首付 20 万元，与此同时，甲申请向银行办理贷款，拟借 80 万元。甲和银行签订了借款合同，银行给甲开具了"批贷函"。此后，开发商将房屋过户给了甲，甲将房屋抵押给了银行办理抵押登记手续，银行将 80 万元贷款按照贷款合同约定直接付给了开发商。如何评价本案的物权关系? ①开发商将房屋过户给甲，基于房屋买卖合同而发生不动产物权变动，甲成为房屋所

民法宝典思维导图

方志平　编著

第一编　民法总则

第一章　民法基础

非民事法律关系 ——　情谊行为（好意施惠关系）
　　　　　　　　　　　戏谑行为

民事法律关系 ——
- 民事法律关系、行政法律关系与刑事法律关系
- 民事法律关系的原因
  - 自然事实
  - 民事法律行为
  - 准民事法律行为
  - 事实行为
- 民事法律关系的分类
  - 人身法律关系
  - 财产法律关系
- 民事法律关系的内容
  - 人身权和财产权
  - 绝对权和相对权
  - 支配权、请求权、形成权和抗辩权
  - 民事权利的救济

民法基本原则 ——
- 平等原则
- 自愿原则
- 公平原则
- 诚信原则
- 公序良俗原则

第二章　自然人

能力
制度
- 民事权利能力（形式平等）
  - 法律确认的自然人享有民事权利、承担民事义务的资格
  - 胎儿娩出为活体，视为有民事权利能力
- 民事行为能力（实质平等）
  - 完人＝完全民事行为能力人
  - 限人＝限制民事行为能力人
  - 无人＝无民事行为能力人

监护
制度
- 谁担任监护人
  - 基于法律规定产生的监护人
    - 成年人的监护人
    - 未成年人的监护人
    - 协议监护
    - 指定监护
  - 基于当事人意思产生的监护人
    - 遗嘱监护
    - 委托监护
      - 一般的委托监护
      - 附条件的委托监护
- 监护人的职责
  - 非为被监护人利益，不得处分被监护人的财产
  - 履行监护职责不当导致严重后果可撤销资格

宣告
制度
- 宣告失踪
- 宣告死亡
  - 申请冲突的解决办法
  - 宣告死亡日期的确定
  - 宣告死亡的法律效果
  - 撤销宣告死亡的法律效果

第三章　法人和非法人组织

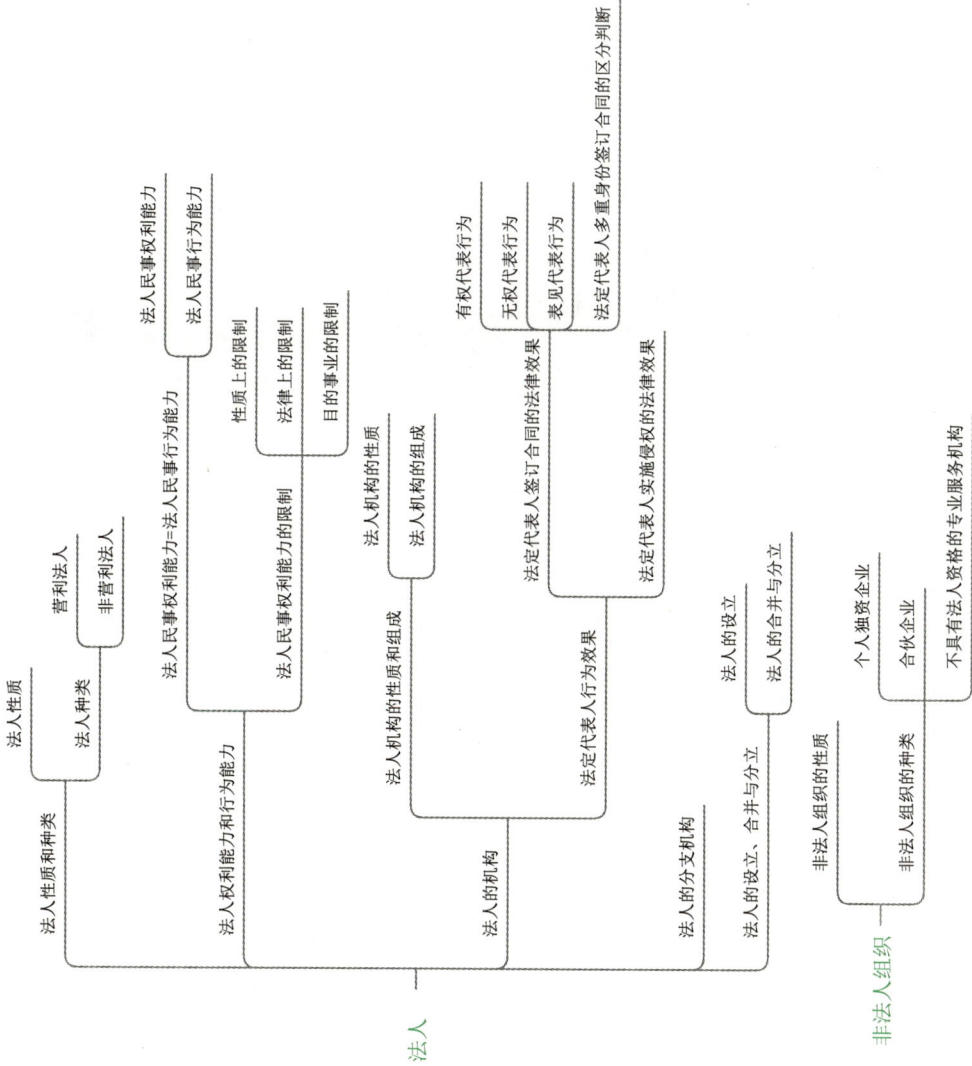

法人

- 法人性质和种类
  - 法人性质
  - 法人种类
    - 营利法人
    - 非营利法人
- 法人权利能力和行为能力
  - 法人民事权利能力和行为能力
    - 法人民事权利能力
    - 法人民事行为能力
  - 法人民事权利能力=法人民事行为能力
  - 法人民事权利能力的限制
    - 性质上的限制
    - 法律上的限制
    - 目的事业的限制
- 法人的机构
  - 法人机构的性质和组成
    - 法人机构的性质
    - 法人机构的组成
  - 法定代表人行为效果
    - 法定代表人签订合同的法律效果
      - 有权代表行为
      - 无权代表行为
      - 表见代表行为
      - 法定代表人多重身份签订合同的区分判断
    - 法定代表人实施侵权的法律效果
- 法人的分支机构
- 法人的设立、合并与分立
  - 法人的设立
  - 法人的合并与分立

非法人组织

- 非法人组织的性质
- 非法人组织的种类
  - 个人独资企业
  - 合伙企业
  - 不具有法人资格的专业服务机构

第四章　民事法律行为

意思表示的构成　意思表示的主观和客观要件

意思表示的发出、撤回和撤销

意思表示 —— 无相对人的意思表示和有相对人的意思表示

明示的意思表示和默示的意思表示

第一节 民事法律行为基础

单方、双方、多方和决议的民事法律行为

有偿行为和无偿行为

民事法律行为 —— 诺成行为和实践行为

要式行为和不要式行为

负担行为和处分行为

民事法律行为的成立

民事法律行为的生效

无权出卖他人之物的买卖合同不因无权处分而无效

无权出卖他人技术的技术合同无效

针对他人之物签订的各种合同 —— 无权赠与他人之物的赠与合同效力待定

无权出租他人之物的租赁合同区分处理

第二节　有效民事法律行为

①出卖人就同一标的物签订 2 个或 2 个以上合同，属于多重买卖

②普通动产多重买卖＝"交"、"钱"、"先"

③特殊动产多重买卖＝"交"、"记"、"先"

多重买卖的合同 —— ④一房多租＝"交"、"记"、"先"

⑤城镇建设用地使用权一地多卖＝登记＞占有＞付款＞合同＝"登记"＋"交钱先"

⑥一房数卖呢？无具体法律依据，但可参照土地使用权多卖处理

第三节 无效民事法律行为
├─ 无效民事法律行为的类型
│   ├─ 主体瑕疵 ── 无民事行为能力人实施的民事法律行为无效
│   ├─ 意思瑕疵 ── 双方通谋虚伪表示
│   │   ├─ 虚假意思表示的民事法律行为无效
│   │   └─ 隐藏的民事法律行为效力，依法处理
│   └─ 内容瑕疵
│   ├─ 违反法律、行政法规的强制性规定的民事法律行为无效
│   ├─ 违背公序良俗的民事法律行为无效
│   └─ 行为人与相对人恶意串通，损害他人合法权益的民事法律行为无效
└─ 部分无效的民事法律行为
     ├─ ①民事法律行为部分无效，不影响其他部分效力的，其他部分仍然有效
     ├─ ②合同中的下列免责条款无效：造成对方人身伤害的；因故意或者重大过失造成对方财产损失的
     ├─ ③合同中的无效格式条款：当事人预先拟定，并在订立合同时未与对方协商的条款，属于格式条款
     ├─ ④租期超过 20 年超过部分无效，故缩短为 20 年
     ├─ ⑤经同意转租坚持相对性，转租期限＝剩余期限，超过部分无效
     ├─ ⑥租赁期限超过临时建筑的使用期限，超过部分无效
     ├─ ⑦定金超过主合同标的额 20%，超过部分不产生定金效力，即缩短为 20%
     ├─ ⑧建设工程施工合同中的阴阳合同，以备案的中标合同即阳合同价为结算工程价款根据
     ├─ ⑨借款合同中预先扣本，按实际金额为借款金额
     └─ ⑩相对无效的民事法律行为：即合同无效是相对于特定人，而不是相对于所有人均无效
          ├─ 退伙说退伙前债务和我无关，不得对抗合伙债权人
          ├─ 离婚说债务和我无关，不得对抗夫妻的债权人
          └─ 企业分立合并说债务和我无关，不得对抗企业的债权人

限人签订的合同①

注意：当事人仍然是限制民事行
为能力人，而非法定代理人

法定代理人有追认权②

限制民事行为能力人待追认的行为

相对人有催告权

相对人催告权和撤销权③

善意相对人有撤销权

无权代理人签订的合同①

被代理人不追认

被代理人有追认权②

无权代理行为相对于被代理人而言

被代理人追认

相对人有催告权

相对人催告权和撤销权③

善意相对人有撤销权

第四节 效力待定
民事法律行为

重大误解的民事法律行为①

当事人欺诈

欺诈的民事法律行为②

第三人欺诈，当事人知情

种类

胁迫的民事法律行为：当事人胁迫或第三人胁迫③

乘人之危致显失公平的民事法律行为④

记忆口诀："大"（重大误解）、
"失"（显失平）、"迫"（胁
迫）、"人"（乘人危）、"欺"
公（欺诈），—可撤

3个月：重大误解（主观起算标准）①

1年：其他撤销事由②

撤销权期间："315"规则

第五节 可撤销民事
法律行为

5年：全部撤销事由（客观起算标准）③

附生效条件的民事法律行为①

附解除条件的民事法律行为②

拟制条件成就

条件的拟制③

拟制条件不成就

第六节 附条件、附期限的
民事法律行为

附期限的民事法律行为④

第五章　代 理

一　代理的三方结构和三层关系
- 内部关系　法定代理和委托代理
- 外部关系　代理人与第三人的表意关系，代理人实施民事法律行为
- 结果关系　代理行为的权利义务直接由被代理人和第三人承受
- 区分无权代理和无权处分　从相对人信息知晓范围观察
- 区分代理人和法定代表人

二　代理违法的民事责任
代理人知道或者应当知道代理事项违法仍然实施代理行为，或者被代理人知道或者应当知道代理人的代理行为违法未作反对表示的，被代理人和代理人应当承担连带责任

三　被代理人死后的代理
在4种情形下均属于正常代理，法律效果由死亡的自然人承担
- ①代理人不知道并且不应当知道被代理人死亡
- ②被代理人的继承人予以承认
- ③授权中明确代理权在代理事务完成时终止
- ④被代理人死亡前已经实施，为了被代理人的继承人的利益继续代理

四　直接代理和间接代理
- 直接代理　以被代理人名义进行的代理，效果直接归属被代理人
- 间接代理　以代理人名义进行的代理
  - 显名间接代理：相对人知情
  - 隐名间接代理：相对人不知情
  效果间接归属被代理人

①本代理：由本人选任代理人的代理

有效复代理

②复代理：又称再代理

无效复代理

五 本代理、复代理（再代理）

代理人和相对人恶意串通，损害被代理人合法权益的，
代理人和相对人应当承担连带责任　　①恶意串通的代理

"厚己薄人"=有权代理情形下发生的效力待定合同　②自己代理

"顾此失彼"=有权代理情形下发生的效力待定合同　③双方代理

六 有权代理中代理权的滥用

PS：法定代理不存在无权代理，
因为是概括代理权，只可
能发生代理权的滥用

①自始不具有代理权

②超越代理权　①狭义无权代理

③代理权终止后

①行为人无权代理，仍然实施代理行为，相对人有理由相信行为
人有代理权的，代理行为有效　②表见代理

②关键判断行为人是否有"外观授权的表象"

法人的法定代表人或者非法人组织的负责人超越权限订立的合同，除相对人
知道或者应当知道其超越权限外，该合同对法人或者非法人组织发生效力　③表见代表

七 无权代理、表见代理、表见代表

第六章　诉讼时效

诉讼时效的性质
- 定义：权利人在一定期间不行使权利，在该期间届满后，发生义务人可以拒绝履行其给付义务效果的法律制度
- 三年：向人民法院请求保护民事权利的诉讼时效期间为三年。法律另有规定的，依照其规定
- 强制：诉讼时效的期间、计算方法以及中止、中断的事由由法律规定，当事人约定无效

不适用诉讼时效的权利
- ①有的债权请求权不适用诉讼时效
  - ①请求支付抚养费、赡养费或者扶养费债权请求权
  - ②业主大会请求业主缴付公共维修基金请求权
  - ③公司要求出资人缴付出资请求权
  - ④股东对公司分配利润和支付股息请求权、储户对银行支付存款本金和利息请求权、债权人对兑付国债、金融债券以及向不特定对象发行的企业债券本息的请求权
- ②部分物权请求权不适用诉讼时效
  - 不动产返还原物请求权
  - 登记的动产返还原物请求权
  - 占有保护请求权=1年
- ③部分侵权责任承担方式不适用诉讼时效 —— 请求停止侵害、排除妨碍、消除危险
- ④形成权不适用诉讼时效 —— 比如可撤销合同的撤销权
- ⑤确认合同无效不适用诉讼时效

诉讼时效届满后的法律效果
- 对权利人（原告）
  - ①可以起诉，法院应该受理
  - ②如果义务人行使诉讼时效届满的抗辩权，则法院判决驳回原告诉讼请求
  - ③如果义务人没有行使诉讼时效届满的抗辩权，则权利人可以保有该利益，不构成不当得利
- 对义务人（被告）
  - ①义务人提出诉讼时效届满的抗辩（又称"要赖"抗辩）
  - ②义务人自己决定是否提出，如果未在诉讼中，法院不得进行"释明"
  - ③义务人应该在一审提出诉讼时效届满的抗辩
  - ④义务人如果在诉讼时效届满后，通过意思表示同意履行或者通过行为实际履行债务，则不允许以权利人的权利诉讼时效届满为由抗辩

诉讼时效期间起算点
- 主观标准起算
  - ①知道与应当知道日期不一致，以早到到的为起算点
  - ②具体个案中"一般"的诉讼时效期间的起算点
- 客观标准起算 —— "最长"的诉讼时效期间自权利受到损害之日起超过20年的，人民法院不予保护

诉讼时效期间终止点
- 一般请求权诉讼时效期间：3年
- 特殊请求权诉讼时效期间
- 最长诉讼时效期间：20年

诉讼时效的中止 —— 在诉讼时效行将结束往前推6个月内，发生客观障碍导致权利人无法主张权利，则诉讼时效中止，待客观障碍消灭后，再补足6个月

诉讼时效的中断
- ①诉讼时效中断体系：手段宽松+影响宽松=中断容易，尽可能地认定中断时效
- ②权利人提出要求导致诉讼时效中断
- ③义务人承认导致诉讼时效中断
- ④中断诉讼时效的影响
  - ①分债主张，全债中断
  - ②连带债权，连带中断
  - ③连带债务，连带中断
  - ④代位主张，全部中断
  - ⑤转让承担，到达中断
  - ⑥已经届满的诉讼时效期间不存在中断可能，但是新的诉讼时效期间存在中断问题

第二编　人格权

一般人格权 —— 自然人享有基于人身自由、人格尊严产生的其他人格权益

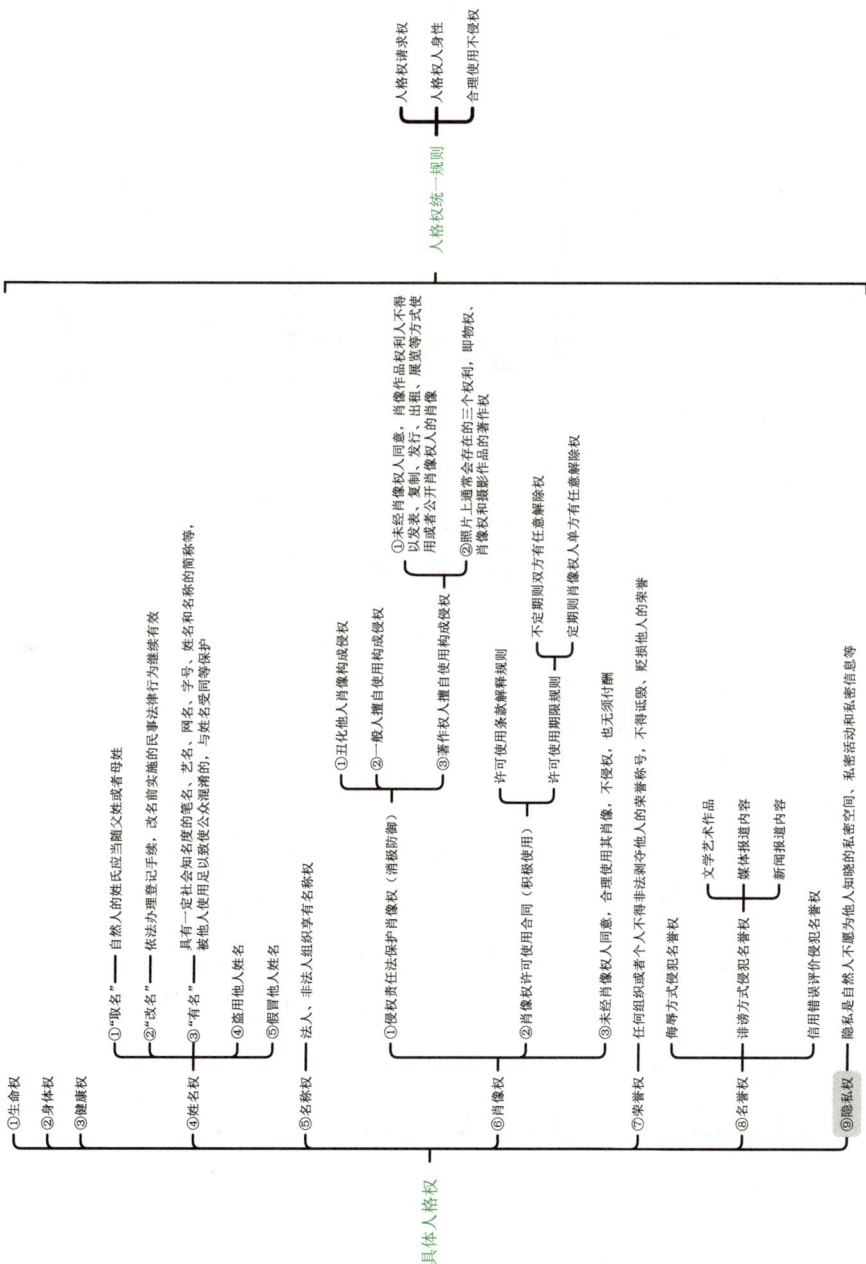

具体人格权

①生命权

②身体权

③健康权

④姓名权
- ①"取名"——自然人的姓氏应当随父姓或者母姓
- ②"改名"——依法办理登记手续，改名前实施的民事法律行为继续有效
- ③"有"——具有一定社会知名度的笔名、艺名、字号、网名、姓名和名称的简称等，被他人使用足以致使公众混淆的，与姓名受同等保护
- ④盗用他人姓名
- ⑤假冒他人姓名

⑤名称权——法人、非法人组织享有名称权

⑥肖像权
- ①侵权责任是保护肖像权（消极防御）
- ②肖像权许可使用合同（积极使用）
  - 许可使用条款解释规则
  - 许可使用期限解释规则
    - 不定期则双方有任意解除权
    - 定期则肖像权人单方有任意解除权
- ③未经肖像权人同意，合理使用其肖像，不侵权，也无须付酬
  - ①丑化他人肖像构成侵权
  - ②一般人擅自使用构成侵权
  - ③著作权人擅自使用构成侵权
    - ①未经肖像权人同意，肖像作品权利人不得以发表、复制、发行、出租、展览等方式使用或者公开肖像权人的肖像
    - ②照片上通常会存在的三个权利，即物权、肖像权和摄影作品的著作权

⑦荣誉权——任何组织或者个人不得非法剥夺他人的荣誉称号，不得诋毁、贬损他人的荣誉

⑧名誉权
- 侮辱方式侵犯名誉权
- 诽谤方式侵犯名誉权
  - 文学艺术作品
  - 媒体报道内容
  - 新闻报道内容
- 信用错误评价侵犯名誉权

⑨隐私权——隐私是自然人不愿为他人知晓的私密空间、私密活动和私密信息等

人格权统一规则
- 人格权请求权
- 人格权人身性
- 合理使用不侵权

个人信息保护

- ①违法收集个人信息的侵权
- ②违法处理个人信息的侵权
- ③收集、处理自然人个人信息不构成侵权的情形
- ④信息收集者、信息控制者的法定义务

精神损害赔偿

- 主体 —— 自然人才有权提出精神损害赔偿。法人或非法人组织不得提出精神损害赔偿请求权
- 客体
  - 对象：人身权受害或者"人格物"（如冷冻卵子、冷冻胚胎、骨灰盒）受害，才可以提出精神损害赔偿请求权
  - 程度：受害达到严重程度，受害人才可主张精神损害赔偿
- 路径
  - 选择：诉侵权可以主张精神损害赔偿；诉违约也可主张精神损害赔偿
  - 用尽：侵权之诉终结后不得另行单独提起精神损害赔偿之诉。违约之诉同理
- 双重
  - 死者生前自己的痛苦
  - 死者死亡后近亲属的痛苦

死者人格利益

- 死者的姓名、肖像、名誉、荣誉、隐私、遗体（"除了生命和健康"）等受到侵害的，其配偶、子女、父母有权依法请求行为人承担民事责任；
- 死者没有配偶、子女并且父母已经死亡的，其他近亲属有权依法请求行为人承担民事责任

第三编 物权

导论：什么是物？什么是物权？

物

① 不动产和动产 —— 意义
- 不动产以登记为公示方法
- 动产以占有为公示方法

② 主物与从物
- 物权变动角度的意义
  - 所有权：转移主物所有权，则从物所有权亦随之转移
  - 抵押权：主物设定抵押权，则抵押权效力追及从物
  - 质权：以主物设立质权，从物须交付才设立质权
- 合同交易角度的意义
  - 买卖合同标的物的主物不合约定，买方解除合同的，
  - 因买卖合同标的物的效力及于从物
  - 解除合同标的物的从物不符合约定，则不能以此为由解除合同

③ 原物与孳息
- 区分
- 意义
  - 一般规则
    - 天然孳息，归所有权人
    - 法定孳息，从约定，无约定从交易习惯
  - 买卖合同标的物孳息
    - 交付之前归卖方
    - 交付之后归买方
  - 担保物孳息
  - 夫妻共有物孳息
    - 婚前个人财产在婚内用于投资所得收益，归双方共有
    - 婚前个人财产在婚内所得孳息和自然增值，归单方所有

④物的重要成分和物的非重要成分

区分 —— 是否毁损分离

意义 —— 物权法角度观察 / 合同法角度观察

⑤货币 —— 特殊的种类物，具有高度可替代性

⑥有价证券

设定等额权利的有价证券，如股票

设定一定物权的有价证券，如提单、仓单

设定一定债权的有价证券，如债券、汇票、本票、支票等

物权

物权的效力
- 排他效力
- 追及效力
- 优先效力

物权的分类
- 意定物权和法定物权
- 自物权（所有权）与他物权（限制物权）

第一章　物权法定原则

物权法定原则 —— 物权的种类和内容，由法律规定

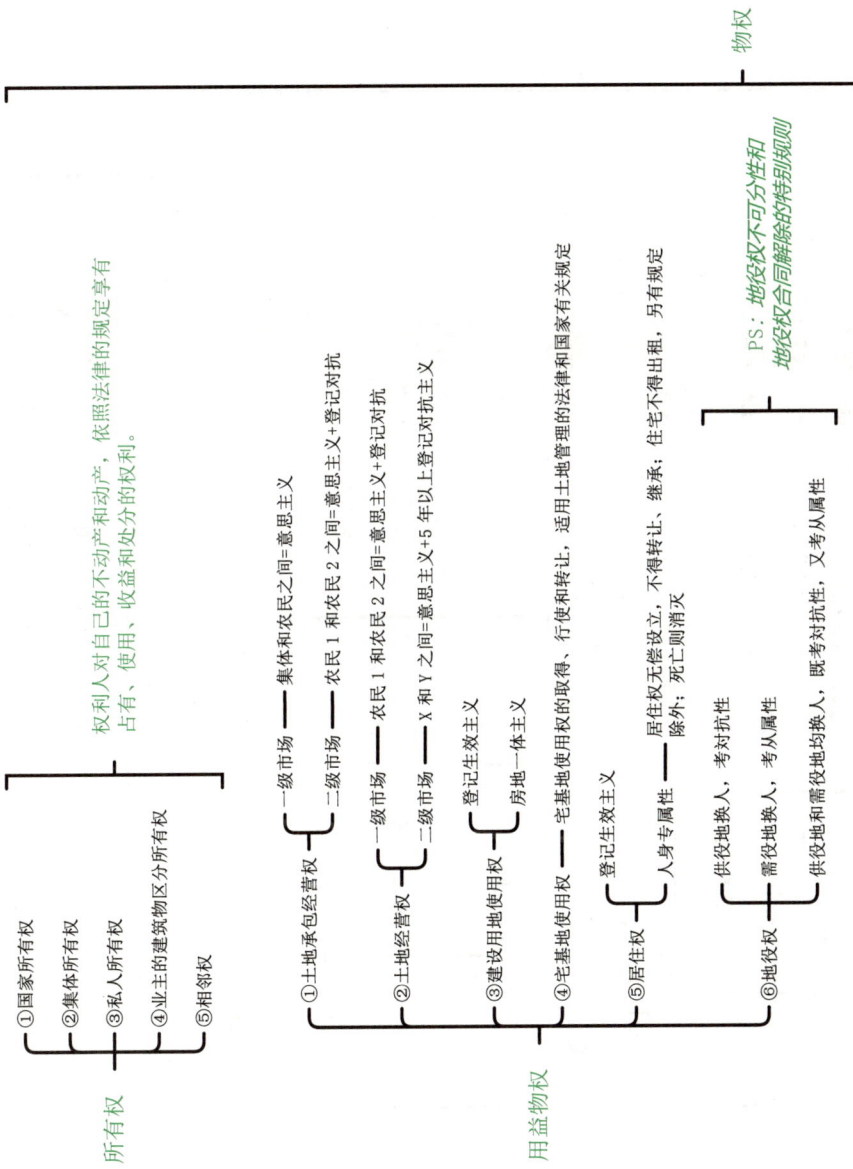

所有权（权利人对自己的不动产和动产，依照法律的规定享有占有、使用、收益和处分的权利。）
- ①国家所有权
- ②集体所有权
- ③私人所有权
- ④业主的建筑物区分所有权
- ⑤相邻权

用益物权
- ①土地承包经营权
  - 一级市场 —— 集体和农民之间=意思主义
  - 二级市场 —— 农民 1 和农民 2 之间=意思主义+登记对抗
- ②土地经营权
  - 一级市场 —— 农民 1 和农民 2 之间=意思主义+登记对抗
  - 二级市场 —— X 和 Y 之间=意思主义+5 年以上登记对抗主义
- ③建设用地使用权
  - 登记生效主义
  - 房地一体主义
- ④宅基地使用权 —— 宅基地使用权的取得、行使和转让，适用土地管理的法律和国家有关规定
- ⑤居住权
  - 居住权无偿设立，不得转让、继承；住宅不得出租，另有规定除外；死亡则消灭
  - 人身专属性
  - 登记生效主义
- ⑥地役权
  - 供役地换人，考对抗性
  - 需役地换人，考从属性
  - 供役地和需役地均换人，既考对抗性，又考从属性

PS：地役权不可分性和地役权合同解除的特别规则

物权

15

物权

物债两分法思维

PS：区分代物清偿、让与担保、后让与担保和流押条款

设立

不动产抵押权的设立 —— 登记生效主义
动产抵押权的设立 —— 自抵押合同生效时设立

抵押权 ┬ 一般抵押权
      ├ 最高额抵押权
      └ 所有权人抵押权

质权 ┬ 动产质权 —— 自交付时发生物权变动
    └ 权利质权

留置权

让与担保权 ┬ 传统担保的困境 ┬ 流押条款
          │   └ 流质条款
          └ 常见类型 ┬ 房屋让与担保权
                    └ 汽车让与担保权

后让与担保 —— 房屋后让与担保

担保物权

占有事实

违反物权法定原则的法律效力 ┬ 不发生物权效力 ┬ 不能创设新的物权类型
                        │   ├ 不能增添或减免已有物权的权能
                        │   ├ 不能依据约定的公示方法产生物权的变动
                        │   └ 违反物权法定的部分内容无效，但不影响其他部分的效力
                        └ 发生债权效力 —— 当事人之间合同义务如无其他无效事由，则有法律约束力

第一节　一物多债之物权优先效力

物权与债权的关系
- 物权 > 债权
  - 所有权 > 债权
    - 不动产一物两卖："过户人"优先于"钥匙人"
    - 动产一物两卖："钥匙人"优先于"合同人"
  - 担保物权 > 债权
    - 有担保的债权优先于无担保的债权
- 债权 > 物权
  - 预告登记债权优于物权
  - 买卖不破租赁
  - 抵押不破租赁

物权与物权的关系
- 他物权 > 所有权
  - 如"按揭买房"
- 他物权与他物权
  - "留老大"，除非自甘落后
    - "留老大"
    - "超级优先"
    - "公示先后，债权比例"
  - 做题步骤："留老大"、"超级优先"、"公示先后、债权比例"

17

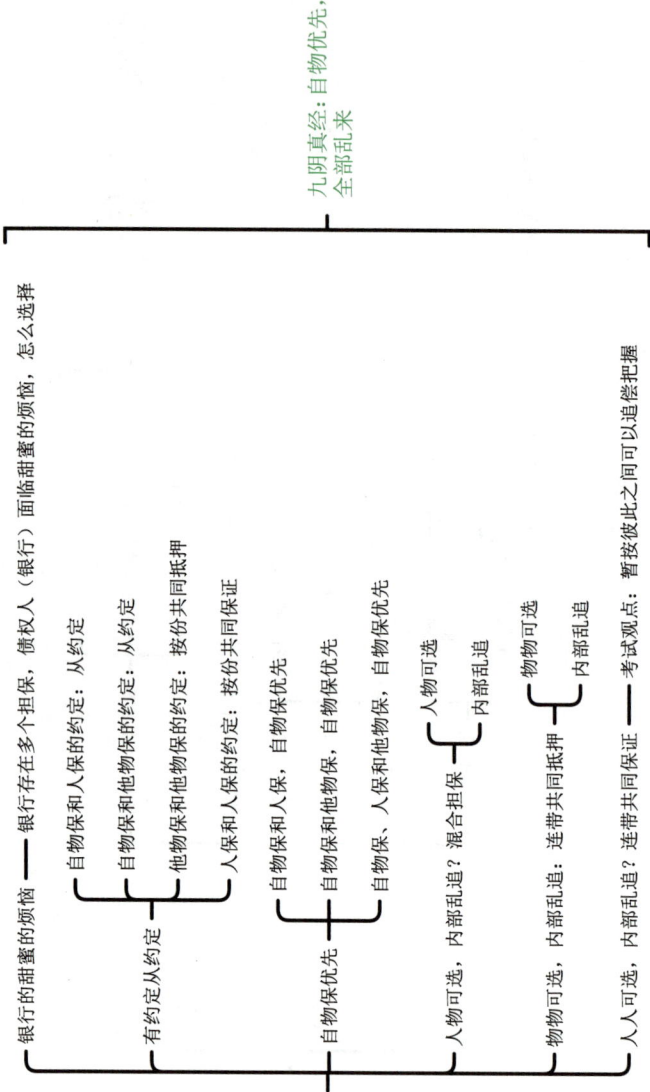

九阴真经：自物优先，全部乱来

银行的甜蜜的烦恼 —— 银行存在多个担保，债权人（银行）面临甜蜜的烦恼，怎么选择

有约定从约定
- 自物保和人保的约定：从约定
- 自物保和他物保的约定：从约定
- 他物保和他物保的约定：按份共同抵押
- 人保和人保的约定：按份共同保证

自物保优先
- 自物保和人保，自物保优先
- 自物保和他物保，自物保优先
- 自物保、人保、他物保，自物保优先

人物可选，内部乱追？混合担保
- 人物可选
- 内部乱追

物物可选，内部乱追：连带共同抵押
- 物物可选
- 内部乱追

人人可选，内部乱追？连带共同保证 —— 考试观点：暂按彼此之间可以追偿把握

18

第三章　物权变动

第一节　物权变动基础

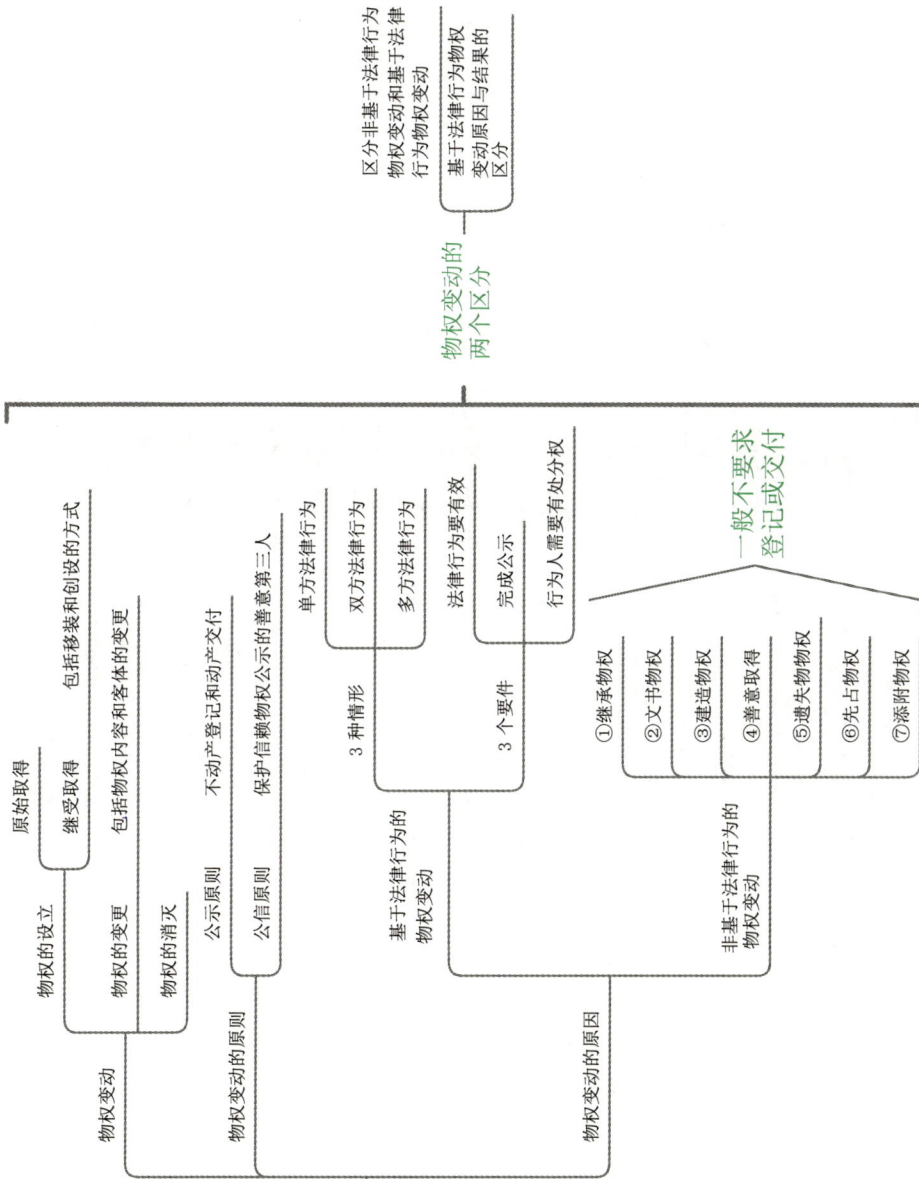

- **物权变动**
  - 物权的设立
  - 物权的变更 —— 包括物权内容和客体的变更
  - 物权的消灭
  - 原始取得
  - 继受取得 —— 包括移转和创设的方式

- **物权变动的原则**
  - 公示原则 —— 不动产登记和动产交付
  - 公信原则 —— 保护信赖物权公示的善意第三人

- **物权变动的原因**
  - 基于法律行为的物权变动
    - 3 种情形
      - 单方法律行为
      - 双方法律行为
      - 多方法律行为
    - 3 个要件
      - 法律行为要有效
      - 完成公示
      - 行为人需要有处分权
  - 非基于法律行为的物权变动（一般不要求登记或交付）
    - ①继承物权
    - ②文书物权
    - ③建造物权
    - ④善意取得
    - ⑤遗失物物权
    - ⑥先占物权
    - ⑦添附物权

- **物权变动的两个区分**
  - 区分基于法律行为变动和非基于法律行为物权变动
  - 基于法律行为物权变动原因与结果的区分

第二节 非基于法律行为的物权变动

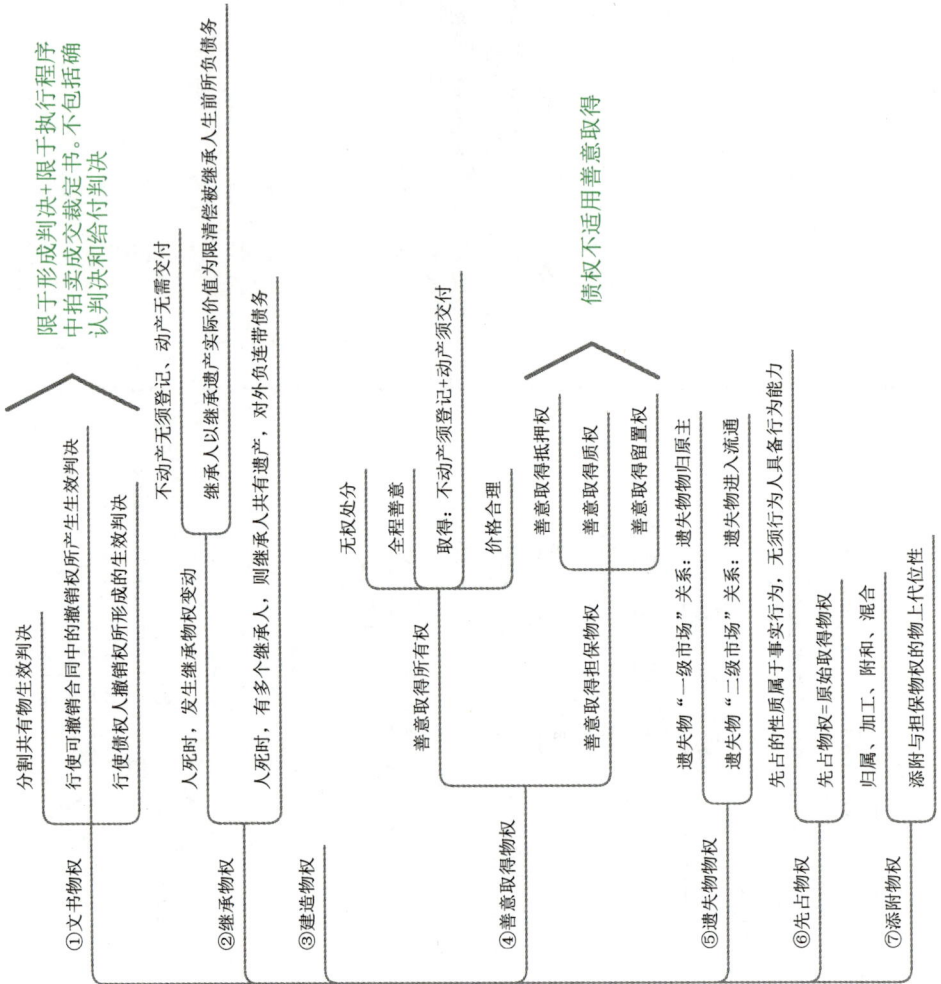

① 文书物权
- 分割共有物生效判决
- 行使可撤销合同中的撤销权所产生生效判决
- 行使债权人撤销权所形成的生效判决

> 限于形成判决+限于执行程序中拍卖成交裁定书。不包括确认判决和给付判决

② 继承物权
- 人死时，发生继承物权变动
  - 不动产无须登记、动产无需交付
  - 继承人以继承遗产实际价值为限清偿被继承人生前所负债务
- 人死时，有多个继承人，则继承人共有遗产，对外负连带债务

③ 建造物权

④ 善意取得物权
- 善意取得所有权
  - 无权处分
  - 全程善意
  - 取得：不动产须登记+动产须支付
  - 价格合理
- 善意取得担保物权
  - 善意取得抵押权
  - 善意取得质权
  - 善意取得留置权

> 债权不适用善意取得

⑤ 遗失物物权
- 遗失物"一级市场"关系：遗失物归原主
- 遗失物"二级市场"关系：遗失物进入流通

⑥ 先占物权
- 先占的性质属于事实行为，无须行为人具备行为能力
- 先占物权=原始取得物权

⑦ 添附物权
- 归属、加工、附和、混合
- 添附与担保物权的物上代位性

第三节 基于法律行为的物权变动

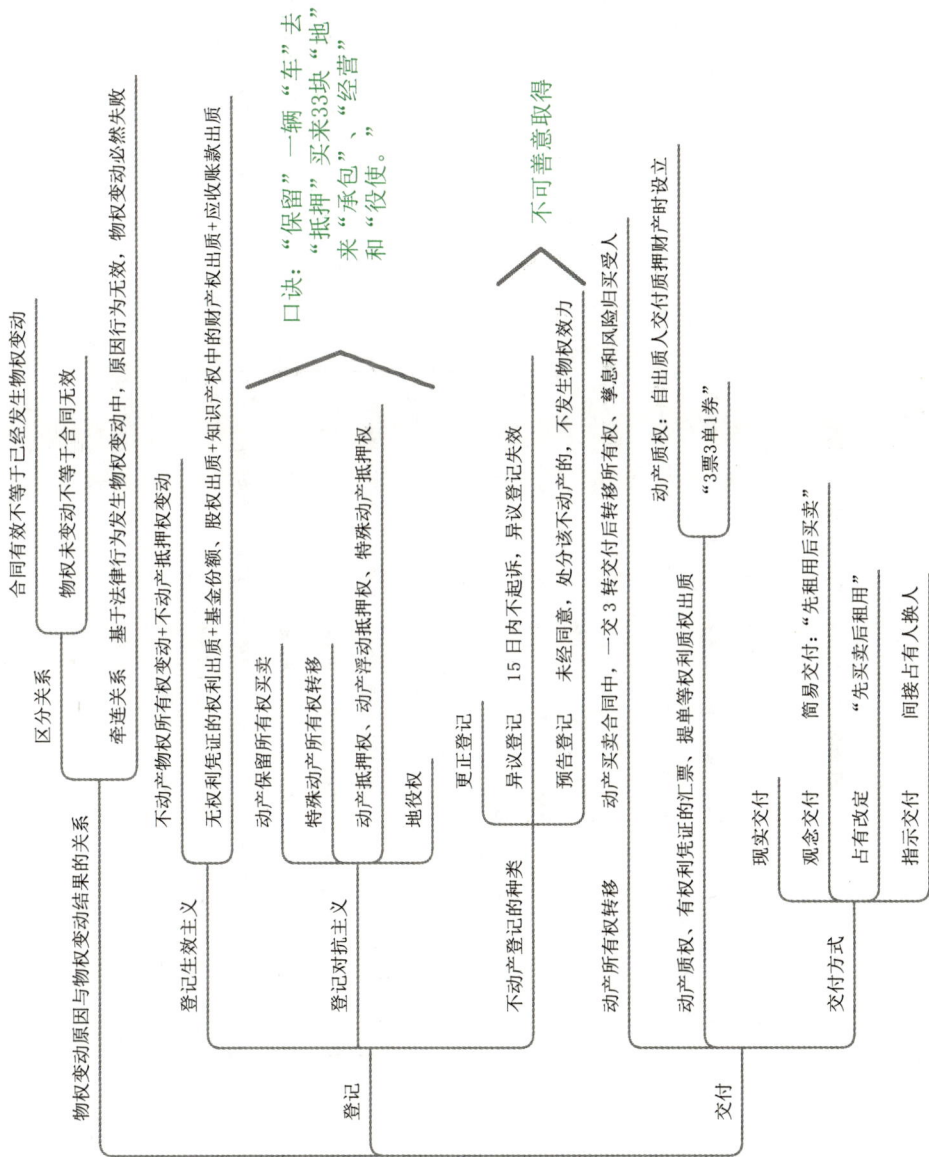

物权变动原因与物权变动结果的关系

- **区分关系**
  - 合同有效不等于已经发生物权变动
  - 物权未变动不等于合同无效
- **牵连关系**：基于法律行为发生物权变动中，原因行为无效，物权变动必然失败

登记

- **登记生效主义**
  - 不动产物权所有权变动+不动产抵押权变动
  - 无权利证的权利出质+基金份额、股权出质+知识产权中的财产权出质+应收账款出质

  > 口诀："保留"一辆"车"去 来"抵押""买承包"33块"地""经营"、和"役使"。

- **登记对抗主义**
  - 动产保留所有权买卖
  - 特殊动产所有权转移
  - 动产抵押权、动产浮动抵押权、特殊动产抵押权
  - 地役权
- **不动产登记的种类**
  - 更正登记
  - 异议登记 15日内不起诉，异议登记失效
  - 预告登记 未经同意，处分该不动产的，不发生物权效力；一变3 转交付后移转所有权、孳息和风险归买受人

交付

- 动产所有权转移
- 动产质权、有权利凭证的汇票、提单等权利质权出质

  > 动产质权：自出质人交付质押财产时设立 "3票3单1券"
  >
  > 不可善意取得

- **交付方式**
  - 现实交付
  - 观念交付
    - 简易交付："先用后租用"
    - 占有改定："先买卖后租用"
    - 指示交付：间接占有人换人

21

第一节　物权的保护

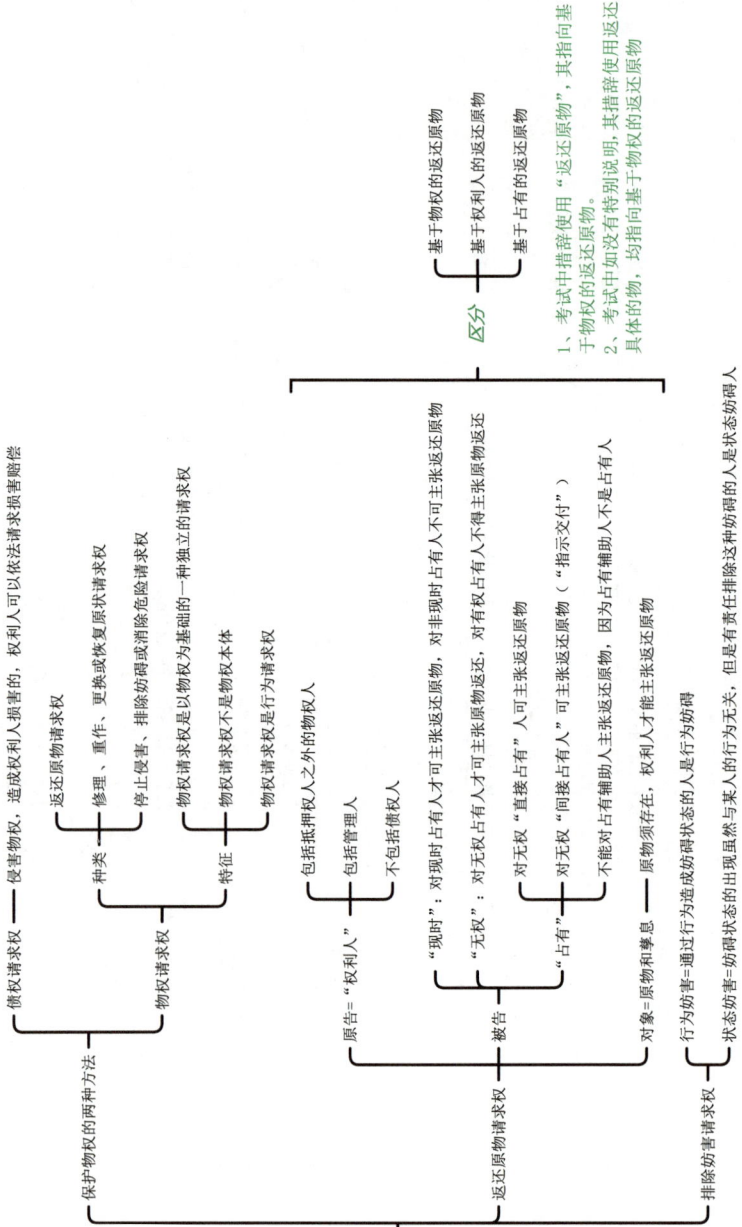

- 保护物权的两种方法
  - 债权请求权 —— 侵害物权，造成权利人损害的，权利人可以依法请求损害赔偿
  - 物权请求权
    - 返还原物请求权
    - 种类
      - 修理、重作、更换或恢复原状请求权
      - 停止侵害、排除妨碍或消除危险请求权
    - 特征
      - 物权请求权是以物权为基础的一种独立的请求权
      - 物权请求权不是物权本体
      - 物权请求权是行为请求权

- 返还原物请求权
  - 原告＝"权利人"
    - 包括抵押权人之外的物权人
    - 包括管理人
    - 不包括债权人
  - 被告
    - "现时"：对现时占有人才可主张返还原物，对非现时占有人不可主张返还原物
    - "无权"：对无权占有人才可主张原物返还，对有权占有人不得主张原物返还
    - "占有"
      - 对无权"直接占有"人可主张返还原物
      - 对无权"间接占有"可主张返还原物（"指示交付"）
      - 不能对占有辅助人主张返还原物，因为占有辅助人不是占有人

- 排除妨害请求权
  - 对象 —— 原物和事息
  - 行为妨害＝通过行为造成妨碍状态的人是行为妨碍
  - 状态妨害＝妨碍状态的出现虽然与某人的行为无关，但是有责任排除这种妨碍的人是状态妨碍人

区分 —— 基于物权的返还原物
  - 基于权利人的返还原物
  - 基于占有的返还原物

1、考试中措辞使用"返还原物"，其指向基于物权的返还原物。

2、考试中如没有特别说明，其措辞使用返还具体物的，均指向基于物权的返还原物

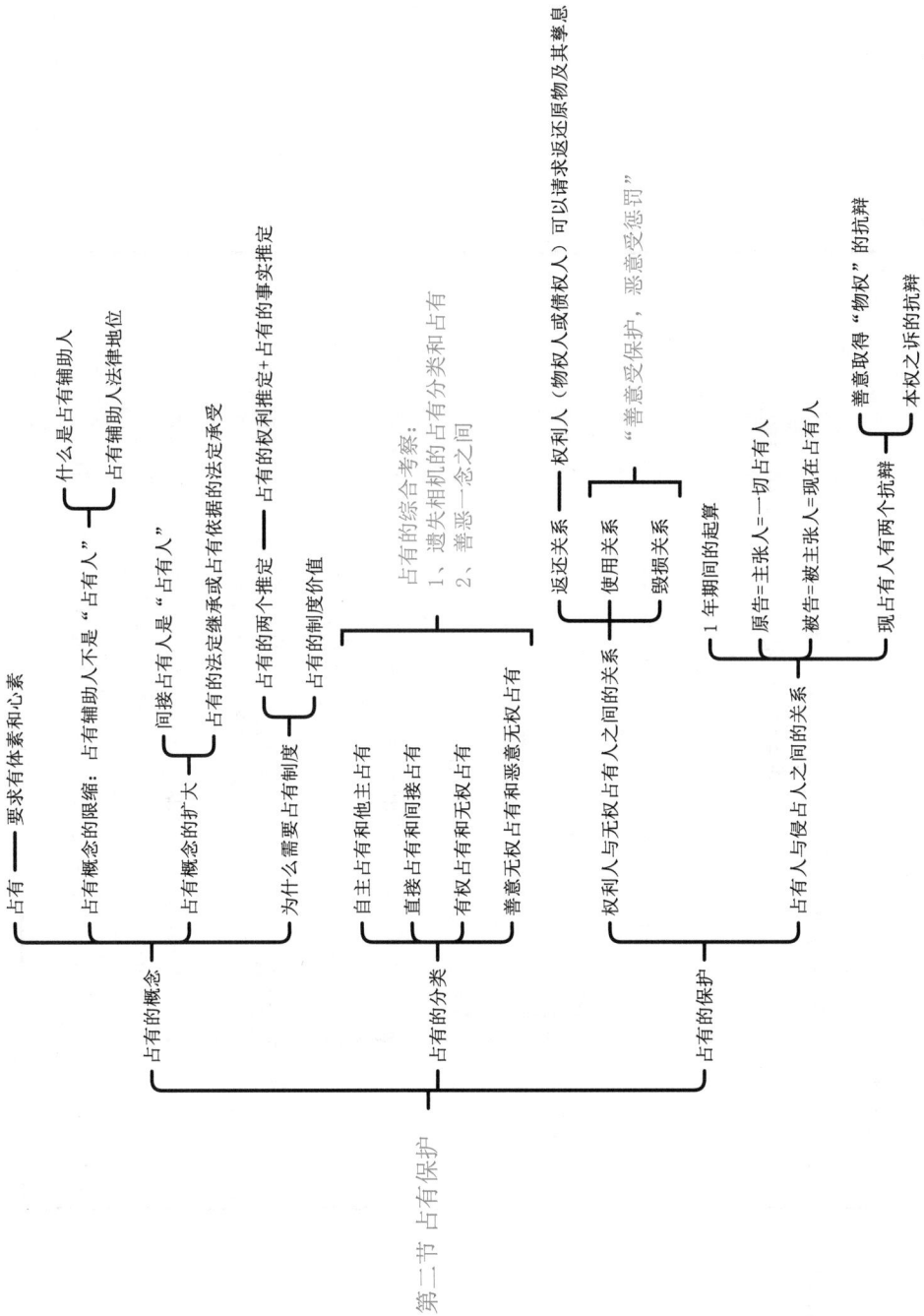

第二节 占有保护

占有的概念
- 占有 —— 要求有体素和心素
- 占有概念的限缩:占有辅助人不是"占有人"
  - 什么是占有辅助人
  - 占有辅助人法律地位
- 占有概念的扩大
  - 间接占有人是"占有人"
  - 占有的法定继承或占有依据的法定承受
- 为什么需要占有制度
  - 占有的两个推定 —— 占有的权利推定+占有的事实推定
  - 占有的制度价值

占有的分类
- 自主占有和他主占有
- 直接占有和间接占有
- 有权占有和无权占有
- 善意无权占有和恶意无权占有
- 占有的综合考察:
  1、遗失相机的占有分类和占有
  2、善恶一念之间

占有的保护
- 权利人与无权占有人之间的关系
  - 返还关系 —— 权利人(物权人或债权人)可以请求返还原物及其孳息
  - 使用关系 —— "善意受保护,恶意受惩罚"
  - 毁损关系
- 占有人与侵占人之间的关系
  - 1 年期间的起算
  - 原告=主张人=一切占有人
  - 被告=被主张人=现在占有人
- 现占有人有两个抗辩
  - 善意取得"物权"的抗辩
  - 本权之诉的抗辩

第五章　业主的建筑物区分所有权

业主的建筑物区分所有权

专有权
- 专有部分
- 专有部分使用方面的延展
- 专有部分使用方面的限制

共有权

全小区共有
- ①此地、此路、此绿、此物业用房归共有
- ②此维系资金归共有
- ③共有部分收益归共有
- ④此支出是共有分担

全楼共有
- ①想到的：建筑物的基础、承重结构、外墙、屋顶等基本结构部分
- ②走到的：通道、楼梯、大堂等公共通行部分
- ③看到的：消防、公共照明等附属设施、设备、避难层、设备层或者设备间等结构部分
- ④其他的：其他不属于业主专有部分，也不属于市政公用部分或者其他权利人所有的场所及设施等

两户共有 —— 楼板、承重墙之外的隔墙。（承重墙属于全楼共有）

改变共有部分用途 —— 双2/3参与表决+双3/4赞成票

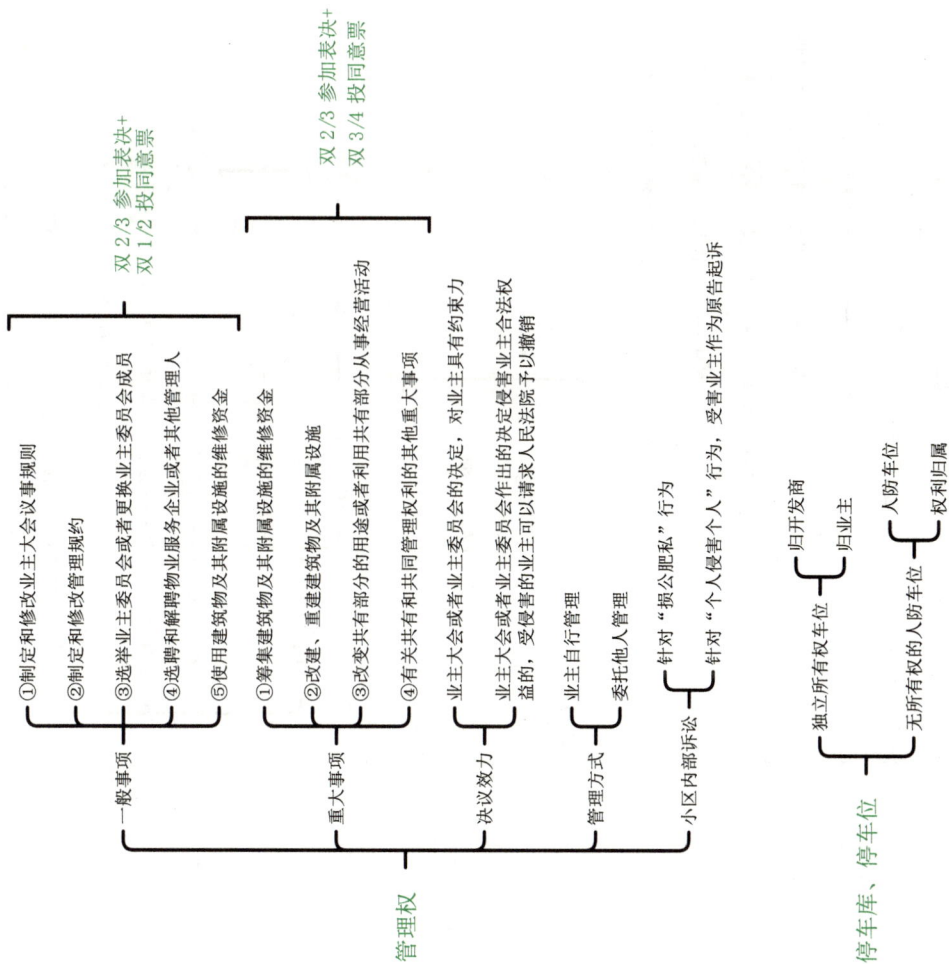

业主的建筑物
区分所有权

管理权

一般事项
①制定和修改业主大会会议事规则
②制定和修改管理规约
③选举业主委员会或者更换业主委员会成员
④选聘和解聘物业服务企业或者其他管理人
⑤使用建筑物及其附属设施的维修资金

双 2/3 参加表决+
双 1/2 投同意票

重大事项
①筹集建筑物及其附属设施的维修资金
②改建、重建建筑物及其附属设施
③改变共有部分的用途或者利用共有部分从事经营活动
④有关共有和共同管理权利的其他重大事项

双 2/3 参加表决+
双 3/4 投同意票

决议效力
业主大会或者业主委员会作出的决定,对业主具有约束力

管理方式
业主自行管理
委托他人管理

小区内部诉讼
针对"损公肥私"行为
针对"个人侵害个人"行为,受害业主作为原告起诉
业主大会或者业主委员会作出的决定侵害业主合法权益的,受侵害的业主可以请求人民法院予以撤销

停车库、停车位
独立所有权车位
归开发商
归业主
无所有权的人防车位
人防车位
权利归属
权利归属

25

第六章　共　有

按份共有
- 拟制按份共有 —— 未约定的，除共有人具有家庭关系等外，视为按份共有
- 拟制等额享有 —— 不能确定出资额的，视为等额享有
- 按份共有人对份额的优先购买权
  - 起始条件 —— 限于"对外"转让，才启动优先购买权
  - 同等条件 —— 转让价格、价款履行方式及期限等因素
  - 时间条件 —— 应当将转让条件及时通知其他共有人
  - 比例条件 —— 2人以上购买，协商确定各自的购买比例
  - 除外条件 —— 不得以优先购买权受侵害为由仅请诉请合同无效

共同共有
- 夫妻共有
- 家庭共有
- 遗产分割前各继承人对遗产的共同共有
- 合伙财产

记忆："夫妻是合伙，家庭有继承"

共有物的管理
- 共有物的处分
  - 按份共有的处分 —— 份额 2/3 以上同意
  - 共同共有的处分 —— 一致决
- 共有物的保存 —— 无论是按份共有人还是共同共有人均可单独进行
- 共有物的改良行为 —— 按份共有人须 2/3 多数决，共同共有是一致决
- 共有物的管理费用及其他负担
  - 有约定从约定
  - 无约定按份共有按份分担
  - 无约定共同共有共同分担

违反一致决，检索是否善意取得

共有物的分割

可否分割
- 约定不得分割有效，但有重大理由仍可分割
- 无约定
  - 按份共有人可以随时请求分割
  - 共同共有人有重大理由需要时可以请求分割

怎么分割
- 协商确定分割方式
- 达不成协议
  - 实物分割
  - 折价分割
  - 变价分割
- 分割瑕疵大家分担

共有物的连带

对外关系 —— 共有人对外享有连带债权

内部关系
- 按份共有人按照额享有债权、承担债务
- 共同共有人共同享有债权、承担债务

27

第一节　担保物权基础

担保财产优先受偿的权利 —— ①担保物权的本质

②担保物权的从属性
- 范围上的从属性
- 效力上的从属性
- 消灭上的从属性
- 移转上的从属性

担保物权不从属于主债务　担保物权　属于主债权

③担保物权的不可分性
- 债权分了，各债权人均可对担保物主张担保物权
- 担保物分了，债权人可就各担保物主张担保物权

④担保物权的物上代位性
- 担保物没了，担保物追及该"三金"请求权
- 担保物没了，担保物所有权人把"三金"花了，担保物权消灭

⑤反担保
- 换主债务人，他物保人相应免责，自物保人继续，保证人相应免责
- 主要有主合同法律关系、担保合同法律关系、追偿之债法律关系 —— 反担保的13法律关系

第二节 抵押权

①抵押权的设立
- 不动产抵押
  - 不动产抵押合同意思表示一致时生效
  - 不动产抵押权登记后设立 —— 区分原则+登记生效主义
- 动产抵押
  - 动产抵押合同意思表示一致时生效
  - 动产抵押权与动产抵押合同同时设立
    - 该动产抵押权未经登记不得对抗善意第三人
    - 该动产抵押权登记后不得对抗正常经营且已支付合理价款并取得抵押财产的买受人

②抵押与抵押
- "公示先后，债权比例"
  - 不动产抵押
    - 一房2押："公示先后，债权比例"
    - 房地一体抵押："公示先后，债权比例"
  - 动产抵押
    - 一车2押："公示先后，债权比例"
    - 动产浮动抵押与普通抵押："公示先后，债权比例"
- "顺位换人，内外有别" —— 可放弃顺位，但变更不得对其他抵押权人产生不利影响

③抵押与买卖
- 通知抵押权人 —— 抵押人转让抵押物的应当通知抵押权人
- 不动产抵押权有追及力 —— 抵押财产转让的，抵押权不受影响
- 动产抵押权有半个追及力 —— 可以追及一般买受人，不得追及特殊买受人

④抵押与赠与或继承 —— 抵押物依法被继承或者赠与的，抵押权不受影响

⑤抵押与租赁
- 租大：先存在的（租赁合同+租赁钥匙人）>后设立的抵押权人
- 押大：其他情形（租早但住晚或租晚）都是押大

　　秒杀：①"租"（租赁合同签订早于抵押）、"住"（占有租赁物早于抵押）得早，租大。
　　②其他都押大

⑥抵押与查封 —— 先押则押大，先封则封大

⑦抵押与保全 —— 请求抵押人"停止"；请求债权人"补足"；请求债务人"加速到期"

⑧抵押权实现
- ①裸地抵押
- ②孳息归属
  - 孳息的所有权归抵押人
  - 孳息的收取权：一般抵押人，例外归抵押权人
- ③抵押权期间
  - 抵押权应当在主债权诉讼时效期间行使抵押权
  - 抵押权、权利质权等以登记作为公示方法的担保物权，担保物权人应当在主债权的诉讼时效期间内行使担保物权
- ④实现方式
  - 当事人协议折价、拍卖、变卖
  - 抵押权人请求法院拍卖、变卖 —— 多退少补
  - 抵押财产折价或者变卖的，应当参照市场价格

⑨特殊抵押
- ①动产浮动抵押
  - 债务履行期届满，债权未实现
  - 抵押人被宣告破产或者解散清算
  - 当事人约定的实现抵押权的情形 —— 确定抵押财产范围的时间点
  - 严重影响债权实现的其他情形
- ②最高额抵押
  - X —— 最高额质权参照最高额抵押权规则处理
  - 1+X —— 设立前已经存在的债权，经当事人同意，可以转入最高额抵押担保的债权范围
  - 1+2+3+X —— 债权确定前，部分债权转让的，最高额抵押权不得转让
  - 1+2+3+X→1+2+3+Y —— 债权确定前，抵押权人与抵押人可变更债权确定的期间、范围以及最高债权额
  - 1+2+3+X→10 —— 最高额抵押实际发生债权值的确定
- ③所有权人抵押权
  - ①顺序在先的抵押权与该财产的所有权归属一人时的所有权人抵押权
  - ②融资租赁合同中的所有权人抵押权

29

动产质权设立：区分原则+交付主义 ┐
　　　　　　　　　　　　　　　　├─ ①质权的设立 ┐
承诺转质和责任转质 ┘　　　　　　　　　　　　　　│
　　　　　　　　　　　　　　　　　　　　　　　　│
权利质权设立：区分原则+交付主义或者登记生　　　│
效主义　　　　　　　　　　　　　　　　　　　　　│
　　　　　　　　　　　　　　　　　　　　　　　　│
请求质权人赔偿和请求质权人行权 ── ②出质人的权利 │
　　　　　　　　　　　　　　　　　　　　　　　　├─ 第三节 质权
质权保全请求权：补担保、提前还债或提存价款 ┐　│
　　　　　　　　　　　　　　　　　　　　　　　│　│
质权人有权收取孳息 ┐　　　　　　　　├─ ③质权人的权利 ┘
　　　　　　　　　　├─ 质权实现 ┐　　│
质权人有优先受偿权 ┘　　　　　　├──┘
　　　　　　　　　　　　　　　　│
质物变价款多退少补 ────────────┘

秒杀： 甲作为乙的债权质权人，债务人乙对次债务人丙的债权视为乙的"特定责任财产"，优先担保甲。丁作为乙的普通债权人，就要靠边站。

代位权结构 ┐
　　　　　　│
债权转让结构 │
　　　　　　├─ 债权出质中3方结构的4个角度思维 ┐
免责债务承担结构 │　　　　　　　　　　　　　　│
　　　　　　│　　　　　　　　　　　　　　　　│
债权出质结构 ┘　　　　　　　　　　　　　　　　│
　　　　　　　　　　　　　　　　　　　　　　　├─ ④债权出质
应收账款债权出质=登记生效主义 ┐　　　　　　　　│
　　　　　　　　　　　　　　　├─ 债权质权设立 ┘
普通债权出质=意思主义+通知次债务人 ┘

通知次债务人后冻结清偿规则 ┐
　　　　　　　　　　　　　　├─ 债权质权运行
次债务人抗辩（抵销）援引规则 ┘

"上家"告"中家"和"下家"和上家"告"下家" ── 债权质权的诉讼

正常取得和善意取得 ── ①留置权依法设立：法定担保物权 ┐

民事留置权需要同一法律关系：个人与个人之间、个人与企业之间 ┐
　　　　　　　　　　　　　　　　　　　　　　　├─ ②民事留置权和商事留置权
商事留置权无须同一法律关系：单位与单位之间 ┘

比例留置、妥善保管、收取孳息 ┐
　　　　　　　　　　　　　　　├─ ③留置权须遵守的规则 ├─ 第四节 留置权
第一次效力先给2个月以上宽限期 ┐　│
　　　　　　　　　　　　　　　├─ 二次效力 ┘
第二次效力实现留置权 ┘　　　　│
　　　　　　　　　　　　　　　│
多退少补 ─────────────────┘

留置权人丧失占有：留置权人对留置财产丧失占有的，留置权消灭 ┐
　　　　　　　　　　　　　　　　　　　　　　　　　　　├─ ④留置权消灭的原因
留置权人接受替换担保：留置权人接受债务人另行提供担保的，留置权消灭 ┘

第八章　保　证

保证合同基础规则

- 保证人资格
- 保证合同签约方式 —— 单独合同、保证条款、签字形式、单方书面担保书形式
  - PS：安慰函不是保证
- 保证合同的从属性
  - 主合同解除后的保证责任
  - 主合同无效后的保证责任
  - 新贷还旧贷与保证责任
    - 新贷还旧贷，旧贷保证人免责
    - 新贷还旧贷，新贷保证人免责
    - 新贷和旧贷是同一保证人，则保证人需要承担保证责任
  - 独立保函
- 保证方式
  - 一般保证
    - 约定为一般保证
      - 一般保证人有先诉抗辩权
      - 一般保证人无先诉抗辩权
        - 债务人下落不明，且无财产可供执行
        - 人民法院受理债务人破产案件，中止执行程序
        - 债权人有证据证明债务人的财产不足以履行全部债务或者明显缺乏履行债务能力
        - 保证人明确放弃本款规定的权利
    - 约定为连带保证，未约定保证方式则视为一般保证
  - 共同保证
  - 最高额保证

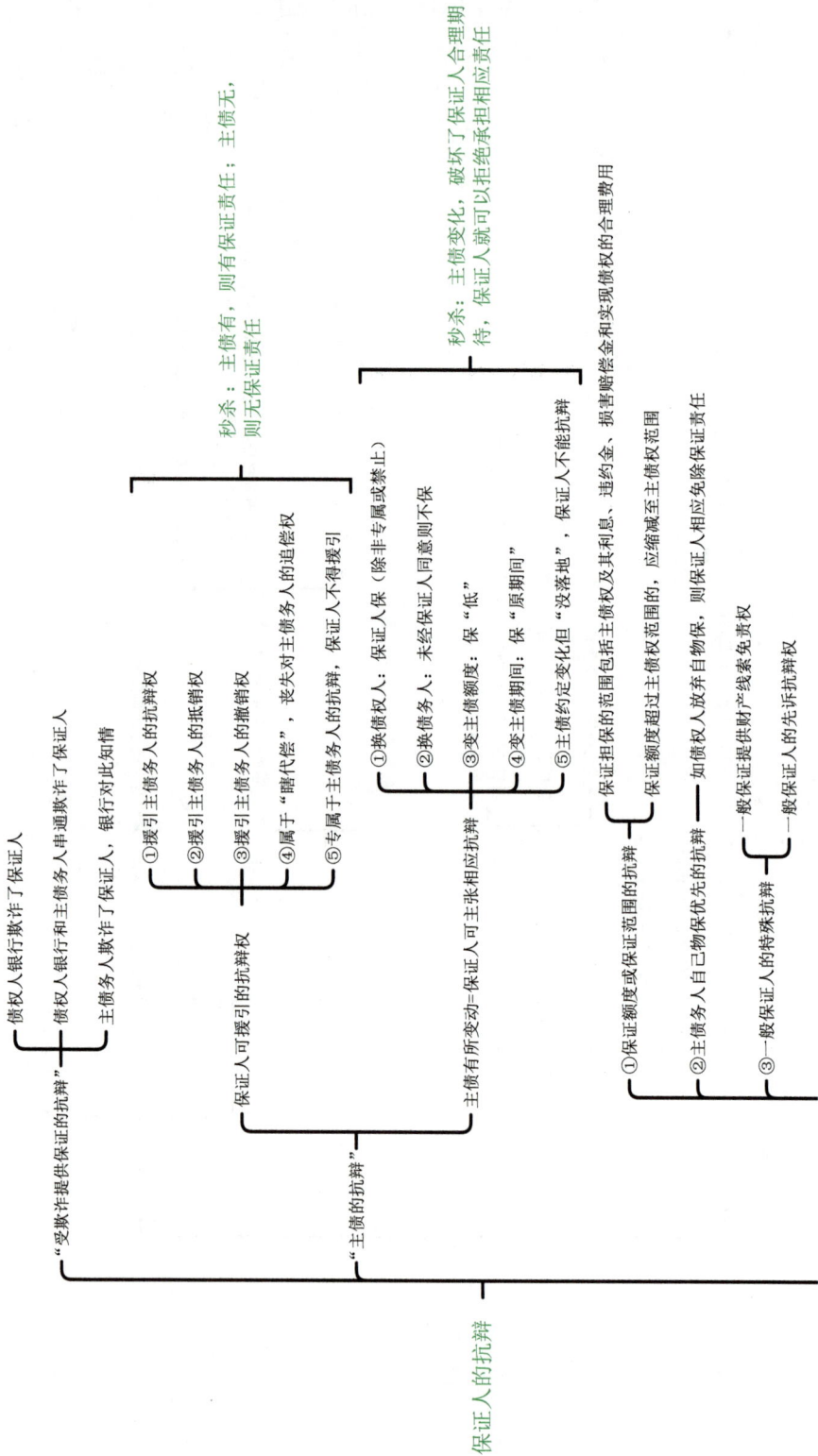

保证人的抗辩

"受欺诈提供保证的抗辩"
- 债权人银行欺诈了保证人
- 债权人银行和主债务人串通欺诈了保证人
- 主债务人欺诈了保证人，银行对此知情

保证人可援引的抗辩权
- 主债的抗辩
  - ① 援引主债务人的抗辩权
  - ② 援引主债务人的抵销权
  - ③ 援引主债务人的撤销权
  - ④ 属于"瞒代偿"，丧失对主债务人的追偿权
  - ⑤ 专属于主债务人的抗辩，保证人不得援引

  秒杀：主债有，则有保证责任；主债无，则无保证责任

- 主债有所变动=保证人可主张相应抗辩权
  - ① 换债权人：保证人同意则不保（除非专属禁止）
  - ② 换债务人：未经保证人同意则不保
  - ③ 变主债额度："保""低"
  - ④ 变主债期间："保""原期间"
  - ⑤ 主债的定变化但"没落地"，保证人不能抗辩

  秒杀：主债变化，破坏了保证人合理期待，保证人就可以拒绝承担相应责任

  - 保证担保的范围包括主债权及其利息、违约金、损害赔偿金和实现债权的合理费用
  - 保证额度超过主债权范围的，应缩减至主债权范围

- 保证额度或保证范围的抗辩
  - ① 保证额度或保证范围的抗辩
  - ② 主债务人自己物保优先的抗辩 —— 如债权人放弃自物保，则保证人相应免除保证责任
  - ③ 一般保证人的特殊抗辩
    - 一般保证人提供财产线索免责权
    - 一般保证人的先诉抗辩权

32

"保证债务的抗辩"

④保证期间届满的抗辩
- 保证期间"过期不候"（保证人可抗辩）
  - 一般保证中，银行必须在保证期间内"告"主债务人
  - 连带保证中，银行必须在保证期间内"要"保证人
- 保证期间"一次用尽"（保证人不可抗辩）
  - 一般保证中，银行"告了"主债务人
  - 连带保证中，银行"要了"保证人
- 起算点不变
  - 保证期间是 6 个月，要么从主债履行期届满起算，要么从主债务人破产程序终结起算。
- 期间段不变

⑤保证债务诉讼时效届满的抗辩
- 起算点不变
  - 一般保证债务诉讼时效起算点——强制执行主债务人时="先诉抗辩权消灭时"
  - 连带保证债务诉讼时效起算点——主债权人对保证人提出主张之日
- 保证人享有的 3 个与时间相关的抗辩
  - 主债时效届满的抗辩
  - 保证期间届满的抗辩
  - 保证债务时效届满的抗辩

保证人代偿后的追偿权
- 保证人代偿后法定取代"银行地位"——有权在其承担保证责任的范围内向债务人追偿，享有债权人对债务人的权利
- 代偿多少追多少——部分代偿，部分追偿；全部代偿，全部追偿
- 未代偿不能追——主债务人破产，债权人未申报破产债权，保证人可向破产管理人申报保证债权，参加主债务人破产财产分配
- 瞎代偿不能追——保证人履行保证责任，其实际清偿额大于主债权范围的，保证人只在主债权范围内对债务人行使追偿权

第九章　定　金

定金合同的成立和效力
- 定金合同为实践性合同
- 定金的数额超过主合同标的额的20%
- 正常履约后定金应当抵作价款或者收回。

  PS：2个20%，定金20%，分期付款20%

定金的种类
- 立约定金
  - 收方不签约，应当双倍返还定金
  - 支方不签约，无权要求返还定金
- 成约定金
  - 支付定金，定金合同成立，同步满足了主合同的生效要件
  - 未支付定金，定金合同不成立，实际履行则生效
- 解约定金
  - 收方双倍退定金，得到解除权
  - 支方不要定金，得到解除权
- 违约定金
  - 违约定金罚则
  - 违约定金和违约金只能2选1
  - 违约定金和损害赔偿可以并用但最高不超过损失

34

第四编　合　同

导　论

债、债权、债务

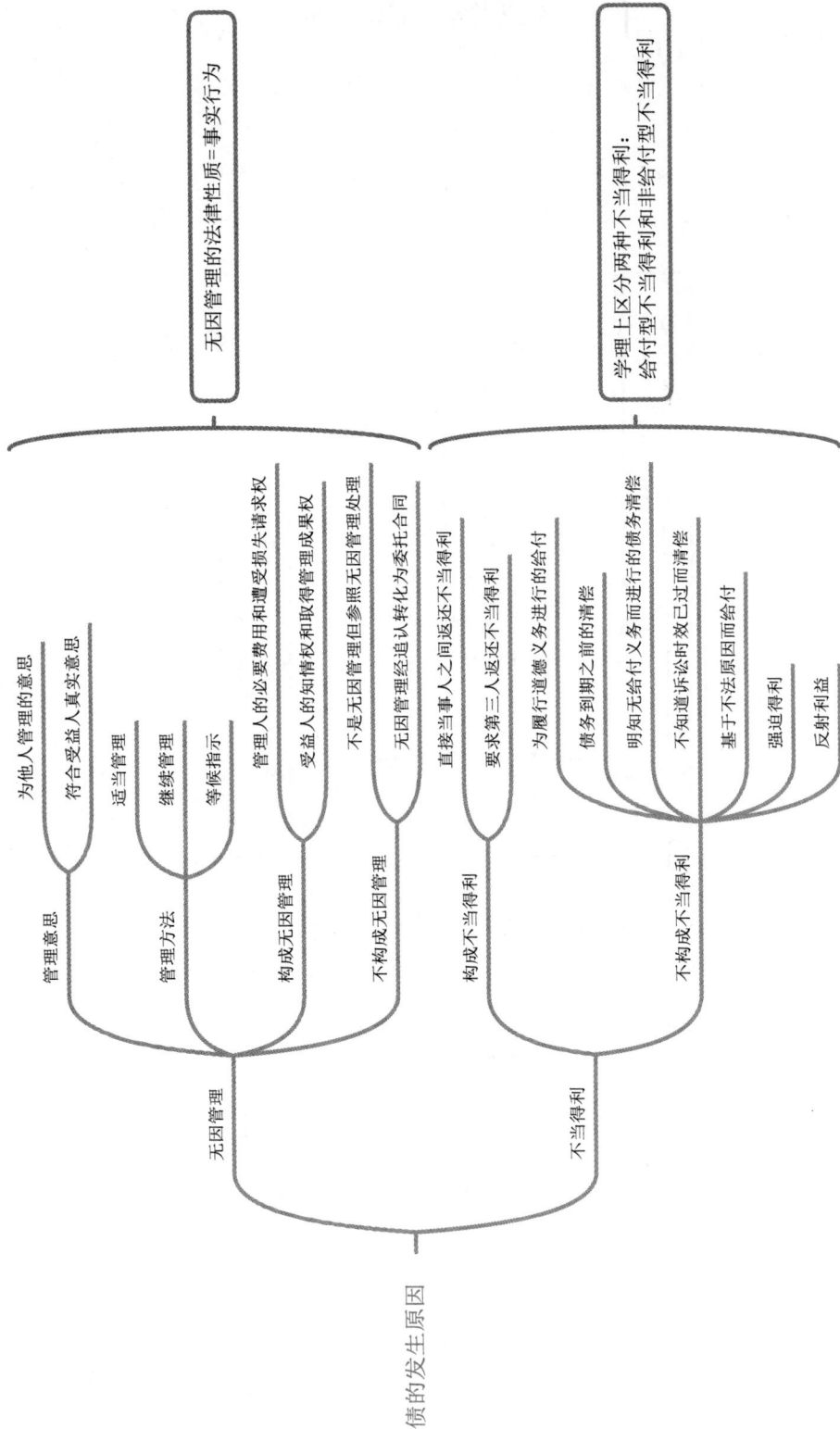

无因管理的法律性质=事实行为

学理上区分两种不当得利:
给付型不当得利和非给付型不当得利

为他人管理的意思
符合受益人真实意思

适当管理
继续管理
等候指示

管理人的必要费用和遭受损失请求权
受益人的知得管理成果权
不是无因管理但参照无因管理处理
无因管理经追认转化为委托合同

直接当事人之间返还不当得利
要求第三人返还不当得利

为履行道德义务进行的给付
债务到期之前的清偿
明知无给付义务而进行的债务清偿
不知道诉讼时效已过而清偿
基于不法原因而给付
强迫得利
反射利益

管理意思

管理方法

构成无因管理

不构成无因管理

构成不当得利

不构成不当得利

无因管理

不当得利

债的发生原因

债的分类

- 意定之债与法定之债
- 劳务之债与财物之债
- 特定之债与种类之债
- 简单之债与选择之债
- 单一之债与多数人之债
- 按份之债、连带之债、不真正连带之债和补充之债

连带之债（法定）记忆："代理人""教唆""帮工人""无意思联络"地"合伙""结婚"开"公司分立"后，用"继承"来的"共有财产""买卖个人信息和技术秘密"，却"不交物业费"、不履行"人人""物物"、"人物"的"连带担保"责任，被"有意思联络各地共同加害"后，被车撞启动交强险。

尽量让合同成立

缺书面但已履行＝合同成立

- 合同书缺签字但已履行＝合同成立
- 缺形式但有行为隐含订立合同意愿＝合同成立
- 缺内容但有"人""有""物""有""数"＝合同成立

尽量让合同有效

- ①未办理批准手续的合同未生效但报批义务条款独立生效
- ②超越法人目的事业限制的合同有效
- ③未取得预售许可证明的商品房预售合同无效，但起诉前补的，合同有效
- ④商品房预售合同未备案不是无效事由
- ⑤租赁合同无须出租人是所有权人
- ⑥备案不是房屋租赁合同有效前提
- ⑦违建房屋的租赁合同无效，但一审辩论终结前变成合法建筑，租赁合同有效
- ⑧违法的临时建筑房屋租赁合同无效，但一审辩论终结前变成合法建筑，租赁合同有效
- ⑨租赁期限超过临时建筑的使用期限，超过部分无效。但在一审辩论终结前经主管部门批准延长则有效
- ⑩虽然融资租赁合同一般是3方结构，但法院不会否定特定特殊情形下2方结构也构成融资租赁法律关系

第三章　合同相对性

第一节 合同坚持相对性
- ①合同当事人才对合同负责
- ②因第三人原因违约
- ③向第三人履行
- ④由第三人履行
- ⑤经出租人同意转租，原租赁合同和次租赁合同各自独立
- ⑥承揽人将工作交给第三人完成，成果不合格，承揽人与委托人的合同、承揽人与第三人的合同，各自独立
- ⑦委托人与行纪人的合同、行纪人与第三人的合同各自独立
- ⑧购房人不能还贷，银行找购房人要，不能追加开发商为当事人，除非开发商是保证人
- ⑨融资租赁公司主导型融资租赁合同，租赁物质量有问题，租户可要求融资租赁公司承担违约责任

第二节 合同相对性的突破
- 债权人代位权
- 债权人撤销权
- 法定承受
  - ①所有权变动不破租赁
  - ②房屋租赁的法定承受
  - ③法人合并、分立，债权债务法定承受
  - ④财产保险代位追偿
  - ⑤财产保险从物主义
  - ⑥概括继承和限定继承
- 建设工程施工合同
  - 工程质量纠纷，突破相对性
  - 工程价款纠纷，突破相对性

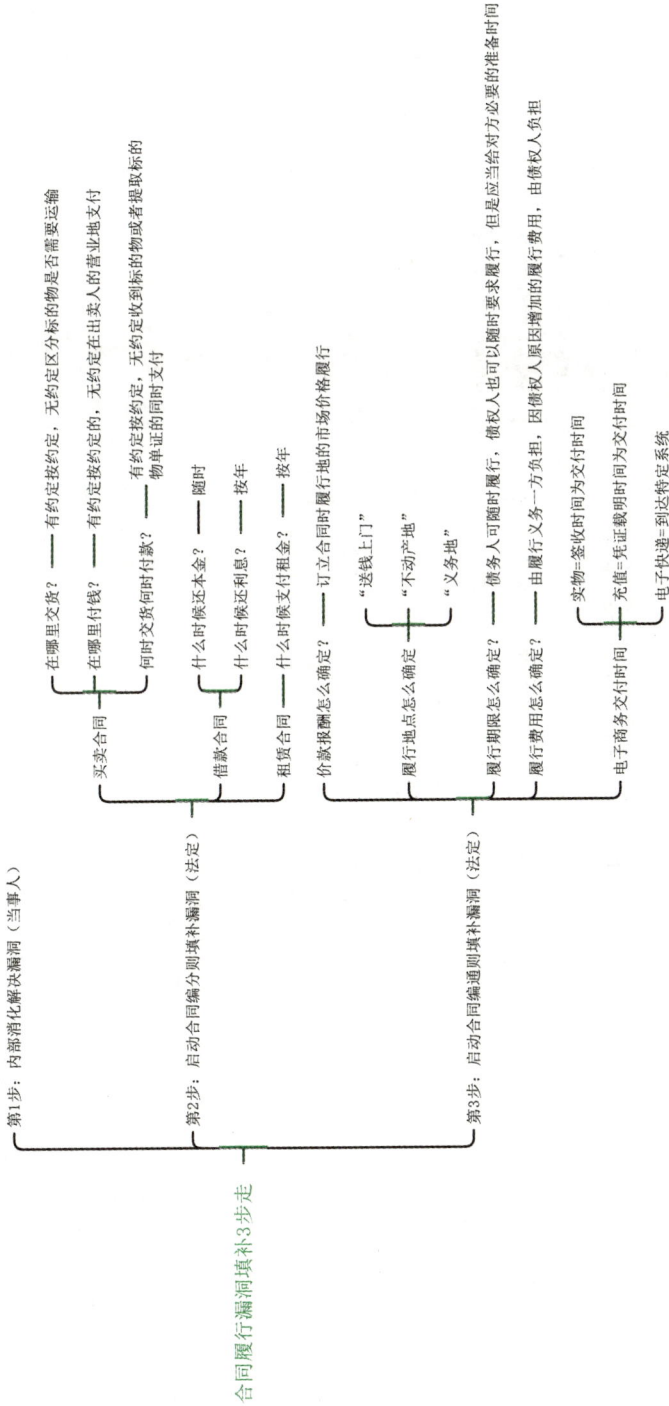

合同履行漏洞填补3步走

第1步：内部消化解决漏洞（当事人）

第2步：启动合同编分则填补漏洞（法定）

- 买卖合同
  - 在哪里交货？ —— 有约定按约定，无约定区分标的物是否需要运输
  - 在哪里付钱？ —— 有约定按约定的，无约定在出卖人的营业地支付
  - 何时交货何时付款？ —— 有约定按约定，无约定收到标的物或者提取标的物单证的同时支付
- 借款合同
  - 什么时候还本金？ —— 随时
  - 什么时候还利息？ —— 按年
- 租赁合同 —— 什么时候支付租金？ —— 按年

第3步：启动合同编通则填补漏洞（法定）

- 价款报酬怎么确定？ —— 订立合同时履行地的市场价格履行
- 履行地点怎么确定？
  - "送钱上门"
  - "不动产地"
  - "义务地"
- 履行期限怎么确定？ —— 债务人可随时履行，债权人也可以随时要求履行，但是应当给对方必要的准备时间
- 履行费用怎么确定？ —— 由履行义务一方负担，因债权人原因增加的履行费用，由债权人负担
- 电子商务交付时间
  - 实物=签收时间为交付时间
  - 充值=凭证记载时间为交付时间
  - 电子快递=到达特定系统

第二节 双务合同履行抗辩权

同时履行抗辩权（双方）
- 要求是同一双务合同才适用
- 要求互负债务有对价关系
- 延期的抗辩，不能消灭对方的请求权，并不解决纠纷，只说明援引者违反义务不构成违约而已
- 负担有同时履行抗辩权的债权是有病"的债权

顺序履行抗辩权（后方）
- 后方才有：对义务排队
- 比例原则

不安抗辩权（先方）
- 先方"不安"——后方出问题导致先方"不安"，要有"真凭实据"，不能"道听途说"
- 不安抗辩权会走向"句号"，不止步于"逗号"——中止履行
- 要么恢复履行，要么解除合同和诉违约责任

换债权人、新债权人承受该抗辩
换债权人、新债权人可主张该抗辩
负担有抗辩权的债务人不得主动提出抵销

第三节 履行瑕疵

提前履行无害则不可拒绝——提前履行
部分履行无害则不可拒绝——提前还款
- 一般要接收，例外不接收
- 新增费用由债务人负担

多出履行，买方可拒也可收
- 可以要也可以不要
- 要就补钱，不要就通知

抗辩权只能用来防御，不能用来攻击

第五章　合同的保全

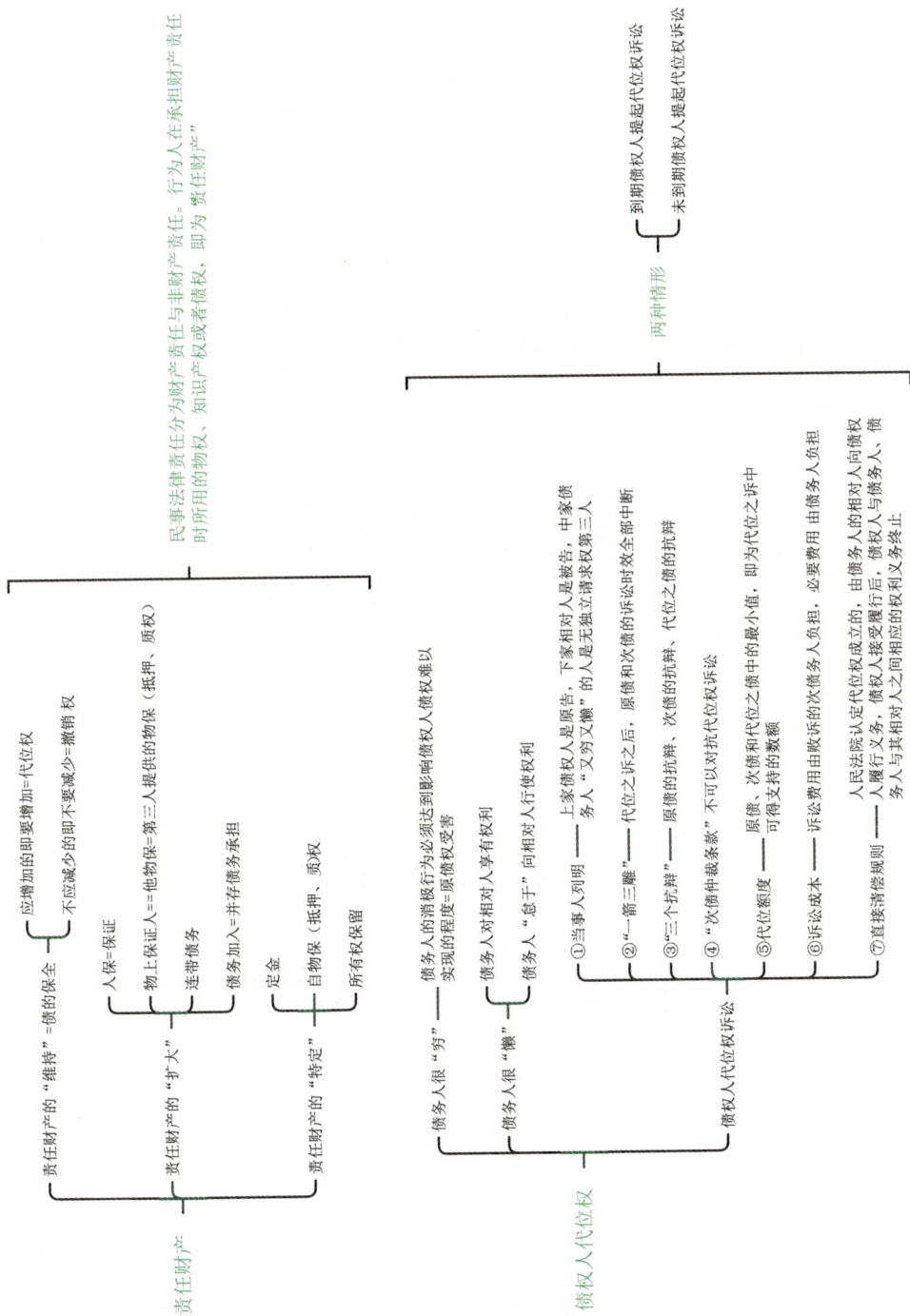

责任财产

- 责任财产的"维持"＝债的保全
  - 应增加的即要增加＝代位权
  - 不应减少的即不要减少＝撤销权
- 责任财产的"扩大"
  - 人保＝保证
  - 物上保证人＝＝他物保＝第三人提供的物保（抵押、质权）
  - 连带债务
  - 债务加入＝并存债务承担
- 责任财产的"特定"
  - 定金
  - 自物保（抵押、质权）
  - 所有权保留

债权人代位权

- 债务人很"穷"——债务人的消极行为必须达到影响债权人债权难以实现的程度＝原债权受害
- 债务人很"懒"——债务人对相对人享有权利
  - 债务人"怠于"向相对人行使权利
- 债权人代位权诉讼
  - ①当事人列明——上家债权人是原告，下家相对人是被告，中家债务人"又穷又懒"的人是无独立请求权第三人
  - ②"一箭三雕"——代位之诉之后，原债和次债的诉讼时效全部中断
  - ③"三个抗辩"——原债的抗辩、次债的抗辩、代位之债的抗辩
  - ④"次债申裁条款"不可以对抗代位权诉讼
  - ⑤代位额度——原债、次债和代位之诉中的最小值，即为代位之诉中可得支持的数额
  - ⑥诉讼成本——诉讼费用由败诉的次债务人负担，必要费用由债务人负担
  - ⑦直接清偿规则——人民法院认定代位权成立的，由债务人的相对人向债权人履行义务，债权人接受履行后，债权人与债务人、债务人与其相对人之间相应的权利义务终止

两种情形

- 到期债权人提起代位权诉讼
- 未到期债权人提起代位权诉讼

债权人撤销权

债务人很"穷" —— 债务人的"逃债"行为必须达到影响债权人债权难以实现的程度=原债权受害

债务人很"坏"
- 不能"往前撤",只能"往后撤"
  - "免费"转移财产之一"逃债"
  - "低价"转移财产之一"逃债"
- 债权人不得撤销没有增加债务人责任财产的行为

债权人撤销权诉讼
- 当事人列明 —— 上家债权人原告,中家债务人被告,下家受益第三人为无独立请求权第三人
- 撤销权期间 —— 除斥期间1年或5年
- 诉讼成本 —— 诉讼费用由败诉的债务人负担,必要费用由债务人负担,第三人知情的要适当分担必要费用
- 入库规则 —— 撤销权行使所指向的债务人财产应先归入债务人的一般责任财产,然后再由债权人依据清偿规则从债务人那里受偿,债权人无优先受偿权
- 无效与撤销的竞合

逃债的2个阶段
- 逃债第1阶段:刚作出意思表示尚未转走财产
- 逃债第2阶段:不但作出意思表示还转移了财产

44

第六章 合同的变更和转让

第一节 合同的变更

协商变更
- 当事人协商一致，可以变更合同
- 当事人对合同变更的内容约定不明确的，推定为未变更

情势变更
- 时间限制 —— 情势变更发生在合同成立之后，履行完毕之前
- 原因限制 —— 情势变更的发生不可归责于当事人
- 不可预见性 —— 如果当事人订立合同时已经预见到某种情势，表明当事人考虑到这种风险，则不应适用情势变更原则发生变更的风险，则不应适用情势变更原则
- 结果限制 —— 履行原合同显失公平
- 例外情形
  - 商业风险不认定为情势变更
  - 合同双方预先对可能发生变化的情形进行了约定，不是情势变更

第三节 提存

提存事由
- 债权人无正当理由拒绝受领
- 债权人下落不明
- 债权人死亡未确定继承人、遗产管理人或者丧失民事行为能力未确定监护人

提存价款
- ①标的物不适于提存或者提存费用过高的,债务人依法可以拍卖或者变卖标的物,提存所得的价款
- ②债务人将标的物或者将标的物依法拍卖、变卖所得价款交付提存部门时,提存成立。提存成立的,视为债务人在其提存范围内已经交付标的物

提存效果
- 通知债权人
- 风险、孳息、费用归债权人
- 领取

合同解除的后果
- ①合同解除后,尚未履行的,终止履行;已经履行的,根据履行情况和合同性质,当事人可以要求恢复原状或者采取其他补救措施,并有权要求赔偿损失
- ②合同因违约解除的,当事人可以请求违约方承担违约责任,但是当事人另有约定的除外
- ③主合同解除后,担保人对债务人应当承担的民事责任仍应承担担保责任,但是担保合同另有约定的除外
- ④合同的权利义务终止,不影响合同中结算和清理条款的效力

第四节 合同解除

- ①双方协议解除
  - ①当事人协商一致，可以解除合同
  - ②只有当事人才有权解除合同，非当事人不存在解除合同的可能
  - ③诉讼中协议解除
- ②约定单方解除
  - 约定明确
  - 不得滥用
  - 约定不明
- ③法定单方解除
  - ①一般法定单方解除事由
    - ①因不可抗力致使不能实现合同目的
    - ②在履行期限届满之前，当事人一方明确表示或者以自己的行为表明不履行主要债务
    - ③当事人一方迟延履行主要债务，经催告后在合理期限内仍未履行
    - ④当事人一方迟延履行债务或者有其他违约行为致使不能实现合同目的
    - ⑤法律规定的其他情形
    - ⑥对继续性不定期合同的预告解除
    - ⑦违约方打破僵局的司法解除
  - ②买卖合同中买方单方法定解除权
    - 主影响从，从不影响主
    - 解一物影响整体，可解数物
    - 分批交货

第四节 合同解除

③法定单方解除权
- "软房屋"和"毒房屋"
- "贷款失败导致购房失败"和"购房失败导致贷款失败" ── ③商品房屋买卖合同中单方解除权
- 承租人解除权和出租人解除权 ── ④租赁合同中单方解除权
  - 双方都有单方解除权
  - 出租人有单方解除权
  - 承租人有单方解除权
- ⑤融资租赁合同中的单方解除权
- ⑥借款合同中，借款人改变用途，启动出借人单方解除权
- ⑦情势变更原则：能履行但是会不公平，可变可解

④双方任意解除权
- ①不定期租赁合同（2个）
- ②委托合同
- ③保管合同中寄存人有任意解除权，未定保管期的保管人有任意解除权
- ④技术开发合同中双方有

⑤单方任意解除权
- ①承揽合同中定作人有（加工人没有）
- ②货物未运到目的地前货运合同中，托运人有
- ③未定保证期间的最高额保证合同中，保证人有；保证人可随时通知银行此保证中止保护生的主债权
- ④旅游合同中，游客在旅行程开始前或者进行中均有任意解除权
- ⑤农村土地承包经营合同中，农民有
- ⑥保险合同中，投保人有

第八章 合同责任

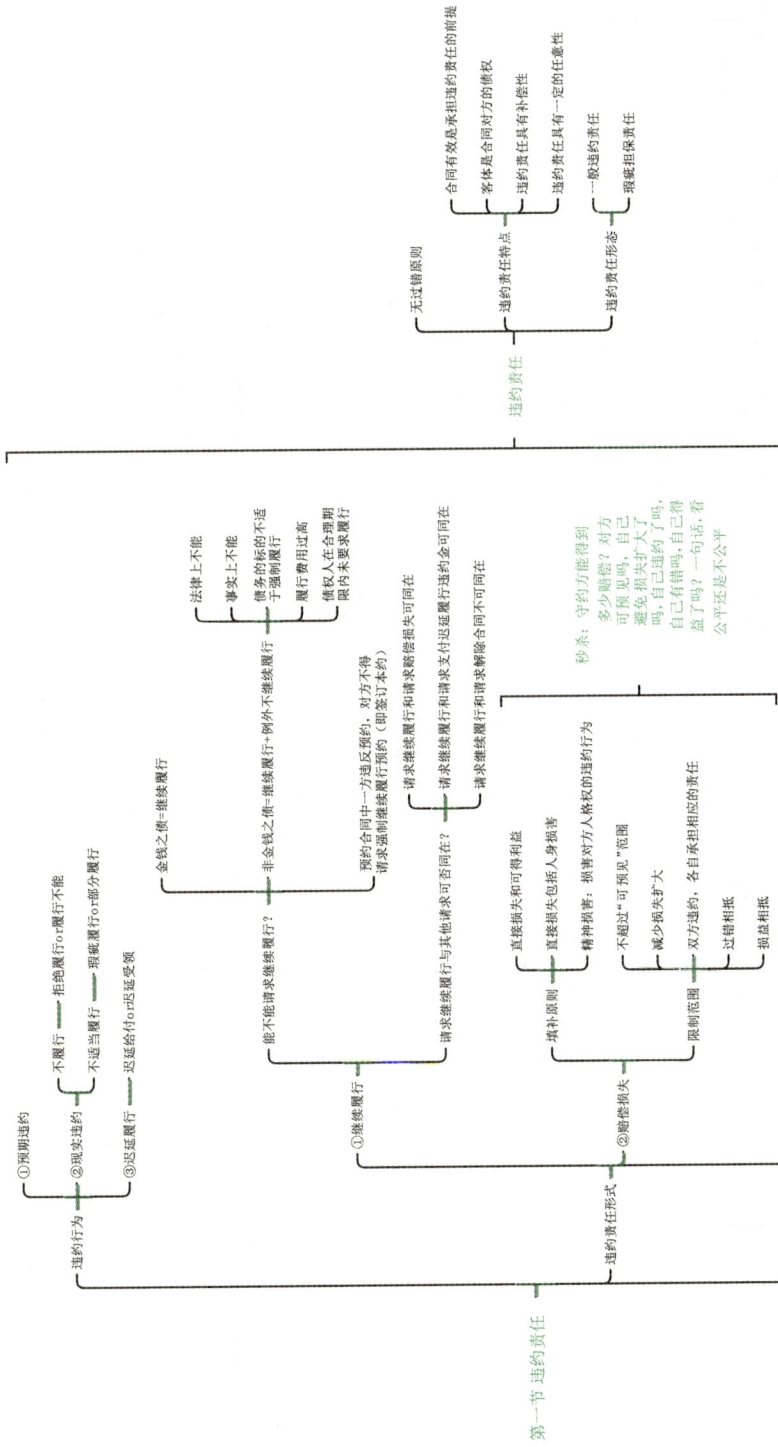

第一节 违约责任

- 违约行为
  - ①预期违约
  - ②现实违约
    - 不履行 —— 拒绝履行 o 履行不能
    - 不适当履行 —— 瑕疵履行 o 部分履行
  - ③迟延履行 —— 迟延给付 o 迟延受领

- 违约责任形式
  - ①继续履行
    - 金钱之债=继续履行
    - 非金钱之债=继续履行+例外不继续履行
    - 能不能请求继续履行？
      - 法律上不能
      - 事实上不能
      - 债务的标的不适于强制履行
      - 履行费用过高
      - 债权人在合理期限内未要求履行
    - 预约合同中一方违反预约，对方不得请求强制继续履行预约（即签订本约）
    - 请求继续履行和请求赔偿损失可同在
    - 请求继续履行和请求解除合同不可同在
    - 请求继续履行与其他请求可否同在
  - ②赔偿损失
    - 填补原则
      - 直接损失和可得利益
      - 直接损失包括人身损害
      - 精神损害：损害对方人格权的违约行为
    - 限制范围
      - 不错过"可预见"范围
      - 减少损失扩大
      - 双方违约，各自承担相应的责任
      - 过错相抵
      - 损益相抵
    - 秒杀：守约方能得到多少赔偿？对方可预见吗，自己避免损失扩大了吗，自己有错吗，自己违约的了吗？一句话，看公平还是不公平

- 违约责任
  - 无过错原则
    - 合同有效是承担违约责任的前提
    - 客体是合同对方的债权
  - 违约责任特点
    - 违约责任具有补偿性
    - 违约责任有一定的任意性
  - 违约责任形态
    - 一般违约责任
    - 瑕疵担保责任

违约责任

违约金<损失
违约金过分>损失

迟延履行违约金的"惩罚性"
迟延履行违约金的"偏祖性"

违约金责任和损害赔偿责任的本质差异 —— 证明事项完全不同
　一般的违约金责任"变相具有惩罚性",但要回归补偿性,避免惩罚性
　迟延履行违约金责任具有惩罚性,法律亦支持

③违约责任

违约金责任
　违约金和违约定金:彼此排斥
　违约定金和损害赔偿:彼此排斥
违约定金责任

第二节 缔约过失责任

缔约过失责任

缔约阶段违反先合同义务
　违反先合同义务
　缔约过失责任坚持相对性
　缔约过失责任不以合同无效为前提

缔约过失责任事由
　①恶意磋商:假借订立合同,恶意进行磋商
　②欺诈缔约:故意隐瞒与订立合同有关的重要事实或者提供虚假情况
　③商业秘密
　④其他行为:有其他违背诚信原则的行为

缔约过失责任赔偿范围
　直接损失和间接损失
　受害人有过错减轻对方责任

第九章　买卖合同

买卖合同

出卖人转移标的物的所有权于买受人，买受人支付价款的合同

所有权
- 动产交付，除非出卖人保留所有权
- 不动产过户登记
- 孳息
  - 标的物在交付之前产生的孳息，归出卖人所有
  - 交付之后产生的孳息，归买受人所有

买卖合同标的物风险

什么是风险
- 不能归责于甲乙双方的原因
- 甲乙双方需存在有效买卖合同
- 标的物须特定化于买卖合同

风险转移标志

秒杀：谁在控制，谁承担风险；谁有导致交付障碍的错，谁承担风险

- 现实交付、简易交付、指示交付 —— 交付给买受人
- 交付给承运人：承运人≈买方
- 未交付或已交付的抵制；根据过错来抵制
  - ①交付主义
  - ②在途货物买卖的合同订立主义
- 合同成立时风险归买方
- 未交付时风险则归卖方

- 买方指定地点交付给承运人
- 无约定交付地点则交付给第一承运人
- 买方过错，已经交付"烂账"，如买方不要，则视为未交付
- 卖方无法交付"催买"方，无法交付则视为已经交付
- 出卖人明知"在途货物"已经发生了风险则归卖方

买卖合同谁对标的物瑕疵负责

- 外观瑕疵：及时检验
- 隐蔽瑕疵，质量保证期＞合理期间，或自收到标的物之日起2年
- 买方明知体物瑕
- 适用标的物瑕疵异议期间：买方一次用尽
- 不适用标的物瑕疵异议期间：买方明知故犯
- 买方事先约定货物烂也不负责
- 标的物的检验标准：坚持相对性

可以反悔不送吗

- 任意撤销权
  - 一般赠与人有任意撤销权
  - "三公赠与"人无任意撤销权
- 法定撤销权
  - 法定撤销权事由
    - 恩将仇报
    - 违反法定义务
    - 违反约定义务
  - 法定撤销权期间
    - 赠与人1年：赠与人的撤销权，自知道或者应当知道撤销原因之日起一年内行使
    - 非赠与人6个月：因受赠人的违法行为致使赠与人死亡或者丧失民事行为能力的，赠与人的继承人或者法定代理人可以撤销赠与
- 穷困抗辩权
  - 赠与人的经济状况显著恶化，严重影响其生产经营或者家庭生活的，可以不再履行赠与义务

区分附义务的赠与、附条件的赠与和遗赠抚养协议

- 附义务的赠与：赠与人先完成赠与，受赠人后履行义务
- 附条件的赠与
  - 附生效条件的赠与：条件成就，赠与义务成就
  - 附解除条件的赠与：赠与人先履行赠与义务，条件成就，赠与要求退赠财产
    - 看"对价"
    - 看"过错"
- 遗赠抚养协议
  - 赠与人死亡时，继承人或遗产管理人履行遗赠义务

秒杀：赠与的5个民法考点。
①限制人可签纯受益的赠与合同。
②赠与合同不启动善意取得。
③赠与财产"逃债"启动债权人撤销权。
④赠与"逃债"还构成侵害其他人利益无效。
⑤赠与夫妻共有财产给外人未经其妻子追认该赠与合同无效。

第十一章　借款合同

借款合同的效力
- 民间借贷合同无效=借款人知道出借人抢银行生意的无效
- 民间借贷合同有效=生产经营借款

借款合同的利息
- ①未约定利息=借款合同对支付利息没有约定的,视为没有利息
- ②约定利息不明确
  - 自然人之间借款,按照当地或者当事人的交易方式、交易习惯、市场利率等因素确定利息
  - 其他借款,按照当地或者当事人的交易方式,交易习惯、市场利率等因素确定利息
- ③约定利息=2线3区
  - 年利率24%以内,属于法院支持区间
  - 年利率24%到36%之间,属于自然债区间
  - 年利率36%以上,属于无效区间
- ④利滚利:坚持"2线3区"
- ⑤逾期利息,约定逾期利率=坚持2线3区
  - 有借期利率,则逾期利率同借期利率
  - 未约定逾期利率=无借期利率则按年利率6%算逾期利率
- ⑥自愿支付利息(已经付了不能反悔,如果超过年利率36%可以反悔要回来)
- ⑦提前还款利息:借款人提前还借款的,除非另有约定,应当按照实际借款的期间计算利息
- ⑧预先扣利息,借款的利息不得预先在本金中扣除,利息预先在本金中扣除的,应当按照实际借款数额返还借款数额并计算利息

借款合同的还款人
- 大BOSS?
  - 企业借款用于大BOSS
  - 大BOSS借款用于企业
- 担保人?
  - 后让与担保:用买卖合同担保民间借贷
  - 网贷平台的担保: 平台是中介=平台不是保证人; 平台有担保=平台是保证人
- 保证担保=一般保证人or连带保证人or不是保证人
  - 可能是一般保证=约定不明确或者约定不能确定的

借款合同履行地
- 借贷双方就合同履行地未约定或者约定不明确,事后未达成补充协议,按照合同有关条款或者交易习惯仍不能确定的,以接受货币一方所在地为合同履行地

借款合同为实践性合同
- ①以现金支付的,自借款人收到借款时
- ②以银行转账、网上电子汇款或者通过网络贷款平台等形式支付的,自资金到达借款人账户时
- ③以票据支付的,自借款人依法取得票据权利时
- ④出借人以与借款人约定的其他方式提供借款并实际履行完成时

第十二章　租赁合同

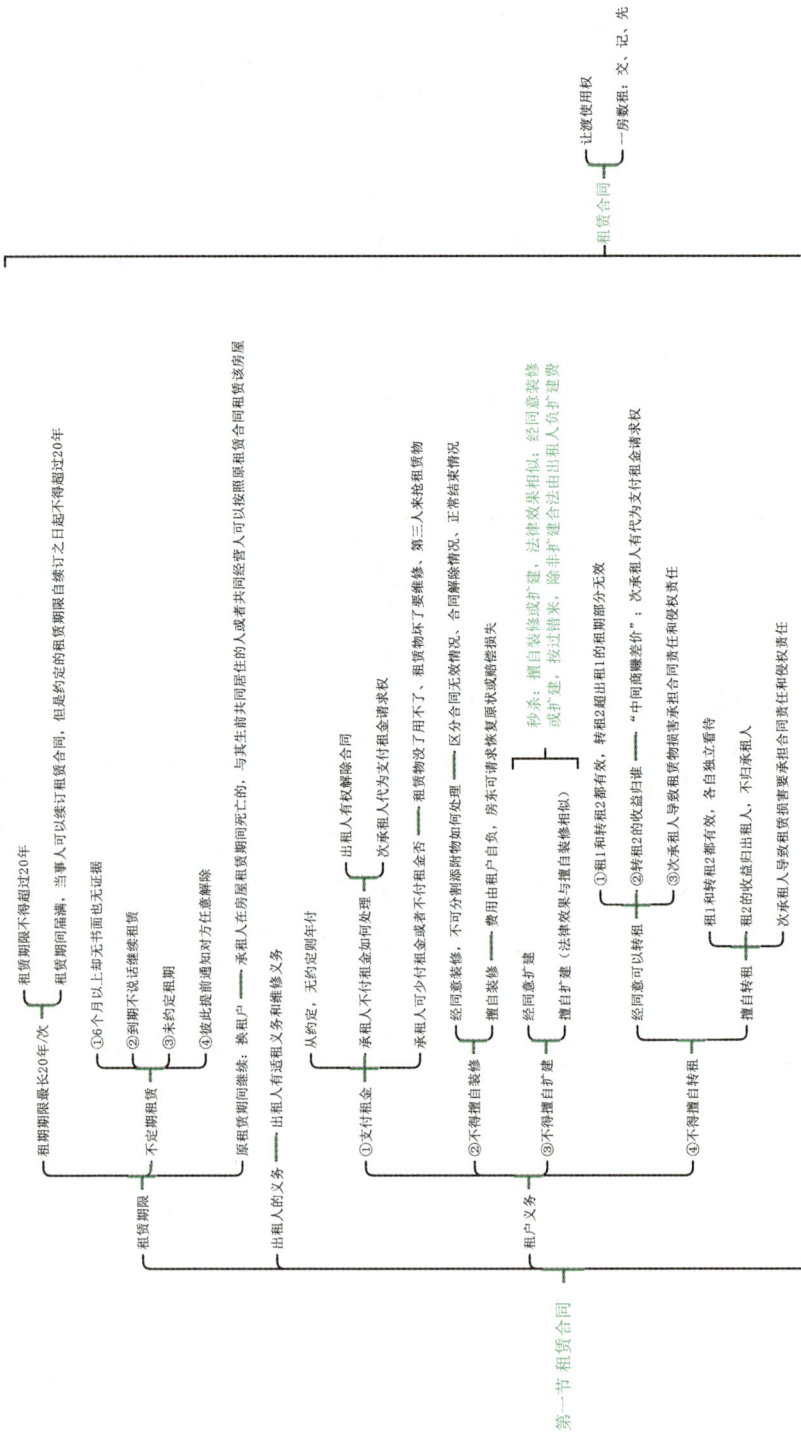

租赁合同 —— 让渡使用权 —— 一房数租：交、记、先

第一节 租赁合同

- **租赁期限**
  - 租赁期限不得超过20年 —— 租期期限最长20年/次
  - 不定期租赁
    - ①6个月以上却无书面租赁合同，当事人可以续订租赁合同，但是约定的租赁期限自续订之日起不得超过20年
    - ②到期不说话继续租赁
    - ③未约定租期
    - ④彼此提前通知对方任意解除
  - 原租赁期间继续：换租户 —— 承租人在房屋租赁期间死亡的，与其生前共同居住的人或者共同经营人可以按照原租赁合同租该房屋

- **出租人的义务** —— 出租人有适租义务和维修义务
  - ①支付租金 —— 从约定，无约定则年付
    - 出租人有权解除合同
    - 承租人代为支付租金请求权
    - 承租人可少付租金或者不付租金否 —— 租赁物没了用不了，租赁物无效情况、合同解除情况，第三人未抢租赁物、正常结束情况

- **租户义务**
  - ②不得擅自装修
    - 经承租人同意装修，不可分割添附物如何处理；区分合同无效情况、合同解除情况，费用由出租户自负，房东可请求恢复原状或赔偿损失
    - 经同意装修
    - 擅自装修（法律效果与装修相似）
  - ③不得擅自扩建
    - 经同意扩建
    - 擅自扩建（法律效果与擅自扩建相似）
    - 秒杀：擅自装修或扩建，法律效果相似；经同意装修或扩建，按过错来。除非扩建合法由出租人负扩"建"费
  - ④不得擅自转租
    - 经同意可以转租
    - 擅自转租
      - ①租1和转租2都有效，转租2超过出租期间部分无效
      - ②转租2的收益归谁 —— "中间商赚差价"；次承租人有为支付租金请求权
      - ③次承租人导致租赁物损害承租人承担责任和侵权责任
    - 租1和转租2都有效，各自独立看待
    - 租2的收益归出租人，不归承租人
    - 次承租人导致租赁物损害承租要承担租金责任和侵权责任

租赁权

- **所有权变动不破租赁**
  - 所有权变动破租赁：买方＞租户
    - 房屋在出租前已设立抵押权，抵押权人实现抵押权发生所有权变动，则房屋受让人无须承受原租赁合同
    - 房屋在出租前已被法院依法查封的，则房屋受让人无须承受原租赁合同
  - 所有权变动不破租赁（"换出租人"）：租户＞买方

- **承租人优先购买权**
  - 房屋承租人优先购买权
    - "房东背着租户偷偷摸摸卖房"怎么办
      - "房东背着租户偷偷摸摸卖房"
      - 房屋共有人行使优先购买权或者出租人将房屋出卖给近亲属
      - 出租人履行通知义务后，承租人在15日内未明确表示购买的，视为承租人放弃优先购买权
      - 出租人委托拍卖人拍卖租赁房屋的，应当在拍卖5日前通知承租人，承租人未参加拍卖的，视为放弃优先购买权
    - 破掉房屋承租人优先购买权
  - 房屋承租人优先承租权
    - 租赁期间届满，房屋承租人享有以同等条件优先承租的权利

第二节 融资租赁合同

- **租户主导型融资租赁合同**
  - 3方结构的一般融资租赁合同 —— 融资租赁合同是出租人根据承租人对出卖人、租赁物的选择，向出卖人购买租赁物，提供给承租人使用，承租人支付租金的合同
  - 2方结构的"售后回租"融资租赁合同 —— 承租人将其自有物出卖给出租人，再通过融资租赁合同将租赁物从出租人处租回的，承租人和出卖人系同一人不影响融资租赁合同的成立
    - 承租人的受领权、索赔权、远程控制权
      - 承租人的受领权 —— 有受领权o有拒绝受领权
      - 承租人的索赔权
        - 承租人索赔由融资公司协助
        - 承租人索赔但要向融资公司付金
        - 承租人因融资公司过错导致索赔失败可向融资公司索赔
      - 承租人的远程控制权 —— 出租人根据其与承租人对出卖人、的买卖合同，租赁物的选择订立与承租人有关的合同内容
  - 租赁物基本规则
    - 租赁物物权归属？
      - 总结：租赁物无论是否租期外，同约定，租期外，还是合同无效，都归融资公司。有3个例外，合同约定、租期届满租户支付象征性价格、因租赁合同无效导致出租无效出租人不要领出租人无过错的无效出租人不要领
    - 租赁物质量谁修？租赁物坏了谁修？租赁物归谁？租赁物风险谁承担？全部都是租户？

第十三章　保理合同

什么是保理合同

- **保理的范围**：保理合同是应收账款债权人将应收账款转让给保理人，保理人提供资金融通、应收账款管理或者催收、应收账款债务人付款担保等服务的合同。应收账款包括已经发生的和将来发生的债权

- **2方签约的保理+通知债务人**：应收账款债权人与保理人签订保理合同，转让应收账款债权；保理人向应收账款债务人发出转让通知的，应当表明保理人身份并附有必要凭证

- **3方签约的保理**：
  - 应收账款债权人、应收账款债务人、与保理人签订保理合同，转让应收账款债权
  - 应收账款债权人与债务人虚构应收账款作为转让标的，与保理人订立应收账款转让合同的，应收账款债务人不得以应收账款不存在为由对抗保理人，但是保理人明知虚构的除外

有追索权保理（回购型保理）

当事人约定有追索权保理的，保理人有权选择向应收账款债权人主张返还保理融资款本息或者回购应收账款债权，或者向应收账款债务人主张应收账款债权。保理人向应收账款债务人主张应收账款债权的，在扣除保理融资款本息和相关费用后有剩余的，剩余部分应当返还给应收账款债权人

无追索权保理（买断型保理）

当事人约定无追索权保理的，保理人应当向应收账款债务人主张应收账款债权，保理人取得超过保理融资款本息和相关费用的部分，无需向应收账款债权人返还

保理人怎么排队

应收账款债权人将同一应收账款重复转让，致使多个保理人主张保理权利的，按照登记的先后、通知到达的先后以及保理人主张权利的先后顺序受偿；已登记的先于未登记的受偿；均已登记的，按照登记的先后顺序受偿；均未登记的，由应收账款债务人最先收到的转让通知中载明的保理人受偿

先看登记先后，再看通知先后

第十四章　承揽合同

什么是承揽合同 —— 承揽合同是承揽人按照定作人的要求完成工作，交付工作成果，定作人给付报酬的合同。承揽包括加工、定作、修理、复制、测试、检验等工作

承揽1和转承揽2
- 主要工作转承揽
  - 经定作人同意才可以转承揽
  - 未经定作人同意转承揽
- 辅助工作转承揽=无须经定作人同意

定作人的两个任意
- 定作人任意变更权
- 定作人任意解除权

承揽人两个权利
- 承揽人的同时履行抗辩权
- 承揽人的留置权

第十五章　建设工程合同

- 发包、转包和分包
  - 发包（一级市场）
  - 转包（一概无效）
  - 分包（有的有效；有的无效）
    - 专业工程分包有效的3要件
    - 实际施工人和施工人对发包人负连带责任
    - 实际施工人的再分包一概无效

- 无效的建设工程施工合同
  - 无效合同情形
    - 无效的一手发包合同
      - 缺乏相应资质的无效
      - 缺乏规划审批手续的无效
      - 与阴合同矛盾的阴合同内容无效
      - 建设工程必须进行招标而未招标或者中标的无效
    - 无效的转包合同：转包一概无效
    - 无效的工程分包合同
    - 无效的劳务分包合同：劳务承包人欠劳务资质
  - 无效的法律后果
    - 工程合格则补偿工程款
    - 工程不合格则看修复与否
    - 违法分包或非法转包者非法所得由法院追缴

主要考农民工何时何种情形能否要要钱

工程价款

工程价款优先权
① 法定优先：发包人未按照约定支付价款的，承包人可以催告发包人在合理期限内支付价款
② 优先权主体：坚持合同相对性
③ 优先权前提：工程质量合格
④ 优先权范围：工程价款
⑤ 优先权期间——一般情形6个月但区别于破产情形
⑥ 优先权强制
⑦ 排序规则
　购房人（付了全款或大部分款）＞施工人＞银行
　施工人＞银行＞购房人（付了少部分款）

实际施工人工程价款的保护
　直接突破相对性
　代位权诉讼

工程垫资款视为工程价款
　当事人明确约定垫资款为借款，则适用民间借贷规则
　当事人未明确约定垫资款为借款，则垫资款视为工程欠款，受优先权保护

多个合同工程价款不一致怎么办
　阴阳合同则采用阳合同工程价款
　数份合同都无效情形

63

工程质量

工程不合格：承包人对外负侵权责任

工程不合格：承包人对内不能主张工程款

①修复后的建设工程经竣工验收合格的，发包人可以要求承包人承担修复费用

②修复后的建设工程经竣工验收不合格的，承包人不能要求参照合同关于工程价款的约定补偿

③发包人对因建设工程不合格造成的损失有过错的，应当承担相应的责任

突破合同相对性：开发商告全部"施工人"

第十六章 运输合同、保管合同、仓储合同、委托合同、行纪合同、中介合同

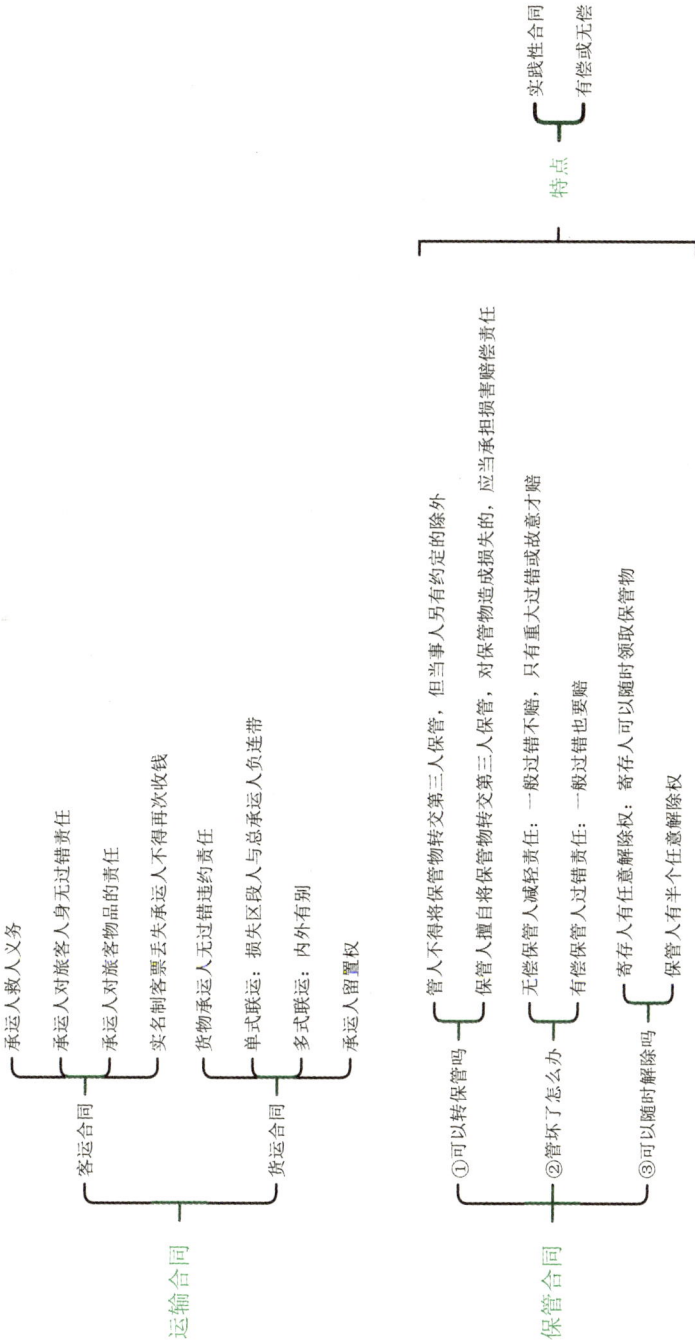

运输合同

- 客运合同
  - 承运人救人义务
  - 承运人对旅客人身无过错责任
  - 承运人对旅客物品的责任
  - 实名制对客票丢失承运再次收钱
- 货运合同
  - 货物承运人无过错违约的责任
  - 单式联运：损失区段人与总承运人负连带
  - 多式联运：内外有别
  - 承运人留置权

保管合同

- ①可以转保管吗
  - 管人不得将保管物转交第三人保管，但当事人另有约定的除外
  - 保管人擅自将保管物转交第三人保管，对保管物造成损失的，应当承担损害赔偿责任
- ②管坏了怎么办
  - 无偿保管人减轻责任：一般过错不赔，只有重大过错或故意才赔
  - 有偿保管人过错责任：一般过错也要赔
- ③可以随时解除吗
  - 寄存人有任意解除权：寄存人可以随时领取保管物
  - 保管人有半个任意解除权

特点
- 实践性合同
- 有偿或无偿

第十八章　合伙合同

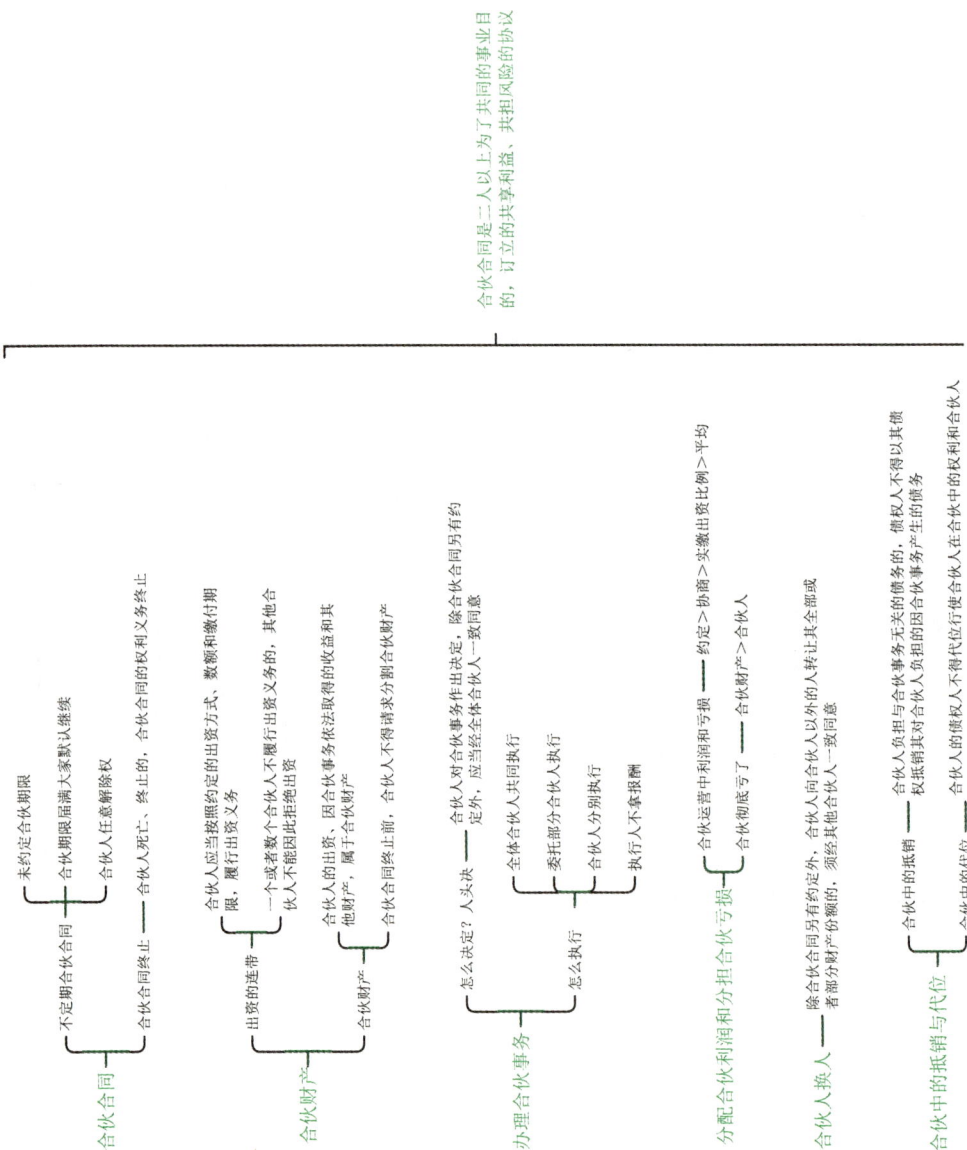

合伙合同是二人以上为了共同的事业目的，订立的共享利益、共担风险的协议

合伙合同
- 合伙期限
  - 未约定合伙期限
    - 不定期合伙合同
      - 合伙期限届满大家默认继续
      - 合伙人任意解除权
  - 合伙合同终止 —— 合伙人死亡、终止的，合伙合同的权利义务终止

合伙财产
- 出资的连带
  - 合伙人应当按照约定的出资方式、数额和缴付期限，履行出资义务
  - 一个或者数个合伙人不履行出资义务的，其他合伙人不能因此拒绝出资
- 合伙财产
  - 合伙人的出资、因合伙事务依法取得的收益和其他财产，属于合伙财产
  - 合伙合同终止前，合伙人不得请求分割合伙财产

办理合伙事务
- 怎么决定？人头决 —— 合伙人对合伙事务作出决定，除合伙合同另有约定外，应当经全体合伙人一致同意
- 怎么执行
  - 全体合伙人共同执行
  - 委托部分合伙人执行
  - 合伙人分别执行
  - 执行不善事报例

分配合伙利润和分担合伙亏损
- 合伙经营中利润和亏损 —— 约定＞协商＞支缴出资比例＞平均
- 合伙财产彻底亏了 —— 合伙财产＞合伙人

合伙人换人
- 除合伙合同另有约定外，合伙人向合伙人以外的人转让其全部或者部分财产份额的，须经其他合伙人一致同意

合伙中的抵销与代位
- 合伙中的抵销 —— 合伙人负担与合伙事务无关的债务的，债权人不得以其债权抵销其对合伙人负担的因合伙事务产生的债务
- 合伙中的代位 —— 合伙中的债权人不得代位行使合伙人在合伙中的权利和合伙人

第十九章　技术合同

技术合同
- 技术开发合同
- 技术转让合同
- 技术许可合同
- 技术咨询合同
- 技术服务合同
  - 当事人就技术开发、转让、许可、咨询或者服务订立的确立相互之间权利和义务的合同

技术在呼叫主人
- 职务技术成果在呼叫"单位",但员工"得钱""优先买"
- 委托开发之发明创造在呼叫"开发人",但委托人"免费用""优先买"
- 合作开发或合作开发之发明创造在呼叫"大家"
- 委托开发或合作开发之技术秘密成果在呼叫"大家"来雨露均沾
- 转让或许可他人使用专利技术或技术秘密中,后续改进的技术成果归属无约定则归改进方,其他各方无权分享

技术的进步
- 不让改进：限制当事人一方在合同标的技术基础上进行新的研究开发或者限制其使用所改进的技术,或者双方交换改进技术的条件不对等,包括要求一方将其自行改进的技术无偿提供给对方、非互惠性转让给对方,或者其享有该改进技术的知识产权
- 不让选择：限制当事人一方从其他来源获得与技术提供方类似技术或者与其竞争的技术
- 不让实施：阻碍当事人一方根据市场需求,按照合理方式充分实施合同标的技术,包括明显不合理地限制技术接受方实施合同标的技术生产产品或者提供服务的数量、品种、价格、销售渠道和出口市场
- 不让拒绝：要求技术接受方接受并非实施技术必不可少的附带条件,包括购买非必需技术、原材料、产品、设备、服务以及接收非必需的人员
- 不让配套：不合理地限制技术接受方购买原材料、零部件、产品或者设备等的渠道或者来源
- 不让抗议：禁止技术接受方对合同标的技术知识产权的有效性提出异议或者提出异议附加条件

非法垄断技术、妨碍技术进步的技术合同无效

技术的变动

无权处分共有技术的合同效力待定
- 委托开发或者合作开发的技术秘密合同中，单方擅自将技术秘密的转让权让与他人
- 委托开发或者合作开发的技术秘密合同中，单方以独占或者排他使用许可的方式许可他人使用技术秘密

无权处分偷来技术的合同无效
- 丙是技术主人，甲是小偷，甲乙签订盗赃技术转让合同
- 甲乙技术转让合同一概无效，不论乙是否知情
- 乙知情购买，属于配合销赃，则甲乙乃共同侵权，对丙负连带责任。乙不得继续使用该技术
- 乙不知情购买，故不构成侵权，乙不对丙负赔偿责任

有权"处分"自己的技术
- 专利申请权转让合同
- 专利权转让合同
- 专利实施许可合同
- 技术秘密的使用许可合同
- 技术秘密转让合同

第二十章　旅游纠纷

旅游者与旅游经营者、旅游辅助服务者之间因旅游发生的合同纠纷或者侵权纠纷。旅游者在自行旅游过程中与旅游景点经营者因旅游发生的纠纷，参照适用旅游纠纷处理规则

旅游纠纷
- 旅游经营者 —— 以自己的名义经营旅游业务，向公众提供旅游服务的人
- 旅游辅助服务者 —— 与旅游经营者存在合同关系，协助旅游经营者履行旅游合同义务，实际提供交通、游览、住宿、餐饮、娱乐等旅游服务的人

当事人
- 谁是原告
  - 福利游残，单位不管，自己告
  - 换游客 —— 可以换游客
    - 旅游客，游费"多退少补"
    - 游费"多退少补"
- 谁是被告
  - 挂靠的连带
  - 遣自"甩单"的连带

请求权基础
- 告侵权或违约 —— 因旅游经营者方面的同一原因造成旅游者人身损害、财产损失，旅游者选择要求旅游经营者承担违约责任或者侵权责任的，人民法院应当根据当事人选择的案由进行审理
- 告违约
  - 不玩了要求退钱
  - 受托旅游经营者未尽义务，游客告旅游经营者未尽义务，旅游辅助服务者
- 告侵权
  - 旅游经营者违约，旅游辅助服务者，保险公司第三人
  - 旅游经营者侵权，安保义务侵权
  - 旅游经营者、旅游辅助服务者未告知未警示的过错侵权
  - 旅游经营者、旅游辅助服务者在旅游活动期间未提示未救助的过错侵权
  - 旅游经营者、旅游辅助服务者自行安排旅游者泄露个人信息的过错侵权
  - 旅游经营者、旅游辅助服务者选择过错补充责任

免责事由
├── 不可抗力玩不了 —— 解除、无违约、变更
├── 公共运输导致延误 —— 因飞机、火车、班轮、城际客运班车等公共客运交通工具延误，导致合同不能按照约定履行，旅游者请求旅游经营者退还未实际发生的费用的，人民法院应予支持。合同另有约定的除外
└── 故意脱团 —— 旅游者在旅游行程中未经导游或者领队许可，故意脱离团队，遭受人身损害、财产损失，请求旅游经营者赔偿损失的，人民法院不予支持

第五编　婚　姻

必须办理收养登记

①陌生人收养

②继父母收养继子女

③"华侨"收养"三代以内同辈旁系血亲"子女

④收养"三代以内同辈旁系血亲"子女

⑤任何人收养孤、残、弃婴：收养孤儿、残疾未成年人或者儿童福利机构抚养的查找不到生父母的未成年人

⑥"单亲"家庭送养，启动长辈优先抚养权

⑦孩子8周岁以上，收养需要征得孩子同意

登记了=收养关系
没登记=抚养关系
⑧收养登记

可以解除收养关系吗
解除收养关系有什么法律后果
⑨收养解除

收养孩子

非婚生子女=婚生子女

收养子女=亲生子女

有抚养关系的继子女=亲生子女

"隔代关系"

"长兄如父"

谁是"孩子"

夫妻离婚不影响孩子
夫妻离婚孩子跟谁
夫妻离婚要掏抚养费
离婚

父或母启动、成年子女启动　鉴定
"谁的"孩子

孩子

大学生可要抚养费

坑爹的孩子 ── 如何"养"孩子

探望孩子

没拿结婚证

拿结婚证但未共同生活，后离婚 ──┐
　　　　　　　　　　　　　　　　├ ①3种情形返还彩礼
拿结婚证但婚前给付并导致给付人　┘
生活困难的，后离婚

乱约定有效 ──┐
　　　　　　　├ ②夫妻约定财产制
约定ＡＡ制+一方负债且债权人知道　┘
ＡＡ制的约定=个债

①一方的婚前财产 ──┐

②一方因受到人身损害获得的赔偿和补偿 ──┤

③一方专用的生活用品 ──┤── ③个人所有

④其他应当归一方的财产 ──┘

①工资、奖金和其他劳务报酬 ──┐

②生产、经营、投资的收益 ──┤

③知识产权的收益 ──┤

④继承或者受赠的财产，但明确归一方的除外 ──┤

⑤债权 ──┤── ④夫妻共有

⑥其他应当归共同所有的财产 ──┤

⑦夫妻对共同财产，有平等的处理权 ──┤

⑧军人复员费、自主择业费等一次性费用，分
　摊到（70周岁一入伍年龄）得出每年 额度，
　乘以结婚年限，得出的数额归夫妻共有 ──┘

房比情坚、中产夫妻、富二代、
白手起家、分房屋 ──── ⑤房产归属

⑥分有限公司股权：入股或者分钱

⑦分合伙：入伙或分钱

⑧分独资企业：好办，不涉及其他人，随意

⑨法定的"可以少分或者不分夫妻共有财产事由"：对财产使坏

婚姻的第一、
第二问题

"房子"

＊ ＊ ＊

记忆1：①个人的、人
身的、专用的，均归个
人。②树木结果、房屋
增值、 玉石增值，均
归婚前个人。③股市投
资，归夫妻共有。

记忆2：①婚内时间标
准，工资奖金、住房补
贴住房公积金、知产收
益、继 承遗赠收益、
军人复员费择业费。
②贡献标准，生产经营、
投资收益、个 人缴付费
用的养老保险金。

```
                      ┌─ 结婚的实质条件
                      │
                      ├─ 结婚的程序条件：登记
                      │
                      ├─ 同居与结婚
         ┌─ 有效婚姻 ──┤
         │            ├─ 家庭与结婚
         │            │
         │            │            ┌─ 婚内处分共有财产
         │            │            │
         │            │            ├─ 婚内分割共有财产
         │            └─ 财产与结婚 ┤
         │                         ├─ 死亡分割共有财产
         │                         │
         │                         └─ 共有财产产生债务
         │
─ 婚姻效力┤            ┌─ 无效婚姻的事由                   秒杀1：小近多骗，骗的是民政局；其中年龄小
         │            │                                 这个无效因素可以被治愈。
         │            ├─ 无效就是无效，告了就必须理        秒杀2：无效＞可撤销；无效＞离婚。
         │            │                                 秒杀3：无效婚姻事由是"小近多骗"；离婚过错
         ├─ 无效婚姻 ──┤  无效就是无效，无效不能"离婚"      赔偿事由是太黄太暴力其他过错；离婚事由是
         │            │                                 "感情破裂"。
         │            ├─ 无效就是无效，"死了都无效"
         │            │
         │            └─ 无效婚姻一审终审
         │
         └─ 可撤销婚姻 ┬─ 一方胁迫对方
                      │
                      └─ 一方隐瞒重大疾病欺诈对方


         ┌─ 协议离婚 ──┬─ 离婚冷静期30日
         │            │
         │            └─ 协议离婚与财产分割
         │
         │            ┌─ ①重婚或者与他人同居
         │            │
         │            ├─ ②实施家庭暴力或者虐待、遗弃家庭成员
         │            │
─ 离婚方式┤            ├─ ③有赌博、吸毒等恶习屡教不改
         │            │
         │            ├─ ④因感情不和分居满二年
         │            │
         └─ 诉讼离婚 ──┤  ⑤一方被宣告失踪，另一方提起离婚诉讼的，应当准予离婚     调解前置
                      │
                      ├─ ⑥经人民法院判决不准离婚后，双方又分居满一年，一方再
                      │    次提起离婚诉讼的，应当准予离婚
                      │
                      ├─ ⑦生育权纠纷
                      │
                      └─ ⑧其他导致夫妻感情破裂的情形
```

```
                                          ┌── 共签=共债
                       ┌── 共债还是个债？──┤── 个签+日常生活=共债
               条子 ───┤                  └── 个签+超出日常生活=个债或债权人证明才是共债
                       └── 共债内外有别 ──┬── 离了也连带
                                          └── 死了也连带

                                                    ┌── 事由法定："太黄太暴力其他重大过错"
                                                    ├── 内容法定：物质损害赔偿+精神损害赔偿
                       ┌── 离婚过错损害赔偿请求权 ──┼── 主体法定：索赔一方自己没过错
                       │                            ├── 前提法定：以离婚为前提
                       │                            └── 程序法定
               "银子"──┤                          离婚时，如一方生活困难，有负担能力的另一方应
                       ├── 离婚困难帮助请求权 ──── 当给予适当帮助。具体办法由双方协议；协议不成的，
                       │                            由人民法院判决
                       │                          夫妻一方因抚育子女、照料老年人、协助另一方工作等
                       └── 离婚经济补偿权 ──────── 付出较多义务的，离婚时有权向另一方请求补偿，另一
                                                    方应当予以补偿。具体办法由双方协议；协议不成的，
                                                    由人民法院判决
```

婚姻的第三、第四问题

第六编　继承

路：最经典最常见考点之遗嘱是空气，遗嘱是工具。①遗嘱偏心，偏好的人死太早。②遗嘱是气，要趁早死，就给他选一个遗嘱。④一旦遗嘱是空气，启动法定继承。⑤因为一般是白发人送发人，故法定继承中又对接代位继承。

遗产管理人抄未：遗嘱执行人＞继承人，推选＞全体继承人＞民政部门或村委会

分配方法抄未：困难应当照顾，孝顺可以适偏，不孝应该委罚

①人死

- ①开始继承
  - ①被继承人死亡时开始继承
  - ②继承人死亡时开始继承和遗嘱生效
- ②放弃继承权
  - ①内人没说话＝要继承
  - ②外人没说话＝不要受遗赠
- ③丧失继承权
  - ①故意杀害被继承人
  - ②为争夺遗产而杀害其他继承人
  - ③遗弃被继承人的，或者虐待被继承人情节严重
  - ④伪造、篡改、隐匿或者销毁遗嘱，情节严重
  - ⑤以欺诈、胁迫手段迫使或者妨碍被继承人设立、变更或者撤回遗嘱，情节严重的

①死1人

②死2人　①死多个人，"无"、"长"、"同"
- ①"爸爸"无遗嘱安排
- ②"爸爸"有遗嘱安排
- ①转继承
- ②代位继承

③分割

- ①继是遗产管理？
  - ①遗产管理人是什么？
  - ②遗产管理人的工作内容是什么？原告或被告？
  - ③遗产管理人
- ②遗产范围
  - ①先析产
  - ②哪些财产可以是遗产？
  - ③哪些财产不可以是遗产？法律规定或者按照其性质不得继承的财产
- ③分配方法
  - ①无继承人又无遗嘱的遗产怎么办？
  - ②法定继承人以外分配遗产：不是继承权，而是"分得适当遗产权"
  - ③法定继承人内部进行分配

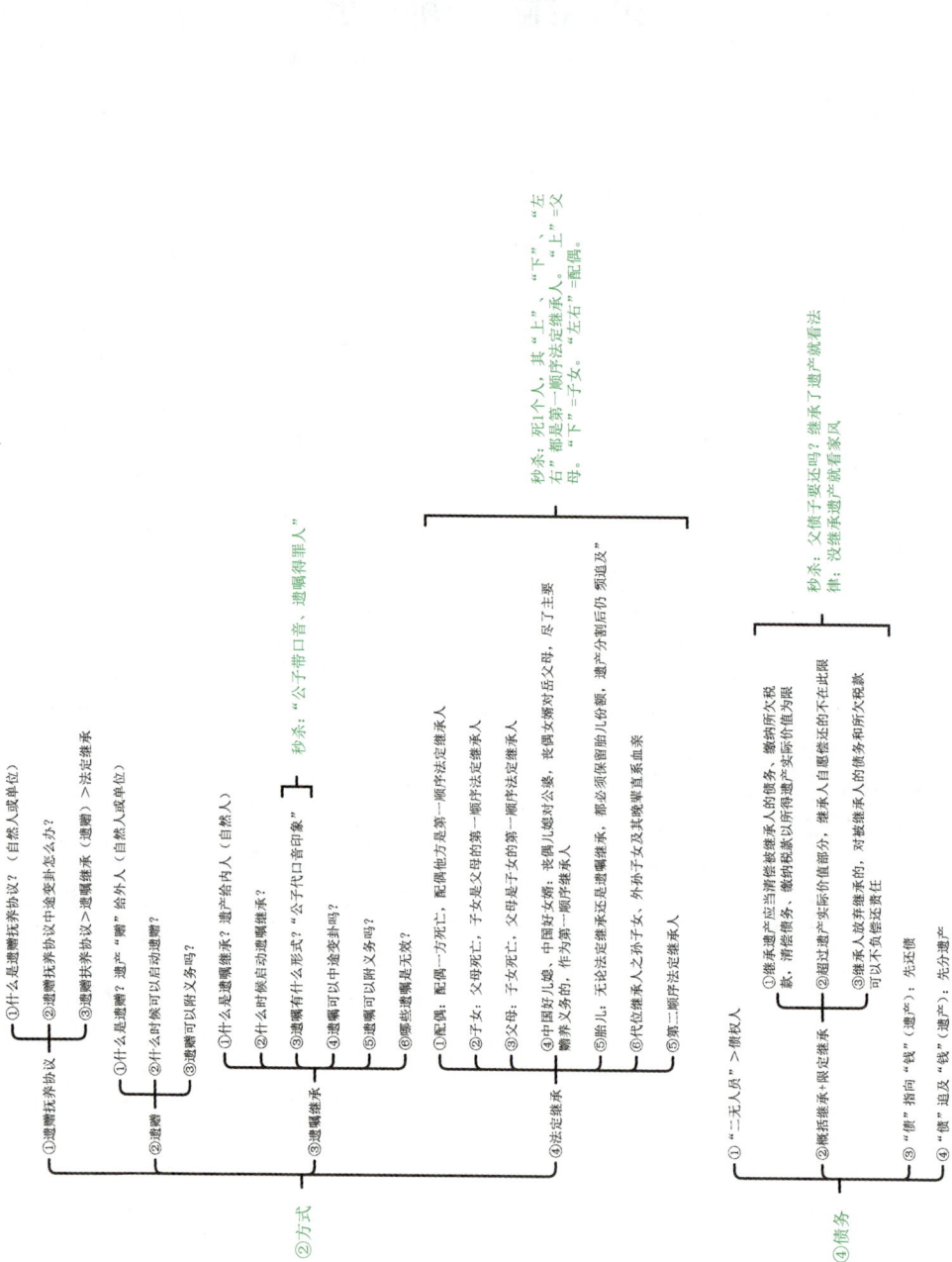

②方式

- ①遗赠抚养协议
  - ①什么是遗赠抚养协议？（自然人或单位）
  - ②遗赠抚养协议中途变卦怎么办？
  - ③遗赠扶养协议>遗嘱继承（遗赠）>法定继承
- ②遗赠
  - ①什么是遗赠？遗产"赠"给外人（自然人或单位）
  - ②什么时候可以启动遗赠？
  - ③遗赠可以附义务吗？
- ③遗嘱继承
  - ①什么是遗嘱继承？遗产给亲人
  - ②什么时候继承？遗产给亲人（自然人）
  - ③遗嘱有什么形式？"公子代口音印象"
  - ④遗嘱可以中途变卦吗？
  - ⑤遗嘱可以附义务吗？
  - ⑥哪些遗嘱是无效的？

  秒杀："公子带口音，遗嘱得罪人"
- ④法定继承
  - ①配偶：配偶一方死亡，配偶他方是第一顺序法定继承人
  - ②子女：父母死亡，子女是父母的第一顺序法定继承人
  - ③父母：子女死亡，父母是子女的第一顺序法定继承人
  - ④中国好儿媳，中国好女婿，丧偶儿媳对公婆，丧偶女婿对岳父母，尽了主要赡养义务的，作为第一顺序继承人
  - ⑤胎儿，无论法定继承还是遗嘱继承，都必须保留胎儿份额，遗产分割后仍"夭逝及"
  - ⑥代位继承人之孙子女，外孙子女及其晚辈直系血亲
  - 第二顺序法定继承人

  秒杀：死1个人，其"上"、"下"、"左右"都是第一顺序法定继承人，"下"=子女，"上"=父母。"左右"=配偶。

④债务

- ①"三无人员">债权人
- ②概括继承+限定继承
  - ①继承遗产应当清偿被继承人的债务、缴纳所欠税款，清偿债务、缴纳税款以所得遗产实际价值为限
  - ②超过遗产实际价值部分，继承人自愿偿还的不在此限
  - ③继承人放弃继承的，对被继承人的债务和所欠税款可以不负偿还责任
- ③"债"指向"钱"（遗产）：先还债
- ④"债"追及"钱"（遗产）：先分遗产

秒杀：父债子要还吗？继承遗产就看家风
律：没继承遗产不用还

第七编　侵权责任

①侵权责任基础
- ①什么是侵权责任中的"权"
  - ①绝对权（1个权利人与N个义务人）
  - ②相对权（1个权利人与1个义务人）
  - ③民事利益
- ②一般侵权责任的4大构成要件是什么 —— 过错、行为、结果、因果关系
- ③什么是侵权责任的归责原则
  - ①过错责任原则
  - ②无过错责任原则
  - ③公平责任原则

②过错责任
- ①两个"王牌"法条
  - ①加害人过错
  - ②受害人过错
- ②承担过错侵权责任 —— 承揽人在完成工作过程中造成第三人损害或者自己损害的，定作人不承担侵权责任。但是定作人对定作、指示或者选任有过错的，应当承担相应的责任
- ③网络过错侵权责任
  - ①侵权责任视野下区分两种网站：内容网站和技术网站
  - ②网民的过错侵权责任
  - ③"内容网站"的过错侵权责任
  - ④网民过错侵权，"无辜"的"技术网站"需要"背锅"吗？
- ④安全保障义务人的过错侵权责任
  - ①场所直接侵权
  - ②第三人介入侵权

③过错推定责任

①幼儿园：教育机构对无民事行为能力人遭受损害的赔偿责任

②动物园：动物园的动物致人损害责任

③脚下的井盖："在施工"：窨井等地下设施致人损害责任＋施工致人损害责任

④头上的林木：林木折断致人损害责任

⑤头上的搁置物、悬挂物：建筑物、构筑物等及其搁置物、悬挂物倒塌致人损害责任

⑥堆放物：堆放物倒塌致人损害责任

⑦高度危险物：非法占有高度危险物致害，所有人、管理人的责任

⑧医疗：违规诊疗、不提供病历、医疗致人损害责任

侵权责任编第1大记忆口诀：①从幼儿园接穗穗。②去动物园玩。③注意，进大门遇到"井盖"，小心过井盖。④过了井盖要走林荫小道，注意走掉林木。⑤过完小道走楼边，注意掉起来形成悬挂物等物件。⑥一路走来发现掉的东西很多都堆放起形成堆放物，注意堆放危险物所有人、管理人的过错推定连带责任（与违法占有人的连带）。⑦到达"猛兽区"，非法占有高度危险物致人损害连带责任。⑧有人受伤去医院看，医疗机构违规诊疗或不提供病历或破坏病历。

④无过错责任

①孩子坑爹：监护人责任

②员工坑老板：用人单位责任

③帮工人坑被帮工人：被帮工人责任

④产品坑百姓：产品责任

⑤机动车撞人：机动车致人损害责任

⑥高度危险：高度危险责任

⑦大楼倒：建筑物倒塌致人损害责任

⑧污染环境：环境污染和破坏生态责任

⑨狗咬人：饲养动物致人损害责任

侵权责任编第2大记忆口诀："坑多的孩子"（监护人责任）在"用人单位"（用人单位责任）"帮工"（被帮工人责任）产新"品"（产品责任）"机动车"（机动车撞人）时驾驶（高度危险作业）"高速"（环境污染致人损害）"污染了环境"（环境污染）然后"go die"（狗，饲养动物致人损害）。

①"高空"抛物或坠物：由可能加害的建筑物使用人对受害人补偿

②见义勇为：受助人对被侵权人补偿

③帮工两种情形下的被帮工人对帮工人公平补偿：帮工人受自己或他人害

④自然原因引起紧急避险：避险人对受害人公平补偿

⑤完全民事行为能力人突发无意识："完人"对受害人公平补偿

⑤公平责任

---

⑥物件致人损害

①建筑物等倒塌致人损害

②公共道路遗撒障碍物等妨碍通行的物品致人损害

①2个无过错责任

①建筑物及其搁置物、悬挂物等脱落、坠落致害责任

②堆放物倒塌致害责任

③林木折断致害责任

④窨井等地下设施致害责任

⑤挖坑、修缮安装地下设施致害责任

②5个过错推定责任

抛掷物或坠落物致害责任

③1个公平责任

侵权责任编第3大记忆口诀：①楼上掉下来一个孩子（高空抛物），②有的人见义勇为（见义勇为），③因此帮倒忙害了自己（帮工自己自救者被第三人坑），④有的人紧急避险（自然原因引起紧急避险），⑤有的人当做没看见（完人无意识致害）。

⑦多数人侵权

连带责任
- ①共同加害行为
- ②教唆帮助行为
- ③共同危险行为

①有意思联络数人侵权

②无意思联络数人侵权
- ①每个原因力均足以导致全部损害=连带责任（聚合因果关系）
- ②单个原因力不足以导致全部损害=按份责任（累积因果关系）

步骤：①一起帮助教唆加害，连带责任。②多个危险行为，能确定具体谁，才可免责。③原因力合计才侵权，按份责任。④原因力单独即侵权，连带责任。⑤连带中免掉1个，剩余人只承担自己的。

⑧侵权责任承担方式

①非损害赔偿

②损害赔偿
- ①人身损害
- ②人身权益造成财产损失
- ③精神损害赔偿
- ④财产损害赔偿

③免责事由（共有8种形式）
- ①不可抗力
- ②正当防卫
- ③紧急避险
- ④见义勇为
- ⑤紧急救助
- ⑥自甘风险
- ⑦自助行为
- ⑧受害人故意

571902106

有权人。②甲将房屋抵押给银行并且办理了抵押权登记，银行成为房屋抵押权人。③如果甲届期无力向银行还贷，银行的抵押权要优先于甲的所有权，银行有权就甲的房屋变价款优先受偿。因为这是甲自愿选择的结果。④所以，他物权要优先于所有权。

（二）他物权与他物权

1. "留老大"，除非自甘落后

（1）"留老大"：同一动产上已设立抵押权或者质权，该动产又被留置的，留置权人优先受偿。

例：**【留老大】**甲车抵押给乙担保其欠乙的借款，办理了抵押权登记，后甲将车交给丙维修，未付维修费。甲届期无力还债，就车的变价款，*如何安排受偿顺序？*丙的留置权优先于乙的抵押权。

例：**【留老大】**甲车出质给乙担保其欠乙的借款，交付给了乙。后乙将车交给丙维修，未付维修费。甲届期无力还债，就车的变价款，*如何安排受偿顺序？*丙的留置权优先于乙的质权。

> **原理：**为什么"留老大"？①留置物中一般都凝结了留置权人的劳动价值，或由留置权人提供的材料而成，在一定意义上，可认留置物为"共有物"，归留置权人和留置物所有权人共有的意味。如果赋予抵押权、质权优先于留置权，就意味着留置权人代留置物所有权人向抵押权人或质权人承担了物上责任，这显然是不合理的。②留置权保护的是"工资"债权，"汗水"债权，故优先。

（2）"自甘落后"：留置权人无权处分留置物，将留置物出质给不知情他人，他人善意取得质权，则质权人优先于留置权人受偿。

例：**【"自甘落后"】**：甲将表出质给乙担保其欠乙的借款，交付给了乙，乙将该表交丙维修。丙擅自将该表出质给丁担保其欠丁的债务。各个债务人届期均未履行债务，就表的变价款，*如何安排受偿顺序？*①丁的质权优先于丙的留置权。②丙的留置权优先于乙的质权。

2. "超级优先"：动产抵押担保的主债权是抵押物的价款，标的物交付后10日内办理抵押登记的，该抵押权人优先于抵押物买受人的其他担保物权人受偿，但是留置权除外。

例：**【"超级优先"】**甲将设备卖给乙，完成交付，乙须付10万元。乙受领交付10日内，将该设备抵押给甲，办理了抵押权登记。此10日内，乙将该设备出质给了丙担保欠丙的借款。乙届期无力向甲支付购买款，又无力还丙的借款，就设备变价款，*如何安排受偿顺序？*①甲的抵押权优先于丙的质权。②因为甲的抵押权担保的是抵押物的价款，满足10日内抵押登记的"超级优先"要件。

例：**【"超级优先"】**乙向甲借款10万元，向丙购买设备，完成交付，丙收到了货款。乙受领设备后10日内，将该设备抵押给甲，担保该10万元借款，办理了抵押权登记。此10日内，乙将该设备出质给了丁担保欠丁的借款。乙届期无力向甲还借款，也无力向丁还借款，就设备变价款，*如何安排受偿顺序？*①甲的抵押权优先于丁的质权。②因为甲的抵押权担保的是抵押物的价款，满足10日内抵押登记的"超级优先"要件。

> **原理**：为何对于抵押物价款的债权担保赋予"超级优先"效力？①鼓励 1 "借款买东西"保护出借人：交易实践中普遍存在借款人借款购买货物，同时将该货物抵押给贷款人作为价款的担保的情形，有必要赋予该抵押权超级优先效力，以保护融资人的权利，促进融资。②鼓励 2 "赊销卖东西"：卖方将货物出卖给买方，买方先不付款，称之为"赊销"即以信用为基础的销售，卖方与买方签订购货协议后，卖方让买方取走货物，而买方按照协议在规定日期付款或分期付款形式付清货款的过程。买方收到货物后将该货物抵押给卖方，有必要赋予该抵押权超级优先效力，以保护出卖人的权利，促进信用消费。

3. "公示先后，债权比例"

（1）押 1 和押 2（同种类担保物权的竞合）

例：【一物是不动产，设立了多个抵押】：一房多抵，先抵押给工商银行，又抵押给建设银行。<u>如何排序？</u>①先登记优于后登记，同日登记则按债权比例清偿。②按照"公示先后"来排序。

例：【一物是动产，设立了多个抵押】：一设备多抵，先抵押给甲未登记；后又抵押登记给乙。<u>如何排序？</u>①乙的抵押权优先于甲的抵押权。②因为乙的抵押登记"公示"在先。

（2）押 1 和质 1（不同种类担保物权的竞合）

例：【一物质和押】一车，先出质给甲并交付，后抵押给乙并登记。<u>如何排序？</u>①甲的质权优先于乙的抵押权。②因为甲的质权有占有"公示"在先。

例：【一物押和质】一车，先抵押给甲并登记，后出质给乙。<u>如何排序？</u>①甲的抵押权优先于乙的质权，因为甲的抵押权登记"公示"在先。②假设先抵押给甲但未登记，则乙的质权优先于甲的抵押权，因为乙的质权有"占有公示"，而甲的抵押权却没有公示。

> **原理**：为什么要公示先后？①从客体看：不动产公示是登记，动产公示包括登记和占有。②从权利看：抵押是登记公示，质权是占有公示。③因为公开了，你就是老大。比如你抵押公开在先，质在后，抵押权人是老大，质权人自甘风险，甘愿做老二。比如你抵押合同在先但没公开，质在后，因为质虽然在后但它有出质转移占有的公开，所以，质权人是老大。

4. 做题步骤："留老大""超级优先""公示先后、债权比例"

（1）第一步，有修车吗？修车的人老大，除非他自己自甘落后，修车人将车出质给他人了。

（2）第二步，有赊销货物或者借款买货物吗？卖方或者出借方，10 日内成为货物抵押权人并登记，则他们老二，"超级优先"。

（3）第三步，"公示先后、债权比例"：同物押 1、押 2；或者同物押 1、质 2，都是看"公示先后"。

例1：【押、质、留】甲向乙借款5万元，并以一台机器作抵押，办理了抵押登记。随后，甲又将该机器质押给丙。丙在占有该机器期间，将其交给丁修理，因拖欠修理费而被丁留置。如何排序？①第一步，留老大，不存在"自甘落后"情形。故丁最大。②第二步，不存在超级优先的抵押权。③第三步，公示先后，债权比例，乙抵押权登记公示在先，而丙的质权占有公示在后。乙>丙。④第四步，结论：丁>乙>丙。

例2：【押、押、质、留】同升公司以一套价值100万元的设备作为抵押，向甲借款10万元，未办理抵押登记手续。同升公司又向乙借款80万元，以该套设备作为抵押，并办理了抵押登记手续。同升公司欠丙货款20万元，将该套设备出质给丙。丙不小心损坏了该套设备送丁修理，因欠丁5万元修理费，该套设备被丁留置。甲、乙、丙、丁对该套设备享有的担保物权如何排序？①第一步，留老大，不存在"自甘落后"情形。故丁最大。②第二步，不存在超级优先的抵押权。③第三步，公示先后，债权比例。乙抵押权登记公示在先，丙质权占有公示在后，甲抵押权未登记没有公示。因此乙>丙>甲。④第四步，结论：丁>乙>丙>甲。

> **秒杀做题：** "留老大"，凡是说留最后的都错，除非"留老大"自己"自甘落后"。

例：【质、押、押】甲公司以其机器设备为乙公司设立了质权。10日后，丙公司向银行贷款100万元，甲公司将机器设备又抵押给银行，担保其中40万元贷款，但未办理抵押登记。20日后，甲将机器设备再抵押给丁公司，办理了抵押登记。如何对担保物权排序？①第一步，没有留置问题；②第二步，没有超级优先抵押权问题；③第三步，公示先后，债权比例。乙质权占有公示在先，丁抵押权登记公示在后，银行抵押权没有登记公示。④第四步，结论：乙>丁>银行。

第二节 多物一债之银行的选择

借款人届期不还银行钱，但是有自物保、他人保1、他人保2、他物保1、他物保2，银行面临甜蜜的烦恼，怎么选择？答：有约定从约定；无约定则自物优先，其他乱来。

一、什么是银行的甜蜜的烦恼？存在多个担保，债权人（银行）面临甜蜜的烦恼，怎么选择

例：【银行甜蜜的烦恼】甲向银行借款，甲自己房屋为银行设立了抵押，乙和丙分别以自己房屋设立了抵押，丁和戊向银行出具了承担保证责任的函。甲届期无力向银行还款，银行要求担保人承担担保责任，应如何主张？（1）银行主张权利：①银行须先找甲的自物保。②此后银行可乱找乙丙丁戊承担担保责任。（2）担保人代偿后全额追主债务人：①乙或丙代偿后可全额追主债务人甲；②丁或戊代偿后可全额追主债务人甲。（3）担保人

代偿后相互追偿：①乙与丙之间内部乱追；②乙丙与丁戊之间内部乱追；③丁和戊之间可以乱追。

```
            借款合同
            甲（主债务人） ←——抵押合同——→ 银行（债权人）

        2个抵押合同                              2个保证合同

            乙  +  丙 ——————————————→ 丁  +  戊
         物物之间乱追   人物之间乱追   人人之间乱追
```

二、有约定从约定

（一）自物保和人保的约定：从约定

例：【自物保和人保的约定】甲向银行借款，用自己的房屋为银行设定抵押权并办理了登记手续。保证人乙提供保证，明确约定甲届期无力清偿时，银行可选择要求甲承担抵押责任，也可选择要求保证人乙承担责任。该约定有效。

（二）自物保和他物保的约定：从约定

例：【自物保和他物保的约定】甲把设备先抵押给银行，担保乙公司向银行借款 100 万元中的 40 万元，未抵押登记。乙公司将自有房产抵押给银行担保其余 60 万元，办了抵押登记。乙公司届期不能清偿贷款。银行如何主张担保物权？①找设备要 40 万。②找房屋要 60 万。③此处不能适用主债务人物保优先规则即"自物优先规则"。

（三）他物保和他物保的约定：按份共同抵押

例：【他物保和他物保的约定】甲向银行借款 100 万元，乙将房屋抵押给银行担保其中的 40 万元，丙将房屋抵押给银行担保其中的 60 万元，均办理了抵押权登记。甲届期无力清偿，银行如何主张抵押权？①可找乙房要 40 万元，乙代偿后追甲 40 万元。②可找丙房要 60 万元，丙代偿后可追甲 60 万元。③乙丙之间不发生关系，因为他们本来是按自己份额承担责任。

（四）人保和人保的约定：按份共同保证

例：【人保和人保的约定】甲向银行借款 100 万元，乙和丙向银行提供保证，乙和银行的保证合同、丙和银行的保证合同，均明确约定，乙保证责任份额为 40 万元，丙保证责任份额为 60 万元。甲届期无力清偿，银行如何主张保证债权？①可向乙要 40 万元，乙代偿后可追甲 40 万元。②可向丙要 60 万元，丙代偿后可追甲 60 万元。③乙丙之间不发生关系，因为他们本来是按自己份额承担责任。

三、自物保优先[2]

(一) 自物保和人保，自物保优先

例：【混合担保自物优先】陈某向贺某借款20万元，借期2年。张某为该借款合同提供保证担保，担保条款约定，张某在陈某不能履行债务时承担保证责任，但未约定保证期间。陈某同时以自己的房屋提供抵押担保并办理了登记。如果贺某打算放弃对陈某的抵押权，并将这一情况通知了张某，张某表示反对。<u>如何评价贺某的放弃行为？</u>①抛弃是单方法律行为，无须张某同意。②贺某放弃抵押权，则张某在贺某放弃权利的范围内免除保证责任。

> **原理：**如何理解债权人放弃自物保后，其他担保人在债权人丧失优先受偿权益范围内免责？①甲欠银行100万元，用自有价值80万元房屋设定抵押，乙提供保证。②如银行放弃抵押价值80万元，则乙免责80万元，剩余部分继续承担保证责任。③如房屋已经升值为200万元，银行还放弃抵押，则银行"丧失优先受益权"的范围是200万元，如此一来，因为主债权是100万元，所以，保证人（免责200万元）一分钱保证责任也不需要承担。

(二) 自物保和他物保，自物保优先。

例：【自物保和他物保，自物保优先】甲向银行借款100万元，用自有房屋设定抵押并办理了登记。乙用房屋为银行设定抵押也办理了登记。甲届期无力还款，<u>银行如何主张抵押权？</u>①银行先就甲房屋实现抵押权。②债权尚未受偿部分，就乙房屋实现抵押权。

(三) 自物保、人保和他物保，自物保优先。

例：【自物保、人保和他物保，自物保优先】甲向银行借款100万元，用自有房屋设定抵押并办理了登记。乙用房屋为银行设定抵押也办理了登记。丙为银行提供了保证。甲届期无力还款，<u>银行如何主张抵押权？</u>①银行先就甲房屋实现抵押权。②债权尚未受偿部分，可选择找乙的房屋实现抵押权或者丙承担保证责任。

四、人物可选，内部乱追？混合担保

(一) 人物可选：银行可选择要求保证人或者他物保人承担担保责任

例：【混合担保人物可选】甲公司将1台挖掘机出租给乙公司，为担保乙公司依约支付租金，丙公司担任保证人，丁公司以机器设备设置抵押。乙公司欠付10万元租金。<u>甲公司如何主张权利？</u>①甲公司可要求丙承担保证责任。②甲公司可要求丁承担抵押担保责任。

---

〔2〕①自抵押优先：债务人以自己的财产设定抵押，抵押权人放弃该抵押权、抵押权顺位或者变更抵押权的，其他担保人在抵押权人丧失优先受偿权益的范围内免除担保责任，但是其他担保人承诺仍然提供担保的除外。质权人可以放弃质权。②自质权优先：债务人以自己的财产出质，质权人放弃该质权的，其他担保人在质权人丧失优先受偿权益的范围内免除担保责任，但是其他担保人承诺仍然提供担保的除外。

（二）内部乱追？任一担保人代偿后可全额追主债务人，也可追另外担保人承担相应责任（混合担保之可选择第三人抵押或保证）

例：【混合担保人物可乱追】乙买同事甲的房屋，先交 2/3 房款。为担保乙对甲享有的退还购房款债权，丙提供保证、丁用房屋设定抵押并办理登记。如甲不履行合同义务，在担保权的实现上乙可以行使什么样的权利？担保权实现后，甲、丙、丁的关系如何？①如果甲不履行合同义务，乙可以选择实现抵押权或者向保证人丙主张保证责任。②无论丁还是丙履行担保责任后，都有权向甲追偿。③丁代偿后也可要求丙承担其应分担的份额；丙代偿后也可要求丁承担其应分担的份额。

> **原理：**混合担保中保证人和他物保人之间是否可以内部追偿？（1）立法予以回避。（2）学理观点 1：应该允许追偿，因为如果不认可内部追偿，会对代偿后的担保人不公平。并且要坚持内部追偿一次用尽原理，以避免"循环追偿"。比如甲向银行借款 100 万元，乙提供人保，丙提供物保。乙向银行代偿 100 万元后，假设向甲追偿到了 20 万元，剩余 80 万元可以向丙追偿 40 万。结果是乙代偿了 40 万元，丙代偿了 40 万元。假设乙后来又向甲追偿了 10 万元，丙不能要求乙退 5 万元，因为内部追偿一次用尽。（3）学理观点 2：应该禁止追偿，因为如果认可内部追偿，会导致追偿份额的困境。①因为他物保人"投入"的财产是担保物，是有限的。②而人保人"投入"的财产是保证人的全部责任财产，是"无限"的。③如果允许互相追偿，则必须明确追偿份额。④但追偿份额的明确是非常困难的。⑤比如，你向银行借款 100 万，我提供房屋抵押担保，马云提供保证。⑥假设马云身家 1 千亿。我会认为我本来应承担的比例是 100 万/（100 万+1 千亿），马云应承担的比例是 1 千亿/（100 万+1 千亿）。⑦马云会认为各自承担一半。（4）最高院的观点：应该禁止追偿，采纳了学理观点 2。（5）考试观点：2015 年最近一次真题考试观点为可以追偿。

五、物物可选，内部乱追：连带共同抵押

（一）物物可选：银行可选择要求任一抵押人承担担保责任

例 1：【物物可选】甲向乙借款 20 万元，甲的朋友丙、丁二人先后以自己的轿车为乙的债权设定抵押担保并依法办理了抵押登记，但都未与乙约定所担保的债权份额及顺序，两辆轿车价值均为 15 万元。甲到期未履行债务。乙如何实现抵押权？①乙可以就任一轿车行使抵押权，再就另一轿车行使抵押权弥补不足。②乙可同时就两辆轿车行使抵押权，各实现任意比例债权。

例 2：【物物可选】甲对乙享有债权 500 万元，先后在丙和丁的房屋上设定了抵押权，均办理了登记，且均未限定抵押物的担保金额。其后，甲将其中 200 万元债权转让给戊，并通知了乙。乙到期清偿了对甲的 300 万元债务，但未能清偿对戊的 200 万元债务。戊如何实现抵押权？①戊可就任一房屋行使抵押权，再就任一房屋行使抵押权弥补不足。②戊可同时就两房屋行使抵押权，各实现任意比例债权。

（二）内部乱追：任一抵押人代偿后可全额追主债务人，也可追另外抵押人承担相应责任

例：【物物内部乱追】甲公司向乙银行借款100万，丙、丁以各自房产分别向乙银行设定抵押。乙银行可以就丙或者丁的房产行使抵押权。丙或丁承担抵押责任后，如何追偿？丙承担担保责任后，可向甲公司追偿，也可要求丁清偿其应承担的份额。

六、人人可选，内部乱追？连带共同保证

（一）人人可选：同一债务有两个以上保证人的，保证人没有约定保证份额的，债权人可以要求任何一个保证人在其保证范围内承担保证责任

例：【人人可选】甲向银行借款100万元，丙、丁分别向乙银行出具承担全部责任的担保函。甲届期无力还款，银行如何主张保证债权？①丙、丁属于连带共同保证。②乙银行可以要求丙或者丁承担全部保证责任。

（二）内部可追：保证人承担保证责任后，除当事人另有约定外，有权在其承担保证责任的范围内向债务人追偿，享有债权人对债务人的权利，但是不得损害债权人的利益

例：【人人内部可追吗？】甲公司向乙银行借款100万，丙、丁分别向乙银行出具承担全部责任的担保函，承担保证责任。丙或丁代偿后，各自都可追主债务人，但彼此之间可以追偿吗？①学理观点1：彼此之间不可以追偿。②学理观点2：彼此之间可以追偿。③立法予以回避。④考试观点：暂按彼此之间不可以追偿把握。

七、做题步骤

（一）有约定从约定

1. 约定人保和物保的份额：100万中的60万找主债务人自己房屋；另40万找他人的设备。

2. 约定人保和人保的份额：按份共同保证。

3. 约定物保和物保的份额：按份共同抵押。

（二）主债务人自己物保优先

1. 主债务人自己物保和第三人人保。

2. 主债务人自己物保和第三人物保。

3. 主债务人自己物保、第三人人保和第三人物保。

4. 主债务人自己物保、第三人人保、第三人物保、第四人物保。

（三）混合担保：第三人物保、第四人保证

1. 银行乱找：选择找物或者人。

2. 代偿后追主债务人。

3. 代偿后内部互追。

（四）连带共同保证：保证人1和保证人2

1. 银行乱找：选择找保证人1、保证人2。

2. 代偿后追主债务人。

3. 代偿后内部互追。

（五）连带共同抵押：抵押物 1 和抵押物 2

1. 银行乱找：选择找抵押物 1、抵押物 2。

2. 代偿后追主债务人。

3. 代偿后内部互追。

华山论剑
{
①从约定
②自物优先
③乱找人物，内部乱追
④乱找物物，内部乱追
⑤乱找人人，内部乱追
}
→九阴真经
{
①自物优先
②全部乱来
}

第三章 物权变动

　　人生一世，衣食住行，衣食乃普通动产，住乃不动产，行乃特殊动产。动产变成谁的了？不动产变成谁的了？特殊动产变成谁的了？幸福的人。是因为继承来的吗（非基于法律行为物权变动）？是因为购买来的吗（基于法律行为物权变动）？

第一节 物权变动基础

一、物权变动：物权的设立、变更和消灭

（一）物权的设立

1. 原始取得物权：非依他人既存的权利为依据而取得物权。

（1）基于事实行为而发生原始取得。如劳动生产（木材制作成椅子）、合法建设、先占无主物（拾得他人抛弃的旧电扇）、添附等。

（2）基于法律规定和公法上的原因而发生，如善意取得、收取孳息（存款得利息）、征收、没收等。

2. 继受取得物权：基于他人既存的权利为依据而取得物权。

（1）移转的继受取得：就他人的物权依其原状而取得（实质上是物权主体的变更）。如基于有效的买卖合同受让所有权；如法定继承或遗嘱继承取得物权；如受遗赠取得物权；如企业合并取得物权。

（2）创设的继受取得：对既存的物权进行内容上的限制而产生新的物权。如在国家所有的土地上设立建设用地使用权；如在他人动产上设立抵押权或者质权。

> **原理：**区分原始取得与继受取得的法律意义是什么？①原始取得：因物上本不存在任何物权，或者虽存在物权，但基于法律的规定物权的取得与原权利人的意志无关，非继受他人权利而来。故物之上原存的所有负担都因原始取得而消灭，如无权处分他人之物，购买人善意取得，则无权处分人需要对原权利人承担赔偿责任，而善意取得人是原始取得该物，无任何负担，不用负责。②继受取得：物权系因继受而来，基于权利人不得将大于其所有的权利让与他人的法理，存在于标的物上的一切旧有负担得继续存在，而转由取得人承继。比如继承人继承死者房屋，得就房屋价值范围内清偿死者生前债务，故继承取得乃继受取得。

（二）物权的变更

1. 物权内容的变更。如抵押权所担保的主债权的部分履行；如抵押权顺位的变更。

2. 物权客体的变更。如火毁房屋引起物权客体变更。

（三）物权的消灭

1. 物权绝对消灭。如所有权、抵押权因标的物灭失而消灭。

2. 物权相对消灭。因转让导致相对消灭，即仅相对于转让人而言意味着物权消灭。如房屋"易主"。

二、物权变动的原则

（一）公示原则（公示原则在于使人"知"，要排他，须公开）

1. 公示原则：物权的变动须以法定的公示方式进行才能发生相应法律效果的原则。可由外部辨认的表征，即为物权变动的公示方法。

2. 登记：不动产物权变动以登记为公示方法。如在房屋上设定抵押权，如果不以一定的方式表现出该抵押权的存在，那么，不知该抵押权存在的购买该房屋的第三人就可能蒙受损害。

3. 交付：动产物权和特殊动产物权的变动均以交付为公示方法。交付即转移占有，占有即公示。

> **原理**：物权变动为什么要坚持公示原则？物权具有绝对排他的效力，其变动须有足由外部可以辨认的表征，才可透明其法律关系，减少交易成本，避免第三人遭受损害，保护交易安全。

（二）公信原则（公信原则在于使人"信"，即使登记错误，也"将错就错"，以保护当事人信赖利益）

1. 公信原则：物权变动依法定方式公示的，即具有使一般人信赖其正确的效力，即使公示的物权状态与其真实的物权状态不符，对于信赖公示所表征的物权而为物权交易的人，法律仍承认其获得与真实物权状态相同的法律效果。

2. 适用限制：公信原则仅适用于登记名义人与第三人之间的交易关系，而不适用于登记名义人与真实权利人之间的关系。（不适用于内部关系，仅适用于外部关系）

（1）在登记名义人与真实权利人之间，真实物权人可以依照事实标准举证证明自己物权的正当性，此时权利的外观不能表征真实的权利。

例：【共有房屋离婚分割】夫妻共有房屋，登记在单方名下，乃共同共有，离婚时要分割共有房屋。

（2）在登记名义人与第三人进行交易时，第三人可善意取得物权，真实权利人只能要求登记名义人损害赔偿。因真实物权没有以客观外在的形式向社会公开，不能得到法律的保护，并且第三人善意而无过失，应该受公信原则的保护。

例：【老公背着老婆卖房】夫妻共有房屋，登记在单方名下，名义人以市价无权处分共有房屋并过户给不知情的第三人，第三人已经支付价款，可主张善意取得房屋所有权。

> **公信原则的法律原理**：公信原则赋予物权的公示以绝对的效力，保护信赖物权公示的善意第三人，维护交易的安全与快捷。

三、物权变动的原因

（一）基于法律行为的物权变动

1. 基于法律行为物权变动的 3 种情形

（1）基于单方法律行为导致物权变动：如抛弃。（2）基于双方法律行为导致物权变动：如买卖合同、抵押合同、赠与合同。（3）基于多方法律行为导致物权变动：设立公司之出资。

2. 基于法律行为物权变动的 3 个要件

（1）法律行为要有效。如果法律行为无效，则不能发生物权变动。

例：【傻瓜扔东西】完全不能辨认自己行为的精神病人甲将自己的手表丢向路边，被乙拾得。<u>如何评价手表的物权状态？</u>①抛弃属于单方法律行为，行为人必须具有完全民事行为能力。②甲是无民事行为能力人。③甲的抛弃行为因不具备民事行为能力而无效。④故手表属于遗失物，而非无主物。⑤拾得遗失物人需要"物归原主"，遗失物不适用先占制度，故乙不能依据先占取得手表所有权。⑥甲是物权人，有权要求物权占有人乙返还原物。该权利由甲的法定代理人代为实施。

> **原理**：什么是学理上的物权行为无因性理论？①基于法律行为物权变动中，法律行为无效，不会影响已经变动了的物权。②如甲将房屋出卖给乙，完成过户手续。后甲以乙欺诈为由撤销合同，则甲乙双方法律行为无效。但该法律行为无效不影响已经变动的物权，乙仍然是房屋所有权人。③我国立法和学说都不承认物权行为无因性理论。

（2）完成公示。基于法律行为的不动产物权变动必须完成登记，基于法律行为的动产物权变动必须完成交付。除非法律另有规定。

例：【房屋买卖合同与房屋所有权变动】甲乙签订房屋买卖合同，乙已经付款，取得房屋占有。<u>谁是房屋所有权人？</u>①甲是房屋所有权人。②因乙没有取得过户登记，未完成公示，故乙不是房屋所有权人，仅是债权人。③乙对房屋占有相对于甲属于有权占有，甲不得要求乙返还房屋。

（3）行为人需要有处分权。基于法律行为发生物权变动，行为人须有处分权。

例：【正常取得与善意取得】甲手表出借给乙使用，乙擅自将该表以自己名义以市价出卖给不知情的丙并完成交付。<u>如何评价乙丙的交易？</u>①如果甲追认乙丙合同，则乙丙合同正常有效，丙属于基于法律行为取得物权，是继受取得。②如果甲不追认乙丙合同，乙丙合同仍然有效，但丙是基于善意取得取得物权，属于非基于法律行为取得物权，是原始取得。

（二）非基于法律行为的物权变动：在一定事实行为或者事件发生后，直接依据法律的规定而发生物权变动类型

1. 非基于法律行为物权变动的情形

（1）继承物权。（2）文书物权。（3）建造物权。（4）善意取得（不以法律行为生效为要件）。（5）遗失物物权。（6）先占物权。（7）添附物权等。

2. 非基于法律行为的物权变动一般不要求登记或交付。

四、物权变动的两个区分

（一）区分非基于法律行为物权变动和基于法律行为物权变动

1. 非基于法律行为物权变动。

2. 基于法律行为物权变动。

（二）基于法律行为物权变动原因与结果的区分

1. 区分不动产交易合同（合同效力）与不动产物权变动（房屋登记）。

2. 区分动产交易合同（合同效力）与动产物权变动（汽车交付）。

第二节　非基于法律行为的物权变动

一、文书物权：自法律文书或者人民政府的征收决定等生效时发生物权变动的效力

（一）限于形成判决（调解书或裁决书）+限于执行程序中拍卖成交裁定书（以物抵债裁定书）

1. 分割共有物生效判决。

例：【离婚分割房屋】甲、乙离婚，乙离婚后发现甲曾在婚内私自购买两处房产登记在自己名下，要求再次分割并要求甲承担损害赔偿责任。法院判决乙分得房产。乙何时取得房屋所有权？乙在判决生效之日即取得房屋所有权，而不是在房屋过户之日才取得房屋所有权。

2. 行使可撤销合同中的撤销权所产生生效判决。

例：【因欺诈可撤】甲受乙胁迫将名贵手表出卖给乙，完成交付。后甲诉到法院请求撤销手表买卖合同，法院支持了甲的诉讼请求。甲何时取得手表所有权？判决生效时甲即取得手表所有权。

3. 行使债权人撤销权所形成的生效判决。

例：【逃债撤销】甲对乙享有 100 万元到期债权，乙无力清偿。乙将其价值 100 万元的房屋赠与丙并完成过户。甲诉到法院请求撤销乙丙房屋赠与合同，法院支持了甲的诉讼请求。乙何时取得房屋所有权？判决生效时乙即取得房屋所有权。

（二）不包括确认判决和给付判决

1. 不包括确认判决，因为确认判决是对事实的确认，溯及事实发生之时就有了物权，

故其物权变动的时间点不是判决生效时。

例：【确认房屋所有权】甲购买回迁房办理过户，乙主张对房屋有部分所有权。后乙起诉至法院，法院判决确认甲是房屋所有权人。甲何时成为房屋所有权人？①因物权的归属、内容发生争议的，利害关系人可以请求确认权利。②乙提出确认之诉，法院确认房屋归甲。③甲是在当初过户时取得所有权，而不是在法院判决生效时才取得房屋所有权。

2. 不包括给付判决，因为给付判决有待执行，故给付判决是实际过户不动产或交付动产后才发生物权变动，而不是判决生效时发生物权变动。

例：【继续履行交货】甲卖手机给乙，乙交了款，甲不交货。乙诉至法院请求甲继续履行，法院支持了乙的诉讼请求。乙何时取得手机所有权？①该判决为给付判决。②给付判决生效时，乙不能取得手机所有权。③待甲依照生效判决向乙履行交付手机义务时，乙才取得所有权。

二、继承物权：因继承取得物权的，自继承开始时发生效力

（一）人死时，发生继承物权变动

1. 不动产无须登记、动产无需交付。

2. 继承人以继承遗产实际价值为限清偿被继承人生前所负债务。

例：【继承物权、概括继承和限定继承】郑某开办公司资金不足，其父将3间祖屋以25万元卖给即将回国定居的郭某，但其父还未来得及办理过户手续即去世。郑某不知其父卖房一事，继承了这笔房款及房屋，并办理了登记手续。随后，郑某以3间祖屋作抵押向陈某借款10万元，将房产证交给了陈某，但没有办理抵押登记。如何评价本案物权变动关系？①郑父与郭某属于基于法律行为的物权变动，未过户，物权变动失败。②根据区分原则，该买卖合同有效，不因郑父死亡而无效。③郑父死亡后，郑某继承房屋，属于非基于法律行为物权变动。④郑某继承遗产，也得继承其父生前债务，谓之"概括继承"。⑤郑某以继承房屋为限，承担其父生前负债，谓之"限定继承"。⑥故郑某要继承其父的合同债务，有配合郭某办理房屋过户手续的义务。⑦郑某将该房屋设定抵押，但未为陈某办理抵押权登记，故陈某不享有抵押权。⑧根据区分原则，郑某和陈某的抵押合同有效，郑某须对陈某负违约责任。

（二）人死时，有多个继承人，则继承人共有遗产，对外负连带债务

例：【兄弟继承父亲房屋】甲死亡后，其子乙丙法定继承甲的房屋。因房屋年久失修，房檐掉落导致丁损害。丁提出索赔请求。谁应承担责任？①乙丙承担连带侵权责任。②甲死亡后，乙丙成为房屋共有人。③房檐掉落致人损害，属于物件致人损害，由房屋所有人、使用人、管理人承担侵权责任。④乙丙是房屋共同共有人，须对丁承担连带侵权责任。因为是继承房屋后发生的债务，与死者无关，乃生者自己的债务，故乙丙不能主张以继承遗产为限对丁承担责任。⑤假设房屋是甲从戊处购买，甲取得房屋过户，但尚未支付价款，则共有人乙丙对该价款债务负连带责任。

三、建造物权：因合法建造、拆除房屋等事实行为设立或者消灭物权的，自事实行为成就时发生效力

例：【建造物权】甲公司在其建设用地使用权上建设房屋，<u>该房屋所有权归谁?</u> ①甲。②甲基于事实行为取得房屋所有权，属于原始取得，而非继受取得。

> **原理：**什么是宣示登记？①文书物权、继承物权和建造物权中，如果是不动产物权，取得该不动产物权的人，处分该物权时，依照法律规定需要办理登记的，未经登记，不发生物权效力。②如张三继承了他父亲张三丰所有的一座宫殿，如果张三一辈子不把宫殿卖出去，那他不用做任何登记，宫殿当然是他的。如有人破坏宫殿，张三享有物权请求权，要求侵权人停止侵权或损害赔偿。③如果张三想要把宫殿卖给李四，就要去登记机构把宫殿从张三丰名下过户到自己名下。这个登记过程理论上就叫"宣示登记"。④如果没有完成宣示登记，张三与王五签订了买卖宫殿合同，则根据区分原则，该买卖合同仍然有效。

四、善意取得物权

（一）善意取得所有权：无权处分他人动产或不动产（无权处分）+受让人受让时善意不知情（善意）+受让人已经取得不动产过户登记或者受领动产交付（取得）+以合理价格受让（价格合理）

例：【善意取得】乙擅自将借用甲的手表，以市价出卖给不知情的丙，完成了交付。<u>如何评价甲乙丙的法律关系?</u>①乙丙合同是无权处分的合同，有效，但丙构成善意取得手表所有权，乃非基于法律行为发生物权变动，属于原始取得，不是继受取得。②基于一物一权主义，甲不再是所有权人。③甲有权要求乙承担违约责任或者侵权责任或者返还不当得利。

> **原理：**为什么需要善意取得制度？①甲代表的是静态财产归属，乃不特定人的代表。②丙代表的是动态的交易安全，亦为不特定人的代表。③善意取得制度牺牲了甲，成全了丙。④因为在市场交易中，丙的交易安全价值位序高于乙的财产归属位序。⑤丙基于对公示状态的信赖，即乙占有手表的信赖而与乙签订合同，占有的公示会产生公信力。⑥丙对此毫无过错，也无办法涤除该公示错误造成的风险。⑦而甲却有机会涤除这种风险，即当初出借手表选择借用人时可以选择一个比乙更靠谱的人比如方某。

1. 无权处分

（1）无权出卖、互易、抵债、"出资"（即股东无权处分他人财产出资到公司）他人之物

例：【无权处分】甲被乙胁迫将手机卖给乙。乙将手机卖给支付合理价款的不知情的丙并交付。甲后来依法撤销了与乙的买卖合同。丙是否取得手机所有权？①取得。②甲乙

买卖合同被撤销溯及无效，故甲乙之间基于法律行为物权变动失败，乙不是手机所有权人。③乙将手机出卖给丙，属于无权处分。④丙符合善意取得的4个要件：乙无权处分+丙不知情+丙取得占有+价格合理。

> **原理：** 如何区分无权处分和无权代理？（1）有委托两个字，则一般涉及代理问题，自己名义指向间接代理，他人名义指向直接代理。（2）无委托两个字，则根据名义来区分无权处分和无权代理。①以自己名义处分他人财产，启动无权处分检索。②以他人名义处分他人财产，启动无权代理检索。

（2）无权处分行为可以有"无权处分他人之物"的瑕疵，但不能有其他"致命瑕疵"：①该行为属于无效民事法律行为。②该行为因受让人存在欺诈、胁迫或者乘人之危等法定事由被撤销的。

例：【小侄子无权处分】甲将手表交由7周岁的小侄子乙保管，乙擅自将手机以市价出卖给不知情的丙，完成了交付。丙是否善意取得手表所有权？①否。②乙出卖手表的行为有2个瑕疵，一方面，7周岁的乙属于无民事行为能力人。另一方面，手表为甲所有，乙构成无权处分。③无民事行为能力人的行为无效。④故丙不能主张善意取得手表所有权。

例：【善意的胁迫人】甲将借用乙的手表，受丙胁迫，以市价出卖给不知情的丙并完成交付。甲以受胁迫为由主张撤销该合同。丙能否主张善意取得手表所有权？①否。②甲出卖手表的行为有2个瑕疵，一方面，甲受丙胁迫签订合同，甲可主张撤销该交易。另一方面，手表为乙所有权，甲是无权处分。③因胁迫而为交易，受胁迫方甲可主张撤销。④一旦撤销，则丙不可主张善意取得手表所有权。⑤如甲不主张撤销，则丙可主张善意取得手表所有权。

（3）动产交易中，无权处分"委托物"才可能启动善意取得；无权处分"脱离物"则不得启动善意取得。①常见"委托物"：甲无权处分租赁物、保管物、运输物、承揽物、试用买卖物、质物给丙，这些东西本来是归乙所有。但甲之所以取得对这些东西的占有，是基于乙的意思，我们将这种物叫"委托物"。②常见的"脱离物"：甲无权处分遗失物、漂流物、埋藏物、隐藏物、盗赃物给丙，这些东西本来是归乙所有。但甲之所以取得对这些东西的占有，并非基于乙的意思，我们将这种物叫"脱离物"。③货币：货币占有即所有，不发生无权处分问题，故不可能适用善意取得制度。④毒品：禁止流通物不能交易，例如武器等不可适用善意取得制度。

例：【盗赃物、货币都不适用善意取得】甲遗失其为乙保管的迪亚手表，为偿还乙，甲窃取丙的美茄手表和4000元现金。甲将美茄手表交乙，因美茄手表比迪亚手表便宜1000元，甲又从4000元中补偿乙1000元。乙不知甲盗窃情节。乙将美茄手表赠与丁，又用该1000元的一半支付某自来水公司水费，另一半购得某商场一件衬衣。如何评价案涉美茄手表和货币物权？①甲遗失乙的迪亚手表，需要承担赔偿责任。②甲却用偷来的美茄手表偿还，这属于无权处分，但还属于代物清偿（又称"以物抵债"），即乙取得美茄手表时已经支付了合理的对价。③乙不知道美茄手表是偷来的，乙构成善意，且乙已经取得占有。④虽然乙"符合"善意取得的4个构成要件，但因美茄手表是盗赃物，不适用善意取得制度，故乙未取得美茄手表所有权。⑤乙赠美茄手表给丁，丁不能取得所有权。⑥"盗赃物"美茄手表一直在呼叫主人丙，丙有权请求丁返还手表。⑦货币不适用善意取得，谁占有即谁所有，故自来水公司和商场各取得的 500 元不用返还。

例：【脱离物适用留置权的善意取得】甲手机被乙偷，乙把手机给丙维修。丙修好乙不付费故丙留置。**丙对手机是否有留置权？** ①甲手机被偷，手机属于"脱离物"。②丙对于"脱离物"享有留置权。

（4）有权处分则不适用善意取得制度：上家无权处分，中家基于善意取得而取得物权后再处分，是有权处分而非无权处分。

例：【无权处分与有权处分】甲、乙外出游玩，向丙借相机一部，用毕甲将相机带回家。丁到甲家见此相机，执意要以 3000 元买下，甲见此价高于市价，便隐瞒实情表示同意并将相机交付与丁。不久，丁因手头拮据又向乙以 2000 元兜售该相机。乙见此相机眼熟，便向丁询问，丁如实相告，乙遂将之买下。**此时，谁拥有该相机的所有权？** ①乙。②甲无权处分相机给丁，丁善意取得相机所有权。③丁再卖相机属于有权处分，无论卖多便宜，无论怎么卖，都可以。④故乙虽然是恶意，即使价格为 0，乙仍可主张正常取得相机所有权。⑤乙是基于法律行为取得物权，是继受取得，不是原始取得。

2. 全程善意：从签约时点到物权变动时点（不动产登记或动产交付）这一期间，要求买方均善意不知情

（1）善意的推定：推定购买人是善意的，由物主举证购买人构成恶意。

（2）恶意的拟制：因为物主证明购买人恶意是不容易的，但下列情形存在，则直接认定不动产购买人是恶意的。①登记簿上存在有效的异议登记；②预告登记有效期内，未经预告登记的权利人同意；③登记簿上已经记载司法机关或者行政机关依法裁定、决定查封或者以其他形式限制不动产权利的有关事项；④受让人知道登记簿上记载的权利主体错误；⑤受让人知道他人已经依法享有不动产物权。⑥真实权利人有证据证明不动产受让人应当知道转让人无处分权的，应当认定受让人具有重大过失。

例：【知情不构成善意取得】甲被法院宣告失踪，其妻乙被指定为甲的财产代管人。3 个月后，乙将登记在自己名下的夫妻共有房屋出售给丙，交付并办理了过户登记。在此过程中，乙向丙出示了甲被宣告失踪的判决书，并将房屋属于夫妻二人共有的事实告知丙。1 年后，甲重新出现，并经法院撤销了失踪宣告。现甲要求丙返还房屋。**丙能否主张善意取得？** ①否。②丙不能善意取得房屋所有权，甲有权请求返还。③房屋属于家庭重大资产，不适用家事代理（即基于日常生活夫妻可以直接互为代理单方处理家庭财产）规则，故乙不属于有权处分，丙也不能正常取得房屋所有权。

3. 取得：不动产须登记+动产须交付

（1）不动产登记。

（2）动产交付：现实交付、简易交付、指示交付。

①简易交付：转让动产法律行为生效时为动产交付之时。

例：【简易交付的善意取得】甲将自乙处借来的手表，转借给不知情的丙使用，此后甲丙达成转让协议，约定价格合理。**丙是否取得手表所有权？** ①取得。②甲将借自乙的手表，转借给丙使用，该转借合同有效。③甲再与丙达成转让协议，这属于简易交付，同时甲构成无权处分，丙不知情，且价格合理，丙通过简易交付取得占有，故丙善意取得手表

所有权。

②指示交付：转让人与受让人之间有关转让返还原物请求权的协议生效时。

例：【指示交付的善意取得】甲电脑出租给乙，乙出借给丙保管。乙将其对丙的"返还原物请求权"转让给不知情的丁，价格合理。<u>丁是否取得电脑所有权？</u>①取得。②乙将电脑出借给丙保管，该保管合同有效。③乙对丙并无返还原物请求权，但有外观表象，其将"返还原物请求权"转让给不知情丁，构成无权处分，且丁通过指示交付方式取得占有，故丁可主张善意取得电脑所有权。

③占有改定不能适用善意取得

例：【双占有改定的判断】甲将手表以市价转让给乙，甲乙约定甲继续借用手表，为期1个月。甲占有手表期间，又将该表以市价转让给不知情的丙，甲丙约定甲继续借用该手表，为期1个月。<u>如何评价案涉手表的物权变动？</u>①甲乙买卖合同，乃基于法律行为的物权变动，乙经占有改定而取得交付，成为手表物权人。②甲丙买卖合同，属于无权处分行为，甲丙约定甲继续占有手表，属于占有改定，而占有改定不适用善意取得制度，故丙不能取得手表所有权。

> **原理：** 指示交付中，买方未实际控制标的物；占有改定中，买方也未实际控制标的物，为什么指示交付可以适用善意取得，而占有改定不能适用善意取得？（1）指示交付：①原物主甲，无权处分人乙，现实控制人是丙，买受人是丁。②买受人丁离现实控制人丙只有1个距离；③而原物主甲离现实控制人丙有2个距离。④故买受人丁对物的占有公示更强，适用善意取得。（2）占有改定：①原物主甲，无权处分人乙，现实控制人乙，买受人丙。②买受人丙离现实控制人乙有1个距离；③而原物主甲离现实控制人乙也是1个距离。④各自占有公正平等，不能厚此薄彼，保护买受人丙的占有，故丙不能主张善意取得。

④机动车等特殊动产的善意取得交付即可，不以登记为必要。

例：【汽车的善意取得】甲公司将汽车出卖给乙，交付但未过户。乙将汽车交给甲公司维修时，甲公司将该车以市价出卖给不知情的丙，完成交付，但未过户。<u>丙是否取得汽车所有权？</u>取得，丙构成善意取得。

4. 价格合理

（1）签约价格是市价的7折或7折以上，不能是无偿行为或不合理低价行为。

例：【抵债价格合理】甲有一块价值1万元的玉石。甲与乙订立了买卖该玉石的合同，约定价金11,000元。由于乙没有带钱，甲未将该玉石交付与乙，约定3日后乙到甲的住处付钱取玉石。随后甲又向乙提出，再借用玉石把玩几天，乙表示同意。隔天，知情的丙找到甲，提出愿以12,000元购买该玉石，甲同意并当场将玉石交给丙。丙在回家路上遇到债主丁，向丙催要9,000元欠款甚急，丙无奈，将玉石交付与丁抵偿债务。后丁将玉石丢失被戊拾得，戊将其转卖给己。<u>如何评价丙、丁与玉石所有权的关系？</u>①甲乙买卖玉石合同中，未现实交付，但甲乙约定甲再借用，此乃"占有改定"，自该借用约定生效时玉石所有权归乙。②甲再将玉石出卖给知情的丙，丙不构成善意取得。③丙将该玉石交给不知情丁抵债，价格合理，丁善意取得玉石所有权。

（2）签约价格合理即可，无须实际支付价款。但在特殊情况下，即夫妻一方擅自处分共有房屋，购买人须支付合理价格才启动善意取得。

（二）善意取得担保物权：参照而非按照善意取得所有权来处理，故其构成要件可以有所差异

1. 善意取得抵押权：无须"合理价格"要件，因为抵押合同是无偿合同。动产抵押权善意取得无须以交付或登记为前提

例：【善意取得设备抵押权】 甲把设备借给乙用。乙擅自将设备抵押给不知情丙，未办理抵押登记。丙是否取得抵押权？①取得。②因为抵押权的"天性"即不转移占有。丙仍可主张善意取得抵押权。③但该抵押权未登记不得对抗善意第三人。如后乙又将设备以市价出卖给不知情丁并交付，则丁善意取得所有权。

2. 善意取得质权：无须"合理价格"要件，因为质押合同是无偿合同。质权善意取得须以交付为前提

例：【善意取得牛质权】 甲牛出质给乙，乙以所有权名义自居将牛出质给不知情的丙，完成交付。丙是否取得牛的质权？①丙善意取得牛的质权。②如丙的过错导致牛死亡，则甲可诉乙赔偿；甲可也诉丙要求赔偿。

3. 善意取得留置权：无须"无权处分"要件，因为将他人汽车交修理厂维修，谈不上是无权处分。

（1）盗赃物启动留置权善意取得（偷来的车拿去修，维修人取得留置权）。

（2）遗失物启动留置权善意取得（捡到的手表拿去修，修表人取得留置权）。

（3）受托寄存行李启动留置权善意取得（借来的东西拿去寄存，寄存处取得留置权）。

（4）借用物启动留置权善意取得（借来山地自行车拿去修，修车人取得留置权）。

例：【借来山地自行车拿去修】 甲借用乙的山地自行车，刚出门就因莽撞骑行造成自行车链条断裂，甲将自行车交给丙修理，约定修理费100元。乙得知后立刻通知甲解除借用关系并告知丙，同时要求丙不得将自行车交给甲。丙向甲核实，甲承认。自行车修好后，甲、乙均请求丙返还。如何评价自行车的物权关系？①乙是所有权人，有权要求丙返还自行车。②但丙善意取得留置权，在没有收到维修费之前，丙享有留置权。③根据合同相对性，丙只能要求维修合同的相对方甲支付维修费，不得要求乙支付维修费。④但是乙属于有法律上利害关系人，有权主动向丙支付维修费以消灭丙的留置权，丙不得拒绝。

（三）债权不适用善意取得：善意取得制度包括善意取得所有权、善意取得他物权、善意取得股权，但不包括善意取得债权，比如不能善意取得租赁权

例：【无权出租不启动善意取得租赁权】 甲公司将自己所有的10台机器出租给了乙公司，乙公司未经其同意，将其低价出售给知情的丙公司，丙公司又将其出租给丁公司。丁公司对上述交易过程完全不了解。如何评价机器的物权关系？①乙公司无权处分甲公司的机器给知情的丙公司，丙公司不构成善意取得。②机器仍然是归甲公司所有。③丙公司将机器出租给不知情的丁公司，属于无权出租他人动产，该合同有效，但是丁公司不能主张善意取得租赁权，因为租赁权是债权，不适用善意取得制度。④丁公司对设备的占有，相对于丙公司来讲是有权占有，有丙丁公司租赁合同为依据。⑤丁公司对设备的占有，是基于债权的占有，具有相对性，不得对抗设备所有权人甲，甲公司所有权具有对世性，是绝

对权。⑥甲公司有权要求无权占有人丁公司返还设备，并且无须补偿其任何损失。⑦丁公司有权请求丙公司承担违约责任。

五、遗失物物权

（一）遗失物"一级市场"关系：遗失物物归原主

1. 拾得人不能成为所有权人：（1）拾得遗失物，应当返还权利人。拾得人应当及时通知权利人领取，或者送交公安等有关部门。（2）所有权人或者其他权利人有权追回遗失物。

2. 拾得人保管不当要承担赔偿责任：（1）拾得人在遗失物送交有关部门前，有关部门在遗失物被领取前，应当妥善保管遗失物。（2）因故意或者重大过失致使遗失物毁损、灭失的，应当承担民事责任。

3. 拾得人可主张必要费用：权利人领取遗失物时，应当向拾得人或者有关部门支付保管遗失物等支出的必要费用。

4. 拾得人可主张悬赏报酬：权利人悬赏寻找遗失物的，领取遗失物时应当按照承诺履行义务。

5. 拾得人侵占遗失物则不得主张费用，也不得主张悬赏报酬：拾得人侵占遗失物的，无权请求保管遗失物等支出的费用，也无权请求权利人按照承诺履行义务。

例：【拾得手链不还还弄丢】甲遗失手链1条，被乙拾得。为找回手链，甲张贴了悬赏500元的寻物告示。后经人指证手链为乙拾得，甲要求乙返还，乙索要500元报酬，甲不同意，双方数次交涉无果。后乙在桥边玩耍时手链掉入河中被冲走。如何评价甲乙法律关系？①乙拾得甲手链，负有返还义务，手链所有权归甲。②甲张贴悬赏广告，应负担支付报酬的债务。③物权关系和债权关系应区分处理，两分看待。④甲有权要求乙返还。⑤乙有权在返还后请求甲支付报酬。⑥乙保管遗失物期间因重大过失导致遗失物毁损，故甲有权要求乙赔偿。⑦因乙没有返还手链，故不得主张悬赏广告的报酬。

6. 遗失物物权归属：（1）要么物归原主。（2）要么归国家（遗失物自发布招领公告之日起一年内无人认领的，归国家所有）。

7. 拾得漂流物、发现埋藏物或隐藏物：参照适用拾得遗失物的有关规定。

（二）遗失物"二级市场"关系：遗失物进入流通

1. 拾得人将遗失物转让给他人，属于无权处分的买卖合同，该合同有效。

2. 权利人可选择"要钱"：权利人有权向无处分权人请求损害赔偿。

例：【百年老宅有银元】甲将一套房屋转让给乙，乙再转让给丙，相继办理了房屋过户登记。丙翻建房屋时在地下挖出银元，经查为甲的祖父埋藏，甲是其祖父唯一继承人。丙将银元以市价卖给不知情的丁，双方钱物交割完毕。现甲、乙均向丙和丁主张权利。如何评价本案银元的物权关系？①甲乙签订房屋买卖合同。②乙丙签订房屋买卖合同。③房屋地下挖出银元，银元是埋藏物，既不是房屋的成分，也不是房屋的孳息，更不是房屋的从物。④甲乙、乙丙的房屋买卖中，不包括银元。⑤银元归物主即谁埋的归谁，故归甲祖父。⑥甲祖父死亡，银元作为遗产，发生继承物权变动，故银元归甲。⑦丙将甲的银元出卖给不知情的丁，构成无权处分他人之埋藏物，参照适用无权处分他人遗失物规则。⑧故甲有权请求丙承担损害赔偿责任。⑨甲也有权要求丁返还银元，因丁乃私下交易，故甲无须向丁支付丁所付费用。⑩丁可要求丙承担违约责任，因为丙丁无权处分埋藏物合同有效。

3. 权利人可选择"要物"：<u>自知道或者应当知道受让人</u>之日起 2 年内向受让人请求返还原物。

（1）有偿回复：受让人通过拍卖或者向具有经营资格的经营者购得该遗失物的，权利人请求返还原物时应当支付受让人所付的费用。权利人向受让人支付所付费用后，有权向无权处分人追偿。

（2）无偿回复：受让人不是通过拍卖，也不是他通过具有经营资格的经营者购得遗失物，则权利人请求返还原物时，无须支付受让人所付的费用。

例：【扔错手表】甲扔掉旧西装，同时错将其西装口袋里的名贵手表也扔了。乙拾得西服和手表，乙将该手表以市价卖给不知情的丙并交付。<u>如何评价手表的物权归属？</u>①归甲。②甲扔掉西装，构成抛弃，属于单方法律行为，抛弃行为完成时甲对西装的所有权消灭。③西装为无主物，乙因先占而取得西装所有权。④手表不是西装的成分，也不是西装的从物，更不是西装的孳息，而是一个独立的物。⑤甲错将手表扔了，因重大误解发生抛弃行为，参照适用重大误解可撤的规则，该抛弃行为因撤销而无效。⑥抛弃发生物权变动，属于基于法律行为的物权变动，需要法律行为有效。既然抛弃行为无效，故甲对手表的所有权没有消灭。⑦手表不是无主物，而是遗失物。⑧甲可在知道购买人丙之日 2 年内请求丙返还手表。

原理：购买遗失物的人是否可以主张善意取得？①否。②根据前述遗失物的二级市场规则，购买人是否买到，不是取决于其是否善意或者价格合理或者交付，而是取决于权利人是否在知道购买人之日起 2 年（注意不是遗失物买卖合同签订之日起计算）内要求购买人返还遗失物。③如果权利人没提要求，则购买人获得遗失物所有权。④如果权利人提要求，则购买人不能获得遗失物所有权。⑤既然遗失物制度偏袒失主的原因是失主对丢东西没错，那么盗赃物主人对东西被偷、被抢更加没错，举轻以明重，盗赃物场合更加要保护主人，故盗赃物进入流通环节，更加不应该适用善意取得制度，盗赃物主人的法律地位至少不能劣于遗失物主人的法律地位。

六、先占物权：以所有的意思，先于他人占有无主的动产而取得所有权

（一）先占的性质属于事实行为，无须行为人具备行为能力

（二）先占物权＝原始取得物权

例：【潘某长江边捡到石头】潘某与刘某相约出游，潘某在长江边拾得一块奇石，爱不释手，拟带回家。刘某说，《民法典》物权编规定河流属于国家所有，这一行为可能属于侵占国家财产。<u>潘某能否取得奇石的所有权？</u>①能。②石头为独立物、无主物，不属于国家所有。③潘某基于先占行为取得物权。

七、添附物权

（一）添附物权归属

1. 因加工、附合、混合而产生的物的归属，有约定的，按照约定；没有约定或者约定不明确的，依照法律规定。

2. 法律没有规定的，按照充分发挥物的效用以及保护无过错的当事人的原则确定。

3. 因一方当事人的过错或者确定物的归属给另一方当事人造成损失的，应当给予赔偿或者补偿。

（二）加工：加工是指一方使用他人财产加工改造为具有更高价值的新的财产，如误将他人的奇石雕刻成印章

1. 加工物的所有权原则上归原物的所有人，并给加工人以补偿。

2. 但当加工增加的价值远大于材料的价值时，加工物可以归加工人所有，但应当给原物的所有人以补偿。

例：【他人纸张上作画】甲误将乙纸归自己所有，在纸上作画，价值万元。如何评价画的权利归属？①物权角度观察，甲对乙纸进行了加工，是事实行为，加工后物的价值远超过原物价值，故甲取得画的所有权，给乙补偿纸钱。②著作权角度观察，甲进行了创作，也是事实行为，甲成为作者，自绘画完成时自动取得该画的著作权。

> **原理**：如何区分添附制度中的加工和加工承揽合同的加工？①添附制度中的加工，当事人无加工合意，故启动物权法定原则，根据物权规则来判定物权归属。②加工承揽合同中的加工，当事人有合意，故启动合同自由原则，根据合同规则来判定物权归属，即从当事人约定。

（三）附合：不同所有人的财产紧密结合在一起而形成的新的财产，虽未达到混合程度但非经拆毁不能达到原来的状态

1. 动产与动产的附合：物权归价值较高的原所有人。

例：【油漆和汽车】甲不慎将乙的油漆用于自己的汽车，油漆和汽车不可分离。如何评价物权归属？①甲取得汽车所有权，油漆属于汽车的重要成分，不是单独的物。②乙有权要求甲予以补偿或赔偿，请求权基础可以是不当得利或者侵权责任。

2. 动产与不动产的附合：物权归不动产所有人。

例：【砖和房屋】甲不慎将乙的砖砌在自己的房屋里，砖和房屋不可分离。如何评价物权归属？①甲取得房屋所有权，砖属于房屋的重要成分，不是单独的物。②乙有权请求甲予以补偿或赔偿，请求权基础可以是不当得利或者侵权责任。

3. 不动产与不动产的附合：物权归价值较高的原所有人，价值相当则双方共有。

例：【共有墙加盖房屋】甲、乙共同继承2个平房，一直由甲居住。甲未经乙同意，接平房右墙加盖1房，并将3个房屋均登记于自己名下，不久又将其全部以市价卖给了不知情的丙并过户。如何评价物权归属？①2平房属于遗产，发生继承物权变动，甲乙共同共有。②加盖1房的价值，高于其附合的那面共有的墙的价值，故加盖的1个房屋归甲单

独所有。③另外，甲的行为也属于建造行为，基于该建造行为取得加盖房屋所有权。④该房屋利用共有部分的墙，甲需要给乙一半的补偿。⑤甲将全部房屋出卖，其中就加盖房屋属于有权处分，丙正常取得所有权。⑥就继承的2套房屋属于无权处分，丙善意取得所有权。

（四）混合：不同所有人的不同动产互相渗合，难以分开并形成新财产。如甲油与乙油混合，石灰与石灰的混合、咖啡与糖的混合、酒与酒的混合，煤气与煤气混合，均难以分割

1. 均等则共有：各动产所有人原则上按照混合时各自原物的价值共有混合物的所有权。

2. 主从则归主：被混合的动产有可被视为主物的，由该主物的所有人取得混合物的所有权。例如咖啡和糖混合的，咖啡可被视为主物。

> 原理：如何理解添附制度中的物权法定和意思自治？①添附制度中，添附物归一人或共有，具有强制性，当事人不得任意变更，比如乙的油漆已经被用于甲的汽车，不可分离，当事人不得约定油漆所有权继续存在，没有消灭。②最后谁取得汽车所有权，对此当事人是可以进行约定的，此处约定乃适用买卖合同规则，允许意思自治。

> 原理：如何区分添附和侵权？①添附制度和侵权制度是物债两分思维的另一个体现。②添附制度着重解决的是物权归属，目标是保存价值（附合与混合）、鼓励创造价值（加工），平衡所有权取得人与丧失人之间的利益（不当得利或侵权之债）。③侵权制度着重解决的是填补受害人损失问题，丧失所有权的人，可要求过错添附一方承担侵权责任。

> 原理：如何区分添附和"强迫得利"？①房屋租赁合同中，承租人经出租人同意装饰装修，租赁期间届满时，承租人请求出租人补偿附合装饰装修费用的，不予支持。但当事人另有约定的除外。②如甲将房屋出租给乙，为期2年，乙经甲同意装修了房屋（铺地板，贴壁纸）。租赁期满后，对于构成附合部分（地板，墙纸）的现存价值部分，乙不能对甲主张不当得利返还。③因为装修具有极强的个殊性，租赁期间届满时，因乙装修而附合于甲房屋的地板、壁纸之残存价值在客观上构成不当得利，但这本身是违反甲的经济计划和主观偏好的，对甲不具有实际价值，该不当得利就属于"强迫得利"，故乙不得主张要求甲返还不当得利。

（五）添附与担保物权的物上代位性

1. 抵押物因附合、混合或者加工使抵押物的所有权为第三人所有的，抵押权的效力及于补偿金。

例：【油漆抵押后"被别人汽车给添附走了"】甲的油漆抵押给了乙，乙对油漆有抵押权。后甲的油漆被丙用于丙的汽车。乙的抵押权效力如何？①丙取得汽车所有权。②甲

对丙有补偿金请求权。③乙对油漆有抵押权，现在甲对丙的补偿金请求权是"油漆"的"代位物"，故乙对该补偿金享有优先受偿权，我们称之为"抵押权具有物上代位性"。

2. 抵押物所有人为复合物、混合物或者加工物的所有人的，抵押权的效力及于附合物、混合物或者加工物。

例：【汽车抵押后"涂了别人的油漆"】 甲的汽车抵押给了乙，乙对汽车享有抵押权。后甲误将丙的油漆用于甲的汽车。乙的抵押权效力如何？①甲取得汽车所有权，油漆是汽车的重要成分。②乙的抵押权可追及汽车（包括车身的油漆）。③丙可要求甲返还不当得利或者主张侵权赔偿。

3. 第三人与抵押物所有人为附合物、混合物或者加工物的共有人的，抵押权的效力及于抵押人对共有物享有的份额。

例：【油漆抵押后"与别人油漆混合了"】 甲的油漆抵押给了乙，乙对油漆有抵押权。后甲的油漆与丙的同品牌油漆混合无法分离。乙的抵押权效力如何？①甲丙按份共有油漆所有权，未约定共同共有，视为按份共有，份额无法确定，视为等额享有。②乙对甲油漆的抵押权效力要追及甲的份额。

> **"建文善意继承先拾添"**：建造、文书、善意取得、继承、先占、拾得遗失物、添附。

第三节 基于法律行为的物权变动

①区分原则
- ①合同效力
- ②物权变动
  - ①有效法律行为
  - ②处分权
  - ③公示：不动产登记或动产交付

②登记生效
- ①不动产物权登记变动物权
- ②无权利凭证的权利质权依登记设立
  - ①应收账款设立权利质权（信贷征信机构出质登记）
  - ②国库券、电子提单、仓单（有关部门）
- ③股权、知产之财产权出质
  - ①基金份额、上市股权出质
  - ②其他股权出质（工商局）
  - ③著作财产权出质（版权局）
  - ④专利权出质（国家知识产权局）
  - ⑤商标权出质（工商局）
- ④居住权设立

③登记对抗
- ①土地承包经营权和土地经营权
- ②地役权
- ③特殊动产所有权
- ④动产抵押权

```
              ┌①动产交付变动物权┬①现实交付
              │                 │②简易交付
④交付变动物权─┤                 │③指示交付
              │                 └④占有改定
              └②有权利凭证的权利质权交付设立
              ┌①一般动产的一物多卖中的交付："交" > "钱" > "先"
⑤一物多卖─────┤②特殊动产一物多卖中的交付："交" > "记" > "先"
              └③一建设用地使用权多卖：登记>交付>交钱>先
```

一、物权变动原因与物权变动结果的关系

（一）区分关系：物权变动的原因（合同）和物权变动的结果（物权变动）

1. 合同有效不等于已经发生物权变动。

例：【合同有效而物权未变动】甲乙签订不动产抵押合同或动产质押合同，未办理不动产抵押权登记，未交付动产。<u>如何评价甲乙的法律关系？</u>①甲乙签订的不动产抵押合同或动产质押合同为债权合同，是设立抵押权和质权的原因。②基于债的相对性，合同的生效并不当然地发生物权的排他性的效果，因此物权并未设定成功。③只是在进行设定抵押权不动产登记时，或者在指定的动产交付时，抵押权或者质权才设立。

2. 物权未变动不等于合同无效。

例：【不动产买卖未过户】乙买甲一套房屋，已经支付 1/3 价款，双方约定余款待过户手续办理完毕后付清。后甲反悔，要求解除合同，乙不同意，起诉要求甲继续履行合同，转移房屋所有权。<u>如何评价该合同效力？</u>合同有效，甲应继续履行合同。

例：【动产买卖未交付】甲与乙签订相机买卖合同，相机尚未交付，也未付款。后甲又就出卖该相机与丙签订买卖合同。<u>如何评价甲乙合同、甲丙合同效力？</u>该 2 合同均有效。

> **小结：**①区分房屋买卖合同与房屋过户；②区分手表买卖合同与手表交付；③区分房屋抵押合同与房屋抵押权登记；④区分手表质押合同与手表出质交付。

（二）牵连关系：基于法律行为发生物权变动中，原因行为无效，物权变动必然失败

例：【被骗卖表】甲被乙欺诈，将价值 10 万元的古董以 1 万元出卖，双方签订了买卖合同，完成了交付。甲主张撤销合同。<u>如何评价古董的物权归属？</u>①甲乙签订买卖合同，是古董所有权变动的原因。②甲基于合同向乙交付古董，属于古董所有权变动的结果。③因甲受欺诈撤销合同，导致合同溯及无效，故物权变动失败，溯及无效。④古董所有权复归甲所有。⑤乙对古董的占有既无合同依据（因为合同无效），又无所有权依据（因为合同无效物权变动失败且一物一权即一个古董只能有一个所有权人）。⑥故甲有权请求乙返还古董。

二、登记

(一) 登记生效主义：物权变动，未经登记，不发生效力

1. 不动产物权所有权变动+不动产抵押权变动＝登记生效主义。法律另有规定除外，比如国家对不动产所有权无需登记。比如不动产抵押权随主债权转让而转让，未办理抵押权变更登记不影响其转让。

例1：【一房卖3次】1月1日，甲将一房与乙签订买卖合同并交付，乙支付了全部房款，但未办理产权变更登记。2月1日，甲与不知情的丙签订买卖合同并办理了产权变更登记。3月1日，甲与不知情的丁签订了买卖合同。<u>如何评价本案法律关系？</u>（1）合同角度观察：①一房多卖，卖1给"钥匙人"，卖2给"过户人"，卖3给"合同人"。②卖1是有权处分，卖2是有权处分，卖3是无权处分。③卖123这三个买卖合同都有效。（2）物权变动角度观察：①过户人丙取得房屋所有权，②钥匙人乙和合同人丁都是债权人。③丙可要求乙返还房屋，因为钥匙人对房屋的占有是基于与甲的买卖合同，属于基于债权的占有，具有相对性，不得对抗物权人丙。④乙可要求甲承担违约责任。⑤甲隐瞒其无权处分的事实，丁也可在知道受欺诈之日起1年内撤销该合同，要求甲承担缔约过失责任。当然，丁也可以不撤销该合同，而要求甲承担继续办理房屋过户手续之外的其他违约责任，如损害赔偿等（因房屋在法律上不能继续履行）。

例2：【一房卖2次+连环买卖】甲继承了一套房屋，在办理产权登记前将房屋出卖并交付给乙，办理产权登记后又将该房屋出卖给丙并办理了所有权移转登记。丙受丁胁迫将房屋出卖给丁，并完成了移转登记。丁旋即将房屋出卖并移转登记于戊。<u>如何评价本案物权关系？</u>①甲继承房屋，属于"继承物权变动"，被继承人死亡时，甲取得房屋所有权。②在办理产权登记前甲出卖房屋给乙并交付，即甲在办理"宣示登记"前处分房屋，合同有效，但不发生物权变动。乙不是房屋所有权人，仅是合同债权人。③甲在办理产权登记后即在办理"宣示登记"后处分房屋给丙并且过户，故发生物权效力，丙是房屋所有权人。④甲把房屋卖给钥匙人乙，又把房屋卖给过户人丙，构成多重买卖。乙可要求甲承担违约责任。⑤丙受丁胁迫将房屋出卖给丁，并且办理转移登记，如果丙以受胁迫为由撤销该合同，则该合同溯及无效，基于法律行为物权变动失败，因为法律行为无效，丁不是房屋所有权人。丁出卖房屋丙过户给戊，如果戊符合善意取得构成要件（善意+价格合理）则戊构成善意取得，乃原始取得。⑥如果丙没有以受胁迫为由撤销丙丁的合同，则该合同有效，丁正常取得房屋所有权。丁出卖给戊并过户，属于基于法律行为物权变动，戊正常取得房屋所有权，乃继受取得。⑦题干没有交代丙是否以受胁迫为由撤销合同，则根据做题规则，视为不存在，"当胁迫是空气"，故戊会正常取得房屋所有权。

例3：【不动产抵押权从属性】甲将房屋抵押给工商银行办理了抵押权登记，担保工商银行对甲的100万元债权。工商银行将该债权转移给了建设银行，通知了甲，但未办理抵押权变更手续。甲届期无力清偿债务，<u>建设银行可否对甲的房屋主张抵押权？</u>①可以。②工商银行将债权让与建设银行，通知了债务人甲，则对债务人甲发生效力，建设银行对甲有债权。③基于抵押权从属性，债权让与，抵押权随之转让，故建设银行依法取得对甲房屋的抵押权，无须办理抵押权变更手续。

2. 无权利凭证的权利出质+基金份额、股权出质+知识产权中的财产权出质+应收账款出质=登记生效主义。

（1）以没有权利凭证的汇票、本票、支票、债券、存款单、仓单、提单出质的，质权自办理出质登记时设立。

例：【不得转让汇票设质】甲公司向乙公司借款，将一张以自己为收款人的汇票出质，并在票据上背书"出质"后，交付给乙公司，但出票人在该汇票上记载有"不得转让"的字样。因票据中做了"不得转让"的记载，该汇票能否出质？①不能。②出票人在汇票上记载不得转让字样的，汇票不得转让。③其后手以此票据进行贴现、质押的，通过贴现、质押取得票据的持票人主张票据权利的，人民法院不予支持。④简言之，不能转让的汇票，不能拿去出质。⑤因为"质押"约等于"买卖"，不能"卖"的东西，不能拿去出质。

（2）以基金份额、股权出质的，质权自办理出质登记时设立。

（3）以注册商标专用权、专利权、著作权等知识产权中的财产权出质的，质权自办理出质登记时设立。

（4）以应收账款出质的，质权自办理出质登记时设立。

例：【应收账款质押登记】11 月 11 日，民生银行武汉分行与恒晶公司签订了《应收账款质押登记协议》，约定恒晶公司同意将其与襄阳轴承公司所签购销合同项下现在及未来所产生的应收账款质押给民生银行武汉分行，并于同日办理了《中国人民银行征信中心动产权属统一登记——初始登记》。11 月 12 日，双方又签订《综合授信合同》和《应收账款最高额度质押合同》。而且在 11 月 12 日，民生银行武汉分行与恒晶公司和襄阳轴承公司三方共同签订了《封闭回款协议》，约定民生银行武汉分行向恒晶公司提供融资支持，恒晶公司将襄阳轴承公司为付款人的应收账款质押给民生银行武汉分行作为授信担保。次年 3 月 11 日，襄阳轴承公司在民生银行武汉分行出具的《应收账款确认书（回函）》上加盖其公司合同专用章确认，截至次年 3 月 11 日，襄阳轴承公司应付恒晶公司货款余额为 5036 万元。恒晶公司届期无力还贷，民生银行对襄阳轴承公司享有什么权利？①应收账款质权。②质权人对应收账款质权的实现即是在债务人不履行到期债务时，其有权在质押的应收账款范围内直接向次债务人襄阳轴承公司主张清偿，而无需像其他担保物权的实现方式那样对担保物采取折价或拍卖、变卖而就变现款优先受偿。

3. 居住权：登记生效主义。设立居住权的，应当向登记机构申请居住权登记。居住权自登记时设立。

（二）登记对抗主义：未经登记的物权变动只能在当事人之间产生效力，不能对抗善意第三人。根据物权变动的类型，有的是采取"交付主义+登记对抗主义"。有的是采取"意思主义+登记对抗主义"

1. 动产保留所有权买卖：意思主义+登记对抗主义。当事人可以在买卖合同中约定买受人未履行支付价款或者其他义务的，标的物的所有权属于出卖人。出卖人对标的物保留的所有权，未经登记，不得对抗善意第三人。

例：【没登记的保留用处不大】甲企业将设备出卖并交付给乙，约定在乙未付全款前保留所有权，但未登记。乙将该设备出卖给不知情的丙、或者乙将该设备出质给不知情的丙、或者乙将该设备抵押给不知情的丙办理了登记手续。甲的所有权可对抗丙吗？①不可。②甲与乙约定保留所有权，意思表示一致时甲是所有权人。③虽然乙取得占有，但不是所有权人。④丙善意取得所有权、质权或抵押权，优先于甲的所有权。

2. **特殊动产所有权转移**：交付主义+登记对抗主义。（1）买卖汽车合同中，交付时转移汽车所有权，登记了，则买方是完整物权人。（2）已交付但没登记，则看买方是否付款：①如果付款了，则是1个物权人，可以对抗第三人。②如果没有付款，则是很微弱的物权人，不能对抗任何善意第三人。

例1：【购买汽车取得占有和登记=完整物权人】甲企业将汽车卖给乙，交付并且办理了过户，乙已经付款或乙未付款。如何评价汽车所有权变动？①乙是汽车所有权人。②甲、乙签订买卖合同，属于基于法律行为的物权变动，汽车已经完成交付，故乙是汽车所有权人。③且已经过户给了乙，故乙的所有权可以对抗一切人，因为物权是对世权。④付款与否，属于合同义务问题，与所有权转移没有关系。除非当事人约定了"保留所有权买卖"，即买卖双方明确约定只有在买方付完全款才转移所有权。

例2：【购买汽车取得占有和付款，未过户登记=半个物权人】甲企业将汽车卖给乙，交付但未过户，乙已经支付了价款（全部或大部分）。甲企业欠丙企业民间借贷债务10万元，丙企业诉到法院请求甲履行债务，进入执行程序后，申请执行法院执行甲企业名下的汽车。乙可提出什么救济措施？①乙可提出执行异议。②因为乙是汽车的所有权人，虽然没有取得过户登记，但是已经取得占有和支付价款，其物权优先于债权第三人丙企业。③如果法院裁定驳乙的异议，乙可以向执行法院以申请执行人丙企业为被告提起执行异议之诉。④如果甲企业在将汽车过户给乙之前，将汽车抵押给不知情的丁企业并且办理了抵押权登记，则丁企业可善意取得抵押权，该抵押权要优先于乙的汽车所有权，因为丁的抵押权属于1个完整的物权。

原理：为什么取得占有且已经付款但未过户的买方，可以作为半个物权人优先于债权人？①因为买方已经付了钱，故卖方的债权人可以强制执行卖方名下的银行账户，已经可以保护卖方债权人利益。②如果此时还允许卖方债权人可以强制执行卖方名下而实际上是买方付款购买的机动车，则对买方来讲极其不公平。

口诀1：1个物权人（抵押权人）>半个物权人（钥匙人+付款人+未过户登记）>债权人（4S店的民间借贷债权人）

例1：【购买汽车取得占有和未付款，未过户登记=微弱物权人】甲企业将汽车卖给乙，交付未过户，乙也未付款。后甲企业欠丙企业民间借贷10万元，丙企业诉到法院获得胜诉判决，丙企业申请执行法院执行甲企业名下的机动车，乙可否提出异议？①否。②因为乙虽然取得交付，但未过户，也未付款，故乙的所有权不得对抗善意债权第三人丙。③乙没有足以排除强制执行的实体权利。④假设甲将该汽车抵押给不知情的丁企业，办理了抵押权登记，则丁企业的抵押权是完整物权人，自然优先于乙未付款且未过户的汽车所有权。

例2：【购买汽车尚未取得占有=债权人】甲企业将汽车出卖给乙，签订了合同，未交付汽车也未过户，乙已经支付了价款。如何评价乙的法律地位？①乙不是汽车所有权人，因为汽车未交付。②乙是合同债权人，可请求甲企业继续履行合同。

3. 动产抵押权、动产浮动抵押权、特殊动产抵押权：意思主义+登记对抗主义。

（1）意思主义+登记对抗主义

①以动产抵押的，抵押权自抵押合同生效时设立。（意思）

例：【动产抵押权设立的意思主义】甲借银行 1200 万，乙公司以其价值 200 万的现有的以及将有的生产设备、原材料、半成品、产品为甲公司贷款设定抵押，没有办理抵押登记。银行是否取得抵押权？①取得。②动产抵押权自抵押合同生效时设立。

> **原理：**动产抵押采取"意思主义+登记对抗主义"的理由是什么？①在现实生活中，人们用一些生活用品或者价值不是很高的财产（诸如：家具、牲畜、电器产品等）抵押也十分常见。当事人采用不转移占有的方式，往往是基于双方的信任。如果对于这些抵押也一概要求登记，将造成交易成本的扩大。我国幅员辽阔，偏远地区办理登记更为麻烦。②实践中对于债权额较小的抵押担保如果要求强制登记，当事人可能不选用抵押的方式。比如采用质押，但这就必须转移占有，从而不利于发挥物的效用，有违物尽其用原则。或者干脆拒绝交易，从而阻碍社会发展。

②动产抵押权登记了，是 1 个完整的物权人。（意思+登记）

例：【动产押 1 登记>动产押 2 未登记】甲将车抵押给工商银行担保其债务，办理了抵押权登记。后又将该车抵押给担保公司担保其债务，未办理抵押权登记。甲届期无力清偿债务，工商银行和担保公司的抵押权怎么排序？①工商银行的抵押权优先。②因为工商银行的抵押权登记了，是 1 个物权人。③担保公司的抵押权未登记，是半个物权人。

③动产抵押权没登记，是半个物权人。（意思+没登记）

例：【动产押 1 没登记>债权人】甲、乙二人按照 3:7 的份额共有一辆货车，为担保丙的债务，甲、乙将货车抵押给债权人丁，但未办理抵押登记。后该货车在运输过程中将戊撞伤。如何分析本案涉及法律关系？（1）从物权关系观察：①就货车而言，甲乙是按份共有。②丁有未登记抵押权，属于半个物权人。③如甲对丁承担了全部担保责任（如甲自掏腰包向丁代偿），则有权向乙追偿。④丁的抵押权要优先于戊的债权。（2）从债权关系观察：①戊可以要求甲乙承担连带侵权责任，因为共有物对外致人损害，由按份共有物负连带侵权责任。②甲乙对戊损害负连带侵权责任，如戊免除甲的损害赔偿责任，则乙只承担自己的那部分责任。

交付+付款>1个抵押权人>半个抵押权人>债权人
（买车的）　（银行）　　（小贷公司）（普通债权人）

（2）动产抵押登记后有"半个追及力"：以动产抵押的，可以对抗未支付合理价款且未取得抵押财产的人。（登了顶半个用）

例：【动产抵押登记有半个追及力】甲车抵押给了乙企业担保欠乙企业债务，办理了抵押权登记。甲将车出卖给丙，丙尚未支付价款或者丙未取得汽车占有或者并未付款且未取得占有，丙要求甲履行合同义务。甲届期无力履行债务，丙诉到法院，要求甲赔偿，法院判决丙胜诉。丙申请法院执行甲名下的机动车，乙企业可提出什么救济措施？①乙企业可提出执行异议。②如果异议被裁定驳回，乙企业可提出执行异议之诉。③因为乙企业对该车有抵押权，且已经登记，故可以追及车之所在。

（3）动产抵押登记后没有另外"半个追及力"：以动产抵押的，不得对抗正常经营活动中已支付合理价款并取得抵押财产的买受人。（登了不顶另半个用）

例：【动产抵押登记没有另外半个追及力】甲车抵押给了乙企业担保欠乙企业债务，办理了抵押权登记。甲将车出卖给丙，丙支付了合理价款，取得汽车占有。甲届期无力清偿乙企业债务，乙企业主张抵押权。而丙主张汽车所有权，谁优先？①丙优先。②乙企业抵押权虽然已经登记，但是不得对抗已经支付合理价款且取得汽车占有的买受人丙。③买车的时候，我们买方不管这个车上有谁的抵押权，我们买方只要拿到车钥匙，只要支付了合理价款，就可以取得所有权。④简言之，正常买车人（付款人和钥匙人）可以破掉银行抵押权。

4. 地役权

（1）"直接当事人之间意思主义"：需役地人和供役地人之间地役权设立是坚持意思主义。

（2）"供役地换人，考对抗性"：供役地换人，则采用登记对抗主义，地役权登记了，可以对抗购买供役地的人；地役权没登记，则不可以对抗购买供役地的人。

5. 土地承包经营权

（1）"一级市场"：集体和农民 1 之间土地承包经营权的设立是意思主义。

（2）"本村二级市场"：农民 1 和本村农民 2 之间土地承包经营权的流转是意思主义和登记对抗主义。

6. 土地经营权

（1）"一级市场"：意思主义+5 年以上登记对抗主义。

（2）"二级市场"：意思主义+5 年以上登记对抗主义。

登记对抗主义口诀："保留"一辆"车"去"抵押"买来 3 块"地"来"承包"、"经营"和"役使"。

（三）不动产登记的种类

1. 更正登记

（1）权利人、利害关系人认为不动产登记簿记载的事项错误的，可以申请更正登记。

（2）不动产登记簿记载的权利人书面同意更正或者有证据证明登记确有错误的，登记机构应当予以更正。

2. 异议登记

（1）不动产登记簿记载的权利人不同意更正的，利害关系人可以申请异议登记。

（2）登记机构予以异议登记的，申请人在异议登记之日起 15 日内不起诉，异议登记失效。异议登记失效后仍可诉请确认物权归属，异议登记失效不影响人民法院对案件的实体审理。

（3）异议登记期间内，卖方仍然可以卖房，但买方自担风险。异议登记期间内，房屋继承照常进行。

（4）异议登记不当，造成权利人损害的，权利人可以向申请人请求损害赔偿。

例：【异议登记不当要赔偿】某房屋登记的所有人为甲，乙认为自己是共有人，于是向登记机构申请更正登记。甲不同意，乙又于 3 月 15 日进行了异议登记。3 月 20 日，丙打算买甲的房屋，但是到登记机构查询发现甲的房屋存有异议登记，遂放弃购买。乙申请异议登记后，发现自己的证据不足，遂对此事置之不理。<u>如何评价本案异议登记？</u>①异议登记于 3 月 31 日失效。②甲有权向乙请求赔偿损失。③甲无权向登记机构请求赔偿损失。④如果丙和甲签订买卖合同，该合同有效。④如果甲将房屋过户给了丙，丙是否取得房屋所有权，将取决于乙的异议是否成功。⑤如果乙异议登记失效，则丙可以取得房屋所有权。⑥如果乙的异议成立，丙不可以取得房屋所有权。⑦因为甲构成无权处分，房屋上有异议登记，故丙不构成善意，不能主张善意取得房屋所有权。⑧一句话，异议登记可能会破掉善意取得。

3. 预告登记：（1）当事人签订买卖房屋的协议或者签订其他不动产物权的协议，为保障将来实现物权，按照约定可以向登记机构申请预告登记。（2）<u>预告登记后，未经预告登记的权利人同意，处分该不动产的，不发生物权效力</u>。（3）预告登记后，债权消灭或者能够进行不动产登记之日起 3 个月内未申请登记的，预告登记失效。

三、交付主义

（一）动产所有权转移：交付主义

1. 动产买卖合同中，一交 3 转：交付后转移所有权、孳息和风险归买受人。

（1）动产所有权：<u>动产</u>物权的设立和转让，自交付时发生效力，但是法律另有规定的除外。①出卖人应当按照约定的地点交付标的物。②无约定交付地点或约定不明确，则标的物需要运输的，出卖人应当将标的物交付给第一承运人以运交给买受人。③标的物不需要运输，出卖人和买受人订立合同时知道标的物在某一地点的，出卖人应当在该地点交付标的物；不知道标的物在某一地点的，应当在出卖人订立合同时的营业地交付标的物。

例：【货交第一承运人】甲、乙公司签订大蒜买卖合同，约定由卖方乙公司代办托运，货交承运人丙公司后即视为完成交付。则大蒜运至丙公司时，<u>所有权归谁？</u>①甲公司。②双方约定了货交承运人丙公司后视为完成交付，货交丙公司，视为交付给了买方甲公司。③所谓"代办托运"，是指由出卖人代理买受人与承运人订立运送合同，买受人承担运费的交付方式，此时出卖人将货物交给承运人即算完成交付。

（2）不动产孳息或动产孳息：<u>标的物</u>在交付之前产生的孳息，归出卖人所有；交付之后产生的孳息，归买受人所有。

例 1：【房屋租金归谁】甲企业将房屋出卖给乙，交付但未过户，乙尚未支付全部购房款。乙收房后将房屋进行装修，出租给丙。<u>房屋租金归谁？</u>①房屋是不动产，基于法律行为的物权变动坚持登记生效主义。②房屋未过户故甲仍是房屋所有权人。③乙对房屋的占有有买卖合同为依据，相对于甲是有权占有。④甲乙之间形成买卖合同，交付转移房屋孳息。⑤租金是房屋法定孳息，乙丙租赁合同有效，故租金归乙所有。

例2：【牛生小牛归谁】甲将牛出卖并交付给乙，乙尚未支付价款。乙占有牛期间，牛产下小牛。小牛归谁？①乙。②小牛是牛的孳息。③甲乙签订买卖合同，买卖合同中，交付标的物之后的孳息，归买方所有。④假设甲将牛出借给乙，乙占有牛期间，牛产下小牛，则小牛归甲。⑤只有买卖合同中才适用交付转移孳息规则，非买卖合同不适用这一规则。

例3：【抵押物孳息归谁？"以租养贷"】甲将房屋抵押给乙银行担保借款，办理了抵押权登记。甲将房屋出租给丙，丙的租金支付给谁？①甲。②甲是房屋所有权人，租金是房屋法定孳息，归房屋所有权人甲。③此即"租户为房东打工；房东为银行打工"。④如甲届期无力清偿乙银行债务，乙银行申请法院查封了甲的房屋，自查封之日起，丙的租金给谁？乙银行通知丙之日起，丙将租金交付给乙银行，乙银行作为抵押权人对该租金享有的是"收取权"，不是所有权，即乙银行是要"房屋+租金"来变价受偿其主债权。

（二）动产质权、有权利凭证的汇票、提单等权利质权出质：交付主义

1. 动产质权：自出质人交付质押财产时设立。（1）以实际为准：约定交牛出质，实际交鸡出质，则鸡是质物。（2）从物需交付才出质：约定交车出质，实际交了车没交备胎，则车是质物。

2. "3票3单1券"：以汇票、本票、支票、存款单、仓单、提单、债券出质的，质权自权利凭证交付质权人时设立。

（三）交付方式

1. 现实交付：动产的物权人基于意思表示自愿将其对于动产的直接管领通过现实的移转让与受让人而产生物权的变动。

例：【被偷不是交付】甲将画卖给乙，签订了买卖合同，尚未交付。第2天，乙教唆甲8岁的儿子从甲手中将画偷来，交给了乙。画的所有权归谁？①甲。②甲乙签订买卖合同有效，但画未交付，故甲是所有权人。③乙教唆甲8岁的儿子侵权，因负侵权责任，甲有权要求乙返还画。④当然，乙可基于有效的买卖合同要求甲承担继续履行等违约责任，因为甲负有合同义务。

2. 观念交付：当事人意思表示达成时视为完成交付，并非现实转移动产的控制。观念交付与现实交付具有相同的法律效果，比如观念交付后孳息归买方、风险归买方。观念交付有三种形态：简易交付、占有改定、指示交付。

（1）简易交付：动产物权设立和转让前，权利人已经占有该动产的，物权自民事法律行为生效时发生效力。

> "先租用后买卖" = "买方一直占有" = 买方由债权人升级为物权人 = 东西归买方。

【租户变主人】甲租用乙的相机，后甲乙达成协议，甲买下该相机。如何评价相机物权变动？①这属于简易交付。②自甲乙买卖协议生效时，甲就是物权人，由原来的租赁权人（债权人）升级为物权人。③如此后相机在甲手中意外灭失，则应由甲承担风险，因为买卖合同中，交付之后风险归买方承担，此处的交付，包括观念交付之"简易交付"。所谓甲承担风险，即虽然相机灭失，但甲仍需要向乙支付价款。

【小偷变主人】甲偷来乙的相机，后甲乙达成协议，甲买下该相机。如何评价相机物

权变动? ①这属于简易交付。②自甲乙买卖协议生效时，甲就是物权人，由原来的小偷变成了主人。

【保留所有权买卖中的简易交付】甲公司借用乙公司的一套设备，在使用过程中不慎损坏一关键部件，于是甲公司提出买下该套设备，乙公司同意出售。双方还口头约定在甲公司支付价款前，乙公司保留该套设备的所有权。不料在支付价款前，甲公司生产车间失火，造成包括该套设备在内的车间所有财物被烧毁。如何评价本案中的交付? ①甲借用乙的设备，双方成立借用合同法律关系。②甲购买乙的设备，双方成立买卖合同关系。③先借用后买卖，这属于简易交付。④本来，交付之后，风险归甲、孳息归甲、所有权也归甲。⑤但是当事人约定甲未付全款则乙保留所有权，保留动产所有权买卖无须采用书面形式。⑥我们要区分处理：所有权归乙。风险和孳息因简易交付而转移归甲。⑦设备被烧毁，故甲仍需要向乙支付原定价款。

3. 占有改定：动产物权转让时，双方又约定由出让人继续占有该动产的，物权自该约定生效时发生效力。

"先买卖后租用" = "卖方一直占有" = 卖方由物权人降格为债权人 = 东西归买方。

例 1：【没交付】甲在商场购买一台电脑，约定由商场送货上门。货未送出之前商场失火，被宣告破产。甲能否要回电脑或货款? ①不能。②因为按约定，商场送货上门时电脑才算交付，在交付之前甲只对商场享有债权，却没有对电脑享有物权，甲的已付的价款列入破产财产，只能作为破产债权人的身份参与分配破产财产。

例 2：【占有改定】甲在商场购买一台电脑，对售货员说：先替我保管，我明天来拿。当晚商场失火，被宣告破产。甲能否要回电脑或货款? ①能。②因为此时电脑已经交付给甲，只是甲要求商场代为保管，这是"占有改定"。甲对电脑享有物权，该不能列入商场的破产财产去清偿商场的债权人，因为电脑归甲所有，并非归商场所有，故甲可以优先取回电脑。

例 3：【连环交易与占有改定】庞某有 1 辆名牌自行车，在借给黄某使用期间，达成转让协议，黄某以 8000 元的价格购买该自行车。次日，黄某又将该自行车以 9000 元的价格转卖给了洪某，但约定由黄某继续使用 1 个月。如何评价自行车的物权变动? ①庞某黄某借用期间，达成转移协议，乃"先借用后买卖"，黄某因"简易交付"成为所有权人。②黄某再卖给洪某，属于有权处分，约定黄某继续借用，乃"先买卖后借用"，洪某因"占有改定"而取得所有权。③洪某在其与黄某约定由黄某继续使用时成为所有权人，而非黄某使用 1 个月后才是所有权人。

4. 指示交付：动产物权设立和转让前，第三人占有该动产的，负有交付义务的人可以通过转让请求第三人返还原物的权利代替交付。

指示交付 = 卖方是原间接占有人而买方是新间接占有人 = 间接占有人换人。

例 1：【深圳的交给深圳】北京的甲将相机出借给深圳的乙。甲要将相机卖给深圳的丙。甲将对乙的返还请求权让与给丙。如何评价相机的物权变动? 丙因"指示交付"而取得相机所有权，甲丙达成指示交付意思表示时，指示交付完成。

例 2：【对小偷也可指示交付】北京的甲相机被深圳的乙偷走。甲要将相机卖给深圳的丙。甲将对乙的返还请求权让与给丙。如何评价相机的物权变动? 丙因"指示交付"而取得相机所有权，甲丙达成指示交付意思表示时，指示交付完成。

> **原理**：指示交付的完成时点是何时？有2种观点。（1）观点1：双方合意时＝指示交付完成。双方达成以返还请求权代替现实交付的合意时生效。（2）观点2：通知直接占有人时＝指示交付完成。自转让人将转移返还请求权的意思通知占有人时发生效力。（3）考试处理办法：区分处理。①指示交付转移所有权＝双方合意时＝指示交付完成时。②指示交付设立质权＝通知直接占有人时＝指示交付完成时。

第四章　物权的保护和占有的保护

太阳出来，影子跟着；物权被侵犯，物权请求权跟着。请求你返还原物、请求你排除妨碍；请求你消除危险。不论小偷、强盗、合同人、钥匙人、过户人，只要是占有物的控制人，均受占有保护。

物权的保护 {
①返还原物请求权
②排除妨害请求权
③消除危险请求权
}

占有保护 {
①权利人与无权占有人使用关系
②权利人与无权占有人返还关系
③权利人与无权占有人赔偿关系
④占有人与侵占人返还占有关系
}

第一节　物权的保护

一、保护物权的两种方法

（一）债权请求权：侵害物权，造成权利人损害的，权利人可以依法请求损害赔偿

（二）物权请求权：物权的圆满状态受到妨害或有被妨害的危险时，物权人为回复其物权的圆满状态，请求妨害人为或不为一定行为的权利

1. 物权请求权的种类：（1）返还原物请求权：无权占有不动产或者动产的，权利人可以请求返还原物。（2）停止侵害、排除妨碍或消除危险请求权：妨害物权或者可能妨害物权的，权利人可以请求停止侵害、排除妨碍或者消除危险。（3）修理、重作、更换或恢复原状请求权。

2. 物权请求权的特征：（1）物权请求权是以物权为基础的一种独立的请求权。物权请求权不能与物权分离单独转让。（2）物权请求权不是物权本体。因为物权请求权不以对物权标的物的支配为内容，故不是物权的本体，而是独立于物权的一种请求权。（3）物权请求权是行为请求权。物权人请求特定的人（妨害物权的人）为特定行为（除去妨害）的权利，属于行为请求权。（4）物权请求权与债权有类似的性质。①因而在不与物权请求权性质相抵触的范围内，可以适用债权的有关规定：如过失相抵规则。②物权请求权是物权的效用，它以恢复物权的支配状态为目的，在物权存续期间不断地发生。

例：【物权请求权】物权人在其权利的实现上遇有某种妨害时，有权请求造成妨害事由发生的人排除此等妨害，称为物权请求权。<u>如何评价物权请求权?</u>①物权请求权是独立于物权的一种行为请求权。②不能与物权分离而单独存在。③可以适用债权的有关规定。④不是必须依诉讼的方式进行。

原理：如何区分物权、物权请求权和债权请求权？①我有一套房屋，自己占有、自己居住、自己出租、自己出卖，都不需要别人去配合，这是"物权"，义务主体是不特定人，具有对世性。②我有一套房屋，被他人侵占，我的物权圆满状态受到侵犯，我可以对他人主张物权请求权，要求特定的他人返还房屋，这是"物权请求权"，义务主体是特定人，义务内容是回复物权圆满，基于保护物权而产生的物权请求权，具有对人性。③我有一套房屋，被他人侵占，在返还房屋之余，我有权要求他人赔偿占用期间造成我的损失。④我有一套房屋，被他人侵占并且毁损，在返还房屋之余，我有权要求他人赔偿毁损的损失，这是"债权请求权"，即"赔钱"，义务主体是特定人，义务内容是"钱"。

二、返还原物请求权：无权占有不动产或者动产的，权利人可以请求返还原物

（一）原告＝"权利人"

1. 包括抵押权人之外的物权人：所有权人、用益物权人、质权人、留置权人，这些人的物权都包含"占有"权能。因为抵押权人不占有抵押物，故抵押权人不享有返还原物请求权。

2. 包括管理人：破产管理人、遗产管理人、宣告失踪的财产代管人，虽然不是物权人，但是"权利人"，可作为原告行使他人的返还原物请求权。

3. 不包括债权人：承租人不得对无权占有人主张返还原物请求权。但可对无权占有人主张返还占有，因为任何占有人均可对无权占有人主张返还占有。

例：【质权人占有质物被人强行拿走】甲向乙借款5000元，并将自己的一台笔记本电脑出质给乙。乙在出质期间将电脑无偿借给丙使用。丁因丙欠钱不还，趁丙不注意时拿走电脑并向丙声称要以其抵债。如何评价本案的物权保护和占有保护？①甲乙之间有民间借贷主合同法律关系。②甲将自己电脑出质给乙，属于自物保，乙取得电脑质权。③乙将电脑出借给丙使用，丙基于借用合同对电脑有权占有。④丁强行将丙占有的电脑取走，主张抵债，但丙丁之间并无"以物抵债"的协议，丁也不构成"自助行为"，故丁对电脑的占有属于无权占有。⑤丁侵犯了甲的所有权、乙的质权，甲有权基于所有权请求丁返还电脑、乙有权基于质权请求丁返还电脑。⑥丁没有侵犯丙的借用权，因借用权属于债权。丁侵犯了丙对电脑的占有，丙有权基于其占有被侵害请求丁返还电脑。

（二）被告＝"现时""无权""占有"人

1. "现时"：对现时占有人才可主张返还原物，对非现时占有人不可主张返还原物。

例：【遗失物返还】张某遗失的名表被李某拾得。1年后，李某将该表卖给了王某。再过1年，王某将该表卖给了郑某。郑某将该表交给不知情的朱某维修，因郑某不付维修费与朱某发生争执，张某方知原委。如何评价表的物权变动？①李某拾得遗失物，不是手表所有权人。②李某将表卖给王某，属于无权处分，但李某不是"现时"无权占有人，因为李某已经彻底丧失了占有。③王某将表卖给郑某，王某也属于无权处分，但王某不是"现时"无权占有人，因为王某已经彻底丧失了占有。④买到手表的郑某将表交给朱某维

修，郑某对手表没有彻底丧失占有，成为手表的无权间接占有人。⑤朱某对遗失物取得留置权，对手表占有是有权占有。⑥综上，张某不可请求李某、王某返还手表；但可要求无权间接占有人郑某返还手表；不可要求朱某返还手表，因朱某有留置权，属于有权占有。

2. "无权"：对无权占有人才可主张原物返还，对有权占有人不得主张原物返还。

例 1：【房东与租户】甲将房屋出租给乙，租期内，<u>甲是否有权要求乙返还房屋？</u>①否。②甲是所有权人，具有对世性。③乙是债权人，享有对房屋的租赁权。④乙对房屋的占有，具有租赁合同的依据，属于基于债权的占有，具有相对性，可对所有权人甲主张有权占有。故甲无权请求乙返还房屋。⑤如果租赁期间届满，则甲有权要求乙返还房屋。

例 2：【过户人与钥匙人】甲将 1 套房屋出卖给乙，已经移转占有，没有办理房屋所有权移转登记。现甲死亡，该房屋由其子丙继承。丙在继承房屋后又将该房屋出卖给丁，并办理了房屋所有权移转登记。<u>如何评价房屋物权变动？</u>①甲把房屋卖给钥匙人乙，乙对房屋占有相对于甲来讲是有权占有，依据是房屋买卖合同。②甲死亡，遗产发生继承，房屋归丙所有；但是丙也要继承债务，即取代甲成为甲乙买卖合同的出卖人，故乙对房屋占有相对于丙也是有权占有。③丙将房屋出卖给过户人丁，丁成为物权人，具有对世性。④乙对房屋的占有是基于债权，具有相对性，相对于甲和丙是有权占有，但对于过户人丁则属于无权占有。⑤因乙和丁之间无合同关系，丁是物权人，乙是债权人，故丁可要求乙返还房屋。⑥乙再诉丙承担违约责任。

3. "占有"：对无权直接"占有"人和无权间接"占有"人可主张返还原物，对占有辅助人不得主张返还原物。

（1）对无权"直接占有"人可主张返还原物。

例：【弟弟是物权人，姐姐是债权人】蔡永父母在共同遗嘱中表示，二人共有的某处房产由蔡永继承。蔡永父母去世前，该房由蔡永之姐蔡花借用，借用期未明确。2012 年上半年，蔡永父母先后去世，蔡永一直未办理该房屋所有权变更登记，也未要求蔡花腾退。2015 年下半年，蔡永因结婚要求蔡花腾退，蔡花拒绝搬出。<u>如何评价房屋物权变动关系？</u>①蔡永基于继承取得房屋所有权，成为物权人。②蔡花基于借用合同成为房屋借用人，属于债权人。③未约定借用期间，属于合同漏洞，需要根据合同规则予以填补，权利人可以随时请求义务人返还，给合理准备期间，义务人可随时返还。④蔡永继承父母遗产，也要继承父母生前与姐姐蔡花签订的借用合同。⑤即蔡永和蔡花之间存在一个借用合同，但不是永久借用。⑥蔡永有权请求蔡花返还房屋，主张物权请求权，该请求权不适用诉讼时效，因不动产返还原物请求权不适用诉讼时效制度。

（2）对无权"间接占有人"可主张返还原物（"指示交付"）。

例：【父亲卖房给钥匙人，钥匙人将房屋出租给"超级钥匙人"，儿子卖房给过户人】王某与丁某约定：王某将一栋房屋出售给丁某，房价 20 万元。丁某支付房屋价款后，王某交付了房屋，但没有办理产权移转登记。丁某接收房屋作了装修后出租给叶某，租期为 2 年。租期内王某因病去世，全部遗产由其子小王继承。小王在租期内将该房屋卖给杜某，并办理了所有权移转登记。<u>杜某是否有权要求丁某、叶某返还房屋？</u>①有权要求丁某返还房屋，无权要求叶某返还房屋。②王某卖房给钥匙人丁，丁是债权人，不是物权人。③丁某将房屋出租给叶某，属于出租他人所有之房屋，因为房屋仍然是王某的。但是叶某占有房屋相对于丁某而言是有权占有，相对于王某而言，也是有权占有，因为这属于"占有连续"。④王某不得要求丁某、叶某返还房屋。⑤王某死亡后，发生继承，小王是房屋所有权人，也要法定承受其父亲王某合同债务，即给丁某配合过户。⑥小王将房屋卖给过户人杜某，属于有权处分，杜某成为房屋所有权人。⑦无论是王某房屋由小王继承、还是小王房屋过户给杜某，都是在叶某租赁期间发生，基于"所有权变动不破租赁"原理，叶某作为承租人（我称之为"超级钥匙人"），可对王某、小王和杜某主张有权占有，因为杜某取代小王成为出租人。⑧杜某是过户人，乃所有权人，而丁某是钥匙人，乃债权人，故杜某可要求丁某返还房屋，此即要求"现时无权间接占有人返还房屋"：即将来房屋租赁期间届满，叶某应将房屋直接退给杜某即可。

（3）不能对占有辅助人主张返还原物，因为占有辅助人不是占有人。

例：【快递小哥骑他人电动车】快递小哥在为京东公司送快递过程中，因为自己的电动车亏电走不动，故借快递小妹电动车送快递，此后未向快递小妹归还。<u>快递小妹是否有权要求快递小哥归还？</u>①否。②只能要求京东公司返还原物。③因为快递小哥乃执行工作任务占有他人电动车，属于"占有辅助人"，而非占有人，京东公司才属于现时无权占有人。

（三）对象＝原物和孳息

1. 原物须存在，权利人才能主张返还原物。

2. 如果原物已经毁损灭失，则权利人不能主张返还原物请求权。（1）权利人可要求恶意无权占有人（明知自己无权占有）赔偿损失。（2）权利人不可要求善意无权占有人（不知自己无权占有）赔偿损失。

例：【爹借牛子继承】高某向周某借用一头耕牛，在借用期间高某意外死亡，其子小高不知耕牛非属高某所有而继承。不久耕牛产下一头小牛。期满后周某要求小高归还耕牛及小牛，但此时小牛已因小高管理不善而死亡。<u>如何评价牛和小牛的物权关系？</u>①周某是耕牛的所有权人。②小牛是耕牛的孳息，归周某所有，而不归高某所有。因为周某和高某签订的是借用合同，而非买卖合同，故不适用"交付转移孳息"规则。③期满后，周某有权要求小高归还耕牛。④但是小牛已经死亡，故不能要求小高归还小牛。⑤因小高不知自己对耕牛和小牛是无权占有，乃善意无权占有人，故周某不得要求小高赔偿小牛的损失。

本题启示：小牛的死亡时间点。是借用期间内？还是借用期间届满后？小高知道牛是周某前，还是周某上门要求的时候"当场死亡"？还是小高拒绝周某上门讨牛之后？法律效果有差异：（1）有权占有期间：①自主占有不赔，即小高以牛为自己所有的占有，小高不知牛是周某的，则小高对牛死亡不赔。②他主占有则过错赔偿，即小高明知道牛不是自己的，借用期间导致牛死亡，则负过错赔偿责任。（2）无权占有期间：①善意无权占有不赔，即借用期间届满后，小高不知道不是自己的，此期间小高不赔牛死亡损失。②恶意无权占有须赔，即借用期间届满后，小高知道牛不是自己的，此期间小高要赔牛死亡损失。

1月1日 ~~借期内~~ 6月1日 ~~善意无权占有~~ 7月1日讨牛被拒 ~~恶意无权占有~~

三、排除妨害请求权：当所有权的圆满状态受到占有以外的方式妨害时，所有人对妨害人享有请求其排除、使自己的权利恢复圆满状态的权利

（一）行为妨害＝通过行为造成妨碍状态的人是行为妨碍人

（二）状态妨害＝妨碍状态的出现虽然与某人的行为无关，但是有责任排除这种妨碍的人是状态妨碍人

例：【区分行为妨碍人和状态妨碍人】张某在夜里把散发臭味的垃圾倒在甲使用的土地上，这些垃圾给乙使用土地造成了无法忍受的状态。谁是妨碍人？①张某是行为妨碍人。②甲是状态妨碍人，他有责任清除这些垃圾。

例：【装修房屋妨碍邻居】叶某将自有房屋卖给沈某，在交房和过户之前，沈某擅自撬门装修，施工导致邻居赵某经常失眠。赵某有权请求谁排除妨碍？①赵某有权请求"状态妨碍人"叶某排除妨碍。②赵某有权请求"行为妨碍人"沈某排除妨碍。③赵某请求排除妨碍不受诉讼时效的限制。

第二节　占有保护

一、什么是占有

（一）占有：对物事实上的控制与支配，占有是一种事实状态

1. 占有人对物有事实上管领力（体素）。

（1）空间要求。在空间上，人与物在场合上有一定的结合关系，足以认定该物为某人事实上所管领。如居住房屋，对房屋的控制。如堆放建材在工地，对建材的控制。停放汽车在路边，出国数日，对汽车得控制。以上，均成立占有。

（2）时间要求。在时间上，人与物在时间上须有相当的继续性，足以认为该物为某人事实上所管领。如果过于短暂，则不成立占有。如在饭店用酒杯餐具、如在公园坐卧长椅、如在图书馆取阅杂志等。以上，均不成立占有。

2. 占有的意思（心素）。

（1）取得占有的意思。如野外捕捉蜻蜓、拾得遗失物、窃取他人财物，均有占有的意思。

（2）维持占有的意思。占有意思体现于物的支配状态，体素为心素的表现。甲睡卧在公园草地，小鸟停留其身边，甲因欠缺占有的意思，未取得该鸟的占有。如甲捕捉该鸟，放于口袋，继续睡觉，甲的占有不因此而受影响。

（3）占有的意思不是民事法律行为上的意思，而是一种自然意思。无限人也可是占有人。占有的取得不是基于民事法律行为的意思，故不发生意思表示瑕疵撤销的问题。如甲误以为乙所有的手机为己有而占有，其后发现事实真相，甲不得对乙表示撤销占有。即甲相对于乙而言仍然构成善意无权占有，不得免除甲的侵犯他人占有的责任。

例：【占有心素＋占有体素】甲用图书在教室占座，乙见之想看，取之看后想拿走，后实际拿出教室。甲何时丧失占有？乙实际拿出教室取得控制之时，乙取得占有，甲丧失

占有。

原理：如何区分所有权中"占有、使用、收益、处分"4项权能中的"占有"和占有制度中的"占有"？①所有权中的占有是指有权占有，其保护的是物的归属。②"占有制度"中的"占有"是一项事实，不考虑占有人是否有权占有，其保护的是现有秩序的平和，避免"丛林法则"，禁止私人用暴力手段破坏占有。③比如，我们发现了小偷偷走我们的手表（小偷对手表的占有显然属于非法占有），如果知道小偷的具体身份信息，就应该通过法律途径（和解、调解、诉讼）要回手表，而不能用私人力量抢回手表，即不能破坏"非法占有"。④如果不知道小偷身份信息，则可以启用民法上的"自助行为"，暂时通知小偷直到知道小偷的身份信息为止，一旦知晓，则属于民诉法上的"被告明确"，此时就应转而求助公力救济。

（二）占有概念的限缩：占有辅助人不是"占有人"

1. 什么是占有辅助人？所有权人基于内部从属关系，指示他人占有，受指示人是占有辅助人，该占有为辅助占有。

例：【我只是一个打工的】①车主雇用司机开车，车主是汽车占有人，司机是占有辅助人。②公司职员对公司物品的占有，公司是占有人，公司职员为辅助占有人。③渔船所有人雇人捕鱼，先占的无主物应归雇主所有，受雇人不能取得所有权，因为受雇人不是先占人，而是占有辅助人。

2. 占有辅助人法律地位：占有辅助人不是占有人，故占有辅助人既不是原告，也不是被告。

（1）占有辅助人不是被告。民事主体可向占有人主张返还占有，不得向占有辅助人主张返还占有。

例：【多交货】甲向乙多发货，乙让雇员丙销售货物，<u>甲可否要求丙返还占有？</u>①否。②就多发的货物，乙是无权占有人，丙是占有辅助人。③甲可向乙返还占有，不得向丙主张返还占有。

（2）占有辅助人不是原告。占有辅助人不得主张占有保护，占有人才可以主张占有保护。

例：【错发货】甲让雇员乙销售货物，乙错发货给丙。<u>乙可否要求丙返还占有？</u>①否。②甲是占有人，乙是占有辅助人。③甲可要求丙返还原物，乙不可向丙返还占有。

（三）占有概念的扩大①：间接占有人是"占有人"。所有权人直接对物有事实上的管领力，所有权人是直接占有。所有权人不直接占有其物，基于一定法律关系将物交由他人占有，该他人为直接占有，所有权人为间接占有

例：【转租】所有权人甲将房屋出租给乙，乙经甲同意将房屋转租给丙。<u>如何评价占有关系？</u>①租赁合同中，承租人乙为直接占有人，出租人甲为间接占有人。②转租合同中，次承租人是直接占有人，承租人是间接占有人。③综合观察租赁合同和转租合同，则次承租人为直接占有人，承租人为第一阶层间接占有人，出租人为第二阶层间接占有人。④推定最高阶层的间接占有人甲为自主占有。

（四）占有概念的扩大②：占有的法定继承或占有依据的法定承受（不考虑占有的心素和体素，推定构成占有）

1. 占有的法定继承：为了保护继承人利益，被继承人死亡时，继承人就取得被继承人生前的占有。继承人是否有占有的意思和是否具有管领控制的事实，不再考虑。

例：【手镯占有的法定继承】甲的手镯委托乙交给丙。乙在路上发生车祸死亡，未交到丙处。路人丁顺手牵羊占为己有。乙有唯一继承人戊。如何评价手镯的占有关系？①甲是手镯所有权人，委托乙交给丙，乙占有手镯期间，甲是间接占有人，乙为直接占有人。②乙死亡，其财产包括占有发生继承。戊基于继承成为手镯的直接占有人。到此，甲为间接占有人，戊是直接占有人。丙不是占有人。③戊基于直接占有被侵犯向丁主张占有原物返还。④甲基于所有权向丁主张原物返还、基于间接占有被侵犯向丁主张占有原物返还。⑤丁属于恶意、自主、无权占有人。

2. 占有依据的法定承受：承租人在房屋租赁期间死亡的，与其生前共同居住的人或者共同经营人可以按照原租赁合同租赁该房屋。共同居住人或共同经营人因此成为占有人，可主张占有保护。

例：【丧偶后回娘家】别墅承租人甲在租赁期间车祸死亡，其配偶乙搬回娘家居住，半年后返回别墅发现丙占用别墅。原来甲曾向丙借款 10 万元用于个人，并在借条中承诺不能还款时该别墅由丙使用。出租人丁同意丙使用别墅，将房屋备用钥匙交给丙。如何评价占有关系？①丁将别墅出租给甲，丁是间接占有人，甲是直接占有人。②甲死亡，乙是与甲生前共同生活的人，故乙法定承受租赁合同，因此成为承租人，也成为直接占有人。③乙可主张占有保护，要求丙返还别墅。④乙在继承甲遗产价值限度内，要法定承受甲与丙的借款合同关系，依照合同关系处理。⑤如乙不履行还款义务，丙可要求乙承担违约责任，但不得以侵犯占有的方式实现合同权利。

二、为什么需要占有制度

（一）占有的两个推定：占有的权利推定+占有的事实推定

1. 占有的权利推定：动产（不动产不适用占有的权利推定规则）的占有人在法律上推定是动产的权利人，但只要存在相反的证据证明，就可以推翻此种推定。

（1）受权利推定的占有人，免除举证责任。除非相对人提出反证。

（2）权利的推定，不但占有人自己可以援用，而且第三人也可以援用。如债权人甲主张债务人乙占有的动产，归债务人所有。

（3）权利的推定属于消极性的，占有人不得利用此项推定作为其行使权利的依据。只要存在相反的证据证明，就可以推翻此种推定。这种权利推定是不得对抗真正的所有权人或权利人。

例：【戒指是谁的】甲、乙就乙手中的一枚宝石戒指的归属发生争议。甲称该戒指是其在 2015 年 10 月 1 日外出旅游时让乙保管，属甲所有，现要求乙返还。乙称该戒指为自己所有，拒绝返还。甲无法证明对该戒指拥有所有权，但能够证明在 2015 年 10 月 1 日前一直合法占有该戒指，乙则拒绝提供自 2015 年 10 月 1 日后从甲处合法取得戒指的任何证据。戒指归谁所有？①应当认定甲对戒指享有合法权利，因其证明了自己的先前占有。②不归乙、不归共有、不归国家。

> **原理：** 占有权利推定的法律价值是什么？①通常情况下，我们可以证明房屋、机动车等有登记作为公示方法的财产归属，但是我们很难找到证据去证明自己占有的动产归我们自己所有。②如果没有占有权利推定规则，则会导致动产所有权人人人自危。

2. 占有的事实推定

（1）在认可"取得时效"发生物权变动的立法体系中，取得时效的要件是要求占有人以所有的意思，一定期限内和平、公然、善意、无过失、继续占有他人未登记的不动产或者动产，可请求登记为不动产所有权人；或者主张为动产所有权人。

（2）根据证据法，欲主张"取得时效"的占有人，必须证明其持续占有的事实状态。为免却占有人对此事实状态举证的困难，故须对占有人进行事实推定。推定占有人对物的占有是以所有的意思、和平、公然、善意、无过失、继续占有。对此，占有人无须举证，他人如欲推翻，则须举证。

> **原理：** 占有的权利推定和占有的事实推定的关系是什么？①对占有，先"权利推定"，推定为有权占有，该推定可能被推翻。②如果是事后证明了是无权占有，则启动"事实推定"，继续推定为善意、和平、自主、公然、继续、无过失的占有。该推定也可能被推翻。

（二）占有的制度价值

1. 对于具有占有内容的物权，通过占有保护，"学理"上能获得更快捷的保护途径。

例：【强行以物抵债】甲欠乙款届期未偿，乙强取甲物抵债。甲可主张什么保护？①基于物权的原物返还。②基于占有的原物返还。③基于侵权的返还财产。④基于不当得利的返还不当得利。⑤设若乙的强取过程被摄像头录像，则基于占有的原物返还最快捷，"曲线救国"，保护了物权。证明了乙的抢夺即可。⑥其他的返还请求的甲都需要证明自己是所有权人，这个在实践中很不好证明。

2. 对于基于债权的占有，通过保护占有，以保护债权。使本来没有物权请求权的债权人获得占有的保护。

例：【租户的保护】甲将不动产或动产出租给乙，乙占有租赁物期间，丙侵占租赁物。如何评价占有关系？①甲乙之间形成租赁合同法律关系，甲对租赁物是间接占有人，是所有权人，乙则是直接占有人，是债权人。②丙侵犯了甲的所有权和间接占有，故甲基于所有权可要求丙返还原物，甲也可基于占有要求丙返还占有。③丙没有侵犯乙的债权，但侵犯了乙的直接占有，故乙不可对丙主张债权的返还原物，但可向丙主张返还占有。

3. 对于"非法"的占有，通过占有保护，换取临时的平和，有了缓冲的过程。避免社会因一个小问题演化成不可收拾的混乱局面。

例：【连环盗窃的占有保护】甲偷一物，乙再从甲处偷该物，丙再从乙处偷该物。如何评价占有制度在本案可以发挥的作用？①在丙行为发生之前，甲可基于占有要求乙原物返还。②在丙的行为发生之后，乙可基于占有要求丙返还原物。③"甲或乙非法的占有"也受占有"保护"，法律保护它们的目的不是为了让甲或乙取得物权，而是为了恢复秩序，待真正权利人前来主张权利。

例：【违章建筑的占有保护】某小区徐某未获得规划许可证和施工许可证便在自住房前扩建一个门面房，挤占小区人行通道。小区其他业主多次要求徐某拆除未果后，将该门面房强行拆除，毁坏了徐某自住房屋的墙砖。如何评价该拆除行为？①门面房是违章建筑，不存在所有权。故企业业主侵犯了徐某对门面房的占有，而非所有权。②毁坏徐某自住房屋的墙砖，则侵犯了徐某的房屋所有权。

三、占有的分类

（一）自主占有和他住占有

1. 自主占有：占有人将占有物据为己有的意思而对该物进行占有。具有据为己有的意思的人并不限于所有人，非所有人占有他人的财产具有此种意思，亦属于自主占有。所有人的占有通常为自主占有，小偷的占有、侵占遗失物的拾得人的占有、不知买卖合同无效的买受人的占有均为自主占有。

2. 他主占有：占有人非以所有人的意思而进行占有。凡根据债权或他物权而对物进行占有的人，其占有应为他主占有。如承租人、保管人、质权人、留置权人的占有均为他主占有。

（二）直接占有和间接占有

（1）直接占有：直接对物进行事实上的管领和控制。如质权人、承租人、保管人、借用人的占有为直接占有。

（2）间接占有：虽未直接占有某物，但依据一定的法律关系而对于直接占有人享有返还占有请求权，从而对该物构成间接管领和控制。如出质人、出租人、寄托人为间接占有人。间接占有的3个要件：①占有媒介关系：基于合同产生的占有媒介关系，如承揽合同、租赁合同、运输合同等。基于法律规定产生的占有媒介关系，如法定代理人管理未成年子女的特有财产；基于法律上公权力行为产生的占有媒介关系，如法院扣押标的物。②他主占有的意思：在占有媒介关系上，直接占有其物者须有为他人占有的意思。一旦直接占有人改变他主占有的意思，而变为自主占有时，间接占有就消灭。如拾得人对遗失物无他主占有的意思，则失主对该遗失物丧失了控制，不是直接占有人，也不是间接占有人。③返还请求权：间接占有人对直接占有人请求返还占有物。

原理1：如何区分间接占有和占有辅助？①间接占有人具有占有人身份。②占有辅助人不具有占有身份。③通过"外延"即常见类型来区分，出租人对租赁物占有是间接占有人，员工对公司汽车占有是占有辅助人。

原理2：交付与占有是什么关系？①交付是占有的转移。②交付既可以通过转移直接占有完成，如现实交付和简易交付（原间接占有消灭）。③交付也可通过移转或创设间接占有完成，如指示交付（间接占有人换人）和占有改定（给物主新设一个间接占有）。

（三）有权占有和无权占有。

1. 有权占有：有本权的占有。凡是具有占有的物权、债权、监护权等权利，均为有权占有。如所有权人、建设用地使用权人、留置权人、质权人的占有为有权占有（本权为物权）；借用人、承租人、保管人、运输人、买受人的占有亦属有权占有（本权为债权）。替孩子保管财产的父母对财产的占有属于有权占有（本权为监护权）。

2. 无权占有：欠缺本权的占有。遗失物拾得人的占有、小偷对赃物的占有、无效买卖合同中买受人对标的物的占有、租赁期届满后承租人对租赁物的占有均为无权占有。

（四）善意无权占有（"善意占有"）和恶意无权占有（"恶意占有"）。

1. 善意无权占有：占有人不知道也不应当知道缺乏占有的本权而占有，即无权占有人的主观状态为不知情且无怀疑。如小偷甲将偷来的手表出卖给"不知情"的乙，乙的占有为善意无权占有。

（1）善意自主无权占有：不知手表属于盗赃物而购买，购买人属于善意自主无权占有人，手表毁损，购买人不负责。

（2）善意他主无权占有：不知手表属于盗赃物而接受出质，接受出质者属于善意他主占有人，手表毁损，接受出质者负过错责任，因其作为"质权人"，应知自己有妥善保管"质物"的义务。

> **原理1：** 为什么善意占有需要区分善意自主占有和善意他主占有？（1）善意自主占有者是将该物当做自己的占有，责任更轻。（2）善意他主占有者是将该物当作别人的占有，责任更重。①因为虽然他不知道自己是无权占有，但是他知道自己是替别人占有。②比如盗赃物不适用质权的善意取得，"质权人"不能对赃表善意取得质权，故属于无权占有，但其对该表属于赃物不知情，乃善意无权占有。③但他应该清楚地知道自己是代替别人占有，因为他是"质权人"，故应该负有妥善保管该物的义务。
>
> **原理2：** 如何区分善意占有与善意取得？①善意占有是善意无权占有的简称。②而善意取得是购买人已经取得标的物物权，必然属于有权占有，而有权占有不存在善意占有或恶意占有的问题。③善意取得占有标的物，是有权占有，不是善意占有。

2. 恶意无权占有：占有人明知无占有的权利，或者虽非明知但仍有所怀疑所形成的占有。如小偷甲将偷来的手表出卖给"知情"的乙，乙对手表的占有即为恶意无权占有。

（1）恶意自主无权占有：知道手表属于赃物而购买，购买人属于恶意自主无权占有，手表毁损，购买人要负责。

（2）恶意他主无权占有：知道手表属于赃物而接受出质，接受出质者属于恶意他主占有人，手表毁损，接受出质者要负责。

> **原理**：善意无权占有和恶意无权占有会存在转化，即善意与恶意乃一念之间。
> （1）善意无权占有到恶意无权占有：①如甲骑错了乙的车，甲对该车占有状态为善意无权占有。②如果乙告诉甲骑错了，甲仍拒绝返还，继续骑车，甲对该车占有状态为恶意无权占有。（2）恶意无权占有到善意无权占有：①如甲借用乙表，借用期间届满未还，甲属于恶意无权占有人；②甲死亡后，其子小甲误将该表为甲所有而继承，小甲即为善意无权占有人。③如乙要求小甲归还，小甲拒绝，则小甲由善意无权占有人，转变成了恶意无权占有人。（3）"善意受保护、恶意受惩罚"：善意无权占有人在占有物期间该物发生毁损，不承担责任；恶意无权占有人在占有物期间该物发生毁损，要承担责任。

（五）占有分类的综合考查

例：【遗失相机的占有分类】甲遗失一部相机，乙拾得后放在办公桌抽屉内，并张贴了招领启事。丙盗走该相机，卖给了不知情的丁，丁出质于不知情的戊。如何评价不同阶段不同主体对相机的占有？①乙对相机的占有属于无权占有、他主占有。②丙对相机的占有属于自主占有、无权占有、恶意占有。③丁对相机的占有属于自主占有、无权占有，善意占有，直接占有。④戊对相机的占有属于他主占有、无权占有、善意占有、直接占有。

例：【遗失手机的占有】甲拾得乙的手机，以市价卖给不知情的丙并交付。丙把手机交给丁维修。修好后丙拒付部分维修费，丁将手机扣下。如何评价不同阶段不同主体对手机的占有？①甲对手机的占有属于无权占有、自主占有。②丙对手机的占有属于自主占有、无权占有、善意占有、间接占有。③丁对相机的占有为有权占有、他主占有、直接占有。[3]

四、占有的保护

（一）权利人与无权占有人之间的关系

1. 使用关系：占有人因使用占有的不动产或者动产，致使该不动产或者动产受到损害的，恶意占有人应当承担赔偿责任。
（1）恶意无权占有人，使用致害应负赔偿责任。
（2）善意无权占有人，使用致害不负赔偿责任。

2. 返还关系：不动产或者动产被占有人占有的，权利人（物权人或债权人）可以请求返还原物及其孳息，但是应当支付善意占有人因维护该不动产或者动产支出的必要费用。
（1）权利人可请求无权占有人返还原物和孳息。
（2）善意无权占有可主张必要费用。
（3）恶意无权占有人不得主张必要费用。

3. 毁损关系：占有的不动产或者动产毁损、灭失，该不动产或者动产的权利人请求

---

[3] 遗失物成立留置权理由：①留置物中一般都凝结了留置权人的劳动价值，或由留置权人提供的材料而成，在一定意义上，可认留置物为"共有物"，归留置权人和留置物所有权人共有的意味。②否定的话，会影响承揽人、承运人、保管人、仓储人、行纪人从事承揽、货物运输、保管、仓储、行纪等业务的积极性。

赔偿的，占有人应当将因毁损、灭失取得的保险金、赔偿金或者补偿金等返还给权利人；权利人的损害未得到足够弥补，恶意占有人还应当赔偿损失。

（1）善意无权占有人返还"代位物"如现有保险金、赔偿金或补偿金。

（2）恶意无权占有人返还代位物如现有保险金、赔偿金或补偿金，如权利人的损害未获得足够弥补，恶意无权占有人还应向权利人赔偿损失。

例：【骑错车】丙找甲借自行车，甲的自行车与乙的很相像，均放于楼下车棚。丙错认乙车为甲车，遂把乙车骑走。甲告知丙骑错车，丙未理睬。某日，丙骑车购物，将车放在商店楼下，因墙体倒塌将车砸坏。如何评价本案占有关系？①甲丙有借用合同，乙丙无借用合同。②丙将乙车骑走，无合同依据，丙对乙车的占有，属于无权占有、善意占有、他主占有、直接占有，此期间修车的必要费用（如还没骑就发现车链条坏了，丙予以维修），丙可要求乙偿还。③甲告知丙骑错车后，丙对乙车的占有，由善意无权占有，变成了恶意无权占有。此后车的毁损，丙都应向乙承担赔偿责任。④丙承担责任后，可向商店追偿（商店属于"物件致人损害"）。⑤乙车放楼下，乙对其车构成直接占有，丙将该车骑走，无论丙是否知情，均破坏了乙的占有，乙对丙均有返还占有请求权。

口诀："善意受保护，恶意受惩罚"。善意无权占有还是恶意无权占有的判断时间点，应分情况判断。"使用致害时"、"必要费用发生时"、"毁损发生时"。

（二）占有人与侵占人之间的关系：占有返还请求权＝占有的不动产或者动产被侵占的，占有人有权请求返还原物。占有人返还原物的请求权，自侵占发生之日起1年内未行使的，该请求权消灭

1. 1年期间的起算：（1）从侵占发生之日起1年内行使。（2）如果是连续侵占，则自第一次侵占发生之日起计算。

原理：为什么规定1年期间？①甲占有物被乙侵占之时，属于甲的旧支配事实的"干扰期"，为维护原有社会秩序，特赋予该占有人"自力救济权"，积极排除妨害，立即回复原有的事实支配。②经过上述阶段，甲的旧支配事实进入"衰弱期"，与此同时，乙的新支配事实进入"逐渐平稳期"，于是法律不允许甲以自力救济手段回复其占有，以免危害社会秩序平和。但是，甲的旧的支配事实没有消灭，法律给了1年期间，加以保护，赋予占有人以"物上请求权"，即占有被侵夺的请求权以回复占有。③再过了1年的阶段后，甲的旧支配事实过了衰弱期，"消灭了"；乙的新的支配事实落地了、确定了、"生根发芽了"，形成另一个社会秩序，法律对乙的占有再加保护。

2. 原告＝主张人＝一切占有人：（1）可以是合法占有人，也可以是非法占有人。（2）可以是直接占有人，也可以是间接占有人。

例：【间接占有人是否被侵占，要看直接占有人是否被"侵占"】①如甲把汽车出租给乙，被丙偷走。丙的行为侵犯了乙的直接占有，并侵犯了甲的间接占有。②如甲把汽车出租给乙，被丙买、租（租期内）、借（借期内）走。丙的行为没有侵犯乙的直接占有，也就没有侵犯甲的间接占有。

3. 被告＝被主张人＝现在占有人：（1）侵占人。（2）侵占人的后手。

例：【螳螂捕蝉黄雀在后】甲、乙是邻居。乙出国2年，甲将乙的停车位占为己用。

期间，甲将该停车位出租给丙，租期 1 年。期满后丙表示不再续租，但仍继续使用该停车位。<u>如何评价停车位的物权关系和占有关系？</u>①停车位属于不动产，所有权归乙。②乙虽然出国，但仍直接占有停车位。③甲将乙停车位占为己用，属于恶意、无权、自主占有人。④乙可基于所有权要求甲返还停车位，也可基于占有被破坏要求甲返还占有。⑤甲将停车位出租给丙，该租赁合同属于无权出租他人不动产，租赁合同有效，因租赁合同不要求出租人是所有权人。⑥租赁期间内，丙对该停车位占有，相对于甲是有权占有，故甲不可对丙要求返还占有。⑦但是丙对该停车位的占有，相对于乙来讲是无权占有，无论丙是否知情，乙均可基于所有权要求丙返还原物。⑧但是，因为乙的占有被破坏太久，超过 1 年（自甲侵占乙的停车位起计算），故乙不得对丙主张返还占有。⑨租赁期间届满后，丙不退停车位，破坏了甲对停车位的间接占有，故甲有权对丙主张占有返还。

4. 现占有人有两个抗辩

（1）善意取得"物权"的抗辩。

例：【善意取得】 甲借用乙的手机到期不还，甲侵占了乙的占有。甲无权处分该手机以市价出卖并交付了丙，丙构成善意取得。<u>乙可否要求丙返还占有？</u>①否。②丙属于侵占人甲的后手，但是丙构成善意取得，故乙不得对丙主张占有返还。

（2）本权之诉的抗辩。

例：【房东和租户】 租赁期间届满承租人不返还租赁物时，出租人强行取回。<u>如何评价双方的法律关系？</u>①出租人侵占了租户的占有，租户对出租人提起占有返还之诉。②而出租人可对租户提出本权之诉即所有权返还之诉。③故租户不得对出租人主张占有返还。

（三）区分基于物权的返还原物、基于权利人的返还原物、基于占有的返还原物

1. 基于物权而对无权占有人的返还原物：原告是抵押权人之外的含有占有权能的物权人、宣告失踪的财产代管人、破产管理人、遗产管理人。

2. 基于权利人而对无权占有人的返还原物：原告可以是上述范围，还可以是债权人。比如有人侵犯租户的占有，则房东可基于所有权要求返还原物，可基于间接占有被破坏要求返还原物，租户可基于权利人（债权人）身份主张返还原物，也可基于直接占有被破坏要求返还原物。

3. 基于占有而对破坏占有人的返还原物：原告是一切"占有"人，可以是基于物权的占有、基于债权的占有和非法占有。

原理： 基于物权的返还原物请求权和占有返还请求权的区别是什么？（1）基础不同。①基于物权的返还原物请求权，其基础是物权的绝对性、支配性、排他性而衍生出来的一种请求权，作用主要是使物权效力得到维护。②占有物返还请求权是基于占有事实，如租用、借用等事实，其作用仅仅在于恢复占有人对物的占有，维护社会稳定的秩序，并不涉及占有物的权利归属问题。（2）证据不同。①原物返还请求权要证明东西所有权是你的，比如说手机的购买凭证、发票、手机里的内容等。②占有返还请求权，只要证明他人是从你手里"拿"走的，比如监控，人证。（3）期间不同：①不动产和登记的动产返还原物不适用诉讼时效，未登记的动产返还原物适用 3 年诉讼时效。②占有返还原物适用 1 年期间。

例：【返还原物的竞合关系】甲的电脑被乙偷。甲是所有人，乙是现时无权占有人。如何评价返还原物关系？①甲可基于所有权，向乙主张"返还原物"。②甲可基于债权，向乙主张"返还原物和孳息"。③甲可以直接占有被侵占为由向乙主张"返还原物"。

秒杀：如何区分"返还原物"与"占有返还请求权"？（1）考试中措辞使用"返还原物"，其指向基于物权的返还原物。考试中如果没有特别说明，其措辞使用返还具体的物，均指向基于物权的返还原物（如2013年第9题返还"遗失"的手表；2012第56题D返还房屋；2011第57题返还房屋；2007第57题返还电脑；2007年第94题返还房屋；2007第95题返还房屋）。（2）考试中措辞使用"占有返还请求权"，其指向占有返还。

第五章 业主的建筑物区分所有权

邻居在我家房屋层高范围内安装空调外机，他们家吹冷风，我们家进热风，还有王法吗？建筑物外墙部分归业主共有，但是安装空调外机须在自家房屋层高范围内。如果超出自己房屋层高范围，须按《国家标准房间空气调节器安装规范》安装。

一、业主的建筑物区分所有权（专有权+共有权+管理权）：业主对建筑物内的住宅、经营性用房等专有部分享有所有权，对专有部分以外的共有部分享有共有和共同管理的权利

二、专有权：业主对其建筑物专有部分享有占有、使用、收益和处分的权利。业主行使权利不得危及建筑物的安全，不得损害其他业主的合法权益

（一）专有部分：地板、天花板和四壁形成的空间。合同明示归业主专有的车位、车库、绿地、露台

（二）专有部分使用方面的延展：业主基于对住宅、经营性用房等专有部分特定使用功能的合理需要，无偿利用屋顶以及与其专有部分相对应的外墙面等共有部分的，不应认定为侵权

（三）专有部分使用方面的限制：业主不得违反法律、法规以及管理规约，将住宅改变为经营性用房。业主将住宅改变为经营性用房的，除遵守法律、法规以及管理规约外，应当经有利害关系的业主一致同意

1. 本栋建筑物内的其他业主，属于有利害关系的业主。

2. 本栋建筑物之外的业主，主张与自己有利害关系的，应证明其房屋价值、生活质量受到或者可能受到不利影响。

例：【住宅变茶馆】蒋某是 C 市某住宅小区 6 栋 3 单元 502 号房业主，该小区业主田某将其位于一楼的住宅用于开办茶馆，蒋某认为此举不妥，交涉无果后向法院起诉，要求田某停止开办。什么情形下蒋某主张可以获得支持？①如蒋某是同一栋住宅楼的业主，法院应支持其请求。②如蒋某能证明因田某开办茶馆而影响其房屋价值，法院应支持其请求。③如蒋某能证明因田某开办茶馆而影响其生活质量，法院应支持其请求。④另外，从田某角度观察，田某必须证明其开办茶馆得到全体有利害关系业主一致同意，才可以开茶馆。

三、共有权：业主对建筑物专有部分以外的共有部分，享有权利，承担义务；不得以放弃权利为由不履行义务

（一）全小区共有

1. 此地、此路、此绿、此物业用房归共有：（1）建筑区划内的土地，依法由业主共同享有建设用地使用权，但属于业主专有的整栋建筑物的规划占地或者城镇公共道路、绿地占地除外。（2）建筑区划内的道路，属于业主共有，但是属于城镇公共道路的除外。（3）建筑区划内的绿地，属于业主共有，但是属于城镇公共绿地或者明示属于个人的除外。（4）建筑区划内的其他公共场所、公用设施和物业服务用房，属于业主共有。

2. 此维系资金归共有：（1）建筑物及其附属设施的维修资金，属于业主共有。（2）经业主共同决定，可以用于电梯、屋顶、外墙、无障碍设施等共有部分的维修、更新和改造。维修资金的筹集、使用情况应当公布。（3）紧急情况下需要维修建筑物及其附属设施的，业主大会或者业主委员会可以依法申请使用维修资金。

3. 共有部分收益归共有：建设单位、物业服务企业或者其他管理人等利用业主的共有部分产生的收入，在扣除合理成本之后，属于业主共有。

4. 此支出是共有分担：建筑物及其附属设施的费用分摊、收益分配等事项，有约定的，按照约定；没有约定或者约定不明确的，按照业主专有部分面积所占比例确定。

> 原理：业主建筑物区分所有权中的共有权与共有制度中的共有权有何区别？①专有权、共有权、管理权一体转让。②业主卖房，其他业主无优先购买权。③业主卖房，不能保留共有权和管理权。

（二）全楼共有

1. 想到的：建筑物的基础、承重结构、外墙、屋顶等基本结构部分。

2. 走到的：通道、楼梯、大堂等公共通行部分。

3. 看到的：消防、公共照明等附属设施、设备，避难层、设备层或者设备间等结构部分。

4. 其他的：其他不属于业主专有部分，也不属于市政公用部分或者其他权利人所有的场所及设施等。

（三）两户共有：楼板，承重墙之外的隔墙。（承重墙属于全楼共有）

例：【双方共有墙壁】甲房与乙房为同一小区且相邻，甲在装修房屋时，请工人在和乙共用的墙壁上掏了一个高2米，宽1.5米的壁橱，乙不知情。后乙在挪动家具时不小心碰到了这面共用的墙壁，墙壁竟然塌了并砸伤了乙。经查，甲装修时把墙壁掏的过深了，只剩下很薄的一层，所以乙轻微碰撞就使墙塌了。乙要求甲将墙壁恢复原状，并赔偿损失。甲认为墙壁是他房屋的一部分，他已经出钱买了房子，就有权掏墙壁。且甲认为因乙自己的碰撞导致墙壁塌，故拒绝了乙的请求。甲的主张是否成立？①否。②甲和乙的房屋毗连，共用一墙壁，此墙壁应该属于部分区分所有人的共有部分。③双方对墙壁都享有一定的权利，但同时必须履行一定的义务，即在行使自己权利的同时，不得损害他人的合法

权益。④甲应承担修复墙壁和赔偿损失的责任。

（四）改变共有部分用途：双 2/3 参与表决+双 3/4 赞成票

改变共有部分的用途或者利用共有部分从事经营活动，应当由专有部分面积占比三分之二以上的业主且人数占比三分之二以上的业主参与表决。且应当经参与表决专有部分面积四分之三以上的业主且参与表决人数四分之三以上的业主同意。

例：【共有用途改变】甲、乙、丙、丁分别购买了某住宅楼（共四层）的一至四层住宅，并各自办理了房产证。<u>如何评价房屋所有权？</u>①甲、乙、丙、丁各自对房屋享有的是业主建筑物区分所有权。②若甲出卖其住宅，乙、丙、丁无优先购买权。③甲、乙、丙、丁有权分享该住宅楼的外墙广告收入。④一层住户甲对三、四层间楼板不享有民事权利。⑤如四层住户丁欲在楼顶建一花圃，应当由专有部分面积占比三分之二以上的业主且人数占比三分之二以上的业主参与表决。且应当经参与表决专有部分面积四分之三以上的业主且参与表决人数四分之三以上的业主同意。

四、停车库、停车位

（一）独立所有权车位

1. 归开发商：建筑区划内，规划用于停放汽车的车位、车库的归属，由当事人通过出售、附赠或者出租等方式约定。应首先满足业主的需要：

（1）建筑区划内，规划用于停放汽车的车位、车库应当首先满足业主的需要。

（2）建设单位按照"配置比例"（车位、车库与房屋套数的比例）将车位、车库，以出售、附赠或者出租等方式处分给业主的，符合"应当首先满足业主的需要"的规定。

例：【车位归属】蒋某是 C 市某住宅小区 6 栋 3 单元 502 号房业主，小区地下停车场设有车位 500 个，开发商销售了 300 个，另 200 个用于出租。蒋某购房时未买车位，现因购车需使用车位。<u>如何评价车位所有权归属？</u>①500 个归开发商所有。②开发商出卖了 300 个，故该 300 个停车位所有权分别归购买车位的业主。③如业主出售车位，蒋某等无车位业主没有优先购买权。④如业主出售房屋，其所购车位并不需要一同转让，因为房屋和停车位分别属于 2 个独立的不动产，停车位不是房屋的从物。⑤开发商出租了 200 个，故该 200 个停车位所有权归开发商。⑥开发商出租车位，应优先满足蒋某等无车位业主的需要。

2. 归业主：占用业主共有的道路或者其他场地用于停放汽车的车位，属于业主共有。

（二）无所有权的人防车位

1. 人防车位：住宅小区的人防工程，在战争时期，为了保障住宅小区内业主的掩蔽、逃生而单独修建的位于地下的防护建筑，以防护为首要功能。非战争时期，人防工程平日可与普通车位一样，用于停放民用车辆。

2. 权利归属：《人民防空法》第 5 条规定，"人民防空工程平时由投资者使用管理，收益归投资者所有"。人防车位可以出租，不能出卖；可以转移使用权，不能转移所有权。因为人防车位所有权归国家。出租时，应优先满足业主需要。

例：【人防车位"买卖"】开发商与业主签订人防车位使用权转让合同，<u>该合同效力如何？</u>①如开发商明确告知该车位属于人防工程，则该协议有效，视为租赁合同，但租期不得超过 20 年。②如果开发商未告知该车位属于人防工程，则构成欺诈，业主可以受欺诈为由主张撤销该合同，要求开发商返还购买车位款项及利息。

五、管理权

（一）一般事项：双 2/3 参加表决+双 1/2 投同意票

1. 制定和修改业主大会议事规则。
2. 制定和修改管理规约。
3. 选举业主委员会或者更换业主委员会成员。
4. 选聘和解聘物业服务企业或者其他管理人。
5. 使用建筑物及其附属设施的维修资金。

（二）重大事项：双 2/3 参加表决+双 3/4 投同意票

1. 筹集建筑物及其附属设施的维修资金。
2. 改建、重建建筑物及其附属设施。
3. 改变共有部分的用途或者利用共有部分从事经营活动。
4. 有关共有和共同管理权利的其他重大事项。

（三）决议效力

1. 业主大会或者业主委员会的决定，对业主具有约束力。
2. 业主大会或者业主委员会作出的决定侵害业主合法权益的，<u>受侵害的业主可以请求人民法院予以撤销</u>。

（四）管理方式

1. 业主自行管理：业主可以自行管理建筑物及其附属设施。
2. 委托他人管理：业主可以委托物业服务企业或者其他管理人管理。（1）对建设单位聘请的物业服务企业或者其他管理人，业主有权依法更换。（2）物业服务企业或者其他管理人根据业主的委托，依照《民法典》合同编有关物业服务合同的规定管理建筑区划内的建筑物及其附属设施，并接受业主的监督。（3）物业服务企业或者其他管理人应当及时答复业主对物业服务情况提出的询问。

（五）小区内部诉讼

1. 针对"损公肥私"行为

（1）业主大会或业主委员会有权依照法律、法规以及管理规约，作为原告起诉，请求行为人停止侵害、排除妨碍、消除危险、恢复原状、赔偿损失：①任意弃置垃圾。②排放污染物或者噪声。③违反规定饲养动物。④违章搭建。⑤侵占通道。⑥<u>拒付物业费</u>。⑦损害房屋承重结构，损害或者违章使用电力、燃气、消防设施，在建筑物内放置危险、放射性物品等危及建筑物安全或者妨碍建筑物正常使用。⑧违反规定破坏、改变建筑物外墙面的形状、颜色等损害建筑物外观。⑨违反规定进行房屋装饰装修。⑩违章加建、改建，侵占、挖掘公共通道、道路、场地或者其他共有部分。

（2）有关当事人可以向行政主管部门投诉：行为人拒不履行相关义务的，有关当事人可以向有关行政主管部门投诉，有关行政主管部门应当依法处理。

2. 针对"个人侵害个人"行为，受害业主作为原告起诉：业主对建设单位、物业服务企业或者其他管理人以及其他业主侵害自己合法权益的行为，有权请求其承担民事责任。

例：【公对公和私对私】蒋某是 C 市某住宅小区 6 栋 3 单元 502 号房业主，对小区其他业主的下列行为，<u>应分别由谁提起诉讼？</u>①针对 5 栋某业主任意弃置垃圾、7 栋某业主违反规定饲养动物、8 栋顶楼某业主违章搭建楼顶花房，业主委员会有权提起诉讼。②针对楼上邻居因不当装修损坏蒋某家天花板，蒋某有权提起诉讼。

第六章 共 有

【案例】你出 20 万，我出 10 万，买一辆货车做物流，按份共有，关于这辆车，你说了算，因为你是达到了按份共有的三分之二份额；咱俩结婚后买了一辆货车做物流，关于这辆车，我们说了算，因为咱们是共同共有。

一、按份共有：按份共有人对共有的不动产或者动产按照其份额享有所有权

（一）拟制按份共有：共有人对共有的不动产或者动产没有约定为按份共有或者共同共有，或者约定不明确的，除共有人具有家庭关系等外，视为按份共有

（二）拟制等额享有：按份共有人对共有的不动产或者动产享有的份额，没有约定或者约定不明确的，按照出资额确定；不能确定出资额的，视为等额享有

（三）按份共有人对份额的优先购买权：按份共有人可以转让其享有的共有的不动产或者动产份额。其他共有人在同等条件下享有优先购买的权利。其他共有人没有"同意权"

1. 起始条件：（1）限于"对外"转让，才启动其他按份共有人份额优先购买权。如果对内转让，则其他按份共有人不得主张份额优先购买权。（2）限于对外"转让"，才启动其他按份共有人份额优先购买权。如果是对外赠与、或者发生继承，则其他按份共有人不得主张份额优先购买权。

2. 同等条件：根据转让价格、价款履行方式及期限等因素确定。

3. 时间条件：按份共有人转让其享有的共有的不动产或者动产份额的，应当将转让条件及时通知其他共有人。其他共有人应当在合理期间内行使优先购买权。

4. 比例条件：两个以上其他共有人主张行使优先购买权的，协商确定各自的购买比例；协商不成的，按照转让时各自的共有份额比例行使优先购买权。

5. 除外条件：（1）不符合时间条件；（2）不符合同等条件；（3）按份共有人不得以优先购买权受侵害为由仅诉请份额转让合同无效或诉撤销份额转让合同。

例：【按份共有商铺卖给内人和卖给外人】甲、乙、丙、丁按份共有某商铺，各自份额均为 25%。因经营理念发生分歧，甲与丙商定将其份额以 100 万元转让给丙，通知了乙、丁；乙与第三人戊约定将其份额以 120 万元转让给戊，未通知甲、丙、丁。如何评价本案优先购买权？①甲乙丙丁按份共有不动产。②甲转让份额给丙，属于内部转让，其他按份共有人乙、丁对该份额不得主张优先购买权。③乙转让份额给戊，属于外部转让，其他按份共有人甲、丙、丁对该份额有优先购买权。④如果甲、丙均对乙的份额主张优先购买权，双方可协商确定各自购买的份额，如双方协商不成，则按各自共有份额比例行使优先购买权（因为各自比例都是 1/4，故 1 人购买一半）。⑤甲丙丁不得以优先购买权受害为由请求认定乙戊之间的份额转让合同无效。

小结优先购买权：（1）按份共有人对共有物的份额享有优先购买权。（2）房屋租赁承租人优先购买权。（3）单位转让职务技术成果，完成人有优先受让权。（4）开发人转让委托开发的发明创造，委托人享有以同等条件优先受让的权利。（5）合作人转让其共有的合作开发完成的发明创造专利申请权，其他合作人享有以同等条件优先受让的权利。（6）农村耕地流转时，本村农民有优先权。（7）农村荒地发包时，本村农民有优先承包权。（8）公司股东对外转让股权时其他股东享有优先购买权。

二、共同共有：共同共有人对共有的不动产或者动产共同享有所有权。如夫妻共有、家庭共有、遗产分割前各继承人对遗产的共同共有、合伙财产（记忆："夫妻是合伙，家庭有继承"）

原理：按份共有和共同共有的区分价值是什么？①甲乙谈恋爱，各自按 30%和70%出资购买房屋，登记在甲一人名下，甲乙分手，该房屋为按份共有，按照 30%和70%的比例分割房屋。②甲乙结婚，婚内男方收入和女方收入各出 70%和 30%购买房屋，登记在甲一人名下，甲乙离婚，该房屋为共同共有，法院可以按照五五开分割房屋，也可以照顾女方按照男方 45%女方 55%分割房屋。

三、共有物的管理：处分、保存、改良、费用负担

（一）共有物的处分：事实上处分如加盖房屋、装修房屋、拆除房屋重建、宰牛杀羊。法律上处分如买卖、互易、赠与、抵押、质押、设立用益物权。处分共有的不动产或者动产以及对共有的不动产或者动产作重大修缮、变更性质或者用途的，应当经占份额三分之二以上的按份共有人或者全体共同共有人同意，但是共有人之间另有约定的除外

1. 按份共有的处分：应当经占份额 2/3 以上（包括本数 2/3）的按份共有人同意。

例 1：【处分与出租】甲、乙、丙、丁共有 1 套房屋，各占 1/4，对共有房屋的管理没有进行约定。甲、乙、丙未经丁同意，以全体共有人的名义将该房屋出租给戊。如何评价该房屋租赁合同？①甲乙丙丁按份共有不动产。②甲乙丙份额占到 3/4，大于 2/3，故可随便处分该按份共有房屋。③房屋出租是为承租人设立租赁权，乃负担行为，即承租人戊享有债权。④房屋出卖是将所有权转移给买方，乃处分行为，即买方取得所有权。⑤占2/3 以上份额的人有权出卖房屋，根据"举重以明轻"规则（即比较严重的出卖行为只要2/3，而出租行为比较轻，故 2/3 比例就够了），占 2/3 份额的人自然有权出租房屋。⑥本案房屋租赁合同有效。

例 2：【共有物的处分与共有份额的处分】红光、金辉、绿叶和彩虹公司分别出资 50万、20 万、20 万、10 万元建造一栋楼房，约定建成后按投资比例使用，但对楼房管理和所有权归属未作约定。如何评价该房屋的共有权属状态？①4 公司对该楼所有权属于按份共有。②任一公司有权将其份额对外转让，但其他按份共有人享有同等条件下的优先购买

权。③红光公司投资占 50%，未达到 2/3，故无权决定该楼的重大修缮事宜。

> **原理：** 如何区分按份共有中实物的 2/3 多数决和份额的随便决：①2/3 多数决的对象是"按份共有物"（马变马肉），而不是按份共有物的"份额"。②随便决的对象是份额（马份额的 1/5），份额独自处分，要激活其他按份共有人的优先购买权。③考友做题时，请看清楚按份共有人处分的到底是份额，还是共有物。

2. 共同共有的处分。（1）一般共有坚持一致决。（2）夫妻共有的特殊规则：①夫妻小额财产的处分无须一致决；②夫妻大额财产的处分仍须一致决；③违反一致决，则需要检讨购买人是否构成善意取得。

例：【夫妻财产的处分】 甲乙夫妻，甲在早市买 15 元菜，处分夫妻小额财产，无须乙同意。甲在房市卖夫妻共有房屋，应经乙同意。未经乙同意则构成无权处分，需要检讨买方是否构成善意取得。

（二）共有物的保存，无论是按份共有人还是共同共有人均可单独进行：保存行为是保全共有物的物质上或者权利上利益的行为，如共有物的修缮

例：【修轮胎】 甲乙按份共有 1 车，或者甲乙共同共有 1 车，车胎爆裂，甲或乙均可将车交修，换轮胎，这属于保存行为，任何一个共有人均可单独实施。

（三）共有物的改良行为，按份共有人须 2/3 多数决，共同共有是一致决：改良行为是在不改变共有物性质的前提下，对共有物进行的加工、修理等行为，以增加共有物的效用或者价值

例：【换轮胎】 甲乙按份共有 1 车，或者甲乙共同共有 1 车，有人提出要将原有普通轮胎，更换为防爆轮胎，这属于改良行为，按份共有中需要 2/3 以上多数决，共同共有中需要一致决。

（四）共有物的管理费用及其他负担：有约定按照约定；没有约定或者约定不明确的，按份共有人按照其份额负担，共同共有人共同负担

例：【共有物费用负担】 甲、乙、丙、丁共有 1 套房屋，各占 1/4，对共有房屋的管理没有进行约定。对该楼发生的管理费用，<u>如何负担？</u> 按投资比例承担。

四、共有物的连带

（一）对外关系：共有人对外享有连带债权。共有人对外负担连带债务

例：【狗咬狗】 甲乙夫妻共有的宠物猫，被丙丁夫妻共有的宠物狗咬伤。如何评价他们之间的法律关系？①属于动物致人损害。②丙丁夫妻共有物对外致人损害，负连带债务。③甲乙夫妻共有物受害，享有连带债权。

（二）内部关系：①按份共有人按照份额享有债权、承担债务。<u>偿还债务超过自己应当承担份额的按份共有人，有权向其他共有人追偿</u>。②共同共有人共同享有债权、承担债务

例：【共同共有之继承共有、遗产分割前对外负连带的合同债务】 甲公司将挖掘机以

48万元的价格出卖给王某，王某首期付款20万元，尾款28万元待收到挖掘机后支付。王某取得挖掘机后死亡。王某临终立遗嘱，其遗产由其子大王和小王继承，遗嘱还指定小王为遗嘱执行人。王某死后，如何评价甲公司与王某的买卖合同？（1）从物权角度观察：①挖掘机买卖合同有效，挖掘机是普通动产，已经交付，故王某取得挖掘机的所有权。②王某死亡后，发生继承物权变动，大王和小王是挖掘机所有权人。③遗产尚未分割前，大王和小王共同共有该挖掘机所有权。（2）从合同角度观察：①挖掘机买卖合同不因王某死亡而消灭。②大王和小王继承了王某的遗产，就要法定承受其生前所负债务，即挖掘机买卖合同。③故甲公司无权解除合同，大王和小王也无权解除合同。④大王和小王应就支付尾款28万元的合同义务，对甲公司负连带责任。

五、共有物的分割

（一）可否分割

1. 约定不得分割有效，但有重大理由仍可分割：共有人约定不得分割共有的不动产或者动产，以维持共有关系的，应当按照约定，但是共有人有重大理由需要分割的，可以请求分割。

2. 无约定：（1）按份共有人可以随时请求分割。（2）共同共有人在共有的基础丧失或者有重大理由需要分割时可以请求分割。①"蚂蚁搬家"：婚姻存续期间，一方有隐藏、转移、变卖、毁损、挥霍夫妻共同财产或者伪造夫妻共同债务等严重损害夫妻共同财产利益行为，另一方可以向法院请求分割共同财产。②"你妈是你妈"：婚姻存续期间，一方负有法定扶养义务的人患重大疾病需要医治，另一方不同意支付相关医疗费用，则一方有权请求法院分割共同财产。

（二）怎么分割

1. 协商确定分割方式。

例：【协商55开变64开】张某与李某共有一台机器，各占50%份额。双方共同将机器转卖获得10万元，约定张某和李某分别享有6万元和4万元。同时约定该10万元暂存李某账户，由其在3个月后返还给张某6万元。后该账户全部款项均被李某债权人王某申请法院查封并执行，致李某不能按期返还张某款项。张某有权请求李某返还多少元？①6万元。②张某李某各占50%按份共有机器。③协商后按照60%和40%予以分割，该协议对当事人具有法律约束力。④李某不能按期返还，构成违约，故张某有权请求李某返还6万元。

2. 达不成协议：（1）实物分割：共有的不动产或者动产可以分割并且不会因分割减损价值的，应当对实物予以分割。（2）折价分割：难以分割或者因分割会减损价值的，应当对折价的价款予以分割。（3）变价分割：难以分割或者因分割会减损价值的，应当对拍卖、变卖取得的价款予以分割。

3. 分到瑕疵大家分担：共有人分割所得的不动产或者动产有瑕疵的，其他共有人应当分担损失。

第七章 担保物权

甲向银行借款，用甲或小甲房屋抵押，用乙或小乙汽车抵押或者出质，用丙或小丙保函担保，甲届期无力清偿债务，银行主张实现担保物权或者主张保证债权，应该怎么办？

第一节 担保物权基础

①担保物权
- ①自物保
  - ①从属性
    - ①从属于主债权
    - ②不从属于主债务
  - ②不可分性
    - ①主债权分，担保物权保各个主债权
    - ②担保物分，主债权可追及各个担保物
  - ③物上代位性
    - ①担保物赔偿款在担保人手里√
    - ②担保物赔偿款不在担保人手里×
- ②他物保
②反担保：13法律关系图

一、担保物权的本质：担保物权人在债务人不履行到期债务或者发生当事人约定的实现担保物权的情形，依法享有就担保财产优先受偿的权利，但是法律另有规定的除外

（一）区分物保人的一般责任财产和设定物保的特定财产

负担担保物权的"物"从"物的主人"的责任财产体系中，被"特定化"，成为特别的"专物"，用于清偿被担保的债务。担保物"消耗"完尚有未清偿的债务，转化成无担保债务，继续由债务人清偿。

例：【担保物权＝责任财产特定化】甲向乙银行借款 100 万元，甲用房屋为乙银行设定抵押权并且办理了登记。甲届期无力清偿债务，经查，甲的账户有 20 万元，房屋价值 80 万元，甲尚欠丙 20 万元。债权人如何实现债权？①甲应以其财产对外清偿债务，该财产被称之为"责任财产"。②甲的房屋被"特定化"，专门用于担保乙银行债权，乙银行就房屋享有优先于丙的权利，因为乙银行是有担保物权保护的债权人，而丙是普通债权人。③甲的账户 20 万元属于甲责任财产，对外清偿甲所有债权，故乙银行和丙平等受偿，民诉中对应的程序是"参与分配"，即如丙先起诉甲获得胜诉，则在执行程序中，拿到胜诉判决的乙银行可申请参加分配甲的 20 万元，丙拿 10 万，乙银行拿 10 万。我们称之"债权具有平等性"。乙银行和丙各有 10 万元未受偿，变为裸体债权，也可能是永远无法实现的债权。④实务中，乙银行的律师会建议先起诉甲，执行甲的账户，通过起诉和执行获取优势在先地位，如果丙尚未起诉获得胜诉判决，是不能"参与分配"甲账户的 10 万元的。回过来乙银行再主张抵押权，因为房屋是特定化责任财产，专门为担保乙银行。我们称之为"抢锅里的，然后再吃碗里的"。

（二）区分有物的担保的债权和无物的担保的债权

例：上例：①乙银行的债权是有物的担保的债权。②丙的债权就是无物的担保的债权。③同时，乙银行债权就担保物变价后还有未受偿的债权 20 万元，也降格为无物的担保的债权。

（三）区分自物保和他物保。前者为主债务人自己向债权人提供的物保；后者为第三人向债权人提供的物保

例：【自物保和他物保】上例：①甲是主债务人，将房屋抵押给乙银行并登记，我们称之为自物保，甲的房屋从其责任财产中特定化了，乙银行就房屋变价款优先于甲的其他裸体债权人。②如果是第三人小甲将房屋抵押给乙银行并登记，我们称之为他物保，小甲的房屋从其责任财产中特定化了，乙银行就房屋变价款优先于小甲的其他裸体债权人。

> **问 1**：债权人一定是抵押权人吗？①是。②银行就是银行。③银行是中国最大的债权人。④银行也是中国最大的抵押权人。
>
> **问 2**：债务人一定是抵押人吗？①不一定。②因为可能存在自物保，也可能存在他物保。③自物保时，债务人一定是抵押人。④他物保时，第三人是抵押人。

二、担保物权的从属性

（一）担保物权从属于主债权

1. 范围上的从属性

（1）担保物权担保的范围从属于主债权范围，即 ≤ 主债权额度。

（2）担保物权的担保范围包括主债权及其利息、违约金、损害赔偿金、保管担保财产和实现担保物权的费用。当事人另有约定的，按照约定。

例：【担保范围从属性】甲欠银行债务本金利息等合计 100 万元，用房屋为银行设定抵押权并办理了登记手续。甲和银行抵押合同约定，如甲届期不配合银行实现抵押权，导致银行提起诉讼要索，则甲需要承担违反抵押合同的违约责任，违约金为 20 万元，故房屋抵押担保 100 万元和 20 万元，合计 120 万元。如何评价抵押合同约定的违约金条款效力？①该条款无效。②因为违反了担保的从属性。③该条款无效不影响其他部分效力，故担保责任仍然为主债务范围即 100 万元。④可见，所谓"当事人另有约定，按照约定"的准确意思是：当事人可以将主债务 100 万元做"降低"的约定如约定为 80 万元，不能做"提高"的约定如约定为 120 万元。⑤民法学理上，称之为"单向强制性规定"，或半强制性规定。

> 原理：担保责任的范围是什么？①担保人承担的担保责任范围不能大于主债务（即主债权及其利息、违约金、损害赔偿金、保管担保财产和实现担保物权的费用），是担保从属性的必然要求。②当事人约定的担保责任的范围大于主债务的，如针对担保责任约定专门的违约责任、担保责任的数额高于主债务、担保责任约定的利息高于主债务利息、担保责任的履行期先于主债务履行期届满，等等，均应当认定大于主债务部分的约定无效，从而使担保责任缩减至主债务的范围。

2. 效力上的从属性

（1）担保合同是主债权债务合同的从合同。主债权债务合同无效，担保合同无效，但是<u>法律</u>另有规定的除外。

（2）担保合同被确认无效后，债务人、担保人、债权人有过错的，应当根据其过错各自承担相应的民事责任。该责任是缔约过失责任，而非担保责任。

例：【房屋买卖合同无效不会导致抵押合同无效】李某从开发商签订购房合同，购得价值 300 万元房屋，在支付购房款和相关税费后办理了房屋过户登记。后李某以该房屋作为抵押在银行借款 150 万元，办理了抵押权登记。因李某在购房合同签订过程中存在欺诈行为，开发商以李某欺诈为由撤销合同，法院判决李某归还房屋，开发商退回购房款。因李某届期无力清偿欠银行债务，银行要求拍卖房产实现抵押权。但开发商认为自己是房屋所有权人，银行的抵押权无效。<u>银行和开发商之间谁的主张成立？</u>①银行。②合同角度观察：房屋买卖合同无效，不会影响李某和银行之间的抵押合同，因为抵押合同不是房屋买卖合同的从合同，而是李某与银行之间借款合同的从合同。如果李某和银行借款合同无效，才会导致抵押合同无效。③物权角度观察：房屋买卖合同无效，具有溯及力，即一开始房屋就不是李某的，而是开发商的。故李某将他人房屋抵押给银行，构成无权处分，但银行可主张善意取得抵押权。

3. 消灭上的从属性

（1）主债权全部消灭的，担保物权消灭。

（2）若主债权部分消灭，基于担保物权的不可分性，担保物权并不消灭，仅内容和范围相应缩减。

4. 移转上的从属性

（1）债权人转让债权的，受让人取得与债权有关的从权利，但是该从权利专属于债权人自身的除外。

（2）受让人取得从权利不因该从权利未履行转移登记手续或者未转移占有而受到影响。

例：【主债权人换人，抵押权人换人，质权人换人】甲向银行借款 100 万元，乙以房屋为银行设置了抵押权并登记。丙出质为银行设定了质权。后银行将该 100 万元债权转让给资产公司。<u>资产公司是否取得抵押权和质权？</u>①取得。②债权转让，抵押权和质权随之转移。③即使房屋未变更抵押权登记，但资产公司因取得 100 万元债权而享有抵押权。④即使质物未转移占有，但资产公司因取得 100 万元债权取得质权。

原理：为什么抵押权随主债权转让？①抵押权是从属于主合同的从权利，根据"从随主"规则，债权转让的，除法律另有规定或者当事人另有约定外，担保该债权的抵押权一并转让。②受让人向抵押人主张行使抵押权，抵押人以受让人不是抵押合同的当事人、未办理变更登记等为由提出抗辩的，人民法院不予支持。

（二）担保物权不从属于主债务

1. 换主债务人，他物保人相应免责：第三人提供担保，未经其书面同意，债权人允许债务人转移全部或者部分债务的，担保人不再承担相应的担保责任。

例：【免责债务承担中，他物保相应免责】甲欠乙100万元，丙提供房屋抵押并办理登记手续。甲经乙同意将债务转移给小甲，丙对此并不知情。如何评价本案债务转移对抵押权的影响？①甲和小甲之间达成免责债务承担协议，经债权人乙同意，该协议对乙发生效力，即乙只能要求小甲还款。②免责债务承担，未经丙同意，则丙不再承担抵押责任。

2. 换主债务人，自物保人继续：主债务被分割或者部分转让的，抵押人（自己物保）仍以其抵押物担保数个债务人履行债务。

例：【免责债务承担中，自物保继续】甲向银行贷款100万元，以自己房屋为银行设定抵押并办理登记。银行同意甲将债务转移给小甲。如何评价本案债务转移对抵押权的影响？①甲和小甲之间达成免责债务承担协议，经债权人银行同意，该协议对银行发生效力，即银行只能要求小甲还款。②免责债务承担中，自物保人的担保责任继续，并且与此同时，原来的自物保，"秒变"他物保，因为此时主债务人是小甲，而提供抵押担保的是甲。

3. 换主债务人，保证人相应免责：债权人在保证期间内未经保证人同意，允许债务人转移全部或者部分债务，保证人对未经其同意转移的债务不再承担保证责任，但是保证合同另有约定的除外。

例：【免责债务承担中，人保相应免责】甲公司将1台挖掘机出租给乙公司，为担保乙公司依约支付租金，丙公司担任保证人。乙公司欠付10万元租金时，经甲同意将6万元租金债务转让给丁公司，丙公司对此不知情。如何评价本案债务转移对保证的影响？①乙将10万元租金债务中的6万元转移给丁公司，经债权人甲同意，故6万元债务转移属于免责债务成达。②免责债务承担中，未经保证人同意，则保证人相应免责，即转多少免多少。③故保证人丙公司仅就4万元主债承担保证责任，不对已经转移给丁公司的6万元债务承担保证责任。

三、担保物权的不可分性

（一）债权分了，各债权均可对担保物主张担保物权

1. 债权部分受偿，剩余债权可就担保物主张担保物权。

例：【还月供】甲向银行借款100万，用房屋抵押担保并办理了登记。甲按期还月供合计10万元，仍有90万元无力清偿。银行可否就整个房屋主张担保物权？①可。②主债权还有90万元未受偿，基于担保物权的不可分性，银行可就整个房屋主张担保物权。

2. 债权部分转让，留下的债权和转出的债权均可就担保物主张担保物权。

例：【卖债权】甲向银行借款 100 万元，用房屋抵押担保并办理了登记。银行将 80 万元债权卖给资产公司，通知了甲。甲届期无力清偿债务，银行和资产公司可否对房屋主张担保物权？①可。②银行转让 80 万元债权给资产公司，基于担保物权从属性，资产公司成为 80 万元债权人，同时成为抵押权人。③银行就剩余 20 万元主张抵押权。④基于担保物权不可分性，资产公司和银行各自债权均可对抵押房屋主张实现抵押权。

（二）担保物分了，债权人可就各担保物主张担保物权

1. 各担保物归担保义务人所有情形，债权人可就各担保物主张担保物权（"不可分性"有用）

例：【拆下轮胎】甲向银行借款 10 万元，将汽车抵押给银行并办理了抵押权登记。甲届期无力清偿债务，且将轮胎从汽车上拆下。银行可否对轮胎主张实现抵押权？①可。②汽车抵押登记给了银行，银行对汽车整体享有抵押权。③甲将汽车上轮胎拆下，基于担保物权不可分性，银行可对该轮胎可主张实现抵押权。

2. 部分担保物归他人所有情形，债权人仅可就剩余担保物主张担保物权（"不可分性"没用）

例：【拆下轮胎出卖】甲向银行借款 10 万元，将汽车抵押给银行并办理了抵押权登记。甲届期无力清偿债务，将轮胎从汽车拆下，以市价卖给丙并完成交付。银行可否对轮胎主张实现抵押权？①否。②汽车抵押登记给了银行，银行对汽车整体享有抵押权。③但甲已将轮胎出卖并交付给了丙，丙取得轮胎所有权，故银行不得就轮胎主张实现抵押权。④基于物上代位性，银行就甲对丙的轮胎款请求权可主张优先受偿。

四、担保物权的物上代位性

（一）担保物没了，变成了保险金请求权、赔偿金请求权、补偿金请求权，担保物权追及该"三金"请求权（"物上代位性"有用）

1. 担保期间，担保财产毁损、灭失或者被征收等，担保物权人可以就获得的保险金、赔偿金或者补偿金等优先受偿。

2. 被担保债权的履行期未届满的，也可以提存该保险金、赔偿金或者补偿金等。

例 1：【"人鬼情未了"】甲向银行借款 100 万元，用房屋给银行设定抵押并办理了抵押权登记。后房屋被乙公司拆迁，甲可对乙公司主张拆迁款 120 万元。甲届期无力向银行还款，银行如何主张抵押权？①房屋被抵押，补偿款乃房屋的代位物。②基于担保物权的"物上代位性"，银行可就甲对乙公司的拆迁补偿请求权主张抵押权。

例 2：【"汽车变保险金"】甲向乙借款 20 万元，以其价值 10 万元的房屋、5 万元的汽车作为抵押担保，以 1 万元的音响设备作质押担保，同时还由丙为其提供保证担保。其间汽车遇车祸损毁，获保险赔偿金 3 万元。如果上述担保均有效，丙应对借款本金在多大数额内承担保证责任？①6 万。②甲向乙借款 20 万，甲自己提供自物保有房屋、汽车、音响，丙提供人保。③根据自物优先规则，保证人责任是 20 万主债权减去房屋、汽车、音响价值。④根据物上代位性规则，汽车由 5 万变成了 3 万，故保证人责任是 20-10-3-1 = 6 万。

例 3:【"保险金请求权"】甲消费乙银行发信用卡 5 万元届期无力还款,甲用铺面房设定抵押并登记。该房屋向保险公司投保了火灾损失险,后甲铺面房被邻居戊恶意烧毁,甲因此取得保险赔偿请求权。甲将该请求权转让给丙,丙的债权人丁申请冻结保险赔偿请求权。乙银行如何实现其抵押权?铺面房被烧毁,有 3 个法律效果:(1)甲基于保险合同可向保险公司主张保险金请求权:①甲对保险公司的保险金请求权是铺面房的代位物,乙银行抵押权可追及该请求权。②甲将该请求权转让给丙,乙银行抵押权可追及该请求权之所在。③乙银行的抵押权"物上代位性"不受司法冻结的影响,因为本案属于先抵押,后冻结。(2)甲基于所有权受害可请求戊支付赔偿金。乙银行抵押权可追及甲对戊的侵权赔偿请求权。(3)乙银行可以抵押权受害为由要求戊承担侵权责任。

(二)担保物没了,变成了保险金、赔偿金、补偿金,担保物所有权人把"三金"花了,担保物权消灭("物上代位性"没用)

例:【"钱已经花了"】甲向银行借款 100 万元,用房屋给银行设定抵押并办理了抵押权登记。后房屋被乙公司拆迁,甲从乙公司获得拆迁款 120 万元,甲将该 120 万元付给了丙以归还欠丙的债务。甲届期无力向银行还款,银行如何主张抵押权?①房屋被抵押,补偿款乃房屋的代位物。②但是,该 120 万元已经被甲花掉,货币坚持谁占有即谁所有规则,故银行抵押权不可追及丙。③乙公司明知被拆迁房屋有抵押权,而直接将 120 万元付给了甲,构成对银行抵押权的侵权,须负侵权赔偿责任。④银行可要求乙公司承担侵犯抵押权的侵权责任。银行也可要求甲按照借款合同还款。⑤乙公司的侵权债务,和甲的合同债务,属于"不真正连带责任"(连带体现在:银行可找乙公司,也可选择找甲;"不真正"体现在:甲是终局责任,如果乙公司赔了银行,则有权向甲全额追偿)。

> **原理:**既然货币谁占有就谁所有,那担保物权如何追及担保物的代位物之保险金、赔偿金或补偿金呢?①物上代位性是指担保物权的效力及于担保财产因损毁、灭失所得赔偿金等代位物上。②但货币谁占有就谁所有,故担保物权物上代位性的本质特点是:代位于"保险金请求权"、"赔偿金请求权"、"补偿金请求权"上。

五、反担保:第三人为债务人向债权人提供担保的,可以要求债务人提供反担保

(一)为什么会出现反担保

反担保是对担保的"担保",核心要旨是担保"担保人"追偿权的实现。实践中是担保公司的常用工具,以处理"代偿"后追偿失败的风险。

例:【反担保的方式和逻辑】甲向银行借款 100 万元,担保公司提供担保(人保)。为控制代偿风险,担保公司要求甲向自己提供担保,我们称之为反担保。反担保的形式有哪些?原理是什么?①反担保的形式可以是甲自己提供的物保。②第三人提供的物保。③第三人提供的保证。④不能是主债务人甲自己提供的"保证",因为保证自己债务履行,无任何实际意义。保证一定是第三人提供,才有实际意义。⑤为什么银行不直接接受上述"反担保",而更愿意接受"担保公司提供的保证"?因为担保公司的保函更像"硬通货",即"保函是担保之王"。⑥担保公司和银行签订保证合同("保函")时,双方会约定,

如果主债务人届期无力还款，银行可以直接从担保公司存在本行账户划扣款项。⑦这属于"约定抵销"，即担保公司基于"存款合同"对银行有存款债权；银行基于"保函"对担保公司有保证债权。⑧一旦主债务人甲不还款，银行可以直接划扣担保公司账户，不用去打官司。⑨担保公司一旦代偿，就是致命的，因为主债务人无力向银行还款，担保公司才需要代偿。既然主债务人面对银行很穷，它面对担保公司也就不可能"富"，故担保公司追偿必然失败。为了处理该"代偿后追偿失败的风险"，担保公司都会要求主债务人提供反担保，担保"追偿之债"的实现。⑩说白了，"反担保"就是银行将打官司要钱的麻烦事转给了担保公司。

（二）反担保的 13 法律关系：民法最伟大的平衡之术，一灭全死

①甲、银行借款主合同法律关系（主）。如甲正常还贷，则其他法律关系全部消灭，称之为"一灭全死"。例：乙公司向银行借款 100 万元，由甲公司提供保证。应甲公司要求，乙公司将对丙公司的 100 万元债权出质给甲公司作为反担保。如乙公司向银行还了款，甲公司的债权质权已消灭。

②甲、银行自物保合同法律关系（从）。

③甲、银行自物保物权变动法律关系（从）。根据自物优先原理，银行应先就甲物保实现债权，未受偿部分找第三担保人乙。

④乙、银行保证合同法律关系（从）。

⑤乙、银行他物保合同法律关系（从）。

⑥乙、银行他物保物权变动法律关系（从）。乙属于第三担保人，第三担保人代替主债务人甲还款，称之为"代偿行为"。如此一来，"银行的风险顺利的转给了担保公司乙"。

⑦乙代偿后向甲追偿的法定追偿之债法律关系。（新主＝一追）我们知道，一旦第三担保人代偿，则必然面临追偿不能的风险，因为主债务人甲"穷"，并且会一直"穷下去"。

⑧甲提供自物保合同法律关系保护⑦。（新从）

⑨甲提供自物保物权变动法律关系保护7。（新从）根据自物优先原理，乙（反担保权人）必须先就甲的自物保实现反担保权利，未受偿部分再找第三反担保人丙。

⑩丙提供人保合同法律关系保护⑦。（新从）

⑪丙提供他物保合同法律关系保护⑦。（新从）

⑫丙提供他物保物权变动法律关系保护⑦。（新从）丙属于第三反担保人，第三反担保人题主债务人甲还乙对甲的追偿之债，称之为"代偿行为"。丙会是谁呢？一般会是甲民营企业的大 BOSS。如此一来，"担保公司乙的风险顺利的转给了民营企业的大 BOSS"。

⑬丙保护⑦，代偿后向保证人乙代偿后，向主债务人甲去追偿的法律关系。（二追）能追回来吗？不能。大 BOSS 丙，做的民营企业甲死了，大 BOSS 自己的房屋也搭进去了，一切都结束。

⑭总结：甲既是借款合同的主债务人（保证合同是从合同）；甲又是追偿之债法律关系的主债务人（反担保是从法律关系）。甲是民营企业。

民法智慧：区分一个人是不是土豪，问他房屋抵押在哪里？抵押在银行＝普通人；抵押在担保公司＝土豪。

第二节　抵押权

一、抵押权的设立

（一）不动产抵押：区分原则＋登记生效主义

1. 不动产抵押合同意思表示一致时生效。

（1）不动产抵押权未登记的，债权人可请求抵押人继续履行，配合办理。

（2）如果抵押人拒不配合办理，则债权人可请求抵押人承担相应责任，该责任以抵押合同成立时抵押物的价值为限。

（3）抵押人仅在债务人不能清偿的范围内承担补充责任。

（4）如果抵押人和债务人约定对债权人负连带责任，则从该约定。

例：【房屋抵押未登记】甲向乙借款 100 万元，丙与乙签订房屋抵押合同，房屋价值 80 万元。后丙拒不办理抵押权登记。乙如何主张债权？①乙须先要求甲还款，如果甲还款 50 万元，则乙可要求丙承担另外 50 万元。如果甲还款 10 万元，则乙尚有 90 万元未受偿，可向丙主张，但不得超过房屋价值 80 万元，故乙可向丙主张 80 万元。一句话：先找主债务人，剩余部分找他物保人不得超过抵押物价值。

2. 不动产抵押权登记后设立。

（二）动产抵押：区分原则＋意思主义和登记对抗主义

1. 动产抵押合同意思表示一致时生效。

2. 动产抵押权与动产抵押合同同时设立（意思主义）。

（1）该动产抵押权未经登记不得对抗善意第三人。①未登记不能对抗物权第三人：甲车押1给乙没办理登记，该车押2给丙办理了登记，甲届期无力还债，如何抢车的变价款？丙的抵押权优先于乙的抵押权。②未登记可以对抗债权第三人：甲车抵押给乙没登记，甲车致丙损害须赔偿，甲届期无力还债，如何抢车的变价款？乙的抵押权优先于丙的债权。（1个物权人>半个物权人>债权人）

（2）该动产抵押权登记后不得对抗正常经营活动中已支付合理价款并取得抵押财产的买受人。如甲车押1给乙登记了，后甲将该车卖给丙，丙支付市价且取得占有，则丙取得所有权，乙不得对丙的车主张抵押权。

> 问1：房屋、汽车和权利各自可以设定什么物保？①房屋可以抵押吗？可以。②房屋可以出质吗？不可以。③汽车可以抵押吗？可以。④汽车可以出质吗？可以。⑤权利可以抵押吗？可以，如建设用地使用权上设定了抵押权。⑥权利可以出质吗？可以，如票据质押。⑦归总记忆：房屋不可以出质，其他乱来。
>
> 问2：哪些财产可以抵押？（1）可以买的东西才能拿去抵押，因为抵押意味着将来要买卖。（2）比如我们用房屋抵押，向银行借款，如果到期无力还款，银行指望卖抵押房屋变价受偿。（3）哪些财产可以抵押的问题，就转化为哪些财产可以买卖。（4）不能买卖的财产就不能抵押，下列财产不能设定抵押权：①乡镇、村企业的建设用地使用权不得单独抵押。以乡镇、村企业的厂房等建筑物抵押的，其占用范围内的建设用地使用权一并抵押。②土地所有权。③宅基地、自留地、自留山等集体所有的土地使用权，但是法律规定可以抵押的除外。④学校、幼儿园、医疗机构等以公益为目的成立的非营利法人的教育设施、医疗卫生设施和其他公益设施。⑤所有权、使用权不明或者有争议的财产。⑤依法被查封、扣押、监管的财产。⑥法律、行政法规规定不得抵押的其他财产。
>
> 问3：用权属不明财产、被查封财产抵押，效力如何？①根据区分原则，以权属争议不明的财产、被查封的财产或者海关监管期内的财产等设定抵押的，不影响抵押合同的效力。②因不能实现抵押权给债权人造成损失的，债权人可以依据抵押合同的约定请求抵押人承担违约责任。

二、抵押与抵押

（一）"公示先后，债权比例"

1. 不动产抵押

（1）一房2押："公示先后，债权比例"

例：【房屋再次抵押】房屋押1合同签订在先，但抵押权登记在后；房屋押2合同签订在后，但抵押权登记在先。如何排序？①押2>押1。②如果房屋押1登记和房屋押2登记在同一天，则按债权比例清偿（分配房屋变价款）。

（2）房地一体抵押："公示先后，债权比例"

①以建筑物抵押的，该建筑物占用范围内的建设用地使用权一并抵押。以建设用地使用权抵押的，该土地上的建筑物一并抵押。抵押人未一并抵押的，未抵押的财产视为一并抵押。②如果当事人仅以建筑物设定抵押的，抵押权的效力及于其占用范围内的建设用地使用权。③如果当事人仅以建设用地使用权设定抵押的，抵押权的效力也及于其上的建筑物。④如果当事人将建筑物或者建设用地使用权分别抵押给两个不同的债权人的，两个抵押权均属合法有效，其抵押范围均包括建设用地使用权和建筑物。两个抵押权排序坚持"公示先后，债权比例"。

例：【房地分别抵押】房屋押 1 合同签订在先，但抵押权登记在后；该房屋所占建设用地使用权押 2 合同签订在后，但抵押权登记在先，如何排序？①无论押 1 还是押 2，他们抵押对象都是建设用地使用权和房屋，一体抵押。②押 2>押 1。

2. 动产抵押

（1）一车 2 押："公示先后，债权比例"

例：【汽车再次抵押】汽车押 1 合同签订在先，但抵押权登记在后；汽车押 2 合同签订在后，但抵押权登记在先。如何排序？①押 2>押 1。②如果汽车押 1 登记和汽车押 2 登记在同一天，则按债权比例清偿（分配汽车变价款）。③如果汽车押 1 没登记，汽车押 2 登记了，则押 2>押 1。

（2）动产浮动抵押与普通抵押："公示先后，债权比例"

企业将设备设定了动产浮动抵押办理了登记，后又将该设备设定了抵押也办理了登记，则按照公示先后确定清偿顺序，登记在先的浮动抵押优先于登记在后的动产抵押受偿。

> **秒杀一句话：** 无论动产抵押还是不动产抵押，谁公示（即登记）在先谁优先，否则按比例受偿。

（二）"顺位换人，内外有别"： 抵押权人可以放弃抵押权或者抵押权的顺位。抵押权人与抵押人可以协议变更抵押权顺位以及被担保的债权数额等内容，但是抵押权的变更，未经其他抵押权人书面同意，不得对其他抵押权人产生不利影响

例：【抵押权换顺位】黄河公司以其房屋作抵押，先后向甲银行借款 100 万元、乙银行借款 300 万元、丙银行借款 500 万元，并依次办理了抵押登记。后丙银行与甲银行商定交换各自抵押权的顺位，并办理了变更登记，但乙银行并不知情。因黄河公司无力偿还三家银行的到期债务，银行拍卖其房屋，仅得价款 600 万元。三家银行如何分配该 600 万元？①甲银行得不到清偿、乙银行 300 万元、丙银行 300 万元。②此前排队是甲 100，乙 300，丙 500。③甲丙换位置不能对乙产生不利影响（可以产生有利影响），故换位后丙 100，乙 300，丙 400，甲 100。④算下来丙 100 满足，乙 300 满足，丙 200 满足，甲没有。合计丙 300，乙 300，甲 0。

> **记忆方法：** 联想银行排队办业务。①1 号办理 1 个业务；2 号办理 2 个业务；3 号办理 1000 个业务。②1 号和 3 号换位置，2 号说：可以，别影响我。③所以，3 号办 1 个业务，2 号办 2 个业务，3 号办剩余的 999 个业务，1 号办 1 个业务。

三、抵押与买卖：抵押物被卖（"二手房买卖"）

（一）通知抵押权人：抵押期间，抵押人转让抵押财产的，应当通知抵押权人。当事人另有约定的，按照其约定

（二）不动产抵押权有追及力：抵押财产转让的，抵押权不受影响

例：【房屋在呼叫抵押权人银行】甲向银行借款 100 万元，用房屋抵押给银行并办理了抵押权登记手续。抵押期间，甲将房屋出卖给乙，签订了买卖合同，未经银行同意。<u>如何评价甲乙买卖合同的效力？</u>①甲出卖抵押房屋，应通知银行。②未通知银行，不会导致甲乙买卖合同无效。③甲出卖抵押房屋，属于有权处分。④如果乙已经取得房屋过户，则银行抵押权不受影响，即可追及乙的房屋。

（三）动产抵押权有半个追及力：可以追及一般买受人，不得追及特殊买受人

1. 以动产抵押的，可以对抗购买抵押财产的一般买受人。（1）买受人没有支付价格。（2）买受人支付了价格，但价格不合理。（3）买受人支付了合理价格，但尚未占有汽车。

例：【汽车在呼叫抵押权人】甲公司向乙公司借款 100 万元，用汽车抵押给乙公司，办理了抵押权登记。抵押期间，甲公司将该车转让给丙公司，双方签订了买卖合同。丙公司尚未支付价款或者支付价款不合理、或者丙公司支付了合理价款但尚未取得汽车占有。甲公司届期无力向乙公司还款，<u>乙公司可否主张抵押权？</u>①可。②汽车是动产，乙公司对汽车抵押权已经登记，可以对抗购买汽车的一般买受人。③丙公司属于一般买受人。

2. 以动产抵押的，不得对抗购买抵押财产的特殊买受人：出卖人在正常经营活动中已支付合理价款并取得抵押财产的买受人。

例：【汽车不再呼叫抵押权人】上例，丙公司已经支付了合理价款，并且取得汽车的占有，则乙公司的抵押权不可追及丙的汽车所有权。

（四）抵押权人可主张加速到期：抵押权人能够证明抵押财产转让可能损害抵押权的，可以请求抵押人将转让所得的价款向抵押权人提前清偿债务或者提存。转让的价款超过债权数额的部分归抵押人所有，不足部分由债务人清偿

> **立法变更之处**：①删除了抵押权人银行的同意权，如此一来，抵押物所有人出卖抵押物就属于<u>有</u>权处分了。②删除了抵押物购买人的"涤除权"，所谓涤除权即购买人有权代替出卖人直接向银行还款以涤除银行的抵押权。③请考友注意，这两点可能成为考试中的错误选项。

四、抵押与赠与或继承：抵押物依法被继承或者赠与的，抵押权不受影响

例：【赠与物或继承物在呼叫抵押权人】甲向银行借款 100 万元，用汽车抵押给银行并办理了抵押权登记（或者未办理抵押权登记）。甲将汽车赠与给乙并完成交付，或者甲死亡后，由法定继承人乙继承汽车。如银行债权届期未受偿，<u>其可否对汽车主张抵押权？</u>①可。②因为甲乙之间要么是赠与，要么是继承，不存在交易关系，故抵押权人可追及抵

押物之所在。

五、抵押与租赁：抵押权设立前抵押财产已出租并转移占有的，原租赁关系不受该抵押权的影响

（一）租大：先存在的（租赁合同人+租赁钥匙人）>后设立的抵押权人

例：【"租"和"住"均早于抵押=租大】甲将房屋出租给了唐某，签订租赁合同且已经交付房屋给唐某。后甲又将该房屋抵押给了银行。甲届期无力清偿欠银行债务，银行主张实现抵押权拍卖房屋。如何评价甲和唐某的租赁关系？①首先，唐某作为房屋承租人，享有优先购买权。②其次，如果唐某不购买，房屋被其他人购买，则唐某可以继续租住该房屋到租期结束。③因为唐某签订的租赁合同时间和占有房屋时间都早于银行设定抵押权的时间。

原理：为什么要求"合同"+"占有"都早于抵押，租赁才大？①如果光看租赁合同时间，则承租人和出租人可以倒签时间来坑抵押权人。②比如实际租赁合同签订是 10 月 1 日，当事人将时间提前到 1 月 1 日，这属于"倒签时间"。③所以立法增加要求承租人必须实际占有租赁物的时间早于抵押时间，以此避免倒签时间坑抵押权人现象。

（二）押大：其他情形（租早但住晚或租晚）都是押大

例：【"租早于抵押但住晚于抵押"=押大】上例，如唐某未占有租赁物。如何评价甲和唐某的租赁关系？①首先，唐某作为房屋承租人，享有优先购买权。②其次，如果唐某不购买，房屋被其他人购买，则购买人可要求唐某返还房屋，因为唐某签订租赁合同时间早但是实际居住房屋晚，要保护抵押权人。③再次，唐某可诉甲承担违反租赁合同的违约责任。

例：【"租晚"=房屋押早于租赁=押大】甲先将房屋抵押给银行，办理了抵押权登记。后甲将房屋出租给唐某。甲届期无力向银行还款，银行主张实现抵押权，拍卖房屋变价受偿，如何评价甲和唐某的房屋租赁关系？①承租人唐某可主张优先购买权。保护房屋承租人优先购买权，实质上是抵押权人银行乐意看见的，无非是一个人来抢着买房屋，银行要的是钱，才不管谁来买房呢。（又称"鲶鱼效应"）②如唐某不行使优先购买权，则购买房屋人可要求唐某返还房屋，因为"押大"。③唐某可依据租赁合同向甲主张违约责任。

问：什么是以租养贷？将已经抵押的房屋拿去出租，租户为房东打工，房东为银行打工。银行大，即押大。

例：【汽车押早于租赁=押大】甲先将汽车抵押给银行，办理或未办理抵押权登记。后甲将汽车出租给唐某，甲届期无力向银行还款，银行主张实现抵押权，拍卖汽车变价受偿，如何评价甲和唐某的汽车租赁关系？①承租人唐某不可主张优先购买权，因为汽车租赁承租人无优先购买权。②购买汽车的人可要求唐某返还汽车，因为"押大"。③唐某可依据租赁合同向甲主张违约责任。

秒杀口诀：租大还是押大？①"租"（租赁合同签订早于抵押）、"住"（占有租赁物早于抵押）得早，租大。②其他都押大。

六、抵押与查封

（一）先押则押大：已经设定抵押的财产被采取查封、扣押等财产保全或者执行措施的，不影响抵押权的效力

例：【押＞封】甲用房屋抵押给银行担保其欠银行的100万元，办理了抵押权登记。甲同时欠温某100万元，温某已经申请法院查封了甲的房屋。后房屋变价款160万元。如何分配该变价款？①银行抵押权优先，故银行获得100万元。②温某是查封债权人，获得60万元，温某另外40万元成为"裸体债权"。

（二）先封则封大：依法被查封、扣押、监管的财产，不得设立抵押权，但抵押合同有效

七、抵押与保全：因为抵押物不转移占有，仍由抵押人占有，在抵押人实施有损抵押物价值行为时，抵押权人可主张抵押权保全请求权

（一）请求抵押人"停止"

抵押财产价值尚未减少的，抵押人的行为足以使抵押财产价值减少的，抵押权人有权请求抵押人停止行为。

（二）请求债务人"补足"

抵押财产价值已经减少的，抵押权人有权要求恢复抵押财产的价值，或者提供与减少的价值相应的担保。

（三）请求债务人"加速到期"

抵押财产价值已经减少，抵押人不恢复抵押财产的价值也不提供担保的，抵押权人有权要求债务人提前清偿债务。

例：【抵押人让出抵押房屋坑银行】甲以自有房屋向乙银行抵押借款，办理了抵押登记。丙因甲欠钱不还，强行进入该房屋居住。借款到期后，甲无力偿还债务。该房屋由于丙的非法居住，难以拍卖，甲怠于行使对丙的返还请求权。乙银行可以行使哪些权利？①请求甲行使对丙的返还请求权，防止抵押财产价值的减少。②请求甲将对丙的返还请求权转让给自己。抵押权人自己没有原物返还请求权，因为抵押权没有占有权能。③如甲仍然不行使对丙的返还请求权，则银行有权要求甲提供相应担保。

八、抵押权实现

（一）裸地抵押

1. 建设用地使用权抵押后，该土地上新增的建筑物不属于抵押财产。

2. 该建设用地使用权实现抵押权时，应当将该土地上新增的建筑物与建设用地使用权一并处分，但是新增建筑物所得的价款，抵押权人无权优先受偿。

（二）孳息归属

1. 孳息的所有权归抵押人。

2. 孳息的收取权：（1）一般抵押人。（2）例外归抵押权人：债务人不履行到期债务或者发生当事人约定的实现抵押权的情形，致使抵押财产被人民法院依法扣押的，自扣押之日起抵押权人有权收取该抵押财产的天然孳息或者法定孳息，但是抵押权人未通知应当清偿法定孳息的义务人的除外。

例：【租户为房东打工；例外租户为银行打工】甲将房屋抵押给银行，担保借银行的 100 万元，办理了抵押权登记。甲将房屋出租给唐某。甲届期无力向银行还款，银行申请法院扣押了该房屋。唐某应如何交付租金？①房屋被法院扣押之前，唐某应将租金交付给甲。②房屋被法院扣押之后，唐某在收到扣押通知后，应将租金交给银行，银行就该租金和房屋变价款一起，优先受偿其 100 万元债权。③银行对租金不是所有权，而是收取权，差别在于需要核算，因为银行是在实现抵押权。

（三）抵押权期间

1. 抵押权人应当在主债权诉讼时效期间行使抵押权。过期未行使的，人民法院不予保护，因为抵押权消灭了。

2. 抵押权、权利质权等以登记作为公示方法的担保物权，担保物权人应当在主债权的诉讼时效期间内行使担保物权。债权人在主债权诉讼时效届满后仍未行使担保物权及相关权利，担保人请求确认担保物权消灭、涂销担保物权登记的，人民法院应予支持。

> **原理：**为什么抵押权期间是在主债权诉讼时效期间？①如果是自物保，主债过了时效，则主债务人可对银行主张"抗辩"而不还钱，假设银行还可以主张自物保，这会自相矛盾。②如果是他物保，主债过了时效，则主债务人可对银行主张"抗辩"而不还钱，假设银行还可以主张他物保，则他物保人代偿后可追主债务人，这会变相剥夺主债务人的抗辩权机会。

（四）实现方式

1. 当事人协议折价、拍卖、变卖：（1）债务人不履行到期债务或者发生当事人约定的实现抵押权的情形，抵押权人可以与抵押人协议以抵押财产折价或者以拍卖、变卖该抵押财产所得的价款优先受偿。（2）协议损害其他债权人利益的，其他债权人可以请求人民法院撤销该协议。

2. 抵押权人请求法院拍卖、变卖：抵押权人与抵押人未就抵押权实现方式达成协议的，抵押权人可以请求人民法院拍卖、变卖抵押财产。

3. 抵押财产折价或者变卖的，应当参照市场价格。

（五）多退少补

1. 多退：抵押财产折价或者拍卖、变卖后，其价款超过债权数额的部分归抵押人所有。

2. 少补：抵押财产折价或者拍卖、变卖后，其价款不足清偿债务，则由债务人继续清偿。

九、特殊抵押之 1：动产浮动抵押

（一）动产浮动抵押

企业、个体工商户、农业生产经营者可以将现有的以及将有的生产设备、原材料、半成品、产品抵押，债务人不履行到期债务或者发生当事人约定的实现抵押权的情形，债权人有权就抵押财产确定时的动产优先受偿。

（二）动产浮动抵押物的结晶

1. 确定抵押财产范围的时间点：（1）债务履行期届满，债权未实现。（2）抵押人被宣告破产或者解散清算。（3）当事人约定的实现抵押权的情形。（4）严重影响债权实现的其他情形。

2. 动产浮动抵押物结晶的效果：转化为了一般抵押。

> **原理**：为什么动产浮动抵押属于特殊抵押？①因为物权需要坚持物权客体特定主义，即物权的客体需要特定化，比如房屋所有权，抵押权等需要将房屋特定化，才能存在物权。②而动产浮动抵押中，其抵押物是浮动的，不是特定化的，从这个角度上讲，它属于特殊抵押。

十、特殊抵押之 2：最高额抵押

（一）X：为担保债务的履行，债务人或者第三人对一定期间内将要连续发生的债权提供担保财产的，债务人不履行到期债务或者发生当事人约定的实现抵押权的情形，抵押权人有权在最高债权额限度内就该担保财产优先受偿（最高额质权参照最高额抵押权规则处理）

例：【约定 X 与实际发生值谁低】甲与银行签订最高额抵押合同，将建设用地使用权抵押给银行办理了抵押权登记，约定受抵押权担保的债权最高额是 1000 万元。再约定签约日起 1 年届满则结算实际发生债权值。最高额抵押如何运行？①如实际发生 800 万元，则抵押权担保 800 万；②如实际发生 1000 万元，则抵押权担保 1000 万元；③如实际发生 1200 万元，则抵押权担保 1000 万元（另外 200 万即属于"裸体债权"，无担保的普通债权）。

问1：为什么需要最高额抵押制度？①开发商开发房地产项目拟以建设用地使用权向银行抵押并借款，银行给予20亿元的授信额度，愿意出借20亿元。②但开发商也不知道所开发的项目实际需要借款多少，所以和银行预估一个借款额度比如20亿元。③开发项目时盖地下需要借用1000万元，盖1楼需要2000万元，盖2楼需要3000万元……以此类推，每放一次借款都要办理相应的抵押权登记，这样一来，手续比较麻烦。④如果银行一次性放贷20亿元，一来开发商用不着，有利息压力，银行也担心开发商将借款挪用。⑤为了解决这些问题，故有必要用最高额抵押制度解决双方担忧和避免多次做抵押登记的麻烦。

问2：最高额抵押合同签订时，有哪几个数值是明确的？①当事人会明确约定受抵押物担保的最高债权值（称"最高额"）。②当事人会明确约定什么时候计算实际发生债权值（称"债权确定日"）③到了债权确定日，将约定的"最高额"与"实际发生值"作对比，低的受抵押物的保护，乃有抵押权担保的债权。

问3：最高额抵押和动产浮动抵押有什么区别？①签订合同时，最高额抵押是受抵押物担保债权为X（"皇帝"不确定）。动产、不动产和权利都可以设定最高额抵押。动产和权利可以设定最高额质。②签订合同时，动产浮动抵押是抵押物为X（"太监"不确定）。③最高额抵押中有债权的结晶规则；动产浮动抵押有抵押物的结晶规则。

（二）1+X：最高额抵押权设立前已经存在的债权，经当事人同意，可以转入最高额抵押担保的债权范围

例1：【约定1+X】甲与银行签订最高额抵押合同，将建设用地使用权抵押给银行办理了抵押权登记，约定受抵押权担保的债权最高额是1000万元，同时约定将已经发生的500万元债权纳入最高额抵押担保的债权范围。在签约日起满1年结算实际发生债权值。最高额抵押如何运行？①当事人可将在最高额抵押合同签订之前已经发生的债权纳入到"实际发生债权值"内。②约定最高额为1000万，此前已经发生债1是500万，将来发生债2是X。约定1年内确定债2的X数值。③如果债2的X是400万，则抵押担保900万。④如债2的X是600万，则抵押担保的是1000万（另外100万属于裸体债权）。

例2：【约定1+X未经登记不可对抗第三人】指导案例95号裁判要点：当事人另行达成协议将最高额抵押权设立前已经存在的债权转入该最高额抵押担保的债权范围，只要转入的债权数额仍在该最高额抵押担保的最高债权额限度内，即使未对该最高额抵押权办理变更登记手续，该最高额抵押权的效力仍然及于被转入的债权，但不得对第三人产生不利影响。

（三）1+2+3+X：最高额抵押担保的债权确定前，部分债权转让的，最高额抵押权不得转让

例：【卖1+2+3，收购者买到"裸体债权"】甲和银行签订最高额抵押合同，债权最高额100万元，中途发生了20万元，将来继续发生80万元。银行中途将20万元债权转让给资产公司。如何评价该转让？①最高额抵押中，债权确定其之前中途卖20万元，则买的人略傻，买的是裸体20万元。最高额抵押继续停留在原地，保护将来的80万元。（当

然如果将来发生了 100 万元，则保护 100 万元，因为最高额是 100 万元）②剩余 80 万元债权决算时（债权确定日），最高额抵押已经转变为普通抵押，如 80 万元再卖，则买的人不是略傻，因为债权转让，抵押权随之转移，故买方收购到的 80 万元债权有抵押担保。

秒杀：最高额抵押中，中途卖皇帝，不送太监。债权确定后，卖皇帝，送太监。

（四）1+2+3+X→1+2+3+Y：最高额抵押担保的债权确定前，抵押权人与抵押人可以通过协议变更债权确定的期间、债权范围以及最高债权额，但是变更的内容不得对其他抵押权人产生不利影响

例：【押 1 是最高额抵押；押 2 是普通抵押或最高额抵押】甲房价值 1500 万，押 1 给银行设立最高额抵押，约定担保主债权最高额为 1000 万。后甲房押 2 给乙公司设立普通抵押或者也是最高额抵押担保主债权 500 万。假设甲和银行约定将受抵押担保的主债权额提到 1500 万，该约定效力如何？①该约定在甲和银行之间内部有效，但外部对乙公司不发生效力。②乙公司的 500 万，仍然可就 1500 万—1000 万的部分优先受偿。

（五）1+2+3+X→10：最高额抵押实际发生债权值的确定

1. 一般确定规则：（1）约定的债权确定期间届满。（2）没有约定债权确定期间或者约定不明确，抵押权人或者抵押人自最高额抵押权设立之日起满 2 年后请求确定债权。（3）新的债权不可能发生。（4）法律规定债权确定的其他情形。

2. 提前确定规则

（1）抵押权人知道或者应当知道抵押财产被查封、扣押。①自物保抵押物被查封扣押。②他物保抵押物被查封扣押。

原理：为什么自银行知道抵押物被查封扣押后，要提前确定最高额抵押中的实际发生债权值？①甲向银行借款，甲或乙用建设用地使用权设定最高额抵押并登记，一旦建设用地使用权被查封，意味着背后有一个查封债权人，即甲的债权人小甲；或乙的债权人小乙。②因为已经被查封、扣押的东西不能去做抵押，因此，此后银行继续给甲放贷就不能被抵押所担保。一旦发生抵押物被查封扣押状况，银行不会再放贷了，否则都会成为"裸体债权"。③简言之，一旦物不行了，银行会自觉停止放贷，否则新增放贷是"裸体债权"。

（2）债务人、抵押人被宣告破产或者解散清算。①自物保债务人被宣告破产或解散清算。②他物保抵押人被宣告破产或解散清算。

原理：为什么在自物保债务人或他物保抵押人被宣告破产或解散清算时，要提前确定最高额抵押中的实际发生债权值？①甲向银行借款，甲或乙用建设用地使用权设定最高额抵押并登记，一旦甲或乙被宣告破产或解散清算，则甲背后会有一个债权人小甲，乙背后会有一个债权人小乙。②既然甲或乙已经要"死了"，银行如果再给甲新增贷款，就是"裸体债权"，要与小甲、小乙平等受偿，不能主张获得抵押权担保。③简言之，一旦人不行了，银行会自觉停止放贷，否则新增放贷是"裸体债权"。

秒杀：人不行或者物不行，提前决算债权实际发生值。最高额抵押的债权确定日提前截至。

十一、特殊抵押之3：所有权人抵押权

（一）所有权人抵押权1（意外怀孕＝预料之外）：同一财产向两个以上债权人抵押的，顺序在先的抵押权与该财产的所有权归属一人时，该财产的所有权人可以以其抵押权对抗顺序在后的抵押权

例：【父欠子债、父欠朋友债】甲欠其子小甲10万元，用房屋抵押办理了抵押登记。甲又欠朋友乙10万元，也随后用房屋抵押办理了抵押登记。甲死亡后，小甲是甲的唯一继承人。如何评价案涉抵押权？（1）物权角度观察：①甲死亡后，发生继承物权变动，甲的全部遗产包括房屋归小甲继承，小甲成为房屋所有权人，小甲同时又对该房屋享有抵押权，这就是所有权人抵押权。②因为房屋上还有乙的抵押权，故小甲的对自己的房屋享有的抵押权并不消灭。（2）合同角度观察：①甲对小甲负债，甲死亡后，因为小甲继承了甲的房屋，故小甲要取代甲成为债务人。换言之，小甲欠小甲10万元，债权人和债务人发生"混同"，主债本来应该消灭。②但是因为甲还对乙负债，故小甲对父亲的10万元债权不消灭。（3）核算结果观察：①如果房屋价值10万元，则小甲实现抵押权，其对父亲甲的10万元债权获得满足。因为小甲并未实际继承房屋所有权，故无须清偿父亲甲生前负债。因此，乙的抵押权因为"抵押物"没了而消灭，乙的债权为"裸体债权"，无法实现。②如果房屋价值12万元，则小甲实现抵押权，其对父亲甲的10万元债权获得满足。房屋剩余的2万元，由乙行使抵押权，乙还有8万元未实现，乃"裸体债权"，无法实现。因为小甲并未继承父亲甲的房屋，故乙不得要求小甲清偿8万元。

问：父子可以作弊，用虚拟债权坑父亲的债权人和抵押权人乙吗？①否。②上述案例分析的前提是儿子抵押权登记在先，才优先保护儿子的利益，乃"公示先后"的原理。③父子可以作弊虚拟债权，但无法就抵押权登记倒签时间，因为登记机构不会配合。

（二）所有权人抵押权2（计划生育＝预料之中）：融资租赁合同中融资公司即出租人授权承租人将租赁物抵押给出租人并在登记机关依法办理抵押权登记，融资公司对自己出租物既享有所有权，又享有抵押权，乃所有权人抵押权

例：【押1给融资公司自己；押2给民间借贷公司】融资公司将租赁物出租给租户使用，同时授权租户将租赁物抵押给融资公司自己办理了抵押权登记，担保租户欠融资公司的租金债务100万元。融资公司后再授权租户将该租赁物二次抵押给民间借贷公司也办理了抵押权登记，担保租户欠民间借贷公司的借款债务100万元。如何评介案涉融资公司的抵押权？（1）物权角度观察：①融资公司对自己的设备享有所有权，同时对自己的设备享有抵押权，担保租金债权，如果租户不支付租金，则融资公司变卖自己的设备代替租户还了租金，"什么都没得到"。②融资公司的目的是通过抵押权登记公示自己对租赁物的所有

权，公示的所有权就可以对抗一切人。（融资租赁合同中出租人对租赁物享有的所有权，未经登记，不得对抗善意第三人。）（2）合同角度观察：①租户欠融资公司租金债务，却变卖了融资公司的东西去清偿，这本质上属于"他物保"，而非自物保。②故融资公司变卖自己东西受偿租金债权后，可作为"他物保人"向租户提起追偿之债，即主张"真正的租金债权"。（3）核算结果观察1：①假设租赁物价值100万元，融资公司的所有权人抵押权登记在先，故优先实现抵押权，其对租户的100万元租金收回。②融资公司基于"他物保"人身份可向租户追偿100万元。③抵押物已经没了，民间借贷公司的抵押权消灭，其对租户的100万元债权变成了"裸体债权"。④融资公司的追偿之债100万元，和民间借贷公司的100万元债权，平等受偿，均"沦落为裸体债权"。⑤融资公司通过所有权人抵押权保障自己收回了自己当初购买租赁物的成本。（4）核算结果观察2：①假设租赁物价值100万元，租户已经向融资公司支付了20万元租金，尚剩80万元租金未付。②则融资公司的所有权人抵押权登记在先，故优先实现抵押权，其对租户的80万元租金收回。融资公司基于"他物保人"身份可向租户追偿80万元。③抵押物变价还有20万元，民间借贷公司作为抵押权人可实现20万元，剩余80万元为"裸体债权"。而这20万元，也属于他物保人融资公司"代偿"了，故融资公司基于"他物保人"身份可向租户追偿20万元。④融资公司的追偿之债（80+20）万元，和民间借贷公司的80万元债权，平等受偿，均"沦落为裸体债权"。⑤融资公司通过所有权人抵押权保障自己收回了自己当初购买租赁物的成本。（5）融资公司的所有权人抵押权的价值：①反面观察，如果融资公司没有所有权人抵押权，则租赁物变价都被民间借贷公司拿走，故融资公司作为"他物保人"可向租户追偿100万元，同时，融资公司还对租户有租金债权100万元，如此一来，融资公司的"裸体债权"就会从原来的100万元，增加到200万元。②融资公司通过登记自己对租赁物的抵押权，公示了自己对租赁物的所有权，一旦租户无权处分，第三方必然是"恶意"，不可主张善意取得租赁物所有权。③原来我们以为善意取得制度很厉害，学到这里，才发现所有权人抵押权比善意取得还厉害。真所谓道高一尺，魔高一丈。

> **秒杀**：融资公司所有权人抵押权登记在先，可破登记在后的民间借贷公司抵押权；可防承租人无权处分；可破第三人善意取得。

第三节　质　权

一、质权的设立

（一）动产质权设立：区分原则+交付主义

1. 动产质押合同，签订时生效。

2. 动产质权变动，交付时设立：（1）可以现实交付、简易交付、指示交付设立动产质权。（2）不能占有改定设立动产质权。

3. 动产质权设立的二级市场：转质

（二）质权设立后的转质：质权的二级市场

1. **承诺转质**：质权人经出质人同意，将质物转质给第三人，第三人取得转质权。转质权优先于原质权。转质权担保的债权额度不得超过原质权担保的债权额度，超过部分无优先受偿效力。

例：【承诺转质牛】甲将价值 10 万的牛出质给乙，担保其欠乙的 8 万元主债权。乙经甲同意，乙以质权人名义将该牛转质给丙，担保乙欠丙的 10 万元主债权。甲、乙无力清偿各自到期债务，就牛的 10 万元变价款，如何分配？①乙经甲同意转质给丙，属于承诺转质，丙取得转质权。②但转质担保的债权额度不得超过原质权额度。③丙可就 8 万元优先受偿，且优先于乙的原质权，剩余 2 万元还给甲。④就 8 万元而言，甲欠乙的，乙欠丙的，结算完毕。⑤丙对乙尚有 2 万元无担保债权。

> **原理**：为什么承诺转质中，转质权优先于原质权？①乙将甲的牛而不是乙自己的牛转质给丙做担保，这相当于甲是"他物保人"。②丙实现质权后，即他物保人甲"代偿"了 8 万元。③甲代偿后可向乙追偿 8 万元，而甲恰好又欠乙 8 万元，彼此抵销。④故转质权优先于原质权，会简化法律关系。④丙可否再转质给丁？经甲和乙同意则可转质给丁。

例：【善意取得牛质权】甲牛出质给乙，乙以所有权名义自居将牛出质给不知情的丙，完成交付。丙是否取得牛的质权？①丙善意取得牛的质权。②如丙的过错导致牛死亡，则甲可诉乙赔偿；甲可也诉丙要求赔偿。

> **原理**：怎么区分基于善意取得而取得质权和基于承诺转质而取得质权？①善意取得质权中，无权处分人把牛当自己的出质，接受出质的人是善意不知情。②承诺转质取得转质权中，无权处分人明明白白告诉接受转质的人，牛不是自己的，是出质人的，接受出质的人必然是恶意知情的。

> **秒杀**：①以质权人名义将他人之物去设质，叫转质，对接物主同意与否，同意则为承诺转质，不同意则为责任转质。②以所有权人名义将他人之物去设质，叫无权处分，对接接收人的善意取得质权。

2. **责任转质**：质权人未经出质人同意，将质物转质给第三人，第三人不能取得转质权。因为质权人转质时，明明白白告诉第三人这个质物是出质人的，第三人必然构成恶意，故不能取得转质权，但是根据物债两分原则，该责任转质合同有效。

例：【责任转质牛】甲牛出质给乙，乙未经甲同意，以质权人名义将牛出质给丙，完成交付。丙是否取得牛的质权？①未经甲同意，属于"责任转质"。②丙不能取得转质权，但根据区分原则，乙丙转质合同有效。③无论是承诺转质，还是责任转质，如果丙占有牛导致损害，甲均可要求丙承担赔偿责任。

（三）权利质权设立：区分原则+交付主义或者登记生效主义

1. 权利质押合同，签订时生效。

2. 权利质权变动，要么交付时设立，要么登记时设立。（1）交付时设立权利质权：有纸的三票三单一券（汇本支；存提仓，债券），交纸设立权利质权。（2）登记时设立权利质权：①无纸的三票三单一券出质的；②以基金份额、股权出质的；③以注册商标专用权、专利权、著作权等知识产权中的财产权出质的；④以应收账款出质的。

二、出质人的权利（虽丧失对动产控制但仍然属于所有权人）

（一）请求质权人赔偿

1. 用坏了要赔：质权人在质权存续期间，未经出质人同意，擅自使用、处分质押财产，给出质人造成损害的，应当承担赔偿责任。

2. 管坏了要赔：质权人负有妥善保管质押财产的义务；因保管不善致使质押财产毁损、灭失的，应当承担赔偿责任。质权人的行为可能使质押财产毁损、灭失的，出质人可以要求质权人将质押财产提存，或者要求提前清偿债务并返还质押财产。

（二）请求质权人行权

1. 不能拖拉：出质人可以请求质权人在债务履行期届满后及时行使质权；质权人不行使的，出质人可以请求人民法院拍卖、变卖质押财产。

2. 拖拉致害要赔：出质人请求质权人及时行使质权，因质权人怠于行使权利给出质人造成损害的，由质权人承担赔偿责任。

三、质权人的权利（因其控制质物享有质权）

（一）质权保全请求权：补担保、提前还债或提存价款

因不能归责于质权人的事由可能使质押财产毁损或者价值明显减少，足以危害质权人权利的，质权人有权要求出质人提供相应的担保；出质人不提供的，质权人可以拍卖、变卖质押财产，并与出质人通过协议将拍卖、变卖所得的价款提前清偿债务或者提存。

区分	事由	措施1：停止行为	措施2：补充担保	措施3：提前还债
抵押权保全请求权	抵押人行为足以使抵押财产价值减少	停止行为	抵押财产已经减少，可要求补充担保	要求债务人提前还债
质权保全请求权	不可归责于质权人事由可能使质押财产毁损或价值减少	无	足以危害质权人质权，可要求补充担保	实现质权，拍卖质物，与出质人协议提前清偿债务或提存

（二）质权实现

1. **质权人有权收取孳息**：质权人有权收取质押财产的孳息，但是合同另有约定的除外。

2. **质权人有优先受偿权**：债务人不履行到期债务或者发生当事人约定的实现质权的情形，质权人可以与出质人协议以质押财产折价，也可以就拍卖、变卖质押财产所得的价

款优先受偿。质押财产折价或者变卖的，应当参照市场价格。

3. 质物变价款多退少补：质押财产折价或者拍卖、变卖后，其价款超过债权数额的部分归出质人所有，不足部分由债务人清偿。

例：【质权人有权收取鹦鹉蛋】 2016 年 3 月 3 日，甲向乙借款 10 万元，约定还款日期为 2017 年 3 月 3 日。借款当日，甲将自己饲养的市值 5 万元的名贵宠物鹦鹉质押交付给乙，作为债务到期不履行的担保；另外，第三人丙提供了连带责任保证。2016 年 5 月 5 日，鹦鹉产蛋一枚，市值 2000 元。<u>如何评价乙的质权？</u> ①乙对鹦鹉享有质权，鹦鹉蛋是鹦鹉的自然孳息，质权人有权收取孳息，故乙可以控制鹦鹉蛋，无须交由甲处置。假设乙将鹦鹉蛋交给甲，则属于质权人自愿丧失对质物的占有，故乙无权对鹦鹉蛋主张质权。②假设因乙照管不善，2016 年 10 月 1 日鹦鹉死亡，则乙需承担赔偿责任。③假设到了 2017 年 4 月 4 日，甲未偿还借款，乙未实现质权，则甲可请求乙及时行使质权。④假设乙放弃该质权，则丙可在乙丧失质权的范围内免除相应的保证责任。因为混合担保中，自物优先。

四、债权出质

（一）债权出质中 3 方结构的 4 个角度思维（民法思维之巅峰）

例：【债权出质≈债权转让】 乙欠甲 10 万元，为担保该债权的清偿，乙以其对丙的 10 万元债权向甲设定质权。乙届期无力向甲还款，丙届期无力向乙还款，经查，乙尚欠丁 10 万元届期无力还款。如果甲要向丙主张权利，在民法上有哪些路径？这些路径存在什么差异？（甲乙丙是三角债；丁乙丙也是三角债）

（债权质权人）甲 ——————→ 乙 ←———— 丁（"裸体债权人"）
　　　　　　　　　 ↘　　 ?　 ↓
　　　　　　　　　　　 丙（次债务人）

?｛
①代位权结构：甲对丙提起代位权诉讼，甲找丙要钱，不能优先于丁
②债权转让结构：甲取代乙"换债权人"，甲找丙要钱，不能优先于丁
③免责债务承担结构：丙取代乙"换债务人"，甲找丙要钱，不能优先于丁
④债权出质结构：甲取代乙"换债权人"，甲找丙要钱，可以优先于丁

> ①先考虑代位权思路。假设符合代位权构成要件，则甲作为债权人，乙作为债务人，丙作为次债务人，甲可以自己名义对丙提起代位权诉讼，要求丙直接向甲付款。但该债权请求权不得优先于丁对乙的债权请求权。
>
> ②再考虑债权转让思路。假设乙把对丙的债权转让给甲，充抵乙欠甲的钱。债权转让通知丙后，甲可基于新债权人身份要求丙直接向甲付款。但该债权请求权不得优先于丁对乙的债权请求权。
>
> ③还要考虑免责债务承担思路。假设甲、乙、丙三方约定由丙直接还债，乙退出。则甲只能要求新债务人丙直接向甲付款。但该债权请求权不得优先于丁对乙的债权请求权。
>
> ④最后考虑债权出质思路。假设乙将对丙的债权出质给甲，则甲成为债权质权人。乙届期无力向甲还款，则甲可主张债权质权，即要求丙直接向甲还款。因为甲是债权质权人，对乙的债权有"担保物权"保护，故甲的债权请求权要优先于丁对乙的债权请求权。

秒杀：甲作为乙的债权质权人，债务人乙对次债务人丙的债权视为乙的"特定责任财产"，优先担保甲。丁作为乙的普通债权人，就要靠边站。

（二）债权质权设立

1. 应收账款债权出质＝登记生效主义。

2. 普通债权出质＝意思主义+通知次债务人。（1）债权出质≈债权买卖。（2）甲乙之间债权质权协议生效时，债权质权设立。（3）甲乙债权质权协议通知次债务人丙时，对次债务人丙发生效力。即甲可要求丙直接还款，且优先于乙的其他债权人丁受偿。

（三）债权质权运行

1. 通知次债务人后冻结清偿规则：次债务人接到通知后应停止向原债权人清偿的行为。

例：【冻结次债务人清偿】乙对丙享有10万元债权，乙将该债权向甲出质，借款5万元。次债务人丙在得到债权出质的通知后，向乙还款3万元，丙尚欠乙7万元。如何评价次债务人丙的还款行为？①甲对乙享有主债权5万元，该5万元债权有"债权质权"担保，即"乙对丙的10万元债权"是担保物。②丙的还款行为对甲不发生效力，甲仍然就"乙对丙的10万元债权"享有质权。③假设乙欠甲的5万元债权长期不归还导致本金和利息合计变成了10万元，则甲可直接要求丙支付10万元。④丙再要求乙返还3万元不当得利。⑤如果允许次债务人随便清偿，就会破坏债权质权人的合理期待，比如本案，如果乙当初用7万元向甲出质，按照甲把握的"质押率"（"质押率"＝债权额/质物价值＝5/10＝50%），则甲只会愿意出借3.5万元给乙。甲对于"质押率"的商业期待，应该得到法律的保护。

2. 次债务人抗辩（抵销）援引规则：次债务人对原债权人的抗辩或抵销，可以对新债权人（债权质权人）主张。

例：【次债务人援引抗辩或抵销】乙对丙享有10万元债权，乙将该债权出质给甲，借款9万元，通知了次债务人丙。出质前，丙对乙享有2万元到期债权。则如丙提出抗辩，甲可向次债务认丙行使质权的最大金额是多少？①8万元。②乙将对丙的10万债权出质给甲，担保甲的9万元主债权。③这相当于乙将该10万债权转让给甲，相对于丙来讲，属于债权人换人。④丙对原债权人乙的抗辩（或抵销），也可以向新债权人甲主张。⑤丙可对原债权人乙主张抵销2万元，自然可以向新债权人甲主张抵销2万元。⑥故甲最多可向丙主张8万元（10-2），甲的剩余1万元成为"裸体债权"，继续向乙主张。⑦如果不允许次债务人提出其本来享有的抵销或抗辩，就会破坏次债务人的合理期待和原有法律地位。甲接受乙对次债务人丙享有的债权出质，约等于是甲向乙收购了该债权。如果该债权有病，则甲收购到有病的债权，该病包括"次债务人丙对原债权人乙的抵销或抗辩"。

秒杀：债权出质时通知了次债务人，次债务人"不能轻举妄动还款"，但可以"主张其本有的抗辩"。

（四）债权质权的诉讼

1. "上家"告"中家"和"下家"：质权人可以起诉出质人（债务人）和出质债权的债务人（次债务人）。（甲起诉乙和丙）

2. "上家"告"下家"：质权人也可以单独起诉出质债权的债务人（次债务人）。（甲起诉丙）

第四节 留置权

一、留置权依法设立：法定担保物权

（一）留置权正常取得：债权人合法占有债务人的动产，债权人债权届期未获得清偿，债权人可依法留置该动产

例：【车主与修车人】唐某将自己的车交由修理厂维修，未付维修费，要求修理厂交车。修理厂可主张什么法律救济措施？①留置权或者双务合同同时履行抗辩权。②定作人未向承揽人支付报酬或者材料费等价款的，承揽人对完成的工作成果享有留置权或者有权拒绝交付（即双务合同同时履行抗辩权）。

（二）留置权善意取得：债权人合法占有债务人交来的他人动产，债权人债权届期未获得清偿，债权人可依法留置该动产

例：【租户与修车人】唐某将从张某处租来的电脑交由修理厂维修，未付维修费，要求修理厂轿车。修理厂可主张什么法律救济措施？①修理厂可善意取得留置权。②修理厂可主张同时履行抗辩权拒绝交车。

> **原理**：修车厂主张留置权和主张同时履行抗辩权两者有什么差异？①留置权会彻底解决纠纷，遵守留置权实现规则，先给债务人2个月以上宽限期，债务人还不履行债务，则留置权人可就留置物变价优先受偿。②同时履行抗辩权不解决纠纷，只解决修车厂拒不交车不是违约而已。

二、民事留置权和商事留置权：同一法律关系的判断

（一）民事留置权需要同一法律关系：个人与个人之间。个人与企业之间

例：【交修人与修车人】甲公司车被乙盗走，乙将该车出租给不知该车来历的自然人丙，丙在使用过程中因汽车故障送到丁公司修理。丁公司以丙上次来修另一辆汽车时未付维修费为由扣留该汽车。丁公司是否有权扣留汽车并享有留置权？①否。②债权人留置的动产，应当与债权属于同一法律关系。③本案中，上次修车费债权与本次留置的汽车不属于同一法律关系。④本次修车费债权另诉。

例1：【房东与租户】甲将房屋出租给乙，乙届期未支付租金，甲以乙未付租金为由扣留乙的家具。甲是否有权扣留乙的家具并享有留置权？①否。②租金债权与租户家具不属于同一法律关系。③租金债权另诉。

例2：【悬赏人与拾得人】甲的手机丢失，发布悬赏广告，拾得并归还者奖励500元。乙拾得后要求甲先付500元，否则不归还。甲要求乙归还，乙拒绝。乙是否有权扣留甲的

手机并享有留置权？①否。②悬赏广告之债权与遗失物返还不属于同一法律关系。③广告债权另诉。

例3：【侵权人与被害人】小贝将足球踢到老马家院子里，将老马手里的花瓶砸碎，老马要求小贝赔偿，否则拒不归还足球。老马是否有权扣留小贝的足球并享有留置权？①否。②侵权之债与足球原物返还不属于同一法律关系。③侵权之债另诉。

（二）商事留置权无须同一法律关系：单位与单位之间

例1：【加工承揽与样品】甲学校委托乙服装厂加工校服500套，甲学校向乙服装厂提供了样品。加工完毕后，甲学校不付加工费。乙是否有权主张留置校服和样品？①有。②留置校服与加工承揽之债权属于同一法律关系。③留置样品与加工承揽之债权不属于同一法律关系。④但是商事留置可以乱留，故均可留置。

例2：【民间借贷与零件】甲公司对乙公司享有民间借贷债权10万元，乙公司将电脑零件卖给甲公司交付了但尚未收到甲公司10万元货款。乙公司届期未向甲公司还借款，甲公司是否有权留置电脑零件？①有。②甲对乙享有民间借贷债权，留置的电脑零件与此无关，③但属于商事留置，可以乱留。

> **秒杀：**民事留置"不可以乱留"，商事留置"可以乱留"。

三、留置权须遵守的规则

（一）比例留置：留置财产为可分物的，留置财产的价值应当相当于债务的金额

例1：【留置电脑】甲将10台电脑交乙维修，维修费1000元，每台电脑价值1万元，如甲届期不付维修费，乙如何主张留置权？①乙可留置1台电脑，不得主张留置10台电脑。②因为电脑与电脑是可分的。

例2：【留置狗】甲将狗交乙看病，医疗费500元，如甲届期不付医疗费，乙如何主张留置权？①乙可留置整条狗，就不能留置狗头。②因为狗是不可分物。

（二）妥善保管：留置权人负有妥善保管留置财产的义务；因保管不善致使留置财产毁损、灭失的，应当承担赔偿责任

（三）收取孳息：留置权人有权收取留置财产的孳息

例：【留置小狗】甲将狗交乙保管，期间狗生小狗，甲不交保管费。乙可否留置狗和小狗？可。

（四）及时行权：债务人可以请求留置权人在债务履行期届满后行使留置权；留置权人不行使的，债务人可以请求人民法院拍卖、变卖留置财产

（五）二次效力

1. 第一次效力先给2个月以上宽限期：留置权人与债务人应当约定留置财产后的债务履行期间；没有约定或者约定不明确的，留置权人应当给债务人两个月以上履行债务的期间，但是鲜活易腐等不易保管的动产除外。

2. 第二次效力实现留置权：债务人逾期未履行的，留置权人可以与债务人协议以留

置财产折价，也可以就拍卖、变卖留置财产所得的价款优先受偿。留置财产折价或者变卖的，应当参照市场价格。

3. 多退少补：留置财产折价或者拍卖、变卖后，其价款超过债权数额的部分归债务人所有，不足部分由债务人清偿。

> **原理**：留置权二次效力与商事留置"乱留"在实务中有何妙用？①开发商欠施工方工程款，导致施工方无法向农民工支付工资。开发商有一批钢材在施工方合法控制。②如果施工方直接将该批钢材出卖，这涉嫌犯罪。③如果施工方向开发商发函，给 2 个月以上宽限期，然后没消息，就可以变卖钢材，合法维权。

四、留置权消灭的原因

（一）留置权人丧失占有：留置权人对留置财产丧失占有的，留置权消灭

1. 留置权人自愿丧失占有

例：【放虎归山】甲将车交乙维修，未付维修费，乙将车让甲开走。乙可否对汽车主张留置权？否。

2. 留置权人被迫丧失占有

例：【电脑先"被修"后"被留置"再"被偷"】王某租用李某的电脑时出了故障，遂将电脑交给甲公司维修。王某和李某就维修费的承担发生争执。甲公司因未收到修理费而将电脑留置，并告知王某如 7 天内不交费，将变卖电脑抵债。李某听闻后，于当日潜入甲公司偷回电脑。如何评价甲公司的留置权？①甲公司曾对电脑有留置权。②甲公司声称 7 天内不交费就变卖电脑抵债，不具有法律效力，因为违反了物权法定原则，留置权的第一次效力是必须给 2 个月以上宽限期，除非当事人另有约定。③李某将电脑偷走，甲公司被迫丧失占有，故对电脑没有留置权。④甲公司可基于留置权请求李某返还电脑。⑤甲公司也可基于占有请求李某返还电脑。⑥只要李某返还电脑，则甲公司对电脑享有留置权。

（二）留置权人接受替换担保：留置权人接受债务人另行提供担保的，留置权消灭

例：【房屋可以换车】甲将车交乙维修，未付维修费，乙主张留置该车。甲称用其房屋抵押给乙，以取车。乙可否拒绝？①可。②债务人另行提供担保，需要留置权人接受。③如果留置权人不接受，留置权继续存在。

第八章 保 证

甲向银行借款 1000 万，乙向银行提供了保证。问：当事人之间是什么法律关系？答：①甲和银行之间属于主债权债务法律关系；②乙和银行之间属于从合同法律关系即保证合同法律关系；③乙和甲之间属于"父子关系"，甲得叫乙一声爹！

①保证不成立的抗辩

②保证人受欺诈的抗辩
- ①当事人（主债权人银行）欺诈
- ②第三人（主债务人借款人）欺诈，主债权人知情或应知情
- ③当事人和第三人串通欺诈（银行和借款人）

③援引主债的抗辩
- ①主债务人对主债权人的抗辩
  - ①主债务人抗辩权
  - ②主债务人抵销权
  - ③主债务人撤销权
- ②主债变动的抗辩
  - ①主债权人换人两个抗辩
    - ①仅保特定主债权人
    - ②禁止主债权人换人
  - ②主债务人换人未经保证人同意
    - ①全换全免
    - ②部分换部分免
- ③主债额度换，以低为准
- ④主债期间变，保证期间起算点不变动
- ⑤主债约定要变，但没落实，保证人不得抗辩

④保证债务的抗辩
- ①额度限于主债权
- ②自己物保优先
- ③保证期间届满抗辩
- ④保证债务诉讼时效届满抗辩

⑤一般保证特有的抗辩
- ①提供主债务人财产线索免责抗辩
- ②先诉抗辩权

一、保证合同基础规则

(一) 保证合同的性质

保证合同是为保障债权的实现，当债务人不履行到期债务或者发生当事人约定的情形时，保证人履行债务或者承担责任的合同。

例：【保证的三方结构】 甲向银行借款 10 万元，乙提供保证。如何评价案涉法律关系？①甲和银行之间是主合同法律关系。②乙和银行之间是保证合同法律关系。③乙是保证人，银行是保证债权人。④银行无须支付对价，故保证合同是无偿合同。⑤只有保证人负担义务，银行无须负担义务，故保证合同是单务合同，即单方负有义务的合同。⑥乙和

银行意思表示一致保证合同即成立,故保证合同属于诺成合同。⑦保证要求乙有保证的要约,银行有保证的承诺,需要 2 个意思表示,故保证合同属于双方法律行为。

> **原理 1**:为什么保证债务被称为"或有债务"?①甲向银行借款期满时,有 2 种结果。②要么甲还款,则主债消灭,保证债务消灭,保证人不承担任何债务。③要么甲不还款,则主债未受偿,保证债务被激活,保证人要承担保证债务。④故保证债务又被称为"或有债务"。⑤保证人之所以愿意与债权人签订保证合同,是基于对主债务人的还款能力考量,亦即保证人对于主债务人的财力是非常敏感的。⑤任何一个保证人如果一开始就知道自己注定要承担责任,则都不会愿意出具"保函"的,因为任何一个理性人都不会往火坑里跳。
>
> **原理 2**:什么是反担保中的"囚徒困境"?甲向银行借款 10 万元,乙提供保证。为担保乙对甲的追偿之债,乙要求甲提供反担保,甲便将自己的房屋为乙设定了抵押权并办理了登记。甲届期无力向银行还款,银行要求拍卖甲的房屋。乙能否以抵押权对抗银行的主张?①否。②银行的普通债权优先于乙的抵押权,故银行就甲房屋拍卖变价,则主债消灭。③乙的保证债务也消灭,故乙就不可能对甲有追偿之债。④乙的抵押权是担保该追偿之债,故乙的抵押权消灭。⑤如果认为乙有抵押权,则乙会面临"囚徒困境"左右为难,银行会要求乙承担保证责任。⑥为了破除该困境,则需要例外的承认,乙的抵押权劣后于银行的债权。

(二)保证人资格

1. 机关法人不得作为保证人。

2. 公益法人、公益非法人组织不得作为保证人。

3. 法人分支机构不得作为保证人。但法人的分支机构取得法人书面授权的,可以在授权范围内提供保证。

> **原理**:为什么机关法人、公益法人或非法人组织、法人分支机构不得担任保证人?①因为保证人是将其责任财产投入,与主债务人责任财产一起,对债权人债权负责。②如果保证人财产是归国家或公益,则不得为其他个人或单位借款做"保证"背书。③如果保证人无财产,自然不具备担任保证人的资格。

(三)保证合同签约方式

1. 单独合同:保证合同可以是单独订立的书面合同。

2. 保证条款:保证合同可以是主合同中的保证条款。

3. 签字形式:主合同中无保证条款,但保证人在主合同上以保证人身份签字或盖章。

4. 单方书面担保书形式:第三人单方以书面形式向债权人出具保证书,债权人接收且未提出异议的,保证合同成立。

5. 安慰函不是保证:子公司向银行借款,母公司向银行出具函,表明会督促子公司还款或者为子公司还款提供相应支持。

例1：【保证合同签约方式】甲乙双方拟订的借款合同约定：甲向乙借款11万元，借款期限为1年。乙在签字之前，要求甲为借款合同提供担保。丙应甲要求同意担保，并在借款合同保证人一栏签字，保证期间为1年。甲将有担保签字的借款合同交给乙。乙要求从11万元中预先扣除1万元利息，同时将借款期限和保证期间均延长为2年。甲应允，双方签字，乙依约将10万元交付给甲。<u>案涉保证合同是否成立？</u>（1）否。（2）"甲将有担保签字的借款合同交给乙"，包括借款要约和保证要约。（3）主借款合同角度：①甲作为主合同借款人，向出借人乙发出了"借款要约"。②乙对该借款要约做了修改，要求预扣1万元利息，要求将借款期限延长为2年，故乙属于新要约。③对此"甲应允"，故甲乙双方成立有效借款合同，本金按实际交付借款为准，即10万元。（4）保证合同角度：①丙在保证人一栏签字，保证期间为1年，这是保证人丙发出的保证要约。②受要约人乙将保证期间修改为2年，这属于承诺对要约进行了实质性修改，故为新要约。③即乙成为保证合同发出要约的一方，而此后丙对该要约未承诺，故本案保证合同不成立。

例2：【保证的各种签约方式】甲向乙借款5万元，乙要求甲提供担保，甲分别找到友人丙、丁、戊、己，他们各自作出表示，<u>哪些构成保证？</u>①假设丙在甲向乙出具的借据上签署"保证人丙"，丙是采用签字形式的保证人。②假设丁向乙出具字据称"如甲到期不向乙还款，本人愿代还3万元"，丁是保证人。③戊向乙出具字据称"如甲到期不向乙还款，由本人负责"，戊是保证人。④但是，如果己向乙出具字据称"如甲到期不向乙还款，由本人以某处私房抵债"，己是试图签订抵押合同。因为"人保"必须投入自己全部财产进来做担保，才是保证。而"物保"则只要投入特定财产进来做担保，这是物保。

（四）保证合同的从属性

1. 主合同解除后的保证责任：担保人对债务人应当承担的民事责任仍应承担担保责任。

例：【主合同解除后保证责任继续】甲将一批钢材出卖给乙，由丙提供保证，在乙不付款时丙承担保证责任。后乙收到钢材却未付款，经催告仍未支付，甲解除买卖合同。<u>甲能否要求丙承担保证责任？</u>①可以。②甲解除合同后，可要求乙承担违约责任。③丙对该违约责任负有保证责任。

2. 主合同无效后的保证责任：（1）保证合同是主债权债务合同的从合同。主债权债务合同无效，保证合同无效，但是法律另有规定的除外。（2）保证合同被确认无效后，债务人、保证人、债权人应当根据其过错各自承担相应的民事责任。

3. 独立保函：（1）由银行和非银行金融机构出具的独立保函有效，不受主合同无效的影响。（2）判断是否有效的独立保函，依据是开立人是否银行或非银行金融机构，而不考虑是否涉外商事交易。

> **问：**当事人在担保合同中约定，其提供的担保不因主合同无效而无效，该约定效力如何？①如果是银行和非银行金融机构，这属于特殊独立保函，有效。②如果是其他主体，则属于一般独立保函，该条款因不符合担保的从属性而无效。③该条款无效不影响整个担保合同的效力。④主合同有效的，担保人仍应根据担保合同的约定承担担保责任。⑤主合同无效导致担保合同无效的，应视担保人有无过错来确定其应否承担民事责任。

4. 新贷还旧贷与保证责任

（1）新贷还旧贷，旧贷保证人免责。

例：【旧贷消灭】甲向银行借款 100 万届期无力清偿，乙是保证人。后银行又借款 100 万给甲，以清偿前一笔借款。甲届期无力清偿新贷 100 万元，<u>乙是否承担保证责任?</u>①否。②旧贷消灭，基于保证的消灭上的从属性，乙保证责任消灭。③乙不是新贷的保证人，故无保证责任。

（2）新贷还旧贷，新贷保证人免责。

例：【挪用借款】甲向银行借款 100 万元届期无力清偿，故甲再向银行借款 100 万元，以清偿前一笔借款。乙为新贷提供保证，但乙对于甲"借新还旧"并不知情。甲届期无力还新贷，<u>乙是否要承担保证责任?</u>①否。②甲"借新还旧"一事，甲和银行均未向保证人披露，属于变相加重了保证人的责任，因为甲一开始就无偿债能力，这破坏了保证人的合理期待，故乙不承担保证责任。

（3）新贷还旧贷，新贷和旧贷是同一保证人，则保证人需要承担保证责任。

例：【新旧都保】甲向银行借款 100 万元届期无力清偿，乙提供保证。后甲又向银行借款 100 万元清偿此前的 100 万元，乙继续提供保证，后甲无力清偿新的 100 万借款，<u>乙是否承担保证责任?</u> 承担。

（五）保证方式：描述的是保证人与主债务人如何面对债权人

1. 约定为一般保证：当事人在保证合同中约定，债务人<u>不能</u>履行债务时，由保证人承担保证责任的，为一般保证。

（1）一般保证人有先诉抗辩权：一般保证的保证人在就债务人的财产依法强制执行仍不能履行债务前，有权拒绝承担保证责任。

（2）一般保证人无先诉抗辩权：①债务人下落不明，且无财产可供执行。②人民法院受理债务人破产案件，中止执行程序。③债权人有证据证明债务人的财产不足以履行全部债务或者明显缺乏履行债务能力。④保证人明确放弃本款规定的权利。⑤"无先诉抗辩权的一般保证人"＝连带责任保证人。

> **问 1：**什么情况下一般保证人会主动放弃"先诉抗辩权"？①如果主债务人很穷，主债权人打官司告了，官司跨度越久，会导致主债权利息水涨船高，最后还是轮到一般保证人承担责任。②一般保证人与其拖延后承担更重责任，还不如放弃先诉抗辩权，主动提前承担较轻责任。
>
> **问 2：**债权人可以对一般保证人提起诉讼吗？①债权人可以告主债务人（法院判决不用明确一般保证人的先诉抗辩权）。②可以告主债务人和一般保证人（法院判决可以明确一般保证人的先诉抗辩权）。③如果告一般保证人则必须追加主债务人为共同被告（法院判决才能明确一般保证人的先诉抗辩权）。

2. 约定为连带保证：（1）当事人在保证合同中约定保证人和债务人对债务承担连带责任的，为连带责任保证。（2）连带责任保证的债务人不履行到期债务或者发生当事人约定的情形时，债权人可以要求债务人履行债务，也可以要求保证人在其保证范围内承担保证责任。

3. 未约定保证方式则视为一般保证：当事人在保证合同中对保证方式没有约定或者约定不明确的，<u>按照一般保证承担保证责任</u>。

（六）共同保证：描述的是保证人和保证人如何面对债权人

1. 按份共同保证：同一债务有两个以上保证人的，保证人应当按照保证合同约定的保证份额，承担保证责任。

2. 连带共同保证：（1）同一债务有两个以上保证人的，没有约定保证份额的，债权人可以要求任何<u>一个保证人在其保证范围内</u>承担保证责任。（2）保证人承担保证责任后，除当事人另有约定外，有权在其承担保证责任的范围内向债务人追偿，享有债权人对债务人的权利，但是不得损害债权人的利益。

（七）最高额保证

1. 保证人与债权人可以协商订立最高额保证合同，约定在最高债权额限度内就一定期间连续发生的债权提供保证。

2. 最高额保证合同除适用保证合同规定外，参照适用物权编最高额抵押权的有关规定。

> 问：最高额保证合同中会有哪2个明确的数值？①第一个数值＝保证人担保的主债权最高额。②第二个数值＝确定实际发生主债权额度的时点。③最高额与实际额比对，低的属于保证人担保范围。④如实际发生90，则丙保90；如实际发生120，则丙保100。

二、保证人不承担责任抗辩之"受欺诈提供保证的抗辩"

（一）债权人银行欺诈了保证人。保证人主张以受欺诈为由撤销保证合同

（二）债权人银行和主债务人串通欺诈了保证人。保证人主张以受欺诈为由撤销保证合同

（三）主债务人欺诈了保证人，银行对此知情。保证人主张以受欺诈为由撤销保证合同

三、保证人不承担责任抗辩之"主债的抗辩"

（一）主债务人对抗主债权人的抗辩权或抗辩事由＝保证人可援引

1. 援引主债务人的抗辩权：保证人享有债务人对债权人的抗辩。债务人放弃抗辩的，

保证人仍有权向债权人主张抗辩。

　　例 1：【主债务过了诉讼时效】甲向乙借 10 万元，该债务已过诉讼时效，丙曾为该借款提供了保证。乙要求丙承担保证责任，<u>丙可否拒绝？</u>可。

　　例 2：【明知主债时效已过仍提供保证】甲向乙借 10 万元，该债务已过诉讼时效，丙仍为该借款提供保证。乙要求丙承担保证责任，<u>丙可否拒绝？</u>①不可。②丙代偿后不得向主债务人甲追偿。

　　2. 援引主债务人的抵销权：债务人对债权人享有抵销权的，保证人可以在相应范围内拒绝承担保证责任。

　　例：【主债务人有抵销权】甲向乙借款 10 万元，丙为保证人；乙欠甲 2 万元到期货款。甲届期无力向乙还款，乙要求丙承担保证责任，<u>丙可否主张抵销 2 万元？</u>①可。②抵销权是形成权，无期间限制。

　　3. 援引主债务人的撤销权：债务人对债权人享有撤销权的，保证人可以在相应范围内拒绝承担保证责任。

　　例：【主债务人有撤销权】甲受乙欺诈签订买卖汽车合同，分期付款，丙为甲的付款义务提供保证。甲届期未付款，乙要求丙承担保证责任，<u>丙可否拒绝？</u>①可。②撤销权是形成权，有期间限制。故甲的撤销权须在"除斥期间"内，尚未消灭，丙才可对乙拒绝承担相应保证责任。

　　4. 保证人知情而放弃主债务人的上述抗辩权或抗辩事由，则承担保证责任，属于"瞎代偿"，故丧失对主债务人的追偿权。

> **原理：**为何保证人瞎代偿后不能向主债务人追偿？①比如主债务时效届满，保证人明知而不援引，却向债权人承担保证责任。②假设保证人可以去追偿主债务人，就会彻底架空诉讼时效制度。③因为丙和乙签订保证合同，无须主债务人甲的介入。④则任何一个过了诉讼时效的债权，主债权人都可以随便找一个人来作保，由保证人担责，再由保证人去追偿主债务人。⑤因此，保证人"瞎代偿"，应自己负责，不能去向主债务人追偿。主债权人并非不当得利，是正当得利。⑥实务中，保证人为了"商誉"，会有"瞎代偿"的冲动。如主债务人可援引"抗辩"，而担保公司可能不愿意援引该抗辩。

　　5. 专属于主债务人的抗辩，保证人不得援引

　　例：【父债子有限还】甲向乙借款 10 万元，丙提供保证。后甲死亡，全部遗产为 4 万元，其唯一继承人小甲继承了遗产。乙要求丙承担保证责任，丙主张其仅还 4 万元，<u>丙的主张是否成立？</u>①否。②小甲可以限定继承为由抗辩仅承担 4 万元。③该抗辩具有专属性，丙不可援引。④如丙是连带保证人，则乙可要求丙承担 10 万元，丙再向小甲追偿 4 万元。⑤如丙是一般保证人，则乙可要求丙承担 6 万元，因为丙对 4 万元可主张先诉抗辩权。小甲清偿 4 万，丙清偿 6 万后，丙不得向小甲追偿。

> **秒杀：**<u>主债有，则有保证责任；主债无，则无保证责任。因为主债的本来面目，才是保证人的保证范围。</u>

（二）主债有所变动＝保证人可主张相应抗辩

1. "换主债权人"：区分处理。

（1）债权人在保证期间内将全部或者部分债权转让给第三人，通知保证人后，保证人对受让人承担相应的保证责任。未经通知，该转让对保证人不发生效力。

例：甲向银行借款 10 万元，乙提供了保证。银行将该债权转让给资产公司。甲届期无力清偿，资产公司可否要求乙承担保证责任？①银行将债权转让通知乙后，资产公司可要求乙承担保证责任；②银行未将债权转让通知乙，资产公司不得要求保证人乙承担保证责任。

（2）保证人与债权人约定仅对特定的债权人承担保证责任或者禁止债权转让，债权人在保证期间内未经保证人同意转让全部或者部分债权的，保证人就受让人的债权不再承担保证责任。

例：甲向乙借款 10 万元，丙提供了保证。丙提供保证时与乙约定，仅担保乙或者禁止乙转让债权。如乙将债权转让给丁，通知了甲和丙。甲届期无力清偿，丁可否要求丙承担保证责任？①否。②本案属于专属保证。③当然，"内外有别"，（丁可对甲主张债权），但保证不随之转移。

2. "换主债务人"：区分处理，要么免责债务承担未经保证人同意则保证人相应免责；要么债务加入保证人保证责任不受影响。

（1）债权人在保证期间内未经保证人同意，允许债务人转移全部或者部分债务，保证人对未经其同意转移的债务不再承担保证责任，但是保证合同另有约定的除外。

例：【换主债权人＋换主债务人】甲欠乙 10 万元，丙提供保证。乙将债权转给小乙通知了甲和丙。此后甲经乙同意未经小乙同意把债务转移给小甲，丙对此不知情。如何评价丙的保证责任？①乙的债权转给小乙，通知了主债务人甲，该债权转让对甲发生效力。通知了保证人丙，故丙继续承担保证责任。②甲的债务转给小甲，虽经乙同意但未经新债权人小乙同意，甲与小甲债务转移对小乙不发生效力，即小乙仍对甲主张债权。如此一来，债务人没发生变化。保证人丙继续承担保证责任。

（2）在保证期间内，第三人加入债务的，保证人的保证责任不受影响。

例：【债务加入】甲欠乙 10 万元，丙提供保证。后丁向乙提供字据，签名同意与甲一起向乙负担还款义务。届期甲丁无力还款，乙可否要求丙承担保证责任？可。

3. "换主债额度"：区分处理，提高的则保证人保低；降低的则保证人保低。

（1）债权人和债务人在保证期间内未经保证人同意，协商变更主合同内容，减轻债务的，保证人仍对变更后的债务承担保证责任。如主债由 100 变 50，则保证人保 50。

（2）加重债务的，保证人对加重的部分不承担保证责任。如主债由 100 变 150，则保证人保 100。

例：【保本金不保利息】方某向钱某借款 30 万元，并由潘某提供连带保证，借条上未约定利息。自 2017 年 1 月至 2019 年 8 月期间，方某按月利率 1.5% 的标准，已合计向钱某支付了利息 12 万 2900 元。钱某诉至法院，请求方某归还借款并支付利息，潘某对上述债务承担连带保证责任。方某无异议，潘某表示对利息支付不知情，也不同意支付利息，应相应予以扣减，即仅保证本金范围是 30 万元－12.29 万元＝17.71 万元。潘某主张能否成立？①能。②保证人对加重部分不承担保证责任，已付的利息对保证人而言应视为归还本金，确定保证责任范围时应予以扣除。③保证人如果对借款需要按照月利率 1.5% 的标准支付利息的情况知情，亦或保证的对象为借款本金 15 万元及按月利率 1.5% 的标准支付利息，则保证人不会作出保证的真实意思表示。

4. "变主债履行期限"：未经保证人同意的，保证期间为原合同约定或法律规定的期间。

例：【未经保证人同意的主债履行期间变化是空气】甲向乙借款 10 万元，为期 1 年。丙提供保证，未约定保证期间。法律拟制保证期间为主债履行期间届满后的 6 个月。甲乙协议将 1 年期借款变更为半年或者 2 年，则丙的保证期间是多长？①如丙同意 1 年变半年，则从半年届满时起算 6 个月保证期间。②如丙不同意 1 年变 2 年，则仍从 1 年届满时起算 6 个月保证期间。

> 对比：主债履行期间延长，抵押人责任会受影响吗？①不会。②因为抵押权行使期间与主债诉讼时效期间同步，不是与主债履行期间同步。③故抵押权行使期间本质上是一个变量，一旦主债履行期延长，则主债诉讼时效期间起算点延后，抵押权行使期间与此同步了。

5. 主债约定变化但"没落地"，保证人不能抗辩：债权人与债务人协议变动主合同内容，但并未实际履行的，保证人仍应当承担保证责任。

例：【约定变化但未变＝空气】甲与银行签订借款合同，约定向银行 10 万元，为期 1 年，丙提供保证。甲、乙银行未经丙同意将借款合同的 10 万元提高为 15 万元，后乙实际给甲放贷 10 万元。丙是否承担保证责任？①丙对 10 万元主债承担保证责任。②如实际放贷 15 万元，则丙对低的承担保证责任，即对 10 万元承担保证责任。

> 秒杀：主债变化，破坏了保证人合理期待，保证人就可以拒绝承担相应责任。

四、保证人不承担责任抗辩之"保证债务的抗辩"

（一）保证额度或保证范围的抗辩

1. 保证担保的范围包括主债权及其利息、违约金、损害赔偿金和实现债权的合理费用。当事人另有约定的，按照其约定。

2. 保证额度超过主债权范围的，应缩减至主债权范围。

> 原理：为什么保证担保范围不得超过主债额度？①担保人承担的担保责任范围不能大于主债务，是担保从属性的必然要求。②当事人约定的担保责任的范围大于主债务的，如针对担保责任约定专门的违约责任、担保责任的数额高于主债务、担保责任约定的利息高于主债务利息、担保责任的履行期先于主债务履行期届满等，均应当认定大于主债务部分的约定无效，从而使担保责任缩减至主债务的范围。

（二）主债务人自己物保优先的抗辩

1. 混合担保中，既有人保又有物保，如果是自物保，则债权人应先主张债务人自己物保主张债权。

2. 如债权人放弃自物保，则保证人相应免除保证责任。故保证人有主债务人"自己物保优先"的抗辩。

（三）一般保证人的特殊抗辩：提供财产线索免责权+一般保证先诉抗辩权

1. 一般保证提供财产线索免责权（"先找主债务人"）：一般保证的保证人在主债务履行期限届满后，向债权人提供债务人可供执行财产的真实情况，债权人放弃或者怠于行使权利致使该财产不能被执行的，保证人在其提供可供执行财产的价值范围内免除保证责任。

2. 一般保证人的先诉抗辩权（"先找主债务人"）：一般保证的保证人在就债务人的财产依法强制执行仍不能履行债务前，有权拒绝承担保证责任。诉讼表达如下：

```
                        诉1        乙（主债务人）
甲（债权人）————————   诉2   ———→ 乙（主债务人）+丙（保证人）：判决主文明确丙"先诉抗辩权"
                        诉3
                                  丙（保证人）+必须追加乙（主债务人）为共同被告
```

（四）保证期间届满的抗辩：保证期间内，主债权人没有做其应当做的事情，在保证期间届满后，保证人不承担保证责任

1. 保证期间"过期不候"（保证人可抗辩）

（1）一般保证中，银行必须在保证期间内"告"主债务人：一般保证的债权人未在保证期间内对债务人提起诉讼或者申请仲裁的，保证人不再承担保证责任。

（2）连带保证中，银行必须在保证期间内"要"保证人：连带责任保证的债权人未在保证期间内对保证人主张承担保证责任的，保证人不再承担保证责任。

> **原理**：保证期间对保证人是一种保护，对债权人是一种限制。督促债权人此期间内不要睡觉，否则"过期不候"，保证人保证责任消灭。

> **问**：主债权人在保证期间内未做应该做的事情，保证人在保证期间届满后自愿承担保证责任，能否反悔？不可以。

2. 保证期间"一次用尽"（保证人不可抗辩）

（1）一般保证中，银行"告了"主债务人：一般保证的债权人对主债务人起诉或仲裁，保证期间退出。

（2）连带保证中，银行"要了"保证人：连带保证的债权人对保证人提出主张，保证期间退出。

> **秒杀**：一般保证期间内银行要"告"借款人；连带保证期间内银行向保证人"要"。

3. 保证期间"不变期间"

（1）起算点不变：①无论是一般保证还是连带保证，保证期间均从主债务履行期间届满时起算。②未约定主债务履行期间，则自债权人要求债务人履行义务的宽限期届满之日起计算保证期间。

> **原理**：为什么保证期间都要从主债履行期间届满时起算？①因为保证债务属于"或有"债务。②在主债履行期未到，保证债务尚未发生。③在主债履行期到了，如主债务人履行了，则保证债务即消灭。④在主债履行期到了，如主债务人未履行，保证债务才发生。

（2）期间段不变：①无论是一般保证还是连带保证，保证期间段从约定。②无约定或约定不明确，则为 6 个月。③约定保证期间早于主债务期限或者与主债务期限同时届满，视为没有约定，保证期间为 6 个月。④一旦主债务人破产，无论是一般保证还是连带保证，[4] 保证期间是自破产程序终结后 6 个月内。

图构 1：主债务人没破产的保证期间时长

主债期间

图构 2：主债务人破产的保证期间时长

例：【未经保证人同意的主债履行期变化是空气】甲公司与乙公司达成还款计划书，约定在 2012 年 7 月 30 日归还 100 万元，8 月 30 日归还 200 万元，9 月 30 日归还 300 万元。丙公司对三笔还款提供连带保证。后甲公司同意乙公司将三笔还款均顺延 3 个月，丙公司对此不知情。乙公司一直未还款，甲公司仅于 2013 年 3 月 15 日要求丙公司承担保证责任。如何评价丙公司的保证责任？①甲公司有 3 笔主债权。②丙公司提供了 3 个连带保

---

[4] 一旦主债务人破产，则一般保证人丧失先诉抗辩权，此时，一般保证也就转化为了连带保证。

证，保证期间均自主债履行期届满起算后 6 个月。③甲公司同意 3 笔主债权展期，未经保证人丙同意，该展期对于保证人是空气。④保证人丙的保证期间仍然按原来的处理：100 万的保证期间 2012 年 7 月 30 日＋6 个月＝2013 年 1 月 31 日届满。200 万的保证期间是 2012 年 8 月 30 日＋6 个月＝2013 年 3 月 1 日届满。300 万的保证期间是 2012 年 9 月 30 日＋6 个月＝2013 年 4 月 1 日届满。⑤债权人甲公司一直"睡觉"，仅在 2013 年 3 月 15 日要求连带保证人丙承担责任。⑥100 万和 200 万的保证期间"过期不候"，300 万的保证期间"一次用尽"。⑦丙仅对 9 月 30 日的 300 万承担保证责任。

> **秒杀**：保证期间是 6 个月，要么从主债履行期届满起算；要么从主债务人破产程序终结起算。

（五）保证债务诉讼时效届满的抗辩：保证期间"一次用尽"后，如果债权人"睡觉"，则保证人还可主张保证债务诉讼时效届满抗辩权

1. 一般保证债务诉讼时效起算点：强制执行主债务人时＝"先诉抗辩权消灭之时"

一般保证的债权人在保证期间届满前对债务人提起诉讼或者申请仲裁的，从保证人拒绝承担保证责任的权利消灭之日起，开始计算保证债务的诉讼时效。

例：【"空窗期"】甲是债权人、乙是主债务人，丙是一般保证人。如何评价保证期间与保证债务诉讼时效？①一般保证期间退出和一般保证债务诉讼时效介入之间，有一段空窗期。②一般保证债务诉讼时效起算点是固定的点，即主债务人被强制执行完毕。③如果甲在保证期间内没有"告"主债务人乙，则保证责任消灭，无须讨论一般保证债务的诉讼时效问题。

图构 3：

问：在什么情况下，一般保证人有机会提出保证债务诉讼时效届满的抗辩，拒不承担保证责任？①银行在保证期间内"告了"，且一直死磕主债务人，强制执行完毕后，躺在保证债权上"睡觉"3 年，之后才向一般保证人要钱，此时，一般保证人才可以提出保证债务的"不要脸抗辩"。如果银行在此 3 年内向一般保证人要了，则会导致保证债务诉讼时效中断，重新计算下一个 3 年。②实务中，银行不可能只死磕主债务人，一定会把主债务人和一般保证人抓起来一起告，如此一来，一般保证人就没有提出保证债务诉讼时效届满抗辩的机会。③简言之，上图，描述的是一种略傻的银行。

2. 连带保证债务诉讼时效起算点：主债权人对保证人提出主张之日

连带责任保证的债权人在保证期间届满前要求保证人承担保证责任的，从债权人要求保证人承担保证责任之日起，开始计算保证债务的诉讼时效。

例：【"无缝对接"】甲是债权人，乙是主债务人，丙是连带保证人。如何评价保证期间与保证债务诉讼时效？①连带保证期间退出和连带保证债务诉讼时效介入之间，没有空窗期，实现了无缝对接。②连带保证债务诉讼时效的起算点是保证期间内的一个浮动的点，甲在保证期间内什么时候向丙要了，什么时候即起算连带保证债务诉讼时效。③如果甲在保证期间没向连带保证人丙"要"，则保证责任消灭，无须讨论连带保证债务的诉讼时效问题。

图构 4：

问：在什么情况下，连带保证人有机会提出保证债务诉讼时效届满的抗辩，拒不承担保证责任？①银行在保证期间内"要了"，向保证人主张，保证人未履行。银行作罢，在 3 年内未向连带保证人要。3 年后再向保证人要，连带保证人可以连带保证诉讼时效届满为由抗辩，不承担保证责任。②实务中，银行会直接诉连带保证人，或者在 3 年内向连带保证人发函"继续要"以中断 3 年时效。③简言之，上图，描述的是另一种略傻的银行。

例：【连带保证期间起算和连带保证债务诉讼时效起算】甲公司对乙公司享有1000万元债权，5月1日到期，乙公司法定代表人张某提供保证。保证期间和保证债务诉讼时效何时起算？①主债务履行期届满是5月1日。②保证期间从5月2日起算再加6个月，到11月2日届满。③保证债务诉讼时效从甲公司在保证期间内向张某主张之日起算，即"保证期间内的一个浮动点"。④如果11月2日前甲公司一直没向张某要，则保证期间届满后张某的保证责任消灭。⑤如果10月1日甲公司向张某要了，则保证期间"一次用尽"，同步起算连带保证债务3年诉讼时效。即甲公司在3年内必须"再要"，以中断连带保证债务3年时效，计算下一个3年。

3. 横向综合保证人享有的3个与时间相关的抗辩。（1）主债时效届满的抗辩。（2）保证期间届满的抗辩。（3）保证债务时效届满的抗辩。

例：【一般保证人的3个时间抗辩】甲对乙有借款债权，自2019年1月1日到2020年1月1日到期，丙提供一般保证，未约定保证期间。如何评价一般保证人的3个时间抗辩？①主债时效届满日为2020年1月1日+3年=2023年1月1日，如甲一直睡觉，在2023年2月1日起诉乙和丙，则乙可以提出"不要脸"抗辩，丙也可以提出"不要脸"抗辩，丙还可以提出"保证期间届满"的抗辩。②保证期间届满日为2020年1月1日+6个月=2020年7月1日，如果2020年8月1日，甲才起诉乙和丙，乙不可以提出主债诉讼时效届满的抗辩，但是一般保证人丙可以提出"保证期间届满"的抗辩。③如果2020年5月1日，甲起诉乙（会导致一般保证期间一次用尽），乙不可以提出主债诉讼时效届满的抗辩。甲获得胜诉判决，在2024年5月1日执行乙的财产后未获得全部清偿。一般保证债务诉讼时效为2024年5月1日+3年=2027年5月1日。如果甲晚到2027年6月1日才向丙要，则丙有"一般保证债务诉讼时效届满"的抗辩。

①2020.1.1 —主债时效期间→ 2023.1.1后甲才"告"，乙丙可提出"主债不要脸抗辩"

②2020.1.1 —保证期间→ 2020.7.1后甲才"告"，丙可提出保证期间"过期不候"

③2020.1.1 —死磕主债务人→ 2020.7.1 —赢到执行→ 2024.5.1起算一般保证债务时效+3年=2027.5.1后甲才向丙"要"，丙可提出一般保证债务"不要脸抗辩"。

例：【连带保证人的3个时间抗辩】甲对乙有借款债权，自2019年1月1日到2020年1月1日到期，丙提供连带保证，未约定保证期间。如何评价连带保证人的3个时间抗辩？①主债时效届满日为2020年1月1日+3年=2023年1月1日，如甲一直睡觉，在2023年2月1日起诉乙和丙，则乙可以提出"不要脸"抗辩，丙也可以提出"不要脸"抗辩，丙还可以提出"保证期间届满"的抗辩。②保证期间届满日为2020年1月1日+6个月=2020年7月1日，如果2020年8月1日，甲才起诉乙和丙，乙不可以提出主债诉讼时效届满的抗辩，但是连带保证人丙可以提出"保证期间届满"的抗辩。③如果甲在2020年5月1日，向丙提出了主张（会导致连带保证期间一次用尽），连带保证债务诉讼时效为2020年5月1日+3年=2023年5月1日。如果甲晚到2023年6月1日才再向丙要，则丙有"连带保证债务诉讼时效届满"的抗辩。

① 2020.1.1 $\xrightarrow{\text{主债时效期间}}$ 2023.1.1 后甲才要，乙丙可提出"主债不要脸抗辩"

② 2020.1.1 $\xrightarrow{\text{保证期间}}$ 2020.7.1 后甲才要，丙可提出保证期间"过期不候"

③ 2020.1.1 $\xrightarrow{\text{5 月 1 日要了}}$ 2020.7.1

➤ 5 月 1 日起连带保证债务时效 +3 年 = 2023.5.1 后甲才继续向丙"要"，丙可提出连带保证债务"不要脸抗辩"。

> **思维步骤**：①主债务时效届满了？届满了则保证人无责。②一般保证期间内，银行告主债务人了吗？没告则保证人无责。连带保证期间内，银行向保证人要了吗？没要则保证人无责。③银行在保证期间做了应该做的，保证期间"一次用尽"，银行在保证债务 3 年时效内睡觉，则保证人无责。

五、保证人代偿后的追偿权

（一）保证人代偿后法定取代"银行地位"

保证人承担保证责任后，除当事人另有约定外，有权在其承担保证责任的范围内向债务人追偿，享有债权人对债务人的权利，但是不得损害债权人的利益。

（二）代偿多少追多少：部分代偿，部分追偿；全部代偿，全部追偿

例：【代偿了 20 万元的 18 万元】张某从甲银行分支机构乙支行借款 20 万元，李某提供连带保证。李某和甲银行又特别约定，如保证人不履行保证责任，债权人有权直接从保证人在甲银行及其支行处开立的任何账户内扣收。届期，张某、李某均未还款，甲银行直接从李某在甲银行下属的丙支行账户内扣划了 18 万元存款用于偿还张某的借款。如何评价甲银行划扣行为？①李某对银行有 18 万元存款债权。②银行对李某有 20 万元保证债权。③银行和李某约定抵销，故银行可划扣李某 18 万元。如果没有该约定抵销，则银行必须起诉李某获得胜诉判决才能申请法院强制执行李某账户。实务中，银行都会做这个约定，故在银行业务中，"保证"是秒杀"抵押"的担保方式，"保证才是担保之王"，银行实现保证债权，连律师费都省了。④李某代偿了 18 万元，可向主债务人张某追偿 18 万元。⑤银行未受偿 2 万元，可向主债务人张某要，也可向连带保证人李某要。

（三）未代先追

主债务人破产，债权人未申报债权，保证人可以在没有代偿时，预先向主债务人追偿，即向破产管理人申报保证债权，参加主债务人破产财产分配。

> **原理**：为什么赋予保证人"未代先追"法律地位？①一旦主债务人破产，主债权人不积极主动申报破产债权，去分配破产债务人财产，"干等"保证人"垫背"。②待保证人代偿后，去追主债务人，"破产的主债务人财产已经分光了"。③故要赋予保证人"未代先追"权，如果债权人不配合导致保证人丧失"未代先追"权，则保证人可相应免责。

(四) 瞎代偿不能追

保证人自行履行保证责任时，其实际清偿额大于主债权范围的，保证人只能在主债权范围内对债务人行使追偿权。

例：【主债额由10万变8万】甲公司从乙公司采购10袋菊花茶，约定："在乙公司交付菊花茶后，甲公司应付货款10万元。"丙公司提供保证，未约定保证方式。乙公司交付的菊花茶中有2袋经过硫磺熏蒸，无法饮用，价值2万元，另外8袋合格。乙公司要求甲公司付款未果，便要求丙公司付款10万元。如何评价丙的保证责任？①丙是一般保证人。②丙可放弃自己的先诉抗辩权，主动承担保证责任。③如丙代偿8万元，可向甲追偿8万元。④如丙代偿10万元，仍仅可向甲追偿8万元。

第九章　定　金

一、定金合同的成立和效力

（一）定金合同的成立＝实践性合同

1. 当事人可以约定一方向对方给付定金作为债权的担保。定金合同自实际交付定金时成立。

例：【不可诉交付定金】 甲乙签订了买卖手机合同，约定乙交付 100 元定金担保合同履行。后乙未交付定金，收到手机后未付购买款。甲能否诉乙交付定金？①否。②定金未交付，故定金合同不成立。③甲乙买卖合同成立并生效，甲可诉乙承担买卖合同的违约责任。

2. 实际交付的定金数额多于或者少于约定数额的，视为变更约定的定金数额。

例：【约定≠实际】 甲乙签订了买卖合同，约定乙交付 100 元定金担保合同履行。后乙交付了 50 元定金。如乙未履约，甲可否没收 50 元定金？①可。②约定定金数额为 100 元，实际交付了 50 元，故 50 元为定金数额。

（二）定金的数额超过主合同标的额的 20%＝定金缩减到 20%

定金的数额由当事人约定，但是不得超过主合同标的额的 20%，超过的部分不产生定金效力。

例：【20% 定金】 甲乙签订买卖合同，标的额为 1000 万元，乙依约向甲交付了 300 万元定金。如何评价定金合同？①200 万元具有定金效力，②100 万元作为不当得利返还给乙。

（三）正常履约后定金应当抵作价款或者收回

二、立约定金

（一）收方不签约，应当双倍返还定金

（二）交方不签约，无权要求返还定金

三、成约定金

（一）交付定金，定金合同成立，同步满足了主合同的生效要件

（二）未交付定金，定金合同不成立，主合同如果实际履行则主合同仍然生效

例：【定金不成买卖成】 甲、乙约定：甲将 100 吨汽油卖给乙，合同签订后 3 天交货，交货后 10 天内付货款。还约定，合同签订后乙应向甲支付 10 万元定金，合同在支付定金时生效。合同订立后，乙未交付定金，甲按期向乙交付了货物，乙到期未付款。如何评价

<u>案涉合同效力？</u>①本案定金属于成约定金。②乙未交付定金，故定金合同不成立，甲无权请求乙交付定金。③虽然未交付定金，但主合同一方已经交货，对方收货，故汽油买卖合同成立并生效。④甲有权请求乙支付购油款。

四、解约定金

（一）收方双倍退定金，得到解除权

（二）交方不要定金，得到解除权

五、违约定金

（一）违约定金罚则

1. 收方违约，应当双倍返还定金。

2. 交方违约，无权要求返还定金。

3. 坚持比例原则：当事人一方不完全履行合同的，应当按照未履行部分所占合同约定内容的比例，适用定金罚则。

（二）违约定金和违约金只能 2 选 1

当事人既约定违约金，又约定定金的，一方违约时，对方可以选择适用违约金或者定金条款。

（三）违约定金和损害赔偿可以并用但最高不超过损失

约定的定金不足以弥补一方违约造成的损失，对方可以请求赔偿超过定金部分的损失。

应试之合同编，一言以蔽之，即明确两个问题：谁违约了？合同可以解除吗？

导论：什么是债、债权和债务？债的原因和分类有哪些？

【案例】①甲雇请乙做家务，约定劳务酬劳200元，这是什么债？答：合同之债。②甲患病昏迷在外，乙送甲去医院救治，支出医药费200元，这是什么债？答：无因管理之债。③甲将车出卖给乙，乙因重大误解撤销买卖合同，这是什么债？答：不当得利之债。④甲开车不慎撞伤路人乙，这是什么债？答：侵权之债。⑤乙对甲的权利叫债权，其法律效果的共通性在于：一方当事人向他方当事人请求特定行为（称为给付）。特定人之间请求为特定行为的法律关系，即债的关系。⑥《民法典》合同编规定了合同之债、缔约过失之债和准合同（无因管理之债和不当得利之债），《民法典》侵权责任编规定了侵权之债。

一、什么是债、什么是债权、什么是债务

（一）什么是债：债是特定当事人之间请求为一定给付的民事法律关系

1. 债的标的＝债的客体＝债务人的特定行为＝给付＝作为或不作为。（1）作为：交付财物、支付金钱、转移权利、提供劳务、提交工作成果。（2）不作为：不泄露商业秘密、不从事与对方相竞争的业务。

2. 债的标的物＝债的作用对象。（1）有的债存在标的物，如买卖房屋合同，卖方交付的房屋是标的物，买方支付的货币是标的物。（2）有的债不存在标的物，如演出合同。（3）无论是否存在标的物，但他们都有标的，即都有给付。

（二）什么是债权：债权人享有的请求债务人为特定行为（给付）的权利

1. 债权是请求权：债权人有权请求债务人为一定行为，但无权直接支配属于债务人所有的财产。

> **原理：** 债权是请求权，但不能说请求权是债权，因为还有其他类型的请求权，比如物权请求权、知识产权请求权等，这些属于支配权受害而产生的请求权，称之为"支配权请求权"。

2. 债权是相对权（对人权）：债权人只能向特定的当事人请求给付，债务人也只对特

定的债权人负给付义务，但法律另有规定或当事人另有约定的除外。

3. **债权具有任意性**：当事人可不违反法律禁止性规定的情况下任意设定债的关系。

4. **债权具有平等性**：当数个债权人对同一债务人先后发生数个债权时，因债权没有公示性，故各个债权具有同等的效力。

> **原理**：债权的平等性的区分适用。（1）坚持债权的平等性：①《破产法》中，债务人破产时，债务人的全体债权人就债务人破产财产平等受偿，此处坚持了债权的平等性。②《民诉法》中，自然人欠多个债还不了，各债权人拿到胜诉判决，一个债权人申请法院强制执行债务人财产，其他债权人可持生效判决申请"参与分配"。（2）破除债的平等性：①一物多卖中，关于继续履行的违约责任债权请求权，是有先后顺序的。②《民诉法》中，上述情形，其他债权人如果没有拿到生效判决，其债权实现要劣后于已经胜诉的债权人。

5. **债权具有相容性**：在同一标的物上可以成立数个债权，各债权之间互不排斥，可以相容。如一物多卖合同。如甲欠乙1元，甲欠丙1元，乙可以向甲要1元，不能排斥丙向甲要1元。换言之，所谓债权请求权不具有排他性，即相当于债务人是"公交车"，大家都可以上。

6. **债权具有期限性**：债权只在一定期限内存在，期限届满，债权即归于消灭。

（三）什么是债务：必须为一定行为（作为或不作为）的民法上义务

1. **主给付义务**：债所固有、必备，并用也决定债的类型的给付义务。如买卖合同中，出卖人的主给付义务是移转标的物所有权，买受人的主给付义务是支付价金。

2. **从给付义务**：不能决定债的类型，仅在确保债权人的利益能获得最大程度满足的给付义务。如买卖合同中，出卖人交付商品使用说明书。

3. **附随义务**：在合同履行过程中基于诚实信用原则而发生的、旨在更好地实现当事人利益的义务。如照顾（餐馆照顾客人人身和财产安全）、保管（出卖人在交付标的物前妥善保管该物）、协助（花店在出售新鲜花枝的时候会包装好花束以便顾客携带）、通知（出售锅炉的店家应当告知购买者使用锅炉的注意事项）、保密（工程技术人员不得泄露公司开发新产品的秘密）、保护义务（医生手术时不得把纱布遗留病人体内）。

例：【主给付义务、从给付义务和附随义务】甲在乙店购买空调。如何评价该合同中的义务？①乙的主义务是交付空调，甲的主义务是支付价款。②乙还负有安装空调的义务，为从给付义务，如乙不负责安装空调，甲可起诉要求乙安装。③另外，乙还应告知甲关于空调使用的注意事项，为附随义务，如乙没有告知相关事宜而使甲在使用空调过程中发生意外造成损失，甲可要求乙对其损失进行赔偿。

> **秒杀**：①从给付义务依约定产生，是否收费，从约定。②附随义务依法产生故免费，但保管合同中保管义务是主给付义务，不是附随义务，是否收费，从约定。③如在湘菜公主饭店吃饭，提供饭菜酒水是主给付义务（约定收费），提供发票是从给付义务（约定不收费），保护顾客人身财产安全是附随义务（依法不收费）。

4. 不真正义务：违反该义务，导致违反义务人损失，但合同相对人无权请求义务人履行该义务。如守约方有避免损失扩大的义务，如果未履行该义务，就扩大部分损失不得向相对人主张赔偿。

二、债的发生原因

（一）无因管理：没有法定的或者约定的义务，为避免他人利益受损失而进行管理的人，有权请求受益人偿还由此支出的必要费用

1. 管理意思

（1）为他人管理的意思：①有为他人管理的意思。如欠缺为他人管理意思，不成立无因管理。如甲与乙结婚后，乙生育一子丙，甲抚养丙5年后才得知丙是乙和丁所生，甲不成立无因管理。②为他人又为自己，成立无因管理。如甲见邻居家中失火恐殃及自己家，遂用自备的灭火器救火，甲成立无因管理。③"客观抽象判断"：管理意思不能太遥远。如甲见邻居着火而施救受损，邻居将房屋出租给了租户，且投保了火灾保险，则甲与房东、与租户之间成立无因管理之债，但不会与保险公司成立无因管理之债。④"幻想管理"：误将自己的事务当做别人的事务管理，不成立无因管理。

（2）符合受益人真实意思：①符合受益人真实意思＝无因管理。②不符合受益人真实意思≠无因管理。③不符合受益人真实意思但为维护公序良俗＝无因管理。如救跳水自杀者，自杀者被救，救人者因此弄丢了价值10万元金表。

2. 管理方法

（1）适当管理：管理人管理他人事务，应当采取有利于受益人的方法。如适当管理后无效果，不影响成立无因管理。

例：【管理失败也是雷锋】如张某外出，台风将至。邻居李某担心张某年久失修的房子被风刮倒，祸及自家，就雇人用几根木料支撑住张某的房子，但张某的房子仍然不敌台风而倒塌。虽然"失败"，李某仍然构成无因管理。

（2）继续管理：中断管理对受益人更为不利的，无正当理由不得中断。

（3）等候指示：管理人管理他人事务时，能够通知受益人的，应当及时通知受益人。管理的事务不需要紧急处理的，应当等待受益人的指示。

3. 构成无因管理

（1）管理人的必要费用和遭受损失请求权：①管理人可以请求受益人偿还因管理行为而支出的必要费用。②管理人因管理行为受到损失的，可以请求受益人给予适当补偿。

例：【老人倒了】甲见老人倒了，扶之，可否基于无因管理之债要求老人给5元钱？①否。②除非送老人就医支出打车费、挂号费等，才可主张无因管理之债。

（2）受益人的知情权和取得管理成果权：①管理结束后，管理人应当向受益人报告管理事务的情况。②管理人管理事务所取得的财产，应当及时转交给受益人。

4. 不构成无因管理

（1）不是无因管理但参照无因管理处理：管理人的管理行为不符合无因管理构成要件，但是受益人主张享有管理利益的，受益人应当在其获得的利益范围内向管理人承担无因管理之债的责任。如误将别人家的牛当自己家的牛养了，可要求受益人承担无因管理之债的责任，返还饲料费用。

（2）无因管理经追认转化为委托合同：管理人管理事务经受益人事后追认的，从管理事务开始时起，适用委托合同的有关规定，但是管理人另有意思表示的除外。

5. 无因管理的法律性质 = 事实行为：不适用意思表示和民事法律行为的规定，故小孩也可成为无因管理人。

例：丙（15周岁）租车将在体育课上昏倒的同学送往医院救治，丙构成无因管理。

> 原理：如何区分无因管理的法律性质与无因管理的措施？①无因管理的法律性质是事实行为，指的是无因管理之债是法定之债，与当事人意思表示无关。②无因管理的措施，可能是事实行为，如为他人饲养牲畜；也可能是民事法律行为，如为饲养他人牲畜而对外签订合同购买饲料。③无论采取什么措施，行为人和受益人之间，产生的是无因管理之债。④如果行为人以自己名义对外签订购买饲料合同，根据合同相对性原理，行为人是合同当事人，应支付购买饲料款。行为人转而再向受益人主张无因管理所支出的"必要费用"。⑤如果行为人以受益人名义对外签订购买饲料合同，这属于无权代理所签订的合同，如受益人追认该合同，则受益人为当事人，应付购买饲料款；如受益人不追认该合同，则无权代理人"雷锋"自负其责，应向卖方付购买饲料款，此后再向受益人主张无因管理所支出的"必要费用"。

（二）不当得利：甲没有法律根据而取得不当利益，乙因此遭受损失，乙有权请求返甲还不当利益

1. 构成不当得利

（1）直接当事人之间返还不当得利：①善意不当得利人限于返还现存利益：得利人不知道并且不应当知道获得的利益没有法律根据，获得的利益已经不存在的，不承担返还该利益的责任。如A公司送奶员误将甲家订的牛奶放入乙家，乙不知情将该牛奶扔掉，乙作为善意不当得利人，现存利益已经不存在，故无须返还牛奶。甲有权向A公司索赔。②恶意不当得利人返还利益和赔偿损失：得利人知道或者应当知道获得的利益没有法律根据的，受损失的人可以请求得利人返还其获得的利益并依法赔偿损失。如甲借用乙牛，届期届满未还，某日牛被雷劈死。乙作为恶意不当得利人，须向甲承担赔偿责任。

（2）要求第三人返还不当得利：①得利人与第三人的合同是无效的。如甲受乙欺诈将手机卖给乙，乙受丙胁迫将手机卖给丙，甲、乙分别向法院提出撤销买卖合同，法院分别支持了甲、乙的诉讼请求，即合同因被撤销而溯及无效，则甲可要求乙返还不当得利，也可要求丙返还不当得利。②得利人与第三人的合同是无偿的：得利人已经将获得的利益无偿转让给第三人的，受损失的人可以请求第三人在相应范围内承担返还责任。如甲受乙欺诈将手机卖给乙，乙将手机赠给丙。甲向法院提出撤销买卖合同，法院支持了甲诉讼请求，甲可要求乙返还不当得利，也可要求丙返还不当得利。

2. 不构成不当得利

（1）为履行道德义务进行的给付：如侄子对叔叔进行了供养，符合社会道德观念，叔叔属于正当得利。

（2）债务到期之前的清偿：如1月1日清偿了10月1日才到期的债务，因债权人的受领并非无合法原因，债权人属于正当得利。

（3）明知无给付义务而进行的债务清偿：如甲明知不欠乙款，却仍向乙付款，乃"赠与"，乙属于正当得利。

（4）不知道诉讼时效已过而清偿：如甲不知道其对乙负债已过 3 年诉讼时效，而向乙支付，乙的债权为"自然债权"，属于正当得利。

（5）基于不法原因而给付：给付原因违反强行法或公序良俗。如甲因赌博输给了乙10 万元，该 10 万元不是不当得利，乙无须返还甲，该 10 万元应依法由国家收缴。如甲尚未支付该 10 万元给乙，乙不得主张，因为这属于非法之债。

（6）强迫得利：利益变动是受损人积极追求的结果。如乙将车停在甲餐馆，甲工作人员给乙洗车要求乙付费。乙属于"被迫"得利，该利益变动是甲餐馆积极追求的结果，故不成立不当得利，"洗了白洗"，避免发生强迫交易。

（7）反射利益：一方获益，无人受损。如甲在乙房附近投资兴建商业广场，乙的房屋因此价值剧增，乙获得利益但未给甲带去损失，故乙对甲而言不成立不当得利，谓之"反射利益"。

3. 学理上区分两种不当得利

（1）**给付型**不当得利：受益人受领他人基于给付行为而移转的财产或利益，因欠缺给付目的而发生的不当得利。如甲向乙借款 10 万元，1 年后根据约定偿还本息 15 万元。超过年利率 36% 的部分无效，成立不当得利。

（2）**非给付型**不当得利：基于给付以外的事由而发生的不当得利，包括人的行为和自然事件。①受益者的事实行为：甲久别归家，误把乙的鸡当成自家的吃掉；②受益者的民事法律行为：如无权出租他人之物获得租金；③受损者行为：如甲在乙银行的存款账户因银行电脑故障多出 1 万元；④第三人行为：如甲误将乙的肥料施予丙的农田中；⑤自然事件：如甲家水塘的鱼跳入乙家水塘。

三、债的分类

（一）意定之债与法定之债

1. 法定之债：债的发生及其内容均由法律予以规定的债。法定之债主要包括侵权行为之债、不当得利之债、无因管理之债及缔约过失之债。

2. 意定之债：债的发生及其内容完全由当事人自由决定。意定之债主要包括合同之债。

（二）劳务之债与财物之债

1. 劳务之债：债务人以提供一定劳务为标的的债。如运送之债、雇佣之债、服务之债、演出之债、授课之债、委托之债等。

（1）方式性劳务之债：债务人仅须按照一定的方式向债权人提供特定的劳务活动，但并不要求该劳务活动必然产生债权人所追求的效果。如在医疗合同中，医生仅须提供相应的医疗服务，即使未治愈患者，亦不负违约责任。

（2）结果性劳务之债：债务人不仅需要向债权人提供特定的劳务活动，而且该劳务合同必须产生债权人希冀的效果。如在运输合同中，承运人必须将旅客运送至特定地点，如未运到目的地，须负违约责任。

2. 财物之债：债务人以给付一定财物为标的的债。如买卖、赠与、租赁、借用。

（三）特定之债与种类之债：对财物之债的分类（依债的标的物的属性）

1. 特定之债：以依当事人的意思具体指定的物即特定物为标的的债。特定物是不可替代物，一般包括两种：（1）世界上独一无二的物，如徐悲鸿的奔马图。（2）经过特定化了的种类物，如商场内的自行车经过顾客家的选择后，选中的一辆就成了特定物。

例：【画被烧了】甲乙签订买卖齐白石的一幅画的合同，在交付前，画被烧毁，因画是特定物，买方乙不能要求甲承担继续履行的违约责任，只能要求甲承担其他方式的违约责任。

2、种类之债：以不特定的种类物为标的的债。种类物是可替代物，如商场内的自行车。最常见的种类物就是货币。

例：【米被偷了】甲乙签订买卖 100 斤大米的合同，假设大米被盗，因大米是种类物，买方乙有权要求卖方甲承担继续履行的违约责任，即继续提供 100 斤大米。

（四）简单之债与选择之债（依据债的标的有无选择性）

1. 简单之债：债的标的只有一个，当事人只能就该种标的履行的债。

例：【还钱】甲向乙借款 2 万元。合同上写的就是到期还款，没有别的履行方式，无可选择，此为简单之债。

2. 选择之债：债的标的为两项以上，当事人可以从中选择其一来履行的债。如对商品实行"三包"制度，当出售的商品质量不合格时，买受人与出卖人之间就发生选择之债，或修理、或更换、或退货，当事人须从中选择一种履行。选择权 = 形成权：

（1）选择权归债务人：债务标的有多项而债务人只需履行其中一项的，债务人享有选择权，但是法律另有规定、当事人另有约定或者另有交易习惯的除外。

例：【法律规定权利人选择违约责任 1】当事人一方不履行合同义务或者履行合同义务不符合约定的，应当承担继续履行、采取补救措施或者赔偿损失等违约责任。并且权利人可以依法同时主张，如继续履行后还有损失，则权利人可主张违约方继续履行和赔偿损失。

例：【法律规定权利人选择违约责任 2】履行不符合约定的，应当按照当事人的约定承担违约责任。对违约责任没有约定或者约定不明确，受损害方根据标的的性质以及损失的大小，可以合理选择要求对方承担修理、重作、更换、退货、减少价款或者报酬等违约责任。

例：【交易习惯由权利人选择】甲坐公交车，买票乘车，与公交公司签订了运输合同。公交公司负有将甲安全运送到目的地的义务。公交车有很多站，这多个站即是标的，甲选择在哪一站下车，是在行使选择权。

例：【无约定则债务人选择交付什么柴油】甲方因急需柴油，与乙厂签订了一份买卖合同。双方商定，乙方在 1 个月内筹集 0 号或 10 号柴油 10 吨供给甲厂，每吨单价为 1200元；合同生效后，甲方按合同约定支付了 2000 元定金。乙厂也在合同生效后第 25 天，依约定向某厂发运了 0 号柴油 10 吨。因当时气温下降，0 号柴油无法投入使用。故甲厂要求乙厂改供 10 号柴油，或者退货。乙厂认为其所供 0 号柴油符号国家质量标准和合同规定，既不应换货，也无货可换；同时要求甲厂依约支付货款。甲厂要求乙厂换货或退货的理由能否成立？①不能成立。②乙厂可以筹集 0 号或 10 号柴油供给甲厂，这属于选择之债。③当事人未约定选择权归谁，则选择权归债务人乙厂。④乙厂享有选择权且已履行了义务，甲厂接受了乙厂的履行，故甲厂的理由不能成立。

（2）选择权人转归对方：享有选择权的当事人在约定期限内或者履行期限届满未作选择，经催告后在合理期限内仍未选择的，选择权转移至对方。

例：【无约定则债务人选择交什么白酒，但债务人一直未选择，选择权转归债权人】王某与惠某合伙经营泾谷酒厂，1 年后双方协议合伙终止。约定：王某前期投入费用合计 30 万元，由惠某承担，双方同意以惠某生产的白酒折抵。王某从惠某处提走各类白酒价值 20 万元，折抵后余款 10 万元，惠某在半年内以白酒折抵。协议当日，王某从惠某处提走价值 20 万元的各类白酒。半年后惠某未交付白酒，经催告后在合理期限内仍未交付。故王某要求惠某以泾谷窖酒抵债，惠某拒绝，称除泾谷窖酒以外，还可以以其他白酒抵债。王某诉至法院，请求判令惠某立即交付价值 10 万元的泾谷窖酒或立即支付余款 10 万元。王某主张可否获得支持？①双方在合伙终止时对合伙财产的处理达成协议，约定用白酒抵债，但未约定何种白酒抵债。②协议签订当日，惠某以其所有种类的白酒折抵了 20 万元，故对争议白酒的理解确定为可以用惠某生产的各类白酒抵债，这属于选择之债。③未约定选择权归属，该选择权在合理期限内由债务人惠某行使。④但惠某在履行期届满未交付白酒，经催告后在合理期限内仍未选择，故选择权应转归债权人王某享有。⑤王某有权要求只以泾谷窖酒抵债，但如惠某确无泾谷窖酒抵债，王某可选择其他白酒抵债，如果没有任何白酒惠某应给付等值的货币。

（3）通知选择，不得变更：①单方意思表示无须对方承诺：当事人行使选择权应当及时通知对方，通知到达对方时，债务标的确定。②通知后变成简单之债：确定的债务标的不得变更，但是经对方同意的除外。

（4）优先选择可以履行的标的：可选择的债务标的之中发生不能履行情形的，享有选择权的当事人不得选择不能履行的标的，但是该不能履行的情形是由对方致使的除外。

（五）单一之债与多数人之债（根据同一个债的主体双方是单一的还是多数的）

1. 单一之债（1 对 1）：同一个债的双方主体都仅为一人的债。如甲公司和乙运输公司订立的货物买卖合同所产生的债。还如张三和李四签订的租赁合同所产生的债等都是单一之债。

2. 多数人之债（1 对 2；2 对 1；2 对 2）：同一个债的双方主体均为二人以上或其中一方主体为二人以上的债。可分为按份之债、连带之债、不真正连带之债和补充之债。

（六）按份之债、连带之债、不真正连带之债和补充之债

1. 按份之债＝按份债务＋按份债权

（1）按份债务：债务人为二人以上，标的可分，按照份额各自负担债务的，为按份债务。

（2）按份债权：债权人为二人以上，标的可分，按照份额各自享有债权的，为按份债权。

2. 连带之债＝连带债务＋连带债权

（1）连带债务：债务人为二人以上，债权人可以请求部分或者全部债务人履行全部债

务的，为连带债务。

①内部1=内部等额分担，多付启动追偿：第一，连带债务人之间的份额难以确定的，视为份额相同。第二，部分连带债务人履行、抵销债务或者提存标的物的，其他债务人对债权人的债务在相应范围内消灭。第三，实际承担债务超过自己份额的连带债务人，有权就超出部分在其他连带债务人未履行的份额范围内向其追偿，并相应地享有债权人的权利，但是不得损害债权人的利益。第四，其他连带债务人可以向该债务人主张对债权人的抗辩。

例：【内部等额追偿】甲丙和乙签订买卖房屋合同，甲丙负有支付100万元购房款的义务，房屋过户在甲丙名下。乙有权要求甲或丙付款100万元，丙支付100万元后，<u>可向甲追偿多少？</u>50万元。

②外部1=债权人免除部分连带债务人债务：部分连带债务人的债务被债权人免除的，在该连带债务人所应承担的份额范围内，其他债务人对债权人的债务消灭。

例：【父子免除，朋友须负剩余债务】甲乙为父子关系，甲和其友丙对乙负有连带债务10万元，乙免除甲的债务。<u>乙可要求朋友丙承担多少债务？</u>5万元。

③外部2=债权人与部分连带债务人混同：部分连带债务人的债务与债权人的债权同归于一人的，在扣除该债务人所应承担的份额后，债权人对其他债务人的债权继续存在。

例：【父子混同，朋友须负剩余债务】甲乙为父子关系，甲和丙对乙负连带债务10万元，甲死亡后，有一价值100万房屋，乙继承。<u>乙可要求丙履行债务吗？</u>①可要求丙给付5万元。②甲丙对乙负连带债务。③连带债务人甲死亡后，乙取代甲成为连带债务人之一，乙同时是债权人，故发生混同。④扣除甲的份额后剩余5万元，由丙向乙支付。

④外部3=债权人受领迟延：债权人对部分连带债务人的给付受领迟延的，对其他连带债务人发生效力。

例：【债权人受领迟延，各连带债务人相应免责】甲丙对乙负连带债务交付电脑，届期甲向乙交付电脑，但乙受领迟延，导致增加费用1万元。<u>丙可否要求乙赔偿1万元？</u>①可。②甲丙内部各取得5千元。

（2）连带债权：债权人为二人以上，部分或者全部债权人均可以请求债务人履行债务的，为连带债权。

①内部等额享有，多得启动返还：第一，连带债权人之间的份额难以确定的，视为份额相同。第二，实际受领超过自己份额的连带债权人，应当按比例向其他连带债权人返还。

例：【内部多得退还】甲丙对乙享有连带债权10万元，乙向丙支付了10万元。<u>甲可分得多少？</u>①5万元。②丙应将多得的5万元返还给甲。

②外部1=部分连带债权人免除债务人债务：部分连带债权人免除债务人债务的，在扣除该连带债权人的份额后，不影响其他连带债权人的债权。

例：【父子免除，朋友仍有剩余债权】甲乙为父子关系，甲和其友丙对乙享有连带债权10万元。甲免除乙的债务。<u>朋友丙可要求乙承担多少债务？</u>5万元。

③外部2=部分连带债权人与债务人混同：连带债权中部分连带债权人与债务人同归于一人的，在扣除该债权人所享有的份额后，其他债权人对债务人的债权继续存在。

例：【父子混同，朋友仍有剩余债权】甲乙为父子关系，甲和其友丙对乙享有连带债权 10 万元。甲死亡后，乙继承了甲的遗产。朋友丙可要求乙履行多少债务？①5 万元。②甲乙债权债务混同，但仅甲的 5 万债权消灭，朋友丙的剩余 5 万债权继续存在。

④外部 3＝债务人给付迟延：债务人对部分连带债权人给付迟延，对其他连带债权人发生效力。

例：【债务人给付迟延，各连带债权人相应增加】甲和丙对乙享有连带债权，乙应交付电脑，乙迟延向甲履行，按约定应赔偿 1 万元。丙可否要求乙赔偿 1 万元？①可。②甲丙内部个取得 5 千元。

> **秒杀：**无论是免除、混同、追偿，都是怎么公平怎么来，即具有相对性，相应部分发生效力。

（3）连带债权或者连带债务，由法律规定或者当事人约定。常见的法定连带之债如下：

> ①滥用代理权中的连带责任：代理人 1＋相对人 1＝恶意串通损害被代理人利益＝连带责任。
> ②违法代理中的连带：代理人明知代理事项违法仍代理＝代理人和被代理人对外负连带；被代理人明知代理人行为违法仍沉默＝代理人和被代理人对外负连带。
> ③有意思联络教唆帮助的连带责任：教唆人、被教唆人＝连带责任；帮助人、实际加害人＝连带责任。（商标帮助侵权的连带＝须帮助人故意）
> ④无意思联络的连带责任。原因力 1 独当一面、原因力 2 独当一面＝连带责任。
> ⑤有意思联络共同加害的连带责任：加害人 1、加害人 2……＝连带责任。
> ⑥个人合伙的连带。
> ⑦夫妻共债的连带。
> ⑧公司分立为新公司对外负连带。
> ⑨继承共有物对死者负债的连带。
> ⑩共有物对外债务的连带。

3. 不真正连带之债

（1）外部债权人选择主张：多个债务人就基于不同发生原因而偶然产生的同一内容的给付，各负全部履行之义务，并因债务人之一的履行而使全体债务人的债务均归于消灭的债务。

（2）内部全额追偿：不真正连带债务人之间不存在内部分摊关系，但存在终局责任人。（"不是不报、时候未到"，谁造的孽，谁最后负总责）

例：【侵权和侵权的不真正连带】①产品责任：生产者，销售者不真正连带，但有终局责任人。如甲从乙商场购买丙厂生产的热水器爆炸导致损害，甲可诉乙或丙。如查明是丙导致缺陷，则乙可全额向丙追偿。②医疗产品责任：医院、医疗产品厂家不真正连带，但有终局责任人。如甲从乙医院购买丙厂生产的医疗器械，因缺陷导致损害，甲可诉乙或丙。如查明是丙导致缺陷，则乙可全额向丙追偿。③第三人过错致环境污染责任：污染者、第三人不真正连带，但有终局责任人。如小偷破坏中石油地下管道偷油，导致原油泄漏污染农田，农民可诉小偷或中石油，中石油赔偿后可全额向小偷追偿。④第三人过错致动物损害责任：动物人、第三人不真正连带，但有终局责任人。如乙挑逗丙的狗咬到了甲，甲可诉乙或丙，丙赔偿后可全额向乙追偿。

例：【合同和合同的不真正连带】①连带保证合同和主债务合同：主债务100万，连带保证人和主债务人不真正连带，有终局责任人即主债务人。②运输合同和保险合同：甲货物交乙运输，甲将货物投保。乙撞树致货损。甲可诉乙合同责任，也可诉保险公司合同责任，为不真正连带，乙为终局责任人。

例：【合同和侵权的不真正连带】①违约和侵权：如甲托乙运输鲜鱼，丙交通肇事全责致损。乙违约责任、丙侵权责任，不真正连带，丙为终局责任人。②合同和侵权：甲财产向乙保险公司投保，丙毁损该财产。保险公司基于保险合同赔付责任、丙基于侵权赔偿责任，属于不真正连带，丙是终局责任人。

4. 补充之债：当存在多个责任人时，在第一责任人的财产不足以承担其应负的民事责任时，负补充责任的人对不足部分承担的责任。

（1）补充范围：先穷尽第一责任人财产，后补充责任，但补充责任有一定的承担范围。①有的是补充全部，监护人的补充责任。②有的是补充部分。如会计师事务所在出具虚假验资证明的情况下，仅在其证明资金的范围内承担赔偿责任。

（2）可否追偿：①有的可以追偿，如一般保证人，代偿后可全额追主债务人。还如安保义务人，赔偿后可向第三人追偿。②有的不能追偿。个人独资企业财产不足以清偿债务的，投资人应当以其个人的其他财产予以清偿。这里规定的也是一种补充责任，但个人独资企业也是投资人的个人财产，投资人以其他财产清偿个人独资企业的债务后，实际上根本就无法行使追偿权。

---

①一般保证：主债务人才轮到一般保证人。
②安保义务：第三人侵权+安保义务场所过错补充责任。
③教育机构中第三人致害：第三人侵权+教育机构过错补充责任。
④出资不足股东：公司负责+出资不足股东在"未出资本息范围内"承担补充责任。
⑤旅行社选任旅游辅助者不当：旅游辅助者侵权责任+旅行社选择不当过错补充责任。

记忆："二宝与股东出资不足旅游"

第一章 合同基础

①我爱你，你爱我吗？这是要约。②我也爱你，这是承诺。③我爱你 1 年，这是新要约，因其实质性的改变了要约的内容。④我不爱你，这是拒绝要约。

一、要约：希望和他人订立合同的意思表示

（一）要约的构成

1. 内容具体确定（目的意思）。
2. 表明经受要约人承诺，要约人即受该意思表示约束（效果意思）。

例：【无效果意思和有效果意思】甲对乙声称"我正在考虑卖掉家中祖传的一套家具，价值 10 万元"，甲有效果意思吗？①甲并没有决定订立合同，故无效果意思。②如甲向乙提出"我愿意卖掉家中祖传的一套家具，价值 10 万元"，则表明甲已经决定订立合同，且在该意思表示中已表明如果乙同意购买，则甲要受到乙承诺的拘束。

（二）要约的撤回

撤回要约的通知应当同时于或先于要约达到相对人，该要约不成立（被撤回的要约实际上是尚未生效的要约）

例：【要约函 1 和撤回要约函 2】甲对乙发出要约函 1，马上发撤回要约函 2，函 2 同时或先于函 1 到达对方。如何评价甲的要约？①不成立，而非失效。②因为要约函 1 尚未到达对方，还未生效，就不存在失效问题。③要约函 1 被撤回了，故要约不成立。

（三）要约的撤销

要约人对已经到达对方的要约发出撤销通知，该通知在对方做出承诺前到达对方，要约失效。例外 1 不可撤销：要约人以确定承诺期限或者以其他形式表明要约不可撤销；例外 2 不可撤销：受要约人有理由认为要约是不可撤销的，并已经为履行合同作了合理准备工作。

例：【要约函 1、撤销要约函 2、承诺函 3】甲对乙发出要约函 1，到达了乙。乙在作出承诺函 3 之前，甲向乙发出了撤销要约函 2。如何评价甲的要约？①失效。②要约到达了乙，要约生效。③但在乙作出承诺前，要约被依法撤销了，故要约失效。

例：【有承诺期限的要约不可撤销】甲对乙发出了出卖手机的要约，请乙在一周内做出回复。乙作出承诺前，甲能否撤销该要约？①否。②1 周属于要约有效期，又称承诺期限，甲不得撤销要约。

（四）要约的失效

要约生效后依法失效。要约人依法撤销、对方拒绝要约、对方过期后作出承诺、对方按期作出承诺但对要约内容作了实质性变更。

例：【承诺对要约进行实质性变更导致要约失效】甲于6月10日向乙发出要约订购一批红木，要求乙在6月15日前答复。6月12日，甲欲改向丙订购红木，遂向乙发出撤销要约的信件，在6月14日到达乙。而6月13日，甲收到乙的回复，乙表示红木缺货，问甲能否用杉木代替。甲的要约失效时间是？①6月13日。②6月15日属于要约有效期，故此前该要约不能被撤销。③6月13日相对方乙在要约有效期内做出了承诺，但承诺内容实质性变更了要约内容，故属于"新要约"，这会导致甲的要约失效。

二、要约邀请

(一) 要约邀请

希望他人向自己发出要约的意思表示。如拍卖公告、招标公告、招股说明书、债券募集说明书、基金招募说明书、商业广告和宣传、寄送的价目表等为要约邀请。

(二) 要约邀请变要约

商业广告和宣传的内容符合要约规定的，构成要约。如商品房的销售广告和宣传资料为要约邀请，但是出卖人就商品房开发规划范围内的房屋及相关设施所作的说明和允诺具体确定，并对商品房买卖合同的订立以及房屋价格的确定有重大影响的，应当视为要约。该说明和允诺即使未载入商品房买卖合同，亦应当视为合同内容，当事人违反的，应当承担违约责任。

例：【楼书宣传有健身房】甲房产开发公司在交给购房人张某的某小区平面图和项目说明书中都标明有一个健身馆。张某看中小区健身方便，决定购买一套商品房并与甲公司签订了购房合同。张某收房时发现小区没有健身馆。张某可主张哪些法律救济措施？①楼书内容具体确定对张某是否购房以及购房价格有重大影响，属于要约，进入合同内容。②甲公司明知做不到却提前宣传，构成欺诈，张某可以受欺诈为由撤销合同，撤销后合同溯及无效，故张某可要求甲公司承担缔约过失责任。③甲公司未按合同约定配套健身馆，导致张某购房目的落空，张某可解除合同，要求甲公司承担违约责任。

三、承诺：承诺是受要约人同意要约的意思表示

(一) 承诺的方式

承诺应当以通知的方式作出，但是根据交易习惯或者要约表明可以通过行为作出承诺的除外。

例：【沉默＝承诺】在一项长期供酒协议中，乙惯常接受甲的订单不需要明确表示承诺。11月15日，甲为准备新年向乙订一大批货。乙既没有答复，也没有按要求的时间进

货。<u>甲乙合同是否成立?</u>①成立，如乙不交货会构成违约。②因为根据当事人间业已建立的习惯做法，乙的缄默视同对甲的订单的承诺。

例：【沉默≠承诺】甲和乙之间的供酒合同 12 月 31 日到期，甲要求乙提出续展合同的条件。乙在其要约中规定"最晚在 11 月底以前，如果我方未收到你方的答复，我方将推定你方同意按上述条件续展合同。"甲发现乙所建议的条件均不可接受，因此未予答复。<u>甲乙之间新的合同是否成立?</u>①不成立。②当事人间未能达成新的合同，此前的合同到期失效。

（二）承诺的内容

原则上承诺的内容应该和要约一致，就像要约在"照镜子"，称之为镜像规则。

1. 大变＝承诺对要约作出实质性变更＝新要约：承诺的内容应当与要约的内容一致。受要约人对要约的内容作出实质性变更的，为新要约。有关合同标的、数量、质量、价款或者报酬、履行期限、履行地点和方式、违约责任和解决争议方法等的变更，是对要约内容的实质性变更。

2. 小变＝承诺对要约作出非实质性变更＝承诺：承诺对要约的内容作出非实质性变更的，除要约人及时表示反对或者要约表明承诺不得对要约的内容作出任何变更外，该承诺有效，合同的内容以承诺的内容为准。

例：【讨价还价】甲欲 5000 元卖手机给乙，乙说 4800 元才买，甲说 4900 元才卖，乙说 4850 元才买，甲说好。<u>谁是要约人，谁是承诺人?</u>①甲说 5000 元卖手机给乙＝甲的要约。②乙说 4800 元才买＝乙的承诺对甲的要约做了实质性变更，故属于乙的新要约。③甲说 4900 元才卖＝甲的承诺对乙的新要约做出了实质性变更，故属于甲的新要约。④乙说 4850 元才买＝乙的承诺对甲的新要约做了实质性变更，故属于乙的新要约。⑤甲说好＝甲对乙的新要约做出了承诺。⑥以 4850 元成交之合同，乙是要约人，甲是承诺人。

> **秒杀**：最后说好的人是承诺人，对方是要约人。

（三）承诺的撤回

撤回承诺的通知应当在承诺通知到达要约人之前或者与承诺通知同时到达要约人。

（四）承诺的效力

1. 承诺<u>正常到达</u>的<u>效力</u>
（1）以通知方式作出的承诺，通知到达时承诺生效。
（2）承诺不需要通知的，根据交易习惯或者要约的要求作出承诺的行为时生效。
（3）承诺生效时合同成立，但是法律另有规定或者当事人另有约定的除外。

2. 承诺<u>应该到达</u>的<u>时点</u>
（1）承诺应当在要约确定的期限内到达要约人。
（2）要约没有确定承诺期限的，承诺应当依照下列规定到达：①要约以对话方式作出的，应当即时作出承诺；②要约以非对话方式作出的，承诺应当在合理期限内到达。

3. 承诺<u>迟延到达</u>的<u>效力</u>
（1）承诺人自己的错＝承诺晚了≈新要约：受要约人超过承诺期限发出承诺，或者在承诺期限内发出承诺，按照通常情形不能及时到达要约人的，为新要约，但是要约人及时通知受要约人该承诺有效的除外。

（2）非承诺人自己的错＝承诺晚了≈承诺：受要约人在承诺期限内发出承诺，按照通常情形能够及时到达要约人，但是因其他原因承诺到达要约人时超过承诺期限的，除要约人及时通知受要约人因承诺超过期限不接受该承诺外，该承诺有效。

甲要求乙5日内回复，5日是要约有效期=承诺期限

甲（要约人）◀━━━━━━━━━━━━━━━━━━━━━▶（承诺人）乙

第6日承诺到达甲 ┌①乙自己过错：承诺一般为新要约，除非甲通知仍要
　　　　　　　　└②邮局过错：承诺继续为承诺，除非甲不要（必须通知）

四、合同成立

（一）合同成立的时间

1. 一般合同成立时间＝承诺生效时合同成立。

2. 用合同书签约，合同成立时间＝双方签字时或提前履行时

（1）双方签字时：自当事人均签字、盖章或者按指印时合同成立。

（2）提前履行时：在签字、盖章或者按指印之前，当事人一方已经履行主要义务，对方接受时，该合同成立。

3. 书面形式签约，合同成立时间＝书面时或者提前履行时：法律、行政法规规定或者当事人约定合同应当采用书面形式订立，当事人未采用书面形式但是一方已经履行主要义务，对方接受时，该合同成立。

4. 确认书签约，合同成立时间＝签订确认时：当事人采用信件、数据电文等形式订立合同要求签订确认书的，签订确认书时合同成立。

5. 网购商品，合同成立时间＝订单提交时：当事人一方通过互联网等信息网络发布的商品或者服务信息符合要约条件的，对方选择该商品或者服务并提交订单成功时合同成立，但是当事人另有约定的除外。

> **记忆**实践合同成立时间为标的物交付之时。

（二）合同成立的地点

1. 一般合同成立地点＝承诺生效的地点为合同成立的地点。

2. 用合同书签约，合同成立地点＝约定优先＋最后一方签字地点。

（1）约定优先：合同约定的签订地与实际签字或者盖章地点不符的，人民法院应当认定约定的签订地为合同签订地。

（2）无约定，则最后一方签字地：当事人采用合同书形式订立合同的，最后签字、盖章或者按指印的地点为合同成立的地点，但是当事人另有约定的除外。

例：【最后一方手印地】张某和李某采用书面形式签订一份买卖合同，双方在甲地谈妥合同的主要条款，张某于乙地在合同上签字，李某于丙地在合同上摁了手印，合同在丁地履行。该合同签订地是哪里？丙地。

（3）无约定，则电子签约中收件人主营业地，无主营业地则收件人经常居住地：采用数据电文形式订立合同的，收件人的主营业地为合同成立的地点；没有主营业地的，其经常居住地为合同成立的地点。当事人另有约定的，按照其约定。

> **原理**：约定签订地的实务价值是什么？如果约定了协议管辖，其中约定合同签订地法院管辖，那么约定的签订地再匹配约定的协议管辖，就可以卡死合同纠纷的管辖法院了。

（三）强制缔约

1. 强制发出要约：依照法律、行政法规的规定负有发出要约义务的当事人，应当及时发出合理的要约。

2. 强制作出承诺：依照法律、行政法规的规定负有承诺义务的当事人，不得拒绝对方合理的订立合同要求。

（四）悬赏广告

悬赏人以公开方式声明对完成特定行为的人支付报酬的，完成该行为的人可以请求其支付。

五、合同生效：已经成立的合同对当事人具有法律约束力

（一）区分合同成立与合同生效

1. 合同成立三要件：有当事人、有意思表示、有内容。

2. 合同生效三要件：当事人有行为能力、意思表示真实、内容合法。

3. 在大多数情况下，合同成立时即具备了生效的要件，因而其成立和生效时间是一致的。

4. 但是合同成立并不等于合同生效。例如，一份合同已经成立，如果其合同的生效要件不符合法律规定，则仍然不能产生法律效力，也就是说合法合同从合同成立时起具有法律效力，而违法合同虽然成立但不会发生法律效力。

5. 由此可见，合同成立并不是当然生效的，合同是否生效，主要取决于其是否符合国家的意志和社会公共利益。

（二）合同对当事人具有法律约束力的依据

1. 合同对当事人的法律约束力来自于当事人的合意，即"合同是当事人之间的法律"，合同坚持意思自治原则。合同效力的依据是当事人意思。

2. 合同对当事人的法律约束力来自于法律对于当事人合意的肯定，合同的效力也是来自于《民法典》合同编的法条。合同效力的依据也是法条。

3. 但是我们依然认为，合同对当事人的法律约束力来自于当事人的合意，因为合同法是以任意性规范为主，这些规范允许当事人"另有约定且该约定优先"。认识到合同的法律约束力来自于当事人合意以及法律对其的肯定，而非仅仅来自于法律，这种观念是否深入法律人骨髓，是区分学法人合同法是否入门的重要标志。

六、格式条款：格式条款是当事人预先拟定，并在订立合同时未与对方协商的条款

（一）格式条款订入规则（不说白不说）

1. 公平拟定：采用格式条款订立合同的，提供格式条款的一方应当遵循公平原则确定当事人之间的权利和义务。

2. 合理提示：提供格式条款一方应采取合理的方式提请对方注意免除或者减轻其责任等与对方有重大利害关系的条款。

3. 明确说明：提供格式条款一方按照对方的要求，对该条款予以说明。

4. 未提示或未说明则接收方可主张其不订入合同：提供格式条款的一方未履行提示或者说明义务，致使对方没有注意或者理解与其有重大利害关系的条款的，对方可以主张该条款不成为合同的组成部分。

（二）格式条款无效规则（说了也白说）

1. 存在无效民事法律行为事由。

2. 免除造成对方人身损害的责任。

3. 免除因故意或者重大过失造成对方财产损失的责任。

4. 提供格式条款一方不合理地免除或者减轻其责任、加重对方责任、限制对方主要权利；

5. 提供格式条款一方排除对方主要权利。

（三）格式条款解释规则

1. 通常解释：对格式条款的理解发生争议的，应当按照通常理解予以解释。

2. 不利解释：对格式条款有两种以上解释的，应当作出不利于提供格式条款一方的解释。

3. 优先解释：格式条款和非格式条款不一致的，应当采用非格式条款。

七、合同分类

（一）双务合同与单务合同：依双方当事人是否互负给付义务

1. 双务合同：当事人双方互负对待给付义务的合同，即双方当事人互享债权，互负债务，一方的权利正好是对方的义务，彼此形成对价关系。如买卖合同中，卖方有获得价款的权利，而买方正好有支付价款的义务；反过来，买方有取得货物的权利，而卖方正好有交付货物并转移货物所有权的义务。（双务合同中有同时履行抗辩权、顺序履行抗辩权和不安抗辩权规则）

2. 单务合同：合同双方当事人中仅有一方负担义务而另一方只享有权利的合同。如在借用合同中，只有借用人负有按约定使用并按期归还借用物的义务。还如在赠与合同中，赠与人负担交付赠与物的义务，而受赠人只享有接受赠与物的权利，不负担任何义务。（单务合同中无同时、顺序和不安抗辩权规则）

（二）有偿合同与无偿合同：依合同当事人之间的权利义务是否存在对价关系

1. 有偿合同：当事人一方给予对方某种利益，对方要得到该利益必须为此支付相应

代价的合同。如买卖合同、租赁合同、承揽合同、运输合同、仓储合同等。

2. 无偿合同：一方给付对方某种利益，对方取得该利益时并不支付相应代价的合同。如赠与合同、借用合同等。实践中，无偿合同数量比较少。

3. 两可情形：有的合同既可以是有偿的，也可以是无偿的。（1）自然人之间的借款合同。（2）保管合同。（3）委托合同。

（三）预约和本约

1. 预约：当事人约定未来订立一定合同的合同。（1）当事人约定在将来一定期限内订立合同的认购书、订购书、预订书、意向书等，构成预约合同。（2）当事人一方不履行预约合同约定的订立合同义务的，对方可以请求其承担预约合同的违约责任。

> **原理**：预约合同中，守约方可否要求违约方承担继续履行的违约责任？①否。②如果法院判决违反预约一方签订本约，会违反合同自由原则。③预约属于债的标的不宜强制继续履行情形，如守约方要求违约方继续履行预约，法院判决支持守约方诉讼请求会导致该判决无法执行。④预约的守约方可请求违反预约一方承担继续履行之外的违约责任，如损害赔偿的违约责任。

2. 本约：为了履行预约合同而订立的合同。是预约还是本约，看合同内容而非看合同名字，如商品房的认购、订购、预订等协议具备商品房买卖合同的主要内容，并且出卖人已经按照约定收受购房款的，该协议应当认定为商品房买卖合同。

（四）有名合同与无名合同：根据法律是否赋予特定名称并设有规范分类

1. 有名合同：又称典型合同，由法律赋予其特定名称及具体规则的合同。对于有名合同的内容，法律通常设有一些规定，但这些规定大多为任意性规范，当事人可以通过约定来改变法律的规定。（非诉律师的作用：架空合同法）

2. 无名合同：又称非典型合同，法律上尚未确定一定的名称与规则的合同。对无名合同，要适用合同编通则的规定，并可参照合同编典型合同或其他法律最相类似合同的规定。

例1：【购买散装酒】甲向乙酒厂购买散装酒，约定甲使用后向乙返还酒桶。如何评价该合同？①无名合同。②买卖合同附带有借用合同的构成部分，买卖散装酒为主要部分，借用酒桶为非主要部分。

例2：【律师楼】甲律师事务所与乙饭店订立"包租"10个房间的合同，乙负有提供办公房间、午餐、清扫房间和洗涤办公用品的义务，甲负有支付一定对价的义务。如何评价该合同？①无名合同。②乙的给付义务分别属于租赁、买卖典型合同的构成部分，还包括提供劳务等无名合同的构成部分。

例3：【物业管理员】甲物业公司聘乙担任临时管理员，甲为乙免费提供住房。如何评价该合同？①乙的给付义务是劳务合同。②甲的给付义务是借用合同。③都是无名合同。

例4：【委托开发和设备转让】甲、乙两公司约定：甲公司向乙公司支付5万元研发费用，乙公司完成某专用设备的研发生产后双方订立买卖合同，将该设备出售给甲公司，价格暂定为 100 万元，具体条款另行商定。乙公司完成研发生产后，却将该设备以 120 万元卖给丙公司，甲公司得知后提出异议。如何评价甲乙合同？①无名合同。②甲乙合同既然有委托开发技术的权利义务约定，又有设备转让的权利义务，属于无名合同。③不是承揽合同，也不是买卖合同。④乙将设备再卖给丙，属于多重买卖，合同有效。⑤甲可要求乙承担违约责任。

3. 身份协议能否适用合同编规则？

（1）《民法典》合同编所称合同是民事主体之间设立、变更、终止民事法律关系的协议。

（2）婚姻、收养、监护等有关身份关系的协议，适用《民法典》其他编或者其他法律的规定；没有规定的，可以根据其性质参照适用《民法典》合同编规定。

第二章　鼓励交易

一、尽量让合同成立

（一）缺书面但已履行＝合同成立

法律、行政法规规定或者当事人约定合同应当采用书面形式订立，当事人未采用书面形式但是一方已经履行主要义务，对方接受时，该合同成立。

（二）合同书缺签字但已履行＝合同成立

当事人采用合同书形式订立合同的，自当事人均签字、盖章或者按指印时合同成立。在签字、盖章或者按指印之前，当事人一方已经履行主要义务，对方接受时，该合同成立。

例：【借款合同未盖章】甲公司与乙公司签订借款合同，甲公司未盖公章，但乙公司已付款，且该款用于甲公司项目建设，甲公司应否负责？应负责。

（三）缺形式但有行为隐含订立合同意愿＝合同成立

1. 当事人订立合同，可以采取要约、承诺方式或者其他方式。

2. 当事人未以书面形式或者口头形式订立合同，但从双方从事的民事行为能够推定双方有订立合同意愿的，属于当事人采用"其他形式"订立的合同。

（四）缺内容但有"人"有"物"有"数"＝合同成立

当事人对合同是否成立存在争议，人民法院能够确定当事人名称或者姓名、标的和数量的，一般应当认定合同成立。

二、尽量让合同有效

（一）未办理批准手续的合同未生效但报批义务条款独立生效

1. 法律、行政法规规定应当办理批准等手续生效的，依照其规定。未办理批准等手续的，该合同不生效，但是不影响合同中履行报批等义务条款以及相关条款的效力。应当办理申请批准等手续的当事人未履行该义务的，对方可以请求其承担违反该义务的责任。

2. 法律、行政法规规定合同的变更、转让、解除等情形应当办理批准等手续生效的，依照前款规定处理。

（二）超越法人目的事业限制的合同有效

当事人超越经营范围订立的合同的效力，应当依照总则编和合同编的规定确定，不得仅以超越经营范围确认合同无效。（致命超越无效，一般超越有效）

（三）未取得预售许可证明的商品房预售合同无效，但起诉前弥补的，合同有效

出卖人未取得商品房预售许可证明，与买受人订立的商品房预售合同，应当认定无

效，但是在起诉前取得商品房预售许可证明的，可以认定有效。

（四）商品房预售合同未备案不是无效事由

1. 当事人以商品房预售合同未按照法律、行政法规规定办理登记备案手续为由，请求确认合同无效的，不予支持。

2. 当事人约定以办理登记备案手续为商品房预售合同生效条件的，从其约定，但当事人一方已经履行主要义务，对方接受的除外。

（五）租赁合同无须出租人是所有权人

租赁合同是出租人将租赁物交付承租人使用、收益，承租人支付租金的合同。

（六）备案不是房屋租赁合同有效前提

1. 当事人未依照法律、行政法规规定办理租赁合同登记备案手续的，不影响合同的效力，但是当事人另有约定的除外。

2. 当事人约定以办理登记备案手续为房屋租赁合同生效条件的，从其约定。但当事人一方已经履行主要义务，对方接受的除外。

例：【约定公证为生效条件】甲与乙签订商铺租赁合同，约定待办理公证后合同生效。双方未办理合同公证，甲交付商铺后，乙支付了第1个月的租金。甲乙合同是否生效？生效。

（七）违建房屋的租赁合同无效，但一审辩论终结前变成合法建筑，租赁合同有效

出租人就未取得建设工程规划许可证或者未按照建设工程规划许可证的规定建设的房屋，与承租人订立的租赁合同无效。但在一审法庭辩论终结前取得建设工程规划许可证或者经主管部门批准建设的，人民法院应当认定有效。

（八）违法的临时建筑房屋租赁合同无效，但一审辩论终结前变成合法建筑，租赁合同有效

出租人就未经批准或者未按照批准内容建设的临时建筑，与承租人订立的租赁合同无效。但在一审法庭辩论终结前经主管部门批准建设的，人民法院应当认定有效。

（九）租赁期限超过临时建筑的使用期限，超过部分无效。但在一审法庭辩论终结前经主管部门批准延长则有效

租赁期限超过临时建筑的使用期限，超过部分无效。但在一审法庭辩论终结前经主管部门批准延长使用期限的，人民法院应当认定延长使用期限内的租赁期间有效。

（十）虽然融资租赁合同一般是3方结构，但法院不会否定特殊情形下2方结构也构成融资租赁法律关系

承租人将其自有物出卖给出租人，再通过融资租赁合同将租赁物从出租人处租回的，承租人和出卖人系同一人不影响融资租赁合同的成立。

例：【"售后回租"的融资租赁合同】甲融资租赁公司与乙公司签订融资租赁合同，约定乙公司向甲公司转让一套生产设备，转让价为评估机构评估的市场价200万元，再租给乙公司使用2年，乙公司向甲公司支付租金300万元。合同履行过程中，因乙公司拖欠租金，甲公司诉至法院。甲乙之间签订的是什么合同？①融资租赁合同。②不是民间借贷合同，不适用民间借贷的利率规则。甲投入200万元，2年后收回300万元，回报率25%每年，可以获得法院全部支持。③"先买卖后租回"，甲通过"占有改定"成为设备所有权人。

第三章 合同相对性

我们约定，你陪汤某喝酒，你不陪得对我负责，不用对汤某负责；我们约定，汤某陪你喝酒，汤某不陪她不用负责，你得对我负责；老爹欠债，儿子不还；上家害中家，中家害下家，连环交易各自算账。以上规则有个共同的名称："合同相对性"。

第一节 合同坚持相对性

一、合同当事人才对合同负责：依法成立的合同，仅对当事人具有法律约束力，但是法律另有规定的除外

（一）当事人才有资格变更合同内容：当事人协商一致，可以变更合同内容

例：【非当事人不得变更合同】甲公司、乙公司签订《协议一》合作开发房地产，后甲公司的两个股东丙公司、丁公司与乙公司签订《协议二》变更，修改了《协议一》的内容。如何评价《协议一》和《协议二》的效力？①各自有效。②《协议一》继续有效，因为丙公司、丁公司不是《协议一》的当事人，故不能去变更《协议一》。③但是《协议二》本身不存在无效事由，故《协议二》对丙丁公司和乙公司发生法律效力。

（二）当事人才须负违约责任：违约方向对方当事人负违约责任

例：【公益赠与合同】神牛公司在H省电视台主办的赈灾义演募捐现场举牌表示向S省红十字会捐款100万元，并指明此款专用于S省B中学的校舍重建。事后，神牛公司仅支付50万元。谁有权请求神牛公司继续支付50万元？S省红十字会。

二、因第三人原因违约

当事人一方因第三人的原因造成违约的，应当依法向对方承担违约责任。当事人一方和第三人之间的纠纷，依照法律规定或者按照约定处理。

例：【连环交易的违约责任】甲卖1000部手机给乙，单价1000。乙转卖给丙，单价1100，指明由甲直接交付给丙。但甲未按约定期间交货。如何评价甲、乙、丙间违约责任的承担？①甲乙之间的合同，如甲迟延向丙交货，则乙有权要求甲承担迟延交货责任。②乙丙之间的合同，如甲迟延向丙交货，则丙有权要求乙承担迟延交货责任。③上家甲和下家丙之间不存在合同法律关系，无违约责任问题。

> **秒杀：**①连环交易必考合同相对性。如转卖、转租、转赠、转承揽、转保管。②上家和中家固定违约责任。③中家和下家固定违约责任。④上家和下家没有合同关系。

三、向第三人履行

（一）坚持相对性＝债权人请求债务人承担违约责任

当事人约定由债务人向第三人履行债务，债务人未向第三人履行债务或者履行债务不符合约定的，应当向债权人承担违约责任。

例：【方某给汤某订玉器】方某为送汤某生日礼物，特向余某定作一件玉器。订货单上，方某指示余某将玉器交给汤某，并将订货情况告知汤某。玉器制好后，余某委托朱某将玉器交给汤某，朱某不慎将玉器碰坏。如何评价案涉法律关系？①方某与余某签订的是买卖合同，而不是承揽合同，因为"定作"两字并不一定指向承揽合同，要看合同内容，合同内容是一方付款，一方转移标的物所有权。②方某与余某约定余某应向第三人汤某履行，未约定汤某有直接请求权。③朱某属于余某的债务履行辅助人，其不慎碰坏玉器，故余某未完成交付义务，须对方某承担违约责任。④朱某过错侵犯了余某玉器所有权，须负侵权责任。

（二）突破相对性＝第三人请求债务人承担违约责任

法律规定或者当事人约定第三人可以直接请求债务人向其履行债务，第三人未在合理期限内明确拒绝，债务人未向第三人履行债务或者履行债务不符合约定的，第三人可以请求债务人承担违约责任；债务人可以向第三人主张其对债权人的抗辩。（"利益第三人合同"中的第三人有拒绝权、履行请求权以及在债务人不履行债务时的违约责任请求权）

例：【保险合同受益人】甲向保险公司投保，以乙为被保险人，经乙同意指定丙为受益人。如乙死亡，则丙可获得100万元保险金。如乙死亡，丙可否要求保险公司支付100万元保险金？可以。

四、由第三人履行

当事人约定由第三人向债权人履行债务，第三人不履行债务或者履行债务不符合约定的，债务人应当向债权人承担违约责任。

例：【第三人不听话】甲、乙双方约定，由丙每月代乙向甲偿还债务500元，期限2年。丙履行5个月后，以自己并不对甲负有债务为由拒绝继续履行。甲遂向法院起诉，要求乙、丙承担违约责任。甲的主张能否获得法院支持？乙承担违约责任。丙无须承担违约责任。

五、经出租人同意转租，原租赁合同和次租赁合同各自独立

承租人经出租人同意，可以将租赁物转租给第三人。承租人转租的，承租人与出租人之间的租赁合同继续有效，第三人对租赁物造成损失的，承租人应当赔偿损失。承租人未

经出租人同意转租的，出租人可以 解除合同。

例：【一房多租与转租】孙某与李某签订房屋租赁合同，李某承租后与陈某签订了转租合同，孙某表示同意。但是，孙某在与李某签订租赁合同之前，已经把该房租给了王某并已交付。李某、陈某、王某均要求继续租赁该房屋。如何评价 3 个租赁合同关系？①孙某租 1 给了钥匙人王某，租 2 给了合同人李某，然后孙某同意李某转租 3 给次承租人陈某。②根据先看交付，再看备案，再看合同先后，因为王某占有租赁房屋在先，故王某有权继续租赁该房屋。③租 2 和转租 3 只能借助继续履行之外的其他违约责任方式解决，李某有权要求孙某承担违约责任，陈某有权要求李某承担违约责任。④次承租人陈某不能要求出租人孙某承担违约责任。

六、承揽人将工作交给第三人完成，成果不合格，承揽人与委托人的合同、承揽人与第三人的合同，各自独立

（一）辅助工作可随意转承揽

承揽人可以将其承揽的辅助工作交由第三人完成。承揽人将其承揽的辅助工作交由第三人完成的，应当就该第三人完成的工作成果向定作人负责。

（二）主要工作经同意转承揽，未经同意转承揽，启动定作人解除权

承揽人将其承揽的主要工作交由第三人完成的，应当就该第三人完成的工作成果向定作人负责；未经定作人同意的，定作人也可以解除合同。

例：【擅自转承揽】甲乙签订合同，由乙为甲作汽车方向盘的电镀，乙擅自将该工作交给丙完成，乙丙签订了合同。后工作成果不合格。如何评价当事人之间的违约责任？①甲可向乙主张违约责任。②甲不能向丙主张违约责任，因无合同关系。③乙可向丙主张违约责任。

七、委托人与行纪人的合同、行纪人与第三人的合同各自独立

（一）委托人与行纪人的行纪合同

行纪人以自己的名义为委托人从事贸易活动，委托人支付报酬的合同。

（二）行纪人与第三人的合同

1. 行纪人与第三人订立合同的，行纪人对该合同直接享有权利、承担义务。

2. 第三人不履行义务致使委托人受到损害的，行纪人应当承担损害赔偿责任，但是行纪人与委托人另有约定的除外。

例：【行纪行为】甲委托乙行纪公司出售挖掘机。乙以自己名义与丙签订出卖合同，但丙未依约付款。乙因此未向甲付款。如何评价案涉违约责任？①行纪人乙有权请求第三人丙承担违约责任。②委托人甲有权要求行纪人乙承担违约责任。

八、购房人不能还贷，银行找购房人要，不能追加开发商为当事人，除非开发商是保证人

买受人未按照商品房担保贷款合同的约定偿还贷款，但是已经取得房屋权属证书并与

担保权人办理了商品房抵押登记手续，抵押权人请求买受人偿还贷款或者就抵押的房屋优先受偿的，不应当追加出卖人为当事人，但出卖人提供保证的除外。

例：【购房人断月供】甲与开发商以贷款方式签订房屋买卖合同，甲与银行签订贷款合同，同时与银行签订抵押合同，将所购买房屋抵押登记给了银行。甲届期无力向银行还月供，如何评价案涉合同责任？①甲与银行的借款合同法律关系，银行有权要求甲还款，同时就甲房屋主张抵押权。②银行不得要求开发商承担任何责任，因他们之间无合同关系。

九、融资租赁公司主导型融资租赁合同，租赁物质量有问题，租户可要求融资租赁公司承担违约责任

租赁物不符合约定或者不符合使用目的的，承租人依赖出租人的技能确定租赁物或者出租人干预选择租赁物的，出租人应承担责任。

第二节　合同相对性的突破

一、债权人代位权

例：【三角债】甲对乙有 10 万元债权到期，乙对丙有 8 万元债权到期，乙怠于向丙主张，如何评价甲乙丙三方关系？①从双方关系观察，甲乙有债权债务关系，乙丙有债权债务关系，一般情形下，坚持相对性，甲与丙无债权债务关系。②从三方关系观察，债权人甲，债务人乙，相对人丙。乙的懈怠行为导致其"应该增加的财产没有增加"且损害了甲的债权。③为了尽快解决"三角债"，《民法典》合同编规定，甲作为债权人享有"代位权"，向法院提起债权人代位权诉讼，即甲以自己名义诉相对人丙直接清偿，债务人乙作为第三人。④上家甲和下家丙本来没有关系，但是基于"债权人代位权诉讼"，甲和丙会发生关系，这属于"法律明文规定"的突破合同相对性。

二、债权人撤销权

例：【逃债】甲对乙有 10 万元到期债权，乙无力清偿，乙将其对公司的股权（对房屋的所有权）等财产赠与给丙或者以明显不合理低价转让给知情的丙，如何评价甲乙丙三方关系？①从双方关系观察，甲乙有债权债务关系，乙丙有债权债务关系，一般情形下，坚持相对性，甲与丙无债权债务关系。②从三方关系观察，债权人甲，债务人乙，第三人丙。乙的"逃债行为"导致其不应该减少的财产减少了且损害了甲的债权。③为了保全甲的债权，《民法典》合同编规定，甲作为债权人享有"撤销权"，向法院提起债权人撤销权诉讼，即甲以自己名义撤销乙的赠与行为或转移财产行为，丙作为第三人。④上家甲和下家丙本来没有关系，但是基于"债权人撤销权诉讼"，甲和丙会发生关系，这属于"法律明文规定"的突破合同相对性。

三、法定承受

(一) 所有权变动不破租赁：租赁物在承租人依据租赁合同占有期间发生所有权变动的，不影响租赁合同的效力

例1：【买卖不破租1＝换房东】 甲将房屋出租给乙并交付给乙占有，租赁期间，甲将房屋出卖给丙并且过户。如何评价甲乙丙三方关系？①从双方关系观察，甲乙租赁关系，乙是债权人即租赁权人（超级钥匙人）。甲丙买卖关系，丙是物权人。②从三方关系观察，为了保护租赁权人利益，《民法典》合同编规定，丙要法定承受甲乙的租赁关系，故乙相对于丙而言属于有权占有，有权租住到房屋租期结束。③甲乙、甲丙有法律关系，乙丙本来无关系，因为"买卖不破租赁"导致乙和丙发生了租赁关系，这属于"法律明文规定"的突破合同相对性。

例2：【买卖不破租1和不破转租2＝换房东】 甲将房屋出租乙（月租金5000元），乙经甲同意将该房屋转租给丙并交付给丙占有（月租金5500元），租赁期间，甲将房屋出卖给丁并且过户。如何评价甲乙丙丁四方关系？①从双方关系观察，甲乙租赁关系，乙是债权人即租赁权人（超级钥匙人）。乙丙转租关系，丙是债权人即次租赁权人（超超级钥匙人）。甲丁买卖关系，丁是物权人。②从三方关系观察，出租人甲和次承租人丙没有法律关系。③从四方关系观察，甲丁买卖不破甲乙租赁、也不破乙丙转租，丁取代甲成为出租人，即丁出租人，乙承租人，丙次承租人。乙相对于丁是有权占有，而丙相对于乙是有权占有，故基于"占有连续"，丙相对于丁也是有权占有，故丁不能要求乙或丙返还租赁房屋，只能在租期结束后要求他们退房。④丙是直接占有人，乙是第一阶层间接占有人，丁是第二阶层间接占有人。⑤根据《民法典》合同编规定，在甲卖房时，乙和丙都有同等条件下的优先购买权，发生冲突，丙作为次承租人，其优先购买权要优先于承租人乙。⑥如果乙购买了涉案房屋，则乙取代甲成为出租人，租赁关系演变为：乙——乙——丙，发生混同，故只有乙丙租赁关系，丙每个月给乙5500元租金。⑦如果丙购买了涉案房屋，则丙取代甲成为出租人，租赁关系演变为：丙——乙——丙，不发生混同，因为中间有乙的利益要保护，丙给乙5500元每月，乙再给丙5000元每月。即乙"中间商赚差价"每月赚500元。

例3：【继承不破租1＝换房东】 甲将房屋出租给乙并转移占有，租赁期间，甲死亡，其继承人小甲继承了房屋。如何评价小甲和乙的关系？①从双方关系观察，甲乙有租赁关系，乙是债权人即租赁权人（超级钥匙人）。甲死亡后，小甲继承房屋，同时法定承受甲的租赁合同债务。②从三方关系观察，小甲取代甲成为出租人，与乙之间形成租赁关系。③小甲作为物权人，不能要求乙返还租赁物，因为乙相对于小甲属于有租赁权的占有。

例4：【先继承后买卖还不破租1＝换房东】 甲将房屋卖给"钥匙人"乙（完成交付），"钥匙人"将房屋出租给"超级钥匙人"丙并交付。甲死亡，小甲继承房屋，在租赁期间将房屋卖给"过户人"丁（完成过户）。如何评价甲乙丙丁四方关系？①甲乙买卖关系，乙是债权人。②乙丙租赁关系，丙是债权人即租赁权人。③租金归乙而非归房屋所有权人甲，租金是房屋孳息，因为在甲乙买卖合同中，交付转移标的物的孳息，故房屋交付给乙后孳息归乙。④乙相对于甲是有权占有，丙相对于乙是有权占有，构成"占有连续"，租赁权人丙相对于甲是有权占有。租赁关系为：甲（卖方）——乙（买方）——丙

（承租人）。⑤甲死亡后，小甲基于继承取得房屋所有权，小甲取代甲后租赁关系为：小甲（卖方）——乙（买方）——丙（承租人）。⑥小甲将房屋过户给丁，基于买卖不破租赁，丁取代小甲后租赁关系为：丁（过户人）——乙（钥匙人）——丙（承租人超级钥匙人）。⑦基于物权优先于债权，丁可要求乙返还房屋（"间接占有人换人"，即乙丙租期结束时，丙将房屋直接给丁，而无需给乙）。⑧基于所有权变动不破租赁，丁不可要求丙返还房屋。⑨归总：丁买到了房屋，也买到了"租户"。

> **秒杀**：租期内，换房东，超级钥匙人老大，谁是超级钥匙人？有租赁合同还要有钥匙。

（二）**房屋租赁的法定承受**：承租人在房屋租赁期间死亡的，与其生前共同居住的人或者共同经营人可以按照原租赁合同租赁该房屋

例：【民宅】甲将房屋出租给乙，乙和其好友丙共同居住该房屋内。租赁期间乙死亡，丙可否继续住到租期结束？可以。

例：【商住】甲将房屋出租给乙开餐馆，乙和丙合伙经营。租赁期间内乙死亡，丙可否继续租用该房屋到租期结束？可以。

（三）**法人合并、分立，债权债务法定承受**：法人合并的，其权利和义务由合并后的法人享有和承担。法人分立的，其权利和义务由分立后的法人享有连带债权，承担连带债务，但是债权人和债务人另有约定的除外

例1：【合并】甲公司与乙公司合并为丙公司，丙公司是否需要对甲、乙公司对外负债承担责任？要。

例2：【分立】甲公司分立为乙公司和丙公司，乙、丙公司是否需要对甲公司对外负债承担责任？要。

（四）**财产保险代位追偿**：因第三者对保险标的的损害而造成保险事故的，保险人自向被保险人赔偿保险金之日起，在赔偿金额范围内代位行使被保险人对第三者请求赔偿的权利

例1：【保险代位侵权责任】甲车向保险公司投保了车辆损失保险，乙纵火烧毁了甲车。保险公司向甲履行了保险赔偿责任之后，可否要求乙赔偿？①可以。②保险公司对乙享有代位求偿权，保险公司取代甲的地位，故保险公司与乙之间的诉讼按照侵权法律关系来确定管辖法院（被告住所地和侵权行为地法院都可管辖）。

例2：【保险代位合同责任】甲设备向保险公司投保了火灾损失险，该设备由乙提供物业服务，甲乙签订了物业服务合同。因乙过错导致失火设备被烧毁。保险公司向甲履行了保险赔偿责任之后，可否要求乙赔偿？①可以。②保险公司对乙享有代位求偿权，保险公司取代甲的地位，故保险公司与乙之间的诉讼按照合同法律关系来确定管辖法院（被告住所地和合同履行地法院都可管辖）。

（五）**财产保险从物主义**

1. 保险标的转让的，保险标的的受让人承继被保险人的权利和义务。

例：【保险房屋买卖】2016 年 2 月 10 日，甲因资金需求，将 M 房屋出卖给了庚，

2016 年 3 月 10 日, 庚支付了全部房款并办理完变更登记。2016 年 3 月 15 日, 甲未经庚同意将 M 房屋出租给知悉其卖房给庚一事的辛。2016 年 5 月 16 日, 甲从辛处收回房屋的当日, 因雷电引发火灾, 房屋严重毁损。根据甲卖房前与某保险公司订立的保险合同（甲为被保险人）, 某保险公司应支付房屋火灾保险金 5 万元。<u>谁有权享有 M 房屋火灾损失的保险金请求权？</u> ①庚享有请求权。②甲庚之间有房屋买卖合同, 且房屋已经过户给了庚, 但未交付, 故房屋毁损灭失风险归甲。③甲将房屋投保, 甲是被保险人。后房屋过户给了庚, 保险标的转让的, 保险标的的受让人承继被保险人的权利和义务, 庚法定承受甲的被保险人地位, 有保险金请求权。④风险最后由保险公司承担, 不再由甲承担了。这就是保险制度的价值。

2. 保险标的已交付受让人, 但尚未依法办理所有权变更登记, 承担保险标的的毁损灭失风险的受让人承继被保险人的权利和义务。

例：【保险车辆买卖】甲将车卖给乙交付了但未过户, 此前甲将车辆向保险公司投保, 如车辆出险, <u>乙可否依据保险合同要求保险公司赔偿？</u> 可以。

（六）概括继承和限定继承：继承遗产应当清偿被继承人的债务、缴纳所欠税款, 清偿债务、缴纳税款以所得遗产实际价值为限。超过遗产实际价值部分, 继承人自愿偿还的不在此限。继承人放弃继承的, 对被继承人的债务和所欠税款可以不负偿还责任

例：【人死了钱没花完债没还完】甲死亡后留有遗产 100 万元, 欠乙到期债务 80 万元。丙是甲唯一继承人。<u>乙可否要求丙还债？</u> ①丙如果放弃继承, 则无需还债。②丙如果继承遗产, 则需要向乙还 80 万元。

四、建设工程施工合同

（一）工程质量纠纷, 突破相对性：因建设工程质量发生争议的, 发包人可以以总承包人、分包人和实际施工人为共同被告提起诉讼

例：【楼盖烂了】甲开发商将工程发包给乙施工, 乙将工程非法转包给丙（或者违法分包给丙）, 工程质量有问题。<u>甲可诉谁？</u> ①乙和丙为共同被告。②甲乙有工程合同。③乙丙有无效转包合同或无效分包合同。丙乃"实际施工人"。④甲丙无法律关系, 但是法律明文规定, 甲可诉丙, 此乃突破合同相对性。

（二）工程价款纠纷, 突破相对性：实际施工人以发包人为被告主张权利的, 人民法院应当追加转包人或者违法分包人为本案第三人, 在查明发包人欠付转包人或者违法分包人建设工程价款的数额后, 判决发包人在欠付建设工程价款范围内对实际施工人承担责任

例：【欠工程款】甲开发商将工程发包给乙施工, 乙将工程非法转包给丙（或者违法分包给丙）, 工程竣工验收合格。乙欠丙工程款, 甲欠乙工程款。<u>丙如何主张权利？</u> ①丙可以甲为被告, 法院应追加乙为第三人。②乙丙为无效转包合同或无效分包合同, 但工程竣工验收合格, 实际施工人丙可主张工程款。③甲在欠付乙的工程价款范围内对实际施工人丙负责。④甲丙无法律关系, 但是法律明文规定, 甲可诉丙, 此乃突破合同相对性。

第四章 合同履行

合同有漏洞，怎么办？答：三步走填补漏洞；有人耍流氓，怎么办？答：三个抗辩权；履行有缺陷，怎么办？三种应对法。

- ①漏洞填补
  - ①第1步：内部消化解决漏洞
  - ②第2步：启动合同编分则解决漏洞
  - ③第3步：启动合同编通则解决漏洞
- ②双务抗辩
  - ①双方：同时履行抗辩权
  - ②后方：顺序履行抗辩权
  - ③先方：不安抗辩权
- ③履行瑕疵
  - ①提前履行
  - ②部分履行
  - ③多出履行

第一节 合同履行漏洞填补 3 步走

一、第 1 步：内部消化解决漏洞（当事人）

合同生效后，当事人就质量、价款或者报酬、履行地点等内容没有约定或者约定不明确的，可以协议补充；不能达成补充协议的，按照合同有关条款、合同性质、目的或者交易习惯确定。

二、第 2 步：启动合同编分则填补漏洞（法定）

（一）买卖合同

1. 在哪里交货？（1）出卖人应当按照约定的地点交付标的物。（2）当事人没有约定交付地点或者约定不明确：①标的物需要运输的，出卖人应当将标的物交付给第一承运人以运交给买受人。②标的物不需要运输，出卖人和买受人订立合同时知道标的物在某一地点的，出卖人应当在该地点交付标的物；不知道标的物在某一地点的，应当在出卖人订立合同时的营业地交付标的物。

例：【买卖合同交货地点漏洞填补】甲把电脑卖给乙，未约定交付地点。如何填补交付地点的漏洞？①甲、乙协商。②协商不成，依照交易习惯或通过合同解释确定。③仍无法确定的，则启动《民法典》合同编分则规定，看电脑是否需要运输。④如电脑需要运输，则货交第一承运人即可。⑤如电脑不需要运输，则甲乙签订合同时知道电脑在何地，该地为交付地点；甲乙签订合同时不知道电脑在何地，交付地点为出卖人甲订立合同时营业地。

2. 在哪里付钱？（1）买受人应当按照约定的地点支付价款。（2）对支付地点没有约定或者约定不明确，买受人应当在出卖人的营业地支付，但是约定支付价款以交付标的物或者交付提取标的物单证为条件的，在交付标的物或者交付提取标的物单证的所在地支付。

3. 何时交货何时付款？同时。（1）买受人应当按照约定的时间支付价款。（2）对支付时间没有约定或者约定不明确，买受人应当在收到标的物或者提取标的物单证的同时支付。

（二）借款合同

1. 什么时候还本金？随时。借款人应当按照约定的期限返还借款。对借款期限没有约定或者约定不明确，借款人可以随时返还；贷款人可以催告借款人在合理期限内返还。

2. 什么时候还利息？按年。借款人应当按照约定的期限支付利息。对支付利息的期限没有约定或者约定不明确，借款期间不满 1 年的，应当在返还借款时一并支付；借款期间 1 年以上的，应当在每届满 1 年时支付，剩余期间不满 1 年的，应当在返还借款时一并支付。

例：【借款合同本金和利息支付期限漏洞填补】甲把 20 万元借给乙，约定年利率 20%。但未约定还款期限，也未约定乙支付利息的期限。如何填补本金和利息支付期限的漏洞？（1）乙返还本金的期限确定：①甲、乙协商。②协商不成，依照交易习惯或通过合同解释确定。③仍无法确定的，适用《民法典》合同编分则规定，"随时"，乙可以随时返还，甲可催告乙在合理期限内返还。（2）乙返还利息的期限确定：①甲、乙协商。②协商不成，依照交易习惯或通过合同解释确定。③仍无法确定的，适用《民法典》合同编分则规定，"按年"，借期不满 1 年的，乙应当返还本金时一并支付利息；借期 1 年以上的，乙应当在借期每届满 1 年时支付利息，剩余借期不满 1 年时，乙应当在返还借款时一并支付利息。④支付利息不适用"随时"规则。

（三）租赁合同

什么时候支付租金？按年。承租人应当按照约定的期限支付租金。对支付期限没有约定或者约定不明确，租赁期间不满 1 年的，应当在租赁期间届满时支付；租赁期间 1 年以上的，应当在每届满 1 年时支付，剩余期间不满 1 年的，应当在租赁期间届满时支付。

例：【租赁合同租金支付期限漏洞填补】甲将房屋出租给乙 5 年 3 个月，但未约定乙支付租金的期限。如何填补乙支付租金的期限的漏洞？①甲、乙协商。②协商不成，依照交易习惯或通过合同解释确定。③仍无法确定的，则适用《民法典》合同编，"按年"，租期每届满 1 年支付租金，剩余租赁期间不满 1 年，应在租赁期间届满支付。④支付租金不适用"随时"规则。

三、第 3 步：启动合同编通则填补漏洞（法定）

（一）价款报酬怎么确定？订立合同时履行地的市场价格履行

例：【怎么算钱】甲把钢坯卖给乙，价格另行协商确定，未约定交付地点。现交付日期已到，甲乙仍就价格未达成一致。如何确定价格？①合同成立（价格条款是漏洞，可以通过填补来确定）。②按订立合同时履行地市场价格确定。③合同履行地又是漏洞，则适用《民法典》合同编分则，看是否需要运输。④需要运输则货交第一承运人地为交付地点。⑤不需要运输，则双方知道货物在何地，该地为履行地。⑥不需要运输，双方不知道货物在何地，则订立合同时出卖人营业地为履行地。

（二）履行地点怎么确定

1. "送钱上门"：给付货币的，在接受货币一方所在地履行。以支付金钱为内容的债，债权人可以请求债务人以实际履行地的法定货币履行。

2. "不动产地"：交付不动产的，在不动产所在地履行。

3. "义务地"：其他标的，在履行义务一方所在地履行。

（三）履行期限怎么确定

1. 债务人可以随时履行。

2. 债权人也可以随时要求履行，但是应当给对方必要的准备时间。

（四）履行费用怎么确定

1. 由履行义务一方负担。

2. 因债权人原因增加的履行费用，由债权人负担。

（五）电子商务交付时间

1. 实物＝签收时间为交付时间：通过互联网等信息网络订立的电子合同的标的为交付商品并采用快递物流方式交付的，收货人的签收时间为交付时间。

2. 充值＝凭证载明时间为交付时间：电子合同的标的为提供服务的，生成的电子凭证或者实物凭证中载明的时间为交付时间；前述凭证没有载明时间或者载明时间与实际提供服务时间不一致的，实际提供服务的时间为交付时间。

3. 电子快递＝到达特定系统：电子合同的标的采用在线传输方式交付的，合同标的进入对方当事人指定的特定系统并且能够检索识别的时间为交付时间。

第二节　双务合同履行抗辩权

一、双务合同之同时履行抗辩权（双方）

当事人互负债务，没有先后履行顺序的，应当同时履行。一方在对方履行之前有权拒绝其履行要求。一方在对方履行债务不符合约定时，有权拒绝其相应的履行要求。

（一）要求是同一双务合同才适用

例：【2个借用合同】甲于2月3日向乙借用一台彩电，乙于2月6日向甲借用了一部手机。到期后，甲未向乙归还彩电，乙因此也拒绝向甲归还手机。如何评价甲乙法律关系？①甲乙有借用彩电合同关系。②甲乙有借用手机合同关系。③这是2个独立的单务合同。④借用到期后，乙有权要求甲退彩电，甲有权要求乙退手机。⑤双方均不得主张同时履行抗辩权，因为不是同一双务合同。⑥也不得主张留置权，因为不满足民事留置需要同一法律关系的要件。⑦如甲乙都僵持，则会启动2个官司。

（二）要求互负债务有对价关系

例：【一手交钱一手交车】 甲乙签订的汽车买卖合同中约定，甲以 30 万元向乙购买一辆汽车，3 月 1 日一手交钱一手交货。但是，一直到了 3 月 15 日，甲乙均未履行合同中的义务。<u>如何评价甲乙之间的关系？</u>①如甲请求乙交车，乙可以甲未付款为由行使同时履行抗辩权。②如乙请求甲付款，甲可以乙未交车为由行使同时履行抗辩权。③你不做多少，我也不做多少。合同义务的分量要对等。

（三）延期的抗辩，不能消灭对方的请求权，并不解决纠纷，只说明援引者违反义务不构成违约而已

例：【陷入僵局怎么办＝"交换给付判决"】 张某与王某在中介公司介绍下，双方签订了房屋买卖合同，合同约定卖方王某应在 4 月 30 日前办理房屋抵押注销手续，买方张某应在 4 月 30 日前支付首付款 83 万元。张某未按期交付首付款，王某未办理房屋抵押注销手续，导致合同无法继续。张某起诉要求法院判令王某继续履行合同。王某辩称，因张某未按合同约定在 4 月 30 日前支付首付款 83 万元，导致其无法在约定的 4 月 30 日前办理房屋抵押注销手续。<u>法院应如何处理？</u>①同一双务合同中，一方交首付，对方办理房屋抵押注销手续，都应在 4 月 30 日前完成。②任何一方不履行义务，却要求对方履行义务，则对方可主张同时履行抗辩权。③本案涉及到抵押权人银行配合办理抵押注销手续问题，法院可追加银行为第三人。④法院可判决张某支付首付 83 万元，王某和银行配合办理抵押权注销手续。⑤学理上称此判决为"<u>交换给付判决</u>"，以此解决同时履行抗辩权带来的困境。⑥因为同时履行抗辩权本身不解决纠纷，只是用来说明援引者行为不构成违约，如本案王某未办理房屋抵押注销手续不构成违约。

例：【陷入僵局怎么办＝留置权】 王某客车被负全责的唐某大货车撞坏，客车送往丁厂维修，需要付费 3 万元。王某以事故责任在货车方为由拒付修理费，丁厂则拒绝交车。<u>丁厂可否拒绝交车？</u>①可。②行使同时履行抗辩权。同一双务合同未约定履行时间，一方支付报酬，对方交付工作成果，王某与丁厂形成承揽合同。但同时履行抗辩权本身不解决纠纷，只是用来暂时对抗王某提出的交车请求。③丁厂可主张留置权，彻底解决纠纷，给 2 个月以上宽限期，如王某还不支付维修费，则丁厂可实现留置权，就车的变价款优先受偿。

（四）负担有同时履行抗辩权的债权是"有病"的债权

1. 换债权人，新债权人承受该抗辩。（收购方买到该病）

例：【换提车人】 甲将车出卖给乙，价款 180 万元，双方约定一手交车一手交钱。乙将其对甲请求交车并转移所有权的债权让与丙。乙未付款，丙请求甲交车，<u>甲可否拒绝？</u>①可以。②甲对原债权人乙有同时履行抗辩权，换言之即乙对甲的提车债权请求权"有病"。③丙收购该债权，取代乙成为新债权人，自然收购到该"病"。④新债权人丙请求甲交车时，债务人甲对丙也可主张同时履行抗辩权，拒绝丙的提车请求。

2. 换债务人，新债务人可主张该抗辩。（新债务人可主张该病）

例：【换人交钱】 甲将车卖给乙，价款 180 万元，双方约定一手交车一手交钱。乙将其付款义务转由丙承担，甲同意。甲未向乙交车，要求丙付款，<u>丙可否拒绝？</u>①可以。②乙对甲的付款请求权享有同时履行抗辩权，换言之，甲对乙的付款债权请求权"有病"。③丙取代乙成为新债务人，新债务人可以援引原债务人对债权人的抗辩，即可对债权人甲主张

该"病"。④甲要求丙付款时，丙可对甲主张同时履行抗辩权，拒绝甲的付款请求。

　　3. 负担有抗辩权的债权不得主动提出抵销。

　　例：【不可主动抵销但可被动抵销】甲把车以 180 万元卖给乙，双方约定付款和轿车同时履行。甲没交车，要求乙交 180 万元，乙享有同时履行抗辩权。甲请求乙付款的债权附有同时履行抗辩权，属于有"毛病"的债权。另案中甲向乙借款 180 万元，乙对甲有 180 万元借款债权。甲对乙的 180 万元付款债权，乙对甲的 180 万元民间借贷债权，<u>谁可以主张抵销？</u>①甲不得主张抵销，因为甲对乙"没东西"，即甲对乙享有 180 万元债权的前提是甲要交车，甲未交车，则其请求乙付购车款的债权就是"有病"。②乙可主张抵销，因为乙对甲"有东西"，即乙对甲享有 180 万元民间借贷债权，乙用该 180 万抵销其应向甲交付的购车款，这约定于乙"用民间借贷债权"去"支付购车款"。接下来风险归乙，乙成为请求甲交车的债权请求权人。

　　秒杀 1：有抗辩负担（包括同时履行抗辩权、先履行抗辩权、不安抗辩权）的债权，属于有"病"的债权：①换债权人，新债权人承受该抗辩。②换债务人，新债务人可主张该抗辩。③有抗辩负担的债权就是有病的债权，无论是换债务人，还是换债权人，永远是有"病"的债权，抗辩的负担一直存在。
　　秒杀 2：同一双务合同、互负债务要有对价关系、抗辩权不解决纠纷、负担抗辩权的债权是有病的债权，这 4 点，统一适用于同时履行抗辩权、顺序履行抗辩权和不安抗辩权。

二、双务合同之顺序履行抗辩权（后方）

　　当事人互负债务，有先后履行顺序，应当先履行债务一方未履行的，后履行一方有权拒绝其履行要求。先履行一方履行债务不符合约定的，后履行一方有权拒绝其相应的履行要求。

　　例：甲乙签订汽车买卖合同，约定甲应在 1 月 1 日交车，乙应在 10 月 1 日付款。甲未按时交车，到了 10 月 1 日，要求乙付款。并信誓旦旦："我是流氓，你别学我；我烂，你不烂"。乙说："做流氓？谁怕谁！老娘就是不交钱。"乙在约定的 10 月 1 日未付款，<u>是否违约？</u>①否。②因为乙这是在行使顺序履行抗辩权。

　　原理：为什么需要设计顺序履行抗辩权规则？先履行义务一方没有履行义务，自己先做坏人，在后履行义务一方义务届期时请求后方履行，如果后方没有顺序履行抗辩权（又称先履行抗辩权），无法解释后履行一方届期未履行债务为什么不构成违约。就会使得"道德婊"（自己道德水平很低却对他人提出很高的道德要求）得逞。

（一）后方才有：对义务排队

　　例：【谁是后方？"当"已结束义务死了，"把"剩余义务排队】甲与乙公司签订的房屋买卖合同约定："乙公司收到首期房款后，向甲交付房屋和房屋使用说明书；收到二期房款后，将房屋过户给甲。"甲交纳首期房款后，乙公司交付房屋但未立即交付房屋使用说明书。甲以此为由行使先履行抗辩权而拒不支付二期房款。<u>甲的理由是否成立？</u>①否。②甲乙签订的买卖合同是双务合同。③甲交首付款＝义务 1。乙交付房屋和房屋使用说明书＝义务 2。甲交二期放宽＝义务 3。乙过户房屋给甲＝义务 4。④甲交纳了首付款，义务 1 死了。⑤剩余义务 2、3、4 排队，义务 2 在义务 3 之前。⑥乙交付房屋但未立即交付房屋使用说明书，即义务 2 中有部分未履行，交付房屋使用说明书义务相对于买卖合同而言属于"从给付义务"，不是"主给付义务"。⑦换言之，先方有从给付义务没有履行，现在先方乙要求甲支付二期房款，后方甲是否可以行使顺序履行抗辩权？不可以。⑧因为先方未交付房屋使用说明书是未履行从给付义务，后方支付二期款是主给付义务，义务不对应和不对等，故甲不能行使顺序履行抗辩权。⑨甲也不可能行使"不安抗辩权"，因为甲付二期款是后方，后方绝不可能行使只有"先方"才可能有的"不安抗辩权"。⑩甲也不可主张解除合同，因为乙未履行从各付义务不会导致甲合同目的落空。⑪甲应支付二期款，同时有权请求乙承担未按期交付房屋使用说明书的违约责任。

> **秒杀**：义务 1，义务 2，义务 3，义务 4。已经履行的义务当他死了，剩下的义务继续排队。

（二）比例原则：先履行一方履行债务不符合约定的，后履行一方有权拒绝其相应的履行要求

例：【交部分购书款只能拿到部分书】甲、乙订立一份价款为 10 万元的图书买卖合同，约定甲先支付书款，乙 2 个月后交付图书。甲由于资金周转困难只交付了 6 万元。甲称余款尽快支付，对此乙并不同意。2 个月后甲要求乙交付图书，遭乙拒绝。<u>乙有权拒绝交付多少图书？</u>①乙有权拒绝交付与 4 万元书款价值相当的部分图书。②甲乙签订了双务合同。③甲是先付款一方，乙是后交图书一方。付款属于买卖合同主给付义务。④先方甲只付了 6 万元，未付 4 万元。⑤后方乙可行使部分顺序履行抗辩权。

三、双务合同之不安抗辩权（先方）

（一）先方"不安"：后方出问题导致先方"不安"，要有"真凭实据"，不能"道听途说"

1. 应当先履行债务的当事人，有证据证明对方有下列情形之一的，可以中止履行：（1）经营状况严重恶化；（2）转移财产、抽逃资金，以逃避债务；（3）丧失商业信誉；（4）有丧失或者可能丧失履行债务能力的其他情形。

例：【"真凭实据"】甲从"长春长生"公司采购狂犬病疫苗，约定甲 5 月 1 日付款，"长春长生"公司在 10 月 1 日交付疫苗。4 月 1 日时，"长春长生"被爆其在市面上销售的狂犬病疫苗是"假的"，经市场监督管理局查证属实。5 月 1 日，"长春长生"要求甲付款，甲拒绝。<u>甲是否有权拒绝？</u>①有权。②甲可行使不安抗辩权，拒不付款。

2. 当事人没有证据中止履行的，应当承担违约责任。

例：【"道听途说"】甲与乙公司签订购房合同，约定甲 5 月 1 日先交款，乙公司 10 月 1 日过户房屋给甲。经查，此前 2 月 1 日甲在与乙公司的全资子公司丙公司签订另一个购房合同后，丙公司在 3 月 1 日将房屋抵押并登记给了丁公司。5 月 1 日乙公司请求甲付款，甲以乙公司的子公司丙公司有"违约记录"为由拒绝付款。<u>甲主张是否成立?</u> ①否。②乙的全资子公司丙公司对甲违约，不代表乙公司必然会对甲违约。③故甲不得主张不安抗辩权。如甲 5 月 1 日未付款，应向乙公司承担违约责任。

> **原理**：为什么不安抗辩权需要先方有"真凭实据"证明后方存在令先方"不安"情形? ①因为不安抗辩权制度与同时履行抗辩权、顺序履行抗辩权有本质差异，即不安抗辩权是"先发制人"，如果随便让先方启动"不安抗辩权"，会破坏合同交易，任何一个交易都可能被破坏。②同时履行抗辩权和顺序履行抗辩权具有"天然的正当性"，而"不安抗辩权"是先发制人，具有"天然的破坏性"。

（二）不安抗辩权会走向"句号"，不止步于"逗号"

1. 中止履行："先方"行使"不安抗辩权"后，中止履行，应及时通知"后方"。

2. 要么"继续"，要么"分手"

（1）"继续"=恢复履行："先方"中止履行后，"后方"提供适当担保的，"先方"应恢复履行。

（2）"分手"=解除合同和诉违约责任："先方"中止履行后，"后方"在合理期限内未恢复履行能力并且未提供适当担保的，视为以自己的行为表明不履行合同主要义务，中止履行的一方可以解除合同并可以请求对方承担违约责任。

（三）如何区分不安抗辩权制度中解除后的违约责任和"预期违约"制度中的违约责任

1. **不安抗辩权中的违约责任**："先方"中止履行，"后方"未提供担保或未恢复履行能力，"先方"解除合同并要求"后方"承担违约责任。

2. **预期违约中的违约责任**：当事人一方明确表示或者以自己的行为表明不履行合同义务的，对方可以在履行期限届满之前要求其承担违约责任。

例：【先方可能启动"不安抗辩"和"预期违约"中的违约责任之法条竞合】甲乙签订疫苗买卖合同，甲 5 月 1 日付款，乙 10 月 1 日交货。乙在 4 月 1 日被查实其所有卖的"疫苗"都是假疫苗，然后乙在 5 月 1 日要求甲付款。<u>甲怎么办?</u> ①甲可主张"不安抗辩"，中止履行，乙未提供担保或恢复履行能力，则甲可解除合同要求乙承担违约责任。②甲也可对乙主张预期违约的违约责任，因为乙在履行期到来前，通过其行为表明不履行合同。

例：【"先方"启动"不安抗辩"和"预期违约"的违约责任之法条竞合】甲公司与乙公司签订服装加工合同，约定乙公司支付预付款 1 万元（签约当日已付），甲公司加工服装 1000 套，3 月 10 日交货，乙公司 3 月 15 日支付余款 9 万元。3 月 10 日，甲公司仅加工服装 900 套，乙公司此时因濒临破产致函甲公司表示无力履行合同。<u>如何评价本案涉及的双务合同抗辩权问题?</u>（1）先方甲的不安抗辩：①乙付预付款=义务 1。甲交服装=义务 2。乙支付尾款=义务 3。②义务 1 已经履行完毕，当它死了。③故甲交服装义务先予乙付尾款义务，即甲是先方，乙是后方。后方提前说无力履行合同，会导致先方甲不安。④先方甲在 3 月 10 日针对乙提出的交服装请求，可主张不安抗辩权，中止履行合同，如乙不提供相应担保或恢复履行能力，则先方甲有权请求乙承担"不安抗辩权"中的违约责任。
（2）预期违约角度：①后方乙付款义务是 3 月 15 日，但提前到 3 月 10 日就说无力付款，属于"预期违约"。②先方甲有权请求乙承担预期违约中的违约责任。（3）顺序履行抗辩权角度：①如甲在 3 月 10 日交付了 900 套服装，请求乙付余款 9 万元，乙作为后方，可主张顺序履行抗辩权，拒付部分货款，即仅付 9 万元。②因乙已经支付了预付款 1 万元，故仅须付给甲 8 万元。

例：【"后方"不可启动"不安抗辩"下的违约责任，仍可启动"预期违约"的违约责任】甲乙签订疫苗买卖合同，甲 10 月 1 日付款，乙 5 月 1 日交货。乙在 4 月 1 日就说不交货了。甲怎么办？①后方甲肯定不能主张不安抗辩权，因为只有"先方"才有主张"不安抗辩权"的资格。后方甲可诉乙承担预期违约的违约责任，因为乙在履行到来前就说自己要违约了，这属于预期违约。②如果乙一直没交货，到了 10 月 1 日要求甲付款，甲作为后方，针对乙的付款请求，甲还可以主张"顺序履行抗辩权"。

秒杀：先方可能启用不安抗辩中的违约责任，也可能启用预期违约的违约责任。后方则只能启用预期违约的违约责任。

（四）抗辩权只能用来防御，不能用来攻击：不安抗辩权有暂停自己履行功能，没有请求对方履行的功能。如不安抗辩权人没有履行自己的义务，却请求后方履行义务，则后方有顺序履行抗辩权

例：【换先方＝"换不安抗辩权人"】2011 年 5 月 6 日，甲公司与乙公司签约，约定甲公司于 6 月 1 日付款，乙公司 6 月 15 日交付"连升"牌自动扶梯。合同签订后 10 日，乙公司销售他人的"连升"牌自动扶梯发生重大安全事故，质监局介入调查。合同签订后 20 日，甲、乙、丙公司三方合意，由丙公司承担付款义务。丙公司 6 月 1 日未付款。如何评价本案付款义务和交付扶梯义务？①甲乙签订扶梯买卖合同，是双务合同。②甲 6 月 1 日付款＝先方。乙 6 月 15 日交货＝后方。③甲乙丙三方合议，丙取代甲成为付款义务人，属于免责债务承担。丙取代甲成为"先方"，丙仅承担义务，并不享有请求乙交付扶梯的债权请求权。④后方乙的产品发生在重大安全事故，被"质监局调查"，会导致先方不安，故甲的不安抗辩权，换成了丙成为不安抗辩权人。⑤乙要求丙在 6 月 1 日付款，丙有不安抗辩权暂停付款。⑥如甲要求乙在 6 月 15 日交付扶梯，则乙可主张顺序履行抗辩权。这说明，不安抗辩权仅对攻击（乙请求丙付款）的防御，它本身不具有攻击性，不得主张请求后方履行义务。

秒杀 1：双务合同抗辩权的统一规则：①同一双务合同（2005-55）。②对等义务（2015-10D）。③防御而非攻击（2011-14B）。④比例原则（2009-10B）。

秒杀 2：做题步骤：看到题干合同义务有时间交代尤其是有先后时间交代＝必考双务合同履行抗辩权。①第 1 步，标志谁是先方，谁是后方。②第 2 步，已经履行的义务当它死了＝对未履行的义务排序。③第 3 步，甲义务 1、乙义务 2、甲义务 3、乙义务 4。排序结论如下：1 先 2 后；2 先 3 后；3 先 4 后。④第 2 步，先方＝不安抗辩权。后方＝顺序履行抗辩权。同时方＝同时履行抗辩权。

例：【合同多选题之母题：解除权、抗辩权与违约责任】热电厂从煤矿购煤 200 吨，约定交货期限为 2017 年 9 月 30 日，付款期限为 2017 年 10 月 31 日。9 月底，煤矿交付 200 吨煤，热电厂经检验发现煤的含硫量远远超过约定标准，根据政府规定不能在该厂区燃烧。如何评价本案法律争点？（1）双务合同抗辩权角度（防御）（前提是煤矿提出了付款请求）：①热电厂和煤矿签订了买卖合同，为双务合同。②煤矿在 9 月 30 日前交煤＝煤矿是先方，热电厂在 10 月 31 日前付款＝热电厂是后方。③煤矿交的煤不能烧＝先方没交煤。④如煤矿在 10 月 31 日要求热电厂付款，则热电厂作为后方可主张顺序履行抗辩权拒付购煤款。（2）合同解除角度（攻击）（无论煤矿是否提出付款请求）：煤矿交付的煤不能燃烧，意味煤矿存在根本违约，热电厂享有法定解除权，解除买卖合同，同时要求煤矿承担违约责任。（3）违约责任角度（攻击）（无论煤矿是否提出付款请求）：煤矿交付的煤不能燃烧，意味煤矿存在根本违约，热电厂享有法定解除权，解除权为形成权，乃单方意思表示，故热电厂可以不行使该解除权，仅要求煤矿承担继续履行等违约责任如要求煤矿继续交付合格的 200 吨煤，并赔偿因此导致热电厂的损失。（4）"条条道路通罗马"，属于合同客观案例中最常见的考法。

第三节 履行瑕疵

一、提前履行无害则不可拒绝

（一）提前履行

1. 一般要接收，例外不接收：债权人可以拒绝债务人提前履行债务，但是提前履行不损害债权人利益的除外。

2. 新增费用由债务人负担：债务人提前履行债务给债权人增加的费用，由债务人负担。

例：【提前交货】合同约定甲公司应当在 8 月 30 日向乙公司交付一批货物。8 月 1 日，甲公司把货物运送到乙公司。乙公司如何应对？①乙公司有权拒绝接收货物。②乙公司有权接收货物并要求对方支付增加的费用。③但无论如何，乙公司都不可要求甲公司承担违约责任，因为现在还不知道在 8 月 30 日甲公司是否构成违约。

（二）提前还款

借款人提前偿还借款的，除当事人另有约定外，应当按照实际借款的期间计算利息。

二、部分履行无害则不可拒绝

（一）一般要接收，例外不接收

债权人可以拒绝债务人部分履行债务，但是部分履行不损害债权人利益的除外。

（二）新增费用由债务人负担

债务人部分履行债务给债权人增加的费用，由债务人负担。

三、多出履行，买方可拒也可收

（一）可以要也可以不要

出卖人多交标的物的，买受人可以接收或者拒绝接收多交的部分。

（二）要就补钱，不要就通知

买受人接收多交部分的，按照约定的价格支付价款；买受人拒绝接收多交部分的，应当及时通知出卖人。

第五章　合同的保全

我向银行借款 100 万元用于购房，在"双 11"我还有必须做剁手党吗？答：那是相当的没有必要。届期我无力还款，汤某欠我的 100 万元我也没心思要了，反正要了也白要，何必"为他人做嫁衣"，银行能奈我何？届期我无力还款，我善心大发，把房屋捐出用于希望工程，获得慈善大使称号，"慷他人之慨"，银行能奈我何？答：前者"消极行为"启动"债权人代位权"；后者"积极行为"启动"债权人撤销权"。

导论：债的保障的体系思维

一、责任财产：欠债还钱，自己负责

民事法律责任分为财产责任与非财产责任。行为人在承担财产责任时所用的物权、知识产权或者债权，即为"责任财产"。

二、责任财产的"维持"＝债的保全

（一）应增加的即要增加＝代位权

因债务人怠于行使其对相对人的权利，对债权人造成损害的，债权人可以向法院请求以自己的名义代位行使债务人对相对人的权利。代位权是债权的一种法定权能，无论当事人是否约定，债权人都享受此权利。债权人代位权是"天生"的 3 方结构：债权人甲、债务人乙、相对人丙。债务人乙＝懒人（懈怠）。

（二）不应减少的即不要减少＝撤销权

债权人撤销权又称"撤销诉权"或"废罢诉权"，是指当债务人所为的减少其财产的行为危害债权实现时，债权人为保全债权得请求法院予以撤销该行为的权利。债权人撤销权是"天生"的 3 方结构：债权人甲、债务人乙、第三人丙。债务人乙 = 坏人（逃债）。

三、责任财产的"扩大"

（一）人保 = 保证

保证人是指与债权人约定，为主合同债务提供担保，当债务人不能履行债务时，由其按照约定履行债务或者承担责任的一方当事人。保证是"天生"的 3 方结构：债权人甲、主债务人乙、保证人丙。保证人丙 ≈ 乙的"亲爹"。

例：【代位和保证的交叉】甲对乙有 10 万元到期债权，乙对丙有 8 万元到期债权。丙对乙欠甲的 10 万元债权提供了连带保证。乙无力向甲清偿又怠于向丙主张，如何评价丙的法律地位？①从债权人代位权角度，甲是 10 万元债权人，乙是 8 万元债权人，丙是相对人，甲可对丙提起代位权诉讼，要求丙还 8 万元，甲的剩余 2 万元继续向乙要。②从保证人角度，甲是 10 万元债权人，丙是连带保证人，甲可要求丙还 10 万元，丙代偿后可向乙追偿 10 万元，但是乙对丙有 8 万元，对等额度抵销掉 8 万元，故丙可向乙追偿 2 万元。③甲乙丙有 2 个三方结构思维，甲乙丙有代位权的三方结构，甲乙丙还有保证的三方结构。甲会选择第二条路径，即要求丙承担保证责任。

（二）物上保证人 = = 他物保 = 第三人提供的物保（抵押、质权）

物上保证人（也称物上担保人），是指为债务人顺利建立债权债务关系而提供担保物的第三人。债务人不能如期清偿债务，物上保证人提供的担保物便会作为担保物权实现的标的予以折价、变价或拍卖。他物保是"天生"的 3 方结构：债权人甲、主债务人乙、他物保人丙。他物保人丙 ≈ 乙半个"亲爹"。

（三）连带债务

连带债务，是指债务人为 2 人以上，债权人可以请求部分或者全部债务人履行全部债务的债。连带债务是"天生"的 3 方结构：债权人甲、连带债务人乙、连带债务人丙。乙丙是依法或依约定负连带债务。

（四）债务加入 = 并存债务承担

债务加入，是指第三人与债务人约定加入债务并通知债权人或者向债权人表示愿意加入债务，债权人在合理期限内未明确表示拒绝的，债权人可以请求第三人在其愿意承担的债务范围内和债务人承担连带债务。债务加入是"天生"的 3 方结构：债权人甲、债务人乙、债务加入人丙。丙可能是"乙的妈妈"，也可能是"乙公司股东"。

四、责任财产的"特定"

（一）定金

定金是在合同订立或在履行之前支付的一定数额的金钱或替代物作为担保的担保方式。如甲乙主合同是买卖房屋，甲乙从合同是定金合同。

（二）自物保（抵押权、质权）

以债务人的特定财产作为抵偿债权的标的，在债务人不履行其债务时，债权人可以将财产变价，从中优先受偿的制度。如甲乙主合同是借款合同，甲乙从合同是抵押合同。

（三）所有权保留

当事人可以在买卖合同中约定买受人未履行支付价款或者其他义务的，标的物的所有权属于出卖人。如甲乙买卖合同，交付车给了乙，但约定乙未付全款前车所有权归甲。

第一节　债权人代位权

一、两种情形的债权人代位权诉讼

（一）到期债权人提起代位权诉讼

因债务人怠于行使<u>其权利</u>，影响债权人的到期债权实现的，债权人可以向人民法院请求以自己的名义代位行使债务人对<u>相对人</u>的权利，但是<u>该权利</u>专属于债务人自身的除外。

例：【民法的精灵】甲对乙享有租金债权 100 万元，已经到期。乙经甲同意将房屋转租给丙，丙欠乙到期租金 105 万元，乙怠于向丙主张且无力向甲清偿。<u>甲对丙可采取什么救济措施？</u>①甲为原告，丙为被告，乙为无独立请求权第三人（对诉讼标的没有独立请求权，但甲丙案件处理结果与乙有利害关系），提起代位权诉讼。②甲对乙的债权 = 原债权。③乙对丙的债权 = 次债权。④甲对丙的债权 = 代位之债权（法定）。⑤乙和丙不是共同被告。

（二）未到期债权人提起代位权诉讼

债权人的债权到期前，债务人<u>的权利</u>可能因诉讼时效期间届满或者未及时申报破产债权等情形难以实现的，债权人可以代位向债务人的<u>相对人</u>请求履行、向破产管理人申报或者作出其他必要的行为。

例：【民法的精灵】甲对乙享有债权 100 万元，尚未到期。乙对丙享有 100 万元债权的诉讼时效期间快要届满（或者丙进入了破产程序而乙未申报破产债权去"瓜分"破产债务人丙的财产）。<u>甲对丙可采取什么救济措施？</u>甲可对丙提起债权人代位权诉讼；或者甲向丙的破产管理人申报债权。

> **区分：**如何区分债权人代位权、代位追偿权、物上代位性？①债权人代位权是债权的固有权能，无须约定，满足构成要件即可启动，描述的是"三角债"关系。②代位追偿权是债务人丙清偿完毕后，取代债权人甲地位，享有向债务人乙追偿的权利。丙可能是保证债务人（保证人代偿后有对主债务人乙追偿的权利），也可能是连带债务人之一（实际承担债务超过自己份额的连带债务人丙，有权就超出部分在其他连带债务人乙未履行的份额范围内向其追偿，并相应地享有债权人甲的权利），也可能是保险公司（保险公司向被保险人赔偿后，法定取代被保险人地位，向导致保险事故的肇事者代位追偿）。③物上代位性是担保物毁损灭失产生的代位物，担保物权人可就该代位物主张优先受偿。

> **原理**：为什么要严格限定债权人提起代位权诉讼的要件？①乙欠甲 10 万元后，乙丙谈恋爱，丙欠了乙 10 万元，乙没向丙要。②如果任由甲对丙提起代位权诉讼，将会严重干扰乙"谈恋爱"的行为自由。③可见，代位权制度会严重的干扰债务人的行为自由，因此必须严格限制其适用条件。④2 个条件：债务人乙又"穷"（穷得只剩下一个权利）、又"懒"（懒得去要这个权利）。

二、债务人很"穷"：债务人的消极行为必须达到影响债权人债权难以实现的程度=原债权受害

例：【方志平】甲对方志平有到期债权 10 万元，方志平对乙享有到期债权 10 万元，方志平届期无力向甲清偿，又怠于向乙主张。<u>甲怎么办？</u>甲可对乙提起代位权诉讼。

例：【首富】甲对首富有到期债权 10 万元，首富对乙享有到期债权 10 万元，首富怠于向乙主张。<u>甲可否对乙提起代位权诉讼？</u>否。

三、债务人很"懒"：债务人"怠于"向相对人行使权利

（一）债务人对相对人享有权利

1. 该权利可以发生在债权人债权之前，也可以发生在债权人债权之后：债权人可以"往前"代位，也可以"往后"代位。

例：【可以"往前"代位也可以"往后"代位】甲对乙享有 10 万元债权，5 月 1 日到期。乙对丙享有 10 万元债权，1 月 1 日到期（或者 6 月 1 日到期）。乙届期无力向甲还款，又怠于向丙主张。<u>7 月 1 日，甲可对丙提起代位权诉讼吗？</u>①可以。②无论乙对丙的权利何时到期，只要甲对丙提起代位权诉讼时，乙对丙有权利即可。③甲 5 月 1 日的债权，乙对丙 1 月 1 日到期债权，甲对丙提起代位权诉讼，属于"往前"代位。④甲 5 月 1 日的债权，乙对丙 6 月 1 日到期债权，甲在 7 月 1 日对丙提起代位权诉讼，属于"往后"代位。

> **原理**：为什么允许债权人往前或往后代位？因为这没有破坏秩序，本来就是丙需要还的钱，"还谁不是还"。

2. 该权利不可以是人身性的权利。

（1）人身伤害侵权赔偿产生的债权。

例：【欠债被撞】王乙以 12 万元价格卖 6 间房并过户给了曹某。曹某付了 5 万，约定半年后再付剩余 7 万。2019 年 5 月到期时曹某"因生意亏损，已无支付能力"。曹某在 2019 年 4 月外出时遭遇车祸受伤，肇事司机孙某是曹某好友，曹某一直未向孙某提出车祸损害的赔偿请求。如王乙要求以自己名义代位请求孙某支付车祸致人损害的赔偿金，<u>其主张能否得到支持？</u>①不能。②人身赔偿金是专属曹某自身债权，王乙不能行使代位权。③"撞债务人不等于撞债权人"，如果允许代位，则会导致撞人者孙某向王乙"购买"1 个撞债务人的权利，会助长侵权。可以脑洞小开一下，将孙某修改为"王思聪"：谁欠钱就打谁，赔款直接给债权人。

（2）身份关系产生的债权：抚养、扶养、赡养、继承关系。

例：【儿子欠债】甲对乙有债权，乙对其父丙有抚养费债权。甲可否对丙说："从今天开始，我是你儿子，请把扶养费给我"？①否。②乙对丙的抚养费债权具有人身性，不可被代位。

例：【父亲欠债】甲对乙有债权，乙对其子丙有赡养费债权。甲可否对丙说："从今天开始，我是你老爹，请把赡养费给我"？①否。②乙对丙的赡养费债权具有人身性，不可被代位。

例：【老婆欠个债】甲对乙有债权（乙的个人债务），乙对其老公丙有扶养费债权。甲可否对丙说："从今天开始，我是你老婆，请把扶养费给我"？①否。②乙对丙的扶养费债权具有人身性，不可被代位。

（3）劳动关系产生的债权：劳动报酬、退休金、养老金、抚恤金、安置费等。

例：【员工欠债】甲对乙有债权，乙对公司有工资债权。甲可否对公司说："从今天开始，我是你员工，请把工资发给我"？①否。②乙对公司的劳动报酬债权具有人身性，不可被代位。

（4）人寿保险金请求权。

例：【被保险人欠债】甲对乙有债权，乙将货币从银行"挪"到保险公司，投保了人寿保险，保险合同到期保险公司需要向乙支付人寿保险金。甲可否对保险公司说："从今天开始，我是被保险人，请把人寿保险金给我"？①否。②人寿保险金不可被代位。③保险权>债权。④如果乙"挪货币"发生在前甲钱之前，应该坚持保险权>债权。⑤如果乙"挪货币"发生在欠甲钱之后，应该坚持债权>保险权，避免"投保人寿保险"成为"逃债天堂"。

（二）债务人"怠于"向相对人行使权利

1. 债务人不以诉讼或仲裁方式对相对人行使权利，构成"怠于"。

2. 债务人以诉讼或仲裁方式对相对人行使权利，不是"怠于"。

3. 债务人单纯向相对人发函主张，没有去起诉或仲裁，则仍然属于"怠于"。

例：【发函要=假装勤快="怠于"】甲对乙有 10 万元到期债权，乙对丙有 10 万元到期债权，乙届期无力向甲还款，多次向丙发出催告函，要求丙还款未果。甲可否对丙提起代位权诉讼？①可。②乙届期无力向甲还款=乙"很穷"。③乙只是向丙发出催告函，没有起诉或者仲裁（如果乙丙合同纠纷有仲裁条款则仲裁），就是"怠于"="懒"。④债务人乙"又穷又懒"，故甲可对丙提起代位权诉讼。

> **原理：**为什么债务人向相对人单纯发函仍然构成"怠于"？如果债务人向相对人单纯发函就可以"破掉"债权人的代位权诉讼，则代位权诉讼几无发生可能，实务中，债务人都会说："我催告了但是钱还是收不回来，不能怪我……"。

秒杀 1：债务人诉或裁相对人了吗？表述 1：没有诉或没有裁，债务人＝"懒人"。表述 2：没有采取法律措施，债务人＝"懒人"。

秒杀 2：债务人又"穷"又"懒"，启动债权人代位权诉讼。

四、债权人代位权诉讼：必须提起诉讼（不能去仲裁）

（一）当事人列明：上家债权人是原告，下家相对人是被告，中家债务人"又穷又懒"的人是无独立请求权第三人。由被告住所地人民法院管辖

秒杀：上家以自己名义起诉，向谁要钱谁被告。

原理：为什么上家甲，中家乙，下家丙 3 方结构中，甲只可能对丙提起诉讼主张代位，而绝无可能对丙提起仲裁主张代位？因为甲丙之间绝无可能存在仲裁条款，即仲裁制度中，相对性是其不可突破的红线，"没有仲裁条款就没有仲裁"。

（二）"一箭三雕"：代位之诉之后，原债和次债的诉讼时效全部中断

例：【3 个诉讼时效中断】甲对乙有 10 万元到期债权，乙对丙有 10 万元到期债权。乙届期无力向甲还款又"怠于"向丙主张。甲对丙提起代位权诉讼，会导致哪 3 个债权诉讼时效中断？①甲对乙的原债权。②乙对丙的次债权。③甲对丙的代位之债权。④一旦甲向丙起诉要，即约等于甲向乙要了，乙向丙要了，故"一箭三雕"。

（三）"三个抗辩"：原债的抗辩、次债的抗辩、代位之债的抗辩（如诉讼时效届满的抗辩、数额抗辩、管辖法院抗辩）

例：【3 个抗辩】甲公司对乙公司享有 10 万元债权，乙公司对丙公司享有 5 万元债权。如甲公司对丙公司提起代位权诉讼，则针对甲公司，丙公司有权提出哪些角度的抗辩？①有权主张乙公司对甲公司的抗辩，这属于"原债的抗辩"，即相对人对债务人的抗辩，可以向债权人主张，比如甲的 10 万元债权诉讼时效届满。②有权主张丙公司对乙公司的抗辩，这属于"次债的抗辩"，比如乙的 5 万元债权诉讼时效届满。③有权主张代位权行使中对甲公司的抗辩，这属于"代位之债的抗辩"，比如甲向丙主张 10 万元则丙可提出额度的抗辩，仅负责 5 万元。

（四）"次债仲裁条款"不可以对抗代位权诉讼

例：【次债仲裁条款不能破代位】甲公司对乙公司有 20 万元到期借款债权，乙公司对丙公司有 20 万元货款到期债权，乙公司曾向丙公司发出催收通知书。乙公司和丙公司之间的供货合同约定，若因合同履行发生争议，由 A 仲裁委员会仲裁。乙公司无力向甲公司还款，甲公司向丙公司提起代位权诉讼，丙公司提出 2 项抗辩：乙已经向丙公司催告了，以及乙公司和丙公司之间有仲裁条款。丙公司抗辩是否成立？①否。②乙公司向丙公司催告，但未申请仲裁，属于"怠于"。③乙丙公司仲裁条款约定，不能影响甲公司对丙公司提起代位权诉讼。④如果允许乙丙的仲裁条款可以破代位权诉讼，则仲裁将彻底架空代位

权诉讼。因为根据仲裁规则，乙丙之间在任何时候都可以达成仲裁协议解决他们的纠纷。故乙丙的仲裁条款具有相对性，只能约束乙丙，不能约束甲。

例：【原债仲裁条款可以破代位】甲公司对乙公司有 20 万元到期借款债权，甲乙公司之间约定发生纠纷提交 A 仲裁委员会仲裁。乙公司对丙公司享有 20 万元到期货款债权，乙公司怠于向丙公司主张，且无力向甲公司还款。甲公司可否向丙公司提起代位权诉讼？①不可以。②因为甲公司和乙公司的纠纷只能提交仲裁委员会仲裁，不可以提起诉讼。

（五）代位额度：原债、次债和代位之债中的最小值，即为代位之诉中可得支持的数额

例：【原债>次债，只能代位次债额度】甲对乙有 10 万元，乙对丙有 5 万元。如果符合代位权构成要件，即乙"又穷又懒"，甲可对丙代位多少额度？①5 万元。②未获偿 5 万元继续找乙要。

例：【原债<次债，只能代位原债额度】甲对乙有 5 万元，乙对丙有 10 万元。如果符合代位权构成要件，即乙"又穷又懒"，甲可对丙代位多少额度？①5 万元。②乙可另案向丙要 5 万元。

代位诉讼的额度	原债额度和次债额度（以低的为准）
最高额抵押保护的主债额度	最高额抵押，约定受抵押物保护的债权额度，与实际发生的债权额度有出入，则以低的为准确定真正受最高额抵押物担保的债权额度（以低的为准）
可撤销合同中撤销权期间长度	撤销权除斥期间 3 个月与 1 年，和最长的 5 年相比较，以短的为准（以低的为准）
诉讼时效期间长度	诉讼时效 3 年或最长 20 年，以短的为准（以低的为准）

（六）诉讼成本：诉讼费用由败诉的次债务人负担，必要费用[5]由债务人负担

秒杀 1：向谁要钱谁被告，被告输了被告负诉讼费用。"懒人"即债务人负担律师费。

秒杀 2：横向记忆"民法"上的必要费用：无因管理必要费用；善意无权占有人必要费用；拾得遗失物必要费用；代位权诉讼中必要费用。

（七）直接清偿规则：人民法院认定代位权成立的，由债务人的相对人向债权人履行义务，债权人接受履行后，债权人与债务人、债务人与其相对人之间相应的权利义务终止

例：【直接清偿】甲对乙享有 2019 年 8 月 10 日到期的 6 万元债权，到期后乙无力清

---

[5] 支付律师代理费；差旅费；调查取证必须支出的费用；为财产保全所支出的费用；债权人代为受领次债务人的给付所支出的费用。

偿。乙对丙享有 5 万元债权，清偿期已届满 7 个月，但乙未对丙采取法律措施。甲对丙提起了代位权诉讼，如何清偿？①甲可直接请求丙向自己清偿。②甲行使代位权的诉讼费用由丙承担，其他费用由乙承担。

例：【直接清偿＝优先受偿】甲对乙有 10 万元到期债权，大甲、中甲、小甲对乙各有 10 万元到期债权，乙对丙有 10 万元到期债权，乙到期无力偿债且怠于向丙主张。甲对丙提起了代位权诉讼，丙如何清偿？①丙直接给甲 10 万元，则甲乙之间、乙丙之间债权债务关系消灭，这叫"直接清偿规则"。②如甲没有提起代位权诉讼，则乙对丙的 10 万元债权属于乙的"责任财产"，应用于清偿其所有债权人即甲、大甲、中甲、小甲，平均每人分得 2.5 万元。③可见，谁提起代位权诉讼，基于"直接清偿规则"，就"变相的获得了优先受偿效力"。

> **原理：**为什么代位权诉讼提起后，债权人有优先受偿的效力？因为代位权要提起来是非常困难的，债权人很难发现次债务人的存在。既然这么艰难，干脆"直接清偿"得了，谁先告谁优先，尽快了结"三角债"。

第二节 债权人撤销权

一、逃债的 2 个阶段

（一）逃债第 1 阶段：刚作出意思表示尚未转走财产

例：【形成权能】王某对曹某有 80 万元债权已经到期，曹某无力清偿。曹某对赵某有一笔可主张的到期货款 8 万元，因曹某和赵某是亲戚，曹某书面表示不再要求赵某支付该货款。王某怎么办？①王某可以曹某为被告提起债权人撤销权诉讼，请求法院撤销曹某放弃债权的行为。②债权人撤销权诉讼具有形成功能（变更功能），即将曹某放弃行为由有效变成无效。

（二）逃债第 2 阶段：不但作出意思表示还转移了财产

例：【形成权能与请求权权能】王某对曹某有 80 万元债权已经到期，曹某无力清偿。曹某将其全部财产即价值 80 万元的 1 套房屋赠与给赵某，曹某和赵某签订了赠与合同，且办理了房屋过户手续。王某怎么办？①王某可以曹某为被告提起债权人撤销权诉讼，请求法院撤销曹某与赵某的赠与合同，债权人撤销权诉讼具有形成功能（变更功能），将曹某与赵某签订的赠与合同由有效变为无效。②王某可请求赵某将房屋回转过户到曹某名下（"入库规则"），债权人撤销权诉讼具有请求权权能。③如王某要请求赵某将房屋过户到王某名下，则王某须提起代位权诉讼（"直接清偿"）。

原理：债权人撤销权到底具有什么权能？①如果债务人逃债进入第一阶段，则债权人撤销权诉讼只需要撤销债务人逃债行为，使该行为归于无效即可，这体现了"形成权能"（又称变更权能），此诉被称作"形成之诉"（又称变更之诉）。②如果债务人逃债进入第二阶段，则债权人撤销权诉讼不但需要撤销债务人逃债行为，还需要将转移出去的财产回转，这体现了"形成权能"和"请求权能"，则此诉中既有"形成之诉"（又称变更之诉），又有"给付之诉"。③诉的分类是对诉讼请求的分类，针对逃债第一阶段，债权人提 1 个诉讼请求就够啦，针对逃债第二阶段，债权人至少要提 2 个诉讼请求。④债权人撤销权诉讼，到底有什么权能，取决于债务人逃债到了哪个阶段以及债权人提出了什么诉讼请求。

（三）区分可撤销合同中的撤销、债权人撤销权与赠与合同的任意撤销权

1. 可撤销合同的撤销权，维护意思表示真实，故意思表示不真实一方如受欺诈一方可请求法院或仲裁撤销该合同，乃双方结构。

2. 债权人撤销权，维护的是债权的实现，故一旦发现债务人有"逃债行为"，债权人可诉到法院提起债权人撤销权诉讼，乃三方结构。

3. 赠与合同任意撤销权，属于赠与合同特有规则，在赠与人交付动产或过户不动产给受赠人前，赠与人享有任意撤销权，"不送了"，乃双方结构。如果该赠与合同经过公证、具有公益性等，则赠与人不得主张任意撤销权。

例：【3 个撤销交叉思维】甲受乙欺诈签订了房屋买卖合同，甲交付 100 万元购房款后发现自己被骗。乙将其唯一财产价值 100 万元的房屋赠与给丙，尚未过户给丙，赠与合同办理了公证。如何评价甲乙丙的关系？①甲乙买卖合同，甲意思表示不真实，甲可以受欺诈为由请求法院撤销房屋买卖合同。②乙丙赠与合同，房屋尚未过户给丙，乙本可行使任意撤销权，不送了。但是因为赠与合同办理了公证，故乙不可主张赠与合同中的任意撤销权。③甲乙丙三方看，乙"又穷又坏"，甲可提起债权人撤销权诉讼，请求法院撤销乙丙的赠与合同。

二、债务人很"穷"：债务人的"逃债"行为必须达到影响债权人债权难以实现的程度=原债权受害

例：【方志平】甲对方志平有到期债权 10 万元，方志平将全部财产即价值 100 万元的房屋赠与给女友乙。方志平届期无力向甲清偿，甲怎么办？甲可对方志平提起撤销权诉讼，撤销其赠与合同。

例：【首富】甲对首富有到期债权 10 万元，首富将其价值 1 亿元的别墅赠与给乙。甲可否对首富提起撤销权诉讼？否。

三、债务人很"坏"：债务人向第三人"转移"财产"逃债"

（一）不能"往前撤"，只能"往后撤"

例：【"真大方"还是"假大方"】甲公司在 2019 年 6 月 1 日欠乙公司货款 500 万

元，届期无力清偿。2018 年 12 月 1 日，甲公司向丙公司赠送一套价值 50 万元的机器设备。2019 年 3 月 1 日，甲公司向丁基金会捐赠 50 万元现金。2019 年 12 月 1 日，甲公司向戊希望学校捐赠价值 100 万元的电脑。甲公司的 3 项赠与行为均尚未履行。<u>如何评价该 3 项赠与行为？</u>（1）从三方关系角度观察：①乙公司在 2019 年 6 月 1 日对甲公司享有 500 万元债权。②此前，甲公司向丙公司送机器设备、向丁基金会送现金，这是"真大方"，乙公司不能启动债权人撤销权诉讼。③此后，甲公司向戊送电脑，这是"假大方"，乙公司能启动债权人撤销权诉讼。④不可撤债务人历史上的"真大方"，可撤债务人现在的"假大方"。（2）从双方关系角度观察：①因为如果债权人不启动撤销权诉讼，则相关合同都是有效的。②甲丙赠与尚未交付设备，故甲可享有赠与合同中的任意撤销权，不送了。③甲丁赠与合同具有公益性质，甲不可主张赠与合同的任意撤销权，必须兑现。④甲戊赠与具有公益性质，甲也不得主张赠与合同的任意撤销权，必须兑现。

　　例：【"撤销"只能"往后撤销"，"代位"可以往前也可以往后】甲公司欠乙公司货款 20 万元届期未还，其资产已不足偿债。乙公司在追债过程中发现，甲公司在欠乙公司 20 万元货款之前作为保证人向某银行清偿了丙公司的贷款后一直没有向其追偿，同时还将自己对丁公司享有的 30% 的股权无偿转让给了丙公司。<u>乙公司可否对丙公司提起代位权诉讼？乙公司可否对甲公司提起撤销权诉讼？</u>①乙公司可对丙公司提起代位权诉讼，因为债权人代位权诉讼中，次债何时发生，是早于还是晚于债权，无关紧要，不是代位权诉讼的构成要件。②乙公司不可对甲公司提起撤销权诉讼，因为债权人撤销权诉讼中，"逃债行为"必须发生在债权之后，才叫逃债行为。甲公司将股权送给丙公司时，乙公司对甲公司的 20 万元债权还不存在，也就谈不上甲公司送股权行为属于"逃债行为"了。③该股权赠与合同也不存在"恶意串通损害他人利益"之可能，故乙公司也不得诉确认甲丙赠与股权合同无效，这是"真大方"。

> 　　**原理：**为什么债权人撤销权中只能往后撤，而债权人代位权中却没有这个时间要求？①因为债权人撤销权诉讼具有侵略性和破坏性，一旦上家对中家提出债权人撤销权诉讼，则会破坏中家和下家的交易关系，需要严格限定。②债权人代位权诉讼中，不存在破坏性，因为本来三方就存在三角债关系，下家"还谁不是还"！

　　（二）"免费"转移财产之"逃债"

　　因债务人以放弃其债权、放弃债权担保、无偿转让财产等方式无偿处分财产权益，或者恶意延长其到期债权的履行期限，<u>影响债权人的债权实现的</u>，债权人可以请求人民法院撤销债务人的行为。

　　例：【放弃未到期债权的"假大方"】甲对乙享有 100 万元债权届期，乙无力清偿。乙对丙享有 100 万元债权尚未到期，乙对丙讲，"不用还了"。<u>甲怎么办？</u>①甲可提起债权人撤销权诉讼，撤销乙放弃未到期债权的行为，乃积极行为，对应债权人撤销权诉讼。②如乙对丙债权到期后，乙迟迟不起诉去要，乃"消极行为"，对应债权人代位权诉讼。

　　例：【放弃债权担保的"假大方"】甲对乙享有 100 万元债权届期，乙无力清偿。乙对丙享有 100 万元债权，丁为该债权提供了房屋抵押并办理了抵押权登记。乙对丁讲，"放弃抵押权"。<u>甲怎么办？</u>①甲可提起债权人撤销权诉讼，撤销乙放弃债权担保的行为。

②乙放弃抵押权，乃放弃他物保，会使得乙对丙的债权由有担保保护的债权变成无担保保护的"裸体债权"，属于减少乙的责任财产的行为。

例：【无偿处分财产的"假大方"】甲对乙享有100万元债权届期，无力清偿。乙将其对丁公司的股权赠与给弟弟丙。甲怎么办？甲可提起债权人撤销权诉讼，请求法院撤销乙赠与股权的行为。

例：【恶意延长到期债权的履行期】甲对乙享有100万元债权届期，乙无力清偿。乙对丙享有100万元届期，乙对丙说，"10后再还吧"。甲怎么办？甲可提起债权人撤销权诉讼撤销乙恶意延长到期债权履行期的行为。

（三）"低价"转移财产之"逃债"

债务人以明显不合理的低价转让财产、以明显不合理的高价受让他人财产或者为他人的债务提供担保，影响债权人的债权实现，债务人的相对人知道或者应当知道该情形的，债权人可以请求人民法院撤销债务人的行为。

> 明显不合理的判断标准＝市价上下浮动超过30%。

1. 低于（市价×0.7）＝不合理低价：债务人把100万元的财产卖69万元＝以明显不合理的低价转让财产。

例：【100卖69＝价格不合理】甲对乙享有100万元债权届期，乙无力清偿。乙将其全部财产即唯一价值100万元的房屋以69万元卖给知情的丙，签订买卖合同。甲怎么办？甲可提起债权人撤销权诉讼。

例：【120卖90＝价格合理】杜某拖欠谢某100万元。谢某请求杜某以登记在其名下的房屋抵债时，杜某称其已把房屋作价90万元卖给赖某，房屋钥匙已交，但产权尚未过户。该房屋市值为120万元。如何评价三方法律关系？①从债权人撤销权角度观察，120万元卖90万元，高于（市价×0.7＝84万元）＝合理低价。谢某不得提起债权人撤销权诉讼请求法院撤销杜某、赖某的买卖合同。②根据区分原则，杜某、赖某买卖合同有效，房屋所有权因未办理过户登记故尚未变动，房屋所有权仍然归杜某所有。③如谢某能举证杜某、赖某构成恶意串通，则杜某、赖某买卖合同无效。

2. 高于（市价×1.3）＝不合理高价：债务人用131万元购买价值100万元的财产＝以明显不合理的高价受让他人财产。

例：【131买100＝价格不合理】甲对乙享有130万元债权届期，乙无力清偿。乙用131万元购买知情的丙市值100万元的房屋，签订买卖合同。甲怎么办？甲可提起债权人撤销权诉讼。

3. 债务人将自有房屋为他人债务设定"他物保"＝为他人的债务提供担保。

例：【设定"他物保"的"假大方"】甲对乙享有100万元债权届期，乙无力清偿。乙将其全部财产即价值100万元的房屋抵押给知情的丁，以担保丙欠丁的100万元债务。甲怎么办？①甲可提起债权人撤销权诉讼，撤销乙设定"他物保"的行为。②一旦丙不履行债务，则丁要主张抵押权，乙的房屋被变卖，乙"代偿后"可向丙追偿。③如此一来，乙就又房屋所有权人，降格为"追偿之债"的债权人，属于减少债务人乙责任财产行为，故甲有权提起债权人撤销权诉讼，丁不得主张抵押权。④如果丁不知情，则丁可主张善意取得抵押权。

原理：为什么《民法典》增加债务人的相对人"应当知道"该情形？①债务人将价值 36 万元的东西，卖 88 元，显然属于明显不合理的低价，但是债权人很难证明相对人知道"债务人在逃债"。②实务中，法官会根据交易价格以及相关证据综合判定，推定相对人"应当知道"。

秒杀：上下浮动 30%。低于（市价×0.7）= 不合理低价。高于（市价×1.3）= 不合理高价。

（四）债权人不得撤销没有增加债务人责任财产的行为

债务人放弃继承权、放弃受遗赠权、拒绝受赠、拒绝富有的要约均属于没有增加债务人责任财产行为，不属于减少债务人责任财产行为，不是"逃债"。债权人不得提起债权人撤销权诉讼。此外，债权人也不可撤销债务人的身份行为（如娶了"穷妻"嫁了"穷老公"），还不可撤销债务人的事实行为（如债务人把面包吃掉的行为）。

例：【不可撤放弃遗产】甲对乙有 100 万元债权到期，乙无力清偿。乙放弃其父价值 1000 万元的遗产。甲可否对乙的放弃行为提起债权人撤销权诉讼？①不可以。②乙的放弃行为只是未增加其责任财产，并没有减少其责任财产。

四、债权人撤销权诉讼：必须提起诉讼（不能去仲裁）

（一）当事人列明：上家债权人原告，中家债务人被告，下家受益第三人为无独立请求权第三人，由被告住所地人民法院管辖

当事人列明	原告	被告	无独立请求权第三人
债权人代位权诉讼	债权人	次债务人	债务人
债权人撤销权诉讼	债权人	债务人	受益人或受让人

记忆：债权人代位权诉讼，向谁要钱谁被告；债权人撤销权诉讼，谁逃债谁被告。

（二）撤销权期间：除斥期间

1. 1 年 = 主观起算点 = 撤销权自债权人知道或者应当知道撤销事由之日起 1 年内行使。

2. 5 年 = 客观起算点 = 自债务人的行为发生之日起 5 年内没有行使撤销权的，该撤销权消灭。

例：【短的为准】甲对乙有 100 万元债权届期，乙无力清偿。乙在 2014 年 4 月 1 日将唯一房屋赠与给丙。甲在 2019 年 5 月 1 日知道乙丙的赠与合同，甲是否可提起债权人撤销权诉讼？①否。②客观起算点计算结果：自乙的"逃债行为"发生之日即 2014 年 4 月 1 日到 2019 年 5 月 1 日，已经超过了 5 年，故甲的撤销权消灭。③主观起算点计算结果：2019 年 5 月 1 日起算再加 1 年到 2020 年 5 月 1 日。④对比观察可知：客观起算点计算的"除斥期间"结点为 2019 年 5 月 1 日，主观起算点计算的"除斥期间"结点为 2020 年 5

月1日，客观起算点计算的结点更"早"到来，故适用客观起算点计算结果。

（三）诉讼成本：诉讼费用由败诉的债务人负担，必要费用由债务人负担，第三人知情的要适当分担必要费用

诉讼成本	诉讼费用	其他必要费用
代位权	被告＝次债务人负担	"无独三"的债务人负担
撤销权	被告＝债务人负担	被告债务人负担，有过错的第三人适当分担

记忆：①谁输了谁负担诉讼费用（代位中次债务人输；撤销中逃债的债务人输）；②其他必要费用，代位中"懒人"负担，撤销中逃债的"坏人"和配合"逃债"的第三人适当分担。

原理：为什么考试中会涉及到必要费用分担规则？①因为一般情况下，民事诉讼中，律师费是由原告自己付的。②而在债权人代位权诉讼和债权人撤销权诉讼中，律师费却不是由原告负，这有"鼓励"债权人提起代位权诉讼和撤销权诉讼的价值倾向。

（四）入库规则：撤销权行使所指向的债务人财产应先归入债务人的一般责任财产，然后再由债权人依据债的清偿规则从债务人那里接受清偿，债权人无优先受偿权

1. 坚持入库规则＝"雨露均沾"

例：【"雨露均沾"】甲对乙享有到期债权100万元，乙无力清偿。乙还欠大甲、中甲、小甲各100万元。乙将价值100万元的汽车赠与并交付给了丙。甲提起债权人撤销权诉讼后，<u>有何法律效果?</u>①丙须将汽车退回给乙。甲、大甲、中甲、小甲4人"雨露均沾"，平分100万元，各自获得25万元。②甲不因提起债权人撤销权诉讼而获得优先受偿效力。

例：【"雨露均沾"为全体服务】甲对乙有到期债权100万元，乙无力清偿。乙还欠大甲、中甲、小甲各100万元。乙将价值400万元房屋赠与丙并办理了过户手续。甲提起债权人撤销权诉讼后，<u>有何法律效果?</u>①甲可要求撤销整个400万元房屋的赠与，而不限于其自己拥有的100万元债权。②因撤销的结果是"雨露均沾"，而非甲有优先受偿效力。

原理：为什么债权人代位权诉讼坚持"直接清偿"规则使原告获得优先受偿机会，而债权人撤销权诉讼却坚持"入库规则"使让众多债权人"雨露均沾"？①实务中，债权人提起代位权诉讼的前提是要知道"次债务人"的存在，但是只要债务人不提，债权人不可能知道次债务人的存在。②而债权人提起撤销权诉讼的前提是要知道债务人"逃债"行为的存在，即使债务人不提，但是债务人"逃债行为"必然会留下"蛛丝马迹"，债权人可"按图索骥"。③因此，实务中，提起债权人代位权的难度要远远高于债权人提起撤销权诉讼的难度。既然这么难，干脆就配置债权人代位权诉讼"直接清偿"得了。

2. **突破入库规则=代位权诉讼与撤销权诉讼的竞合**：债权人请求人民法院撤销债务人行为的，可同时依法以自己的名义代位行使债务人在其行为被撤销后对相对人所享有的权利。

例：【一边撤销一边代位取得优先受偿地位】甲对乙有到期债权 100 万元，乙无力清偿。乙还欠大甲、中甲、小甲各 100 万元。乙将价值 100 万元的汽车赠与并交付给了丙。甲采取什么措施可以最大实现自己的利益？①甲对乙提起债权人撤销权诉讼，撤销乙丙的赠与合同。②甲可同时依法以自己名义代位行使乙对丙的权利，即丙将价值 100 万元汽车直接给甲清偿债务，甲由此获得了优先受偿权。③如果汽车价值为 150 万元，则甲只可获得 100 万元，其余 50 万元退给乙，留待大甲、中甲、小甲来平等受偿。

（五）无效与撤销的竞合：无效的法律行为当然无效，债权人可选择主张无效或者主张撤销。

例：【债权人撤销权与恶意串通无效的竞合】甲欠乙 20 万元到期无力偿还，其父病故后遗有价值 15 万元的住房 1 套，甲为唯一继承人。乙得知后与甲联系，希望以房抵债。甲便对好友丙说："反正这房子我继承了也要拿去抵债，不如送给你算了。"二人遂订立赠与协议。如何评价甲乙丙三方关系？①从债权人撤销权角度观察，乙是债权人，甲是债务人，已经继承了房屋，再将房屋赠与，属于"逃债"，乙可提起债权人撤销权诉讼，请求法院撤销甲丙的赠与合同。②从恶意串通损害他人利益角度观察，乙是债权人，甲丙恶意串通损害他人即乙的利益，乙可以请求法院宣告甲丙赠与合同无效。③如果乙没有提起债权人撤销权诉讼，也没有去宣告甲丙赠与合同无效，则甲丙赠与合同是有效的。甲丙赠与合同中，如果赠与房屋有质量问题，比如房屋倾倒，一般情况下甲不负责任，但是甲保证赠与房屋无瑕疵或故意不告知房屋瑕疵，则需要对丙的损害承担赔偿责任。

综合示例 1：【债权人撤销权"净身出户离婚逃债"】甲欠乙 30 万元到期后，乙多次催要未果。甲与丙结婚数日后即办理离婚手续，在《离婚协议书》中约定将甲婚前的一处住房赠与知悉甲欠乙债务的丙，并办理了所有权变更登记。乙认为甲侵害了自己的权益，聘请律师向法院起诉，请求撤销甲的赠与行为，为此向律师支付代理费 2 万元。如何评价本案法律关系？①乙对甲有 30 万元到期债权。乙多次催告未果，不等于甲"穷"。②如乙提起债权人撤销权诉讼，应以甲为被告，法院可以追加丙为第三人。③如果甲证明证明自己有稳定工资收入及汽车等财产可供还债，法院应驳回乙的诉讼请求。④如果法院认定乙的撤销权成立，应一并支持乙提出的由甲承担律师代理费的请求。甲丙离婚乃身份行为，不是债权人撤销的对象。

综合示例 2：【民法单选题他妈：代位权、撤销权、恶意串通损害第三人利益、第三人侵权的三方结构的 4 个交叉】甲欠乙 1 万元到期未还。2018 年 4 月，甲得知乙准备起诉索款，便将自己价值 3 万元的全部财物以 1 万元卖给了知悉其欠乙款未还的丙，丙尚未付款。乙于 2018 年 5 月得知这一情况，于 2019 年 7 月决定向法院提起诉讼。如何评价乙甲丙的法律关系？①债权人撤销权角度观察，乙甲丙，甲"又穷又坏"，3 万的东西卖 1 万，属于明显不合理低价，乙可提起债权人撤销权诉讼，但是从知道甲逃债之日已经过了 1 年（2018 年 5 月起算到 2019 年 5 月截止），故乙的撤销权消灭，此路不通。②恶意串通无效角度观察，乙甲丙，甲逃债，丙配合逃债，甲丙构成恶意串通损害乙的利益，乙可提起宣告甲丙买卖合同无效之诉，宣告合同无效不适用诉讼时效，此路通。③债权人代位权角度观察，乙不启动宣告甲丙买卖无效，则甲丙买卖有效，如甲怠于向丙要 1 万元，则乙可向丙提起债权人代位权诉讼，要求丙直接把 1 万元给乙（直接清偿规则），此路通。④侵权责任角度观察，丙配合甲逃债，表面上"侵犯了"乙的债权，但是，《民法典》侵权责任编中，债权不是侵权责任的保护对象，故乙不能诉丙承担侵权责任，此路不通。⑤综合观察，丙属于债权人撤销权的第三人、属于恶意串通的串通人、属于债权人代位权中的"次债务人"、属于侵权中的第三人，本质上此案乃 4 个三方结构的累加，乃民法单选题的母题，从"条条道路通罗马"角度思考判断 4 个选项，乃民法单选题的巅峰试题！

第六章　合同的变更和转让

第一节　合同的变更

一、协商变更

（一）当事人协商一致，可以变更合同

例：【变更合同不代表放弃追究对方违约责任】甲在同一小区有 01 号房屋和 02 号房屋。甲卖 01 号房给乙，后甲又卖 01 号房给丙并且过户完毕。甲、乙同意将 01 号房屋买卖变更为 02 号房屋买卖。乙可否要求甲承担违约责任？①可以。②甲乙变更买卖合同，不代表乙通过沉默的方式放弃了追究甲承担违约责任的权利。只有甲乙在变更合同的同时，明确乙放弃追究甲违约责任的条款，由乙签字，甲才无须承担违约责任。

（二）当事人对合同变更的内容约定不明确的，推定为未变更

二、情势变更

合同成立后，订立合同的基础条件发生了当事人在订立合同时无法预见的、不属于商业风险的重大变化，继续履行合同对于当事人一方明显不公平的，受不利影响的当事人可以请求与对方重新协商；在合理期限内协商不成的，当事人可以请求人民法院或者仲裁机构变更或者解除合同。人民法院或者仲裁机构应当结合案件的实际情况，根据公平原则确定变更或者解除合同。

（一）时间限制：情势变更发生在合同成立之后，履行完毕之前

例：【订立合同前发生的情况不是情势变更】何某与南方集团签订商品房买卖合同，后南方集团以建材大幅涨价为由，拒绝交房并要求涨价。南方集团理由是否成立？法院认为：双方是在自愿平等前提下签订合同，约定了房屋的价格。2003 年建材价格开始上涨，而双方是在建材价格已经上涨后的 2004 年才签订商品房买卖合同的，南方集团在签订合同时应预见到建材价格的波动，应确认为其自愿承受建材价格上涨风险。只有情势的变更发生在合同成立之后，合同关系消灭之前，才能适用情势变更原则。

（二）原因限制：情势变更的发生不可归责于当事人

例：【"非典"】中国银行丹阳支行诉景国庆租赁合同案，法院认为：双方订立房屋租赁合同后出现了"非典"疫情，致使被告的饭店不能正常经营，从而使被告履行合同的能力受到了极大影响，这种情况应当认为出现了情势变更。"非典"是一种突发性的异常事件，签订合同时难以预见，不可归责于当事人的任何一方。

（三）不可预见性：如果当事人订立合同时已经预见到某种情势，表明当事人考虑到这种因素并愿意承担该情势发生变更的风险，则不应适用情势变更原则

例：【"禽流感"】广州市汇美公司与江西华阳公司买卖合同纠纷上诉案，原告汇美公司与被告华阳公司 2013 年 4 月 1 日签订《羽绒购销合同》，被告向原告按期供应鸭绒，并交付 7 万元定金。2013 年 4 月 10 日，由于大规模禽流感导致水禽交易市场受严重影响，被告提出解除合同并退还定金。法院认为：于 2013 年 4 月 1 日签订合同时，仅在前一天即 2013 年 3 月 31 日才发现 3 例人感染 H7N9 禽流感病毒，华阳公司不可能预计此后 H7N9 禽流感病毒的发展趋势，而在 2013 年 4 月 8 日，发现 24 例 H7N9 禽流感病毒，病例分布于上海、江苏、安徽、浙江 4 省市的 17 个地市级区域，上述情况相对于双方订立合同时发生了重大的变更，继续履行合同对华阳公司明显不公平，在此情况下，华阳公司及时通知汇美公司解除合同符合法律规定。

（四）结果限制：履行原合同显失公平

例：【鄱阳湖采砂】江西省永修县人民政府、永修县鄱阳湖采砂管理工作领导小组办公室与鹏伟公司采矿权纠纷案，最高法院认为：鹏伟公司所享有的鄱阳湖永修段采砂权虽然是通过竞拍方式取得的，但竞拍只是鹏伟公司与采砂办为订立《采砂权出让合同》所采取的具体方式，双方之间的合同行为仍应受《中华人民共和国合同法》的调整。鹏伟公司在履行本案《采砂权出让合同》过程中遭遇鄱阳湖 36 年未遇的罕见低水位，导致采砂船不能在采砂区域作业，采砂提前结束，未能达到《采砂权出让合同》约定的合同目的，形成巨额亏损。这一客观情况是鹏伟公司和采砂办在签订合同时不可能预见到的，鹏伟公司的损失也非商业风险所致。在此情况下，仍旧依照合同的约定履行，必然导致采砂办取得全部合同收益，而鹏伟公司承担全部投资损失，对鹏伟公司而言是不公平的，有悖于合同法的基本原则。鹏伟公司要求采砂办退还部分合同价款实际是要求对《采砂权出让合同》的部分条款进行变更，符合"情势变更"的构成要件，本院予以支持。

（五）例外情形

1. 商业风险不认定为情势变更。

例：【租金涨幅是商业风险】内乡县万德隆商业有限公司与河南省内乡县电影发行放映公司合同纠纷二审案中，南阳市中院经审理认为：本案争议的租赁物的租金的高低与租赁场地地理位置、商业活动是否活跃、宏观经济是否繁荣等密切相关，属于商业活动中不确定因素引起的，给商业主体带来获利或损失的一种客观经济现象，当事人能够预见或应当预见客观情况的变化会引起租金价格的波动，不属应当适用情势变更原则的情形。因此，商业风险不认定为情势变更。

2. 合同双方预先对可能发生变化的情形进行了约定，不是情势变更。

例：【预先安排】陕西圣安房地产开发有限公司、陕西圣安房地产开发有限公司延安分公司与延长油田股份有限公司川口采油厂商品房销售合同纠纷二审案中，延长川口采油厂为了解决职工住房，以团购的形式与圣安延安分公司签订《商品房买卖合同》，后由于建筑市场劳务实际价格和建筑材料增长幅度较大，圣安公司请求变更商住房价格，由延长川口采油厂承担违约责任并赔偿损失。最高法院认为：延长川口采油厂支付的购房款完全可以满足工程建设需要，对于设计变更以及与此相关的房屋买卖价款是否调整、交房日期

是否变更、相关费用是否增加等事项，当事人之间通过补充协议、会议纪要进行了明确约定，达成了一致，当事人应当按照约定履行。在此情况下，本案不存在适用情势变更原则的前提条件。因此本案不适用情势变更原则，双方应当按照约定继续履行合同。

第二节　合同的转让

一、债权让与

（一）什么债权不能转让

1. 按照当事人约定不得转让。但当事人约定非金钱债权不得转让的，不得对抗善意第三人。如汽车买卖合同中出卖人甲与买受人乙约定，乙有提车请求权，不得转让给第三人。乙将该债权转让给不知情的丙，则丙仍可请求甲交付汽车。金钱债权一概可以转让，即使约定也不得对抗任何第三人，因为需要促进金钱债权的流通性。

2. 根据债权性质不得转让：如扶养费债权请求权不得转让。如保证债权不得单独转让。

3. 依照法律规定不得转让：如交强险人身伤亡保险金请求权不得转让或者不得设定担保。如国防、军工等涉及国家安全和敏感信息的债权不得转让。

（二）内外有别：内部意思主义+外部通知主义

1. 内部：意思主义，债权让与协议在让与人与受让人之间意思表示一致时发生效力。

例：【债权让与协议生效时=债权人换人成功】甲对乙有300万元债权，甲在10月1日将该债权卖给丙。丙何时成为新债权人？甲、丙内部，丙在10月1日成为新债权人。

2. 外部：通知主义为原则，不用通知为例外。

（1）通知为原则：债权转让通知债务人，对债务人发生效力；不通知债务人，对债务人不发生效力。

例：【必须通知】甲对乙有300万元债权，甲在10月1日将该债权卖给丙，在10月15日通知了乙。如何评价债权转让法律效果？①10月1日，甲、丙债权转让协议生效，丙是新债权人。②10月15日债权转让对乙生效，丙可向乙要钱。

（2）不用通知为例外：债务人明知道债权转让给受让人，则债权转让无需通知债务人即对债务人发生效力。（通知是为了让你知道，你都知道了，所以就不用通知了）

例：【不用通知】甲公司对乙公司有300万元债权，甲公司将该债权转让给丙公司，签订了债权转让协议。因甲公司亏损惨重，其法定代表人下落不明。丙公司将甲公司告到法院确认甲丙公司债权转让协议有效，法院判决支持丙公司请求。丙公司持判决书请求乙公司履行，乙公司以未收到债权转让通知为由拒绝。乙公司理由是否成立？①否。②债务人明知债权转让，则债权转让无需通知债务人，即对债务人发生效力。

3. 通知后不得撤销：债权转让的通知不得撤销，但是经受让人同意的除外。如债权卖1，又债权卖2，则债务人接到第一个通知所载明新债权人，债务人向它履行。

（1）一债权两卖的内部关系：①债权转让合同成立生效时债权转让。②再卖债权，卖方构成"无权处分"，"债权无公开性"，不适用善意取得制度。③但是，再卖债权的合同有效。

例：【1个债权2卖的内部关系】甲对乙有300万元债权，甲在10月1日卖给丙，在10月10日又卖给丁。如何评价债权转让法律效果？①10月1日丙是新债权人。②10月10日甲属于"无权处分"丙的债权，丁不能主张善意取得债权，丁可要求甲承担违约责任。

（2）一债两卖的外部关系：一个通知或者两个通知。

①卖1先通知债务人：债务人向第一个收购方清偿，正常。第二个收购方只能要求卖方承担违约责任。

例：【先卖先通知＝正常】甲对乙有300万元债权，甲在10月1日卖给丙，10月5日通知了乙；甲又在10月10日卖给丁，10月15日通知了乙。乙向谁清偿？①向丙清偿。②10月1日债权转让协议生效时，债权人换人成功，丙是新债权人。10月10日甲再卖丙的债权给丁，属于无权处分，丁不能主张善意取得，故丁只能诉甲违约。

②卖2先通知债务人：债务人向第二个收购方清偿，这不太正常，但是要保护债务人的信赖，因为债务人接到向新债务人的通知在先，表面上看，债务人应向第二个收购方清偿，债务人的这种信赖应该获得保护，称之为"表见让与"。即表面上看，债权让与给了第二个收购方。

例：【后卖先通知＝表见让与】甲对乙有300万元债权，甲在10月1日卖给丙，在10月15日通知了乙；甲又在10月10日卖给丁，当日通知了乙。乙向谁清偿？①向丁清偿。②10月1日债权转让协议生效时，债权人换人成功，丙是新债权人。③10月10日甲再卖丙的债权给丁，属于无权处分，丁不能主张善意取得债权。但是债务人在10月10日接到了债权转让的通知，债务人乙从"表面上看到的"是甲把债权让给了丁（"表见让与"），而债权转让通知发出后不得撤销（除非受让人丁同意，显然丁不会同意）。丁基于"表见让与"成为新的债权人。丙虽然收购债权协议在先，但是通知债务人落后，故丙不能要求乙还债，只能要求甲承担违约责任（债权转让协议的违约责任）。

> 秒杀：①一债权多卖，卖1、卖2都有效，谁先通知债务人谁是新债权人。②先卖先通知，正常；后卖先通知，"表见让与"。

（三）收购方"买到"了什么

1. 积极方面。

（1）债权人转让债权的，受让人取得与债权有关的从权利，但是该从权利专属于债权人自身的除外。

例1：【换债权人同步换保证债权人】甲对乙有300万元债权，丙提供保证担保。甲将债权转让给丁，通知了乙。丁可否要求丙承担保证责任？①可以。②丁收购到甲的债权，通知了债务人乙。③甲既是乙的债权人，还是丙的保证债权人。④债权人自动换人，保证债权人也自动换人。⑤丁有权要求保证人丙承担保证责任。

例2：【换债权人不换保证债权人】甲对乙有300万元债权，丙仅对甲提供保证。甲将债权转让给丁，通知了乙。丁可否要求丙承担保证责任？①不可以。②因为丙属于"专属保证"，仅担保债权人甲。③丁收购到甲的债权，但不成取代甲成为保证债权人。④简言之，丁只能要求乙还债，丁收购到的是"裸体债权"。

（2）受让人取得从权利不因该从权利未履行转移登记手续或者未转移占有而受到影响。

例：【月亮走影子跟着走】甲对乙有 300 万元债权，乙提供房屋自物保或者丙提供房屋他物保担保甲，办理了抵押权登记。甲将该债权转让给丁，通知了乙，但未办理抵押权变更登记手续。<u>丁可否就房屋主张抵押权？</u>①可。②甲是债权人，也是抵押权人。③甲将债权转让给丁，通知了债务人乙。④债权人换人成功，抵押权人同步换人成功，不以办理抵押权变更登记手续未前提。⑤有抵押权担保的债权，"流通性强"，有人买。

2. 消极方面：买"有病"的债权，会买到这个"病"。

（1）被抗辩的病：债务人接到债权转让通知后，债务人对让与人的抗辩，可以向受让人主张。

例：【收购到"过了时效"的债权＝收购到"癌症"的债权】甲公司对乙公司有 300 万元债权，2015 年 5 月 1 日到期。甲公司一直未要求乙公司还款。2019 年 6 月 1 日，甲公司将该债权转让给丙公司且通知了乙公司。同年 7 月 1 日，丁公司通过公开竞拍购买并接管了乙公司。丙公司要求丁公司还款，丁公司以诉讼时效届满为由抗辩拒绝。<u>丁公司主张是否成立？</u>①成立。②甲公司对乙公司的债权诉讼时效截止到 2018 年 5 月 1 日。③2019 年 6 月 1 日时，甲公司的债权诉讼时效已经届满，属于"有癌症的债权"，只要乙公司提出"不要脸抗辩"则甲公司的债权就是 0 元。④丙作为新债权人，要收购到这个债权的病，乙公司可对丙公司提出"不要脸抗辩"。⑤丁因为企业并购取代乙公司成为债务人，丁作为新债务人，可以主张债权的病（援引原债务人乙对债权人甲公司的抗辩），"不要脸抗辩"。⑥丙取代原债权人甲；丁取代原债务人乙。丙买到了"癌症"的债权，丁有权对丙提出"不要脸抗辩"拒绝还款。

（2）被抵销的病：债务人接到债权转让通知时，债务人对让与人享有债权，并且债务人的债权先于转让的债权到期或者同时到期的，债务人可以向受让人主张抵销。判断收购方是否收购负担抵销的债权，要看债务人接到通知时，债务人是否对债权人有抵销权，有就是一直有，没有就是没有。

例：【收购到了"被抵销"的病】贸易公司对矿业公司有 221 万元货款债权，贸易公司将该债权卖给黄某，通知了矿业公司。经查，因贸易公司在买卖合同中开出的发票不合法，导致矿业公司被国税局处罚 221 万元。矿业公司以其对贸易公司享有的 221 万元违约损害赔偿债权，与黄某对矿业公司的 221 万元债权抵销。黄某不同意故诉到法院要求矿业公司还款。<u>矿业公司是否需要还款？</u>①不需要。②贸易公司将债权转让给黄某，但该债权负担有"被抵销"的毛病，黄某收购到了这毛病。③矿业公司可对原债权人贸易公司主张抵销 221 万元，即变成欠贸易公司 0 元，矿业公司也可对新债权人黄某主张抵销 221 万元，即对黄某负债 0 元。④实务要点：到期货款转让后，债务人因债权人虚开发票给债务人造成经济损失形成的抵销权抗辩，可转而向债权受让人主张。⑤债权有风险，收购须谨慎。

例：【收购到干净的债权】甲对乙有 300 万元借款债权，2018 年 12 月 30 日到期。乙对甲有 50 万元货款债权，在 2019 年 1 月 1 日到期。2018 年 10 月 1 日，甲将债权让与丙，并在同年 10 月 15 日通知了乙。<u>丙有权向乙主张 300 万元还是 250 万元？</u>①300 万元。②甲对乙的 300 万元债权是 2018 年 12 月 30 日到期。甲丙在 2018 年 10 月 1 日签订债权转让协议，是让与未到期的债权。③丙在 2018 年 10 月 1 日成为新债权人。④在 2018 年 10 月 15 日通知债务人乙时，对乙发生效力，即丙可向乙要 300 万元。⑤债务人乙接到债权转让通知时，乙不对甲有任何债权，因为乙对甲有 50 万货款债权是在 2019 年 1 月 1 日到期。⑥简言之，丙收购到的 300 万元债权，在通知债务人乙的时间点即 2018 年 10 月 15 日是干净的，故就一直是干净的。⑦丙可向乙要 300 万元。乙对甲的 50 万元，应另案主张。

> **原理**：为什么在通知债务人时，才观察债务人是否对原债权可以主张抵销？①为了收购债权一方的信赖利益。②在债务人接到让与通知时，"债权有病就是有病"，此时收购方对债权进行体检。③如果在债务人接到让与通知后，债务人对让与人享有的债权，则债务人不得对受让人主张抵销了。

> **秒杀**：①债权人换人，不能让债务人的地位变得更差，债务人原有抗辩和原有抵销，都继续有。②债务人收到债权人让与通知时，债务人有东西可拿来抵销吗？有就有，没有就没有。

（3）被扣减的费用：因债权转让增加的履行费用，由让与人负担。即债务人可对受让人主张扣减，再由受让人向让与人追要。

（四）债权证券买卖的特殊规则

1. 不适用通知规则：如电影票、礼品卡，交付后取得债权凭证者成为新债权人，无须由原债权人通知电影院、商家。

2. 连环交易规则：债权证券的连环交易，最后受让人可凭券要求债务人履行债务。

> **秒杀**：债权转让做题 3 步走。①新债权人什么时候产生？债权转让协议生效时。②新债权人什么时候可以向债务人要钱？通知债务人时。③新债权人买到债权的病了吗？通知债务人时，债权有病吗？有就买到了，即买到债权上负担的抗辩和买到债权上负担的抵销。

二、债务承担

（一）免责债务承担 = "换债务人"

1. 免责债务承担：内外有别、同意、无因性。

（1）"内外有别" +同意：原债务人和新债务人达成债务承担协议。①债务人将债务的全部或者部分转移给第三人的，应当经债权人同意。②债务人或者第三人可以催告债权人在合理期限内同意，债权人未作表示的，视为拒绝同意。

例：【新人和旧人协议 = 内外有别+同意】首富欠银行 100 万元，方志平和首富达成协议，由方志平替代首富还款。如何评价方志平和首富之间的协议？①内部协议有效约束方志平和首富。②如经银行同意对银行发生效力，即银行只能找方志平要钱。③如未经银行同意，对银行不发生效力，银行仍然找首富要钱。④如果方志平或首富催告银行表态是否同意，银行未表态，则视为银行拒绝同意，银行继续找首富要钱。

（2）同意：①新人和债权人协议：新债务人和债权人达成债务承担协议。新债务人还债，原债务人退出。既然债权人都与新债务人达成协议，故债权人自然是已经同意免责债务承担了。②新债务人、原债务人和债权人三方达成免责债务承担协议，同理，协议生效即换人成功。

例 1：【新人和债权人协议＝同意】2015 年 4 月 26 日，张某因经营需要向谌某借款 10 万元，谌某通过转账方式分两笔给付张某账户内。张某当日向谌某出具了借条。不久，张某因交通事故不幸死亡。2015 年 6 月，谌某找到张某弟弟协商张某借款事宜。弟弟表示愿意代哥哥张某归还借款，并向谌某出具了一张借到谌某人民币 10 万元的借条，并写明 6 月份过后每月月底定期还壹万元。之后，弟弟未按借条承诺还款，谌某向法院起诉。弟弟辩称其未向谌某借款，也未实际收到谌某款项，他们之间借贷关系不成立，自己不应承担还款责任。弟弟主张是否成立？①否。②张某自愿为哥哥承担还款责任，向谌某出具借条，这一行为表明，张某向谌某应承担的还款责任已经转移到弟弟名下，经原债权人谌某同意，即发生法律效力。③原债务人张某及其财产继承人不再承担还款义务，还款责任应由弟弟承担。

例 2：【新人、旧人和债权人三方协议＝同意】甲、丙、丁约定甲欠丁的 5000 万由丙承担，如何评价该协议效力？换人成功，丙取代甲成为新债务人，这属于三方协议免责债务承担，自然经过债权人丁的同意。

（3）免责债务承担协议具有"无因性"：新债务人基于什么考虑而替代旧债务人还债，属于"原因行为"，新债务人与旧债务人达成免责债务承担协议的效力，不受"原因行为"的影响。

例 1：【信用卡纠纷：免责债务承担协议具有无因性】甲在乙银行办理信用卡，甲应按期还信用卡的"月供款"。甲、乙银行和丙商场三方同意，甲持信用卡在丙商场消费，丙商场同意不向甲收款，而只能向乙银行收款。假设甲持信用卡在丙商场购买了 5000 元的衣服，但甲并未向乙银行还款，乙银行可否因此拒绝向丙商场付款？①不能。②新债务人乙银行取代旧债务人甲向丙商场支付甲购买衣物的款项，经过债权人丙商场同意，这属于三方签订的"免责债务承担协议"，该协议有效。③甲向乙银行按期还信用卡欠款，属于乙银行愿意取代甲成为债务人的原因，换言之，甲按期还信用卡"月供款"属于原因行为。④但是免责债务承担协议具有"无因性"，不受原因行为的影响。故乙银行应向丙商场付款，乙银行另案诉甲还信用卡款。

例 2：【货款纠纷：免责债务承担协议具有无因性】2019 年 6 月常某将其电镀厂以 10 万元转让给被告孙某，因为常某尚欠原告张某 2 万元货款，经张某与孙某及常某协商同意，由孙某从应付给常某的电镀厂转让款中扣出 2 万元在 2019 年 6 月 12 日前直接给付张某。常某与孙某均签字同意。张某请求孙某支付 2 万元，孙某以其已经不欠常某货款为由拒绝。经查，孙某已经用汽车抵偿给常某清偿 10 万元。孙某理由是否成立？①否。②张某对常某有 2 万元债权，常某对孙某有 10 万元债权，三方约定由孙某向张某还 2 万元，就 2 万元而言，属于三方达成免责债务承担协议。③新债务人孙某，取代旧债务人常某，向债权人张某还款 2 万元。④孙某取代常某还款 2 万元的"原因"是孙某欠常某购买电镀厂的货款，这是三方协议免责债务承担的"原因行为"，该原因行为的不成立、消灭，不影响免责债务承担协议的效力，因为免责债务承担具有"无因性"。⑤张某有权要求孙某还款2万元。⑥孙某可向常某主张不得得利返还。

> **秒杀：**所谓免责债务承担的无因性，就是说，"鬼知道"你新债务人为什么愿意取代旧债务人，我债权人不管原因，你新债务人必须还钱！

2. 新债务人可以主张债权原来负担"抗辩的病"，但不能主张债权原来负担"抵销的病"。

（1）可以主张"抗辩的病"：债务人转移债务的，新债务人可以主张原债务人对债权人的抗辩。

例：【新债务人援引抗辩】甲乙签订买卖自动扶梯合同，约定甲先付款，乙后交付自动扶梯。因乙生产的自动扶梯存在质量问题导致重大安全事故，质监局介入调查。甲乙丙三方合意，由丙取代甲向乙付款。乙要求丙付款，丙可否拒绝？①甲乙签订了双务合同，先方甲对后方乙提出的付款请求，有"不安抗辩权"。②甲乙丙三方达成免责债务承担协议，新债务人丙取代旧债务人甲，故丙可援引旧债务人甲的不安抗辩权，暂停向乙支付价款。

（2）不可以主张"抵销的病"：原债务人对债权人享有债权的，新债务人不得向债权人主张抵销。

例：【新债务人不得援引抵销】甲乙签订买卖发电机的合同，乙向甲交付了发电机，甲尚未向乙支付100万元价款。乙曾向甲借款20万元已经届期。经乙同意，甲将债务转移给小甲。乙要求小甲支付100万元，小甲可否以甲对乙享有20万元债权为由主张抵销仅付80万元？①否。②乙对甲有100万元货款债权。甲对乙有20万元民间借贷债权。如果甲乙之间抵销，则乙可对甲主张80万元债权。③甲经乙同意将债务转移给了小甲，构成免责债务承担。新债务人小甲不得援引旧债务人甲对债权人享有的抵销权，故乙有权要求小甲支付100万元。④甲另案要乙归还民间借贷20万元。

3. 新债务人要承受从债务，除非从债务有专属性。

（1）换债务人=同步换从债务人：债务人转移债务的，新债务人应当承担与主债务有关的从债务。

例：【本金是主债务，利息是从债务】甲对乙有100万元债权届满1年未还，经甲同意乙将该债务转移给丙。甲要求丙归还100万及迟延1年的相应利息，丙仅同意归还100万元本金，不同意归还利息。丙主张是否成立？①否。②本金债务转移，利息从债务随之转移。

（2）换债务人=不能换专属原债务人的从债务：从债务专属于原债务人，则新债务人履行"主债务"，原债务人履行"从债务"。

例：【卖画是主债务，装裱画是专属从债务】甲与乙协议购买乙所收藏的油画一幅，并约定由乙将该油画装裱后交付给甲。因为乙在当地是有名的装裱艺人，所以甲支付的购画钱比较高。此后，由于乙收藏的油画破损以致不能交付，经征得甲的同意后，将交付油画的合同债务转由第三人丙来完成，丙也表示同意，乙便将甲所支付的购画款全部转交给丙。当丙向甲交付油画时，甲拒绝接受，因为该油画未经装裱。甲提出要么由乙继续装裱该画，要么由丙退回部分钱款，乙和丙均予以拒绝。甲遂向当地法院提起诉讼。如何评价

<u>本案?</u> ①甲乙签订买卖油画的合同，甲已经支付价款，乙尚未履行交付油画的义务。②乙交付油画属于主债务，乙装裱油画属于从债务，但具有专属性，只能由乙亲自完成。③债权人甲、旧债务人乙、新债务人丙三方同意由丙取代乙履行交付油画义务。④如此一来，应由旧债务人乙履行具有专属性的从债务即装裱油画义务，新债务人丙履行主债务即交付油画义务。⑤甲有权要求乙装裱画，甲有权要求丙交付画。甲无权要求丙退款，因为乙将甲所付款转交给丙，属于乙丙之间的法律关系，与甲无关。

4. 原债务人已经退出：换人对债权人发生效力后，原债务人彻底退出，再回来清偿构成第三人代为清偿，第三人代为清偿后对债务人有求偿权。

例：【旧债务人再回来已成第三人】甲对乙享有 100 万元债权，甲乙丙三方同意，由丙取代乙向甲还 100 万元。岂料，乙又实际向甲还款 100 万元。<u>如何评价乙的还款行为?</u> ①甲乙丙三方达成免责债务承担，丙取代乙成为新债务人，乙再回来向甲还款，属于第三人代为清偿。②甲的债权消灭，第三人乙取代甲的位置，可向新债务人丙追偿。

> **秒杀：** <u>免责债务承担 3 步走</u>。①新债务人何时成为新债务人？债务换人协议生效时。②新债务人换人何时对债权人生效？经债权人同意后。③新债务人可以主张原债权什么病？可以主张原债权负担抗辩的病，但不得主张原债权负担抵销的病。

例：【综合示例：用债权抵债（换债权人+换债务人）】B 公司将其对 C 公司的 210 万元债权转让给 A 公司，以抵偿 B 公司对 A 公司的 210 万元债务。三方签订了债权转让协议后，B 公司将本次债权转让情况通过 EMS 邮寄给了 C 公司，C 公司已经收到。<u>如何分析本案法律关系?</u> ①A 公司对 B 公司有 210 万元债权，B 公司对 C 公司有 210 万元债权，这属于"三角债关系"。②B 公司用其对 C 公司（次债务人）享有的债权，去抵顶 B 公司欠 A 公司的 210 万元。③A 公司→B 公司→C 公司。④中家 B 公司是 A 公司的债务人，也是 C 的债权人。⑤由 C 公司直接向 A 公司还款 210 万元，B 公司退出法律关系。⑥这意味着 B 公司的债务人身份退出，C 公司取代 B 公司成为新债务人，这属于免责债务承担（债务人换人）。新债务人 C 公司可对 A 公司援引旧债务人 B 公司对债权人 A 公司的抗辩（比如 B 公司欠 A 公司的债务已经过了诉讼时效）。⑦这还意味着 B 公司的债权人身份退出，A 公司取代 B 公司成为新债权人，这属于债权让与（债权人换人）。C 公司可以对新债权人 A 公司援引 C 公司对旧债权人 B 公司的抗辩（比如 C 公司对 B 公司的债务已经过了诉讼时效）。

```
              210万元? 0元?
      A ─────────────────────→ B
        ╲                      ↕ 210万元 ? 0元?
         ╲                     
          ╲────────────────→ C
```

（二）并存债务承担=债务加入

1. 新旧约定：新人和旧人约定新人加入债务并通知债权人。债权人在合理期限内未明确表示拒绝的，债权人可以请求第三人在其愿意承担的债务范围内和债务人承担连带债务。

例 1：【新人明明白白加入】甲对乙享有 100 万元债权，乙和丙约定，丙与乙一起向甲还款，并通知了甲。<u>甲可否拒绝？如甲不拒绝，甲可否要求要求乙和丙负连带责任？</u>①甲可拒绝。②如甲不拒绝，或者甲在合理期间内未明示拒绝，则甲有权要求乙丙负连带还款100万元。

例2：【区分债务加入与免责债务承担】黄某因与章某发生业务往来，2017年经结算，黄某向章某写了一份欠款134万元的欠条，此后黄某陆续付了14万元。2018年，黄某委托其妻艾某（甲公司的法定代表人）对其与章某发生业务往来时的货款进行结算后，艾某以甲公司的名义向章某书面出具了一份欠款为92万元的欠条，并加盖了甲公司的财务专用章。2019年，黄某与章某两次自愿协商用货物抵了欠款28万元。后因黄某与甲公司均没有付款，章某持黄某出具的欠条和甲公司出具的欠条向法院起诉，要求黄某与甲公司共同偿付所欠货款92万元及赔偿利息损失。黄某以其已经退出债务关系为由拒绝。<u>黄某主张是否成立？</u>（1）否。（2）章某、黄某、甲公司之间不是免责债务转移：①黄某以个人名义向章某出具欠条后并没有与甲公司达成过债务转移协议，章某与黄某之间也没有明确否定黄某的债务人地位或者让黄某脱离债的关系。②从合同货款履行情况看，在甲公司出具欠条后，黄某仍以自己名义与章某两次以货抵款清偿债务，也印证说明了黄某并未退出原债务关系，甲公司出具欠条只是自愿替黄某履行债务。（3）甲公司出具的欠条属于债务加入：①甲公司具有还款义务，甲公司承担还款义务的同时并不排除黄某的义务承担，也没有妨障黄某的义务承担。②甲公司、黄某就该义务的承担完全可以各自履行，也可以共同履行，故甲公司构成债务加入。③甲公司与黄某之间日后是否向对方追偿、何时追偿、以什么方式追偿，则是黄某与甲公司之间的另一层法律关系。

2. 新人主动：新人向债权人表示愿意加入债务。债权人在合理期限内未明确表示拒绝的，债权人可以请求第三人在其愿意承担的债务范围内和债务人承担连带债务。

例：【新人偷偷摸摸加入】甲对乙享有1万元债权，丙向甲发函，同意与乙一起向甲还款。届期后甲请求丙还款，丙以其债务加入未经乙同意为由拒绝。<u>丙的理由是否成立？</u>①否。②丙直接向债权人甲表示愿意加入债务，甲没有拒绝，故甲有权要求乙丙连带还款1万元。

（三）免责债务承担、债务加入、第三人代为履行与保证人

区分角度	免责债务承担	债务加入	第三人代为履行	保证人
"新人"是当事人吗？	是	是	不是	是
"旧人"退出了吗？	退出了	没退出	没退出	没退出
题干措辞如何体现？	新债务人取代旧债务人通知债权人，债权人同意了	债务人通知债权人同意履行债务，未明确原债务人退出	第三人实际履行，未向债权人出具同意还债的意思表示	担保函；保证责任

秒杀：分2步走。①第一步：第三人向债权人签字了吗？如果第三人向债权人签字同意还债，则第三人为当事人，不属于第三人代为清偿；②第二步：原债务人还在吗？不在，则为免责债务承担；在，则为并存债务承担。原债务人在还是不在要尊重债权人的意思。③一句话，意思自治为王，不看履行看签字，即看第三人是否向债权人签字了。

例：【股东加入公司的债务】甲经乙公司股东丙介绍购买乙公司矿粉，甲依约预付了 100 万元货款，乙公司仅交付部分矿粉，经结算欠甲 50 万元货款。乙公司与丙商议，由乙公司和丙以欠款人的身份向甲出具欠条。其后，乙公司未按期支付。如何评价丙在欠条上签名的行为？①债务加入（并存债务承担）。因为丙是当事人，有加入的意思表示。②丙是当事人，故不是第三人代为清偿。③原债务人乙公司仍然继续还债，故不是免责债务承担。④相对于乙公司而言，丙是无因管理；相对于债权人甲而言，丙不是无因管理，是依法还债（债务加入）。

三、债权债务概括承受

（一）经对方同意可将合同权利义务一并转移：当事人一方经对方同意，可以将自己在合同中的权利和义务一并转让给第三人

（二）债权债务概括转移规则：合同的权利和义务一并转让的，适用债权转让、债务转移的有关规定

第七章　合同终止

第一节　清　偿

一、第三人代为履行

（一）有利益关系第三人"有权"代为履行，债权人不得拒绝

债务人不履行债务，第三人对履行该债务<u>具有合法利益的</u>，第三人有权向债权人代为履行，但是根据债务性质、按照当事人约定或者依照法律规定只能由债务人履行的除外。

例1：【善意取得留置权所有人代为支付维修费】甲车借由乙使用，乙借用期间交由丙维修，乙未支付维修费，丙将车留置。甲提出向丙交纳维修费，<u>丙是否有权拒绝？</u>①否。②乙丙之间签订承揽合同，基于合同相对性，乙是支付维修费义务人。③乙未支付维修费，乙并非车主，丙善意取得对车的留置权。④甲是车主，与乙向丙履行债务具有合法利益，故甲有权代乙向丙支付维修费，丙不得拒绝，以此消灭丙的留置权，取回车。⑤此后甲再向乙追偿。⑥因甲并非承揽合同当事人，丙无权请求甲支付维修费。⑦一句话，车主甲可以主动给，留置权人丙不能主动要。

例2：【转租的次承租人代为支付租金请求权】甲将房屋出租给乙，乙经甲同意将房屋转租给丙。乙到期未向甲付租金，甲欲解除租赁合同。丙提出代乙向甲支付租金，<u>甲是否有权拒绝？</u>①否。②甲乙有租1，基于合同相对性，乙是支付租金义务人。③乙丙有转租2，基于合同相对性，次承租人丙是支付租金义务人。④甲丙无合同关系，基于合同相对性，甲无权要求丙支付租金。⑤但是，从丙的角度而言，丙对乙向甲支付租金的债务具有合法利益，故丙有权代乙向甲支付租金，甲不得拒绝，以此对抗甲的解除权。⑥此后，丙代位支付的租金超出其应向乙支付转租2的租金，可向乙追偿。⑦一句话，次承租人丙可以主动给，房东甲不能主动要。

例3：【房屋买卖中买方代卖方还债请求权】甲乙双方签订了房屋买卖合同，合同履行过程中，卖方甲因为民间债务纠纷，房屋被债权人丙申请A法院查封了。卖方甲和债权人丙经A法院调解，出具了调解书。卖方甲在还款期限内未还款，买方乙为了清除房屋买卖合同履行障碍，通过A法院和债权人丙沟通有乙代为履行，但是债权人丙明确表示除非卖方甲亲自偿还债务，否则任何第三方偿还都不认可。卖方甲知晓后也对此表示反对，称未经自己同意，外人不得代替自己还债。<u>甲丙理由是否成立？</u>①否。②甲与丙之间有民间借贷法律关系，基于合同相对性，甲负有还款义务，乙不是当事人，乙不负有还款义务。③但是，乙对于甲向丙还款的债务具有合理利益，即解除对乙所购买房屋的查封以办理过户手续。乙属于有法律上利害关系第三人，有权代为清偿，债权人丙不得拒收，债务人甲无资格反对。④如买方乙代替卖方甲偿还债务，则A法院出具解除查封裁定，乙请求甲配

合办理房屋过户手续，其代为履行金额可与其应向甲支付的购房款进行冲抵。

（二）债权人和债务人约定由第三人代为履行

当事人约定由第三人向债权人履行债务，第三人不履行债务或者履行债务不符合约定的，债务人应当向债权人承担违约责任。

例：【债主和债务人约定由第三人来付钱】甲对乙享有毛竹货款债权 8 万元，双方约定由丙用房屋折价清偿货款。丙未履行，甲是否有权请求丙履行？①否。②甲只能要求乙继续履行，因为丙并非合同当事人。③如果丙将房屋过户给甲折价，则可对乙追偿 8 万元。

（三）债务人和第三人约定由第三人代为履行

例：【母公司和子公司约定由子公司还母公司欠经理的债】甲建筑公司中标营业楼工程，部分工程分由其有资质的乙子公司承建。高某是乙公司的项目经理，工程施工中，高某为甲公司代缴了 5 万元的建设规费。工程结束后，甲公司制作了一份管理费明细表与乙子公司对账，由乙公司代甲公司向高某偿还 5 万元。后高某向甲公司索要，甲公司称债务已经转移给乙公司。高某遂向乙公司索款，乙公司称高某与自己还有其他经济纠纷不愿意归还。高某转而又向甲公司索要，甲公司称既高某都已经向乙公司要了，视为同意债务已经都转移给乙公司了。高某有权向谁要钱？①有权向甲公司要钱。②高某和甲公司之间属于无因管理之债，高某对甲公司享有无因管理之债权。③债务人甲公司和第三人乙公司约定由第三人乙公司向高某还款，这不是免责债务承担，且高某未同意。④故高某仍有权要求甲公司偿还无因管理之债，乙公司不是该债之债务人。

（四）第三人实际代为履行

例：【偷偷摸摸买单】方志平在湘菜公主饭店吃饭，偶遇考友小怦，小怦偷偷给方志平买单了。小怦可否向方志平追偿？可以，这属于第三人代为履行。

（五）第三人代为履行后有追偿权

债权人接受第三人履行后，其对债务人的债权转让给第三人，但是债务人和第三人另有约定的除外。

> **秒杀 1：** 第三人代为履行中，不存在第三人向债权人签字同意履行情形，因为一旦第三人向债权人签字承诺履行债务，则第三人就不是第三人，就是当事人。要么属于免责债务承担新债务人，要么属于债务加入的新债务人。
>
> **秒杀 2：** 第三人代为履行中，有利害关系的第三人代为履行，债权人不能拒绝。无利害关系的第三人代为履行，债权人可以拒绝。只要第三人代为履行后，都可以向债务人追偿。

二、代物清偿（"以物抵债"）

（一）什么是代物清偿协议

代物清偿协议是指债务履行期届满后，债务人以他种给付代替原有给付，从而使债消灭的协议。又称"以物抵债"协议。

例：【抵押权实现之折价方式＝代物清偿协议】甲向乙借款100万元，用自己价值100万元的房屋为乙设定抵押权办理了抵押权登记手续。甲届期无力还款，乙主张对房屋实现抵押权，双方协议用房屋折价。如何评价该折价协议？①这属于代物清偿协议。②折价时应参照市场价格，"多必须退，少可以不补"，如房屋市价120万元，则要退20万元给甲。③如房屋市值80万元，双方可以协议剩余20万元债务免责。④如果折价协议损害甲的其他债权人利益的，则其他债权人可以请求人民法院撤销该协议。

> **原理：** 债务履行期届满前，约定"代物清偿"，效力如何？（1）如果抵债物未交付或未过户，这本质上是一种"担保"。①因为这里存在"威胁"的意思，即如果不还债，就拿东西来抵。②有观点认为属于"流押条款"或"流质条款"。③有观点认为属于"后让与担保"。④但有一点是肯定的，法院不支持此种"代物清偿"协议。⑤如果债权人请求债务人交付抵债物或者办理权属变更登记的，人民法院应当向其释明，告知其根据原债权债务关系提起诉讼。经释明后当事人仍拒绝变更诉讼请求的，可以驳回其诉讼请求。（2）抵债物已经交付或已经过户，这本质上还是一种担保，叫"让与担保"，可以参照抵押权或者质权实现的相关规定处理。

（二）代物清偿协议是诺成性合同：代物清偿协议签订后，对债权人和债务人有法律约束力

> **原理：** 为什么应该坚持代物清偿协议是诺成性合同？①因为如果认定代物清偿协议是实践性合同，则"代物清偿协议"仅有"哲学价值"。②所谓实践性合同是指标的物交付后合同才成立。③而代物清偿协议标的物都已经交付，意味原债因为清偿而消灭，代物清偿协议也就没有价值。④换言之，如果坚持代物清偿协议属于实践性合同，则会导致其一成立就消灭，岂不是仅有哲学价值吗？生死同步。

1. 情形1：代物清偿协议未明确原债消灭，则原债和新债（代物清偿协议）同在，学理称之为"新债清偿"。到底谁有选择权？存在观点分歧。

（1）债务人有选择权。债务人有权选择履行新债务，也有权选择履行原债务。（此乃2016真题观点）

例：【用画还100万元民间借贷】王某向丁某借款100万元，后无力清偿，遂提出以自己所有的一幅古画抵债，双方约定第二天交付。如何评价"古画抵债"？①100万元债务已经届期，双方约定用古画抵债，这属于"代物清偿协议"，乃诺成性合同。②原借款合同并没有消灭。③王某可以选择还画，也可以选择还钱。④如果王某交付古画，会导致借款之债消灭。⑤如果王某交付古画后，该画被鉴定为赝品，则王某应承担瑕疵担保责任。

（2）债权人有选择权。债权人有权选择请求债务人交付抵债物或者办理权属变更登记，也有权选择请求债务人履行原债务。（此乃2019年最高院会议纪要的观点）

例：【债务加入人承诺代物清偿】农村信用社贷款给甲300万元，甲届期未还款。信用社、甲、乙三方签订协议，乙用自己的房屋以物清偿，房屋评估价值是 400 万元。约定，房屋过户后，原债消灭。后乙未将房屋过户给信用社，但信用社账目上就处理成已经以物抵债了，无欠款记载，甲的个人资信上也没有欠账的不良记录。现信用社起诉甲还款，甲称债务已经消灭。<u>甲的理由是否成立？</u> ①否。②甲欠信用社 300 万元，乙债务加入，信用社没有明确说免除甲的债务，故属于并存债务承担。③乙同意代物清偿，但未兑现，信用社有权请求乙履行，也有权请求甲继续还款。④信用社会计科目变动是内部记账，不因此导致未履行的原债消灭。

2. 情形 2：代物清偿协议明确约定原债消灭，则当事人之间只有新债，学理称之为"债的更新"。

例：最高人民法院指导案例 72 号"汤龙、刘新龙、马忠太、王洪刚诉新疆鄂尔多斯彦海房地产开发有限公司商品房买卖合同纠纷案"裁判要点：①借款合同双方当事人经协商一致，终止借款合同关系，建立商品房买卖合同关系，将借款本金及利息转化为已付购房款并经对账清算的，不属于流押条款，该商品房买卖合同的订立目的，亦不属于"买卖合同担保民间借贷"，该商品房买卖合同具有法律效力。②但对转化为已付购房款的借款本金及利息数额，人民法院应当结合借款合同等证据予以审查，以防止当事人将超出法律规定保护限额的高额利息转化为已付购房款。③比如当事人借款 1000 万元本金，为期 1 年，年利率约定为 40%。双方直接将市值 1400 万元的房屋折抵给汤某等并过户。如此一来，当事人就可以通过将民间借贷合同转化为商品房抵债协议，规避民间借贷利率制度。④本来汤某等借出去 1000 万元，最多年底可以回来 1360 万元，但是通过收房却可以获得 1400 万元。因此，最高人民法院认为，超出年利率的 36% 部分是无效的，故汤某等需要补购房款 40 万元。

三、清偿的抵充

（一）主债的抵充推定规则

1. 债务人指定优先。

债务人对同一债权人负担的数个债务种类相同，债务人的给付不足以清偿全部债务的，除当事人另有约定外，由债务人在清偿时指定其履行的债务。

2. 已期、无担保、负担重、到期先后、比例。

（1）已期：债务人未作指定的，应当优先履行已到期的债务。（2）无担保：几项债务均到期的，优先履行对债权人缺乏担保或者担保最少的债务。（3）负担重：担保数额相同的，优先履行债务负担较重的债务。（4）到期先后：负担相同的，按照债务到期的先后顺序履行。（5）比例：到期时间相同的，按比例履行。

例：【已期】胡某于 2016 年 3 月 10 日向李某借款 100 万元，期限 3 年。2019 年 3 月 30 日，双方商议再借 100 万元，期限 3 年。两笔借款均先后由王某承担连带保证，未约定保证期间。李某未向胡某和王某催讨。胡某仅于 2020 年 2 月归还借款 100 万元。<u>胡某归还的 100 万元是哪个借款？</u>（1）2016 年的借款。（2）以还债时间即 2020 年 2 月为排队时间点：①2016 年的借款在 2019 年 3 月 10 日到期。②2019 年的借款在 2022 年 3 月 30 日到期。③故 2016 年借款已到期，而 2019 年的借款尚未到期，故还的是 2016 年的借款。（3）往

前推进一步，看看担保：①2016 的借款届期是 2019 年 3 月 10 日，再加 6 个月保证期间，即 2019 年 9 月 10 日保证期间届满。②同理，2019 年的借款届期是 2022 年 3 月 30 日，再加 6 个月的保证期间，即 2022 年 9 月 30 日保证期间届满。③债权人李某最早只可能在 2020 年 2 月提出过履行请求，故此前一直躺在保证债权上睡觉，故 2016 的借款保证责任因保证期间届满已经消灭，而 2019 年的借款保证责任还继续存在。

例：【已期、无担保、负担重】甲向乙订购挖掘机 1 台，约定 2019 年 8 月 1 日交货。后甲又向乙订购相同挖掘机 1 台，约定 2019 年 9 月 1 日交货，并特别约定如乙未能在 2019 年 9 月 10 日之前交付第二台挖掘机，乙应支付违约金 3000 元。2019 年 9 月 5 日，乙仅向甲交付了一台挖掘机，未做任何其他表示。乙交付的是哪个合同项下的挖掘机？①交付的是 9 月 1 日的挖掘机。②排队起点是履行债务时，即 2019 年 9 月 5 日。③在 9 月 5 日时：8 月 1 日的债务到期，9 月 1 日的债务也到期，两笔债务均到期。④进入下一层次，两笔债务都无担保，且 9 月 1 日债务有违约金，但违约金不是担保，而是从债务。定金才是担保。⑤故进入下一层次，9 月 1 日的债务负担更重一些，有违约金 3000 元。⑥故先抵充 9 月 1 日的债务，即乙向甲交付的挖掘机消灭的是 9 月 1 日的合同，同时符合 9 月 10 日前交付挖掘机的要求，免负 3000 元违约金责任。

> **秒杀**：第一步，以还债时间点为排队时间点。第二步，已期＞无担保＞负担重＞到期时间先后＞比例。

（二）费用、从债和主债抵充推定规则

债务人在履行主债务外还应当支付利息和实现债权的有关费用，其给付不足以清偿全部债务的，除当事人另有约定外，应当按照下列顺序履行：实现债权的有关费用＞利息＞主债务。

> **秒杀**：先还利息，再还本金。

第二节 抵 销

一、约定抵销

当事人互负债务，标的物种类、品质不相同的，经协商一致，也可以抵销。

二、法定抵销

（一）同种类品质

当事人互负债务，该债务的标的物种类、品质相同的，任何一方可以将自己的债务与对方的到期债务抵销，但是根据债务性质、按照当事人约定或者依照法律规定不得抵销的除外。

例：【电视和手机不能法定抵销】甲借乙电视届期未还，乙借甲手机届期未还。甲向乙要手机，乙主张用手机与电视抵销，是否成立？①否。②甲乙无约定抵销。③甲乙不能适用法定抵销，因为标的物种类品质不同。

（二）抵销权是形成权＝通知到达发生效力

当事人主张抵销的，应当通知对方。通知自到达对方时生效（无须通过诉讼进行）。抵销不得附条件或者附期限。

例：【攻方有就可以主动抵销】甲对乙有10万元债权，5月1日到期。乙对甲有10万元债权，10月1日到期。甲何时可以主张抵销？乙何时可以主张抵销？①在5月1日，甲可以主张抵销，乙不可以，因为5月1日只有甲"有东西"，而乙却"没有东西"。甲主张抵销＝甲自愿提前还欠乙的10万元。②在10月1日，甲和乙都可主张抵销，因为甲乙都"有东西"。

> **秒杀**：攻方"有东西"吗？"有东西"就可以主动抵销。双方都"有东西"，则双方都可主动抵销。

> **原理**：为什么说抵销有优先受偿的功能？①甲对乙有30万元债权，乙对甲有20万元债权。乙还欠了大甲、中甲、小甲各30万元债权。②如果甲向乙主张抵销20万元，则意味甲提前收回了20万元，甲对乙还有剩余10万元债权未收到。③如果甲不向乙主张抵销20万元，则意味着乙对甲的20万元债权属于乙的"责任财产"，需要平均满足甲、大甲、中甲、小甲，1人5万元，如此一来，甲只能收回来5万元。

三、抵销具有溯及力：今天说抵销，要溯及到历史上可以抵销之时

（一）如果在主动债权的诉讼时效期间届满前抵销条件已成就的，债权人依然可以在诉讼时效期间届满后行使抵销权，不受诉讼时效期间是否届满的影响

例：【历史上有东西可以拿来抵销，现在也可以主张抵销】甲对乙有1万元债权，乙对甲有1万元债权，都已经到期。甲或乙均可主张抵销。甲一直未向乙主张，"睡觉3年"，甲的1万元债权≈0元。乙一直向甲不停的要，"诉讼时效不断中断"。第4年，乙起诉到法院要求甲还款1万元，甲是否有权主张抵销？①有权。②一开始甲就"有东西"，有抵销权，故甲在第4年仍可主张抵销，其抵销的效力溯及于一开始。③因为实务中甲"睡觉"是情有可原的，他会认为乙不断要是"瞎胡闹"。

> **原理**：为什么甲有权主张抵销？最高院认为，甲乙双方债务均已届至履行期，同时甲乙双方债务各自从履行期届至到诉讼时效期间届满的时间段，存在重合的部分。在上述时间段的重合部分，双方债权均处于没有时效抗辩的可履行状态，故甲有权主张抵销。

（二）如果在主动债权的诉讼时效期间届满前抵销条件尚未成就的，债权人在诉讼时效期间届满后不得行使抵销权

例：【历史上无东西可以拿来抵销，现在也就不可以主张抵销】甲对乙有1万元债权，已经过了诉讼时效，其实该1万元债权≈0元。后来，乙对甲有1万元债权，未过诉讼时效。乙对甲索要1万元，甲是否有权主张抵销？①无权。②一开始甲就"没有东西"，无抵销权，所以不得主张抵销。③但是，乙可以主张抵销，因为乙"有东西"。如果乙主张抵销，意味着乙愿意放弃"不要脸抗辩"，即放弃诉讼时效届满的抗辩。

例：【抵销溯及力导致利率约定作废】甲对乙有10万元，逾期年利率20%；乙对甲有10万元，逾期年利率10%。债权同时到期，甲乙双方未表态，达到抵销适状。3年内乙一直主张，甲沉默，躺在权利上睡觉。第4年乙要求甲还款，甲可否主张抵销？①可以。②抵销溯及于2个债权到期时，故逾期利率也不发生作用。

> **原理**：为什么抵销可以具有溯及力？因为抵销权本身是形成权，不适用诉讼时效，应适用"除斥期间"，但是法律没有规定抵销权的除斥期间是多久，意味着抵销权可以一直存在，如果很晚行使抵销权，就需要赋予抵销溯及力，才与抵销权行使本身无时间限制相兼容。

> **秒杀**：抵销，怎么公平怎么来。

第三节　提　存

一、提存事由：债务人难以履行债务，可以将标的物提存

（1）债权人无正当理由拒绝受领。

（2）债权人下落不明。

（3）债权人死亡未确定继承人、遗产管理人或者丧失民事行为能力未确定监护人。

二、提存价款

（1）标的物不适于提存或者提存费用过高的，债务人依法可以拍卖或者变卖标的物，提存所得的价款。

（2）债务人将标的物或者将标的物依法拍卖、变卖所得价款交付提存部门时，提存成立。提存成立的，视为债务人在其提存范围内已经交付标的物。

三、提存效果

（1）通知债权人：标的物提存后，债务人应当及时通知债权人或者债权人的继承人、遗产管理人、监护人、财产代管人。

（2）风险、孳息、费用归债权人：标的物提存后，毁损、灭失的风险由债权人承担。提存期间，标的物的孳息归债权人所有。提存费用由债权人负担。

（3）领取

（1）债权人可以随时领取提存物，但是债权人对债务人负有到期债务的，在债权人未履行债务或者提供担保之前，提存部门根据债务人的要求应当拒绝其领取提存物。

（2）债权人领取提存物的权利，自提存之日起五年内不行使而消灭，提存物扣除提存费用后归国家所有。但是债权人未履行对债务人的到期债务，或者债权人向提存部门书面放弃领取提存物权利的，债务人负担提存费用后有权取回提存物。

例：【债务另行履行则提存物归债务人】乙在甲提存机构办好提存手续并通知债权人丙后，将 2 台专业相机、2 台天文望远镜交甲提存。后乙另行向丙履行了提存之债，要求取回提存物。但甲机构工作人员在检修自来水管道时因操作不当引起大水，致乙交存的物品严重毁损。如何评价本案法律关系？①债务消灭，提存物归债务人乙所有，不归丙所有。②乙有权诉甲提存机构违约或侵权。

第四节　合同解除

咱俩关系不好了，可以离婚吗？这是合同的解除。财产怎么分呢？这是违约责任。因此，合同的解除和违约责任是两个层次的问题。在民诉法上，仅以解除合同为诉讼标的，不涉及争议金额或者价款的，应当"按件"收取诉讼费（每件交纳 50 元至 100 元）。解除包括双方协议解除和单方解除，其中单方解除包括约定的单方解除和法定的单方解除。

一、合同的解除

（1）合同解除的，该合同的权利义务关系终止。

（2）有效合同才有解除的可能，无效合同不存在解除的可能。如违建房屋租赁合同无效，故不存在解除的问题。

（3）民诉法上，如果当事人既请求解除合同，又请求确认合同无效，法院应当首先审理合同效力。认定合同无效的，应径行判决驳回解除合同的诉讼请求；认定合同有效的，应对解除合同的诉讼请求进行审理，并依法判决。

二、双方协议解除

（1）当事人协商一致，可以解除合同。

（2）只有当事人才有权解除合同，非当事人不存在解除合同的可能。如承租人未经出租人同意转租的，出租人可以解除合同，此处的"合同"必然限于出租人和承租人之间的合同，不可能是承租人与次承租人的转租合同。因为出租人与次承租人之间没有合同，就不存在出租人解除转租合同的可能。

（3）诉讼中协议解除

当事人在诉讼过程中达成合意解除合同，但当事人的诉讼请求并非基于解除合同提出，法院应当向当事人释明合同解除的后果，引导当事人及时变更诉讼请求，并根据变更后的诉讼请求进行审理。

三、约定单方解除

（一）约定明确

当事人可以约定一方解除合同的事由。解除合同的事由发生时，解除权人可以解除合同。

> **问**：什么叫约定的单方解除？①当事人可以约定甲方享有单方解除权的事由，也可以约定乙方享有单方解除权的事由，还可以约定甲乙双方享有单方解除权的事由。②简言之，单方解除权之"单方"，指的是单方说了算，无须和对方商量，也无须经过对方同意，类似"谈恋爱分手"，"老娘说了算"！

例：【约定单方解除权】甲公司与乙公司签订并购协议："甲公司以1亿元收购乙公司在丙公司中51%的股权。若股权过户后，甲公司未支付收购款，则乙公司有权解除并购协议。"后乙公司依约履行，甲公司却分文未付。乙公司向甲公司发送一份经过公证的《通知》："鉴于你公司严重违约，建议双方终止协议，贵方向我方支付违约金；或者由贵方提出解决方案。"3日后，乙公司又向甲公司发送《通报》："鉴于你公司严重违约，我方现终止协议，要求你方依约支付违约金。"合同何时解除？①《通报》送达后，并购协议解除，因为《通报》的内容明确表明乙公司解除并购协议的意思，且乙公司有约定解除权。②经过公证的《通知》，其内容并非意在解除并购协议，而实质是督促甲公司依约履行义务。此处的公证只是对事实的认定，并非对事实的法律效力作出认定。《通知》经公证，只能说明它被公证过，仅此而已。

> **原理**：如何区分附解除条件的合同和约定单方解除的合同？（1）附解除条件的合同：①是约定的条件限定合同的效力。②如果条件成就，合同失去效力。③如果条件不成就，合同继续有效。④比如甲乙房屋租赁合同约定，在出租人甲的儿子回国时，甲乙合同终止，这是附解除条件的房屋租赁合同。（2）约定单方解除的合同：①是当事人约定解除事由。②如果发生该事由，解除权人有权解除合同，不涉及合同效力问题。③比如甲乙房屋租赁合同约定，在甲的儿子回国时，甲有权解除合同，这是约定单方解除权的合同。

（二）不得滥用

例：【违约方已履行了绝大部分主给付合同义务，守约方不得依约解除合同】甲公司与乙公司签订建设用地使用权转让合同，合同约定："如乙公司逾期支付购买款，甲公司有权解除合同"。合同履行过程中，乙公司按期支付的土地转让款达到合同总额的98.1%，剩余款项逾期支付。甲公司是否有权行使约定解除权以解除合同？①无权。②最高院认为尽管合同的约定解除权优于法定解除权，但不得滥用。③本案中，乙公司虽逾期支付土地转让款构成违约，但其支付的土地转让款已达合同总额的 98.1%，已履行了绝大部分合同义务，如因该履行瑕疵而解除合同，则不利于维护合同的稳定性和交易安全。④且乙公司已经将其兴建的别墅区出售给诸多第三人，解除合同将会损害第三人的合法权益，客观上也已经不具备解除的条件。

例：【违约方迟延付款，守约方接受未提出异议不得依约解除合同】甲公司与乙公司签订《股权转让协议》约定，甲公司未按合同约定于 2010 年 3 月 22 日前付清全部股权转让款，则乙公司可以随时解除合同。甲公司在 2010 年 6 月 24 日到 7 月 29 日支付了 5460 万元股权转让款，乙公司对甲公司的逾期付款行为提出异议，也没有向甲公司发出解除合同通知。后乙公司诉至法院请求解除合同。乙公司是否有权解除合同？①否。②在提起诉讼前，合同当事人在享有合同解除权的情况下，未行使合同解除权，并接受了违约方逾期支付的价款而未提出异议，表明其已接受违约方继续履行合同的事实，在诉讼过程中再行使合同解除权免除合同义务的，有违诚信原则，故不得解除合同。

（三）约定不明

合同对当事人设定有多项义务，但在违约条款中仅约定一方违约对方即可解除合同，没有具体指明一方违反哪一项或哪几项义务的，这属于对解除事由约定不明，法院应当启动"法定单方解除"规则，检讨当事人是否享有法定解除权。

四、法定单方解除

（一）一般法定单方解除事由

1. 因不可抗力致使不能实现合同目的。双方具有"法定的单方解除权"，但不可抗力对本案合同目的的影响要具体分析。

例 1：【地震震死牛】甲与乙签订买卖合同，约定甲向乙交付 1 头牛。交付之前，岂料地震将牛震死。乙与丙签订买卖合同，约定丙向乙交付牛饲料。乙是否有权解除买卖牛合同和买卖牛饲料的合同？①乙有权解除买卖牛的合同。②乙无权解除买卖牛饲料的合同。③地震对甲乙牛买卖合同造成影响，导致乙的合同目的落空，甲乙双方均可解除合同。④但是地震没有导致牛饲料毁损，乙丙合同不受地震影响，完全可以继续履行，至于乙买到牛饲料是做什么用，乃缔约动机，不作考察。⑤其机理类似于，买方在淘宝购买结婚用品，后来不结婚了，买方不得以此为由解除买卖合同。

例 2：【地震震毁房】甲乙签订房屋买卖合同，甲为购房，与银行签订借款合同。甲取得房屋交付和过户后将该房屋抵押给银行并且办理了抵押权登记。后地震将房屋震毁。地震这一不可抗力对本案法律关系产生什么影响？①甲乙房屋买卖合同已经履行完毕，甲成为房屋占有人和所有权人，故地震对房屋买卖合同无任何影响。②甲和银行签订借款合同，地震导致甲"很穷"，但是穷不是可以解除借款合同的理由，甲需要继续向银行还贷。③甲和银行签订了抵押合同，银行对房屋享有抵押权。因为抵押权已经登记，抵押合同已经履行完毕，故地震对抵押合同无影响。④但是地震导致抵押物灭失，则银行作为抵押权人，可主张"物上代位性"，其抵押权效力要追及于抵押物的补偿金、保险金请求权。

> **秒杀**：不可抗力对合同目的的影响，要坚持相对性。

2. 在履行期限届满之前，当事人一方明确表示或者以自己的行为表明不履行主要债务。

例：【明示预期主要违约】甲乙签订电视机买卖合同，乙应在10月1日交付电视机。乙在1月1日就提前和甲说无法交付电视机。甲是否有权解除合同？①有。②乙构成预期违约。③如乙在1月1日就提前和甲说无法交付部分电视机使用说明书，则甲无权解除合同，这不是预期违反主要债务。

例：【默示预期：借款合同期满前不还利息】2018年10月6日，尤金将200万元借给吴钱，借期1年，约定月利率2%，并按月清息。当日吴钱收到尤金的200万元。2019年5月6日，尤金以吴钱未按约定清息为由（已欠4个月利息未清），以吴钱未按原协议履行已违约，且影响了原告合同目的的实现，诉至法院，请求法院判令解除借款合同，要求吴钱立即归还200万元并赔偿损失。尤金的诉讼请求能否获得支持？①可以。②被告吴钱不按期清息，数额较大，该行为会让一般人都联想到被告经济困难，已严重丧失信誉，不能达到原告"放账为利"的合同的主要目的，更没有理由让人相信被告未来有能力支付数额较大的本金。③借款合同尚未到期，吴钱没有支付利息的行为，构成默示预期违约，故尤金有权解除合同。

3. 当事人一方迟延履行主要债务，经催告后在合理期限内仍未履行。

例：【一般迟延履行"不会晚死"】甲乙签订买卖潜水设备的合同，乙应在10月1日交付潜水设备，但一直未交付。甲催告乙在1周内交付。如何评价甲的催告？①乙迟延交付构成违约，但并非必然构成"根本违约"而导致甲合同目的落空，故需要甲发出催告。②乙在1周内还不交付，甲有权解除合同。

4. 当事人一方迟延履行债务或者有其他违约行为致使不能实现合同目的。

（1）致命迟延＝根本违约：一方迟延履行"定期性质的债务"，对方可以不经催告直接解除合同。如约定好的8月10日交付中秋月饼，结果并未交付，则对方可直接解除合同，无须催告。月饼买卖的合同对履行期限有特殊要求，学理上称之为"定期债务"。

（2）其他根本违约：无论是违反主给付义务、从给付义务、还是违反附随义务，只要导致对方合同目的落空，对方均可解除合同。

例：【违反从给付义务导致合同目的落空】2016年8月8日，玄武公司向朱雀公司订购了一辆小型客用汽车。2016年8月28日，玄武公司按照当地政策取得本市小客车更新指标，有效期至2017年2月28日。2016年底，朱雀公司依约向玄武公司交付了该小客车，但未同时交付机动车销售统一发票、合格证等有关单证资料，致使玄武公司无法办理车辆所有权登记和牌照。如何评价玄武公司的购车行为？（1）主给付义务：①小客车是特殊动产。②在买卖合同中，交付转移小客车所有权。③玄武公司已经取得交付，故取得所有权，即出卖人朱雀公司履行了买卖合同的主给付义务。（2）从给付义务：①玄武公司有权要求朱雀公司交付有关单证资料，履行从给付义务。②如朱雀公司一直拒绝交付有关单证资料，将会导致玄武公司"合同目的落空"，玄武公司可主张解除购车合同，并要求朱雀公司承担违约责任。

例：【违反从给付义务未导致合同目的落空】甲、乙约定卖方甲负责将所卖货物运送至买方乙指定的仓库。甲如约交货，乙验收收货，但甲未将产品合格证和原产地证明文件交给乙。乙已经支付80%的货款。交货当晚，因山洪暴发，乙仓库内的货物全部毁损。如何评价货物买卖行为？（1）主给付义务：①交货。②买卖合同中货物因不可归责双方导致毁损，属于"风险"，该风险归属检出交付主义，即交付前风险归卖方，交付后风险归买方。③本案已经交付，产生 2 个效果，一方面意味甲已经履行了主给付义务；另一方面意味货物毁损灭失风险归乙，故乙虽然货物没了，但要继续付剩余的 20% 款。（2）从给付义务：①甲未将产品合格证等文件交付给乙，违反从给付义务。②案情未明确交代该从给付义务违反的后果，视为没有导致"合同目的落空"，故乙不得解除合同。③但甲确实有违约行为，故乙可要求甲承担未交付合格证等材料的违约责任。

5. 法律规定的其他情形。比如各个有名合同中规定的法定解除事由；比如先方行使不安抗辩权后的法定解除权。

6. 对继续性不定期合同的预告解除：以持续履行的债务为内容的不定期合同，当事人在合理期限之前通知对方后可以解除。

例：【不定期的小时工】甲乙签订小时工服务合同，乙给甲打扫家务，双方未约定合同期限。甲是否有权解除合同？①有。②甲在合理期限之前通知乙后可解除合同。

> 原理：为什么规定对继续性不定期合同的预告解除权？①保护个人自由、禁止永久合同。避免合同无止境地继续产生的弊端。②为了给相对方一定时间适应新情况，故解除权人需要在合理期限之前进行预告。

7. 违约方打破合同僵局的司法解除：合同不能履行致使不能实现合同目的，有解除权的当事人不行使解除权，构成滥用权利对对方显失公平的，人民法院或者仲裁机构可以根据对方的请求解除合同，但是不影响违约责任的承担。

（1）合同不能履行导致不能实现合同目的：合同陷入僵局，比如履行费用过高、不适合强制继续履行。（2）有解除权人滥用解除权不解除合同结果显失公平。（3）仅赋予违约方申请法院或仲裁机构解除合同的权利，旨在打破合同僵局，至于合同是否能解除，要取决于法院或者仲裁机构的审查。（4）违约方需要承担违约责任。

例：【违约方特殊情形可司法解除合同】甲公司在时代广场开发了商铺出卖给 150 家业主，另外部分商铺自用。其中 01 号商铺 22.5 平方米卖给冯某，总价 36 万 8184 元。合同签订后，冯某支付了全部价款，甲公司将商铺交付但一直未办理产权过户手续。甲公司将自有商铺出租给乙公司经营，乙公司因经营不善停业。同年丙公司又在时代广场原址开业，次年丙公司也停业。2 次停业使得购买商铺的小业主们无法在时代广场内正常经营，部分小业主集体上访要去退房。期间，甲公司经过 2 次股东变更，新股东为盘活资产，拟对时代广场内的全部经营面积进行调整，重新规划布局，为此陆续与大部分小业主解除了商铺买卖合同，并开始在时代广场内施工。甲公司致函冯某解除合同，冯某不同意，因冯某坚持不退商铺，施工不能继续，6 万平米建筑闲置，同时冯某也不在其商铺内经营。甲公司诉到法院要求解除合同，能否获得法院支持？①可以。②有违约行为的一方当事人请求解除合同，没有违约行为的另一方当事人要求继续履行合同，当违约方继续履约所需的财力、物力超过合同双方基于合同履行所能获得的利益（履行费用过高），合同已不具备继续履行的条件时，为衡平双方当事人利益，可以允许违约方解除合同，但必须由违约方向对方承担赔偿责任，以保证对方当事人的现实既得利益不因合同解除而减少。

(二) 买卖合同中买方单方法定解除权

1. 主影响从，从不影响主。

因标的物的主物不符合约定而解除合同的，解除合同的效力及于从物。因标的物的从物不符合约定被解除的，解除的效力不及于主物。如电视机买卖合同中，电视机不合格，买方可解除合同；遥控器不合格，买方不可解除合同。

2. 解1物影响整体，可解数物。

标的物为数物，其中一物不符合约定的，买受人可以就该物解除，但是该物与他物分离使标的物的价值显受损害的，当事人可以就数物解除合同。

3. 分批交货。

(1) 一批不合格仅落空该批，解该批：出卖人分批交付标的物的，出卖人对其中一批标的物不交付或者交付不符合约定，致使该批标的物不能实现合同目的的，买受人可以就该批标的物解除。

(2) 一批不合格却落空全批，解全批：①出卖人不交付其中一批标的物或者交付不符合约定，致使今后其他各批标的物的交付不能实现合同目的的，买受人可以就该批以及今后其他各批标的物解除。②买受人如果就其中一批标的物解除，该批标的物与其他各批的物相互依存的，可以就已经交付和未交付的各批标的物解除。

(三) 商品房屋买卖合同中单方解除权

(1) "软房屋"：因房屋主体结构质量不合格不能交付使用，或者房屋交付使用后，房屋主体结构质量经核验确属不合格，买受人有权请求解除合同和赔偿损失。

例：【买房出重问题则退房，出轻问题则索赔】冯某与丹桂公司订立商品房买卖合同，购买了该公司开发的住宅楼中的一套住房。合同订立后，冯某发现该房屋存在问题，要求解除合同。冯某是否有权解除合同？①如房屋交付使用后，房屋主体结构质量经核验确属不合格，则冯某有权解除合同。②如房屋存在质量问题，在保修期内丹桂公司拒绝修复的，冯某无权解除合同，可以自行或委托他人修复，费用由出卖人承担。

(2) "毒房屋"：①严重问题：因房屋质量问题严重影响正常居住使用，买受人请求解除合同和赔偿损失的，应予支持。②轻微问题：交付使用的房屋存在质量问题，在保修期内，出卖人应当承担修复责任；出卖人拒绝修复或者在合理期限内拖延修复的，买受人可以自行或者委托他人修复。修复费用及修复期间造成的其他损失由出卖人承担。

(3) "贷款失败导致购房失败"：①单方原因：商品房买卖合同约定，买受人以担保贷款方式付款、因当事人一方原因未能订立商品房担保贷款合同并导致商品房买卖合同不能继续履行的，对方当事人可以请求解除合同和赔偿损失。②非当事人原因：因不可归责于当事人双方的事由未能订立商品房担保贷款合同并导致商品房买卖合同不能继续履行的，当事人可以请求解除合同，出卖人应当将收受的购房款本金及其利息或者定金返还买受人。

(4) "购房失败导致贷款失败"：①"不借了"：因商品房买卖合同被确认无效或者被撤销、解除，致使商品房担保贷款合同的目的无法实现，当事人请求解除商品房担保贷款合同的，应予支持。②"原路退钱"：商品房买卖合同被确认无效或者被撤销、解除后，商品房担保贷款合同也被解除的、出卖人应当将收受的购房贷款和购房款的本金及利息分别返还担保权人（银行贷款）和买受人（首付）。

> **秒杀**：借不了钱，穷，就买不了房。买不了房，穷，就不用借钱。

（5）拖 1 年不办证：约定或法定办理房屋所有权登记的期限届满后超过 1 年，由于出卖人的原因，导致买受人无法办理房屋所有权登记，买受人请求解除合同和赔偿损失的，应予支持。

（四）租赁合同中单方解除权

1. 承租人解除权。

（1）租赁物要命，承租人明知仍随时有单方法定解除权。

租赁物危及承租人的安全或者健康的，即使承租人订立合同时明知该租赁物质量不合格，承租人仍然可以随时解除合同。

（2）租赁物没了，承租人合同目的落空有单方法定解除权。

因不可归责于承租人的事由，致使租赁物部分或者全部毁损、灭失的，承租人可以要求减少租金或者不支付租金；因租赁物部分或者全部毁损、灭失，致使不能实现合同目的的，承租人可以解除合同。

（3）出租人导致租赁物没法用，承租人可以有单方法定解除权：①租赁物被司法机关或者行政机关依法查封。②租赁物权属有争议。③租赁物具有违反法律、行政法规关于使用条件强制性规定情形。

（4）一房数租，"租不到"的承租人有单方法定解除权：出租人就同一房屋订立数份租赁合同，不能取得租赁房屋的承租人有权请求解除合同、赔偿损失。

2. 出租人解除权。

（1）承租人野蛮使用，出租人可解除并索赔。

承租人未按照约定的方法或者租赁物的性质使用租赁物，致使租赁物受到损失的，出租人可以解除合同并要求赔偿损失。

（2）承租人野蛮装修，房东收房并索赔。

承租人擅自变动房屋建筑主体和承重结构或者扩建，在出租人要求的合理期限内仍不予恢复原状，出租人有权请求解除合同并要求赔偿损失。

（3）承租人不付租金，出租人有单方法定解除权。

承租人无正当理由未支付或者迟延支付租金的，出租人可以要求承租人在合理期限内支付。承租人逾期不支付的，出租人可以解除合同。

（4）承租人擅自转租，出租人有单方法定解除权：①承租人未经出租人同意转租的，出租人可以解除合同。②出租人知道或者应当知道承租人转租，但是在六个月内未提出异议的，视为出租人同意转租。

例：【证明责任】商业公司未获得出租人投资公司的同意，擅自将租赁房屋转租，投资公司享有法定解除权。商业公司主张投资公司对转租知情且 6 个月内没提出异议，投资公司否认其知情。谁承担证明责任？商业公司应就投资公司知道或者应当知道转租，且在六个月内未提出异议承担证明责任。

（五）融资租赁合同中的单方解除权

1. 双方都有单方解除权。

（1）出租人与出卖人订立的买卖合同解除、被确认无效或者被撤销，且未能重新订立买卖合同。

（2）租赁物因不可归责于当事人的原因毁损、灭失，且不能修复或者确定替代物。

（3）因出卖人的原因致使融资租赁合同的目的不能实现。

2. 出租人有单方解除权。

（1）承租人未付租金：承租人应当按照约定支付租金。承租人经催告后在合理期限内仍不支付租金的，出租人可以要求支付全部租金；也可以解除合同，收回租赁物。

（2）承租人擅自处分：承租人未经出租人同意，将租赁物转让、转租、抵押、质押、投资入股或者以其他方式处分的，出租人可以解除融资租赁合同。

3. 承租人有单方解除权。

因出租人的原因致使承租人无法占有、使用租赁物，承租人有权请求解除融资租赁合同。

（六）专利申请权转让合同中买方解除权

专利申请权转让合同当事人以专利申请被驳回或者被视为撤回为由请求解除合同，该事实发生在办理专利申请权转让登记之前的，法院应当予以支持；发生在转让登记之后的，不予支持。

例：【过户转移专利申请权风险】甲就 A 技术向专利部门申请专利后，将该专利申请权转让给乙，乙已经付款。后该专利申请被驳回，乙可否要求甲退钱？①如果专利申请权已经过户给了乙，则乙不可要求退钱。②如果专利申请权尚未过户给乙，则乙可要求退钱。

秒杀：过户前风险归卖方；过户后风险归买方。

（七）借款合同中，借款人改变用途，启动出借人单方解除权

借款人未按照约定的借款用途使用借款的，贷款人可以停止发放借款、提前收回借款或者解除合同。

（八）情势变更原则：能履行但是会不公平，可变可解

合同成立后，订立合同的基础条件发生了当事人在订立合同时无法预见的、不属于商业风险的重大变化，继续履行合同对于当事人一方明显不公平的，受不利影响的当事人可以请求与对方重新协商；在合理期限内协商不成的，当事人可以请求人民法院或者仲裁机构变更或者解除合同。人民法院或者仲裁机构应当结合案件的实际情况，根据公平原则确定变更或者解除合同。

（九）双方任意解除权

1. 不定期租赁合同（2个）

（1）不定期租赁合同：①租赁期限 6 个月以上的，应当采用书面形式。当事人未采用

书面形式，无法确定租赁期限的，视为不定期租赁。②租赁期间届满，承租人继续使用租赁物，出租人没有提出异议的，原租赁合同继续有效，但是租赁期限为不定期。③当事人对租赁期限没有约定或者约定不明确，视为不定期租赁。

（2）任意解除权：当事人可以随时解除合同，但是应当在合理期限之前通知对方。

2. 委托合同：委托人和受托人有任意解除权，但要负赔偿责任。（2 个）

（1）委托人或者受托人可以随时解除委托合同。

（2）因解除合同给对方造成损失的，除不可归责于该当事人的事由外，无偿委托合同的解除方应当赔偿因解除时间不当造成的直接损失。

（3）有偿委托合同的解除方应当赔偿对方的直接损失和可以获得的利益。

> **原理：**为什么规定委托合同的任意解除？①委托他人为财产管理，重在受托人供给的劳务，属于继续性合同；而委托他人为财产登记，则重在处理事务的结果，属于一时性合同。②委托合同是以双方信任为存在的条件，如果一方失信于另一方，继续履行合同已无必要，法律赋予了双方当事人的权利，即只要一方想终止合同，就可以随时解除合同，不需要任何理由。

3. 保管合同中寄存人有任意解除权，未定保管期的保管人有任意解除权。（1.5 个）

（1）寄存人可以随时领取保管物。

（2）当事人对保管期间没有约定或者约定不明确的，保管人可以随时要求寄存人领取保管物；约定保管期间的，保管人无特别事由，不得要求寄存人提前领取保管物。

4. 技术开发合同中双方有任意解除权。

因作为技术开发合同标的的技术已经由他人公开，致使技术开发合同的履行没有意义的，当事人可以解除合同。

（十）单方任意解除权

1. 承揽合同中定作人有（加工人没有）单方任意解除权。

定作人在承揽人完成工作前可以随时解除合同，造成承揽人损失的，应当赔偿损失。

> **原理：**为什么规定定作人在承揽人完成工作前有任意解除权？①承揽合同中的工作项目是为定作人的利益而进行的，如工作变得对定作人已没有意义，却仍要定作人忍受继续完成工作的结果，这不但不合理，且浪费了资源。②赋予定作人任意解除权的目的，并非为其免除报酬支付义务，而只是容许其阻止工作物继续给付。③只要对承揽人作出充分的损害赔偿，承揽人也完全没有损失。

2. 货物未运到目的地前货运合同中，托运人有单方任意解除权。

在承运人将货物交付收货人之前，托运人可以要求承运人中止运输、返还货物、变更到达地或者将货物交给其他收货人，但是应当赔偿承运人因此受到的损失。

3. 未定保证期间的最高额保证合同中，保证人有单方任意解除权。

保证人可随时通知银行中止保证合同，仅保护此前发生的主债权。

（1）最高额保证合同：保证人与债权人可以就单个主合同分别订立保证合同，也可以协议在最高债权额限度内就一定期间连续发生的借款合同或者某项商品交易合同订立一个保证合同。

（2）保证人随时终止：最高额保证合同未约定保证期间的，<u>保证人可以随时书面通知债权人终止保证合同</u>，但保证人对于通知到债权人前所发生的债权，承担保证责任。

4. 旅游合同中，游客在旅游行程开始前或者进行中均有任意解除权：旅行社退未实际发生的费用；扣留合理费用。

旅游行程开始前或者进行中，因旅游者单方解除合同，旅游者有权请求旅游经营者退还尚未实际发生的费用，或者旅游经营者有权请求旅游者支付合理费用。

5. 农村土地承包经营合同中，农民有任意解除权。

农村土地承包经营权合同的承包期内，<u>承包方可以自愿将承包地交回发包方</u>。承包方自愿交回承包地的，应当提前半年以书面形式通知发包方。承包方在承包期内交回承包地的，在承包期内不得再要求承包土地。

6. 保险合同中，投保人有任意解除权。

保险合同成立后，投保人可以解除合同，保险人不得解除合同。

记忆：不"旅游"，不"种地"，不"投保"，别"运"，别"作"。

（十一）解除权的除斥期间：法定或约定>知道解除事由之日起1年或经对方催告后合理期限内不行使

1. 法律规定或者当事人约定解除权行使期限，期限届满当事人不行使的，该权利消灭。

法律规定如在"商品房"买卖合同中，开发商迟延交房或购房人迟延付款，有"331"规则：

（1）开发商迟延交房或购房人迟延交款，守约方先催告，3个月没动静，守约方取得解除权。

（2）违约方再催告守约方（解除权人）解除与否，守约方3个月没动静，则守约方解除权归零。

（3）违约方没催告守约方（解除权人）解除与否，则守约方解除权在1年后归零。

例：【331规则】开发商1月1日应交房未交。①购房人1月5日催告+3个月+开发商没反应=购房人4月5日有解除权。②开发商4月10日反催告+3个月+购房人没表态是否解除=7月10日购房人解除权为0。③开发商没有反催告，则从购房人4月5日有解除权之日起+1年=次年4月5日购房人解除权为0。④如果开发商在次年4月5日之后才反催告=视为无催告。

```
                                        3个月
                  开发商4.10反催告        7.10=解除权消灭
   1.1  1.5购房人催告   4.5
                  开发商未反催告          次年4.5=解除权消灭
          3个月
                         1年
```

2. 法律没有规定或者当事人没有约定解除权行使期限，自解除权人知道或者应当知道解除事由之日起 1 年内不行使，或者经对方催告后在合理期限内不行使的，该权利消灭。

（十二）解除权的行使方式：通知到达主义

1. **必须通知对方**：当事人一方依法主张解除合同的，应当通知对方。

例：【向对方公司的股东发出解除通知】甲公司、乙公司和丙公司签订《合作协议书》，三方共同对目标地块进行房地产开发。乙公司将有义务将丙公司 100% 股权中的 10% 股权转让给甲公司。协议签订时，乙公司和丙公司的股东都是梅超风和陆玄风。《合作协议书》约定如丙公司没有买到 A 地块，则甲公司有权解除合同。后丙公司没有买到 A 地块，甲公司与梅超风、陆玄风签订《合作合同书》，约定《合作协议书》终止。《合作协议书》是否已经解除？①否。②甲公司要解除《合作协议书》，应将解除通知送达相对人乙公司。甲公司与乙公司的股东之间签订的协议不能约束甲公司和乙公司。③因甲公司的解除意思没有到达乙公司，故《合作协议书》尚未解除。

2. **通知到达对方时解除**。

（1）通知解除：①到达日：合同自解除通知到达对方时解除。②到达后的某日：解除通知载明债务人在一定期限内不履行债务则合同自动解除，债务人在该期限内未履行债务的，合同自通知载明的期限届满时解除。

（2）起诉解除：①民事起诉状或仲裁申请书副本送达日：当事人一方未通知对方而直接以诉讼或者仲裁方式主张解除合同，人民法院或者仲裁机构确认该主张的，合同自起诉状副本或者仲裁申请书副本送达对方时解除。②通知解除后又起诉解除则通知日解除：当事人通知解除合同后又向人民法院提起诉讼，请求判令解除合同的，人民法院经审查认为合同应当解除的，合同自解除通知到达对方时解除。

> **原理**：既然通知到达就解除，为什么法院还需要受理解除合同的诉讼？（1）形成权可区分为形成诉权和单纯形成权。（2）形成诉权，如因受欺诈而撤销合同的撤销权，需要到法院诉讼或仲裁机构仲裁。因为形成诉权形成的诉讼，民诉法上称之为"形成之诉"（变更之诉），即变更了原有民事法律关系，如因受欺诈而诉到法院撤销合同，合同由原来的可撤销变成了无效。（3）单纯形成权，如合同解除权，并不是必须到法院去起诉，自解除通知或抵销通知到达对方时即发生效力。因单纯形成权形成的诉讼属于什么诉？出现观点分歧：①观点 1，属于形成之诉，因为法院判决的实际效果是合同解除了。因为确认之诉是对已经存在的法律关系的确认，而形成之诉则是通过诉讼产生一种诉前尚不存在的法律后果。一旦法院确认了解除通知书有效，则双方之间的合同也就解除了，产生的法律效果是变更了双方的合同法律关系，其本质上还是达到了解除合同的法律效果，也即形成之诉的法律效果，即通过诉讼产生了一种诉前尚不存在的法律后果。②观点 2，属于确认之诉，因为法院是对当事人解除合同的确认。该观点认为，将解除权人直接起诉要求解除合同的诉请，理解为请求法院"转告通知"加"确认解除效力"。故合同解除诉讼，不管是解除权人诉前是否已经通知相对人而提起的诉讼，还是相对人提起的异议之诉，其实质都应是请求法院对合同解除行为的效力进行确认，乃确认之诉，而非形成之诉。

3. 对方可对解除提出异议：（1）对方对解除合同有异议的，任何一方当事人均可以请求人民法院或者仲裁机构确认解除行为的效力。（2）甲有解除权，发出了解除通知，乙提起异议之诉（消极的确认之诉＝确认合同没有解除），则乙的异议失败，合同的解除时间仍然是当初解除通知送达乙时。（3）甲无解除权，发出了解除通知，乙没有提起异议之诉，则合同仍然没有解除。

> **原理**：甲向乙发出解除通知，无论乙是否提起异议之诉，合同解除与否的判断标准都是甲是否有解除权，那么乙提异议之诉的价值何在？（1）"拖"。如果甲有解除权，异议人乙提异议之诉就是"拖"。法院判决驳回异议人乙的异议，合同解除的时间仍然是甲当初发出解除通知之日。异议人乙拖的目的是"现金流不受影响"，该向解除权人甲赔多少钱一分都不能少。如 1 月 1 日甲送达解除通知，乙提起异议之诉，法院审了几个月后判决异议方乙败诉，则应从 1 月 1 日起算（而非法院判决日起算）异议人乙应向解除人甲赔偿的利息损失。（2）"省钱"。如果甲没有解除权，异议人乙提异议之诉就没必要，完全可以置之不理，提起异议之诉并不是异议人乙的"义务"。如果甲无解除权却发出解除合同通知，相对方乙何必去提异议之诉？完全可以提给付之诉，请求甲继续履行。只能将乙提异议之诉（按件收取诉讼费）解释为暂时"省钱"，并不彻底解决纠纷。

（十三）解除后的法律效果

1. 合同解除后，尚未履行的，终止履行；已经履行的，根据履行情况和合同性质，当事人可以要求恢复原状或者采取其他补救措施，并有权要求赔偿损失。

（1）变更诉讼请求：在民诉法上，当事人未明确提出解除合同，直接请求合同解除的法律后果的，法院应当向其释明是否将解除合同作为诉讼请求。当事人经释明后拒不明确解除合同请求的，法院应当对合同是否应当解除进行审理，并在裁判文书判决说理部分予以说明。

（2）增加诉讼请求。在民诉法上，当事人请求解除合同，未根据诉请对方要求恢复原状、采取其他补救措施及赔偿损失的，法院应当向当事人进行释明是否增加诉讼请求。

（3）判决相互返还不超属于超出诉讼请求：在民诉法上，一方当事人基于合同解除请求相对方返还财产，法院经审理后认为合同应当解除并符合相互返还条件的，可以径行判令双方相互返还。

2. 合同因违约解除的，当事人可以请求违约方承担违约责任，但是当事人另有约定的除外。守约方可要求违约方赔偿可得利益损失。

例：【退房赔偿】甲乙签订房屋买卖合同，因甲交付的房屋质量存在问题无法修复，严重影响居住使用，乙有权解除合同。合同解除后，同地段同面积的房屋市场价已经上涨了 38 万元，乙可否要求甲赔偿 38 万元？可以。

3. 主合同解除后，担保人对债务人应当承担的民事责任仍应承担担保责任，但是担保合同另有约定的除外。

例：【借款人未按期还利息出借人解除合同】2018 年 10 月 6 日，尤金将 200 万元借给吴钱，借期 1 年，约定月利率 2%，并按月清息，由吴事连带责任担保。当日吴钱收到尤金的 200 万元。2019 年 5 月 6 日，尤金以吴钱未按约定清息为由（已欠 4 个月利息未清），诉至法院，请求法院判令解除借款合同，要求吴钱立即归还 200 万元并赔偿损失，吴事承担连带责任。尤金的诉讼请求能否获得支持？①可以。②解除合同：借款合同尚未到期，被告吴钱不付利息，构成默示预期违约，故尤金有权解除合同。③保证责任：主合同解除后，担保人对债务人应当承担的民事责任仍应承担担保责任。

4. 合同的权利义务终止，不影响合同中结算和清理条款的效力。

例：【仲裁条款独立】甲乙签订股权转让协议，约定发生纠纷提交 A 市仲裁委员会仲裁。因乙构成根本违约，甲通知乙解除合同，乙不同意，向法院提起异议之诉，法院是否受理？①否。②该纠纷应该由仲裁委员会解决。

例：【违约金条款独立】甲乙签订汽车买卖合同，因乙根本违约，甲解除合同，要求乙按合同约定支付违约金 1 万元，甲的主张是否成立？①成立。②买卖合同因违约而解除后，守约方主张继续适用违约金条款的，人民法院应予支持。③但约定的违约金过分高于造成的损失的（高于造成损失的 30%），违约方可请求法院适当降低。

第八章　合同责任

　　甲将学区房卖给乙后，未办理户口迁出手续，乙可以要求甲继续履行吗？可以要求甲赔偿损失吗？可以要求甲支付违约金吗？答：应根据实际情况适用不同的违约责任承担形式（继续履行、补救措施、赔偿损失、违约金）。甲隐瞒真实情况，将被"树葬区"环绕的房屋卖给了乙，乙以受欺诈为由撤销该房屋买卖合同，可否要求甲承担赔偿责任？答：可以，这是缔约过失责任。

第一节　违约责任

一、违约行为

　　（一）预期违约：当事人一方明确表示或者以自己的行为表明不履行合同义务的，对方可以在履行期限届满之前要求其承担违约责任（履行期届满前）

　　1. 明示预期违约：合同履行期限到来之前，一方向对方当事人明确表示不履行合同义务。

　　2. 默示预期违约：合同履行期限到来之前，一方虽未明示不履行债务，但以自己的行为表明其将不会或不能履行债务。

> 　　**原理**：预期违约存在哪些规范竞合？①预期违约径直指向违约责任：只要乙有预期违约行为，守约方甲即可在履行期限届满前请求违约方乙承担违约责任。②严重预期违约指向解除合同：只有乙预期违反主要债务，守约方甲才可主张解除合同。③"后方预期违约"导致先方不安，指向不安抗辩，进而指向解除：甲应5月1日付款，乙应10月1日交货。乙在4月1日称将来不交货，在5月1日乙请求甲付款，则甲可以行使不安抗辩权，暂停付款，待乙提供担保后恢复履行。如乙不提供担保，则甲可解除合同。

　　（二）现实违约：当事人一方不履行合同义务或者履行合同义务不符合约定的，应当承担继续履行、采取补救措施或者赔偿损失等违约责任（履行期届满后）

　　1. 不履行

　　（1）拒绝履行：债务人能够履行却对债权人表示不履行。通过意思表示拒绝或通过行为予以拒绝，如债务人将应交付于债权人的标的物又转卖他人。

　　（2）履行不能：债务人客观上不能履行。如当事人签订房屋买卖合同后，交付房屋前，房屋在出卖人处毁损。

2. 不适当履行

（1）瑕疵履行

①瑕疵给付：给付本身不完全，具有瑕疵。如给付的标的物的品质不当、数量不当。

②加害给付：因债务人的履行行为有瑕疵，使债权人的其他利益（人身或财产）受到损害。因当事人一方的违约行为，损害对方人身权益、财产权益的，受损害方有权选择请求其承担违约责任或者侵权责任。

例：【手机买卖】甲将手机卖给乙。如何评价手机引发的损害责任性质？①如果手机不能充电，则甲构成瑕疵给付，乙可要求甲承担违约责任，乃合同责任。②如果手机充电过程中爆炸，仅损坏了手机，则甲仍然构成瑕疵给付，乙仍然可要求甲承担违约责任，乃合同责任。③如果手机充电过程中爆炸，不但损坏了手机，还炸伤了乙的胳膊，则甲属于"加害给付"，因为甲的违约行为导致乙履行利益（手机）和"固有利益"（手臂）的损害，故乙可选择诉甲承担违约责任或侵权责任。

例：【电热壶漏电伤人】李某用 100 元从甲商场购买一只电热壶，使用时因漏电致李某手臂灼伤，花去医药费 500 元。经查该电热壶是乙厂生产的。如何评价本案法律关系？①合同角度：李某和商场之间有合同，商场构成加害给付，李某可选择诉违约或侵权，请求商场赔偿 500 元。②侵权角度：电热壶属于产品，因瑕疵导致侵权，厂家和商家对此承担不真正连带侵权责任，李某可以要求厂家和商家承担侵权责任，如最后查明瑕疵由厂家导致，则商家全额向厂家追偿；如最后查明瑕疵由商家导致，则厂家全额追商家。

> **原理：** 加害给付出现违约责任或侵权责任的竞合是指什么的竞合？①是指赔偿损失的竞合，而不是其他责任方式的竞合。②违约责任方式有继续履行、采取补救措施、支付违约金、赔偿损失。③侵权责任方式包括停止侵害、排除妨碍、消除危险、返还财产、恢复原状、赔礼道歉、消除影响、恢复名誉和赔偿损失。

（2）部分履行：如借款合同中仅支付了部分利息。

3. 迟延履行

（1）迟延给付：债务人迟延履行。

（2）迟延受领：债权人迟延受领。债务人按照约定履行债务，债权人无正当理由拒绝受领的，债务人可以请求债权人赔偿增加的费用。在债权人受领迟延期间，债务人无须支付利息。

例：【债权人迟延受领】甲、乙因合伙经商向丙借款 3 万元，甲于约定时间携带 3 万元现金前往丙家还款，丙因忘却此事而外出，甲还款未果。甲返回途中，将装有现金的布袋夹放在自行车后座，路经闹市时被人抢夺，不知所踪。丙可否要求甲乙继续还款？①可以。②甲乙合伙对外负连带责任。③债权人丙受领迟延，但与 3 万元现金被抢夺无直接因果关系。④丙可要求甲乙继续还款，但丙应向甲乙承担受领迟延而增加的费用。

二、违约责任

（一）无过错原则：一方有违约行为，即须向对方负违约责任，除非有免责事由（"不可抗力"）

例：【穷不是可以违约的理由】甲乙签订了租赁合同，乙未按期向甲支付租金。甲要求乙承担违约责任，乙称因丙欠乙货款一直未付，其不是故意违约，拒绝甲的请求。乙的主张是否成立？①否。②因为违约责任坚持无过错原则（又称严格责任），即不考虑违约方是否恶意违约，只要有违约行为均须承担违约责任。③它不注重于对过错的惩罚，而注重于补偿债权人的损失。

> 问：是否存在适用过错原则的违约责任？（1）有。（2）《民法典》合同编通则中违约责任适用无过错原则。（3）但在典型合同中如会适用过错原则，以过错作为确定行为人责任的要件。①如租赁合同中承租人过错责任：承租人应当妥善保管租赁物，因保管不善造成租赁物毁损、灭失的，应当承担损害赔偿责任。②赠与人对赠与财产瑕疵导致受赠人损失的过错责任：赠与人故意不告知瑕疵或者保证无瑕疵，造成受赠人损失的，应当承担损害赔偿责任。③保管人保管不善的过错责任：保管期间，因保管人保管不善造成保管物毁损、灭失的，保管人应当承担损害赔偿责任，但是保管是无偿的，保管人证明自己没有故意或者重大过失的，不承担损害赔偿责任。④有偿受托人过错责任、无偿受托人故意或重大过失责任：有偿的委托合同，因受托人的过错给委托人造成损失的，委托人可以要求赔偿损失。无偿的委托合同，因受托人的故意或者重大过失给委托人造成损失的，委托人可以要求赔偿损失。⑤仓储合同保管人保管不善的过错责任：储存期间，因保管人保管不善造成仓储物毁损、灭失的，保管人应当承担损害赔偿责任。因仓储物的性质、包装不符合约定或者超过有效储存期造成仓储物变质、损坏的，保管人不承担损害赔偿责任。⑥客运合同承运人对旅客自带物品损失的责任：在运输过程中旅客自带物品毁损、灭失，承运人有过错的，应当承担损害赔偿责任。

> 问：不可抗力是否都是免责事由？①是：当事人一方因不可抗力不能履行合同的，根据不可抗力的影响，部分或者全部免除责任，但是法律另有规定的除外。因不可抗力不能履行合同的，应当及时通知对方，以减轻可能给对方造成的损失，并应当在合理期限内提供证明。②不是：当事人迟延履行后发生不可抗力的，不免除其违约责任。

（二）违约责任特点

1. 违约责任是违反有效合同的责任，合同有效是承担违约责任的前提。无效合同不存在违约责任可能。如违建租赁合同无效，任何一方均不可诉违约责任。

2. 违约行为侵害的客体是合同对方的债权，故债权受到侵害，原则上是适用违约责任制度予以解决，不求诸侵权责任制度。

3. 违约责任具有补偿性，违约责任以损害赔偿为主要责任形式。

4. 违约责任具有一定的任意性，违约责任可以由当事人在法律规定的范围内约定，具有一定的任意性。

（三）违约责任形态

1. 一般违约责任：当事人一方不履行合同义务或者履行合同义务不符合约定的，应当承担继续履行、采取补救措施或者赔偿损失等违约责任。

2. 瑕疵担保责任：履行不符合约定的，应当按照当事人的约定承担违约责任。对违约责任没有约定或者约定不明确，受损害方根据标的的性质以及损失的大小，可以合理选择要求对方承担修理、重作、更换、退货、减少价款或者报酬等违约责任。

例：【减价权=形成权=单方说了算】甲将二手车以 27 万元卖给乙，双方交车付款完毕，乙收车后方知该车实际为事故车，市价为 20 万元。乙有权主张什么法律救济措施？①以受欺诈为由撤销合同，退车退钱要求甲承担缔约过失责任。②以合同目的落空为由解除合同，退车退钱要求甲承担违约责任。③要求直接减少价款，即向甲发出减价通知，减少到 20 万元。自通知送达甲之日，甲即应向乙退款 7 万元，自此日起算甲逾期退款的利息，因为减价权是形成权，自通知到达对方时发生效力。如果乙尚未付款，也可发减价通知给甲，直接付款 20 万元即视为履行了全部付款义务。

三、违约责任形式之继续履行

（一）能不能请求继续履行

1. 金钱之债=继续履行。

当事人一方未支付价款、报酬、租金、利息，或者不履行其他金钱债务的，对方可以要求其支付。

例：【人穷志不短】如贷款买房，后房屋被洪水冲毁，贷款人需要继续向银行还款。

2. 非金钱之债=继续履行+例外不继续履行。

一方不履行非金钱之债，对方可以请求继续履行，如买方甲请求卖方乙按合同约定交付汽车并且办理过户手续。但有下列情形则不能适用继续履行：

（1）法律上不能。

例：【房被过户：过户人>钥匙人】甲将房屋先卖给"钥匙人"乙，后又卖给了"过户人"丙。乙诉甲承担违约责任，因房屋已经不是甲的，这是"法律上不能"，故乙不能要求甲承担继续履行（过户房屋）的违约责任，只能请求甲承担其他方式的违约责任。如法院强行判决甲过户房屋，则判决处分了丙的房屋，这属于"判决错误"。

（2）事实上不能。

例：【车被烧】甲将汽车出卖给乙，收了乙款后甲未交付汽车，因汽车被烧毁。这是"事实不能"，乙不能请求甲继续交付汽车，只能请求甲承担其他方式的违约责任。

（3）债务的标的不适于强制履行。当事人一方不履行债务或者履行债务不符合约定，根据债务的性质不得强制履行的，对方可以请求其负担费用，由第三人替代履行。

例：【不讲课】甲与乙签订授课合同，甲拒绝授课，乙诉甲承担违约责任，因讲课属于有人身性的劳务，故乙不可要求甲继续履行，可请求甲承担其他方式的违约责任。或者乙找到丙代替讲课，请甲负担费用。

（4）履行费用过高。

例：【没开业】 甲公司将3万平方米商厦分割成商铺销售给90家业主。魏某购买商铺一间，面积20平方米。双方依约付款及交铺，但一直未办理产权过户。乙公司承租商厦，后因经营不善倒闭，导致商厦停业，众业主纷纷解约。甲公司被迫回购商铺，对大厦重新布局。回购中，仅有魏某不愿退铺，导致6万平方米商厦不能完成重新布局。<u>魏某是否有权要求甲公司继续履行合同办理商铺过户？</u> 否。履行费用过高。

（5）债权人在合理期限内未要求履行。

例：【不开口】 甲乙签订设备买卖合同，甲一直未交付设备，向乙发函表示赔钱。乙在合理期限内未表态也未要求甲继续履行。乙不得再向甲请求继续履行，只能请求甲承担其他方式的违约责任。

> **原理：** 什么是合理期间1次用尽？①如乙在合理期间请求甲履行，则乙请求甲继续履行的权利不消灭。②甲仍不履行，则开始起算乙请求甲继续履行的3年诉讼时效。③如乙一直"躺在"权利上睡觉，一旦诉讼时效已过，则甲可提出"不要脸抗辩"，拒不继续履行。

> **秒杀：** 执行局能执行吗？不能执行的话，审判庭就不能判继续履行，当事人就无权请求继续履行。

> **原理：** 民诉法上，一方请求违约方继续履行，但是案件符合上述不得强制继续履行情形的，法院应向原告释明是否变更诉讼请求为解除合同并要求违约方承担违约责任。当事人拒绝变更的，法院可判决驳回原告的诉讼请求。

3. 预约合同中一方违反预约，对方不得请求强制继续履行预约（即签订本约）。

（二）请求继续履行与其他请求可否同在？

1. **请求继续履行和请求赔偿损失可同在：** 当事人一方不履行合同义务或者履行合同义务不符合约定的，在履行义务或者采取补救措施后，对方还有其他损失的，应当赔偿损失。

2. **请求继续履行和请求支付迟延履行违约金可同在：** 当事人就迟延履行约定违约金的，违约方支付违约金后，还应当履行债务。

3. **请求继续履行和请求解除合同不可同在：** 因为这是自相矛盾。

	赔偿损失	迟延履行违约金	合同解除	预约
继续履行	√	√	×	×

四、违约责任形式之赔偿损失

（一）填补原则＝直接损失＋可得利益

1. 直接损失和可得利益：事人一方不履行合同义务或者履行合同义务不符合约定，给对方造成损失的，损失赔偿额应当相当于因违约所造成的损失，包括合同履行后可以获得的利益（法定计算）。当事人可以约定因违约产生的损失赔偿额的计算方法（约定计算）。

例：【直接损失＋可得利益】甲经乙中介公司介绍与丙签订房屋买卖合同，因房价上涨，甲将房屋转卖给了丁。丙向乙中介公司支付了 5 万元服务费，且同地段房屋上涨了 25 万元。丙可向甲主张赔偿损失范围是什么？①5 万元服务费为直接损失。②房屋上涨 25 万元为可得利益。

2. 直接损失包括人身损害。

例：【直接损失包括人身损害】赵某从商店购买了一台甲公司生产的家用洗衣机，洗涤衣物时，该洗衣机因技术缺陷发生爆裂，叶轮飞出造成赵某严重人身损害并毁坏衣物。如赵某诉商店违约，可以提出什么要求？①更换洗衣机、退货、赔偿衣物损失和赔偿人身损害。②因加害给付导致人身损害（如医疗费支出），权利人可通过诉违约主张人身损害。

3. 精神损害：损害对方人格权的违约行为。

（1）《民法典》合同编通则没有规定支持诉违约可以主张精神损害。（2）《民法典》人格权编规定诉"违约"可以索赔精神损害，"因当事人一方的违约行为，损害对方人格权并造成严重精神损害，受损害方选择请求其承担违约责任的，不影响受损害方请求精神损害赔偿"。（3）违约行为导致损害对方人格权且造成严重精神损害，对方才可诉违约主张精神损害赔偿。

例：【一般违约中的"精神痛苦"】甲乙签订汽车买卖合同，乙打算购买新车赠与心仪女神丙。甲交付给乙的车乃二手车，丙发现后黯然神伤，与乙分手。乙诉甲违约要求甲赔偿精神损害，可否支持？①否。②乙诉甲违约，但损害赔偿范围不包括此等"精神损害"。③任何一个违约行为都会给对方造成"精神痛苦"，如果都支持，不但违反了"可预见规则"，也会导致当事人不敢缔约，会阻碍交易。

例：【加害给付损害财产权的"精神痛苦"】甲乙签订汽车买卖合同，甲向乙交付了质量有问题的汽车，发生自燃，烧毁了乙的手机和车内衣物。乙诉甲违约要求甲赔偿精神损害，可否支持？否。

例：【加害给付侵害特定财产"人格物"的"精神痛苦"】沈某与刘某都是独生子女，两人于 2010 年 10 月登记结婚。2012 年 8 月，因自然生育困难，沈某与刘某到南京市鼓楼医院，通过人工辅助生殖方式培育了 13 枚受精胚胎，其中 4 枚符合移植标准。但就在植入母体前一天，夫妻二人因交通事故死亡。夫妻双方的父母就 4 枚冷冻胚胎的归属产生争议，协商不成，诉诸法院。2013 年 11 月 25 日，江苏省宜兴市人民法院立案后，依法追加南京市鼓楼医院为第三人。鼓楼医院认为，根据卫生部的相关规定，胚胎不能买卖、赠送和禁止实施代孕。由此提出，胚胎不具有财产的属性，原、被告都无法继承；沈某夫妇生前已与医院签署手术同意书，同意将过期胚胎丢弃；所以请求法院驳回原告的诉讼请求。<u>4 枚冷冻胚胎的监管和处置权归谁?</u>①归沈某父母和刘某父母。②如鼓楼医院丢弃冷冻胚胎,则沈某父母和刘某父母可诉鼓楼医院侵权或违约。如诉违约,可主张索赔精神损害。

例:【加害给付侵害人格权中的"精神痛苦"】甲乙签订汽车买卖合同,甲向乙交付了质量有问题的汽车,发生自燃,烧毁了乙的手机、衣物,灼伤乙的手臂。<u>乙诉甲违约要求甲赔偿精神损害,可否支持?</u>可以。

> **秒杀:**违约造成对方财产直接损失、财产可得利益损失、人身损失、人身("人格物")损失中的精神损害,都要赔偿。

(二)限制范围=可预见+减损+双方违约+过错相抵+损益相抵

1. 不超过"可预见"范围:守约方不得向违约方索赔超过违约一方订立合同时预见到或者应当预见到的因违反合同可能造成的损失,称之为"可预见规则"。

例:【恋爱损失不可预见】甲将房屋卖给乙,乙用于结婚。乙支付购房款后,甲毁约不交房。乙女友丙因此与乙分手,乙谈恋爱 5 年合计支出 25 万元。<u>乙可否要求甲赔偿恋爱支出?</u>①否。②违反了甲在签约时可以预见的范围。

例:【违约损失可预见】甲公司和乙公司在 7 月 22 日签订了《"泰晤士小镇"市场推广演出合同》,乙公司为积极履行合同,与丙演艺公司签订了演出合同,向丙公司支付了 5 万元定金、服装设计和制作费、公司策划费和管理费、舞蹈编导、礼仪编导、音乐编辑等费用合计 1.8 万元。甲公司在 9 月 11 日突然告知乙公司停止对原合同的履行,导致乙公司对丙公司构成违约承担了赔偿责任。<u>乙公司请求甲公司赔偿 5 万元定金以及上述费用合计 1.8 万元,能否获得支持?</u>①可以。②甲公司可以预见,乙公司为履行合同会与演艺公司签订演出合同等协议。③根据合同性质和商业惯例,甲公司能够预见定金的存在。④相关费用属于演出前必须指出的费用,且推广演出合同的附件有载明,甲公司能够预见。

> **原理 1:**违约责任赔偿范围中,哪些损害属于"常见"可预见范围?①责任损害,即甲违反与乙签订的演出合同,乙为履行演出合同与丙签订了演出合同,乙对丙需负违约责任,甲对此可以预见。②利润损失,甲乙签订菊花买卖合同,后甲因菊花未按期开放,违约未交付菊花。乙已经和丙花店签订了菊花转卖合同,可以获得的利润,对此甲能预见需要向乙赔偿。
>
> **原理 2:**侵权赔偿范围中为什么不存在可预见规则限制?合同是鼓励交易,控制赔偿范围。侵权是避免侵权,不控制赔偿范围。

2. 减少损失扩大。当事人一方违约后,对方应当采取适当措施防止损失的扩大;没有采取适当措施致使损失扩大的,<u>不得就扩大的损失要求赔偿</u>。当事人<u>因防止损失扩大而支出的合理费用</u>,由违约方负担。

例:【承包方自己不种地损失自负】泰来县某村村民方某与同村梁某签订了一份《土地转让合同书》,约定方某将自己承包的耕地 40 亩转包给梁某 2 年,转包费 2 万元。梁某在签订合同时给付方某转包费 1 万元,剩余 1 万元于当年年底给付。逾期,方某多次索要无果后将梁某起诉至法院，要求给付余欠的 1 万元转包费。被告梁某提出反诉称，双方在《土地转让合同书》中约定，原告方某必须在 2015 年 4 月底前将转包 40 亩地中的 20 亩地树苗起出，如果违约，可不支付尾欠承包费。方某并未在约定的期限内将树苗起出，应当承担违约责任，同时要求赔偿清理树苗及因没耕种 20 亩地产生的损失共 1.2 万元。经庭审查明，梁某的答辩意见属实，被告雇挖掘机将 30 亩地的树苗起出，花费 4500 元，但起树苗仅用了一天时间，并不影响农时。本案法院应如何处理？①承包方梁某金钱之债的违约责任：梁某应按约定给付原告方某转包费 1 万元。②转包方方某起出树苗义务的违约责任：方某未在合同约定期限内起出树苗，应当承担违约责任。赔偿范围仅包括 4500 元雇车起树苗费用，不包括梁某提出的未种土地产生的损失，因为该损失是梁某自己"过错"导致，其怠于耕种，违反了"避免损失扩大"的义务，该扩大损失应由梁某自负。③法院判决梁某给付方某承包费 1 万元，方某赔偿梁某 4500 元，相互冲抵，梁某给付方某承包费 5500 元。

例：【出租房自己不收回摊位损失自负】2018 年 9 月 11 日，李甲与张丙双方签订一份摊位租赁合同，约定：李甲将某农贸市场一牛肉摊位租赁给张丙经营，租赁期限从 2018 年 10 月 1 日至 2019 年 9 月 30 日止；年租金为 3.5 万元，先付租金后使用，且需一次性付清；如张丙未按时向李甲缴纳租金，超过 7 天以上，李甲可提前解除合同，因此解除合同的，张丙应按租金总额的 10% 支付违约金。张丙在经营过程中认为该摊位边经营鱼类影响其销售牛肉，故经营 18 日后就未再经营，仅支付摊位费 3000 元。为此李甲起诉至法院，要求判令张丙立即支付摊位租赁费 3.2 万元，并承担 10% 的违约金。本案法院如何处理？①李甲在张丙违约并符合解除合同的情形下未解除合同，对因此扩大的损失不得要求赔偿。②张丙以摊位边经营鱼类影响其经营的抗辩不足以对抗租金的支付。③法院判决张丙支付 18 天摊位租金 1726 元，违约金 3500 元，共计 5226 元，扣除已付 3000 元，需再支付 2226 元。

例：【托运人自己不办运输证损失自负】李某因为要委托他人在外地办理营运货车年审业务，于是将自己的车辆相关证件交由甲快递公司寄往外地，后该包裹在交由甲快递公司运输途中丢失。该包裹遗失后，由于这些证件丢失，致使车辆无法运营。之后在甲快递公司为李某补办该车的证件过程中，因该车历年的年审都是通过非正当途径违规办理，需补缴约 9000 元罚款才能补办，但双方均拒绝交纳该笔罚款，导致该车的道路运输证至今没有补办。后双方对损失赔偿协商未果，李某诉至法院，请求判令甲快递公司承担李某的丢失物品造成的损失以及自寄发快递日到起诉止合计 227 天的停运损失。本案法院如何处理？①快递公司不慎将快件遗失，造成李某损失，应当承担赔偿责任。②但李某要求甲快递公司承担车辆自寄发快递日至起诉止共计 227 天计算停运损失，不能支持。③根据行政许可法的规定，证照办理的时间一般不超过 30 日，法院酌情认定该车按正常程序办理运输证的时间还需 30 天。④法院认定该车的停运期间只能计算办理证件期间的停运损失，对李某本人原因拖延办理运输证导致停运至今而扩大造成的损失，甲快递公司不承担赔偿责任。

3. 双方违约：当事人都违反合同的，应当各自承担相应的责任。

例：【把猫管瞎＝双方违约】甲将小猫交给宠物店保管，但是某甲没有按照约定支付保管费。宠物店由于过失，导致小猫受伤一只眼睛失明。某甲请求赔偿，宠物店以某甲没有支付保管费为由主张免除责任。<u>如何分析本案涉及法律关系？</u>①甲可诉宠物店侵权或违约。②甲诉侵权，则宠物店可提出反诉请求支付保管费。③甲诉违约，宠物店可反诉请求支付保管费。④从违约角度观察，甲未支付保管费，构成违约；宠物店未妥当保管，构成违约。这就属于双方违约，各自承担相应的责任。⑤从物权角度观察，甲主张保管费债权，对小猫可启动留置权。

> **原理：** 既然有同时履行抗辩权、顺序履行抗辩权和不安抗辩权，为什么还会存在双方违约？①比如甲乙签订买卖合同，未约定同时履行，甲不履行，则乙也可以不履行且不构成违约，乙是主张同时履行抗辩权（无人违约）。②比如甲乙签订买卖合同，约定甲先履行，乙后履行，如果乙存在令甲不安情形，甲可以不履行且不构成违约，这是行使不安抗辩权（无人违约）。③比如甲乙签订买卖合同，约定甲先履行，乙后履行，甲没有履行却请求乙履行，乙可以不履行且不构成违约，这是行使顺序履行抗辩权（只有1方违约）。④抗辩权都是从拒绝履行角度说明未履行义务的人不构成违约，但是一旦双方都履行了，履行都有瑕疵，就会存在双方违约问题。

4. **过错相抵：** 当事人一方违约造成对方损失，对方对损失的发生有过错的，可以减少相应的损失赔偿额。

例：【发错电话＝过错相抵】农场向水果店商家出售一批新鲜水果，农场由于装箱耽误，发货迟延2天。又由于水果店商家误将收货人的电话号码最后一位数写错，出卖人发货后又在路上耽误了1天。最终造成水果店商家损失10万元。<u>如何评价本案"过错相抵"？</u>出卖人迟延发货、送货造成了买受人的损失，只有一个损害结果，应由出卖人承担赔偿责任，但是买受人对于该损失的造成也存在过错，裁判机构应结合具体情事，适当减轻出卖人的赔偿金额，案件处理的重点在于平衡双方利益冲突。

例：【没妥当停放＝过错相抵】2019年2月16日凌晨，翟某存放在某小区23号楼楼下的电动自行车一辆被盗。2019年2月15日夜21时、24时许、2019年2月16日早4时、6时许，物业公司进行了夜间巡逻，并向公安机关提供了相关地点的监控录像，监控录像显示：2019年2月16日凌晨2时许，嫌疑人在18号楼三单元北侧向东的监控画面中出现，并将停放在23号楼1单元门口西侧的一辆电动自行车盗走。小区内未设有专人看守的存车场地，物业公司亦不收取存车费。2019年2月16日，翟某向北京市公安局派出所报案，派出所作为治安案件受理。截至2019年7月8日，派出所尚未找回丢失车辆。翟某以物业公司没有门岗值班未尽到物业服务义务为由要求其承担全部损害赔偿责任。<u>法院应如何处理？</u>①本案属于"加害给付"。②物业公司应当提供的物业服务内容包括门岗值班等，其虽提供了夜间巡逻、拍摄监控录像等安全防范服务，但考虑到涉案电动自行车被盗发生在凌晨2时许，而物业公司与业主约定的物业服务内容尚包括门岗值班，故物业公司在应当提供门岗值班服务的情况下未防止盗窃事件发生，管理和服务存在一定瑕疵，应当在未充分完成安全防范义务的合理范围内承担一定的赔偿责任。③因翟某在自家具备较安全存放条件的情况下将电动自行车停放于单元楼外，其对自己的个人物品未尽到妥善保管的义务，存在一定过错。④如翟某诉违约，翟某作为合同一方，对自己过错要负担损失。⑤如翟某诉侵权，翟某作为受害人有过错，须减轻加害人责任。

> **原理**：如何区分双方违约和过错相抵？①双方违约是有 2 个违约行为（甲害乙，乙害甲），有 2 个违约责任，且该责任不限于损害赔偿，包括继续履行、补救措施、违约金的违约责任，案件处理侧重界定违约行为，确定违约责任承担方式。②过错相抵是 1 个违约行为（甲害乙，乙还是害乙），1 个损害结果，但是守约方对损害结果有过错（不是违约行为），减轻违约方的责任。

5. 损益相抵：当事人一方因对方违约而获有利益，违约方有权主张从损失赔偿额中扣除该部分利益。(1) 损害赔偿成立。(2) 债权人受有利益。(3) 损害事实与利益之间存在"直接"因果关系。

例 1：【打车损失省下自家车油费是"益"】甲将自己的车借给乙，甲乙之间存在借用合同关系，约定的使用期限届满乙尚未归还，甲不能使用自己的车产生若干打车费用 500 元。如甲起诉要求乙赔偿打车费，如何适用损益相抵规则？应当在 500 元打车费用中扣除若甲正常开车产生的油费，这样对双方才显得公平。

例 2：【占有使用房屋是"益"】2013 年，黄某房屋作价 169 万元售予陆某并交付。2015 年，陆某诉请过户遭拒，遂诉请解除合同，并返还房款及利息，同时赔偿房屋增值损失 54 万元。黄某反诉陆某支付占有房屋期间的使用费。本案如何处理？①陆某主张：房屋买卖合同系以房屋所有权转移为核心给付义务的一时性合同，履行行为不具有持续性。故此类合同解除具有溯及力，即导致合同关系自始消灭，已完成的履行行为均丧失合同依据。故在合同解除前提下，双方当事人就已交付房屋及支付房款应互相返还。陆某有权请求黄某赔偿可得利润即房屋增值损失 54 万元。②黄某主张：一方违约造成相对人损失并同时产生相应利益的，应采取损益相抵的处理方式。关于陆某已占有房屋期间，黄某对陆某享有不当得利返还请求权，而陆某对黄某享有履行利益损失赔偿请求权。根据损益相抵原则，二者互相抵销，故对黄某主张房屋使用费请求不予支持。

例 3：【房价上涨不是"益"】2014 年，买方顾某、张某与卖方某公司签订《商品房买卖合同》，约定买方向卖方购买商品房一套，购房款分两期支付。合同签订当天，买方支付了首期款。随后，买方（借款人）、卖方（担保人）以及某某银行（出借人）签订《个人住房借款合同》，约定买方向银行借款用于购置前述房屋，贷款一次性划入卖方银行账户，贷款期限为 20 年，卖方则为买方向银行提供连带责任保证，保证范围包括借款本金、利息、违约金等。《个人住房借款合同》签订后，银行按约如数放款至卖方账户。在贷款期限内，买方由于经济原因无法偿还银行贷款，向银行出具停止归还按揭贷款的说明。随后银行通知卖方履行保证责任，并在其银行账户内划扣了买方结欠的全部本息。卖方遂向买方寄送《解除合同通知书》，通知解除合同并要求其办理结算退款手续。由于双方协商不成，卖方提出诉讼请求，要求确认合同解除，并要求买方返还房屋、支付占用损失并按照合同约定支付解约违约金。买方认为：如果买方需承担违约责任，则应该适用损益相抵原则。因为案涉房屋的价格在 2017 年大幅上涨，若房屋交还卖方，卖方不但没有任何损失，还因为房价上涨牟取了巨额利润，该利润应当抵销违约金。买方关于适用"损益相抵"的主张是否成立？①不成立。②卖方因房产价格上涨所受利益，是由房地产市场波动因素所致，并非买方的违约行为发生的直接后果，因此，损害与利益之间无因果关系，不得相抵。

例4：【医保报销不是"益"】甲乘坐公交车时候因公交公司司机操作失误的原因受伤，花费医疗费用1万元，而其作为城镇居民可以通过医保报销8000元。如何评价本案法律关系？①公交公司构成加害给付。②甲可诉公交公司侵权，也可诉公交公司违约。③职工的基本医疗保险，在每个自然年度内统筹基金有最高支付限额，该基金的使用会直接影响到职工今后就医时自付部分的比例，因此统筹基金支付的费用亦属于受害人的实际损失，不是"益"。④甲诉公交公司合同或侵权，均可主张1万元医疗费。⑤医保已支付的费用，可由社保部门按"不当得利"直接向当事人追偿8000元。⑥假如甲因为受伤，其友乙馈赠10万元以"压惊"帮助甲"渡过难关"，这不是甲的"益"。

> **秒杀**：守约方能得到多少赔偿？对方可预见吗，自己避免损失扩大了吗，自己违约了吗，自己有错吗，自己得益了吗？一句话，看公平还是不公平。

五、违约责任形式之违约金责任

（一）违约金责任和损害赔偿责任有什么本质差异？证明事项完全不同

1. 违约金

（1）原告主张违约金，只需要证明被告有违约行为+合同存在违约金条款，这个容易做到。

（2）所谓违约金条款，即当事人可以约定一方违约时应当根据违约情况向对方支付一定数额的违约金。

2. 赔偿损失

原告主张赔偿损失，一旦当事人未约定损失赔偿额的计算方法，则要启动法定的计算规则即包括直接损害和可得利益，原告需要证明被告有违约行为+自己的直接损害和可得利益，这个很难做到。

例：【装修支出没发票】甲乙签订房屋租赁合同，约定租户乙有权装修房屋，乙装修后正准备入住，甲要求提前收房，愿意向乙赔钱。如果未约定违约金，则乙要证明其装修投入是非常困难的，因为乙在请人装修时，一般不会要求装修人开具发票。

> **秒杀**：原告向被告主张违约金责任，比向被告主张损害赔偿责任更轻松。

（二）一般的违约金责任"变相具有惩罚性"，但要回归补偿性，避免惩罚性

1. 违约金<损失

约定的违约金低于造成的损失的，人民法院或者仲裁机构可以根据当事人的请求予以增加。增加后的违约金数额以不超过实际损失额为限，增加违约金以后，当事人又请求对方赔偿损失的，人民法院不予支持

例：【违约金80，损失100】甲乙签订合同，约定违约金80万元，甲违约造成乙损失100万元。如何评价诉讼思路？①道路1：乙诉甲支付违约金80万元，不能弥补全部损

失，故可请求增加到 100 万元。②道路 2：乙诉甲赔偿 100 万元。③道路 1 至少有保底的违约金 80 万元，道路 2 就没谱，因为原告提交的损失证据能被法院认定多少是个未知数。④乙不能既要违约金，又同时要损害赔偿。

2. 违约金过分>损失

（1）违约金是 1.3 倍的损失 = "过分高于"：约定的违约金过分高于造成的损失的，人民法院或者仲裁机构可以根据当事人的请求予以适当减少。

例：【违约金 200，损失 100，"过分高于"】甲乙签订合同，约定违约金为 200 万元，甲违约造成乙损失 100 万元。如何评价诉讼思路？①道路 1：乙诉甲支付违约金 200 万元，甲可请求法院适当减少违约金到损失的 1.3 倍，即 130 万元。乙胜诉 130 万元，败诉 70 万元。②道路 2：乙诉甲赔偿 100 万元。③道路 1 有部分败诉风险，故谨慎计算索赔额，省诉讼费。道路 2 没谱，因为原告提交的损失证据能被法院认定多少是个未知数。

（2）违约金是 1.3 倍的损失 = 一审法院要向违约方释明 + 二审法院继续向违约方释明。

①买卖合同当事人一方以对方违约为由主张支付违约金，对方以合同不成立、合同未生效、合同无效或者不构成违约等为由进行免责抗辩而未主张调整过高的违约金的，人民法院应当就法院若不支持免责抗辩，当事人是否需要主张调整违约金进行释明。②一审法院认为免责抗辩成立且未予释明，二审法院认为应当判决支付违约金的，可以直接释明并改判。

例：【违约金 200，损失 100，"过分高于" 一审、二审连续帮坏人】甲乙签订合同，约定违约金为 200 万元，甲违约造成乙损失 100 万元。乙起诉要求甲支付 200 万元违约金，法院如何处理？①一审法院向甲释明可以要求降低违约金到 130 万元。②如果一审法院认为甲确实没违约，就不会去释明，然后判决甲赢乙输。③乙提起上诉，要求甲支付 200 万元违约金，二审法院认为甲构成违约，直接向甲释明并改判，甲支付违约金 130 万元。

> **原理**：为什么法院要帮助"坏人"？①回归违约金的填补性，抑制违约金的惩罚性。②因为损失的 1.3 倍违约金，意味着已经"容忍"了其惩罚性。③即乙损失 100 万元，通过索要违约金，可以获得 130 万元，即甲违约给乙带来的收益（130 万元），高于甲不违约给乙带来的收益（损失 100 万元，因为该损失计算时已经包括了乙的可得利益）。

（3）违约金是 1—1.3 倍的损失 = "高于"：守约方可选择主张违约金或赔偿损失，但显然会选择违约金。

例：【违约金 18，损失 15，"一般高于"】甲乙签订一份买卖合同，约定违约方应向对方支付 18 万元违约金。后甲违约，给乙造成损失 15 万元。如何评价约定的违约金？①损失 15 万元，1.3 倍损失是 19.5 万元，超过 19.5 万元的违约金才属于"过分高于"损失，故当事人约定的 18 万元违约金属于"高于"损失。②道路 1：乙诉甲要违约金 18 万元。③道路 2：乙诉甲要 15 万元损失。④乙不能既要违约金又要损失，因为虽然违约金是变相的惩罚，但是我们要回归其补偿性，不能让它变成真正的惩罚。

> **原理1**：为什么守约方不能既向违约方要违约金，又要损害赔偿金？①如果守约方乙既可以要损失15万，又可以要违约金18万，则合计得到了33万元。②如此一来，甲违约，乙可以赚到33万元；甲不违约，乙才可以赚到15万元。③这违背了合同制度鼓励守约的精神，会导致当事人希望对方违约。
>
> **原理2**：守约方和违约方在签订合同时应持什么立场？①守约方应将违约金约定超高，违约方应将违约金约定超低。损失100，守约方约定违约金为300，则要由违约方来证明"过分"高于损失，违约方证明守约方的"损失"是很难的。②损失100，违约方约定违约金为60，则要由守约方来证明低于损失，守约方要证明自己的"损失"是很难的。

> **做题步骤**：①先看损失，再用损失乘以1.3，用其计算结果和违约金对比，得出违约金是"高于"损失，还是"过分高于"损失。②违约金和损害赔偿只能2选1。

（三）迟延履行违约金责任具有惩罚性，法律亦支持：当事人就迟延履行约定违约金的，违约方支付违约金后，还应当履行债务

1. 迟延履行违约金的"惩罚性"。

例：【晚1天万分之5＝0.5‰】甲乙签订房屋买卖合同，房屋价格为500万元。约定如甲迟延交房，每晚1日须向乙支付标的额0.1‰的违约金。后甲晚交房30日，乙接受了房屋。乙可否要求甲支付1.5万元迟延履行违约金？①可以。②乙要求甲继续履行即交付过户房屋，还可要求甲支付迟延履行违约金1.5万元。③这30天，乙未必有损失或未必有这么多损失，但仍然可以向甲主张1.5万元，这充分体现了迟延履行违约金的惩罚性。

2. 迟延履行违约金的"偏袒性"。

（1）付款期限变导致逾期付款违约金起算点变：买卖合同对付款期限作出的变更，不影响当事人关于逾期付款违约金的约定，但该违约金的起算点应当随之变更。

例：【甲乙付款期限变卦】甲乙原来约定，乙应4月1日前付款，每晚1天要支付标的额千分之5迟延违约金。后甲乙协商，同意乙在10月1日前付款。后来乙在11月1日才付款。甲要求乙支付7个月的迟延履行违约金，乙称既然已经将4月1日修改为10月1日，则原迟延履行违约金条款无效。谁的主张成立？①都不成立。②甲乙将付款期限由4月1日修改为10月1日，应尊重。③但双方未对此前的迟延违约金条款是否作废有明确意思表示，则该迟延履行违约金条款继续有效，但10月1日才是起算点。④故甲有权要求乙支付10月1日到11月1日迟延期间的迟延违约金。⑤这其实是"偏袒"甲（守约方）。

（2）卖方收钱不代表放弃：买卖合同约定逾期付款违约金，买受人以出卖人接受价款时未主张逾期付款违约金为由拒绝支付该违约金的，人民法院不予支持。

例：【给迟延付款方"下套"】甲乙原来约定，乙应在4月1日前付款100万元，每晚1天要支付标的额千分之五迟延违约金。乙在6月1日付款，甲收取。甲还能向乙要逾期2个月付款的违约金吗？①可以。②这是法律帮助守约方甲给违约方乙"下套"，是"偏袒"甲（守约方）。

（3）对账单遗漏逾期付款违约金不代表放弃：买卖合同约定逾期付款违约金，但对账单、还款协议等未涉及逾期付款责任，出卖人根据对账单、还款协议等主张欠款时请求买受人依约支付逾期付款违约金的，人民法院应予支持，但对账单、还款协议等明确载有本金及逾期付款利息数额或者已经变更买卖合同中关于本金、利息等约定内容的除外。（原理同上）

（4）以同期同类贷款基准利率参照逾期罚息利率标准计算：买卖合同没有约定逾期付款违约金或者该违约金的计算方法，出卖人以买受人违约为由主张赔偿逾期付款损失的，人民法院可以中国人民银行同期同类人民币贷款基准利率为基础，参照逾期罚息利率标准计算。逾期贷款罚息利率为在借款合同载明的贷款利率水平上加收 30%-50%。

六、违约定金责任（定金合同是独立的担保合同）

（一）违约金和违约定金：彼此排斥

当事人既约定违约金，又约定定金的，一方违约时，对方可以选择适用违约金或者定金条款。

例：【违约金 2 万元，违约定金 1 万元】甲乙签订买卖合同，约定任何一方违约，须支付违约金 2 万元。同时乙向甲交付了 1 万元定金。后甲违约，乙如何主张？①违约金：乙可选择要求甲支付违约金 2 万元，退其已经向甲交付的 1 万元定金（实得 2 万元）。②违约定金：乙也可选择要求甲双倍返还定金即获得 2 万元（实得 1 万元）。③替换案情：如违约金约定为 2000 元，则乙可选择要 2000 元违约金，退 1 万定金（实得 2000 元）；乙也可选择要求甲双倍返还定金（实得 1 万元）。

> **秒杀：**如果不选择适用定金罚则，则交付的定金是需要退还的。

（二）违约定金和损害赔偿：彼此排斥

约定的定金不足以弥补一方违约造成的损失，对方可以请求赔偿超过定金部分的损失。

例：【违约定金 1 万元，损失 2 万元】甲乙签订买卖合同，乙向甲支付了违约定金 1 万元，后甲违约导致乙损失 2 万元，乙如何主张？①违约定金：乙可要求甲双倍返还定金 2 万元（实得 1 万元），因实际获得 1 万元低于损失，故乙还可要求甲支付 1 万元损失。②损害赔偿：乙可要求甲赔偿 2 万元损失。

> **原理：**为什么违约金、违约定金、损害赔偿金都是排斥关系？①违约金"变相"具有惩罚性，违约定金"天生"具有惩罚性，损害赔偿金"天生"具有补偿性。②合同责任是民事责任，民事责任要坚持填补性为原则。合同责任也应回归填补性。③惩罚与惩罚彼此排斥：都有惩罚性的违约金和违约定金，当事人 2 选 1。④惩罚与补偿彼此排斥：违约金或违约定金太低，可以提到损失；违约金或定金高，则用违约金（损失的 1.3 倍）或定金。⑤不能同时要违约金和损害赔偿金。⑥不能同时要违约定金和损害赔偿金。⑦更不能同时要违约金、违约定金和损害赔偿金。

> **秒杀**：3 金只能要 1 个，哪个高要哪个，其中违约金可到 1.3 倍损失，如果不选违约定金则定金本金要退。

第二节 缔约过失责任

一、缔约阶段违反先合同义务

（一）违反先合同义务

订立合同过程中，一方当事人因违背诚实信用原则所承担的先合同义务（照顾、通知、协助、保护、保密等），造成对方信赖利益损失时所应承担的民事赔偿责任。

例：【信赖利益】甲乙协商签订买卖某商品的合同，在这个过程中，甲已经基于依赖，而开始生产相关产品。但在双方约定的正式签订买卖合同时，乙以现在不需要商品为由，不订立合同。甲怎么办？可诉乙承担缔约过失责任。

（二）缔约过失责任坚持相对性

例：【教唆他人恶意磋商】甲、乙同为儿童玩具生产商。六一节前夕，丙与甲商谈进货事宜。乙知道后向丙提出更优惠条件，并指使丁假借订货与甲接洽，报价高于丙以阻止甲与丙签约。丙经比较与乙签约，丁随即终止与甲的谈判，甲因此遭受损失。甲可向谁主张缔约过失责任？①丙甲正常磋商，甲不得向丙主张缔约过失责任。②丁甲恶意磋商，甲可向丁主张缔约过失责任。③乙教唆丁与甲恶意磋商，因乙甲之间无磋商关系，缔约过失责任坚持相对性，故甲不得向乙主张缔约过失责任。

（三）缔约过失责任不以合同无效为前提

一方违反先合同义务导致对方损害，不论合同是否成立、生效或被撤销，均须向对方承担缔约过失责任。只要该损害未获填补，则缔约过失责任一直在。

二、缔约过失责任事由

（一）恶意磋商：假借订立合同，恶意进行磋商

例：【恶意磋商】德凯公司拟为新三板上市造势，在无真实交易意图的情况下，短期内以业务合作为由邀请多家公司来其主要办公地点洽谈。其中，真诚公司安排授权代表往返十余次，每次都准备了详尽可操作的合作方案，德凯公司佯装感兴趣并屡次表达将签署合同的意愿，但均在最后一刻推脱拒签。期间，德凯公司还将知悉的真诚公司的部分商业秘密不当泄露。真诚公司可否诉德凯公司承担缔约过失责任？①可以。②德凯公司构成恶意磋商，应赔偿损失。③德凯公司不当泄露真诚公司的商业秘密。

例：【正常磋商】甲乙商定，待甲制造出样品后，乙再考虑批量购买甲生产的零件。甲制造出样品后，乙因战略调整不再需要此类零件，故拒不与甲签订合同。甲是否可要求乙承担缔约过失责任？①否。②因为乙称甲制造出样品才考虑是否购买，并不一定会购

买，这属于正常磋商，故甲不能诉乙承担缔约过失责任。

> **秒杀**：是否损害信赖利益？损害了，则启动缔约过失责任。

（二）欺诈缔约：故意隐瞒与订立合同有关的重要事实或者提供虚假情况

例 1：【卖汽车】最高院第 17 号指导案例。①双方签订的《汽车销售合同》约定，合力华通公司交付张莉的车辆应为无维修记录的新车，现所售车辆在交付前实际上经过维修，这是双方共同认可的事实，故本案争议的焦点为合力华通公司是否事先履行了告知义务。②车辆销售价格的降低或优惠以及赠送车饰是销售商常用的销售策略，也是双方当事人协商的结果，不能由此推断出合力华通公司在告知张莉汽车存在瑕疵的基础上对其进行了降价和优惠。③合力华通公司提交的有张莉签名的车辆交接验收单，因系合力华通公司单方保存，且备注一栏内容由该公司不同人员书写，加之张莉对此不予认可，该验收单不足以证明张莉对车辆以前维修过有所了解。④故对合力华通公司抗辩称其向张莉履行了瑕疵告知义务，不予采信，应认定合力华通公司在售车时隐瞒了车辆存在的瑕疵，有欺诈行为，应退车还款并增加赔偿张莉的损失。

例 2：【卖化妆品】甲将化妆品卖给乙，乙使用后导致皮肤红肿。乙可否要求甲承担缔约过失责任？①否。②题干未交待甲有欺诈的事实。③甲构成加害给付，乙可诉甲侵权或违约。④如果题干交代甲就化妆品提供虚假信息或者隐瞒真实情况，则会构成欺诈，乙才可以对甲主张缔约过失责任，当然，也可选择主张侵权。

（三）商业秘密：当事人在订立合同过程中知悉的商业秘密或者其他应当保密的信息，无论合同是否成立，不得泄露或者不正当地使用。泄露、不正当地使用该商业秘密或者信息给对方造成损失的，应当承担损害赔偿责任

（四）其他行为：有其他违背诚信原则的行为

三、缔约过失责任赔偿范围

（一）直接损失和间接损失

1. 直接损失：缔约费用、准备履行合同而支出的费用如鉴定费、咨询费等及上述费用的利息。

2. 间接损失：丧失与第三人订立同类合同的机会所产生的损失，即交易机会的丧失所产生的损失。

例：【被骗买凶宅】甲隐瞒了其所购别墅内曾发生恶性刑事案件的事实，以明显低于市场价的价格将其转卖给乙；乙在不知情的情况下，放弃他人以市场价出售的别墅，购买了甲的别墅。几个月后乙获悉实情，向法院申请撤销合同。乙可否申请法院撤销该合同？①可以。②撤销：甲构成消极欺诈，乙可在知道受欺诈后 1 年内申请法院撤销合同。③直接损失：如合同被撤销，甲须赔偿乙在订立及履行合同过程当中支付的各种必要费用。④间接损失：如合同被撤销，乙有权要求甲赔偿主张撤销时别墅价格与此前订立合同时别墅价格的差价损失。⑤不当得利：合同撤销后乙须向甲支付合同撤销前别墅的使用费。

（二）受害人有过错减轻对方责任

例：【明知违例还承包林地】康某系某村村民。2012 年 10 月，该村委会主任同康某签订《林木承包合同》，约定村委会将该村内属于该村的树木 400 余棵交由康某看护管理，待成树后按五五分成。后村委会换届，村委会以该合同当时未经村民代表会议审议，严重侵害了集体权益为由诉至法院，请求判决《林木承包合同》无效。法院认定该村委会对集体财产进行处置和分配未通过村民代表大会形成决议，故判决确认合同无效。后康某以村委会为被告诉至法院，以该村委在与其签订合同时存在缔约过失，要求该村委会赔偿其各项损失 4 万余元。唐某主张能否获得支持？①部分支持。②康某作为该村集体的常住成员，明知村集体在决策等方面多年来一直存在问题的情况下仍与村委会签订内容难以符合村集体成员的一般期冀的《林木承包合同》，若其无责，与法、情、理皆不相符。③故康某作为该村集体的一员，其应与村委会对合同的无效共担责任。④法院综合考虑，认定村委会承担 70% 的责任，康某承担 30% 的责任。⑤2015 年 6 月，法院判决村委会赔偿康某劳务费、工具费、农药费共计 7000 元。

第九章　买卖合同

一、什么是买卖合同：出卖人转移标的物的所有权于买受人，买受人支付价款的合同

（一）所有权归谁？（1）不动产过户登记。（2）动产交付，除非出卖人保留所有权

（二）孳息归谁？（1）标的物在交付之前产生的孳息，归出卖人所有。（2）交付之后产生的孳息，归买受人所有

例：【所有权和孳息分离】开发商与购房人签订房屋买卖合同，交付但未过户，购房人尚未支付全款。购房人将房屋出租所得租金归谁？①购房人。②所有权归开发商。③买卖合同中交付转移房屋的孳息即租金，故购房人取得租金。④这里出现了所有权人和孳息归属人的分离。

> **问：**卖保险、卖债权、卖股权、卖技术、卖建设用地使用权，是否属于买卖合同？①否。②它们分别属于保险合同、债权让与合同、股权转让合同、技术合同、建设用地使用权出让转让合同。③如果发生纠纷，应各自使用《保险法》、《民法典》（合同编通则）、《公司法》、《民法典》之典型合同技术合同规则、建设用地使用权出让转让规则。④因为他们卖的都不是标的物，而是一种服务、权利或者技术。

二、买卖合同标的物风险归谁

（一）什么是风险？不可归责于甲方、乙方原因导致标的物毁损灭失，这个损失就是风险。风险由甲还是由乙承担，这叫买卖合同中风险负担规则。约定优先，无约定则依法转移

1. 不能归责于甲乙双方的原因：被盗、被骗、泥石流、暴雨、火灾、地震等。

例：【损失算谁的】甲将房屋卖给乙，签订了房屋买卖合同，在办理过户的过程中，房屋突发大火被烧毁，甲要求乙继续付款，乙要求甲退还首付款，谁的主张能成立？①如风险归甲，则甲应退首付款。②如风险归乙，则乙应继续付款。③风险归谁？④先从约定，无约定则一般采用交付主义：乙拿到钥匙，风险归乙；乙没拿到钥匙，风险归甲。

2. 甲乙双方需存在有效买卖合同：有效合同才存在风险转移规则问题，如试用买卖合同标的物在试用期内毁损、灭失的风险由出卖人承担；如租赁合同租赁物不可归责承租人事由而毁损灭失，租金风险归出租人，承租人可要求减少租金或不付租金；但融资租赁合同中，租赁物风险采用交付主义，交付后归承租人。

例 1：【试用买卖】甲乙签订电动车试用买卖，乙在试用期间，电动车被偷。甲可否

要求乙付款？①否。②电动车被偷，乃不可归责双方事由灭失，属于"风险"。③但甲乙签订的合同乃试用买卖，在乙同意购买之前，该合同属于成立但未生效状态，故不适用风险负担规则。④电动车是谁的谁承担风险，电动车是甲的，故甲承担损失。⑤如果乙向甲表示同意购买后，电动车才被偷，则风险归乙，因为此时"买卖合同已经生效"，故适用买卖合同风险转移规则，交付后风险归乙。

例2：【过户人与钥匙人】甲将房屋卖给"钥匙人"乙，又卖给"过户人"丙。乙占有控制房屋期间，房屋失火，丙可否要求乙赔偿？①否。②乙丙之间无合同关系，故乙丙之间不适用买卖合同中的风险转移规则。③甲乙之间有合同，房屋已经交付给了"钥匙人"乙，故乙相对于甲而言承担风险，乙需要向甲支付购买款，同时乙有权诉甲承担违约责任。④"钥匙人"乙相对于"过户人"丙而言属于善意无权占有人，"善意不赔"，故丙无权要求乙赔偿。

3. 标的物须特定化于买卖合同：当事人对风险负担没有约定，标的物为种类物，出卖人未以装运单据、加盖标记、通知买受人等可识别的方式清楚地将标的物特定于买卖合同，买受人主张不负担标的物毁损、灭失的风险的，人民法院应予支持。

例：【是卖哪个设备没说清】甲乙签订设备买卖合同，约定甲将一批设备卖给乙，签约之日起风险归乙。甲在北京和深圳有2个仓库，甲乙签订合同后，北京仓库的设备因失火毁损。甲可否要求乙付款？①否。②甲乙签订设备买卖合同，未将设备特定化于合同，故风险归卖方。③如果甲乙签订设备买卖合同，明确指定是在北京的仓库的某某设备，则按约定，签约之日起风险归乙。

(二) 风险转移标志1：交付主义

1. 交付给买方：标的物毁损、灭失的风险，在标的物交付之前由出卖人承担，交付之后由买受人承担，但是法律另有规定或者当事人另有约定的除外。"交付"，包括现实交付、简易交付和指示交付，但不包括占有改定。

(1) 现实交付。甲将货物交付给乙后，在乙处毁损风险归乙，甲可要求乙付款。

例：【饲料被雨淋湿】2019年14日，赵某因急需饲料找到经销商李某，双方商定，赵某以每袋23元的价格购买李某饲料1000袋，共计人民币23000元。赵某当即付款10000元。由于该饲料刚从外地调来尚未入库，双方在场院点过数目后，言明第二天上午10时前提货并付清余款。因当晚突然下起大雨，致使饲料全部被淋湿。赵某遂要求李某更换饲料或退回10000元货款，遭李某拒绝。谁的主张成立？①赵某主张成立。②赵某并没有提走饲料且在允许的时限内，风险由李某承担。

(2) 简易交付。甲乙之间先借用后买卖，买卖约定生效时视为交付，交付后风险归买方。

例：【简易交付转移风险】甲公司借用乙公司的一套设备，在使用过程中不慎损坏一关键部件，于是甲公司提出买下该套设备，乙公司同意出售。双方还口头约定在甲公司支付价款前，乙公司保留该套设备的所有权。不料在支付价款前，甲公司生产车间失火，造成包括该套设备在内的车间所有财物被烧毁。乙可否要求甲付款？①甲向乙借用，后甲向乙购买，这属于简易交付。②甲乙之间的买卖合同完成了交付，风险归买方甲，即甲仍然需要付款。③本来所有权也应该归买受人甲，但是双方约定乙保留所有权，故甲未付款前，所有权归出卖人乙。④风险因"简易交付"归买方甲；所有权因"保留"归卖方乙。

（3）指示交付。卖方甲将对第三人的货物请求权转让给买方乙，自协议生效时视为完成指示交付，交付后风险归乙。

例：【指示交付转移风险】甲乙签订货物买卖合同，交货时间为 4 月 1 日前，交货方式为乙自提，提货地点为货物存放地丙公司仓库，甲有义务在 6 月 1 日前向乙办理货权转移证明以便提货。合同签订后，甲向乙交付"出库单"一份，记载货物存放在丙的仓库，并备注"货权转移至乙"。乙在当月凭出库单到丙仓库提货，却发现丙仓库内的所有存货均在出库单交付后灭失（被偷）。甲可否要求乙付款？①可以。②甲乙之间属于指示交付完成所有权变动，乙基于指示交付取得对货物间接占有，故风险归乙，甲有权要求乙付款。③乙可诉丙侵权（侵犯所有权），也可诉丙违约。

> **原理**：为什么占有改定不能视为"交付"转移风险的交付？①交付转移风险的理由是因为谁能控制风险，谁就应负担风险的原理。②占有改定中，甲卖设备给乙，设备继续由甲借用，实际上由卖方甲控制，故应由甲负担风险。

2. 交付给承运人：承运人≈买方。

（1）买方指定地点交付给承运人：出卖人按照约定将标的物运送至买受人指定地点并交付给承运人后，标的物毁损、灭失的风险由买受人承担，但是当事人另有约定的除外。

例：【货交承运人】甲乙签订设备买卖合同，约定设备交付到乙指定的北京中关村，再由丙快递公司送到乙处。甲将设备交到北京给了丙公司时，风险归乙。

例：【双 11 网络购物】甲在乙网店购买灯泡，甲提交订单时将甲住址输入了快递送达地。乙网店将灯泡交由丙公司运输。运输途中风险，归谁承担？①归乙。②因为双方约定了要送货上门。并非送到指定地点后还需要运输情形，故不能适用交付承运人后风险转移给买方的规则。

（2）无约定交付地点则交付给第一承运人：当事人没有约定交付地点或者约定不明确，标的物需要运输的，出卖人将标的物交付给第一承运人后，标的物毁损、灭失的风险由买受人承担。

例：【货交第一承运人】甲乙签订设备买卖合同，未约定交付地点，设备需要运输，则甲将货物交付给第一承运人丙时，风险归乙。

3. 未交付或已交付的拟制：根据过错来拟制。

（1）卖方过错，已经交付"烂货"，如买方不要，则视为未交付。

①"已交付烂货"≈交付与否由买方说了算：因标的物质量不符合质量要求，致使不能实现合同目的的，买受人可以拒绝接受标的物或者解除合同。买受人拒绝接受标的物或者解除合同的，标的物毁损、灭失的风险由出卖人承担。

例：【卖方严重错】甲乙设备买卖合同，甲交付的设备不合格导致乙合同目的落空，如果乙不要设备或者解除合同，则视为未交付，风险归甲；如乙要设备，也没有解除合同，则已经交付，风险归乙。

②"已经交付货物"但未交付单证＝视为交付了：出卖人按照约定未交付有关标的物的单证和资料的，不影响标的物毁损、灭失风险的转移。标的物毁损、灭失的风险由买受人承担的，不影响因出卖人履行债务不符合约定，买受人要求其承担违约责任的权利。

例：【卖方轻微错】甲乙签订设备买卖合同，甲交付了设备，但未交付设备使用说明书。乙承担风险，但乙可要求甲承担未履行从给付义务的违约责任。

> **秒杀**：卖方严重的错，交了可能等于没交。卖方轻微的错，交了就是交了，但有错就要负违约责任。

（2）买方过错，无法交付"怪买方"，则视为已经交付。

①因买方乙导致卖方甲未交付：因买受人的原因致使标的物未按照约定的期限交付的，买受人应当自违反约定之日起承担标的物毁损、灭失的风险。

例：【买方错导致卖方无法交货】甲乙设备买卖合同，因乙的原因导致甲在4月1日无法交货，则自4月1日起风险归乙。

②因买方乙没有取货：出卖人依约（甲乙有约定）或依法（甲乙在订立合同时知道标的物在A地且标的物不需要运输则在A地交付；甲乙不知道标的物在哪里则在出卖人订立合同时营业地交付）将标的物置于交付地点，买受人违反约定没有收取的，标的物毁损、灭失的风险自违反约定之时起由买受人承担。

例：【买方没有依法"上门提货"】甲乙设备买卖合同，无须运输，甲乙知道货物在A地，甲将货物交到A地，乙没收取；或者甲乙不知道货物在A地，则在甲的营业地交付，乙没收取。均自乙违反约定时风险归乙。

> **秒杀**：谁在控制，谁承担风险；谁有导致交付障碍的错，谁承担风险。

（三）风险转移标志2：在途货物买卖的合同订立主义

1. 合同成立时风险归买方：出卖人出卖交由承运人运输的在途标的物，除当事人另有约定外，毁损、灭失的风险自合同成立时起由买受人承担。

例1：【甲乙丙丁之"连环承运人"】甲将设备卖给乙，约定甲交付到北京。甲将设备根据乙的指定交付到北京，给了承运人丙。丙在运输途中，乙将该设备卖给丁，合同签订后，该货物在运输途中因泥石流毁损。甲乙买卖、乙丁买卖标的物风险何时转移？①甲乙之间基于交付给乙指定地点的承运人，完成了交付，风险归乙承担，故甲有权要求乙付款。②乙丁之间属于在途货物买卖，自乙丁合同成立时风险归丁，故乙有权要求丁付款。③基于合同相对性，甲丁之间无合同关系，甲无权要求丁付款。

例2：【甲乙丙丁"多重在途"】甲2019年4月5日签订合同以120万价格卖在途由丙运输的大蒜给乙。4月7日甲签订合同以150万价格卖该在途大蒜给丁。甲让丙交给丁，4月8日，丙运输途中遇到山洪暴发导致大蒜全部毁损。风险由谁承担？①丁。②甲乙之间自4月5日风险归乙。③甲丁之间自4月7日风险归丁。④换言之，甲负担4月5日前的风险。乙负担4月5日到4月7日的风险。丁负担4月7日之后的风险。⑤毁损发生在4月8日，故丁负担风险，甲可要求丁付款。⑥乙诉甲违约，因出卖人签订了"在途货物"的多重买卖合同，2个大蒜买卖合同都有效。

2. 出卖人明知"在途货物"已经发生了风险则归卖方：出卖人出卖交由承运人运输的在途标的物，在合同成立时知道或者应当知道标的物已经毁损、灭失却未告知买受人，买受人主张出卖人负担标的物毁损、灭失的风险的，人民法院应予支持。

例：【卖方明知"在途货物"是 0】甲的一批货物由丙运输，货物在运输途中已经被泥石流冲毁。甲对此知情，仍与乙签订在途货物买卖合同。<u>甲可否要求乙付款？</u>①否。②风险仍然归出卖人甲。

> **原理：**为什么在途货物买卖自合同成立时由买方负担风险？①因为合同成立时，双方都不了解运输中货物的情况。②一旦运输中毁损，则卖方永远无法完成交付，风险都归卖方，这对卖方是不公平的。③如果卖方已经知道货物毁损，还再卖，则卖方不值得保护。

三、买卖合同谁对标的物瑕疵负责

（一）适用标的物瑕疵异议期间：买方一次用尽

1. 外观瑕疵：及时检验。

（1）发现问题未通知卖方，视为标的物符合约定：买受人签收的送货单、确认单等载明标的物数量、型号、规格的，推定买受人已经对数量和外观瑕疵进行检验。

（2）发现问题通知了卖方，则"一次用尽"，检验期再也没有价值了。买方请求卖方承担违约责任的请求权，开始适用诉讼时效制度。

例：【手机划痕】甲将手机卖给乙，乙收到货后发现手机有划痕，未及时通知甲。甲要求乙付款，乙要求退货。<u>谁的主张成立？</u>①甲。②乙没有在外观瑕疵检验期间内通知出卖人，则视为标的物符合约定。③如乙及时通知了甲，则该"及时检验"期间一次用尽，乙请求甲承担违约责任的债权请求权适用 3 年诉讼时效。如甲拒绝赔偿，则 3 年内乙必须再次提出主张才能导致诉讼时效中断，否则一直躺在权利上睡觉可能会导致 3 年诉讼时效届满，则甲可提出"不要脸抗辩"。

（3）约定检验期间太短，视为外观瑕疵检验期：当事人约定的检验期间过短，根据标的物的性质和交易习惯，买受人在检验期间内难以完成全面检验的，该期间仅视为买受人对外观瑕疵提出异议的期间。

2. 隐蔽瑕疵：质量保证期>合理期间或自收到标的物之日起 2 年。

（1）发现问题未通知卖方，视为标的物符合约定：事人约定检验期间的，买受人应当在检验期间内将标的物的数量或者质量不符合约定的情形通知出卖人。买受人怠于通知的，视为标的物的数量或者质量符合约定。

例：【约定检验期内没异议=标的物合格】甲乙买卖 1000 台 A 型微波炉，乙代甲办托运，多装了 50 台 B 型微波炉。甲与丙签订在途货物买卖合同，1000 台 A 型微波炉转卖给丙，约定货物质量检验期为货到后 10 天内。3 月 20 日货到，4 月 15 日丙以部分货物质量不符合约定为由拒付货款，并要求退货。<u>丙的主张能否成立？</u>①否。②因为过了约定的质量检验期，视为货物质量合格。

（2）发现问题通知了卖方，则"一次用尽"，检验期再也没有价值了。买方请求卖方承担违约责任的请求权，开始适用诉讼时效制度：买受人在合理期间内提出异议，出卖人以买受人已经支付价款、确认欠款数额、使用标的物等为由，主张买受人放弃异议的，人民法院不予支持。

例：【手机充不上电】甲将手机卖给乙，乙收到货后发现手机多次在充电过程中有问题，半年后乙通知了甲。甲要求乙付款，乙要求甲退货。谁的主张成立？①乙。②手机充电问题属于隐蔽瑕疵，最长在收到货2年内可以通知出卖人手机有瑕疵。③如手机质保期为3年，则适用3年的质量异议期。④本案中，乙通知甲后，半年检验期"一次用尽"。乙可请求甲承担违约责任，开始计算违约责任的3年诉讼时效。

问：如果外观瑕疵异议期或隐蔽瑕疵异议期，买方都没提异议，标的物不合格，卖方依然向买方承担了违约责任，是否可以再反悔？①不可以。②出卖人自愿承担违约责任后，又以异议期间经过为由翻悔的，人民法院不予支持。

（二）不适用标的物瑕疵异议期间：卖方明知故犯

1. 卖方明知货物很烂：出卖人知道或者应当知道提供的标的物不符合约定的，则不适用瑕疵异议期间规则。

2. 卖方事先约定货物烂也不负责：当事人约定减轻或者免除出卖人对标的物瑕疵承担的责任，因出卖人故意或者重大过失不告知买受人标的物瑕疵的，出卖人无权主张减轻或者免除责任。

（三）标的物的检验标准：坚持相对性

出卖人依照买受人的指示向第三人交付标的物，出卖人和买受人约定的检验标准与买受人和第三人约定的检验标准不一致的，以出卖人和买受人约定的检验标准为准。

例：【连环交易】甲乙设备买卖约定检验标准A，乙丙设备转卖约定检验标准B。乙通知甲将设备交付给丙。甲按A标准将设备交付给丙，不符合丙的合理期待。如何处理？①甲对乙不构成违约。②乙对丙构成违约。③丙可要求乙承担违约责任，但不得要求甲承担违约责任。

问：买卖合同中，卖方有什么权利瑕疵担保责任？①卖"自己的"：出卖人就交付的标的物，负有保证第三人不得向买受人主张任何权利的义务。②买方明知卖方卖"别人的"：买受人订立合同时知道或者应当知道第三人对买卖的标的物享有权利的，出卖人不承担前述规定的义务。③买方事后发现有第三人可能主张权利：买受人有证据证明第三人可能就标的物主张权利的，可以中止支付相应的价款，但是出卖人提供适当担保的除外。

四、试用买卖

（一）试用期间多久？卖方定

试用买卖的当事人可以约定标的物的试用期间。对试用期间没有约定或者约定不明确，由出卖人确定。

（二）买还是不买？买方可以选择，沉默也是一种选择

1. 可以选择：试用买卖的买受人在试用期内可以购买标的物，也可以拒绝购买。一旦剥夺买受人选择权，则不是"试用"买卖，而是"买卖"：

（1）约定标的物经过试用或者检验符合一定要求时，买受人应当购买标的物。（应买）

（2）约定第三人经试验对标的物认可时，买受人应当购买标的物。（应买）

（3）约定买受人在一定期间内可以调换标的物。（应买，限期可换过期不能换）

（4）约定买受人在一定期间内可以退还标的物。（应买，限期可退过期就不能退）

2. 沉默也是一种选择，且视为选择购买。

（1）拟制购买 1：试用期间届满，买受人对是否购买标的物未作表示的，视为购买。

（2）拟制购买 2：试用买卖的买受人在试用期内已经支付一部分价款或者对标的物实施出卖、出租、设定担保物权等行为的，视为买受人同意购买，但是当事人另有约定的除外。

例：【"无权处分"秒变简易交付】甲将设备卖给乙，双方签订试用买卖合同。试用期间，乙尚未向甲支付价款，便将该设备出质给知情的丙。丙是否取得质权？①取得。②试用买卖不因交付而转移所有权，其交付的目的是"试用"，而非转移所有权。③乙在试用期间将设备出质，构成"无权处分"，但同步视为乙要购买即完成了"简易交付"，乙成为所有权人，即乙的无权处分瞬间转化为有权处分，丙正常取得质权。

（三）试用付钱吗？否

试用买卖的当事人对标的物使用费没有约定或者约定不明确的，出卖人无权要求买受人支付。

（四）风险归谁？看买还是不买

1. 试用期间风险归出卖人：标的物在试用期内毁损、灭失的风险由出卖人承担。

2. 买方同意购买风险归买受人：买方同意购买或拟制买方购买，属于"简易交付"完成交付，即"先试用"，后买卖，交付后风险归买方承担。

五、分期付款买卖：分 3 次或以上付款

（一）分期付款的 20% 规则①

分期付款的买受人未支付到期价款的金额达到全部价款的五分之一，经催告后在合理期限内仍未支付到期价款的，出卖人可以要求买受人支付全部价款或者解除合同。出卖人解除合同的，可以向买受人要求支付该标的物的使用费。

例：【京东分期付款买表】李某在京东商城自营店上购买了浪琴手表一块，总价款20000 元，分 10 期付款。在李某按期支付了 6 次价款（共计 12000 元）时，因该手表被其损坏，李某便停止支付尾款。如何评价本案法律关系？（1）物权变动角度：李某填写的收货地址是李某与京东商城约定的交付地点，自李某在该地点收到浪琴手表时，李某享有浪琴手表的所有权。（2）分期付款合同角度：①催告权：李某虽已支付 6 期价款共计 12000元，但是剩余已到期而尚未支付的价款已达合同标的额的五分之一，出卖人京东商城有权

催告李某在合理期限内支付未到期价款。②催告无果，李某仍未支付，则启动分期买卖规则。③方案1＝加速到期：京东商城有权要求买受人李某一次性支付剩余的全部价款8000元。方案2＝回到原来：要求李某退表、支付使用费、支付违约金，向李某退1万2千元。

（二）分期付款买卖20%规则②

分期付款买卖合同的"比例"，损害买受人利益，买受人主张该约定无效的，人民法院应予支持。

例：【可以>20%，不可以<20%】甲乙签订分期付款买卖合同，甲向乙供应灰加气砌砖，货值3万元，分4次支付。双方未签订书面合同，经双方对账，甲向乙交付了全部货物，乙仅支付了1半价款。甲公司多次催要未果，故诉至法院，请求判令：第一，被告支付1.5万元货款；第二，被告赔偿原告利息损失（以1.5万元为基数，按同期银行贷款利率计算，自起诉之日起至付清之日止）；第三，本案诉讼费用由被告承担。乙公司抗辩称因无书面合同，故不成立分期付款买卖合同。<u>乙公司的主张能否成立？</u>①否。②分期付款买卖合同不是必须采用书面形式。

（三）分期付款买卖的标的物：可以是动产，也可以是不动产，但不能是"股权"

例：【最高院指导性案例67号"汤长龙诉周士海股权转让纠纷案"】有限责任公司的股权分期支付转让款中发生股权受让人延迟或者拒付等违约情形，股权转让人要求解除双方签订的股权转让合同的，不适用分期付款买卖中出卖人在买受人未支付到期价款的金额达到合同全部价款的五分之一时即可解除合同的规定。<u>为什么？</u>①分期付款买卖多发、常见在经营者和消费者之间，一般是买受人作为消费者为满足生活消费而发生的交易。出卖人向买受人授予了一定信用，而作为授信人的出卖人在价款回收上存在一定风险，为保障出卖人剩余价款的回收，出卖人在一定条件下可以行使解除合同的权利。②尽管案涉股权的转让形式也是分期付款，但由于本案买卖的标的物是股权，因此具有与以消费为目的的一般买卖不同的特点。③汤长龙受让股权是为参与公司经营管理并获取经济利益，并非满足生活消费。④周士海作为有限责任公司的股权出让人，基于其所持股权一直存在于目标公司中的特点，其因分期回收股权转让款而承担的风险，与一般以消费为目的分期付款买卖中出卖人收回价款的风险并不同等。⑤双方解除股权转让合同，也不存在向受让人要求支付标的物使用费的情况。

六、保留所有权买卖

（一）什么是保留所有权买卖

当事人可以在买卖合同中约定买受人未履行支付价款或者其他义务的，标的物的所有权属于出卖人。出卖人对标的物保留的所有权，未经登记，不得对抗善意第三人。

例：【买方无权处分：卖方所有权未经登记可以对抗恶意第三人】甲乙保留所有权买卖中，卖方甲给买方乙出具的发票上记载"货款未付清，所有权保留"，乙将货物出卖给知情的丙，<u>丙能否取得货物所有权</u>？①否。②甲保留所有权只有发票公示未登记，不可对抗善意第三人，但可以对抗恶意第三人丙。③乙无权处分，丙知情构成恶意，故丙不能取得货物所有权。

例：【卖方有权处分：卖1保留买卖，卖2一般买卖】甲将其1辆汽车出卖给乙，约定价款 30 万元。乙先付了 20 万元，余款在 6 个月内分期支付。在分期付款期间，甲先将汽车交付给乙，但明确约定付清全款后甲才将汽车的所有权移转给乙。嗣后，甲又将该汽车以 20 万元的价格卖给不知情的丙，并以指示交付的方式完成交付。如何评价物权变动？①甲乙保留所有权买卖，乙未付完全款，汽车不因交付转移物权，物权仍归甲。②甲再卖汽车给不知情丙，属于有权处分，同时为"多重买卖"，甲丙合同有效，丙因指示交付取得物权，但属于正常取得，而非善意取得。

> 问 1：不动产买卖可以保留所有权吗？不可以，根据物权法定原则，不动产物权是登记生效主义。
> 问 2：货币可以保留所有权吗？不可以，因为货币占有即所有。
> 问 3：所有权保留买卖必须采用书面形式吗？不是。

（二）卖方的取回权：现金流

1. 卖方有取回权。

（1）何时有取回权？①买方未按照约定支付价款，经催告后在合理期限内仍未支付。②未按照约定完成特定条件。③将标的物出卖、出质或者作出其他不当处分。

（2）用何方式取回？①出卖人可以与买受人协商实现取回权。②协商不成的，参照适用担保物权的实现程序。③取回的标的物价值明显减少的，出卖人有权要求买受人赔偿损失。

（3）取回权的独立价值之 1：出卖人取回标的物，不用退回买方已经支付的价款。

例：【卖方现金流】甲车行将车卖给乙，约定乙付清全款 50 万元前，汽车归甲所有。甲将汽车交付给乙后，乙只付了 25 万元，尾款届期未付。经甲催告，乙在合理期限内仍未支付，甲主张取回汽车。乙主张，既然甲取回汽车了，必须退回 25 万元。乙的主张是否成立？①否。②甲有权基于"取回权"取回汽车，甲没有选择行使"法定解除权"取回汽车。③合同没有解除，故买卖合同仍然有效，故甲保有 25 万元就有了合同依据。④可见，取回权可以保障甲的现金流不受影响。

> 原理：取回权的实务价值是什么？①根据《民法典》合同编关于法定解除权规定，买方迟履行义务经卖方催告在合理期间仍未履行，卖方有法定解除权，解除合同后要求买方返还财产。②既然如此，为什么还需要单独给卖方赋予一个"取回权"呢？③给卖方赋予取回权具有独立价值，因为卖方取回货物是基于其选择行使"取回权"，而未选择行使"法定解除权"。④因为合同没有被解除，故合同关系仍然约束买卖双方当事人。故卖方取回标的物，无须向买方退回已经收取的货款。⑤卖方既控制了货物，又控制了钱（现金流），故保留买卖的整个制度架构，维护的是卖方的利益。

（4）取回权的独立价值之 2：参照适用担保物权实现程序，故所有权保留是一种担保，取回权是权利，而非义务。出卖人也可以选择要求买方继续履行金钱之债。

例：【取回权是权利而非义务】4 月 1 日，甲公司与乙公司签订了一份购销废铁合同。

合同约定：甲公司自同年 4 月 27 日起给乙公司分批发货；乙公司分批支付货款；甲公司在收到乙公司分批支付的货款之前，该批货的所有权仍属甲公司。合同生效后，甲公司分批给乙公司发废铁 1000 余吨，总价款 1690 万余元。乙公司没有完全按合同的约定履行分批支付货款的义务，仅支付货款 1322 万余元，尚欠甲公司货款 367 万余元。甲公司在多次索要货款未果的情况下，考虑到此时废铁已成为滞销产品，且大幅度降价，如果按合同中所有权保留条款的约定，从乙公司处取回与其所欠货款相应的废铁，有损于自己的利益，即向法院提起诉讼，请求法院判令乙公司偿付所欠货款，并承担违约和赔偿损失的责任，而没有请求乙公司退还货物。乙公司称，自己未付全款，所有权仍然归甲公司，因此甲公司应取回废铁，不能要求乙公司付款。乙公司主张是否成立？①否。②所有权保留中的取回权实现方式，是参照适用担保物权实现程序。③因此，所有权保留买卖本质上是一种对卖方取得价款的担保。④既然是担保，债权人当然有权选择要求债务人继续履行债务了，债权人有权利但无义务去实现担保物权。

2. 卖方无取回权。

（1）买方已付款超过总款的 75%。

例：【买车付了 3 个轮胎的钱】甲乙签订买卖汽车合同，约定乙付总款 100 万元前汽车所有权归甲，乙分 5 期付款。甲交付汽车给乙后，乙付了 80 万元，剩余 2 期合计 20 万元无力支付。经甲催告，乙在合理期限内仍未支付。甲是否有取回权？甲是否有解除权？甲是否有分期付款买卖中的解除权？①甲乙买卖，既是保留所有权买卖，又是分期付款买卖。②保留买卖的取回权角度：乙已付款超过了 75%，故甲不得主张取回权。③一般合同的法定解除权：乙未履行义务经催告还未履行，甲有法定解除权。④分期付款买卖中的解除权：未付款达到总款的 20%，经催告还未履行，则甲有权解除合同（退款、拿车、索赔、要使用费），甲也有权选择要求乙提前 1 次性支付全部的 20 万元（"加速到期"）。

例：【5 个月付了 4 个月的钱】周某以 6000 元的价格向吴某出售一台电脑，双方约定五个月内付清货款，每月支付 1200 元，在全部价款付清前电脑所有权不转移。合同生效后，周某将电脑交给吴某使用。吴某无力支付最后 1 个月价款。有何法律效果？①周吴之间的合同既是保留买卖，又是分期买卖，要同时激活两个规则。②取回权？吴某无力最后 1 个月价款，已付款超过了 75%，破掉周某取回权。③分期买卖？但未付款达到了 20%，周某可主张分期付款买卖中的解除权或加速到期。④1 物 2 卖？假设此期间电脑出现故障，吴某将电脑交周某修理，但周某修好后以 6200 元的价格将该电脑出售并交付给不知情的王某。则王某可以正常取得所有权，因为周某属于有权处分（1 物 2 卖）。

> **秒杀**：①分几期？5 期=分母。②已付几期？4 期=分子。③未付几期？1 期=分子。④计算已付=达到 4/5，超过 75%，破掉保留买卖的取回权。⑤计算未付=达到 1/5，启动分期买卖规则。

（2）第三人已经善意取得所有权或者其他物权，卖方不得主张取回权。

例：【买方无权处分：卖方所有权未经登记不可对抗善意第三人】2019 年 2 月，机械公司与纺织公司签订一保留所有权的买卖合同，约定纺织公司以 50 万元购买机械公司 10 台纺织机械；机械公司在纺织公司预付 20 万元货款后发货，余款于货到后三个月内付清；

货款付清前，机械公司保留纺织机械所有权。2019 年 3 月，在纺织公司支付 20 万元货款的情况下，机械公司将 50 台织机及发票交付纺织公司，而纺织公司却一直未支付余款。2019 年 5 月，纺织公司以上述织机为抵押向不知情银行贷款 30 万元并办理了抵押登记。2019 年 10 月纺织公司因未按期还贷款被银行起诉，银行请求对抵押物优先受偿。机械公司知情后，以有独立请求权的第三人的身份要求返还纺织机械。机械公司主张能否成立？①否。②机械公司未对保留所有权进行公示，其保留的所有权不可以对抗善意第三人银行，银行善意取得纺织机械的抵押权。

（三）买方的回赎权：亡羊补牢

出卖人取回标的物后，买受人在双方约定或者出卖人指定的合理回赎期间内，消除出卖人取回标的物的事由的，可以要求回赎标的物。

（四）卖方的再卖权：多退少补

买受人在回赎期间内没有回赎标的物，出卖人可以以合理价格出卖标的物，出卖所得价款扣除原买受人未支付的价款及必要费用后仍有剩余的，应当返还原买受人；不足部分由原买受人清偿。

例：【卡死保护卖方的总价款】甲车 100 万元卖给乙，约定乙未付全款前所有权归甲。汽车交付给乙后，乙仅付了 20 万元，经甲催告仍未支付。甲依法取回了汽车。乙没有回赎。甲分别再卖所得价款扣除必要费用后分别为 100 万元、80 万元、60 万元，甲乙之间如何处理"多退少补"关系？①如甲再卖得 100 万元，则退 20 万元给乙（乙没亏）。②如再卖得 80 万元，则退 0 元给乙（乙亏了 20 万元）。③如再卖得 60 万元，则还可以向乙再要 20 万元（乙亏了 40 万元）。④如按市价卖本来扣除必要费用剩余是 70 万元，甲再却仅卖得 60 万元，怎么处理？"拟制"甲卖得 70 万元，还可要求乙再付 10 万元（乙亏 30 万元）。

七、商品房买卖合同

（一）商品房买卖合同的订立

1. 楼书广告的内容具体、对缔约和价格有重大影响＝视为要约

商品房的销售广告和宣传资料为要约邀请，但是出卖人就商品房开发规划范围内的房屋及相关设施所作的说明和允诺具体确定，并对商品房买卖合同的订立以及房屋价格的确定有重大影响的，应当视为要约。该说明和允诺即使未载入商品房买卖合同，亦应当视为合同内容，当事人违反的，应当承担违约责任。

例：【开发商楼书吹得天花乱坠】"五一"节期间，开发商售楼员向赵某发送一份"天空之都"楼盘的彩页广告。赵某来到"天空之都"售楼处，工作人员向他介绍："天空之都"将由美国景观大师负责景观规划设计、大厦 1 楼建本市唯一一处高达 9 米的热带生态雨林水景大堂、16 楼建公共餐厅、31 楼建多媒体国际会议中心、37 及 38 层建豪华超五星级俱乐部、顶层建直升机停机坪；业主购房后，开发商将送给每位业主 6 万元会所 VIP 储值卡，凭卡可在 37、38 层俱乐部享受贵宾服务。赵某以疑问的口气问询工作人员，上述承诺是否能够兑现，对方将一沓"楼书"资料递给他说："我们讲的这些都写进了'楼书'中，白纸黑字不会有假！"当天，赵明与"天空之都"开发商签订了购房意向书。

二周后又与开发商签订了《商品房买卖契约》，约定次年12月31日前开发商交付所购房屋。在此期间，赵明依约向开发商支付了全部购房款。后赵某拿到新房钥匙发现，"楼书"的承诺与现实相差甚远：一楼的热带生态雨林水景大堂，一滴水没有；16楼餐厅、31楼多媒体国际会议中心空空荡荡；37、38层豪华超五星级俱乐部根本没影儿；送给业主6万元会所VIP储值卡成了一纸空文；楼顶耸立着许多柱子，连玩具直升机都放不下。广大业主诉开发商违约，开发商称，楼书最后一页一行小字明确，楼书仅供参考，一切以商品房买卖合同为准，解释权归开发商，且正式购房合同中没有水景大堂、国际会议中心、皇家俱乐部、停机坪等设施。<u>开发商理由是否成立？</u>①否。②楼书广告内容具体确定对购房人是否买房和价格有重大影响，属于要约，而不是要约邀请。③虽然业主诉求关涉公共设施，但业主诉的请求权基础是合同，而非物权。故单个业主具有原告资格。④结合开发商向上诉人发放的VIP储值卡面值为6万元，法院酌定判定开发商赔偿上诉人每户6万元，并承担一、二审的所有诉讼费用。

2. 立约定金规则：区分为何没订立正式合同。

出卖人通过**认购、订购、预订等方式**向买受人收受定金作为订立商品房买卖合同担保的，如果因当事人一方原因未能订立商品房买卖合同，应当按照法律关于定金的规定处理；因不可归责于当事人双方的事由，导致商品房买卖合同未能订立的，出卖人应当将定金返还买受人。

例：【合同条件谈不拢未签约则原数退立约定金】开发商和王某签订《商品房认购意向书》，准备认购1套商品房，王某为此向开发商支付了认购该房屋的定金2万元。《商品房认购意向书》规定认购方在签订认购书后7个工作日内必须签署《商品房买卖合同》，买卖条件以合同条款为准，如逾期未签订视为自动放弃所订房屋，认购定金不退还。后王某在7个工作日内前往开发商出签订合同，但因双方对于合同条款内容无法达成一致，导致双方无法签订《商品房买卖合同》，王某要求退还定金，开发商拒绝。<u>王某可否要求退回定金？</u>①可以。②因合同条款内容无法达成一致未签约，属于不可归责双方事由，故出卖人应退还定金（不含利息）。③实务启发：购房人可把"如双方合同条款谈不成则全额退定金"字句写入意向书。

3. 履约补正合同形式瑕疵。

商品房的认购、订购、预订等协议具备商品房买卖合同的主要内容，并且出卖人已经按照约定收受购房款的，该协议应当认定为商品房买卖合同。

例：【认购书是预约】甲公司未取得商铺预售许可证，便与李某签订了《商铺认购书》，约定李某支付认购金即可取得商铺优先认购权，商铺正式认购时甲公司应优先通知李某选购。双方还约定了认购面积和房价，但对楼号、房型未作约定。李某依约支付了认购金。甲公司取得预售许可后，未通知李某前来认购，将商铺售罄。<u>李某可否诉甲公司承担违约责任？</u>①可以。②甲公司还未收取购房款，认购书内容不完整，不具备商品房买卖合同内容，故应属于"预约"。③签订预约不需要甲公司取得商品房预售许可证，预约有效，甲公司违反预约须负违约责任。

（二）商品房买卖合同效力

1. 预售许可证诉前取得，商品房预售合同有效。

出卖人未取得商品房预售许可证明，与买受人订立的**商品房预售合同**，应当认定无

eff，但是在起诉前取得商品房预售许可证明的，可以认定有效。

例：【西安开发商神操作举报自己违规】2016年4月25日，李女士与闻天公司签订《紫杉庄园内部认购合同》一份，认购闻天公司开发建设的位于长安区兴隆街办西沣路以西紫杉庄园项目商品房。内部认购合同约定：认购房源销售面积约200平方米，认购房源销售总价172万元；乙方李女士选择总房价款100%付款比例，根据付款比例，开发商给予总房价款7折优惠，优惠后总价120.4万元；李女士应于2016年4月25日一次性向甲方闻天公司支付该认购房源100%房价款。合同还约定，合同签订后，甲方须为乙方保留该房屋至签订正式《商品房买卖合同》时，且不得与第三方签订该房屋的《商品房内部认购合同》或《商品房买卖合同》，并承诺在乙方携本合同与甲方签订《商品房买卖合同》时，甲方将完全履行本合同约定的房屋位置、面积、价款、户型等条款。合同签订当天，李女士即缴纳120.4万元购房款，闻天公司出具了收据。2018年，房价由原来7000元/m^2，上涨为2.5万元/m^2。闻天公司先是接受房管局处罚72万元，后诉到法院请求确认内部认购协议无效。经查，与李女士相同遭遇的有12人，买的都是联排别墅。法院如何处理？①内部认购协议符合商品房买卖合同内容，属于本约，不是预约。②商品房买卖合同需要具备预售许可证，闻天公司已经办理了"4证"，就差这个"第5证"，且在一审判决无效后第4天获得预售许可证。③二审法院认定，闻天公司诉合同无效的真正目的是取得超出合同预期更大利益，能够办理预售许可证而不办理，违背了诚实信用原则，视为其已经办理了预售许可证，故判决合同有效。

> 问：买商品房时需要看哪5证？《建设用地规划许可证》、《建设工程规划许可证》、《建筑工程施工许可证》、《国有土地使用证》和《商品房预售许可证》。

2. 未备案不影响合同效力，但如约定备案为生效条件则从约定，但实际履行则破约定。

当事人以商品房预售合同未按照法律、行政法规规定办理登记备案手续为由，请求确认合同无效的，不予支持。当事人约定以办理登记备案手续为商品房预售合同生效条件的，从其约定，但当事人一方已经履行主要义务，对方接受的除外。

例：【约定网签备案为生效条件】钱某与开发商签订商品房预售合同，约定商品房预售合同自签订之日起30日内，办理登记备案手续：如按期办理备案，由网签系统生成合同备案编号，同时在网签系统的商品房楼盘表内显示该套商品房已售。如未按期办理备案，交易系统中商品房买卖合同记录信息自动解除，并自动恢复为"可售"房源状态。钱某交付首付后，因对按揭方式有异议，在开发商将合同办理网签备案前，要求开发商退首付款。钱某主张是否成立？①否。②双方约定网签备案为合同生效条件，从约定。③但钱某已经支付了首付款，开发商已经接受，故合同已经生效。④开发商后续可以将该合同办理网签备案。

3. 恶意串通损害前手买方，后手交易无效。

买受人以出卖人与第三人恶意串通，另行订立商品房买卖合同并将房屋交付使用，导致其无法取得房屋为由，请求确认出卖人与第三人订立的商品房买卖合同无效的，应予支持。

例：【换1个卖方与他人恶意串通】2003年11月，张某、刘某夫妻二人与秀山县某大道集贸市场工程指挥部签订《预订房屋合同》，约定以 5000 元/平方米的价格购买工程指挥部位于秀山县中和镇某路 127 号商业门面一间，总价 229125 元。双方签订正式《房屋买卖合同》，张某、刘某按照约定履行了付款义务，工程指挥部向张某交付了房屋，但一直未办理房屋产权过户登记。后工程指挥部将《房屋买卖合同》的权利义务转让给某房地产公司。2014 年，房地产公司与聂某签订《商品房买卖合同》约定，以 5000 元/平方米的价格将同一商业门面转让给聂某某，总价 226550 元，并为聂某某办理了过户登记。张某、刘某以房地产公司与聂某于签订的《商品房买卖合同》构成恶意串通为理由，请求秀山县法院确认无效。<u>法院如何处理？</u>①物债两分：工程指挥部与张刘之间虽然未过户房屋，但合同有效。②合同转让：房地产公司取代工程指挥部，与张刘之间存在有效合同。③一房 2 卖与恶意串通：房地产公司与聂某签订合同，房地产公司属于 1 房 2 卖，聂某以 10 年前的价格购买，而张刘一直在该房屋居住。④法院认为，这足以认定房地产公司与聂某构成恶意串通损害他人合法权益，故判决确认该合同无效。⑤<u>实务中，还可能向前延展，即聂某与方某进一步恶意串通签订低价转让合同</u>。依然是无效的，除非后续交易是正常市场交易。

（三）商品房包销合同

1. 由包销人以出卖人的名义销售，包销期满未销售房屋由包销人按约定包销价格购买。

出卖人与包销人订立商品房包销合同，约定出卖人将其开发建设的房屋交由包销人以出卖人的名义销售的，包销期满未销售的房屋，由包销人按照合同约定的包销价格购买，但当事人另有约定的除外。

> **问 1**：包销人卖不掉房屋，包销人的法律地位有何变化？①包销人不可能取得预售许可证，故不能以自己名义签订出卖合同，因此是代理人。②如果卖不掉房屋，则<u>包销人负有强制购买合同约定剩下商品房的义务</u>，包销人身份由代理人变成了购房人。③如包销人购入后再行转让，则该买卖属于二手房买卖，而非一手房买卖。
>
> **问 2**：包销人图什么？①赚取利差。②包销人与开发商包销合同约定 7500 元/平方米，多卖所得归包销人，少卖部分由包销人补。③购买人和开发商按 7500/平方米签订合同，购买人给包销人支付单价 2500 元/平方米。④购房人不能事后反悔要求包销人退 2500 元/平方米。

2. 出卖人包销出去后不得自行销售，但不属于无权处分。

出卖人自行销售已经约定由包销人包销的房屋，包销人请求出卖人赔偿损失的，应予支持，但当事人另有约定的除外。

例：【出卖人自卖属于有权处分但构成违约】甲公司与乙公司签订商品房包销合同，约定甲公司将其开发的 10 套房屋交由乙公司包销。甲公司将其中 1 套房屋卖给丙。<u>乙公司可否要求甲公司承担违约责任？</u>①可以。②甲公司将包销出去的房屋出卖，属于有权处分，但需要对包销人负违约责任。

（四）惩罚性赔偿责任

1. 回迁户、致命再卖、致命欺诈而合同不继续：开发商承担<u>不超过购房人已付购房</u>

款 1 倍的惩罚性赔偿责任。

（1）回迁户索赔：①拆迁人与被拆迁人按照所有权调换形式订立拆迁补偿安置协议，明确约定拆迁人以位置、用途特定的房屋对被拆迁人予以补偿安置，如果拆迁人将该补偿安置房屋另行出卖给第三人，被拆迁人请求优先取得补偿安置房屋的，应予支持。②被拆迁人请求解除拆迁补偿安置协议的，可以请求返还已付购房款及利息、赔偿损失，并可以请求出卖人承担不超过已付购房款一倍的赔偿责任。

例：【欺负回迁户】开发商与唐某签订拆迁安置补偿协议，明确约定用 1 套房屋作为拆迁补偿抵顶拆迁补偿款 100 万元。开发商将该房屋以 150 万元出卖给方某，签订了合同。如何评价本案法律关系？①唐某有优先取得补偿安置房屋权利。②如果唐某解除拆拆安置补偿协议，可请求开发商返还 100 万元（已付）及利息、赔偿损失，还可以请求开发商承担不超过 100 万元的赔偿责任（因为已付）。③如果方某已经取得过户，则唐某不能主张优先取得补偿安置房屋权利。

（2）致命"再卖"＝第 1 个买方索赔：①商品房买卖合同订立后，出卖人未告知买受人又将该房屋抵押给第三人，导致商品房买卖合同目的不能实现。②商品房买卖合同订立后，出卖人又将该房屋出卖给第三人，导致商品房买卖合同目的不能实现。

（3）致命"欺诈"＝第 1 个买方受欺诈索赔＋第 2 个买方受欺诈索赔：①开发商故意隐瞒没有取得商品房预售许可证明的事实或者提供虚假商品房预售许可证明，导致合同无效。（第 1 个买方）。②开发商故意隐瞒所售房屋已经抵押的事实导致合同被撤销或解除（第 2 个买方）。③开发商故意隐瞒所售房屋已经出卖给第三人或者为拆迁补偿安置房屋的事实导致合同被撤销或解除（第 2 个买方）。

> 问 1：共同的救济办法是什么？①买方可以请求解除合同、返还已付购房款及利息、赔偿损失，并可以请求出卖人承担不超过已付购房款一倍的赔偿责任。②如甲开发商和乙签订房屋买卖合同，乙已经付款 100 万元，甲开发商再卖并过户给了丙。③房屋价格上涨了 10 万元。则乙可解除合同、请求返还 100 万元和同期银行贷款利率的利息、赔偿损失 10 万元、赔偿不超过 100 万元的惩罚性赔偿。
>
> 问 2：为什么开发商可能两头不是人？①如先卖给 1，后来隐瞒卖给 1 的真实情况，又卖给 2。②1 买不到，启动惩罚性赔偿（理由是致命再卖）。③2 买不到，也启动惩罚性赔偿（理由是致命欺诈）。
>
> 问 3：一般欺诈能启动惩罚性赔偿吗？①不可以。②如开发商隐瞒质量问题，购房人不得主张惩罚性赔偿。
>
> 问 4：二手房买卖适用惩罚性赔偿规则吗？①不适用。②如唐某和张某签订房屋买卖合同，唐某又和温某签订房屋买卖合同，此类 1 房 2 卖，不对唐某适用惩罚性赔偿责任。

> 秒杀：合同无法继续，回迁户，致命再卖，致命欺诈。

2. 面积误差太大合同不继续：开发商承担双倍惩罚性赔偿责任。

（1）面积误差不大，在3%以内，则合同继续，不得解除合同，房款多退少补。

例：【约定100，交付97】约定100，交付了97，则3平方米合理误差，退多收的3平方米钱。

例：【约定100，交付103】约定100，交付了103，则3平方米合理误差，购房人补交3平方米钱。

（2）面积误差太大即面积误差比超过了3%。①购房人有权解除合同，返还已付购房款和利息，赔偿损失，但不能主张惩罚性赔偿。②购房人有权继续履行合同，3%以内按约定来，超出3%的，要么开发商送面积，要么开发商双倍退已收购房款。

例：【约定100，交付90】约定100，交付了90，如购房人选择继续履行合同，则3平方米合理误差，退购房人多付的3平方米钱，另外7平方不合理误差，要双倍退即退购房人14平方米钱。

例：【约定100，交付110】约定100，交付了110，如购房人选择继续履行合同，则3平方米合理误差，要求购房人补3平方米钱，另外7平方米不合理误差，开发商白送。

> **秒杀：**面积误差小，按约定来多退少补。面积误差大，可以不要房要赔；也可以要房要惩罚性赔，太大了白送，太小了双倍退钱。

例：【约定135，实际150】2013年，甲购买乙公司开发的商品房一套，合同约定面积为135平方米。2015年交房时，住建部门的测绘报告显示，该房的实际面积为150平米。如何评价？①不是重大误解，因为订立合同时意思表示无瑕疵，一方要卖135平米，对方要买135平米。乃合同履行出现问题。②甲有权解除合同。③如合同继续，甲不是按实际面积付款，也不是按约定面积付款，而是计算合理误差为$135 \times 1.03 = 139.05$，故下$139.05 - 135 = 4.05$补房款（3%以内付），$150 - 139.05 = 10.95$免费送！（3%以上不付）

八、供用电、水、气、热力合同（参照适用供电合同规定）

（一）供电人可不卖电？不可以，强制供电人缔约

向社会公众供电的法人或者非法人组织，不得拒绝用电人合理的订立合同要求。

（二）中断供电怎么办？区分处理，计划中断要提前通知；意外中断要及时抢修

1. 计划中断要提前通知：供电人因供电设施计划检修、临时检修、依法限电或者用电人违法用电等原因，需要中断供电时，应当按照国家有关规定事先通知用电人。未事先通知用电人中断供电，造成用电人损失的，应当承担损害赔偿责任。

2. 意外中断要及时抢修：因自然灾害等原因断电，供电人应当按照国家有关规定及时抢修。未及时抢修，造成用电人损失的，应当承担损害赔偿责任。

（三）用电人不付电费怎么办？供电人经催告用电人还不付，则可以事先通知用电人后中止供电，但不能解除合同

第十章　赠与合同

一、什么是赠与合同

赠与合同是赠与人将自己的<u>财产</u>无偿给予受赠人，受赠人<u>表示接受</u>赠与的合同

例：【你送我要＝双方行为】甲替乙向丙还债 500 元，对乙称不用还了，乙表示一定奉还。甲还了 250 元后甲乙交恶，甲要求乙退 250 元，乙要求甲继续还剩余的 250 元。<u>谁的主张成立？</u>①甲的主张成立。②赠与合同是双方民事法律行为，需要双方意思表示一致，甲乙双方未就赠与达成意思表示，赠与合同不成立。

> **问：**甲免费为乙搬家，甲乙签订了什么合同？①不是赠与合同，因为赠与合同的对象限于"财产"，如房屋、汽车、股权、知识产权财产权，不包括劳务。②甲未收取报酬，也不是承揽合同。③免费帮忙，这属于帮工，无合同法律关系。如果收费，则属于无名合同。④甲免费为乙去办理工商登记手续，这不是赠与合同，而是无偿委托合同。⑤甲免费为乙看管汽车，这不是赠与合同，这是无偿保管合同。⑥甲将 100 元交给乙，不收利息，这不是赠与合同，这是无偿借款合同。

二、可以反悔不送吗（通知即可无须诉讼）

（一）任意撤销权（不适用于"三公赠与"）

1. 一般赠与人有任意撤销权：赠与人在赠与<u>财产的权利转移</u>之前可以撤销赠与。动产<u>交付</u>之前可任意撤销；不动产<u>过户</u>之前可以任意撤销。

例：【恋爱赠与】甲男与乙女签订赠与合同，同意赠与 10 万元给乙购车。甲未赠与，<u>乙可否要求甲交付 10 万元？</u>①否。②因为赠与财产权利尚未转移，甲有"任意撤销权"。③如甲已经交付了 10 万元，但分手后不能要求乙退 10 万元，因为赠与财产权利已经转移，甲无"任意撤销权"。

2. "三公赠与"人无任意撤销权：具有救灾、扶贫、助残等<u>公益</u>、<u>道德</u>义务性质的赠与合同或者经过<u>公证</u>的赠与合同，赠与人不得享有任意撤销权。（公益公德公证＝三公）

（1）受赠人有权请求交付：有救灾、扶贫、助残等公益、道德义务性质的赠与合同或者经过公证的赠与合同，赠与人不交付赠与财产的，受赠人可以要求交付。

> **问：**一般赠与中，受赠人有权请求交付吗？否。因为赠与人有任意撤销权。

（2）受赠人有权请求赔偿：<u>"三公赠与"</u>中应当交付的赠与<u>财产</u>因赠与人<u>故意或者重</u>

大过失致使毁损、灭失的，赠与人应当承担损害赔偿责任。

例：【**侵权还是违约**】甲与希望学校签订赠与合同，捐赠一批电脑。交付前，甲毁坏电脑，拒不赠与。交付后，甲毁坏电脑。<u>这两种情形有何差异？</u>①交付前，赠与人故意导致赠与财产毁损，受赠人可请求赠与人承担"违约损害赔偿责任"，不是侵权责任，因为电脑的所有权人归甲，而非希望学校。②交付后，赠与人故意毁坏电脑，因电脑的所有权人是希望学校，故受赠人可请求赠与人甲承担侵权损害赔偿责任。

> **问：**一般赠与中，受赠人有权请求赔偿吗？否。因为赠与人有任意撤销权。

（二）法定撤销权（适用于"三公赠与"）

1. 法定撤销权事由。

（1）恩将仇报：严重侵害赠与人或者赠与人近亲属的<u>合法权益</u>。

（2）违反法定义务：对赠与人有扶养义务而不履行。

（3）违反约定义务：不履行赠与合同约定的义务。

> **问1：**"三公赠与"人不能任意撤销，但是可以法定撤销吗？①可以。②甲与乙签订赠与合同经公证，约定甲赠乙车。后乙将甲的儿子故意打成重伤。甲无任意撤销权，因为赠与合同经过公证。但是甲有法定撤销权，因为受赠人乙严重侵犯了赠与人甲近亲属的合法权益。
>
> **问2：**夫妻之间婚前或婚后赠与房屋，属于"道德义务赠与"吗？①不属于。②婚前或者婚姻关系存续期间，当事人约定将一方所有的房产赠与另一方，赠与方在赠与房产变更登记之前撤销赠与，另一方请求判令继续履行的，人民法院可以按照任意撤销权规定处理，即赠与人有任意撤销权。③怎么锁死这个赠与呢？去，公证一下。④结婚送恋爱送房屋只要没过户都可以反悔。

2. 法定撤销权期间。

（1）赠与人1年：赠与人的撤销权，自知道或者应当知道撤销原因之日起一年内行使。

例：【**负义务赠与中，法定撤销权过期，不可启动解除权**】2017年张某与徐某再婚。婚内两人与张女（张某与前妻之女）经公证订立赠与合同，约定："将张某、徐某名下的夫妻共同财产本市一处房屋无偿赠与张女所有，张女表示接受；同时约定张女愿意赡养照料张某与徐某的生活，并保证张某与徐某对上述房屋的终身居住、使用权。本赠与经公证，并办妥房屋产权过户手续后成立。若受赠人违约，赠与人有向法院请求撤销赠与或要求其继续履约的权利。"同年8月，赠与房屋产权转移到张女名下。同年9月，张女将受赠房屋售与他人。2019年10月，张某起诉要求与徐某离婚，未获准许。庭审中，徐某提出送赠房屋已被张女出售，主张送赠房屋之权利，但未在法定期间行使撤销权。2020年1月，张某再度起诉与徐某离婚，获得准许。对徐某坚持主张的送赠房屋之权利，法院认为系争房屋已赠与张女，且已办理产权变更手续，该主张涉及到案外人利益，不宜在离婚案中予以处理。2020年3月，徐某以张女擅自出售房屋，不能履行合同约定的义务，构成根本违约为由向法院提出起诉，要求解除赠与合同。徐某是否有权解除赠与合同？①否。赠与合同经过公证，且属于附义务赠与。②附义务赠与的性质仍属于单务合同，纠纷的发生往往是在赠与人已将赠与物转移给受赠人，即赠与行为已经履行完毕之后。③而合同解除则适用于双务合同，且发生在合同成立以后、未履行或未完全履行之前。

（2）非赠与人 6 个月：因受赠人的违法行为致使赠与人死亡或者丧失民事行为能力的，赠与人的继承人或者法定代理人可以撤销赠与。赠与人的继承人或者法定代理人的撤销权，自知道或者应当知道撤销原因之日起六个月内行使。

> **问**：父子可以同时行使法定撤销权吗？①否。②甲与乙签订赠与合同经公证，约定甲赠与乙车。后乙将甲的儿子小甲故意打成重伤。小甲无权主张撤销赠与合同，甲才有法定撤销权。

（三）穷困抗辩权（适用于"三公赠与"）

赠与人的经济状况显著恶化，严重影响其生产经营或者家庭生活的，可以不再履行赠与义务。

例：【婆婆比儿媳更惨】牛某与王某原系婆、媳关系，牛某与杜某（王某长子，已于 2014 年去世）在共同生活期间，曾经常发生家庭矛盾，后为维护其家庭关系，2016 母亲节当天，牛某、王某双方签订土地承包合同，合同约定被告将其所分得 8.1 亩土地交由原告耕种，自 2017 年起至 2020 年秋终止。在签订该合同前，牛某已经在该土地种植 11 年，未支付任何费用。王某年近七旬，主要依靠村集体经济组织分配的口粮田满足生活温饱问题，是否有权要求收回土地承包经营权？①可以。②双方签订的是赠与合同，赠与标的是农村土地承包经营权。③赠与人王某经济状况显著恶化，牛某虽亦历经生活艰辛，但较之王某目前的生活处境，更具有优势地位。④故王某可不在履行赠与义务，有权将土地承包经营权收回。

三、区分附义务的赠与、附条件的赠与和遗赠抚养协议

（一）附义务的赠与：赠与人先完成赠与，受赠人后履行义务

例：【送车后考过是义务】甲乙约定，甲赠乙 1 车，乙取得该车后需通过研究生考试。甲交付车，乙未通过研究生考试，甲要求退车，乙拒绝。甲能否要求退车？①能。②甲乙签订了附义务的赠与合同，乙参加研究生考试并通过乃赠与合同的义务。③乙未履行该义务，赠与人享有"法定撤销权"。

（二）附条件的赠与

1. 附生效条件的赠与：条件先成就，赠与人后履行赠与义务。

例：【考过后再送车】甲乙约定，如乙通过研究生考试，甲赠乙 1 车。乙未通过研究生考试，可否要求甲交车？①否。②甲乙签订了附生效条件的赠与合同。③乙通过研究生考试与否是不确定事实，将该不确定事实来限定合同的生效，故为附生效条件的赠与合同。④乙未通过研究生考试，条件成就，故赠与合同不生效，乙无权要求甲赠车。

2. 附解除条件的赠与：赠与人先履行赠与义务，条件成就，赠与要求退赠与财产。

例：【送车后考过是条件】甲乙约定，甲赠乙车，如乙未通过研究生考试，则退车。乙未通过研究生考试，<u>甲可否要求退车?</u>①可。②甲乙签订了附解除条件的赠与。③乙通过研究生考试与否是不确定事实，将该不确定事实来限定生效合同的失效，故为附解除条件的赠与合同。④乙未通过研究生考试，条件成就，故赠与合同失去效力，甲有权要求乙退车。

> **问：**如何区分负义务赠与和附解除条件的赠与？①撤销后失去效力：附义务赠与合同是已经生效的合同，受赠人违反义务，则启动赠与人法定撤销权，该撤销权必须行使。赠与人需要通知受赠人，才可要求退回赠与财产。②自动失去效力：附解除条件赠与合同也是已经生效的合同，条件成就，则赠与合同自动失去效力，赠与人什么也不用说什么也不用做，有权直接要求退回赠与财产。

（三）遗赠抚养协议：赠与人死亡时，继承人或遗产管理人履行遗赠义务

例：【生养死葬】甲乙签订遗赠抚养协议，约定乙对甲生养死葬，甲死亡后遗产均归乙。甲乙签订的协议是遗赠抚养协议，适用《民法典》继承编规则，不适用合同编规则。

四、赠与人要承担瑕疵担保责任吗（赠坏东西要不要赔）

（一）看"对价"

1. 无"对价"的赠与人不要承担：赠与的财产有瑕疵的，赠与人不承担责任。

2. 有"对价"的赠与人要承担：附义务的赠与，赠与的财产有瑕疵的，赠与人在附义务的限度内承担与出卖人相同的责任。如甲赠与乙1车存在质量问题，给乙附了义务，帮甲的儿子找份工作。履行义务的乙可向甲索赔。

（二）看"过错"：赠与人故意不告知瑕疵或者保证无瑕疵，造成受赠人损失的，应当承担损害赔偿责任

例：【赠与带病毒电脑】甲赠带病毒的电脑给乙，乙使用电脑时因病毒导致文件被删除。<u>乙可否要求甲承担赔偿责任?</u>（1）先看对价：①无对价则乙无权向甲索赔。②有对价则乙有权向甲索赔，如甲赠与乙时给乙附了义务，履行了义务的乙有权向甲索赔。（2）再看过错：无论是否有对价，只要甲故意不告知病毒或保证无病毒，则乙有权向甲索赔。

> **秒杀：**赠与的5个民法考点。①限人可签纯受益的赠与合同。②赠与合同不启动善意取得。③赠与财产"逃债"启动债权人撤销权。④赠与财产"逃债"受赠人配合则启动债权人撤销权，还构成恶意串通损害他人利益无效。⑤赠与夫妻共有财产给外人未经妻子追认该赠与合同无效。

第十一章　借款合同

一、借款合同什么时候成立

（一）实践性合同：个人与个人＝自然人之间的借款合同，自贷款人提供借款时成立

1. 以现金支付的，自借款人收到借款时。

2. 以银行转账、网上电子汇款或者通过网络贷款平台等形式支付的，自资金到达借款人账户时。

3. 以票据交付的，自借款人依法取得票据权利时。

4. 出借人将特定资金账户支配权授权给借款人的，自借款人取得对该账户实际支配权时。

5. 出借人以与借款人约定的其他方式提供借款并实际履行完成时。

（二）诺成性合同：个人与单位、单位与单位＝当事人达成借款合意，借款合同即成立

二、什么借款合同是无效的？什么借款合同是有效的

（一）民间借贷合同无效＝借款人知道出借人抢银行生意的无效

1. 套取金融机构信贷资金又高利转贷给借款人，且借款人事先知道或者应当知道的。

2. 以向其他企业借贷或者向本单位职工集资取得的资金又转贷给借款人牟利，且借款人事先知道或者应当知道的。

3. 出借人事先知道或者应当知道借款人借款用于违法犯罪活动仍然提供借款的。

4. 违背社会公序良俗的。

（二）民间借贷合同有效＝生产经营借款

1. 法人之间、其他组织之间以及它们相互之间为生产、经营需要订立的民间借贷合同。

2. 法人或者其他组织在本单位内部通过借款形式向职工筹集资金，用于本单位生产、经营，该民间借贷合同有效。

三、借款合同的利息怎么算

（一）未约定利息＝借款合同对支付利息没有约定的，视为没有利息

（二）约定利息不明确

1. 自然人之间借款的，视为没有利息。

例1：【%2＝约定明确】张某向李某借了十万元，出具借条一张，借条具体内容如下：

"今从李某处借到人民币现金壹拾万元整，月息%2，借期一年。张某，2011.10.1"。后李某逾期不还，张某具状起诉至法院。之前双方无借贷往来。审理中，张某认为借条中的"月息%2"为约定不明，视为没有利息。张某主张是否成立？①否。②解释在先，不明在后，只有解释不清，才能曰"不明"。③故所谓的"约定不明"，只能是指用通常的合同解释方法已无法解释明白的情况下，才能认定为"约定不明"。④本案中，根据合同目的及符号意思完全可以推定出其就是"百分之二"的意思，其表达效果应视为等同于"2%"的表达效果。

例2：【利息按 1.2 分 = 约定明确】 罗某和唐某是要好的朋友，2018 年 2 月 8 日，罗某由于开办家具厂急需资金周转，从唐某处借款人民币 10 万元，双方约定"利息按 1.2 分计算"，借款期限为 7 个月。此后，罗某于 2019 年 3 月归还借款 4 万元，因罗某经营不善，家具厂倒闭，一直未归还剩余借款。唐某多次催收未果，遂向法院起诉，请求判决罗某向他支付借款本金 6 万元，利息 18720 元，合计 78720 元。罗某对尚欠 6 万元本金无异议，辩称利息 18720 元没有法律依据，自己不应当支付给唐某利息，理由："利息按 1.2 分计算"可以理解为"年利率 1.2 分"，也可以理解为"月利率 1.2 分"，存在歧义，属于"利息约定不明"。罗某主张是否成立？①否。②利息约定符合当地民间交易习惯，且可以运用合同解释方法中的整体解释法予以明确，"利息按 1.2 分计算"应为月息是 1.2%。

例3：【约定支付利息但没说标准 = 约定不明确】 张某于 2017 年 5 月向好友李某出借了 20 万元，双方约定借期为 1 年，借期内李某应当向张某支付利息，但双方未约定利息支付标准。1 年时间转眼过去，李某只每月支付 2000 元，共计 24000 元，借期届满后却迟迟不还钱，张某多次催要，李某都以各种理由拒绝，张某遂将李某起诉至法院，要求李某归还借款并按照 2%/月支付利息。张某的主张能否成立？有权要求归还本金 17.6 万元，无权要求支付 1 年借期内的利息，有权要求支付逾期的利息按 6%/年算。

2. 其他借款，按照当地或者当事人的交易方式、交易习惯、市场利率等因素确定利息。

（三）约定利息 = 2 线（24%和 36%）3 区（支持区间、自然区间、无效区间）

1. 年利率 24%以内，属于法院支持区间。

2. 年利率 24%到 36%之间，属于自然区间。

3. 年利率 36%以上，属于无效区间。

例：【2 线 3 区】 甲乙签订借款合同，本金 100 万元已经交付，约定年利率 40%。如何评价该约定年利率的效力？①甲可诉乙年底还款 124 万元。②124 到 136 之间的 12 万元，甲拿到了就不用退，没拿到不能去诉乙给。③136 到 140 之间的 4 万元，绝对无效，甲拿了则必须退，没拿到不能去诉乙给。

> **原理：** 出借人和借款人约定逾期利率，又约定违约金或其他费用，出借人可否一并主张？可以。但是仍然要坚持 2 线 3 区规则。总计结果在 24%以内，则法院支持；总计结果在 24%到 36%之间，则自然区间；总结果超过 36%部分，则无效区间。

（四）利滚利：坚持"2 线 3 区"

例：【孙悟空和如来佛】甲乙签订借款合同，甲出借 100 万元给乙并交付，年利率为 20%，计算"复利"，为期 5 年。每到年底，乙对前期借款本息计算后将利息计入后期借款本金并分别向甲出具了 5 个债权凭证：100×（1+20%）；100×（1+20%）2；100×（1+20%）3；100×（1+20%）4；100×（1+20%）5。哪几个债权凭证是法院支持区间？①按复利的计算结果分别是：120 万元；144 万元；172.8 万元；207.36 万元；248.832 万元。②按法律计算的法院支持区间：124 万元；148 万元；172 万元；196 万元；220 万元。③因此，第 1、2 个债权凭证法院可以支持，第 3 个债权凭证中 172 是法院支持，第 4 个债权凭证中 196 是法院支持，第 5 个债权凭证中的 220 是法院支持。④秒杀：法院支持区间，每年的利息卡死 24，而本金 100 万元永远是本金！

（五）逾期利息

1. 约定逾期利率=坚持 2 线 3 区

例：【2 线 3 区】甲乙签订借款合同，甲出借 100 万元给乙并交付，年利率为 10%，为期 1 年，逾期利率为 40%。乙第 2 年尚未还款，甲可要求乙还多少款？①本金 100 万元，借期内利息 10 万元，逾期内利息 24 万元。②甲可要求乙还 134 万元。

2. 未约定逾期利率：（1）有借期利率，则逾期利率同借期利率。（2）无借期利率则按年利率 6%算逾期利率。

例：【6%逾期】甲乙签订借款合同，甲出借 100 万元给乙并交付，未约定利息，为期 1 年。乙第 2 年尚未还款，甲可要求乙还多少款？①本金 100 万元，借期内利息 0 元，逾期内利息 6 万元。甲可要求乙还 106 万元。②如约定了年利率为 5%，则第 2 年时甲可要求乙归还本金 100 万元，借期内利息 5 万元，逾期内利息 5 万元，合计甲可要求乙还 110 万元。

（六）自愿支付利息（已经付了不能反悔，如果超过年利率 36%可以反悔要回来）

没有约定利息但借款人自愿支付，或者超过约定的利率自愿支付利息或违约金，且没有损害国家、集体和第三人利益，借款人又以不当得利为由要求出借人返还的，人民法院不予支持，但借款人要求返还超过年利率 36%部分的利息除外。

（七）提前还款的利息：借款人提前偿还借款的，除当事人另有约定外，应当按照实际借款的期间计算利息

（八）预先扣利息

借款的利息不得预先在本金中扣除。利息预先在本金中扣除的，应当按照实际借款数额返还借款并计算利息。借据、收据、欠条等债权凭证载明的借款金额，一般认定为本金。

例：【10 万变 9 万】甲乙约定出借 10 万元，约定年利率 10%，甲先收取利息，甲交付了 9 万元。年底，甲有权要求乙还多少款？9 万元是本金，年利率是 10%，故年底还款 9.9 万元。

四、借款合同的还款人是谁

（一）大 BOSS

1. 企业借款用于大 BOSS。

企业法定代表人或负责人以企业名义与出借人签订民间借贷合同，出借人、企业或者其股东能够证明所借款项用于企业法定代表人或负责人个人使用，出借人请求将企业法定代表人或负责人列为共同被告或者第三人的，人民法院应予准许。

2. 大 BOSS 借款用于企业。

企业法定代表人或负责人以个人名义与出借人签订民间借贷合同，所借款项用于企业生产经营，出借人请求企业与个人共同承担责任的，人民法院应予支持。

（二）担保人

1. 后让与担保：用买卖合同担保民间借贷。

当事人以签订买卖合同作为民间借贷合同的担保，借款到期后借款人不能还款，出借人请求履行买卖合同的，人民法院应当按照民间借贷法律关系审理，并向当事人释明变更诉讼请求。当事人拒绝变更的，人民法院裁定驳回起诉。

按照民间借贷法律关系审理作出的判决生效后，借款人不履行生效判决确定的金钱债务，出借人可以申请拍卖买卖合同标的物，以偿还债务。就拍卖所得的价款与应偿还借款本息之间的差额，借款人或者出借人有权主张返还或补偿。

例：【借款与买卖】甲乙签订借款合同，乙向甲借款1000万元，同时双方签订房屋买卖合同，如乙不还款，甲有权请求乙过户房屋。乙届期未还款，且乙尚欠丙1000万元。甲诉乙过户房屋，能否获得支持？①否。②法院释明甲变更诉讼请求为还借款。如甲拒绝变更，则法院裁定驳回起诉。③如甲变更诉讼请求为要求还借款，法院判决甲胜诉，甲可以申请拍卖乙名下的房屋，如卖1200万元，则甲得1000万元，多出的200万元退给乙。如卖得800万元，则甲得800万元，剩余200万元未获得清偿可以请求乙继续还款。④在此过程中，甲并无优先于丙的权利。如丙诉乙也获得胜诉判决，则在执行阶段，丙可申请参与分配，与甲平均分1200万元或者800万元，剩余未获得部分都变成了"裸体债权"。

2. 网贷平电台的担保。

（1）平台是中介：借贷双方通过网络贷款平台形成借贷关系，网络贷款平台的提供者仅提供媒介服务，当事人请求其承担担保责任的，人民法院不予支持。

（2）平台是保证人：网络贷款平台的提供者通过网页、广告或者其他媒介明示或者有其他证据证明其为借贷提供担保，出借人请求网络贷款平台的提供者承担担保责任的，人民法院应予支持。

3. 保证担保。

（1）一般保证人：保证人为借款人提供一般保证，出借人仅起诉保证人的，人民法院应当追加借款人为共同被告；出借人仅起诉借款人的，人民法院可以不追加保证人为共同被告。（只告一般保证人，必须追加借款人为共同被告）

（2）连带保证人：保证人为借款人提供连带责任保证，出借人仅起诉借款人的，人民法院可以不追加保证人为共同被告；出借人仅起诉保证人的，人民法院可以追加借款人为

共同被告。（乱告）

（3）不是保证人：他人在借据、收据、欠条等债权凭证或者借款合同上签字或者盖章，但未表明其保证人身份或者承担保证责任，或者通过其他事实不能推定其为保证人，出借人请求其承担保证责任的，人民法院不予支持。

五、借款合同履行地在哪里

借贷双方就合同履行地未约定或者约定不明确，事后未达成补充协议，按照合同有关条款或者交易习惯仍不能确定的，以接受货币一方所在地为合同履行地。

例：【出借地还是还款地】唐某和甲公司签订借款合同，约定唐某将 100 万元借给甲公司。如何确定合同履行地？①如甲公司诉唐某出借 100 万元，则甲公司所在地为合同履行地。②如唐某诉甲公司还款 100 万元，则唐某所在地为合同履行地。

第十二章 租赁合同

第一节 租赁合同

一、什么是租赁合同

(一) 让渡使用权

1. 租赁合同是出租人将租赁物交付承租人使用、收益，承租人支付租金的合同。

2. 租赁合同出租人可以不是租赁物的所有权人，因为该合同让渡的是租赁物的使用权，而非所有权。

例：【偷车出租给不知情者】丙公司将该汽车停放在停车场时，该车被丁盗走。丁很快就将汽车出租给不知该车来历的自然人戊。丁与戊的租赁合同是否有效？丁获得的租金属于什么性质？①有效。②因为尽管丁不享有所有权或处分权，但是并不影响租赁合同效力。③其所得的租金属于不当得利。

(二) 一房数租：交、记、先

1. 排队顺序：①已经合法占有租赁房屋的。②已经办理登记备案手续的。③合同成立在先的。

2. 救济办法：不能取得租赁房屋的承租人有权请求解除合同、赔偿损失。

二、租赁期限可以多久

(一) 租期期限最长 20 年/次

1. 租赁期限不得超过 20 年。

2. 租赁期间届满，当事人可以续订租赁合同，但是约定的租赁期限自续订之日起不得超过 20 年。

例：【超过 20 年部分损失利息】A 公司承租 B 公司下属某加油站。《租赁协议》约定，租期 48 年，租金共计 500 万元，在租赁开始时一次性支付。2019 年 B 公司以租期超过 20 年不受法律保护为由，要求法院认定协议无效，判令 A 归还加油站。A 公司提起反诉，要求返还超过 20 年部分租金及利息。法院如何处理？①法院认定超过 20 年部分无效，其他部分仍具有法律效力。②A 公司租赁到满 20 年止，B 公司返还 20 年以后租金。③虽然 A 公司收回了超出 20 年以后的租金，但还是损失了利息。

(二) 不定期租赁

1. 6 个月以上却无书面也无证据：租赁期限六个月以上的，应当采用书面形式。当事人未采用书面形式,无法确定租赁期限的,视为不定期租赁。

2. 到期不说话继续租赁:租赁期间届满,承租人继续使用租赁物,出租人没有提出异议的,原租赁合同继续有效,但是租赁期限为不定期。

3. 未约定租期:当事人对租赁期限没有约定或者约定不明确,不能协商也无法解释的,视为不定期租赁。

4. 彼此提前通知对方任意解除:当事人可以随时解除合同,但是应当在合理期限之前通知对方。

(三)原租赁期间继续:换租户

承租人在房屋租赁期间死亡的,与其生前共同居住的人或者共同经营人可以按照原租赁合同租赁该房屋。

三、出租人的义务

(一)出租人有适租义务

1. 租赁物。

出租人应当按照约定将租赁物交付承租人,并在租赁期间保持租赁物符合约定的用途。

例:【出租人违反适租义务承租人明知还签约有过错】陆某自徐矿集团承租房屋的目的在于经营幼儿园,而根据相关规定,申请注册幼儿园的,除提交申请报告等材料外,举办者在登记注册时还应当提交公安机关消防部门提供的消防安全证明、建筑部门提供的房屋安全合格意见书等。案涉房屋验收报告及消防验收报告系徐矿集团负责办理并掌握,如徐矿集团不提供相关材料,陆某就无法注册经营幼儿园,其订立合同的目的无法实现。经查,双方订立租赁合同时均知晓案涉房屋的现状,当时并没有办理房屋竣工验收及消防验收等手续,陆某对此并未提出异议,双方也未约定何时提供上述材料。法院如何处理?综合考虑徐矿集团的违约情形及陆某的经营情况,法院酌定双方各自承担合同约定标准的 50%。

2. 租赁物的权利。

因第三人主张权利,致使承租人不能对租赁物使用、收益的,承租人可以要求减少租金或者不支付租金。第三人主张权利的,承租人应当及时通知出租人。

(二)出租人有维修义务

1. 要么出租人修,要么承租人代修:

(1)出租人修:出租人应当履行租赁物的维修义务,但是当事人另有约定的除外。承租人在租赁物需要维修时可以要求出租人在合理期限内维修。

(2)承租人代修:出租人未履行维修义务的,承租人可以自行维修,维修费用由出租人负担。

(3)维修期间不能用怎么办?因维修租赁物影响承租人使用的,应当相应减少租金或者延长租期。

例:【转租中二房东有维修义务】甲将房屋出租给乙,经甲同意乙将房屋转租给丙。房屋热水器坏了,谁负担维修义务?①乙。②也可以由丙更换热水器,费用由乙承担。

2. 承租人自己修：因承租人的过错致使租赁物需要维修的，出租人不承担维修义务。

例：【维修后2次损害】 甲将别墅出租给乙，别墅瓦片漏水，甲未维修，乙代为维修后新换瓦片继续漏水，导致损害，乙是否有权要求甲赔偿？①否。②乙代修后可请求甲支付维修费，因维修影响使用可请求相应减少租金或延长租期。③但是新换瓦片继续漏水，应由租户乙自己维修，与出租人甲无关。

四、租户义务之支付租金

（一）什么时候支付租金

1. 从约定：承租人应当按照约定的期限支付租金。

2. 无约定则年付：（1）对支付期限没有约定或者约定不明确，租赁期间不满一年的，应当在租赁期间届满时支付。（2）租赁期间一年以上的，应当在每届满一年时支付，剩余期间不满一年的，应当在租赁期间届满时支付。

（二）承租人不付租金怎么办

1. 出租人有权解除合同。

承租人无正当理由未支付或者迟延支付租金的，出租人可以要求承租人在合理期限内支付。承租人逾期不支付的，出租人可以解除合同。

2. 次承租人代为支付租金请求权。

（1）承租人拖欠租金的，次承租人可以代承租人支付其欠付的租金和违约金，但是转租合同无效的除外。

（2）次承租人代为支付的租金和违约金超出其应付的租金数额的，可以折抵次承租人应当向承租人支付的租金或者向承租人追偿。

（三）承租人可以少付租金或者不付租金吗

1. 租赁物没了用不了。

因不可归责于承租人的事由，致使租赁物部分或者全部毁损、灭失的，承租人可以要求减少租金或者不支付租金；因租赁物部分或者全部毁损、灭失，致使不能实现合同目的的，承租人可以解除合同。

2. 租赁物坏了要维修。

因维修租赁物影响承租人使用的，应当相应减少租金或延长租期。

3. 第三人来抢租赁物。

因第三人就租赁物主张权利致使承租人不能对租赁物使用、收益的，承租人可要求减少租金或不付租金。

五、租户义务之不得擅自装修

（一）经同意装修，不可分割添附物如何处理

1. 合同无效。

（1）已形成附合的装饰装修物，出租人同意利用的，可折价归出租人所有。

（2）不同意利用的，由双方各自按照导致合同无效的过错分担现值损失。

2. 合同解除。

（1）房东违约，房东赔：因出租人违约导致合同解除，承租人请求出租人赔偿剩余租赁期内装饰装修残值损失的，应予支持。

（2）租户违约，租户负：因承租人违约导致合同解除，承租人请求出租人赔偿剩余租赁期内装饰装修残值损失的，不予支持。但出租人同意利用的，应在利用价值范围内予以适当补偿。

（3）双方违约，过错双方分担：因双方违约导致合同解除，剩余租赁期内的装饰装修残值损失，由双方根据各自的过错承担相应的责任。

（4）其他事由，公平分担：因不可归责于双方的事由导致合同解除的，剩余租赁期内的装饰装修残值损失，由双方按照公平原则分担。

3. 正常结束。

承租人经出租人同意装饰装修，租赁期间届满时，承租人请求出租人补偿附合装饰装修费用的，不予支持。但当事人另有约定的除外。

例：【工行与玉林烤鸭店】2009 年 8 月，工行通州支行（甲方）与玉林烤鸭店（乙方）签订了《房屋租赁合同》，约定：第四条、装修。甲方允许乙方在保证安全、不修改房屋主体结构的前提下对该房屋进行装修、装饰或添置新物，装修装饰费用由乙方承担。甲方应为房屋的装修、装饰或添置附属设施提供必要的便利和协助；第五条、租赁期限。（一）房屋的租赁期限为 5 年，自 2009 年 8 月 1 日至 2014 年 7 月 31 日。（二）租赁期满前三个月，甲乙双方没有提出书面异议的，本合同自动顺延，依此类推。"合同签订后，双方均依约履行，直至合同期满，乙方已经支付了合同期限内的全部租金。2014 年 4 月 10 日、7 月 30 日，工行通州支行两次向玉林烤鸭店邮寄了《关于房屋租赁的告知函》，告知玉林烤鸭店在双方上述合同到期后，其不再继续出租该房屋，要求做好房屋腾退准备工作，这两次邮寄行为均经北京市潞州公证处公证，玉林烤鸭店认可其收到了这两份告知函，但未腾退。2015 年 5 月，工行通州支行诉至法院要求确认双方房屋租赁合同终止，玉林烤鸭店立即返还涉案房屋。玉林烤鸭店不同意工行通州支行的诉讼请求，并提出反诉要求工行通州支行赔偿其为改造涉诉房屋为饭店的装饰装修折价共计 1085 万元。玉林烤鸭店反诉请求是否成立？①否。②玉林烤鸭店主张的装修、装饰费用补偿的请求，因双方合同已经履行完毕，法院不予支持。

秒杀：按过错来，谁有错谁承担责任。

（二）擅自装修

1. 费用由租户自负：承租人未经出租人同意装饰装修或者扩建发生的费用，由承租人负担。

2. 房东可请求恢复原状或赔偿损失：承租人未经出租人同意，对租赁物进行改善或者增设他物的，出租人可以要求承租人恢复原状或者赔偿损失。

例：【擅自装修租赁之加油站】甲公司租赁 A 加油站期间发现一 50 立方米柴油罐渗漏，未通知出租方对油罐进行了更换，且更换为 30 立方米。出租方以此为由向法院提起诉讼，要求解除合同，恢复原状。法院审理后认为，甲公司未经出租人同意擅自更换油罐，致使该站按国家规范由一类站降为二类站，属根本性违约，判决解除租赁合同。实务有何预防办法？租赁合同增加一款："为经营需要，不必征得出租方同意，我方享有改建、扩建和重建加油站的权利"。

六、租户义务之不得擅自扩建

（一）经同意扩建

1. 扩建合法，房东付扩建费：办理合法建设手续的，扩建造价费用由出租人负担。

2. 扩建非法，房东和租户过错分担扩建费：未办理合法建设手续的，扩建造价费用由双方按照过错分担。

（二）擅自扩建（法律效果与擅自装修相似）

1. 扩建费由租户自负。

2. 出租人可请求承租人恢复原状或者赔偿损失。

> **秒杀**：擅自装修或扩建，法律效果相似；经同意装修或扩建，按过错来，除非扩建合法由出租人负扩建费。

七、租户义务之不得擅自转租

（一）经同意可以转租

1. 租1和转租2的合同效力如何？

（1）租1和转租2都有效：承租人经出租人同意，可以将租赁物转租给第三人。承租人转租的，承租人与出租人之间的租赁合同继续有效。

（2）转租2超出租1的租期部分无效：承租人经出租人同意将租赁物转租给第三人，转租期限超过承租人剩余租赁期限的，超过部分的约定对出租人不具有法律约束力，但是出租人与承租人另有约定的除外。

2. 转租2的收益归谁？

（1）"中间商赚差价"：在租赁期间因占有、使用租赁物获得的收益，归承租人所有，但是当事人另有约定的除外。

（2）次承租人有代为支付租金请求权：①承租人拖欠租金的，次承租人可以代承租人支付其欠付的租金和违约金，但是转租合同无效的除外。②次承租人代为支付的租金和违约金超出其应付的租金数额的，可以折抵次承租人应当向承租人支付的租金或者向承租人追偿。

> **问**：承租人擅自转租，出租人要解除合同，次承租人代为支付租金可否破掉出租人的解除权？不可以。次承租人代为支付租金仅仅可以破掉出租人因承租人欠租金而产生的解除权。

3. 次承租人导致租赁物损害怎么办？

（1）合同责任：次承租人造成租赁物损害，出租人可诉承租人负合同上的赔偿责任。

（2）侵权责任：出租人诉次承租人承担侵权赔偿责任。

例：【次承租人野蛮装修】居民甲将房屋出租给乙，乙经甲同意对承租房进行了装修并转租给丙。丙擅自更改房屋承重结构，导致房屋受损。甲可主张什么民事责任？①甲可请求丙承担侵权责任。②甲可请求乙承担违约责任。③基于合同相对性，不可请求丙承担违约责任。

（二）擅自转租

1. 租 1 和转租 2 的合同效力如何？

（1）租 1 和转租 2 都有效。

（2）租 1：①出租人可解除租 1。承租人未经出租人同意转租的，出租人可以解除合同。②6 个月后一房东解除租 1 权归零：出租人知道或者应当知道承租人转租，但是在六个月内未提出异议的，视为出租人同意转租。

（3）转租 2：①次承租人对承租人属于有权占有。②租 1 解除后，次承租人对房屋的占有不连续，出租人可请求次承租人返还原物。

例：【擅自转租之出租人解除租 1】丁某将其所有的房屋出租给方某，方某将该房屋转租给唐某。如何评价丁某、方某、唐某的法律关系？①丁某、方某租 1 有效；方某、唐某转租 2 有效。②如方某未经丁某同意转租，则丁某有权解除租 1 后请求唐某返还房屋。如丁某在知道方某擅自转租后 6 个月内没说话，则视为同意转租。

例：【加油站擅自转租】A 公司与 B 公司签订《合作经营协议》承租某加油站，租赁费一次性支付。该加油站土地为 B 公司承租的 C 公司划拨地。3 年后，C 公司得知真实情况的 C 公司通过诉讼收回了（即解除租 1）B 公司承租的加油站土地，并拆除该加油站。A 公司起诉 B 公司要求退还剩余年限租赁费以及违约金并胜诉。但 B 公司已无可执行资产，A 公司损失巨大。

2. 转租 2 的收益归谁？归出租人，不归承租人，因为这属于承租人的不当得利。

3. 次承租人导致租赁损害怎么办？

（1）合同责任：次承租人造成租赁物损害，出租人可诉承租人合同上的赔偿责任。

（2）侵权责任：出租人诉次承租人承担侵权责任。

秒杀：同意转租与擅自转租的核心差异是什么？①中间商是不是可以赚差价。②出租人是不是有解除租 1 的权利。③其他规则都一样：租 1 和转租 2 都有效；导致损害都是出租人诉承租人违约，出租人诉次承租人侵权。

八、租赁权 1：所有权变动不破租赁

（一）所有权变动不破租赁（"换出租人"）：租户＞买方

租赁物在承租人依据租赁合同占有期间发生所有权变动的，不影响租赁合同的效力。

例：【合同人钥匙人＞买受人】甲将设备（房屋）出租并交付给乙，租赁期间甲将设

备（房屋）转让给丙（设备指示交付或者房屋过户）。丙可否要求乙返还设备或者房屋？①否。②"买卖不破租赁"。③因为乙和甲的租赁合同在先，乙占有租赁物也在先。④如甲乙租赁合同，甲丙买卖合同，甲乙完成交付，则不适用"买卖不破租赁"。⑤要求承租人不但租赁合同在先，还要求占有租赁物在先，目标是为了避免"租赁合同时间倒签"，损害买方利益。

（二）所有权变动破租赁：买方＞租户

1. 房屋在出租前已设立抵押权，因抵押权人实现抵押权发生所有权变动，则房屋受让人无须承受原租赁合同。

例：【先抵押后租赁】甲向银行借款100万元，将房屋抵押登记给了银行。甲将房屋出租给了乙并交付。甲届期无力向银行还款，银行主张实现抵押权，房屋由丙买到。丙可否要求乙返还房屋？①可以。②银行对房屋抵押权登记早于乙的租赁权，故"押大"。③买到房屋的丙无须承受原租赁关系。④丙买到的是"无负担"的房屋，这样便于银行实现抵押权，因为房屋容易变价以及价格会卖得比较好。

> 问：先抵押后租赁中，抵押权人实现抵押权要拍卖房屋，房屋承租人可否主张优先购买权？①可以。②出租人与抵押权人协议折价、变卖租赁房屋偿还债务，应当在合理期限内通知承租人。承租人请求以同等条件优先购买房屋的，人民法院应予支持。③因为保护房屋承租人的优先购买权，本质上是"保护"抵押权，因为房屋承租人参与"竞买"，会使得房屋变价更"高"。④银行作为抵押权人，看重的不是谁买这个房屋，而是房屋可以卖多少钱。

2. 房屋在出租前已被法院依法查封的，则房屋受让人无须承受原租赁合同。

例1：【先查封后租赁】甲欠乙100万元届期无力清偿，乙申请法院查封了甲的房屋后，甲将房屋出租给了丙。后房屋经拍卖被丁买得，丁可否请求丙返还房屋？①可以。②乙作为查封债权人，先将房屋查封。③甲后将房屋出租给丙，则房屋受让人丁无须承受原租赁合同。

例2：【先查封后租赁加油站】2012年5月10日，甲公司与乙公司订立租赁协议，乙公司将其加油站出租给甲公司经营。约定：租赁期限20年，租金每年3万元。如遇市政建设需扩宽道路，在不影响加油站正常营业的情况下，乙公司不承担责任。如果市政建设拆掉加油站，由乙公司提供加油站原来面积给甲公司重建，重建费用由甲公司承担。在租赁期内，任何一方不得随意中断租赁，任何一方违约都需付违约金100万元。2014年10月8日，乙公司以及相关土地、房屋等被长春师范学院拍卖取得。从2017年，加油站的所属区域被市政建设拆掉，甲公司要求长春师范学院按协议约定，给甲公司重建加油站。长春师范学院拒绝。经查，在被出租前，该加油站因2009年10月15日的长春市绿园区人民法院予以查封。长春师范学院是基于长春市绿园区人民法院在执行过程中的拍卖方式，于2014年10月11日取得了包括加油站在内的房屋所有权及土地的使用权。长春师范学院是否有权拒绝？有。先查封破租赁。

九、房屋租赁权 2

（一）房屋承租人有优先购买权

1. 房屋承租人优先购买权。

（1）"房东不能背着租户偷偷摸摸卖房"。

①出租人<u>出卖租赁房屋</u>的，应当在出卖之前的<u>合理期限</u>内通知承租人，承租人享有以<u>同等条件</u>优先购买的权利。当事人约定排除房屋承租人优先购买权的约定，无效。

例：【优先购买所有权与优先购买使用权】2017 年 5 月，钱某出资 15 万元从某商品市场主办单位处"购得"一间门面房使用权。双方约定，房屋所有权归市场主办单位所有，钱某可长期享有房屋使用权，并可自由转让。同年 8 月，钱某将此房出租给赵某，租期 3 年，租金每年 15000 元。2019 年 12 月，钱某又与张某签订一份合同，约定将门面房"卖给"张某，收取价款 13 万元。2020 年 1 月，张某通知赵某房子已被其所买。赵某得知后，以钱某与张某之间房屋买卖没有事先告知承租人，侵犯其优先购买权为由诉至法院，要求法院宣告钱某与张某之间房屋转让合同无效。<u>本案应如何处理？</u>①市场主办单位与钱某乃转移房屋使用权合同，并非转移所有权。②钱某将此房出租给赵某，合同有效。③钱某将此房使用权转让给张某，转移的是使用权，而非所有权，该合同有效。④租期内房屋发生买卖，房屋承租人有优先购买权；举重以明轻，租期内房屋使用权转移，房屋承租人亦应有优先购买权（购买使用权）。

②房屋的实际交易价格与备案合同价格不一致时，应当以实际交易价格作为认定承租人行使优先购买权的同等条件的依据，承租人主张以备案合同价格作为同等条件主张优先购买权的，人民法院不予支持。

③租赁房屋通过公司分立资产划分由出租人移转至第三人的，不属于出租人出卖租赁房屋，承租人据此主张优先购买权的，人民法院不予支持。

> **问**：房屋次承租人是否有优先购买权？有。如甲将房屋出租给乙，乙经甲同意转租给丙，租期内甲将房屋出卖给丙，则承租人乙和次承租人丙都有优先购买权，都要购买则次承租人丙的优先购买权优先。

（2）"房东背着租户偷偷摸摸卖房"怎么办？

①租户向房东索赔：出租人未通知承租人或者有其他妨害承租人行使优先购买权情形的，承租人可以请求出租人承担损害赔偿责任。

例：【索赔范围是什么】2017 年 7 月，王某与张某签订租赁合同，约定：王某租赁张某店铺 1 间，为期 2 年，并约定租金每年 1.5 万元。2019 年 5 月，李某来到王某所租店铺处，称该店铺张某已于 2019 年 1 月以市场价转售给自己，并办理了过户登记手续，要求王某在租赁期届满时迁出店铺。王某遂诉至法院，以优先购买权受到侵害为由，要求张某赔偿自己另行购房价差 9900 元。<u>王某主张能否获得支持？</u>①可以。②承租人的优先购买权受到侵害时，承租人可请求出租人承担赔偿责任。③承租人另行购房所支出的费用应酌情予以赔偿。承租人另行购房所支出的费用主要包括交通费、搬家费等交易成本。这些费用是由于承租人的优先购买权受到侵害后，另行看房、购房、办理相关手续所支出的费用。而对于购房必然会产生的办理产权证等费用不能予以认定，因为即使承租人实现了优先购买权，这部分费用也必然会产生。④承租人知道或者应当知道房屋被出售之日与房屋实际被出售之日的房价差应予以赔偿。出租人因未履行通知义务，使承租人丧失了同等条件购买租赁房屋的机会，这种机会可以表现为一种损失，理应由出租人承担相应的赔偿责任。对于房价差的确定应当是以承租人知道或者应当知道之日为准。若是以承租人实际买房或者起诉之日为准，无疑会扩大损失，不应得到法律保护。对于承租人知道房屋被出售之日的房价确定，应以同地段、同类型房屋的市场价为参考，市场价不易确定的，应由专业评估机构确定房价。

②租户不得解除合同，因为合同目的没落空，基于"买卖不破租赁"，无非是"换房东"而已。租户的目的是租赁房屋，而非"租房东"。

例：【租户的目的是租房屋而不是租房东】甲将房屋租给乙，在租赁期内未通知乙就把房屋出卖并过户给不知情的丙。乙得知后劝丙退出该交易，丙拒绝。<u>乙可采取什么民事救济措施？</u>①乙可主张由甲承担赔偿责任，因甲出卖房屋未通知乙而侵犯了乙的优先购买权。②乙不可主张解除租赁合同，因为乙租赁房屋的合同目的没落空。③乙不可请求丙承担侵权责任，丙不知情故不构成侵权。④乙不可诉甲丙买卖合同无效。

③出租人与第三人订立的房屋买卖合同的效力不受影响。

例：【房东背着租户卖房】甲将房屋出租给了乙。租期内，甲将房屋卖给丙。<u>如何评价乙的优先购买权？</u>①甲应在合理期限内通知乙。无须经乙同意。②如果甲未通知乙，侵犯了乙的优先购买权，则乙可请求甲赔偿。③乙丙的房屋买卖合同有效。

2. 破掉房屋承租人优先购买权。

（1）房屋共有人行使优先购买权或者出租人将房屋出卖给近亲属。

（2）出租人履行通知义务后，承租人在15日内未明确表示购买的，视为承租人放弃优先购买权。

（3）出租人委托拍卖人拍卖租赁房屋的，应当在拍卖5日前通知承租人。承租人未参加拍卖的，视为放弃优先购买权。

（二）房屋承租人优先承租权

租赁期间届满，房屋承租人享有以同等条件优先承租的权利。

例：【加油站承租人优先承租权】A公司承租B公司某加油站，租赁协议中约定"合同期满后，乙方（A公司）有优先承租权"。2015年A公司得知，B公司已约定在2019年租赁期满后将另行租赁给C公司，并收取了定金。<u>A公司可否继续租赁加油站？</u>①A公司可对B公司主张优先承租权。②C公司找B公司要求双倍返还定金。

例：【房屋承租人优先购买权、优先承租权、买卖不破租赁】甲将房屋出给乙，租期内，甲将房屋出卖给丙。<u>如何评价甲乙丙三方关系？</u>①乙作为房屋承租人，有优先购买权。②如乙不优先购买，则"买卖不破租赁"，乙与丙形成租赁关系，住到租期结束为止。③如果租期正常结束，丙要求将房屋出租给丁，则乙在同等条件下有<u>优先承租权</u>。

第二节　融资租赁合同

一、三方结构的一般融资租赁合同

融资租赁合同是出租人根据承租人对出卖人、租赁物的选择，向出卖人购买租赁物，提供给承租人使用，承租人支付租金的合同。

例：【融资+融物】甲融资公司与乙厂家签订买卖设备合同，甲融资公司和丙租户签订融资租赁合同。甲从乙买设备的目的是为了租给丙，并非为了自用。融资租赁合同的特点是什么？融资租赁合同具有融资与融物相结合的特点，包含两个交易行为，一是出卖人和出租人之间的买卖合同关系，一是承租人和出租人之间的租赁合同关系，两个合同互相结合，构成融资租赁合同关系。

> **问：**租赁合同和融资租赁合同的差别是什么？类似于"超市"与"海外代购"的差别，前者出租人已经备好了各种租赁物由承租人选，后者是出租人根据租户的选定去购进租赁物。

二、两方结构的"售后回租"融资租赁合同

承租人将其自有物出卖给出租人，再通过融资租赁合同将租赁物从出租人处租回的，承租人和出卖人系同一人不影响融资租赁合同的成立。

例1：【真融资租赁＝融资+融物】甲将设备卖给乙融资公司，收取 100 万元。甲再将设备从乙融资公司处租回，租期 1 年，租期结束后设备所有权归甲，甲向乙融资公司支付 140 万元。租期届满后，甲未向乙融资公司支付租金，乙融资公司请求甲支付 140 万元，甲只同意支付 124 万元。乙融资公司主张是否成立？①成立。②甲乙签订了"售后回租"的融资租赁，既有融物，又有融资。③甲乙达成租赁意思时，乙通过占有改定取得设备所有权。④租期届满时，甲依据约定取得设备所有权。⑤甲乙之间不是民间借贷，故不适用民间借贷利率的法律规定。⑥融资公司本质上就是可以"合法"的和银行抢生意"放高利贷"。

例2：【假融资租赁＝融资】市政府甲国有资产投资公司将现有固定资产"市府大道"卖给乙融资公司，乙融资公司将市府大道出租给甲公司，甲公司付租金。市府大道账面价值 2 亿，乙融资公司购买价为格 1 亿元。甲乙公司是否成立融资租赁合同？①不成立。②租赁物市府大道，没有说是市府大道占用的土地所有权还是附着于占地之上的沙石混合物的所有权。③如果是土地所有权，国有，不能交易。④如果是砂石混合物，显然不值 1 亿元。⑤本案中只有融资，没有融物。⑥从租金构成上看，1 亿元的价款与市府大道的实物价值并无对价关系。⑦双方实际为借款合同关系。

三、租户主导型融资租赁合同

(一) 承租人的受领权、索赔权、远程控制权

1. 承租人的受领权。

(1) 有受领权。

出租人根据承租人对出卖人、租赁物的选择订立的买卖合同，出卖人应当按照约定向承租人交付标的物，承租人享有与受领标的物有关的买受人的权利。

(2) 有拒绝受领权。

出卖人违反向承租人交付标的物的义务，有下列情形之一的，承租人可以拒绝受领出卖人向其交付的租赁物：①租赁物严重不符合约定；②出卖人未在约定期间或者合理期间内交付租赁物，经承租人或者出租人催告，在催告期满后仍未交付。③承租人拒绝受领租赁物的，应当及时通知出租人。

2. 承租人的索赔权。

(1) 承租人索赔由融资公司协助。

出租人、出卖人、承租人可以约定，出卖人不履行买卖合同义务的，由承租人行使索赔的权利。承租人行使索赔权利的，出租人应当协助。

(2) 承租人索赔但要向融资公司付租金。

承租人对出卖人行使索赔权利，<u>不影响其履行支付租金的义务</u>，但是承租人依赖出租人的技能确定租赁物或者出租人干预选择租赁物的，承租人可以要求减轻或者免除相应租金的支付义务。

(3) 承租人因融资公司过错导致索赔失败可向融资公司索赔。

出租人有下列情形之一，致使承租人对出卖人索赔逾期或者索赔失败的，承租人有权要求出租人承担相应责任：①明知租赁物有质量瑕疵而不告知承租人。②承租人行使索赔权利时，未及时提供必要协助。③出租人怠于行使融资租赁合同或者买卖合同中约定的只能由出租人对出卖人行使的索赔权利，承租人有权要求出租人承担相应责任。

3. 承租人的远程控制权。

出租人根据承租人对出卖人、租赁物的选择订立的买卖合同，未经承租人同意，出租人不得变更与承租人有关的合同内容。

(二) 租赁物基本规则

1. 租赁物物权归谁？

(1) 租赁期间归融资公司：出租人对租赁物享有的所有权，未经登记，不得对抗善意第三人。

> **原理**：实务价值即判断是否执行错了，比如租户债权人申请执行租赁物，融资公司对租赁物的所有权经过登记，则可以排除执行。

(2) 租赁期间届满后：①情形 1 = 约定归承租人所有：第一，融资公司多收钱要退：当事人约定租赁期间届满租赁物归承租人所有，承租人已经支付大部分租金，但是无力支

付剩余租金，出租人因此解除合同收回租赁物的，收回的租赁物的价值超过承租人欠付的租金以及其他费用的，承租人可以要求部分返还。第二，约定租户支付象征性价款：当事人约定租赁期间届满，承租人仅需向出租人支付象征性价款的，视为约定的租金义务履行完毕后租赁物的所有权归承租人。（如医疗设备租赁）②情形 2＝约定归融资公司所有：当事人约定租赁期间届满租赁物归出租人所有，因租赁物毁损、灭失或者附合、混合于他物致使承租人不能返还的，出租人有权要求承租人给予合理补偿。③情形 3＝无约定则归融资公司。

（3）租赁合同无效：①有约定从约定，无约定归融资公司，租赁物应当返还融资公司。②但是因承租人原因致使合同无效，出租人不要求返还租赁物或者返还出租人后会显著降低租赁物效用的，租赁物的所有权归承租人，并由承租人给予出租人合理补偿。

> **秒杀**：租赁物无论是租期内，租期外，还是合同无效，都归融资公司。有 3 个例外，合同约定、租期届满租户支付象征性价格、因租户导致租赁合同无效出租人不要租赁物。

2. 租赁物质量怪谁？租户。

（1）租户损失由租户自负。

租赁物不符合约定或者不符合使用目的的，出租人不承担责任，但是承租人依赖出租人的技能确定租赁物或者出租人干预选择租赁物的除外。

例：【租户主导型融资租赁东西坏了租户自负】甲与顺利融资租赁公司签订融资租赁合同，租赁淀粉加工设备一台，约定租赁期限届满后设备归承租人所有。合同签订后，出租人按照承租人的选择和要求向设备生产商丁公司支付了价款。如租赁期间因设备自身原因停机，造成承租人损失。应如何处理？①租户甲主导型融资租赁，故甲继续支付租金。②甲要求丁公司承担维修义务和赔偿责任，顺利融资公司有协助义务。

（2）融资公司损失找租户赔。

①融资租赁合同因买卖合同解除、被确认无效或者被撤销而解除，但是出卖人及租赁物系由承租人选择的，出租人有权要求承租人赔偿相应损失。②出租人的损失已经在买卖合同解除、被确认无效或者被撤销时获得赔偿的，应当免除承租人相应的赔偿责任。

3. 租赁物坏了谁修？租户。

承租人应当履行占有租赁物期间的维修义务。

4. 租赁物侵权谁赔？租户。

承租人占有租赁物期间，租赁物造成第三人的人身损害或者财产损失的，出租人不承担责任。

5. 租赁为风险归谁？租户。

（1）合同继续，租户按合同分期照付租金：承租人占有租赁物期间，租赁物毁损、灭失的，出租人有权要求承租人继续支付租金，但是法律另有规定或者当事人另有约定的除外。

（2）合同解除，租户一次性付钱补偿融资公司：融资租赁合同因租赁物交付承租人后意外毁损、灭失等不可归责于当事人的原因解除的，出租人可以要求承租人按照租赁物折旧情况给予补偿。

> **原理**：为什么租赁物灭失风险归承租人？①将出租人将租赁物交付给买方，视为"买卖"合同中的交付。②出租人虽然是"出租交付"，但是出租人享有的所有权象征意义多于实际功能，将其推定为"买卖交付"也有道理。③并且，承租人对租赁物质量、技术标准比出租人更熟悉。实质上，出租人是"出借钱"，不是"出租物"。④出租人一般会从融资交易一开始就对租赁物投保，将保险费摊入各期租金中，保险随带租赁物一起租给了承租人。所以，承租人实质上因为投保"零"风险。

第十三章　保理合同

一、什么是保理合同

（一）保理的范围

保理合同是应收账款债权人将应收账款转让给保理人，保理人提供资金融通、应收账款管理或者催收、应收账款债务人付款保证等服务的合同。应收账款包括已经发生的和将来发生的债权。

实务：保理是集应收账款催收、管理、坏账担保及融资于一体的综合性金融服务。从保理商的分类来看，主要包括银监会审批监管的银行类保理机构和商务部、地方商务主管机关审批监管的商业保理公司。

（二）2 方签约的保理+通知债务人

1. 应收账款债权人与保理人签订保理合同，转让应收账款债权。

2. 保理人向应收账款债务人发出转让通知的，应当表明保理人身份并附有必要凭证。

例：【2 方+通知】甲因向乙供货而对乙有应收账款 100 万元，甲将该应收账款转让给银行，签订保理合同。如何通知债务人乙？①甲可通知债务人乙。②银行也可通知债务人乙，但银行通知债务人乙时应标明保理人身份并附必要凭证。③债务人乙对甲的抗辩或抵销，可对银行主张。换言之，银行"买到债权也买到该债权的病"。

（三）3 方签约的保理

1. 应收账款债权人、应收账款债务人与保理人签订保理合同，转让应收账款债权。

2. 应收账款债权人与债务人虚构应收账款作为转让标的，与保理人订立应收账款转让合同的，应收账款债务人不得以应收账款不存在为由对抗保理人，但是保理人明知虚构的除外。

例：【3 方】甲因向乙供货而对乙有应收账款 100 万元，甲将该应收账款转让给银行，甲乙银行三方签订了保理合同。是否还需要通知债务人乙？①不需要。②因为乙已经是当事人了。③乙不得以其与甲之间的供货关系不存在或者已经消灭为由对抗银行。④但是，如银行知道甲乙虚构供货关系，则银行不得要求乙还款，只能要求甲还款。银行和甲之间不是保理纠纷，而是借款纠纷。

二、有追索权保理（回购型保理）

当事人约定有追索权保理的，保理人有权选择向应收账款债权人主张返还保理融资款本息或者回购应收账款债权，或者向应收账款债务人主张应收账款债权。保理人向应收账款债务人主张应收账款债权，在扣除保理融资款本息和相关费用后有剩余的，剩余部分应当返还给应收账款债权人。

例：**【保理人可向债务人要也可向债权人要】** 2019年12月12日，原告某银行与被告煤炭公司签订《国内保理合同》（有追索权），约定：煤炭公司将对实业公司的5000万元的应收账款转让给原告，原告向煤炭公司支付2500万元融资款作为转让价款，并按合同约定收取应收账款；应收账款到期后，无论何种原因导致应收账款账户中资金不足银行收款金额，不足以支付相应融资利息及其他应付款的，煤炭公司应进行应收款的回购。在签订国内保理合同的同日，原告与被告吕某、刁某某签订保证合同，两被告对煤炭公司所负债务承担连带清偿责任。原告以保理人名义于2019年6月12日向被告实业公司邮寄了《债务逾期催收通知书》。在上述债务到期后，被告实业公司未向原告支付应付的账款，被告煤炭公司按合同约定也只履行了部分回购义务，被告吕某、刁某某也未履行连带清偿责任，违反了合同约定。为此，原告诉至法院。问：<u>某银行可否选择要求煤炭公司或实业公司承担还款责任？</u>①可以。②如果向实业公司要到了5000万元，扣除2500万元本息和相关费用后，假设剩余1000万元，则该1000万元须要退给煤炭公司。

> **秒杀：** 有追索权的保理，保理人可选择要求债权人回购，也可选择要求债务人还款。

三、无追索权保理（买断型保理）

当事人约定无追索权保理的，保理人应当向应收账款债务人主张应收账款债权，保理人取得超过保理融资款本息和相关费用的部分，无需向应收账款债权人返还。

例：**【保理人只能向债务人要】** 浦发银行与湾天公司签订无追索权的《保理合同》：湾天公司将其对中联公司的应收账款债权1000万元以200万元的价格转让给浦发银行。<u>浦发银行可否选择要求湾天公司或中联公司承担还款责任？</u>①不可以。②浦发银行只能向中联公司要求还款，假设获得了1000万元，则浦发银行可以保有该1000万元，而无需向湾天公司返还多得部分。

> **原理：** 有追索权保理和无追索权保理的实质差异是什么？①保理商是否承担债务人信用风险，又称保理商是否提供"坏账担保"。②有追索权保理中，保理商不提供"坏账担保"。③无追索权保理中，保理商提供"坏账担保"：保理商对"客户"（债务人）核定信用销售额度，供应商（原债权人）在信用销售额度以内的销售额称为已核准的应收账款，超出额度部分的销售成为未核准的应收账款，保理商对已核准的应收账款提供100%的"坏账担保"，即当"客户"（债务人）不付款时，保理商将在该应收账款到期日后的第90天向供应商承担付款责任。但前提是该应收账款必须基于已被客户（债务人）所接受的商品销售或者技术服务。

四、保理人怎么排队？先看登记先后，再看通知先后

应收账款债权人将同一应收账款重复转让，致使多个保理人主张权利的，已登记的先

于未登记的受偿；均已登记的，按照登记的先后顺序受偿；均无登记的，由应收账款债务人最先收到的转让通知中载明的保理人受偿。

例：【一债多保理】甲对乙因供货享有应收账款 1000 万元，甲将该债权先后转让给保理人丙、丁、戊，签订了无追索权的保理合同，先后向乙发出了债务催收函。保理人戊的债权登记了，丙丁无登记，保理人都向乙主张 1000 万元，则如何排序？戊（登记）＞丙（通知在先）＞丁。

第十四章 承揽合同

一、什么是承揽合同？

承揽合同是承揽人按照定作人的要求完成工作，交付工作成果，定作人给付报酬的合同。承揽包括加工、定作、修理、复制、测试、检验等工作。

> 条件反射：①有形成果：维修汽车、搬家、装修房屋、加工服装、雕刻印章、印刷书籍、农村建房等。②无形成果：宣传、演戏、评估、看护、设计等。③努力无成果，构成违约：承揽人努力工作，如未形成约定的工程成果，构成违约。

二、承揽 1 和转承揽 2

（一）主要工作转承揽

1. 经定作人同意才可以转承揽：坚持相对性，固定承揽合同 1 和转承揽合同 2 当事人各自违约责任。

2. 未经定作人同意转承揽：定作人可解除承揽合同 1。

例：【500 套转出去 100 套＝主要工作转承揽】育才中学委托利达服装厂加工 500 套校服，约定材料由服装厂采购，学校提供"样品"，取货时付款。为赶时间，利达服装厂私自委托恒发服装厂加工 100 套。育才中学按时前来取货，发现恒发服装厂加工的 100 套校服不符合样品要求，遂拒绝付款。利达服装厂则拒绝交货。如何评价承揽 1 和转承揽 2 的法律关系？（1）转承揽问题：①利达服装厂擅自外包 100 套服装，属于主要工作转承揽。②未经定作人育才中学同意，故育才中学有权解除承揽合同 1。③基于合同相对性，育才中学与恒发服装厂无合同关系，故不得向恒发服装厂主张违约责任。（2）同时履行抗辩权和留置权问题：①双方约定取货时付款，这属于双务合同中同时履行义务的约定。②如育才中学不解除承揽合同 1，在未付酬金时请求利达服装厂交付服装，则利达服装厂可主张同时履行抗辩权拒绝交付校服。③如育才中学不解决承揽合同，拒不支付酬金，则利达服装厂可对样品行使留置权（乱留）。不存在对服装行使留置权问题，因为服装还没交付则物权仍然是利达服装厂的，不能留置自己的东西。

（二）辅助工作转承揽＝无须经定作人同意

坚持相对性，固定承揽合同 1 和转承揽合同 2 当事人各自违约责任。承揽人将其承揽的辅助工作交由第三人完成的，应当就该第三人完成的工作成果向定作人负责。

三、定作人的两个任意

（一）定作人任意变更权

定作人中途变更承揽工作的要求，造成承揽人损失的，应当赔偿损失。

（二）定作人任意解除权

定作人在承揽人完成工作前可以随时解除合同，造成承揽人损失的，应当赔偿损失。

四、承揽人两个权利

（一）承揽人的同时履行抗辩权

定作人应当按照约定的期限支付报酬。对支付报酬的期限没有约定或者约定不明确，定作人应当在承揽人交付工作成果时支付；工作成果部分交付的，定作人应当相应支付。

（二）承揽人的留置权

定作人未向承揽人支付报酬或者材料费等价款的，承揽人对完成的工作成果享有留置权<u>或者有权拒绝交付</u>，但是当事人另有约定的除外。

第十五章 建设工程合同

一、什么是发包？什么是转包？什么是分包

(一) 发包 (一级市场)

建设工程合同是承包人进行工程建设，发包人支付价款的合同。

(二) 转包 (一概无效)

承包人不得将其承包的全部建设工程转包给第三人。承包人不得将其承包的全部建设工程肢解以后以分包的名义分别转包给第三人。

(三) 分包 (有的有效；有的无效)

1. 专业工程分包有效的3要件：(1) 承包人经发包人同意，可以将自己承包的非主体结构的施工工作交由具备相应资质条件的第三人完成。(2) 分包工程如土石方工程、建筑装修装饰工程、消防设施工程、建筑防水工程、送变电工程、暖气工程、上下水工程。

2. 实际施工人和施工人对发包人负连带责任：第三人就其完成的工作成果与承包人向发包人承担连带责任。

3. 实际施工人的再分包一概无效：禁止分包单位将其承包的工程再分包。

> **秒杀1**：分包有效3要件缺一不可，经发包人同意+非主体工程+接受分包人有相应资质。
>
> **秒杀2**：4个无效。转包无效。违法分包无效。肢解分包实质为转包无效。再分包无效。
>
> **秒杀3**：建筑企业的3个资质。施工总承包资质、专业承包资质（工程分包）、劳务分包资质。

> **原理**：什么是劳务分包？①劳务作业发包人（包括施工总承包企业或者专业承包企业）将其承包工程的劳务作业发包给劳务承包企业即劳务作业承包人完成的活动。②劳务分包合同从性质上说属于建设工程施工合同，其既不是劳动合同，也不是在发包人与承包人之间劳务关系的合同。③施工单位一般都有自己的劳务公司，为规避用工风险会把劳务分包，劳务公司只要有资质，该劳务分包合同都有效。④劳务作业分包是将简单劳动从复杂劳动剥离出来单独进行承包施工的劳动。包括木工、砌筑、抹灰、石制作、油漆、钢筋、混凝土、脚手架、模板、焊接、水暖、钣金、架线。

二、无效建设工程施工合同

（一）无效合同情形

1. 无效的一手发包合同

（1）缺乏相应资质的无效：①无资质、超越资质、借用资质：承包人未取得建筑施工企业资质或者超越资质等级的；没有资质的实际施工人借用有资质的建筑施工企业名义的。②超越资质在竣工前补正：承包人超越资质等级许可的业务范围签订建设工程施工合同，在建设工程竣工前取得相应资质等级，当事人请求按照无效合同处理的，不予支持。③借用资质的连带责任。缺乏资质的单位或者个人借用有资质的建筑施工企业名义签订建设工程施工合同，发包人请求出借方与借用方对建设工程质量不合格等因出借资质造成的损失承担连带赔偿责任的，人民法院应予支持。

（2）缺乏规划审批手续的无效：①起诉前补正：当事人以发包人未取得建设工程规划许可证等规划审批手续为由，请求确认建设工程施工合同无效的，人民法院应予支持，但发包人在起诉前取得建设工程规划许可证等规划审批手续的除外。②拟制补正：发包人能够办理审批手续而未办理，并以未办理审批手续为由请求确认建设工程施工合同无效的，人民法院不予支持。

（3）与阳合同矛盾的阴合同内容无效：①阳合同为准：招标人和中标人另行签订的建设工程施工合同约定的工程范围、建设工期、工程质量、工程价款等实质性内容，与中标合同不一致，一方当事人请求按照中标合同确定权利义务的，人民法院应予支持。②变相阴合同内容无效：招标人和中标人在中标合同之外就明显高于市场价格购买承建房产、无偿建设住房配套设施、让利、向建设单位捐赠财物等另行签订合同，变相降低工程价款，一方当事人以该合同背离中标合同实质性内容为由请求确认无效的，人民法院应予支持。

（4）建设工程必须进行招标而未招标或者中标的无效。

2. 无效的转包合同：转包一概无效。

3. 无效的工程分包合同：（1）"3 缺 1"的无效：未经发包人同意，或者将主体工程分包，或者接受分包企业无专业承包资质。（2）再分包一概无效。

4. 无效的劳务分包合同：劳务承包人欠缺劳务资质。

秒杀：下游无效会导致一手发包合同无效吗？①不会。②承包人将建设工程转包（无效）、违法分包（无效）的，发包人可以解除合同（发包合同有效是解除的前提）。③合同解除后，已经完成的建设工程质量合格的，发包人应当按照约定支付相应的工程价款。

（二）无效的法律后果

1. 工程合格则补偿工程款

建设工程施工合同无效，但是建设工程经竣工验收合格的，可以参照合同关于工程价款的约定补偿承包人。

2. 工程不合格则看修复与否

建设工程施工合同无效，且建设工程经竣工验收不合格的，按照以下情形处理：（1）修复后的建设工程经竣工验收合格的，发包人可以要求承包人承担修复费用；（2）修复后的建设工程经竣工验收不合格的，承包人不能要求参照合同关于工程价款的约定补偿。（3）发包人对因建设工程不合格造成的损失有过错的，应当承担相应的责任。

例：【无资质但工程合格】甲房地产开发公司开发一个较大的花园公寓项目，作为发包人，甲公司将该项目的主体工程发包给了乙企业，签署了建设工程施工合同。乙企业一直未取得建筑施工企业资质。现该项目主体工程已封顶完工。如何评价合同效力及工程价款？①乙企业无资质，故工程合同无效。②如该项目主体工程经竣工验收合格，则乙企业可参照合同约定请求甲公司补偿工程价款。③如该项目主体工程经竣工验收不合格，经修复后仍不合格的，乙企业不能主张工程价款。

3. 违法分包或非法转包者非法所得由法院追缴

承包人非法转包、违法分包建设工程或者没有资质的实际施工人借用有资质的建筑施工企业名义与他人签订建设工程施工合同的行为无效。人民法院可收缴当事人已经取得的非法所得。

三、工程质量

（一）工程不合格：承包人对外负侵权责任

因承包人的原因致使建设工程在合理使用期限内造成人身损害和财产损失的，承包人应当承担损害赔偿责任。

（二）工程不合格：承包人对内不能主张工程款

1. 修复后的建设工程经竣工验收合格的，发包人可以要求承包人承担修复费用。

2. 修复后的建设工程经竣工验收不合格的，承包人不能要求参照合同关于工程价款的约定补偿。

3. 发包人对因建设工程不合格造成的损失有过错的，应当承担相应的责任。

（三）突破合同相对性：开发商告全部"施工人"

因建设工程质量发生争议的，发包人可以以总承包人、分包人和实际施工人为共同被告提起诉讼。

四、工程价款

（一）工程价款优先权

1. 法定优先：发包人未按照约定支付价款的，承包人可以催告发包人在合理期限内支付价款。发包人逾期不支付的，除按照建设工程的性质不宜折价、拍卖外，承包人可以与发包人协议将该工程折价，也可以请求人民法院将该工程依法拍卖。建设工程的价款就该工程折价或者拍卖的价款优先受偿。

2. 优先权主体：坚持合同相对性。（1）与发包人订立建设工程施工合同的承包人的承建工程的价款就工程折价或者拍卖的价款可主张优先受偿，故下游的实际施工人无优先权。（2）与发包人签订装饰装修工程的承包人的装饰装修工程价款就该装饰装修工程折价或者拍卖的价款可主张优先受偿，故下游的装饰装修工程施工人无优先权。

3. 优先权前提：工程质量合格。（1）建设工程质量合格，承包人请求其承建工程的价款就工程折价或者拍卖的价款优先受偿的，人民法院应予支持。（2）未竣工的建设工程质量合格，承包人请求其承建工程的价款就其承建工程部分折价或者拍卖的价款优先受偿的，人民法院应予支持。

4. 优先权范围：工程价款。（1）包括：承包人建设工程价款优先受偿的范围依照国务院有关行政主管部门关于建设工程价款范围的规定确定（包括成本、利润、税金）。（2）不包括：承包人就逾期支付建设工程价款的利息、违约金、损害赔偿金等主张优先受偿的，人民法院不予支持。

5. 优先权期间：（1）一般情形：承包人行使建设工程价款优先受偿权的期限为 6 个月，自发包人应当给付建设工程价款之日起算。（2）破产情形：指导案例 73 号"通州建总集团有限公司诉安徽天宇化工有限公司别除权纠纷案"之裁判要点：符合《破产法》第 18 条规定的情形（第 18 条规定，人民法院受理破产申请后，管理人对破产申请受理前成立而债务人和对方当事人均未履行完毕的合同有权决定解除或者继续履行，并通知对方当事人。管理人自破产申请受理之日起二个月内未通知对方当事人，或者自收到对方当事人催告之日起三十日内未答复的，视为解除合同。管理人决定继续履行合同的，对方当事人应当履行；但是，对方当事人有权要求管理人提供担保。管理人不提供担保的，视为解除合同），建设工程施工合同视为解除的，承包人行使优先受偿权的期限应自合同解除之日起计算。

6. 优先权强制：发包人与承包人约定放弃或者限制建设工程价款优先受偿权，损害建筑工人利益，发包人根据该约定主张承包人不享有建设工程价款优先受偿权的，人民法院不予支持。

7. 排序规则：（1）购房人（付了全款或大部分款）>施工人>银行。（2）施工人>银行>购房人（付了少部分款）。

例：【付了 80% 购房款的购房人是老大】甲公司将工程抵押给了乙银行，将工程发包给了丙公司承建，甲公司取得预售许可后与丁签订商品房买卖合同，丁交付了 80% 的购房款。住宅楼竣工验收，但甲公司未能按期偿还乙银行借款，并欠付丙公司工程款。乙银行和丙公司同时主张权利，法院拍卖了该住宅楼。丁、丙公司和乙银行如何排序？①丙公司对该住宅楼及其建设用地使用权的优先受偿权不得对抗丁对其所购商品房的权利。②丙公司对该住宅楼及其建设用地使用权的优先受偿权优先于乙银行的抵押权。

（二）实际施工人工程价款的保护

1. 直接突破相对性：实际施工人以发包人为被告主张权利的，人民法院应当追加转包人或者违法分包人为本案第三人，在查明发包人欠付转包人或者违法分包人建设工程价款的数额后，判决发包人在欠付建设工程价款范围内对实际施工人承担责任。

2. 代位权诉讼：实际施工人以转包人或者违法分包人怠于向发包人行使到期债权，对其造成损害为由，提起代位权诉讼的，人民法院应予支持。被告是次债务人即发包人，法院可以追加转包人或违法分包人为无独立请求权第三人。

> **原理：**直接突破相对性与代位权诉讼的路径有何差异？直接突破相对性不需要证明代位权诉讼的构成要件，比如无须证明转包人或违法分包人懈怠、无财力等情形。

（三）工程垫资款视为工程价款

1. 当事人明确约定垫资款为借款，则适用民间借贷规则。

2. 当事人未明确约定垫资款为借款，则垫资款视为工程欠款，受优先权保护。

（四）多个合同工程价款不一致怎么办

1. 阴阳合同则采用阳合同工程价款：当事人就同一建设工程另行订立的建设工程施工合同与经过备案的中标合同实质性内容不一致的，应当以备案的中标合同作为结算工程价款的根据。

2. 数份合同都无效：（1）实际履行合同：当事人就同一建设工程订立的数份建设工程施工合同均无效，但建设工程质量合格，一方当事人请求参照实际履行的合同结算建设工程价款的，人民法院应予支持。（2）实际履行合同难以确定则最后合同为准：实际履行的合同难以确定，当事人请求参照最后签订的合同结算建设工程价款的，人民法院应予支持。

第十六章 运输合同、保管合同、仓储合同、委托合同、行纪合同、中介合同

一、运输合同

(一) 客运合同

1. 承运人救人义务：承运人在运输过程中，应当尽力救助患有急病、分娩、遇险的旅客。

2. 承运人对旅客人身无过错责任。

(1) 承运人应当对运输过程中旅客的伤亡承担损害赔偿责任。

(2) 但伤亡是旅客自身健康原因造成的或者承运人证明伤亡是旅客故意、重大过失造成的，承运人不负责。

(3) 旅客＝按照规定免票、持优待票或者经承运人许可搭乘的无票旅客。

3. 承运人对旅客物品的责任。

(1) 承运人对旅客自带物品负过错责任。(2) 承运人对旅客托运行李负无过错责任。

4. 实名制客票丢失承运人不得再次收钱。

实名制客运合同的旅客丢失客票的，可以要求承运人挂失补办，承运人不得再次收取票款和其他不合理费用。

(二) 货运合同

1. 货物承运人无过错违约责任

(1) 承运人对运输过程中货物的毁损、灭失承担损害赔偿责任。

(2) 免责事由：①不可抗力。②货物本身的自然性质或者合理损耗。③托运人、收货人的过错造成。

2. 单式联运：损失区段人与总承运人负连带

(1) 两个以上承运人以同一运输方式联运的，与托运人订立合同的承运人应当对全程运输承担责任。

(2) 损失发生在某一运输区段的，与托运人订立合同的承运人和该区段的承运人承担连带责任。

例：【车运】甲与乙签订货物运输合同，由乙将货物运输用车辆运输。乙车运输 A 段，丙车运输 B 段，丁车运输 C 段。货物在 C 段因翻车受损，<u>甲如何索赔？</u>甲可要求乙和丁负连带责任。

3. 多式联运：内外有别

(1) 多式联运经营人对全程运输负责。

(2) 多式联运经营人可以与参加多式联运的各区段承运人就多式联运合同的各区段运

输约定相互之间的责任。

4. 承运人留置权

（1）托运人或者收货人不支付运费、保管费以及其他运输费用。

（2）承运人对相应的运输货物享有留置权，但当事人另有约定的除外。

二、保管合同

（一）什么是保管合同

1. 保管与返还：（1）保管合同是保管人保管寄存人交付的保管物（动产或不动产），并返还该物的合同。（2）寄存人到保管人处从事购物、就餐、住宿等活动，将物品存放在指定场所的，视为保管，但是当事人另有约定或者另有交易习惯的除外。

2. 实践性合同：保管合同自保管物交付时成立，但是当事人另有约定的除外。

3. 有偿或无偿：（1）约定有偿：①同时履行：未约定何时交保管费，则寄存人领取保管物时支付保管人。②留置权：寄存人未按照约定支付保管费以及其他费用的，保管人对保管物享有留置权，但是当事人另有约定的除外。（2）未约定则无偿：当事人对保管费没有约定或者约定不明确，保管是无偿的。

（二）可以转保管吗

1. 保管人不得将保管物转交第三人保管，但当事人另有约定的除外。

2. 保管人擅自将保管物转交第三人保管，对保管物造成损失的，应当承担损害赔偿责任。

（三）管坏了怎么办

1. 无偿保管人减轻责任：一般过错不赔，只有重大过错或故意才赔。

例：【无偿管书】贾某因装修房屋，把一批古书交朋友王某代为保管，王某将古书置于床下。一日，王某楼上住户唐某家水管被冻裂，水流至王某家，致贾某的古书严重受损。王某是否需要赔偿？①不需要。②因为贾某王某之间签订的是无偿保管合同，无偿保管人王某没有过错，故不赔偿。③贾某可诉唐某承担过错侵权责任。

2. 有偿保管人过错责任：一般过错也要赔。

（四）可以随时解除吗

1. 寄存人有任意解除权：寄存人可以随时领取保管物。

2. 保管人有半个任意解除权：（1）没有任意解除权：约定了保管期间，保管人不得要求寄存人提前领取保管物。（2）有任意解除权：未约定保管期间，保管人可随时要求寄存人领取保管物。

三、仓储合同

（一）什么是仓储合同

1. 动产和有偿：仓储合同是保管人储存存货人交付的仓储物（动产），存货人支付仓储费（有偿）的合同。

2. 诺成性合同：仓储合同自保管人和存货人意思表示一致时成立。

3. 仓储合同保管人：经工商行政管理机关核准登记的专营或兼营仓储业务的法人组织或其他经济组织、个体工商户等。

> **秒杀**：仓储合同与保管合同的区别，标的物限于动产，必须有偿，诺成性合同。

（二）什么是仓单

1. 仓单是提取仓储物的凭证。

2. 存货人或者仓单持有人在仓单上背书并经保管人签字或者盖章的，可以转让提取仓储物的权利。

（三）什么时候提取仓储物

1. 有约定储存期间：（1）提早了或提晚了：存货人或者仓单持有人逾期提取的，应当加收仓储费；提前提取的，不减收仓储费。（2）不提：存货人或者仓单持有人不提取仓储物的，保管人可以催告其在合理期限内提取，逾期不提取的，保管人可以提存仓储物。

2. 无约定储存期间：（1）存货人或者仓单持有人的任意解除：可以随时提取仓储物。（2）保管人的任意解除：可以随时要求存货人或者仓单持有人提取仓储物，但是应当给予必要的准备时间。

四、委托合同

（一）什么是委托合同

1. 处理事务：委托合同是委托人和受托人约定，由受托人处理委托人事务的合同。

2. 有偿或无偿：（1）有偿的一般过错也要赔：有偿的委托合同，因受托人的过错给委托人造成损失的，委托人可以要求赔偿损失。（2）无偿的一般过错不赔：无偿的委托合同，因受托人的故意或者重大过失给委托人造成损失的，委托人可以要求赔偿损失。（3）超越权限了无论是否有偿都要赔：受托人超越权限给委托人造成损失的，应当赔偿损失。

3. 成果归委托人：受托人处理委托事务取得的财产，应当转交给委托人。

例：【委托代买彩票】甲去购买彩票，其友乙给甲 10 元钱让其顺便代购彩票，同时告知购买号码，并一再嘱咐甲不要改变。甲预测乙提供的号码不能中奖，便擅自更换号码为乙购买了彩票并替乙保管。开奖时，甲为乙购买的彩票中了奖，二人为奖项归属发生纠纷。奖项归谁？①归乙。②因为乙是委托人，委托事务成果归委托人，而非归受托人。

（二）双方怎么行使任意解除权

1. 双方有任意解除权：委托人或者受托人可以随时解除委托合同。

例：【无用律师】某律师事务所指派吴律师担任某案件的一、二审委托代理人。第一次开庭后，吴律师感觉案件复杂，本人和该事务所均难以胜任，建议不再继续代理。但该事务所坚持代理。一审判决委托人败诉。律师事务所是否有权解除合同？①有。②律师事务所有权单方解除委托合同，但须承担赔偿责任。③即使一审胜诉，委托人也可解除委托合同，但须承担赔偿责任。

2. 赔偿范围是什么？

（1）无偿委托合同赔直接损失：因解除合同给对方造成损失的，除不可归责于该当事人的事由外，无偿委托合同的解除方应当赔偿因解除时间不当造成的直接损失。

（2）有偿委托合同赔直接损失和可以利益：有偿委托合同的解除方应当赔偿对方的直接损失和可以获得的利益。

五、行纪合同

（一）什么是行纪合同

1. 行纪合同：行纪人以自己的名义为委托人从事贸易活动，委托人支付报酬的合同。

2. 行纪人：经批准经营行纪业务的法人、自然人或其他组织。

3. 坚持相对性：行纪人与第三人订立合同的，行纪人对该合同直接享有权利、承担义务。

例：【两两相对性】某配件厂（甲方）委托某销售公司（乙方）代销产品，卖给超市（丙方），乙接受甲的委托并以自己的名义代甲销售，代销价款归甲方，乙方收取代销费。在这个关系中，甲为委托人，乙为行纪人，丙为相对人。行纪合同坚持相对性，即甲乙是行纪合同当事人（劳务）；乙丙是行纪行为当事人（交易）。

4. 行纪费用：行纪人处理委托事务支出的费用，由行纪人负担，但是当事人另有约定的除外。

（二）行纪结果怎么处理

1. 亏了，行纪人补：行纪人低于委托人指定的价格卖出或者高于委托人指定的价格买入的，应当经委托人同意。未经委托人同意，行纪人补偿其差额的，该买卖对委托人发生效力。

2. 赚了，归委托人：行纪人高于委托人指定的价格卖出或者低于委托人指定的价格买入的，可以按照约定增加报酬。没有约定或者约定不明确，该利益属于委托人。

例：【行纪合同综合】甲将10吨大米委托乙商行出售。双方只约定，乙商行以自己名义对外销售，每公斤售价2元，乙商行的报酬为价款的5%。如何评价甲乙的关系？①甲与乙商行之间成立行纪合同关系。②乙商行为销售大米支出的费用应由自己负担。③如乙商行与丙食品厂订立买卖大米的合同，则乙商行对该合同直接享有权利、承担义务。④如乙商行以每公斤2.5元的价格将大米售出，双方对多出价款的分配无法达成协议，该利益归甲。

3. 行纪人有介入权：行纪人卖出或者买入具有市场定价的商品，除委托人有相反的意思表示外，行纪人自己可以作为买受人或者出卖人。行纪人仍然可以要求委托人支付报酬。

4. 行纪人有留置权：行纪人完成或者部分完成委托事务的，委托人应当向其支付相应的报酬。委托人逾期不支付报酬的，行纪人对委托物享有留置权，但是当事人另有约定的除外。

六、中介合同

（一）什么是中介合同

中介人向委托人报告订立合同的机会或者提供订立合同的媒介服务，委托人支付报酬的合同。

（二）中介成功或者失败怎么办

1. 成功可以要报酬不能要费用：（1）委托人付报酬：中介人促成合同成立的，委托人应当按照约定支付报酬。对中介人的报酬没有约定或者约定不明确，根据中介人的劳务合理确定。因中介人提供订立合同的媒介服务而促成合同成立的，由该合同的当事人平均负担中介人的报酬。（2）中介人付费用：中介人促成合同成立的，中介活动的费用，由中介人负担。

2. 失败不可以要报酬但可以要必要费用：（1）不能要报酬：中介人未促成合同成立的，不得要求支付报酬。（2）可以要必要费用：中介人未促成合同成立的，可以按照约定要求委托人支付从事中介活动支出的必要费用。

（三）中介欺诈怎么办

中介人故意隐瞒与订立合同有关的重要事实或者提供虚假情况，损害委托人利益的，不得要求支付报酬并应当承担损害赔偿责任。

（四）委托人跳单怎么办

委托人在接受中介人的服务后，利用中介人提供的交易机会，绕开中介人直接与第三人订立合同的，应当向中介人支付中介报酬。

例：【不是跳单】指导案例 1 号"上海中原物业顾问有限公司诉陶德华居间合同纠纷案"之裁判要点：房屋买卖居间合同中关于禁止买方利用中介公司提供的房源信息却绕开该中介公司与卖方签订房屋买卖合同的约定合法有效。但是，当卖方将同一房屋通过多个中介公司挂牌出售时，买方通过其他公众可以获知的正当途径获得相同房源信息的，买方有权选择报价低、服务好的中介公司促成房屋买卖合同成立，其行为并没有利用先前与之签约中介公司的房源信息，故不构成违约。

第十七章　物业服务合同

一、什么是物业服务合同

（一）物业服务合同

物业服务人在物业服务区域内，为业主持续提供建筑物及其附属设施的维修养护、环境卫生和相关秩序的维护等物业服务，业主支付报酬的合同。

（二）公开承诺进入合同

物业服务人公开作出的有利于业主的服务承诺，为物业服务合同的组成部分。

（三）多数人说了算

业主委员会与业主大会依法选聘的物业服务人订立的物业服务合同，对业主具有法律约束力。

二、前期物业服务合同

（一）约束业主

建设单位依法与物业服务人订立的前期物业服务合同，对业主具有法律约束力。

（二）换物业服务人

建设单位依法与物业服务人订立的前期物业服务合同约定的服务期限届满前，业主委员会或者业主与新物业服务人订立的物业服务合同生效的，前期物业服务合同终止。

三、新换物业服务合同

（一）解聘原物业

业主依照法定程序共同决定解聘物业服务人的，可以解除物业服务合同。决定解聘的，应当提前60日书面通知物业服务人，但是合同对通知期限另有约定的除外。因解除合同造成物业服务人损失的，除不可归责于业主的事由外，业主应当赔偿损失。

（二）续聘原物业

1. 物业服务期限届满前，业主依法共同决定续聘的，应当与原物业服务人在合同期限届满前续订物业服务合同。

2. 物业服务期限届满前，物业服务人不同意续聘的，应当在物业服务合同期限届满前90日书面通知业主或者业主委员会，但是合同对通知期限另有约定的除外。

（三）原物业既没被解聘也没被续聘=不定期物业服务合同

1. 不定期物业服务合同：物业服务期限届满后，业主没有依法作出续聘或者另聘物业服务人的决定，物业服务人按照原合同继续提供物业服务的，原物业服务合同继续有效，但是服务期限为不定期。

2. 不定期物业服务合同双方任意解除：当事人可以随时解除不定期物业服务合同，但是应当提前 60 日书面通知对方。

（四）事实上物业服务合同

1. 原物业过渡服务

物业服务合同终止后，在业主或者业主大会选聘的新物业服务人或者决定自行管理的业主接管之前，原物业服务人应当继续处理物业服务事项，并可以请求业主支付该期间的报酬。

2. 原物业要赖服务

（1）原物业应该交接：物业服务合同终止后，原物业服务人应当在约定期限或者合理期限内退出物业服务区域，将物业服务用房、相关设施、物业服务所必需的相关资料等交还给业主委员会、决定自行管理的业主或者其指定的人，配合新的物业服务人做好交接工作，并如实告知物业的使用和管理状况。

（2）原物业不交接：原物业服务人不得请求业主支付物业服务合同终止后的报酬；给业主造成损失的，应当赔偿损失。

四、转托物业服务合同

（一）可以部分转托

物业服务人将物业服务区域内的部分专项服务事项委托给专业性服务组织或者其他第三人的，应当就该部分专项服务事项向业主负责。

（二）不得全部转托

物业服务人不得将其应提供的全部物业服务转委托给第三人，或者将全部物业服务肢解后分别转委托给第三人。

五、业主义务和物业服务人义务

（一）业主义务

1. 支付报酬：（1）业主应当按照约定向物业服务人支付报酬。（2）物业服务人已经按照约定和有关规定提供服务的，业主不得以未接受或者无需接受相关物业服务为由拒绝支付报酬。（3）业主违反约定逾期不支付报酬的，物业服务人可以催告其在合理期限内支付；逾期仍不支付的，物业服务人可以提起诉讼或者申请仲裁。

2. 告知信息：（1）业主装饰装修房屋的，应当事先告知物业服务人，遵守物业服务人提示的合理注意事项，并配合其进行必要的现场检查。（2）业主转让、出租物业专有部分、设立居住权或者依法改变共有部分用途的，应当及时将相关情况告知物业服务人。

（二）物业服务人义务

物业服务人应当定期将服务的事项、负责人员、质量要求、收费项目、收费计算标准、履行情况，以及维修资金使用情况、业主共有部分的经营与收益情况等以合理方式向业主公开或者向业主大会、业主委员会报告。

第十八章 合伙合同

一、什么是合伙合同

(一) 合伙合同

合伙合同是二人以上为了共同的事业目的，订立的共享利益、共担风险的协议。

(二) 不定期合伙合同

1. 未约定合伙期限：合伙人对合伙期限没有约定或者约定不明确的，视为不定期合伙。

2. 合伙期限届满大家默认继续：合伙期限届满，合伙人继续执行合伙事务，其他合伙人没有提出异议的，原合伙合同继续有效，但是合伙期限为不定期。

3. 合伙人任意解除权：合伙人可以随时解除不定期合伙合同，但是应当在合理期限之前通知其他合伙人。

(三) 合伙合同终止

合伙人死亡、终止的，合伙合同的权利义务终止。

二、什么是合伙财产

(一) 出资的连带

1. 合伙人应当按照约定的出资方式、数额和缴付期限，履行出资义务。
2. 一个或者数个合伙人不履行出资义务的，其他合伙人不能因此拒绝出资。

(二) 合伙财产

1. 合伙人的出资、因合伙事务依法取得的收益和其他财产，属于合伙财产。
2. 合伙合同终止前，合伙人不得请求分割合伙财产。

三、怎么办理合伙事务

(一) 怎么决定？人头决

合伙人对合伙事务作出决定，除合伙合同另有约定外，应当经全体合伙人一致同意。

(二) 怎么执行

1. 全体合伙人共同执行：合伙事务由全体合伙人共同执行。

2. 委托部分合伙人执行：按照合伙合同的约定或者全体合伙人的决定，可以委托一个或者数个合伙人执行合伙事务；其他合伙人不再执行，但是有权监督执行情况。

3. 合伙人分别执行：合伙人分别执行合伙事务的，执行事务合伙人可以对其他合伙人执行的事务提出异议；提出异议后，其他合伙人应当暂停该项事务的执行。

4. 执行人不拿报酬：合伙人不得因执行合伙事务而请求支付报酬，但是合伙合同另有约定的除外。

四、怎么分配合伙利润和分担合伙亏损

（一）合伙运营中利润和亏损：约定>协商>实缴出资比例>平均

1. 约定：合伙的利润分配和亏损分担，按照合伙合同的约定办理。
2. 协商：合伙合同没有约定或者约定不明确的，由合伙人协商决定。
3. 实缴：协商不成的，由合伙人按照实缴出资比例分配、分担。
4. 平均：无法确定出资比例的，由合伙人平均分配、分担。

> 问：合伙合同的权利义务终止后，合伙财产在支付因终止而产生的费用以及清偿合伙债务后有剩余的，怎么分配？约定>协商>实缴出资比例>平均。

（二）合伙彻底亏了：合伙财产>合伙人

1. 合伙人对合伙财产不足以清偿的合伙债务，承担连带责任。
2. 清偿合伙债务超过自己应当承担份额的合伙人，有权向其他合伙人追偿。

五、合伙人怎么换人

除合伙合同另有约定外，合伙人向合伙人以外的人转让其全部或者部分财产份额的，须经其他合伙人一致同意。

六、合伙中的抵销与代位

（一）合伙中的抵销

合伙人负担与合伙事务无关的债务的，债权人不得以其债权抵销其对合伙人负担的因合伙事务产生的债务。

例：【抵销与不抵销】甲乙签订合伙合同，开设"湘菜公主"餐馆。甲个人欠丙 10 万元。丙欠"湘菜公主"餐馆的餐费 10 万元。餐馆要求丙支付 10 万元，丙以其对合伙人甲有 10 万元主张抵销。丙主张能否成立？①否。②如果甲因从丙处购买食材用于餐馆而欠丙 10 万元，则餐馆要求丙付款时，丙可主张抵销。

（二）合伙中的代位

合伙人的债权人不得代位行使合伙人在合伙中的权利和合伙人在合伙合同中的权利，但是合伙人享有的利益分配请求权除外。

例：【代位与不代位】甲乙签订合伙合同，开设"湘菜公主"餐馆。甲欠丙 10 万元届期无力清偿。丙是否有权主张代替甲享有合伙人权利？①部分成立，部分不成立。②丙不得主张自己是"合伙人"。③丙可以代位行使甲对合伙产生的利益分配请求权。

第十九章　技术合同

一、什么是技术合同

（一）技术合同

当事人就技术开发、转让、许可、咨询或者服务订立的确立相互之间权利和义务的合同。

（二）技术开发合同

当事人之间就新技术、新产品、新工艺、新品种或者新材料及其系统的研究开发所订立的合同。技术开发合同包括委托开发合同和合作开发合同。

（三）技术转让合同

合法拥有技术的权利人，将现有特定的专利、专利申请、技术秘密的相关权利让与他人所订立的合同。技术转让合同包括专利权转让、专利申请权转让、技术秘密转让等合同。

（四）技术许可合同

合法拥有技术的权利人，将现有特定的专利、技术秘密的相关权利许可他人实施、使用所订立的合同。技术许可合同包括专利实施许可、技术秘密使用许可等合同。

（五）技术咨询合同

当事人一方以技术知识为对方就特定技术项目提供可行性论证、技术预测、专题技术调查、分析评价报告等所订立的合同。

（六）技术服务合同

当事人一方以技术知识为对方解决特定技术问题所订立的合同，不包括承揽合同和建设工程合同。

二、技术在呼叫哪个主人

（一）职务技术成果在呼叫"单位"，但员工"得钱""优先买"

1. 什么是职务技术成果？

（1）工作任务：执行法人或者非法人组织的工作任务。如员工原来的任务是研发鼠标，老板交待新任务研发键盘，则新任务成果也是职务技术成果。

（2）物质条件：主要是利用法人或者非法人组织的物质技术条件所完成的技术成果。

（3）跳槽太短：离职后1年内继续从事与其原所在法人或者其他组织的岗位职责或者交付的任务有关的技术开发工作。

2. 职务技术成果在呼叫"单位"，但员工"得钱""优先买"

（1）单位有使用权和转让权：职务技术成果的使用权、转让权属于法人或者非法人组织的，法人或者非法人组织可以就该项职务技术成果订立技术合同。

（2）员工有获得奖励权、获得报酬权和优先受让权：①法人或者非法人组织应当从使用和转让该项职务技术成果所取得的收益中提取一定比例，对完成该项职务技术成果的个人给予奖励或者报酬。②法人或者非法人组织订立技术合同转让职务技术成果时，职务技术成果的完成人享有以同等条件优先受让的权利。

> **秒杀**：单位可"用"可"卖"，"理工男"得"钱"可"优先买"。

（二）委托开发之发明创造在呼叫"开发人"，但委托人可"免费用""优先买"

1. 开发人有专利申请权：委托开发完成的发明创造，除法律另有规定或者当事人另有约定外，申请专利的权利属于研究开发人。研究开发人可同时主张约定报酬。

2. 委托人可免费实施和优先购买专利申请权：（1）委托人可免费实施：一旦研究开发人取得专利权，委托人可免费实施该专利。（2）委托人可优先购买专利申请权：研究开发人转让专利申请权的，委托人享有以同等条件优先受让的权利。

（三）合作开发之发明创造在呼叫"合作人"

1. 合作人共有专利申请权：合作开发完成的发明创造，除当事人另有约定外，申请专利的权利属于合作开发的当事人共有。

2. 一方转让他方优先购买：当事人一方转让其共有的专利申请权的，其他各方享有以同等条件优先受让的权利。

3. 一方放弃他方可申请专利，放弃方可免费实施该专利：合作开发的当事人一方声明放弃其共有的专利申请权的，可以由另一方单独申请或者由其他各方共同申请。申请人取得专利权的，放弃专利申请权的一方可以免费实施该专利。

4. 一票否决制：合作开发的当事人一方不同意申请专利的，另一方或者其他各方不得申请专利。

> **原理**：为什么存在一票否决制？①如果选择通过专利保护技术，意味着要公开，才可以获得"垄断"。专利的本质是通过公开，借助"垄断"，卖专利或许可他人实施专利获得回报。②如果选择通过秘密保护技术，则不需要公开，可一直"垄断"，秘密的本质是通过保密来垄断，图的是自己使用秘密获得回报。③最牛的技术都是秘密，比如制造核武器的技术。

（四）委托开发或合作开发之技术秘密成果在呼叫"大家"来雨露均沾

1. 有约定从约定：委托开发或者合作开发完成的技术秘密成果的使用权、转让权以及利益的分配办法，由当事人约定。

2. 无约定则共有：在没有相同技术方案被授予专利前，当事人均有使用和转让的权利，但是委托开发的研究开发人不得在向委托人交付研究开发成果之前，将研究开发成果转让给第三人。

（1）有权使用：大家都可以自己使用、普通许可他人使用独占由此获得的收益。

（2）无权使用：不能将技术秘密成果独占许可他人使用、也不得排他许可他人使用。因为这和大家都可以用是矛盾的。所谓独占许可使用即只有被许可人可以用，其他人都不能用。所谓排他许可使用即只有许可人和被许可人可以用，其他人都不能用。

> **问1：** 一方和外人签订了独占许可使用合同、排他许可使用合同、或者转让合同，效力如何？效力待定。
>
> **问2：** 委托开发技术秘密成果合同中，开发人未向委托人交付开发成果前，将研究成果转让给外人，合同效力如何？无效。因为违背了"大家都可以使用和转让的"基本逻辑，在未交付给委托人时，委托人根本不知道这个技术秘密成果。违背了"同一起跑线"规则，即大家都有使用或转让权，前提是大家都得知道这个技术。合作开发不存在这个问题，因为大家都参与，自然会知道技术秘密成果。

例：【委托开发技术秘密成果的同一起跑线规则】 甲公司委托乙公司开发一种浓缩茶汁的技术秘密成果，未约定成果使用权、转让权以及利益分配办法。甲公司按约定支付了研究开发费用。乙公司按约定时间开发出该技术秘密成果后，在没有向甲公司交付之前，将其转让给丙公司。如何评价该技术秘密成果归属和乙丙转让合同的效力？①委托开发的技术秘密成果合同，未约定归属，则大家都有，甲公司和乙公司均有该技术秘密成果的使用权和转让权。②受托人乙未向甲交付技术秘密成果前就将其转让给外人丙，违反了同一起跑线规则，故无效。

（五）转让或许可他人使用专利技术或技术秘密中，后续改进的技术成果归属无约定则归改进方，其他各方无权分享

1. 当事人可以按照互利的原则，在合同中约定实施专利、使用技术秘密后续改进的技术成果的分享办法。

2. 没有约定或者约定不明确的，一方后续改进的技术成果，其他各方无权分享。

三、技术的进步：非法垄断技术、妨碍技术进步的技术合同无效

（一）不让改进

限制当事人一方在合同标的技术基础上进行新的研究开发或者限制其使用所改进的技术，或者双方交换改进技术的条件不对等，包括要求一方将其自行改进的技术无偿提供给对方、非互惠性转让给对方、无偿独占或者共享该改进技术的知识产权。

（二）不让选择

限制当事人一方从其他来源获得与技术提供方类似技术或者与其竞争的技术。

（三）不让实施

阻碍当事人一方根据市场需求，按照合理方式充分实施合同标的技术，包括明显不合理地限制技术接受方实施合同标的技术生产产品或者提供服务的数量、品种、价格、销售渠道和出口市场。

（四）不让拒绝

要求技术接受方接受并非实施技术必不可少的附带条件，包括购买非必需的技术、原材料、产品、设备、服务以及接收非必需的人员等。

（五）不让配套

不合理地限制技术接受方购买原材料、零部件、产品或者设备等的渠道或者来源。

（六）不让抗议

禁止技术接受方对合同标的技术知识产权的有效性提出异议或者对提出异议附加条件。

四、技术的变动

（一）无权处分共有技术的合同效力待定：侵害熟悉他人技术秘密合同

1. 委托开发或者合作开发的技术秘密合同中，单方擅自将技术秘密成果的转让权让与他人。

2. 委托开发或者合作开发的技术秘密合同中，单方以独占或者排他使用许可的方式许可他人使用技术秘密。

（二）无权处分偷来技术的合同无效：侵害陌生他人技术成果的技术合同

1. 丙是技术主人，甲是小偷，甲乙签订盗赃技术转让合同。

2. 甲乙技术转让合同一概无效，不论乙是否知情。

3. 乙知情购买，属于配合销赃，则甲乙乃共同侵权，对丙负连带责任。乙不得继续使用该技术。

4. 乙不知情购买，故不构成侵权，乙不对丙负赔偿责任。乙可以向丙补交全部使用费后继续使用该技术。乙可要求甲退已经交付的使用费，同时要求甲承担缔约过失赔偿责任。

例：【卖盗赃技术】甲公司向乙公司转让了一项技术秘密。技术转让合同履行完毕后，经查该技术秘密是甲公司通过不正当手段从丙公司获得的，但乙公司对此并不知情，且支付了合理对价。如何评价甲乙技术秘密转让合同？①无效。②乙不知情，无须对丙负侵权责任。③乙可在其取得时的范围内继续使用该技术秘密，但应向丙公司支付合理的使用费。④乙有权要求甲公司返还其支付的对价，以及要求甲公司赔偿其因此受到的损失。

> **秒杀：**从小偷那里买技术合同一概无效，善意购买可以付费使用，恶意购买需要负连带侵权责任。

（三）有权"处分"自己的技术

1. **专利申请权**转让合同

（1）"**区分原则**"：区分专利申请权转让合同与专利申请权转让。合同自成立时生效，专利申请权转让自过户登记时生效。

例：【新药专利申请权转让】甲研究院研制出一种新药技术，向我国有关部门申请专利后，与乙制药公司签订了专利申请权转让合同，并依法向国务院专利行政主管部门办理了登记手续。如何评价合同效力？①专利申请权的转让合同自成立时生效，乙公司依法获得药品生产许可证不是该合同生效要件。②专利申请权的转让自向国务院专利行政主管部门登记之日起生效。

（2）"欠缺新颖性"导致专利申请被驳回的风险转移：以是否办理专利申请权转让登记为标准（过户）。过户前，归卖方；过户后，归买方。

例：【过户转移风险】甲有一项手机充电技术，甲将专利申请权转让给乙，双方签订了专利申请权转让合同，乙支付了购买费。因该技术是公开的技术，没有新颖性，其专利申请被驳回。乙是否可以要求甲退钱？①如专利申请权尚未过户，则风险归甲，乙可解除合同要求甲退钱。②如专利申请权已经过户，则风险归乙，乙不可解除合同要求甲退钱。

（3）"抵触申请"导致专利申请被驳回的不公平交易：受让人可申请法院撤销该交易。

例：【注定不公平】甲有一项手机充电技术，甲将专利申请权转让给乙，双方签订了专利申请权转让合同，乙支付了购买费。因该技术是丙申请在先，故专利部门将转移授予给了丙。乙可否要求甲退钱？①可以。②乙可主张撤销合同要求退钱。③因为既然丙申请在先，甲的专利申请权必然是要失败的，这"不是风险"，注定不公平。

> 秒杀：欠缺新颖性的风险归属坚持过户主义，过户前不可解除，过户后可解除；因为抵触申请被驳回导致注定不公平坚持撤销退钱。

2. 专利权转让合同

（1）卖了，自己不能再实施：订立专利权转让合同或者专利申请权转让合同前，让与人自己已经实施发明创造，在合同生效后，受让人要求让与人停止实施的，人民法院应当予以支持，但当事人另有约定的除外。

（2）买卖不破在先许可＝先卖1（实施许可），后卖2（转让），则卖2不影响卖1效力＝"换许可人"：让与人与受让人订立的专利权、专利申请权转让合同，不影响在合同成立前让与人与他人订立的相关专利实施许可合同或者技术秘密转让合同的效力。

3. 专利实施许可合同

（1）3种专利实施许可合同：①独占实施许可：让与人在约定许可实施专利的范围内，将该专利仅许可一个受让人实施，让与人依约定不得实施该专利。②排他实施许可：让与人在约定许可实施专利的范围内，将该专利仅许可一个受让人实施，但让与人依约定可以自行实施该专利。排他许可的被许可人自己能力有限，则可以普通许可外人实施，可将此视为被许可人自己实施。③普通实施许可：让与人在约定许可实施专利的范围内许可他人实施该专利，并且可以自行实施该专利。

（2）2中推定普通许可：①推定为普通许可：当事人对专利实施许可方式没有约定或者约定不明确的，认定为普通实施许可。（1级市场）②如当事人约定受让人可再许可，推定允许该再许可为普通实施许可：专利实施许可合同约定受让人可以再许可他人实施专利的，认定该再许可为普通实施许可，但当事人另有约定的除外。（2级市场）

（3）专利实施许可期限受专利权期限限制，超过者无效：①专利实施许可合同只在该专利权的存续期间内有效。②专利权有效期限届满或者专利权被宣布无效的，专利权人不得就该专利与他人订立专利实施许可合同。

（4）专利实施许可被许可人不得再许可，否则构成侵权和违约，乃加害给付：①专利实施许可合同的被许可人应当按照约定实施专利，不得许可约定以外的第三人实施该专利；并按照约定支付使用费。②未经让与人同意擅自许可第三人实施该专利或者使用该技术秘密的，应当停止违约行为，承担违约责任。

4. 技术秘密的使用许可合同

（1）3 种技术秘密使用许可合同：独占、排他和普通。

（2）如该技术秘密签订使用许可合同后，许可人又就该技术秘密申请专利（意味要公开技术秘密），则原使用许可合同如何处理？①技术秘密公开前适用技术秘密转让合同。②技术秘密公开后到专利授权前，参照适用专利许可合同。③专利授权后，原技术秘密许可合同为专利实施许可合同。

5. 技术秘密转让合同

（1）让与人义务：①技术秘密转让合同的让与人应当按照约定提供技术资料，进行技术指导，保证技术的实用性、可靠性，承担保密义务。②前款规定的保密义务，不限制让与人申请专利，但是当事人另有约定的除外。

（2）受让人义务：技术秘密转让合同的受让人应当按照约定使用技术，支付使用费，承担保密义务。

第二十章　旅游纠纷

一、什么是旅游纠纷

(一) 旅游纠纷

旅游者与旅游经营者、旅游辅助服务者之间因旅游发生的合同纠纷或者侵权纠纷。旅游者在自行旅游过程中与旅游景点经营者因旅游发生的纠纷，参照适用旅游纠纷处理规则。

(二) 旅游经营者

以自己的名义经营旅游业务，向公众提供旅游服务的人。

(三) 旅游辅助服务者

与旅游经营者存在合同关系，协助旅游经营者履行旅游合同义务，实际提供交通、游览、住宿、餐饮、娱乐等旅游服务的人。

二、谁是原告

(一) 福利游产生纠纷，单位不管，自己告

以单位、家庭等集体形式与旅游经营者订立旅游合同，在履行过程中发生纠纷，除集体以合同一方当事人名义起诉外，旅游者个人提起旅游合同纠纷诉讼的，人民法院应予受理。

(二) 换游客，游费 "多退少补"

1. 可以换游客：除合同性质不宜转让或者合同另有约定之外，在旅游行程开始前的合理期间内，旅游者将其在旅游合同中的权利义务转让给第三人，请求确认转让合同效力的，人民法院应予支持。

2. 游费 "多退少补"：因前款所述原因，旅游经营者请求旅游者、第三人给付增加的费用或者旅游者请求旅游经营者退还减少的费用的，人民法院应予支持。

三、谁是被告

(一) 挂靠的连带

旅游经营者准许他人挂靠其名下从事旅游业务，造成旅游者人身损害、财产损失，旅游者请求旅游经营者与挂靠人承担连带责任的，人民法院应予支持。

(二) 擅自 "甩单" 的连带

旅游经营者擅自将其旅游业务转让给其他旅游经营者，旅游者在旅游过程中遭受损

害，请求与其签订旅游合同的旅游经营者和实际提供旅游服务的旅游经营者承担连带责任的，人民法院应予支持。

例：【擅自甩单的连带】甲参加乙旅行社组织的旅游活动。未经甲和其他旅游者同意，乙旅行社将本次业务转让给当地的丙旅行社。丙旅行社聘请丁公司提供大巴运输服务。途中，由于丁公司司机黄某酒后驾驶与迎面违章变道的个体运输户刘某货车相撞，造成甲人身损失 50 万元。<u>甲可要求谁承担赔偿责任？</u>①丁公司和刘某按份侵权责任，如果判 55 开，则丁 25 万元，刘某 25 万元。②乙旅行社和丙旅行社就丁公司的 25 万元三方负连带责任。

四、请求权基础是什么

（一）告侵权或告违约

因旅游经营者方面的同一原因造成旅游者人身损害、财产损失，旅游者选择要求旅游经营者承担违约责任或者侵权责任的，人民法院应当根据当事人选择的案由进行审理。

（二）告违约

1. 不玩了要求退钱：旅游行程开始前或者进行中，因旅游者单方解除合同，旅游者请求旅游经营者退还尚未实际发生的费用，或者旅游经营者请求旅游者支付合理费用的，人民法院应予支持。

2. 受托旅游经营者未尽义务，游客告旅游经营者违约：签订旅游合同的旅游经营者将其部分旅游业务委托旅游目的地的旅游经营者，因受托方未尽旅游合同义务，旅游者在旅游过程中受到损害，要求作出委托的旅游经营者承担赔偿责任的，人民法院应予支持。

3. 旅游经营者违约，旅游辅助服务者第三人：因旅游辅助服务者的原因导致旅游经营者违约，旅游者仅起诉旅游经营者的，人民法院可以将旅游辅助服务者追加为第三人。

（三）告侵权

1. 旅游经营者侵权，保险公司第三人：旅游经营者已投保责任险，旅游者因保险责任事故仅起诉旅游经营者的，人民法院可以应当事人的请求将保险公司列为第三人。

2. 旅游经营者、旅游辅助服务者安保义务侵权：（1）旅游经营者、旅游辅助服务者未尽到安全保障义务，造成旅游者人身损害、财产损失，旅游者请求旅游经营者、旅游辅助服务者承担责任的，人民法院应予支持。（2）因第三人的行为造成旅游者人身损害、财产损失，由第三人承担责任；旅游经营者、旅游辅助服务者未尽安全保障义务，旅游者请求其承担相应补充责任的，人民法院应予支持。

3. 旅游经营者、旅游辅助服务者未告知未警示的过错侵权：（1）没告知要赔：旅游经营者、旅游辅助服务者对可能危及旅游者人身、财产安全的旅游项目未履行告知、警示义务，造成旅游者人身损害、财产损失，旅游者请求旅游经营者、旅游辅助服务者承担责任的，人民法院应予支持。（2）告知则不赔：旅游者未按旅游经营者、旅游辅助服务者的要求提供与旅游活动相关的个人健康信息并履行如实告知义务，或者不听从旅游经营者、旅游辅助服务者的告知、警示，参加不适合自身条件的旅游活动，导致旅游过程中出现人身损害、财产损失，旅游者请求旅游经营者、旅游辅助服务者承担责任的，人民法院不予支持。

4. 旅游经营者在旅游者自行安排活动期间未提示未救助的过错侵权：（1）旅游者在

自行安排活动期间遭受人身损害、财产损失，旅游经营者未尽到必要的提示义务、救助义务，旅游者请求旅游经营者承担相应责任的，人民法院应予支持。（2）前款规定的自行安排活动期间，包括旅游经营者安排的在旅游行程中独立的自由活动期间、旅游者不参加旅游行程的活动期间以及旅游者经导游或者领队同意暂时离队的个人活动期间等。

5. 旅游经营者、旅游辅助服务者泄露个人信息的过错侵权：旅游经营者、旅游辅助服务者泄露旅游者个人信息或者未经旅游者同意公开其个人信息，旅游者请求其承担相应责任的，人民法院应予支持。

6. 旅游辅助服务者侵权，旅游经营者选择过错补充责任：因旅游辅助服务者的原因造成旅游者人身损害、财产损失，旅游者选择请求旅游辅助服务者承担侵权责任的，人民法院应予支持。旅游经营者对旅游辅助服务者未尽谨慎选择义务，旅游者请求旅游经营者承担相应补充责任的，人民法院应予支持。

五、免责事由

（一）不可抗力玩不了

1. 解除：因不可抗力等不可归责于旅游经营者、旅游辅助服务者的客观原因导致旅游合同无法履行，旅游经营者、旅游者请求解除旅游合同的，人民法院应予支持。

2. 无违约：旅游经营者、旅游者请求对方承担违约责任的，人民法院不予支持。

3. 退剩余的钱：旅游者请求旅游经营者退还尚未实际发生的费用的，人民法院应予支持。

4. 变更：因不可抗力等不可归责于旅游经营者、旅游辅助服务者的客观原因变更旅游行程，在征得旅游者同意后，旅游经营者请求旅游者分担因此增加的旅游费用或旅游者请求旅游经营者退还因此减少的旅游费用的，人民法院应予支持。

（二）公共运输导致延误

因飞机、火车、班轮、城际客运班车等公共客运交通工具延误，导致合同不能按照约定履行，旅游者请求旅游经营者退还未实际发生的费用的，人民法院应予支持。合同另有约定的除外。

（三）故意脱团

旅游者在旅游行程中未经导游或者领队许可，故意脱离团队，遭受人身损害、财产损失，请求旅游经营者赔偿损失的，人民法院不予支持。

17有名合同+旅游，2卖（买卖+保理），2租（租赁+融资租赁），2承（承揽+建设工程），2管（保管+仓储），2托（委托+行纪），中介+运输+合伙+物业，赠与借款技术旅游。

"2卖"、"2租"、"2承"、"2管"、"2托"、"中介"、"运"、"伙"、"物"、"送""钱"给"技术"去"旅游"。

```
                          ①有效婚姻
          (1) 婚姻效力  ②无效婚姻
                          ③可撤销婚姻
                          ①协议离婚
          (2) 离婚方式
                          ②诉讼离婚
                          ①彩礼退还
                          ②约定财产制
          (3) 房子
                          ③个人所有（个有）
                          ④共同共有（共有）
                          ①个人债务（个债）
          (4) 条子
                          ②共同债务（共债）
                          ①离婚过错损害赔偿请求权
          (5) 银子      ②离婚困难帮助请求权
                          ③离婚经济补偿权
                          ①亲生子女
          (6) 孩子
                          ②收养子女
```

一、有效婚姻

（一）结婚的实质条件

1. 必须 男女 双方完全自愿。

2. 男女双方必须达到法定的结婚年龄：男不得早于 22 周岁，女不得早于 20 周岁。

3. 必须符合一夫一妻制。

（二）结婚的程序条件：登记

1. 事实婚姻：1994 年 2 月 1 日之前认可"事实婚姻"，此后不认可"事实婚姻"，未登记，均属于同居关系。

2. 登记溯及：办结婚登记后，婚姻关系的效力应追溯至男女双方均符合结婚的法定实质要件之时，不是补办登记时起婚姻生效。

3. 欺诈登记：以伪造、变造、冒用证件等方式骗取结婚登记的，婚姻无效。

（三）同居与结婚

1. 正常同居

（1）法院不管无婚同居关系的解除问题。

（2）法院要管无婚同居中出现的"房子"和"孩子"纠纷，该同居财产，为按份共有。

2. 非法同居

（1）婚外与他人同居，当事人申请解除同居关系，法院管。

（2）有配偶者与他人同居，可以通过这个达到离婚目的，但有过错者须向对方赔偿。

（四）家庭与结婚

1. 夫妻之间

（1）扶养费债权：夫妻有相互扶养的义务。需要扶养的一方，在另一方不履行扶养义务时，有要求其给付扶养费的权利。

（2）继承遗产：夫妻有相互继承遗产的权利。

2. 父母孩子：夫妻双方平等享有对未成年子女抚养、教育和保护的权利，共同承担对未成年子女抚养、教育和保护的义务。

3. 近亲属

（1）亲属包括配偶、血亲和姻亲。

（2）配偶、父母、子女、兄弟姐妹、祖父母、外祖父母、孙子女、外孙子女为近亲属。

（3）共同生活的公婆、岳父母、儿媳、女婿，视为近亲属。

（4）配偶、父母、子女和其他共同生活的近亲属为家庭成员。

（五）财产与结婚

1. 婚内处分共有财产

（1）小额独立处分权。夫妻一方因家庭日常生活需要而实施的民事法律行为，对夫妻双方发生效力，但是夫妻一方与相对人另有约定的除外。夫妻之间对一方可以实施的民事法律行为范围的限制，不得对抗善意相对人。

（2）大额无权处分，启动第三方适用善意取得制度，无权处分方须向配偶他方负侵权之债，因婚姻关系存续导致诉讼时效中止。

2. 婚内分割共有财产：婚姻关系存续期间，有下列情形之一的，夫妻一方可以向人民法院请求分割共同财产：

（1）一方有隐藏、转移、变卖、毁损、挥霍夫妻共同财产或者伪造夫妻共同债务等严重损害夫妻共同财产利益行为。

（2）一方负有法定扶养义务的人患重大疾病需要医治，另一方不同意支付相关医疗费用。

例：【不给老婆看病】甲与乙结婚多年后，乙患重大疾病需要医治，甲保管夫妻共同财产但拒绝向乙提供治疗费，致乙疾病得不到及时治疗而恶化。如何评价甲的行为？①构成虐待，乙有权请求公安机关对甲进行行政处罚。②乙在婚内可请求分割夫妻共同财产。③乙可提起离婚诉讼并且提出离婚过错赔偿。④乙不可主张请求多分夫妻财产，因为这需要坚持区分看待，甲的过错负其应负责任，不因此损害其物权。

3. 离婚分割共有财产

（1）离婚时，夫妻的共同财产由双方协议处理。

（2）协议不成的，由人民法院根据财产的具体情况，按照照顾子女、女方和无过错方权益的原则判决。

（3）夫或者妻在家庭土地承包经营中享有的权益等，应当依法予以保护。

4. 死亡分割共有财产：夫妻共同共有财产，遗产继承时，应一分为二，分出后才可确定遗产范围。

5. 共有财产产生债务：夫妻对外负连带责任。

二、无效婚姻

（一）无效婚姻的事由

1. "小"：未到法定婚龄。如男 20 周岁，女 18 周岁办理了结婚登记，婚姻无效。但是，2 年后再请求法院确认无效婚姻时，双方已经达到了法定婚龄，故婚姻有效。

2. "近"：直系血亲或者三代以内的旁系血亲禁止结婚。如贾宝玉与林黛玉的婚姻，即属于 3 代内旁系血亲，婚姻无效。贾宝玉 1 代，贾政 2 代，贾母 3 代。林黛玉 1 代，贾敏 1 代，贾母 3 代。3 代找到同源，即为 3 代以内旁系血亲。

3. "多"：重婚。如甲与乙结婚后，甲又与丙办理了结婚登记。甲乙婚姻有效，甲丙属于重婚无效。且乙可诉与甲离婚，并且以甲重婚为由请求甲承担离婚过错赔偿责任。

4. "骗"：以伪造、变造、冒用证件等方式骗取结婚登记的。如妹妹用双胞胎姐姐的身份证与男友办理了结婚登记，结婚证上显示"姐姐"和"妹夫"有婚姻关系。实际同居乃妹妹与男友。妹妹与男友是非婚同居。姐姐与妹夫属于无效婚姻。

> **秒杀 1：** 小近多骗，骗的是民政局；其中年龄小这个无效因素可以被治愈。
> **秒杀 2：** 无效>可撤销；无效>离婚。
> **秒杀 3：** 无效婚姻事由是"小近多骗"；离婚过错赔偿事由是太黄太暴力其他过错；离婚事由是"感情破裂"。

（二）无效就是无效，告了就必须理：不能自由撤诉

1. "告"无效婚姻，则不能任由原告撤诉。

2. "告"离婚，发现无效婚姻，法院审查确属无效婚姻，则判婚姻无效。

（三）无效就是无效，无效不能"离婚"：申请无效与诉讼离婚同时出现，无效婚姻优先

1. 诉讼离婚+申请无效：无效婚姻优先

2. 无效婚姻后涉及财产分割和子女抚养：继续审理

（四）无效就是无效，"死了都无效"：死后 1 年内

1. 死后 1 年内；最后一个人死后的 1 年内。

2. 夫妻一方死：活的一方是申请人，不列被申请人；或者利害关系人是申请人，活

的一方就是被申请人。

3. 夫妻双方死：利害关系人是申请人，不列为被申请人。

> **原理：** 为什么人死了还要去宣告婚姻无效？争财产，一旦夫妻婚姻无效，则彼此不得继承财产。

（五）无效婚姻一审终审

1. 无效婚姻判决：不调解、一审终审。

2. 房子孩子判决：可以调解、可以上诉。

（1）同居期间财产按共同共有处理，毕竟曾经拿过结婚证。

（2）孩子属于非婚生子女，与婚生子女具有同一法律地位。

三、可撤销婚姻

（一）一方胁迫对方

1. 因胁迫结婚的，受胁迫的一方可以向婚姻登记机关或者人民法院请求撤销该婚姻。

2. 撤销婚姻的请求，应当自胁迫行为终止之日起 1 年内提出。

3. 被非法限制人身自由的当事人请求撤销婚姻的，应当自恢复人身自由之日起 1 年内提出。

（二）一方隐瞒重大疾病欺诈对方

1. 一方患有重大疾病的，应当在结婚登记前如实告知另一方；不如实告知的，另一方可以向婚姻登记机关或者人民法院请求撤销该婚姻。

2. 请求撤销婚姻的，应当自知道或者应当知道撤销事由之日起 1 年内提出。

> **原理1：** 无效婚姻或者可撤销婚姻有什么法律后果？无过错方可以要赔偿吗？（1）不是夫妻：无效的或者被撤销的婚姻自始没有法律约束力，当事人不具有夫妻的权利和义务。（2）财产照顾无过错方：同居财产协议不成根据照顾无过错方判决。对重婚导致的无效婚姻的财产处理，不得侵害合法婚姻当事人的财产权益。（3）子女：当事人所生的子女，适用本法有关父母子女的规定。（4）赔偿：婚姻无效或者被撤销的，无过错方有权请求损害赔偿。
>
> **原理2：** 有效婚姻与无效婚姻中处理"共有财产"的原则有何差异？（1）有效婚姻要照顾子女、女方和无过错方权益。（2）无效婚姻要照顾无过错方。

四、离婚方式

（一）协议离婚

1. 离婚冷静期

（1）30 日可撤回离婚登记申请：自婚姻登记机关收到离婚登记申请之日起 30 日内，

任何一方不愿意离婚的，可以向婚姻登记机关撤回离婚登记申请。

（2）30 日后双方未亲自申请离婚证则视为撤回离婚登记申请：30 日后，双方应当亲自到婚姻登记机关申请发给离婚证；未申请的，视为撤回离婚登记申请。

2. 协议离婚与财产分割

（1）协离成功才多得财产：以协议离婚登记为财产分割协议前提，如未办理协议离婚登记，则财产分割协议不生效，当事人转为诉讼离婚时应重新依法分割共有财产。

（2）协离成功但财产被骗：协议离婚中的财产分割协议存在欺诈、胁迫等时，对方可在拿离婚证后 1 年内请求撤销该协议。

（3）协离成功但遗漏离婚过错赔偿：离婚过错损害赔偿须在拿到离婚证后 1 年内提出。

（二）诉讼离婚：调解前置

1. 重婚或者与他人同居。

2. 实施家庭暴力或者虐待、遗弃家庭成员。

3. 有赌博、吸毒等恶习屡教不改。

4. 因感情不和分居满二年。

5. 一方被宣告失踪，另一方提起离婚诉讼的，应当准予离婚。

6. 经人民法院判决不准离婚后，双方又分居满一年，一方再次提起离婚诉讼的，应当准予离婚。

7. 生育权纠纷不是损害赔偿的情形，是可以离婚的情形。

8. 其他导致夫妻感情破裂的情形。

> **特殊情形 1：** 如何对女方"三期"给予特别保护？怀孕、生产 1 年、流产半年，女方可主动离，男方一般不可以主动离。
>
> **特殊情形 2：** 如何给精神病人特别保护？无行为能力之精神病人被配偶虐待、遗弃等，其他监护人要求变更监护关系取得监护权，后代理精神病人提起离婚诉讼。
>
> **特殊情形 3：** 如何给军婚特别保护？现役军人的配偶要求离婚，应当征得军人同意，但是军人一方有重大过错的除外。
>
> **特殊情形 4：** 有重大过错的一方也可基于"感情破裂情形"提出离婚，但应向对方负过错赔偿责任。

例：【大学同学结婚后离婚】董楠（男）和申蓓（女）是美术学院同学，共同创作一幅油画作品《爱你一千年》。毕业后二人结婚育有一女。董楠染上吸毒恶习，未经申蓓同意变卖了《爱你一千年》，所得款项用于吸毒。因董楠恶习不改，申蓓在女儿不满 1 周岁时提起离婚诉讼。如何评价该离婚案？①女方 3 期保护：申蓓虽在分娩后 1 年内提出离婚，法院应予受理。②离婚事由之吸毒恶习不改：如调解无效，应准予离婚。③董楠出售《爱你一千年》侵犯了申蓓的物权和著作权。

五、"房子"

(一) 3 种情形返还彩礼

1. 没拿结婚证。

2. 拿结婚证但未共同生活，后离婚。

3. 拿结婚证但婚前给付并导致给付人生活困难的，后离婚。

例：【退彩礼】刘男按当地习俗向戴女支付了结婚彩礼现金 10 万元及金银首饰数件，婚后不久刘男即主张离婚并要求返还彩礼。<u>刘男可否主张返还彩礼？</u> ①如未离婚，则不得主张返还彩礼。②如离婚，曾共同生活了，则不得主张返还彩礼。③如离婚，未曾共同生活，则可主张返还彩礼。

(二) 夫妻约定财产制

1. 乱约定：男女双方可以约定婚姻关系存续期间所得的财产以及婚前财产归各自所有、共同所有或者部分各自所有、部分共同所有。约定应当采用书面形式。没有约定或者约定不明确的，则依法处理。

2. 乱约定有效：夫妻对婚姻关系存续期间所得的财产以及婚前财产的约定，对双方具有法律约束力。

例：【爱老婆】甲、乙结婚第 10 年，甲父去世留下遗嘱，将其拥有的一套房子留给甲，并声明该房屋只归甲一人所有。甲、乙如约定将房屋变为共同财产，该协议有效。

3. 约定 AA 制+一方负债且债权人知道 AA 制的约定＝个债：夫妻对婚姻关系存续期间所得的财产约定归各自所有，夫或者妻一方对外所负的债务，相对人知道该约定的，以夫或者妻一方的个人财产清偿。

(三) 个人所有

1. 一方的婚前财产。(1) 婚前个人财产在婚后的孳息（存款利息、果树果实）和自然增值（房屋增值、玉石升值），仍然归个人所有。(2) 如在婚后投资所得，本金归个人所有，投资所得归双方共有。

2. 一方因受到人身损害获得的赔偿和补偿。

3. 遗嘱或者赠与合同中确定只归一方的财产。这条规定会倒逼富人立遗嘱，因为如果不立遗嘱，则公公的财产归儿子和儿媳妇，财产会"流入外戚"。

4. 一方专用的生活用品。

5. 其他应当归一方的财产。

> 秒杀 1：破除 8 年抗战规则：夫妻一方所有的财产，不因婚姻关系的延续而转化为夫妻共同财产。但当事人另有约定的除外。
>
> 秒杀 2：老公说送房屋没过户就是流氓：婚前或者婚姻关系存续期间，当事人约定将一方所有的房产赠与另一方，赠与方在赠与房产变更登记之前撤销赠与，另一方请求判令继续履行的，则法院判决赠与方胜诉，可任意撤销赠与。

例：【土豪结婚】甲婚前全款买了一个房子，现结婚了，该房归谁？如婚后甲将该房屋出售，卖房款归谁？如甲用该卖房款又买了新的房产，后买的房产归谁？甲。

记忆：①个人的、人身的、专用的，均归个人。②树木结果、房屋增值、玉石增值，均归婚前个人。③股市投资，归夫妻共有。

（四）夫妻共有

夫妻在**婚姻关系存续期间**所得的下列财产，为夫妻的共同财产，归夫妻共同所有：

1. 工资、奖金和**其他劳务报酬**：如双方实际取得或者应当取得的住房补贴、住房公积金；还如男女双方实际取得或者应当取得的养老保险金、破产安置补偿费。

2. 生产、经营、**投资的**收益。如婚前 10 万股市投资得利 5 万，该 5 万归夫妻共有。

3. 知识产权的收益：婚内知识产权收益，实际取得或已经明确可以取得的财产性收益。如婚前发表的小说，在婚内收到 10 万元，该 10 万元归夫妻共有。

例：【3 本小说】男方创作了 3 本小说：①小说《昨天》在婚前发表，婚后收益归共有（婚内实际取得）；②小说《今天》婚内发表，婚后收益归共有（婚内实际取得）；③小说《明天》离婚后发表，离婚后收益归个有（婚内明确可以取得）。

4. 继承或者受赠的财产，但明确归一方的除外。

5. 债权：夫妻之间订立借款协议，以夫妻共同财产出借给一方从事个人经营活动或用于其他个人事务的，应视为双方约定处分夫妻共同财产的行为，离婚时可按照借款协议的约定处理。

例：【老公向老婆和老公借款】甲（男）、乙（女）结婚后，甲承诺，在子女出生后，将其婚前所有的一间门面房，变更登记为夫妻共同财产。后女儿丙出生，但甲不愿兑现承诺，导致夫妻感情破裂离婚，女儿丙随乙一起生活。后甲又与丁（女）结婚。未成年的丙因生重病住院急需医疗费 20 万元，甲与丁签订借款协议从夫妻共同财产中支取该 20 万元。<u>如何评价本案？</u>①门面房赠与，过户前可以反悔，甲可不送门面房。②甲与丁签订借款协议，应视为双方约定处分共同财产。甲丁共有的 20 万元货币，变成了甲丁共同对甲有 20 万元债权，该债权归甲丁夫妻共有，如甲、丁离婚，有关医疗费按借款协议约定处理。③如丁不同意甲支付医疗费，甲有权主张在婚内分割共有财产。

6. 其他应当归共同所有的财产。如共同财产投保商业保险，保险金归夫妻共同所有。

7. 夫妻对共同财产，有平等的处理权。

8. 军人复员费、自主择业费等一次性费用，分摊到（70 周岁—入伍年龄）得出每年额度，乘以结婚年限，得出的数额归夫妻共有。

例：【保护军人财产】甲 20 岁入伍，退伍时获得 100 万元复员费和自主择业费。退伍前甲与乙结婚，再过 10 年离婚。离婚时乙可从该 100 万元获得多少？①100 万元要分摊到预期寿命 70 年-20 岁，即每年 2 万元。②2 万元×10 年，即 20 万元，为夫妻共有。③乙可分得 10 万元。④如甲乙结婚 50 年后离婚，则乙可分得 50 万元。

记忆：①婚内时间标准，工资奖金、住房补贴住房公积金、知产收益、继承遗赠收益、军人复员费择业费。②贡献标准，生产经营、投资收益、个人缴付费用的养老保险金。

（五）房产归属

1. 房比情坚：男人说赠房屋给女人，只要没过户，就是要流氓，可任意撤。

2. 中产夫妻：共有货币变成共有房屋，虽然登记为一方，但是归共有房产。

3. 富二代

（1）"单、单、单"：婚后一方爸妈出钱为孩子买婚房，房屋登记在自己孩子名下＝对自己孩子的赠与。（如登记在双方名下＝共同共有）

（2）"双、单、按份"：婚后双方爸妈出钱为孩子买婚房，房屋登记在1方孩子名下＝按份共有。（如登记在双方名下＝共同共有）。

4. 白手起家：婚前付首付，婚后还月供，登记为个人名下房产归个人，仅还贷钱和对应房屋增值部分为共同共有。

例：【首付方＝借款方＝房屋方＝抵押方】甲婚前首付20万元，贷款80万元，买价格100万元房屋，登记在甲名下。如甲、乙婚后用工资还贷20万元。现在房屋价格上涨为300万元。<u>则离婚时如何分割？</u>（1）房屋物权归属＝甲所有。（2）欠银行60万元借款＝甲负担。（3）乙可分得：①还贷20万元中10万元归乙。②10/100×（300－100）＝20万（乙还贷款项对应房屋增值部分）。③甲补给乙30万。

5. 分房屋：（1）双方抢房屋，竞价。（2）一方要房，一方得钱。（3）没人要房，分钱。

（六）分有限公司股权：入股或者分钱

1. 过半数股东同意且其他人不优先购买，老婆是股东。

2. 不同意，其他股东购买出资额，分钱。

3. 不同意，不购买，老婆是股东。

（七）分合伙：入伙或分钱

1. 一致同意，老婆是合伙人。

2. 不同意，但购买，分钱。

3. 不同意，不购买，退伙，分钱。

4. 不同意、不购买、不退伙，老婆是合伙人。

（八）分独资企业：好办，不涉及其他人，随意

1. 一方要企业，我得企业你得钱。

2. 双方抢企业，竞价，我得企业你得钱。

3. 没人要企业，卖了企业结算分钱。

（九）法定的"可以少分或者不分夫妻共有财产事由"：对财产使坏

夫妻一方隐藏、转移、变卖、毁损、挥霍夫妻共同财产，或者伪造夫妻共同债务企图侵占另一方财产的，**在离婚**分割夫妻共同财产时，对**该方**可以少分或者不分。离婚后，另一方发现有上述行为的，可以向人民法院提起诉讼，请求再次分割夫妻共同财产。

例：指导案例66号"雷某某诉宋某某离婚纠纷案"之裁判要点：一方在离婚诉讼期间或离婚诉讼前，隐藏、转移、变卖、毁损夫妻共同财产，或伪造债务企图侵占另一方财产的，离婚分割夫妻共同财产时，可以少分或不分财产。

秒杀：对财产使坏，你要什么，我就让你要不到什么。

六、"条子"

（一）共债还是个债

1. 共签＝共债：夫妻双方共同签字或者夫妻一方事后追认等共同意思表示所负的债务，属于夫妻共同债务。

2. 个签+日常生活＝共债：夫妻一方在婚姻关系存续期间以个人名义为家庭日常生活需要所负的债务，属于夫妻共同债务。日常生活如为抚养子女、治疗疾病等。

3. 个签+超出日常生活＝个债或债权人证明才是共债

（1）个债：夫妻一方在婚姻关系存续期间以个人名义超出家庭日常生活需要所负的债务，不属于夫妻共同债务。

（2）债权人证明用于家庭或夫妻双方意思＝共债：债权人能够证明该债务用于夫妻共同生活、共同生产经营或者基于夫妻双方共同意思表示的，则属于夫妻共同债务。

（二）共债内外有别

1. 离了也连带

（1）外部连带：①离婚时，夫妻共同债务，应当共同偿还。共同财产不足清偿或者财产归各自所有的，由双方协议清偿；协议不成的，由人民法院判决。②当事人的离婚协议或者人民法院的判决书、裁定书、调解书已经对夫妻财产分割问题作出处理的，债权人仍有权就夫妻共同债务向男女双方主张权利。

（2）内部追偿：一方就共同债务承担连带清偿责任后，基于离婚协议或者人民法院的法律文书可向另一方主张追偿。

例：【净身出户内部有效外部连带】黄某与唐某自愿达成离婚协议并约定财产平均分配，婚姻关系存续期间的债务全部由唐某偿还。经查，黄某以个人名义在婚姻存续期间向刘某借款 10 万元用于购买婚房。如何评价该 10 万元债务？①属于夫妻共同债务。②离婚后仍然是夫妻共同债务。③外部：刘某可要求黄某或唐某偿还。④内部 1：如果黄某偿还了 10 万元，则内部可向唐某追偿 10 万元，而不是只追偿 5 万元，因为内部约定唐某承担全部债务是有效的。⑤内部 2：如果唐某还了 10 万元，则唐某不能向黄某追偿 5 万元，因为唐某同意自己承担全部的 10 万元，不存在追偿问题。

2. 死了也连带：夫或妻一方死亡，生存一方应当对婚姻关系存续期间的共同债务承担连带清偿责任。

七、"银子"

（一）离婚过错损害赔偿请求权

1. 事由法定："太黄太暴力其他重大过错"

有下列情形之一，导致离婚的，无过错方有权请求损害赔偿：（1）重婚。（2）与他人同居。（3）实施家庭暴力。（4）虐待、遗弃家庭成员。（5）有其他重大过错。

2. 内容法定：物质损害赔偿+精神损害赔偿。

3. 主体法定：索赔一方自己没过错。如你家暴，我出轨，半斤八两，天生一对，不适用离婚过错赔偿。

4. 前提法定：以离婚为前提。

5. 程序法定：（1）被家暴一方起诉离婚，起诉要求离婚过错赔偿。（2）家暴一方起诉离婚：①被家暴方可能一审中直接诉离婚过错赔偿。②被家暴方可能在一审未诉离婚过错赔偿，在二审才诉，则法院调解，如调解失败，告知在离婚后 1 年内另诉。目的是确保离婚过错赔偿案获得二审终审的机会。

（二）离婚困难帮助请求权

离婚时，如一方生活困难，<u>有负担能力的</u>另一方应当给予适当帮助。具体办法由双方协议；协议不成的，由人民法院判决。

（三）离婚经济补偿权

夫妻一方因抚育子女、照料老年人、协助另一方工作等付出较多义务的，离婚时有权向另一方请求补偿，另一方应当予以补偿。具体办法由双方协议；协议不成的，由人民法院判决。

> **变化：** ①原来限于夫妻书面约定婚姻关系存续期间所得的财产归各自所有，一方家庭付出多，离婚时才可启动经济补偿权。②现在去掉这一限制条件，更加符合实际。③当然，如果夫妻约定了 AA 制，只要一方付出较多，离婚时自然也可以启动经济补偿权。

例：【3 个银子问题】2013 年 5 月王某（男）与赵某结婚，双方书面约定婚后各自收入归个人所有。2015 年 10 月王某用自己的收入购置一套房屋。2015 年 11 月赵某下岗，负责照料女儿及王某的生活。2018 年 8 月王某提出离婚，赵某得知王某与张某已同居多年。<u>赵某可提出哪些主张？</u>①离婚经济补偿权：赵某因抚育女儿、照顾王某生活付出较多义务，王某应予以补偿。②离婚过错赔偿权：王某与张某同居导致离婚，应对赵某进行赔偿。③不能因此要求多分夫妻共有财产。

八、孩子

（一）谁是"孩子"

1. 非婚生子女 = 婚生子女

（1）非婚生子女享有与婚生子女同等的权利，任何组织或者个人不得加以危害和歧视。

（2）不直接抚养非婚生子女的生父或者生母，应当负担未成年子女或者不能独立生活的成年子女的抚养费。

例：【人工授精女方受孕为婚生子女】指导案例 50 号"李某、郭某阳诉郭某和、童某某继承纠纷案"之裁判要点：①夫妻关系存续期间，双方一致同意利用他人的精子进行人工授精并使女方受孕后，男方反悔，而女方坚持生出该子女的，不论该子女是否在夫妻关系存续期间出生，都应视为夫妻双方的婚生子女。②如果夫妻一方所订立的遗嘱中没有为胎儿保留遗产份额，该部分遗嘱内容无效。分割遗产时，应为胎儿保留继承份额。

2. 收养子女 = 亲生子女：自收养关系成立之日起，养父母与养子女间的权利义务关系，适用父母子女关系的规定。

3. 有抚养关系的继子女＝亲生子女：继父或者继母和受其抚养教育的继子女间的权利义务关系，适用本法关于父母子女关系的规定。

4. "隔代关系"

（1）长辈对隔代晚辈抚养：有负担能力的祖父母、外祖父母，对于父母已经死亡或者父母无力抚养的未成年孙子女、外孙子女，有抚养的义务。

（2）晚辈对长辈隔代赡养：有负担能力的孙子女、外孙子女，对于子女已经死亡或者子女无力赡养的祖父母、外祖父母，有赡养的义务。

5. "长兄如父"

（1）兄姐对弟妹：有负担能力的兄、姐，对于父母已经死亡或者父母无力抚养的未成年弟、妹，有扶养的义务。

（2）弟妹对兄姐：由兄、姐扶养长大的有负担能力的弟、妹，对于缺乏劳动能力又缺乏生活来源的兄、姐，有扶养的义务。

（二）"谁的"孩子

1. 离婚

（1）夫妻离婚不影响孩子：①父母与子女间的关系，不因父母离婚而消除。离婚后，子女无论由父或者母直接抚养，仍是父母双方的子女。②离婚后，父母对于子女仍有抚养、教育和保护的权利和义务。

（2）夫妻离婚孩子跟谁？①离婚后，不满 2 周岁的子女，以由母亲直接抚养为原则。②已满 2 周岁的子女，父母双方因抚养问题发生争执不能达成协议的，由人民法院根据双方的具体情况，按照最有利于未成年子女的原则判决。

（3）夫妻离婚要掏抚养费：①一方直接抚养的子女，另一方应当负担部分或者全部抚养费，负担费用的多少和期限的长短，由双方协议；协议不成的，由人民法院判决。②前款规定的协议或者判决，不妨碍子女在必要时向父母任何一方提出超过协议或者判决原定数额的合理要求。

2. 鉴定

（1）父或母启动：对亲子关系有异议且有正当理由的，父或者母可以向人民法院提起诉讼，请求确认或者否认亲子关系。

（2）成年子女启动：对亲子关系有异议且有正当理由的，成年子女可以向人民法院提起诉讼，请求确认亲子关系。

（三）如何"养"孩子

1. 大学生可要抚养费：父母不履行抚养义务的，未成年子女或者不能独立生活的成年子女，有要求父母给付抚养费的权利。（与此对应，孩子也要关照老人，成年子女不履行赡养义务的，缺乏劳动能力或者生活困难的父母，有要求成年子女给付赡养费的权利。）

2. 坑爹的孩子：父母有教育和保护未成年子女的权利和义务。未成年子女造成他人损害的，父母应当依法承担民事责任。

3. 探望孩子

（1）父或母：离婚后，不直接抚养子女的父或者母，有探望子女的权利，另一方有协助的义务。

（2）探望方式：行使探望权利的方式、时间由当事人协议；协议不成的，由人民法院判决。①不能对子女的人身进行强制执行。②对拒不履行协助另一方行使探望权的有关个人和单位采取拘留、罚款等强制措施。

（3）父或者母探望子女，不利于子女身心健康的，由人民法院依法中止探望的权利；中止的事由消失后，应当恢复探望的权利。

例：【孩子随父】屈赞与曲玲协议离婚并约定婚生子屈曲由屈赞抚养，另口头约定曲玲按其能力给付抚养费并可随时探望屈曲。如何评价探望问题？①曲玲有探望权，屈赞应履行必要的协助义务。②探望并非父或母的法定义务，故曲玲连续几年对屈曲不闻不问，谈不上违反义务问题。③屈赞拒不履行协助曲玲探望的义务，经由裁判可依法对屈赞采取拘留、罚款等强制措施。④屈赞拒不履行协助曲玲探望的义务，法院不得强制从屈赞处接领屈曲与曲玲会面。

九、收养孩子：必须办理收养登记

（一）陌生人收养

1. 最多收养"2"个孩子，如收养人有 1 个孩子，则只能收养 1 个孩子。
2. 收养人年满"30"周岁。
3. 异性相差"40"周岁。

（二）继父母收养继子女：只要经孩子生父母同意即可随便收养，没有什么条件限制

（三）"华侨"收养"三代以内同辈旁系血亲"子女

1. 送养人（生父母）可以很有钱。
2. 异性之间不需要年龄相差 40 周岁。
3. "华侨"可以有多个自己的孩子。

> **条件：**自己年满 30 周岁。

（四）收养"三代以内同辈旁系血亲"子女

1. 送养人（生父母）可以很有钱。
2. 异性之间不需要年龄相差 40 周岁。

> **条件：**最多收养 2 个，自己年满 30 周岁。

（五）任何人收养孤、残、弃婴：收养孤儿、残疾未成年人或者儿童福利机构抚养的查找不到生父母的未成年人

1. 可以收养多个。
2. 收养人可以有子女。

条件：自己年满 30 周岁，异性差异 40 周岁。

（六）"单亲"家庭送养，启动长辈优先抚养权

1. 爸爸早亡，妈妈送养孩子，爷爷奶奶有优先抚养权。
2. 妈妈早亡，爸爸送养孩子，外公外婆有优先抚养权。

（七）孩子 8 周岁以上，收养需要征得孩子同意。

例：【寡母改嫁送养孩子给大姨，爷爷抢】小强现年 9 周岁，生父谭某已故，生母徐某虽有抚养能力，但因准备再婚决定将其送养。徐某的姐姐要求收养，其系华侨富商，除已育有一子外符合收养人的其他条件；谭某父母为退休教师，也要求抚养。如何抢孩子？①虽然生母徐某有抚养能力，但其送养给姐姐，属于三代以内旁系血亲，故徐某仍可以送养。②徐某姐姐是华侨，故有自己的子女不影响其收养小强。③爷爷即谭某父母有优先抚养的权利。④小强 9 周岁 >8 周岁，故收养应征得小强同意。

步骤：能不能收养？反其道而行之。①第一步，是继母收养继子吗？无限制。②第二步，是华侨收养三代旁系血亲吗？30（收养人 30 周岁）。③第三步，是收养三代旁系血亲吗？2（最多收养 2 个）+30 周岁（收养人 30 周岁）。④第四步，是好心人收养孤残吗？30（收养人 30 周岁）+40（异性相差 40 周岁）。⑤第五步，是陌生人收养吗？2+30+40+穷（最多 2 个 + 收养人 30 周岁 + 异性相差 40 周岁 + 生父母很穷）。

记忆：亲属没有异性年龄限制，孤残没有人数限制，华侨亲属没有人数限制和没有异性年龄限制，都要收养人 30 周岁。继母收养继子，没有一切限制。

（八）收养登记

1. 登记了 = 收养关系：（1）收养应当向县级以上人民政府民政部门登记。收养关系自登记之日起成立。（2）未办理收养登记的，应当补办登记。（3）自收养关系成立之日起，养父母与养子女间的权利义务关系，适用关于父母子女关系的规定。（4）养子女与养父母的近亲属间的权利义务关系，适用关于子女与父母的近亲属关系的规定。（5）养子女与生父母及其他近亲属间的权利义务关系，因收养关系的成立而消除。

2. 没登记 = 抚养关系：孤儿或者生父母无力抚养的子女，可以由生父母的亲属、朋友抚养；抚养人与被抚养人的关系不适用关于父母子女关系的规定。

（九）收养解除

1. 可以解除收养关系吗？

（1）孩子成年前

①收养人、送养人双方可以协议解除：养子女 8 周岁以上的，应当征得本人同意。

②收养人不得单方解除：收养人在被收养人成年以前，不得解除收养关系。

③送养人可依法单方解除：收养人不履行抚养义务，有虐待、遗弃等侵害未成年养子女合法权益行为的，送养人有权要求解除养父母与养子女间的收养关系。送养人、收养人

不能达成解除收养关系协议的，可以向人民法院提起诉讼。

（2）孩子成年后：养父母与成年养子女关系恶化、无法共同生活的，可以协议解除收养关系。不能达成协议的，可以向人民法院提起诉讼。

（3）解除收养登记：当事人协议解除收养关系的，应当到民政部门办理解除收养关系登记。

2. 解除收养关系有什么法律后果？

（1）养父母子女身份关系

①孩子没成年，则"一灭一生"：收养关系解除后，养子女与养父母及其他近亲属间的权利义务关系即行消除，与生父母及其他近亲属间的权利义务关系自行恢复。

②孩子成年，则"一灭"：成年养子女与生父母及其他近亲属间的权利义务关系是否恢复，可以协商确定。

（2）养父母子女财产关系

①孩子没成年，无错养父母可要求生父母退抚养费，有错养父母不可要求生父母退抚养费：生父母要求解除收养关系的，养父母可以要求生父母适当补偿收养期间支出的抚养费，但是因养父母虐待、遗弃养子女而解除收养关系的除外。

②孩子成年，困难养父母向成年孩子要生活费：收养关系解除后，经养父母抚养的成年养子女，对缺乏劳动能力又缺乏生活来源的养父母，应当给付生活费。

③孩子成年，被虐待遗弃的养父母向成年养子女补偿抚养费：因养子女成年后虐待、遗弃养父母而解除收养关系的，养父母可以要求养子女补偿收养期间支出的抚养费。

被收养人	解除	财产	身份
未成年	①双方协议解除		与生父母及亲属关系自动恢复
	②送养人单方解除（孩子被虐待遗弃）		
	③收养人不得解除		
成年	关系恶化协议解除		与生父母及亲属关系恢复与否协商确定

我们都在拼命的努力赚钱，大部分给"别人"花。孔子说：不知生，安知死。人终归有一死，尘归尘，土归土，遗产归应该获得的人。

```
         ┌                  ┌①开始继承
         │      (1) 死1人   │②放弃继承权
         │       ┌          └③丧失继承权
         │ 1.人死┤ (2) 死2人 ┌①转继承
         │       │          └②代位继承
         │       └ (3) 死多个人："无"、"长"、"同"
         │
         │      ┌ (1) 遗赠抚养协议：生养死葬与外人签
         │      │ (2) 遗赠：立遗嘱把财产赠给外人
         │      │                            ┌①遗嘱形式："公自代口音印象"
         │ 2.方式┤ (3) 遗嘱继承：立遗嘱把财产分给内人┤②遗嘱冲突
继 承 ───┤      │                            └③遗嘱无效
         │      │          ┌①1顺位：配偶+父母+子女+胎儿+中国好儿媳好女婿
         │      └ (4) 法定继承┤
         │                  └②2顺位：祖父母外祖父母+兄弟姐妹
         │      ┌ (1) 遗产管理人
         │      │ (2) 遗产范围
         │ 3.分割┤          ┌①内部分配：法定继承人
         │      └ (3) 分配方法┤
         │                  └②外部分配：非法定继承人=适当分得遗产权
         │      ┌ (1) 概括继承与限定继承
         └ 4.债务┤ (2) 先还债再分遗产
                └ (3) 先分遗产再还债：先法定继承人吐，再遗嘱和遗赠继承按比例吐
```

一、人死

（一）死1人

1. 开始继承

（1）被继承人死亡时开始继承

①自然死亡或宣告死亡。

②"活死人"立遗嘱不因被宣告死亡而无效。

例：【活死人的遗嘱】甲立遗嘱遗产归妻子乙，甲被宣告死亡，后甲自然死亡，<u>乙通</u>

过何种方式继承遗产？遗嘱继承。

（2）被继承人死亡时遗嘱和遗赠生效

①生前行为撤回遗嘱：被继承人死亡前行为与遗嘱内容矛盾，遗嘱视为被撤回或部分被撤回。

例：【行为破遗嘱】甲立遗嘱房屋给儿子，甲生前将房屋卖掉获得 100 万元，甲死亡后，儿子通过何种方式继承？法定继承。因为遗嘱已经被撤回，应适用法定继承。

②遗嘱生效时判断"二无人员"：遗嘱应当为缺乏劳动能力又没有生活来源的继承人保留必要的遗产份额。"二无"人员的判断时间点是"遗嘱生效时"，即被继承人死亡时。

例：【遗嘱偏心】甲立遗嘱，未给缺乏劳动能力又无生活来源的法定继承人乙保留必要份额，甲死亡时，乙已经成年且有收入，则甲遗嘱有效。如甲死亡时，乙仍然是"二无人员"，则甲的遗嘱部分无效，在分割遗产时必须给乙保留必要遗产份额。

③遗嘱生效后判断"胎儿"是否活体：胎儿是活体则启动遗嘱继承；胎儿是死体则启动法定继承。

例：【遗嘱保留胎儿份额】甲立遗嘱，将房屋分配给妻子乙怀孕中的胎儿，后甲死亡。遗嘱生效后，如乙娩出为活体，则启动遗嘱继承。如乙娩出为死体，则启动法定继承，当胎儿是空气。如甲立遗嘱未给胎儿保留份额，则强制保留，如胎儿娩出为活体，则保留份额归胎儿；如胎儿娩出为死体，则保留份额启动法定继承，当胎儿是空气。

2. 放弃继承权

（1）内人没说话＝要继承：继承开始后，继承人放弃继承的，应当在遗产处理前，作出放弃继承的表示。没有表示的，视为接受继承。①如明确放弃继承权，则放弃的意思表示具有溯及力，追溯到继承开始时。如甲死亡，其房屋就发生继承物权变动，法定继承人已经成为物权人，按逻辑，乙不可能再放弃继承权，放弃的应该是所有权。但是，解释上认为，乙放弃继承权的意思表示溯及于甲死亡时：即甲死亡的瞬间乙就放弃了继承权。②如在遗产分割之后，再放弃的只能是遗产权利，而非继承权。

（2）外人没说话＝不要受遗赠：受遗赠人应当在知道受遗赠后两个月内，作出接受或者放弃受遗赠的表示。到期没有表示的，视为放弃受遗赠。

3. 丧失继承权

（1）故意杀害被继承人（如隋炀帝杨广杀隋文帝杨坚）。

（2）为争夺遗产而杀害其他继承人（如唐太宗李世民杀李建成）。

（3）遗弃被继承人的，或者虐待被继承人情节严重。

（4）伪造、篡改、隐匿或者销毁遗嘱，情节严重。

（5）以欺诈、胁迫手段迫使或者妨碍被继承人设立、变更或者撤回遗嘱，情节严重。

> **问 1**：哪些情形可以被宽恕，哪些情形不可以被宽恕？①隋炀帝和唐太宗不存在宽恕问题。②"（3）（4）（5）"存在宽恕问题，继承人确有悔改表现，被继承人表示宽恕或者事后在遗嘱中将其列为继承人的，该继承人不丧失继承权。
>
> **问 2**：受遗赠人在哪一情形下会丧失受遗赠权？受遗赠人有（1）的行为时丧失受遗赠权。
>
> **问 3**：丧失对父亲遗产继承权，会导致同步丧失对母亲遗产继承权吗？①否。②如儿子故意杀害父亲未遂，后父亲自然死亡，则儿子丧失对父亲遗产的继承权，但不因此丧失对母亲遗产的继承权。
>
> **问 4**：父亲丧失了对爷爷遗产继承权，在父亲先死亡，爷爷后死亡时，孙子对爷爷的遗产可以"代位继承"吗？否。

（二）死 2 人

1. 转继承：继承开始后，继承人于遗产分割前死亡，并没有放弃继承的，该继承人应当继承的<u>遗产</u>转给其继承人，<u>但是遗嘱另有安排的除外</u>。

（1）"爸爸"无遗嘱安排：①爷爷、爸爸和孩子。②爷爷先死，爸爸后死，来不及拿爷爷遗产爸爸就死了。③爸爸的法定继承人来分爸爸的遗产。④其中爸爸从爷爷那来不及拿的部分属于转继承。⑤爸爸自己的那部分遗产属于正常继承。

```
                                                      继3：转继承公公遗产
                                                      继3：继承老公遗产
              继1                              继1
爷爷（先死）←——— 爸爸（后死）        爷爷（先死）←——— 爸爸（后死）←——— 妈妈
              继2：转继承爷爷遗产                继2：转继承爷爷遗产
              继2：继承爸爸遗产                  继2：继承爸爸遗产
                    ↑                                  ↑
                  孩子                                孩子
```

（2）"爸爸"有遗嘱安排：①上例中，如果爸爸立了遗嘱，称其所有遗产归孩子。②则爸爸从爷爷那里拿到的遗产和爸爸自己的那部分遗产均发生遗嘱继承，全部归孩子，就轮不到"妈妈"了。

原理：为什么说转继承具有普世性？ ①老爷爷先过世，其和老奶奶有1套房屋，有3个孩子。②老爷爷过世时发生遗产继承，应将老爷爷和老奶奶的夫妻共有房屋作分割，其中1/2房屋是遗产，然后由老奶奶，和孩子们一起来分这1/2。③一旦分割，老奶奶将"无家可归"。因此，孩子们一定不会去分割老爷爷的遗产。④后来，老奶奶过世了，此时，孩子们开始来分割老奶奶的遗产包括这套房屋。⑤老爷爷的遗产是1/2房屋，一共4个法定继承人（老奶奶+3个孩子），这么分配：老奶奶得1/8；3个孩子分别得到1/8。⑥老奶奶的遗产是（1/8+1/2=5/8），一共3个法定继承人（3个孩子），这么分配：每人得5/24。⑦其中，老奶奶从老爷爷处分得的1/8，尚未到手，老奶奶就死亡了，这部分由3个孩子来分，即属于转继承。⑧老奶奶自己的1/2，这部分由3个孩子来分，即属于正常继承。⑨没有哪个孩子会在父亲过世时着急分房子然后将自己老妈从房屋里轰出来，故"转继承"必然发生，因为夫妻之间一般不会同年同月同日同时死。

例1：【妈妈通过女婴转继承爸爸的遗产】 熊某与杨某结婚后，杨某与前夫所生之子小强由二人一直抚养，熊某死亡，未立遗嘱。熊某去世前杨某孕有一对龙凤胎，于熊某死后生产，产出时男婴为死体，女婴为活体但旋即死亡。假设熊某遗产为3套面积相同的房屋，对熊某遗产如何继承？①熊某死亡时有2个法定继承人（妻子杨某和有抚养关系的继子小强），还有2个胎儿，男婴为死体，女婴为活体，故合计3个法定继承人（杨某+小强+女婴），1人1套房屋。②为男婴保留的遗产份额，复位到熊某遗产范围，仍然是3个法定继承人来分（杨某+小强+女婴）。③女婴死亡后，发生法定继承，其法定继承人只有其母亲杨某（小强属于同母异父的兄弟，乃第2顺序法定继承人，因存在第1顺序法定继承人，故轮不到小强）。女婴来不及拿其1套房屋就死亡，故其母杨某通过转继承分得女婴的这1套房屋。④总结：杨某得到2套房屋，小强得到1套房屋。

例2：【孩子通过爸爸转受遗赠其爸爸好友的古画】 甲死后留有房屋1套、存款3万元和古画1幅。甲生前立有遗嘱，将房屋分给儿子乙，存款分给女儿丙，古画赠与好友丁，并要求丁帮丙找份工作。丁在知道受遗赠后2个月内表示接受遗赠，但尚未分得古画就死亡。丁的受遗赠权是否消灭？①否。②丁作为受遗赠人，明确表示接受遗赠。③受遗赠人丁死亡时间晚于遗赠人甲。④受遗赠人丁在分割遗产前死亡，故其受遗赠的古画转由丁法定继承人继承，这属于"转遗赠"。

2. 代位继承：代位继承人一般只能继承被代位继承人有权继承的遗产份额。

（1）孙子代替爸爸继承爷爷的遗产：被继承人的子女先于被继承人死亡的，由被继承人的子女的晚辈直系血亲代位继承。（白发人送黑发人的孙子）

爷爷（后死）　　　　　　　　　　　　　　　　爷爷（后死）

继1　　　　　　　　　　　　　　　　继1　　　　　孝顺儿媳继4

　　　　　　　继3：代位继承　　　继4：代位继承

爸爸（先死）　　　　　　　　　　　　爸爸（先死）　← 继2 ← 妈妈

继2　　　　　　　　　　　　　　　　　　继3

孩子　　　　　　　　　　　　　　　　　　孩子

例 1：【孙子代替爸爸继承爷爷遗产 1】①爷爷，爸爸和孩子。②爸爸先死时，则爷爷和孩子继承爸爸遗产。③爷爷后死时，孩子代替爸爸继承爷爷的遗产。

例 2：【孙子代替爸爸继承爷爷遗产 2】①上例中，如孩子还有妈妈。②爸爸先死时，爷爷、妈妈和孩子继承爸爸遗产。③爷爷后死时，孩子代替爸爸继承爷爷的遗产。④如妈妈尽了主要赡养义务，妈妈也可继承爷爷的遗产。⑤如此一来，妈妈和孩子（孤儿寡母）可以从爷爷那里获得 2 份遗产，但是"孤儿寡母一家人"妈妈仅尽了一份赡养义务，实务中，孩子的叔叔或姑姑经常会因此"鸣不平"，认为"孤儿寡母一家人"对老人尽 1 份义务却得到老人 2 份遗产，不公平。

> **原理：**为什么法定继承人中没有规定孙子女、外孙子女？①因为当祖父母、外祖父母死亡时，当然是爸爸妈妈作为继承人继承，轮不到孙子女外孙子女，他们可以通过爸爸妈妈获得保护。②如果爸爸妈妈先过世，则孙子女与外孙子女可以通过代位继承获得保护。因此没有必要单独规定孙子女外孙子去继承爷爷奶奶外公外婆的遗产。

（2）侄子代替爸爸继承叔叔的遗产：被继承人的兄弟姐妹先于被继承人死亡的，由被继承人的兄弟姐妹的子女代位继承。（光棍叔叔的侄子）

无爷爷奶奶

爸爸（先死）　　　　→叔叔（光棍最后死）
　　　　代位爸爸继承叔叔
爸爸有孩子 →　　　　叔叔无孩子

例：【侄子代替爸爸继承叔叔遗产】叔叔光棍无老婆无子女，爷爷奶奶已经死亡，爸爸已经死亡，爸爸留有孩子，即叔叔的侄子。叔叔死亡时，没有法定继承人，叔叔遗产是否属于无人继承遗产？①否。②因侄子不是法定继承人，但侄子可通过代位继承取得叔叔的遗产。③这么规定，会变相扩大我国"法定继承人"的范围。

（3）爷爷偏心立遗嘱遗产都给爸爸，但爸爸先于爷爷死亡，遗嘱继承转化为法定继承，法定继承再转化为代位继承。（遗嘱是空气）

爷爷（立遗嘱偏心）后死
继2
爸爸（全得）先死　　　　　　法定继承3
继1　　　　　　　　　　　　　　叔叔（得0）
孩子　　　　　　　代位继承3

　　例：【遗嘱是空气】爷爷、爸爸、叔叔、孩子。爷爷立遗嘱，遗产全部给爸爸，不给叔叔。岂料，爸爸先死，爷爷后死。如何继承？（1）爸爸遗产：爸爸死亡时爸爸的遗产归爷爷和孩子继承。（2）爷爷遗产：①爷爷死亡时，因爸爸已经死亡，故爷爷的遗嘱是空气，转化为法定继承。②爷爷的遗产分成2份，由叔叔得1份，孩子代位爸爸的那1份。③可见，代位继承还有鼓励"爸爸"生孩子的功能，如果"爸爸"没有后代，他这一脉就断了，不会发生代位继承了。

　　原理：为什么遗嘱变成了空气？①遗嘱继承中，要求遗嘱继承人、受遗赠人要活得够久，要晚于立遗嘱人死亡。②如果他们早于立遗嘱人死亡，则遗嘱中处分给他们的财产回复到法定继承。③因为立遗嘱人爸爸将遗产给了孩子1，是喜欢孩子1，不代表他会喜欢孩子1的孩子（孙子）。④一旦孩子1先死亡，则遗嘱是空气，因为爸爸还有孩子2、孩子3、孩子4，他们应该得到遗产，因为孩子1、2、3、4是爸爸与自己老婆生的，而孩子1的孩子是孩子1与他老婆生的。

　　套路：最经典最常见考点之遗嘱是空气，遗嘱是杀人工具。①遗嘱偏心，偏好的人死太早。②遗嘱是空气。③要谁早死，就给他送一个遗嘱。④一旦遗嘱是空气，启动法定继承。⑤因为一般是白发人送黑发人，故法定继承中又对接代位继承。

3. 转继承与代位继承

　　秒杀：①第1步，死2个人要么是转继承，要么是代位继承。②第2步，有晚辈代替过世父母对他人的继承身份，是代位继承（"不常见"）。③第3步，接手过世者已经继承了的他人的遗产份额，是转继承（"最常见"）。④代位的是"位置"身份，转的是遗产份额。

　　例：【有的外甥代位继承+有的外孙女转继承】李某死后留下一套房屋和数十万存款，生前未立遗嘱。李某有三个女儿，并收养了一子。大女儿中年病故，留下一子。养子收入丰厚，却拒绝赡养李某。在两个女儿办理丧事期间，小女儿因交通事故意外身亡，留下一女。本案如何继承？（1）大女儿遗产：大女儿之子+李某。（2）小女儿遗产：小女儿之女。（3）李某遗产：①养子（有继承权但应不分或者少分遗产）。②大女儿之子代位继承，代替大女儿的位置。③小女儿之女转继承，接手小女儿已经继承了李某的遗产份额。

2日死李某

养子　　1日死大女儿　　3日死小女儿

（代位继承妈妈继承身份）大女儿之子　　小女儿之女（转继承外公遗产份额）

（三）死多个人："无"、"长"、"同"

相互有继承关系的数人在同一事件中死亡，难以确定死亡时间的，推定没有其他继承人的人先死亡。都有其他继承人，辈份不同的，推定长辈先死亡；辈份相同的，推定同时死亡，相互不发生继承。

例1：【3口之家有老人】 爸爸、妈妈和孩子在一起交通事故中死亡，不能确定死亡先后顺序。经查，爷爷奶奶和外公外婆均在世。如何继承？（1）第1步，是不是都"无"继承人？①都有继承人。②爸爸有爷爷奶奶。③妈妈有外公外婆。④孩子有爷爷奶奶和外公外婆。（2）第2步，有"长"辈吗？①长辈先死。②爸爸妈妈先死，孩子后死。（3）第3步，有"同"辈吗？爸爸妈妈是同辈，同时死亡互不继承。（4）第4步，遗产分割：①爸爸的遗产分为3份，归爷爷、奶奶和孩子。②妈妈的遗产分为3份，归外公、外婆和孩子。③孩子的遗产分为4份，归爷爷、奶奶和外公、外婆。

爷爷奶奶　　　　　　　　　外公外婆

爸爸　　互不继承　　妈妈

孩子

例2：【3口之家无老人】 王某与李某系夫妻，二人带女儿外出旅游，发生车祸全部遇难，但无法确定死亡的先后时间。如何确定继承死亡时间？①都无继承人，故推定长辈王某和李某先于晚辈女儿死亡。②推定同辈王某和李某同时死亡，互不继承。③王某遗产归女儿；李某遗产归女儿。④女儿死亡时其全部遗产无人继承又无人受遗赠，故归国家所有。

例3：【综合：遗嘱继承、法定继承、代位继承、转继承和"无长同"】 甲自书遗嘱将所有遗产全部留给长子乙，并明确次子丙不能继承。乙与丁婚后育有一女戊、一子己。后乙、丁遇车祸，死亡先后时间不能确定。甲悲痛成疾，不久去世。丁母庚健在。本案遗产应如何继承？（1）先看死者乙丁：①乙丁夫妻在车祸中死亡，属于互有继承关系的人不能确定死亡先后情形，启动"无、长、同"。②乙丁都有法定继承人，属于同辈，故同时死亡，彼此互不继承。③乙的遗产归：父亲甲+女儿戊+儿子己。④丁的遗产归：母亲庚+女儿戊+儿子己。⑤因为乙不可以继承丁的，故甲不能转继承儿媳丁的。⑥因为丁不可以继承乙的，故庚不能转继承女婿乙的。（2）再看死者甲的遗产：①甲立遗嘱全部遗产给长子乙，但乙却"死得太早"，遗嘱为空气，故对甲遗产启动法定继承，并且因乙死后有子女戊和己，启动代位继承。②甲的遗产由丙得到1/2，然后戊己代位另外1/2。（3）一句话归总本案：亲家公甲和亲家母乙，各自继承各自的；亲家公甲的遗嘱变空气转化为法定继承再启动代位继承。

二、方式

（一）遗赠抚养协议（NO1）

1. 什么是遗赠抚养协议？（自然人或单位）

自然人可以与继承人以外的组织或者个人签订遗赠扶养协议。按照协议，该组织或者个人承担该自然人生养死葬的义务，享有受遗赠的权利。

> **问 1**：甲与其子乙签订遗赠抚养协议，效力如何？无效。只能与继承人之外的人签订遗赠抚养协议。
>
> **问 2**：甲与保姆签订遗赠抚养协议，如何评价法律性质？①双务有偿：遗赠方和扶养方都应承担相应的义务。②生前死后：生前法律行为+死后法律行为。扶养人应对遗赠人尽扶养义务，这是其在生前的效力。但财产的赠与在遗赠人死亡后才能发生效力。

2. 遗赠抚养协议中途"变卦"怎么办？

（1）养的人不守信，供养费白出：扶养人无正当理由不履行，致协议解除的，不能享有受遗赠的权利，其支付的供养费用一般不予补偿。

（2）遗赠人不守信，应吐供养费：遗赠人无正当理由不履行，致协议解除的，则应偿还扶养人已支付的供养费用。

3. 遗赠扶养协议>遗嘱继承（遗赠）>法定继承。

例：【保姆大还是女儿大】甲与保姆乙约定：甲生前由乙照料，死后遗产全部归乙。乙一直细心照料甲。后甲女儿丙回国，与乙一起照料甲，半年后甲去世。丙认为自己是第一顺序继承人，且尽了义务，主张甲、乙约定无效。甲的遗产归谁？①归乙。②因甲、乙之间签订了遗赠抚养协议。③遗赠抚养协议优先于法定继承。

（二）遗赠

1. 什么是遗赠？遗产"赠"给外人（自然人或单位）

自然人可以立遗嘱将个人财产赠给国家、集体或者法定继承人以外的人。

例：【遗赠乃单方法律行为】爷爷、爸爸和 5 周岁的孙子，爷爷有 1 房 1 车，立遗嘱将房屋分配给其 5 周岁的孙子。后爷爷死亡。如何继承房屋和汽车？（1）关于房屋：①孙子不属于法定继承人，故这属于遗赠。②遗嘱属于单方法律行为，它是爷爷的意思，无须其他人的意思，故该遗赠房屋的意思表示在爷爷死亡时发生效力。③孙子接受遗赠属于意思表示，需要由法定代理人代为作出。如果爸爸没表态，则视为放弃受遗赠，孙子不能得到房屋。（2）关于汽车：①如爸爸还在世，则汽车归爸爸继承。②如爸爸早于爷爷过世，则5周岁的孙子可代位爸爸继承爷爷的汽车，乃代位继承人，属于第一顺位法定继承人。③如爸爸来不及拿汽车就死亡，则5周岁的孙子可转继承爷爷的汽车。

2. 什么时候可以启动遗赠？

（1）表态：受遗赠人应当在知道受遗赠后2个月内，作出接受或者放弃受遗赠的表示。到期没有表示的，视为放弃受遗赠。

例：【内人不表态与外人不表态】甲的法定继承人为其子乙。立有遗嘱，存款赠与侄女丙。乙和丙被告知3个月后参与甲的遗产分割，知道遗产分割时，乙和丙均沉默。存款归谁？①乙。②甲立遗嘱存款给外人丙，丙到期未表示是否接受遗赠，故视为放弃受遗赠。③故本案启动法定继承，法定继承人没表态，视为接受继承。

（2）长寿：受遗赠人要活得够久，否则遗赠作废。

例：【受遗赠人短命】甲立遗嘱，将汽车赠给朋友乙，岂料乙先于甲死亡，甲死亡时，乙的继承人可否主张继承汽车？①否。②受遗赠人先于立遗嘱人死亡，则遗嘱是空气，启动法定继承。

3. 遗赠可以附义务吗？

（1）遗赠附有义务的，继承人或者受遗赠人应当履行义务。

（2）没有正当理由不履行义务的，经利害关系人或者有关组织请求，人民法院可以取消其接受附义务部分遗产的权利。

（三）遗嘱继承

1. 什么是遗嘱继承？遗产给内人（自然人）

自然人可以立遗嘱将个人财产指定由法定继承人中的一人或者数人继承。

例：【遗嘱继承乃死后生效的单方法律行为】爸、妈和5周岁的孩子，爸个人有1车1房，立遗嘱车给妈妈，房给孩子。爸死亡时如何分配遗产？①妈妈获得车，孩子获得房。②立遗嘱是单方法律行为，不需要遗嘱继承人具有民事行为能力，因为遗嘱是爸爸的意思，无须考虑妈妈或孩子的意思。

2. 什么时候启动遗嘱继承？

（1）无遗赠抚养协议：只有在没有遗赠扶养协议或遗赠扶养协议无效或虽遗赠扶养协议有效，但遗产中遗赠扶养协议尚未涉及的部分才可以适用遗嘱继承。

（2）遗嘱继承人没有丧失继承权、没有放弃继承权。

（3）遗嘱继承人没有先于遗嘱人死亡。如遗嘱继承人"死太早"，则遗嘱是"空气"。

3. 遗嘱有什么形式？"公子代口音印象"

（1）"公"证遗嘱：公证遗嘱由遗嘱人经公证机构办理。

（2）"自"书遗嘱：自书遗嘱由遗嘱人亲笔书写，签名，注明年、月、日。

（3）"代"书遗嘱：代书遗嘱应当有两个以上见证人在场见证，由其中一人代书，并由遗嘱人、代书人和其他见证人签名，注明年、月、日。

（4）"口"头遗嘱：遗嘱人在危急情况下，可以立口头遗嘱。口头遗嘱应当有两个以上见证人在场见证。危急情况消除后，遗嘱人能够用书面或者录音录像形式立遗嘱的，所立的口头遗嘱无效。

例：【回光返照死前纠结】甲有乙、丙和丁三个女儿。甲于 2019 年 1 月 1 日亲笔书写一份遗嘱，写明其全部遗产由乙继承，并签名和注明年月日。同年 3 月 2 日，甲又请张律师代书一份遗嘱，写明其全部遗产由丙继承。同年 5 月 3 日，甲因病被丁送至医院急救，甲又立口头遗嘱一份，内容是其全部遗产由丁继承，在场的赵医生和李护士见证。甲病好转后出院休养，未立新遗嘱。如甲死亡，其遗产的继承权人是？①乙。②1 月 1 日是自书遗嘱遗产给乙。③3 月 2 日是无效代书遗嘱，见证人还差 1 人。④5 月 3 日口头遗嘱紧急情况消除后是无效遗嘱。

> **原理：**为什么口头遗嘱这么弱？①因为容易出现版本 1、版本 2、版本 3，未必是死者生前本意。②如孙中山先生临终前说"革命尚未成功，同志仍需努力"，也可能是"革命已经成功，大家可以腐败"。

（5）录"音"遗嘱：以录音录像形式立的遗嘱，应当有两个以上见证人在场见证。遗嘱人和见证人应当在录音录像中记录其姓名或者肖像，以及年、月、日。

（6）打"印"遗嘱：打印遗嘱应当有两个以上见证人在场见证。遗嘱人和见证人应当在遗嘱每一页签名，注明年、月、日。

（7）录"像"遗嘱：以录音录像形式立的遗嘱，应当有两个以上见证人在场见证。遗嘱人和见证人应当在录音录像中记录其姓名或者肖像，以及年、月、日。

> **问：**什么人不能做遗嘱见证人？①无民事行为能力人、限制民事行为能力人以及其他不具有见证能力的人。②继承人、受遗赠人。③与继承人、受遗赠人有利害关系的人。

> **秒杀：**"公子带口音、遗嘱得罪人"。

4. 遗嘱可以中途"变卦"吗？

（1）用意思表示撤回旧遗嘱：遗嘱人可以撤回、变更自己所立的遗嘱。

（2）用行为撤回旧遗嘱：立遗嘱后，遗嘱人实施与遗嘱内容相反的民事法律行为的，视为对遗嘱相关内容的撤回。

例：【行>言】老夫妇王冬与张霞有一子王希、一女王楠，王希婚后育有一子王小力。王冬和张霞曾约定，自家的门面房和住房属于王冬所有。2018 年 8 月 9 日，王冬办理了公证遗嘱，确定门面房由张霞和王希共同继承。2019 年 7 月 10 日，王冬将门面房卖给他人并办理了过户手续。2019 年 12 月，王冬去世，不久王希也去世。对住房和出售门面房价款如何继承？（1）住房启动法定继承：①妻子张霞+儿子王希+女儿王楠。②儿子王希来不及拿就死了，故孙子王小力可以转继承父亲王希对爷爷王冬的遗产份额。（2）门面房价款也启动法定继承：①公证遗嘱将门面房给妻子张霞和儿子王希。②但是立遗嘱人王冬生前将门面房出售，通过行为撤回了公证遗嘱，故转化为法定继承。③门面房价款的处理方式与住房的处理方式一样。

（3）用新遗嘱取代旧遗嘱：立有数份遗嘱，内容相抵触的，以最后的遗嘱为准。

5. 遗嘱可以附义务吗？

遗嘱继承附有义务的，继承人应当履行义务。没有正当理由不履行义务的，经利害关系人或者有关组织请求，人民法院可以取消其接受附义务部分遗产的权利。

例：【附义务遗嘱】王某立有遗嘱，表示将遗产 50 万元留给妹妹甲，但此款须全部用于资助贫困大学生。王某死后，甲取得王某的 50 万元遗产，但并未履行资助义务且无正当理由。王某有一子一女。本案如何处理？①王某所立遗嘱为附义务遗嘱。②遗嘱继承人未履行义务，则王某的儿子或女儿可以请求法院取消甲取得遗产的权利。③王某的儿子或女儿必须按照王某的要求履行义务，才能取得王某的遗产。

6. 哪些遗嘱无效？

（1）"无人"、"限人"立遗嘱无效：①立遗嘱的那一刻定格立遗嘱人的行为能力。②"250"立，后变"520"，遗嘱无效。③"520"立，后来变"250"，遗嘱有效。

（2）受胁迫、欺骗所立遗嘱无效。

（3）伪造的遗嘱无效。

（4）遗嘱被篡改的，篡改的内容无效。

（5）遗嘱没有为"二无人员"扣下必留份，则遗嘱对应部分的处分无效：遗嘱应当为缺乏劳动能力又没有生活来源的继承人保留必要的遗产份额。

（6）遗嘱没有为胎儿扣下继承份额，则遗嘱对应部分的处分无效：遗产分割时，应当保留胎儿的继承份额。胎儿娩出时是死体的，保留的份额按照法定继承办理。

（7）遗嘱处分了别人的财产，这部分内容无效。

例：【长子太乐观】贡某立公证遗嘱：死后财产全部归长子贡文所有。贡文知悉后，自书遗嘱：贡某全部遗产归弟弟贡武，自己全部遗产归儿子贡小文。贡某随后在贡文遗嘱上书写：同意，但还是留 10 万元给贡小文。其后，贡文先于贡某死亡。如何评价本案 2 个遗嘱？（1）贡某：①先立公证遗嘱，财产给贡文。②后贡某在他人遗嘱上签字，不属于自书遗嘱。③遗嘱继承人贡文"死太早"，故公证遗嘱是空气。④贡某遗产启动法定继承，贡武得 1/2，贡小文代位继承 1/2。（2）贡文：①自书遗嘱处分自己的遗产给贡小文，有效。②自书遗嘱处分贡某遗产，不好意思，因为贡文先死，即在贡文死亡那一刻，贡某还活着，故贡文处分了他人遗产，该部分遗产无效。③贡某在贡文遗嘱上写字，属于篡改贡文遗嘱，故篡改部分无效，不影响贡文遗嘱其他部分效力。

（8）"危急情况消除"后的口头遗嘱无效。

（9）遗嘱指定财产给"故意杀害被继承人的恶人"或者给"为争夺遗产杀害其他继承人的人"。

（10）收尾：遗嘱无效涉及的遗产，归入法定继承范畴。

（四）法定继承

1. 配偶：配偶一方死亡，配偶他方是第一顺序法定继承人。

（1）老公死亡，老婆是法定继承人。

（2）老婆死亡，老公是法定继承人。

2. 子女：父母死亡，子女是父母的第一顺序法定继承人。

（1）子女：婚生子女、非婚生子女、养子女和有扶养关系的继子女。

（2）收养子女：养父母死亡，收养子女是养父母的第一顺序法定继承人。生父母死亡，则被他人收养的孩子不是生父母的第一顺序法定继承人。但如养子女对生父母扶养较多的，生父母死亡，则养子女可作为生父母法定继承人以外的人适当分得生父母遗产。

（3）收养孙子女仍为养子女：白发爷爷依法收养孙女，则仍为父女关系，爷爷死亡，孙女是"子女"为爷爷的第一顺序法定继承人。

（4）继子女：与继子女有抚养关系的继父母死亡，继子女是继父母的第一顺序法定继承人。如生父母死亡，其同时也是生父母的第一顺序法定继承人。

3. 父母：子女死亡，父母是子女的第一顺序法定继承人。

（1）父母：生父母、养父母和有抚养关系的继父母。

（2）生父母：被别人收养的亲生子女死亡，生父母不是第一顺序法定继承人。

（3）养父母：自己收养的子女死亡，养父母是第一顺序法定继承人。生子女死亡，其亲生父母是第一顺序法定继承人。

（4）继父母：有抚养关系的继子女死亡，继父母是第一顺序法定继承人。生子女死亡，其亲生父母是第一顺序法定继承人。

4. 中国好儿媳、中国好女婿：丧偶儿媳对公婆，丧偶女婿对岳父母，尽了主要赡养义务的，作为第一顺序继承人。

（1）丧偶儿媳：公婆死亡，"孝顺"丧偶儿媳是第一顺位法定继承人。

（2）丧偶女婿：岳父母死亡，"孝顺"丧偶女婿是第一顺位法定继承人。

5. 胎儿：无论法定继承还是遗嘱继承，都必须保留胎儿份额，遗产分割后仍"须追及"。

（1）遗产分割时，应当保留胎儿的继承份额。

（2）胎儿娩出时是死体的，保留的份额按照法定继承办理。

6. 代位继承人之孙子女、外孙子女及其晚辈直系血亲。

（1）被继承人的子女先于被继承人死亡的，由被继承人的子女的晚辈直系血亲代位继承。

例：【继来的孙子不能代位继承】爷爷、爸爸、孙子，爸爸先死亡，爷爷后死亡。孙子可否代位继承？①爸爸是爷爷亲生的、收养的、"继"过来抚养的。②孙子是爸爸亲生的、收养的，孙子都可以代位继承。③如孙子是爸爸"继"过来抚养的，则不得代位继承。④如杨某与翁某结婚，杨某的儿子与翁某形成抚养关系，如翁某过世先于翁某他爹，对翁某他爹遗产，杨某儿子不得主张代位继承。因为杨某是"继"过来的孙子。

秒杀："继过来的孙子"，不得主张代位继承。其他孙子有代位继承的"资格"。

（2）被继承人的兄弟姐妹先于被继承人死亡的，由被继承人的兄弟姐妹的子女代位继承。

（3）代位继承人一般只能继承被代位继承人有权继承的遗产份额。但如代位继承人是"二无"人员或尽了主要赡养义务，则可以多分。

> **秒杀**：死 1 个人，其"上"、"下"、"左右"都是第一顺序法定继承人。"上" = 父母。"下" = 子女。"左右" = 配偶。

7. 第二顺序法定继承人。

（1）兄弟姐妹：同父母的兄弟姐妹、同父异母或者同母异父的兄弟姐妹、养兄弟姐妹、有扶养关系的继兄弟姐妹。

①养兄弟姐妹的特殊规则：养兄弟姐妹为第二顺序，但被收养人与其亲兄弟姐妹之间"永远隔离"。

②继兄弟姐妹的特殊规则：继兄弟姐妹须有扶养关系才为第二顺序，随母再嫁或跟父再娶者，与其亲兄弟姐妹之间"血肉相连"。

（2）祖父母、外祖父母。

> **问**：第一顺序法定继承人与第二顺序法定继承人是什么关系？①得"死绝了"才能轮到第二顺序法定继承人。②继承开始后，由第一顺序继承人继承，第二顺序继承人不继承。没有第一顺序继承人继承的，由第二顺序继承人继承。

三、分割

（一）遗产管理人

1. 谁是遗产管理人？

（1）被继承人指定遗嘱执行人：自然人立遗嘱指定遗嘱执行人，继承开始后，遗嘱执行人为遗产管理人。

（2）继承人推选：没有遗嘱执行人的，继承人应当及时推选遗产管理人。

（3）全体继承人：继承人未推选的，由继承人共同担任遗产管理人。

（4）无人继承或都放弃继承：没有继承人或者继承人均放弃继承的，由被继承人生前住所地的民政部门或者村民委员会担任遗产管理人。

> **秒杀**：遗嘱执行人>继承人推选>全体继承人>民政部门或村委会

（5）争议处理：对遗产管理人的确定有争议的，利害关系人可以向人民法院申请指定遗产管理人。

2. 遗产管理人的工作内容是什么？原告或被告。

（1）清理遗产并制作遗产清单。

（2）向继承人报告遗产情况。

（3）采取必要措施防止遗产毁损。

（4）处理被继承人的债权债务。

（5）按照遗嘱或者依照法律规定分割遗产。

（6）实施与管理遗产有关的其他必要行为。

3. 遗产管理人的激励是什么？

（1）一般过错不负责：遗产管理人应当依法履行职责，因故意或者重大过失造成继承人、受遗赠人、债权人损失的，应当承担民事责任。

（2）取得报酬：遗产管理人可以依照法律规定或者按照约定获得报酬。

（二）遗产范围

1. 先析产

（1）夫妻析产：夫妻共同所有的财产，除有约定的以外，分割遗产的，应当先将共同所有的财产的一半分出为配偶所有，其余的为被继承人的遗产。

例：【夫妻析产】王某与张某结婚育有二子，王甲和王乙。王甲生有王小甲。王甲在2018年5月车祸身亡。王某于2019年10月病故，留有与张某婚后修建的面积相同的房屋6间。王某过世后留下的6间房屋由哪些人分配？①6间房屋中3间是遗产，另外3间归张某。②遗产之法定继承人有：张某（配偶）、王乙（儿子）、王小甲（孙子，代位继承权人）。③分配结果：张某分得4间，王乙、王小甲各分得1间。

（2）家庭析产：遗产在家庭共有财产之中的，遗产分割时，应当先分出他人的财产。

2. 哪些财产可以是遗产？死者的个人合法财产。

（1）自然人死亡时遗留的个人合法财产及其替代物：如房屋拆迁，房屋的变价款为遗产。如死者生前的医疗费赔偿请求权。

（2）死者享有的精神损害赔偿请求权：死亡前享有的，"中途不治身亡"对方书面承诺赔或者已经起诉。

（3）死者生前投保的保险金，如无受益人，则均归入死者遗产发生继承。

3. 哪些财产不可以是遗产？法律规定或者按照其性质不得继承的财产。

（1）死亡赔偿金不是遗产，因为这属于支付给死者的亲属的财产。

（2）死者生前被侵权，为其支付医疗费、丧葬费等合理费用的人，享有对侵权人的索赔权，该债权不是遗产。

（3）与死者人身有关的人格权、身份权不能继承。有1个例外，即作品的发表权虽然是作者的人身权，但可由继承人行使。

（4）支付给近亲属的抚恤金不是死者遗产，因为这是对死者家属的经济补偿。

（5）死者的土地承包经营权，不能作为遗产继承，但承包受益可以继承。

（6）死者的宅基地使用权，不能作为遗产继承，但房屋可以继承。

问：冷冻胚胎是否是遗产？①夫妻双方在医院进行试管婴儿移植手术期间，男方被查出患有急性白血病，确诊后仅过了25天就离世，但留下了与女方共有的6枚冷冻囊胚还在医院保存。②妻子想生下这个孩子，请求医院继续进行移植手术。③医院予以拒绝，其认为男方生前冷冻保存的胚胎并非女方一人所有，而是其与男方的第一顺序法定继承人共有，女方一人无权处理，且该手术涉及伦理问题，必须要考虑孩子出生后的合法权益能否被保障。④女方将医院诉至朝阳法院要求医院继续履行医疗服务合同。⑤朝阳法院判决女方有权单独要求医院继续履行医疗服务合同。⑥理由是女方作为签订医疗服务合同的一方当事人之一，且是男方的第一顺位法定继承人，有权

利单独要求继续履行合同。且女方的公婆同意女方要这个孩子，因此孩子不会因为其是通过人类辅助生殖技术出生的而受到影响，再加上夫妇与医院订立医疗服务合同本身的目的就是通过人类辅助生殖技术生育子女，显然继续进行移植手术不违反男方可推知的生前意愿。

4. 无人继承又无人受遗赠的遗产怎么办？

（1）先要清偿被继承人生前所负债务。

（2）后要满足在死者生前依靠死者抚养的人。

（3）最后才启动无人继承又无人受遗赠的遗产规则：①归国家所有，用于公益事业。②死者生前是集体所有制组织成员的，归所在集体所有制组织所有。

（三）分配方法

1. 法定继承人"内部"进行分配："内人"基于法定继承权

（1）同一顺序继承人继承遗产的份额，一般应当均等。继承人协商同意的，也可以不均等。

（2）对生活有特殊困难的缺乏劳动能力的继承人，分配遗产时，应当予以照顾。

（3）对被继承人尽了主要扶养义务或者与被继承人共同生活的继承人，分配遗产时，可以多分。

（4）有扶养能力和有扶养条件的继承人，不尽扶养义务的，分配遗产时，应当不分或者少分。

秒杀：困难应当照顾，孝顺可以鼓励，不孝应该惩罚。

2. 法定继承人"外部"分配遗产：外人不是基于继承权，而是基于"适当分得遗产权"

（1）"你爱的人"：对继承人以外的依靠被继承人扶养的人，可以分割适当的遗产。

例：【收养未登记】甲收养乙，未办理收养登记，乙依靠甲抚养。甲死亡后，乙不是甲的法定继承人，但可主张适当分得遗产。

（2）"爱你的人"：继承人以外的对被继承人扶养较多的人，可以分给适当的遗产。

例：【双边子】甲收养乙，乙对其父丙尽了赡养义务。丙死亡，乙不是丙的法定继承人，但可以主张适当分得遗产。甲死亡，乙是甲的第一顺位法定继承人。

（3）优先：分得"适当遗产"权可优先于国家或集体。有了适当分得遗产权人，就不属于遗产无人继承又无人受遗赠的情形。

原理：为什么说适当分得遗产权是继承中"最温暖"的法条？①解决好人有好报，解决母胎单身养老问题，对你好的人就可以获得遗产，依据不是继承权，而是"对你好"或"你对他好"。②属于继承编中解决法定继承人范围过窄的调节阀。

四、债务

（一）"二无人员"＞债权人

遗产分割前，应当支付丧葬费、遗产管理费，清偿被继承人的债务，缴纳所欠税款。但是，应当为缺乏劳动能力又没有生活来源的继承人保留适当的遗产。

（二）概括继承＋限定继承

1. 继承遗产应当清偿被继承人的债务、缴纳所欠税款，清偿债务、缴纳税款以所得遗产实际价值为限。

2. 超过遗产实际价值部分，继承人自愿偿还的不在此限。

3. 继承人放弃继承的，对被继承人的债务和所欠税款可以不负偿还责任。

> 秒杀：父债子要还吗？继承了遗产就看法律；没继承遗产就看家风。

（三）"债"指向"钱"（遗产）：先还债

1. 遗产归各继承人共同共有，债务属于共有人对外负连带责任。

2. 各继承人的债务范围以其所能继承的"财产"为限。

（四）"债"追及"钱"（遗产）：先分遗产

1. 先由法定继承人（多人则按比例）吐回去。

2. 再由遗嘱继承人和受遗赠人按比例吐回去。

3. 尽量实现死人的遗嘱。

例：【吐回去】 徐某死后留有遗产100万元。徐某立有遗嘱，将价值50万元的房产留给女儿，将价值10万元的汽车留给侄子。遗嘱未处分的剩余40万元存款由妻子刘某与女儿按照法定继承各分得一半。遗产处理完毕后，张某通知刘某等人，徐某死亡前1年向其借款，本息累计70万元至今未还。经查，张某所言属实，此借款系徐某个人债务。<u>女儿应向张某偿还多少钱？</u>①45万元。②徐某负债70万元，遗产100万元，实际遗产是30万元。③本案继承人是先分遗产，后还债，故启动"吐回去"规则。④先法定继承人吐：妻子刘某吐回去20万元。女儿吐回去20万元。合计40万元，还有30万元的缺口。⑤后遗嘱继承和遗赠按比例吐回去：女儿占比5/6，侄子占比1/6。故女儿吐回去5/6×30＝25万元，侄子吐回去1/6×30＝5万元。⑥女儿合计吐回去20万元＋25万元＝45万元。⑦最后，女儿获得70-45＝25万元；侄子获得10-5＝5万元；老婆刘某得0。

【案例】甲法考得了第 1 名，导致乙无法获得第 1 名，乙受"损害"而甲无须承担侵权责任，因为甲没有过错，过错责任是侵权责任的基石。孩子在幼儿园受害，幼儿园不能证明自己没有过错，需要承担侵权责任，这属于过错推定责任。丙厂排污导致环境污染，丙厂排污符合国家标准，没有过错，但需要承担侵权责任，因为这属于无过错责任。高空掉下苹果致人损害，找不到谁家抛的，由可能抛的家庭来公平分担损失，这叫公平责任。过错责任、过错推定责任、无过错责任和公平责任，是侵权责任的四大主线。

①侵权责任基础
②过错责任
③过错推定责任
④无过错责任
⑤公平责任
⑥物件致人损害
⑦多数人侵权
⑧侵权责任承担方式

第一节　侵权责任基础

一、什么是侵权责任中的"权"？民事权益

（一）绝对权（1 个权利人与 N 个义务人）

生命权、健康权、姓名权、名誉权、荣誉权、肖像权、隐私权、婚姻自主权、监护权、所有权、用益物权、担保物权、著作权、专利权、商标专用权、股权、继承权等。

例：【侵犯抵押权】甲将房屋抵押给乙银行办理抵押借款，房屋办理了抵押权登记。丙公司与甲达成拆迁协议，约定将 100 万元拆迁款给甲，双方履行完毕。甲将该 100 万元付给丁清偿其欠丁的到期债务。乙银行可否要求丙公司承担侵权责任？①可以。②丙公司侵犯了乙银行对房屋的抵押权。③担保物权是绝对权，属于侵权责任中所要保护的"权"。

（二）相对权（1 个权利人与 1 个义务人）

1. 一般情况下，侵权责任中的"权"不包括债权

（1）基于合同或准合同（无因管理或不当得利）产生的债权，因债权人对债务人的债权不具有公示性，外人一般不知晓该债权的存在，故侵权责任中的"权"不包括债权。

（2）如债权受到"侵害"，则分别启动合同责任、不当得利返还与无因管理规则

解决。

（3）这与"物债两分"类似，可之称为合同责任与侵权责任两分。

例：【违约责任与侵权责任】甲乙签订买卖房屋合同，乙付款后甲交付了房屋。后甲将房屋出卖给知情的丙并且完成了过户登记手续。乙请求甲办理过户房屋的债权受到了"侵权"，<u>可否要求甲或丙承担侵权责任？</u>①否。②乙只能请求甲承担违约责任。

2. 特殊情况下，侵权责任中的"权"包括债权：侵权人故意以悖于善良风俗的方法侵害债权，不法阻扰债务人履行债务。

例：【恶意侵害债权】甲演出公司故意将奔赴演唱会路途中的歌星控制，使乙演出公司请求歌星演出的债权受到侵害，<u>乙演出公司可否诉甲演出公司承担过错侵权责任？</u>①可以。②甲公司属于故意以违反善良风俗的方法侵害乙的债权。

（三）民事<u>利益</u>

1. 人身<u>利益</u>：如死者之名誉、隐私、肖像、具有人格象征意义的特定纪念物品上的人格利益。

例：【"荷花女"案保护死者人格利益】吉文贞，1925年6月出生在上海一个曲艺之家，自幼随父学艺演唱，从1940年起在天津登台演出，曾红极一时，1944年病故。1985年起，魏锡林拟以吉文贞为原型人物创作小说。创作中，魏锡林曾几次寻访了陈秀琴（吉文贞之母）、吉文利（吉文贞之弟），了解吉文贞生平及其从艺情况，并索要了其生前照片。1987年初，这部由魏锡林自行创作，总计约11万字的小说《荷花女》完稿，并被投稿于《今晚报》。小说在内容中使用了吉文贞的真实姓名和艺名，内容除部分写实外，还虚构了部分有关生活作风、道德品质的情节。陈秀琴以小说损害了吉文贞的名誉为由，向天津市中级人民法院起诉，以魏锡林未经其同意在创作发表的小说《荷花女》中故意歪曲并捏造事实，侵害了已故艺人吉文贞名誉，《今晚报》未尽审查义务致使损害扩大为由，提起诉讼，要求停止侵害，恢复名誉，赔偿损失。<u>此案法院如何判决？</u>①天津中院判令魏锡林和《今晚报》社分别在《今晚报》上连续三天刊登道歉声明，为吉文贞、陈秀琴恢复名誉，消除影响，并各赔偿陈秀琴400元。②同时魏锡林停止侵害，其所著小说《荷花女》不得再以任何形式复印、出版发行。③《今晚报》社、魏锡林不服，向天津市高级人民法院提起上诉。天津高院在认定天津中院判决合法的基础上，主持双方达成调解协议。

2. 财产<u>利益</u>

（1）商业秘密：不为公众所知悉、能为权利人带来经济利益、具有实用性并经权利人采取保密措施的技术信息和经营信息。

例：【技术和工艺秘密】金龙集团花费20多年自主研发的我国第一家利用铸轧法制造制冷用精密铜管的生产技术和生产工艺处于国际领先水平。从2004年起，金龙集团对自己的专有技术进行了严密保护，进入集团的所有员工都要进行保密培训，与金龙集团签订保密协议。每一个月，金龙集团按照工资标准的高低和从事岗位的不同给大家发放保密津贴。2005年，金龙集团主管生产技术的副总经理王某提出辞呈，要到同行业位于江西鹰潭的江西耐乐公司工作。金龙集团明确表示不同意，并向王某说明其签订有竞业禁止的保密协议，此行为属于严重违约。但王某在高薪和股份的许诺下，还是到了耐乐公司上班，被任命为副总经理。王某离开前后，又有多名生产技术人员陆续"跳槽"到江西耐乐公司。

江西耐乐公司通过不正当手段获取并使用了金龙集团的技术秘密，金龙集团是否有权要求江西耐乐公司承担侵权责任？①有权。②因为江西耐乐公司侵犯了金龙集团的商业秘密。

（2）占有：占有人对不动产或者动产的实际控制。

例：【坑租户】甲将门面房出租给乙。丙公司负责拆迁该门面房，因未就补偿达成一致，丙公司派人将乙的门面房包围，还把经营设备全部搬出，不允许乙继续经营。乙可要求丙公司承担侵权责任吗？①可以。②丙公司侵害了乙的占有，应赔偿乙无法继续营业遭受的损失。

（3）纯粹经济上损失：甲的整体经济状况变坏，不是直接基于甲人身伤害或某一特定财产损害而发生的结果。"纯粹"聚焦的是，在受害人的人身和财产事先都未受到侵害的情形下，"单独"发生的损害。

①一般情况下，侵权责任的"权"不包括纯粹经济上损失。

例：【交通事故连锁反应】甲在高速公路因违规驾车撞到乙车，致乙人伤车损。另因车祸而导致交通中断，丙因此迟延向丁交货需要向丁赔偿损失10万元，丁因此上班迟到被单位扣500元，戊因此搭乘飞机延误付出改签费300元。乙、丙丁戊可否要求甲承担侵权责任？①甲违规驾车撞到乙车，直接导致乙人身和财产损害，故乙可要求甲承担侵权责任，乙的"人身和财产"属于侵权责任中的"权"。②丙、丁、戊人身或财产没有受到直接损害，但是其有各项费用损失，属于"纯粹经济上损失"，纯粹经济上损失不是侵权责任中的"权"，故甲对丙、丁、戊不构成侵权，既然不成立侵权，也就谈不上侵权赔偿了。

②特殊情况下，侵权责任的"权"包括纯粹经济上损失，这需要法律明文规定。

例：【法盲律师代书遗嘱】律师给甲草拟一份遗嘱，甲欲将全部财产500万元分配给长子乙，不给次子丙。因律师业务不熟悉，指导甲书写遗嘱时，没有告诉要注明年、月、日，导致甲死后遗嘱被法院认定无效。甲死亡后，乙丙各自分得250万元。乙可否要求律师承担侵权责任赔偿250万元？①可以。②律师提供的服务瑕疵，没有导致乙身体或财产直接损失，但是使得乙间接损失了250万元，这250万元即属于纯粹经济上损失。③法律规定，注册会计师、律师、公证机构、资产评估机构、产品质量检验机构等因专业服务致人纯粹经济上损失，须负侵权责任。④乙可要求律师承担侵权责任，赔偿纯粹经济上损失。

二、一般侵权责任的4大构成要件是什么

（一）过错：行为人违反"注意义务"，实施侵权行为导致被侵权人损害

1. 故意：行为人明知自己的行为可能产生违法后果，仍有意促成该违法后果的发生。

2. 过失：行为人对自己的行为可能产生的违法后果应当预见而未预见到，或者虽然预见到了却轻信其不会发生，以致造成违法后果。

例1：【陌生人注意义务1】甲乙相约一夜情，乙因过于激动导致心脏病发，甲"落荒而逃"，乙因无人呼救而死亡。乙家属是否有权请求甲承担侵权责任？①可以。②甲违反应该进行呼救的注意义务。③乙自负部分损失。

例2：【恋人注意义务2】甲乙谈恋爱，乙生气称要跳桥自杀，甲不但没阻止，还称有本事跳就跳，乙跳桥自杀死亡。乙家属是否有权请求甲承担侵权责任？①可以。②甲违反

应该进行劝阻的注意义务。③乙自负部分损失。

例3：【夫妻注意义务3】甲乙夫妻吵架，乙称要跳楼自杀，甲非但未阻止，还进行怂恿，乙跳楼自杀死亡。<u>岳父岳母是否有权请求甲承担侵权责任？</u>①可以。②甲违反应该进行劝阻的注意义务。③乙自负部分损失。

例4：【朋友不劝酒】甲乙丙相约喝酒，庆祝丙出狱。当日甲乙力劝丙喝酒，导致丙酒精中毒死亡。<u>丙家属可否要求甲乙承担侵权责任？</u>①可以。②甲乙违反了不得劝酒的注意义务。③丙自负部分损失。

> **秒杀**：侵权责任表述的是陌生人之间的关系，要求陌生人之间要尽到基本的注意义务，即<u>通常情形下一般人</u>注意到而行为人却没有注意到，即可判定行为人违反了注意义务，主观上存在过错。

> **问**：孩子有注意义务吗？①有。②行为人是否有注意义务，与行为能力无关。③因为侵权行为在法律性质上属于"事实行为"，与意思表示无关，即只要有侵权行为就应承担侵权责任。④故侵权行为不适用行为能力制度。

（二）行为：行为人实施了侵害他人权益的行为

1. 积极侵权行为：致害人以积极"作为"的形式致人损害的行为。如殴打他人、发表污蔑他人的文章、偷窃他人的财物、损坏别人的汽车、纵火烧毁房屋等。

2. 消极侵权行为：致害人以消极"不作为"的形式致人损害的行为。如夫妻之间应该履行保护义务而未履行、如恋人之间应该尽到注意义务而未注意、如成年人带孩子去游泳则对孩子溺水有积极救助义务而未救助。

（三）结果：被侵权人的权益被侵害

例：【权益被侵害】甲擅自印制了乙注册商标标识，准备出售这些标识给丙用。后因被举报，伪造的商标标识未出售即被工商局查封和销毁。<u>乙可否要求甲承担侵权责任？</u>①可以。②甲的行为并未给乙造成任何经济损失。③甲的行为属于《商标法》上的"擅自制造他人注册商标标识"的侵权行为。④甲的行为导致了乙的注册商标专用权受害。

（四）因果关系

1. 责任成立的因果关系：行为与权益受侵害之间的因果关系，考量的问题是责任的成立。

（1）如行为与结果之间有直接因果关系，则侵权责任成立。

（2）如行为与结果之间无直接因果关系，则侵权责任不成立。

例：【乱装防盗窗】一小偷利用一楼住户甲违规安装的防盗网，进入二楼住户乙的室内，行窃过程中将乙打伤。<u>乙可否要求甲承担侵权责任？</u>①不可以。②甲违规安装防盗网，与乙被小偷打伤不存在直接因果关系，故乙不可要求甲承担侵权责任。③乙可要求小偷承担侵权责任。

2. 责任范围的因果关系：权益受侵害与损害之间的因果关系，涉及的是责任成立后责任形式以及大小的问题。

（1）如损害是共性损害，则属于责任范围。每一个遭受同类侵害的人，都会发生这些损害，如因人身受害而支出医药费。

（2）如损害是个性损害，则不属于责任范围。不同的人遭受同类侵害，不一定都会发生这些损害，如因人身受害而住院治疗，住院期间家中财产被盗窃遭受损失。

例1：【被撞住院损失】甲驾车撞伤乙，乙支出医药费，住院期间感染传染病，家中财物被盗。乙可否要求甲承担侵权责任？乙可要求甲赔偿医药费、感染传染病的费用和家中财物被盗的损失吗？（1）责任成立：因甲驾车撞伤乙，满足责任成立因果关系，乙可要求甲承担侵权责任。（2）责任范围：①甲驾车撞伤乙与乙支出的医疗费存在直接因果关系，满足责任范围因果关系，甲应赔偿。②甲驾车撞伤乙与乙住院期间感染传染病的费用、家中财产被偷的损失之间不存在直接因果关系，不满足责任范围因果关系，甲无须赔偿。感染传染病的费用找医院；家中财产被偷找小偷。

> **问：**责任范围的因果关系，与"纯粹经济上损失"有什么区别？①责任范围因果关系是在侵权责任成立的前提下，判断某损失是否属于赔偿范围。②纯粹经济上损失是判断是否成立侵权责任。③责任范围因果关系，如甲驾车撞倒乙，乙因为住院导致家中失窃，甲撞倒乙构成侵权，但是赔偿范围不包括家中失窃。④纯粹经济上损失，如甲驾车撞倒乙，乙住院，因交通事故导致拥堵丙上班迟到被扣 250 元，丙的损失属于纯粹经济上损失。甲对乙构成侵权，要赔偿乙的损失。但是，甲对丙不构成侵权，因为此类"纯粹经济上损失"不是侵权责任的"权"，既然甲对丙不构成侵权，自然无须对丙承担赔偿责任了。⑤责任范围因果关系讨论的是侵权责任成立后讨论责任范围多大；纯粹经济上损失讨论的是侵权责任是否成立。

例2：【被撞索赔奶粉钱】2017 年 7 月 10 日，周某靠边停车开车门下车时，因疏于观察，与骑电动车正常通过的王某发生碰撞，致王某左耻骨上支骨折，未构成伤残。经交警部门认定周某负事故的全部责任，王某无责任。王某儿子出生于 2017 年 2 月 13 日，事故发生时王某处于哺乳期。事故发生后王某住院治疗，2017 年 10 月 3 日王某出院，医嘱意见为注意休息，加强营养，用药期间禁止母乳喂养。无奈之下，王某只能选择奶粉喂养。由于习惯了母乳，一开始，王某幼子不愿意喝奶粉，望着不住啼哭的孩子，王某非常痛苦，经常以泪洗面。王某可要求周某赔偿奶粉费用吗？①可以。②周某致王某损害，与王某不能母乳喂养而只能选择奶粉喂养有直接因果关系，故需要赔"奶粉钱"。

> **秒杀：**大家都会遭受的共性损害，赔；个别人才会遭受的个性损害，不赔。

三、什么是侵权责任的归责原则？归责原则是关于侵权责任"归责"的基本规则，即行为人因为何种事由被要求承担责任

（一）过错责任原则：行为人的主观过错是构成侵权责任的必备要件的归责原则

1. 过错责任：行为人因过错侵害他人民事权益造成损害的，应当承担侵权责任。

2. 过错推定责任：依照法律规定推定行为人有过错，行为人不能证明自己没有过错的，应当承担侵权责任。

> 问1：过错推定责任是独立的归责原则吗？①不是。②过错推定责任是以过错作为承担责任的基础，不是一项独立的归责原则，只是过错责任原则的一种特殊形式。
>
> 问2：过错责任和过错推定责任有什么实务差异？①过错责任中，原告对被告存在过错承担证明责任。②过错推定责任中，被告对自己没有过错承担证明责任。

3. 过错责任侵权类型的构成要件：过错、行为、结果、因果关系。

（二）无过错责任原则：行为人实施了加害行为，虽然其主观上无过错，但根据法律规定仍应承担责任的归责原则

1. 无过错责任：行为人侵害他人民事权益造成损害，不论行为人有无过错，法律规定应当承担侵权责任的，依照其规定。

2. 无过错侵权类型的构成要件：行为、结果、因果关系。

> 问1：无过错责任在实务中怎么运用？①原告或被告都不需要证明"过错"。②但一般而言，原告要对行为、结果、因果关系承担证明责任。
>
> 问2：在无过错责任中，过错对侵权责任有意义吗？（1）有。（2）从受害人角度观察：①如果加害人有过错，受害人也可以诉加害人承担过错侵权责任。②在产品质量侵权的无过错责任中，加害人有过错，明知缺陷产品还生产或销售，造成他人死亡或健康严重受损，受害人才有权请求加害人承担相应的惩罚性赔偿责任。（3）从加害人角度观察：如果受害人有过错，在无过错侵权中，加害人可主张减轻自己的责任。

（三）公平责任原则：损害双方的当事人对损害结果的发生都没有过错，但如果受害人的损失得不到补偿又显失公平的情况下，由人民法院依法要求当事人分担损害后果

1. 公平责任：受害人和行为人对损害的发生都没有过错的，可以依照法律的规定，由双方分担损失。

2. 万不得已：如能适用过错责任，则启动过错归责。如有过错推定，则适用过错推定。如属于无过错责任，则启动无过错归责。

> 原理：为什么将原来的依照"实际情况"，修改为现在的"依照法律"？①避免公平责任被滥用。②如没有法律明文依据，法官断案不得启动公平责任来处理。

第二节　过错责任

一、两个"王牌"法条

（一）加害人过错：行为人因过错侵害他人民事权益造成损害的，应当承担侵权责任

例 1：【日常生活过错判断】兹有 4 个事例：①张某驾车违章发生交通事故致搭车的李某残疾；②唐某参加王某组织的自助登山活动因雪崩死亡；③吴某与人打赌举重物因用力过猛致残；④何某心情不好邀好友郑某喝酒，郑某畅饮后驾车撞树致死。如何评价上述案例？（1）好意搭乘，乃情谊行为：①当事人之间不成立合同法律关系，不成立违约责任。②当事人之间仍应负侵权责任法上的注意义务，如有违反，会产生侵权责任。③在搭乘关系中，搭乘提供人和搭乘人之间并非不能产生民事法律关系。搭乘提供人应承担一般注意义务，安全、合法、合规驾驶，确保车上人员、财产和车外人员、财产的安全。④无论是有偿搭乘还是无偿搭乘，搭乘提供人的这一基本注意义务不能免除。（2）自助游：①旅游者形成共同体，相互有注意、照料、救助的义务，如有违反，即属于不作为侵权。②如队员旅游中发生意外，组织者有积极救助的义务。③王某作为自助登山活动的组织者，对参与人员唐某因雪崩意外死亡，无需承担赔偿责任。（3）打赌：①成年人能够预见到损害结果的发生，而未尽注意义务，导致损害，应负过错侵权责任。②吴某与人打赌，举重物致残，参赌人员均有过错，吴某自己应对损害承担部分责任，但与吴某打赌的人也应承担部分责任。（4）喝酒：①"聚餐喝酒"，参与者对喝醉者负有注意、照料、通知喝醉者家人等义务，如有违反，则构成不作为侵权。各方均应负过错责任。②何某虽无劝酒但对郑某酒驾有劝阻义务。

例 2：【好意分享食物】刘婆婆回家途中，看见邻居肖婆婆带着外孙小勇和另一家邻居的孩子小囡（均为 4 岁多）在小区花园中玩耍，便上前拿出几根香蕉递给小勇，随后离去。小勇接过香蕉后，递给小囡一根，小囡吞食时误入气管导致休克，经抢救无效死亡。刘婆婆、肖婆婆、小勇父母，需要承担侵权责任吗？①否。②好意分享食物，当事人没有过错，不成立侵权责任。

（二）受害人过错：被侵权人对同一损害的发生或者扩大有过错的，可以减轻侵权人的责任。损害是因受害人故意造成的，行为人不承担责任

例 1：【偷狗被狗咬＝受害人有过错】张某挑逗唐某的狗因此被咬伤，张某是否可要求唐某承担侵权责任？①可以。②但受害人张某有重大过错，可以减轻唐某责任。③受害人张某并非找狗"碰瓷"，不属于故意造成损害，故不能免除狗饲养人责任。

例 2：【受害人体质差＝不是受害人有过错】指导案例 24 号："荣宝英诉王阳、永诚财产保险股份有限公司江阴支公司机动车交通事故责任纠纷案"之裁判要点："交通事故的受害人没有过错，其体质状况对损害后果的影响不属于可以减轻侵权人责任的法定情形。"①2012 年 2 月 10 日 14 时 45 分许，王阳驾驶号牌为苏 MT1888 的轿车，沿江苏省无锡市滨湖区蠡湖大道由北往南行驶至蠡湖大道大通路口人行横道线时，碰擦行人荣宝英致其受伤。②2 月 11 日，滨湖交警大队作出《道路交通事故认定书》，王阳一方全责，宋宝英一方无责。③荣宝英申请并经无锡市中西医结合医院司法鉴定所鉴定，结论为：第一，荣宝英左桡骨远端骨折的伤残等级评定为十级；左下肢损伤的伤残等级评定为九级。损伤参与度评定为75%，其个人体质的因素占25%。第二，荣宝英的误工期评定为150日，护理期评定为60日，营养期评定为90日。④一审法院据此确认残疾赔偿金27658.05元扣减25%为20743.54元。⑤二审法院认为，交通事故中在计算残疾赔偿金是否应当扣减时应当根据受害人对损失的发生或扩大是否存在过错进行分析。⑥本案中，虽然原告荣宝英的个人体质状况对损害后果的发生具有一定的影响，但这不是侵权责任法等法律规定的过错，荣宝英不应因个人体质状况对交通事故导致的伤残存在一定影响而自负相应责任，原审判决以伤残等级鉴定结论中将荣宝英个人体质状况"损伤参与度评定为75%"为由，在计算残疾赔偿金时作相应扣减属适用法律错误，应予纠正。⑦从交通事故受害人发生损伤及造成损害后果的因果关系看，本起交通事故的引发系肇事者王阳驾驶机动车穿越人行横道线时，未尽到安全注意义务碰擦行人荣宝英所致；本起交通事故造成的损害后果系受害人荣宝英被机动车碰撞、跌倒发生骨折所致，事故责任认定荣宝英对本起事故不负责任，其对事故的发生及损害后果的造成均无过错。虽然荣宝英年事已高，但其年老骨质疏松仅是事故造成后果的客观因素，并无法律上的因果关系。⑧因此，受害人荣宝英对于损害的发生或者扩大没有过错，不存在减轻或者免除加害人赔偿责任的法定情形。⑨同时，机动车应当遵守文明行车、礼让行人的一般交通规则和社会公德。⑩本案所涉事故发生在人行横道线上，正常行走的荣宝英对将被机动车碰撞这一事件无法预见，而王阳驾驶机动车在路经人行横道线时未依法减速慢行、避让行人，导致事故发生。因此，依法应当由机动车一方承担事故引发的全部赔偿责任。

二、承揽过错侵权责任

承揽人在完成工作过程中造成第三人损害或者自己损害的，定作人不承担侵权责任。但是定作人对定作、指示或者选任有过错的，应当承担相应的责任。

例1：【承揽人导致自己损害】甲公司经营空调买卖业务，并负责售后免费为客户安装。乙为专门从事空调安装服务的个体户。甲公司因安装人员不足，临时叫乙自备工具为其客户丙安装空调，并约定了报酬。乙在安装中因操作不慎坠楼身亡。如何评价本案侵权关系？①甲公司与乙之间不是雇佣合同，而是承揽合同。②雇佣合同：当事人约定，一方于一定或不定期限内为他方服劳务，他方给付报酬的合同。③承揽合同：当事人约定一方为他方完成一定工作，他方在工作完成时给付报酬的合同。④雇佣的根本目的在于给付劳务，以劳务本身为其标的，不对劳务产生的结果负责任，即使受雇人的劳务未产生预期的结果，该受雇人仍可以受领报酬。⑤承揽的目的在于劳务的结果，即它以完成一定工作为目的，承揽人提供劳务仅是实现目的的手段，其只有在完成一定工作时，才能请求报酬。⑥甲公司、乙之间的合同的目的是完成安装空调这一工作，而不是仅仅在于提供劳务，只有安装好了空调，乙才可以取得相应的报酬。⑦因此，甲公司和乙之间的合同属于承揽合同。⑧甲公司作为定作人，乙是专门从事空调安装服务的个体户，故甲公司无选任过错。⑨承揽人乙完成工作中造成自己损害，应该自己负责。

例2：【承揽人负责+定作人相应负责】甲请不具备装修资质的A公司装修。装修工张某因操作失误将水管砸坏，漏水导致邻居乙家具损坏约5000元。乙可要求谁承担侵权责任？①甲和 A 公司之间属于承揽合同。②A 公司员工张某执行工作任务致人损害，应由 A 公司对外负侵权责任。③定作人甲有选任过错，应承担与其过错相应的责任。

三、网络过错侵权责任

（一）侵权责任视野下区分两种网站：内容网站和技术网站

1. 内容网站：内容由网站提供，网站可以直接控制。如中国知网、新闻网站、学术网站、在线播放影音作品的网站。

例：【人民网＝内容网站】人民网，属于典型的内容网站，其刊登的各种文章，都经过网站编辑组织、筛选、审查后发表，网络内容由网站提供和直接控制，网民不可以左右这些内容。

> 问：网民能够在内容网站上侵犯他人民事权益吗？一般不可以，除非网民在内容网站的评论区下实施侵犯他人民事权益的行为。

2. 技术网站：内容由网民提供，网站可以间接控制。如豆瓣网、高效 BBS 论坛、腾讯 QQ、微信订阅号、百度、谷歌。

例：【豆瓣网＝技术网站】豆瓣网，属于典型的技术网站，其刊登的各种影评，由网民投稿发表，网络内容由网站间接控制。

> 问：一个网站有无可能既是内容网站，又是技术网站？①有。②比如爱奇艺网站，其有自制的综艺节目《奇葩说》，也有网民自己创作后上传的短视频。③关于其自制内容，启动内容网站规则；关于网民制作内容，启动技术网站规则。

> 原理：区分内容网站和技术网站有什么实务价值？①内容网站是自己提供内容，该内容是否侵权，内容网站要尽到更高的注意义务。②技术网站是网民提供内容，这些信息是海量的，不能强求技术网站尽过高的注意义务，否则会阻碍信息网络的发展，故会给技术网站启动特有的"避风港规则"和"红旗规则"。

（二）网民的过错侵权责任

网络用户利用网络侵害他人民事权益的，应当承担侵权责任。

（三）"内容网站"的过错侵权责任

网络服务提供者利用网络侵害他人民事权益的，应当承担侵权责任。

（四）网民过错侵权，"无辜"的"技术网站"需要"背锅"吗

1. "避风港"规则：神仙打架，百姓不遭殃

（1）被告网民发帖侵犯原告的民事权益：①网络用户利用网络服务实施侵权行为。②侵犯他人的人身权益。如发帖诽谤他人侵犯他人名誉权。②侵犯他人的信息网络传播权：作者、表演者、录音录像制作者的信息网络传播权。如擅自将他人录制好的歌星演唱会发布

到优酷网站，侵犯了词曲作者的信息网络传播权、表演者歌星的信息网络传播权、录制者的信息网络传播权。

（2）原告向网站发出"通知"：①通知应当包括构成侵权的初步证据及原告的真实身份信息。②通知网络服务提供者采取删除、屏蔽、断开链接等必要措施。

（3）网站向被告网民"转送该通知"：①网络服务提供者接到通知后，应当及时将该通知转送相关网络用户。②并根据服务类型的不同采取必要措施。③未及时采取必要措施的，对损害的扩大部分与该网络用户承担连带责任。

例：【同时泼污水】甲、乙是同事，因工作争执甲对乙不满，写了一份丑化乙的短文发布在丙网站。乙发现后要求丙删除，丙不予理会，致使乙遭受的损害扩大。谁对扩大的损害承担责任？甲和丙承担连带责任。

> **问**：网站是否在接到原告通知后必须立即、马上、毫不迟疑的采取措施？①否。②是先将通知转送网民，再"及时"采取措施。

（4）被告网民向网站发出"声明"：①声明应当包括不存在侵权行为的初步证据。②网络用户接到转送的通知后，可以向网络服务提供者提交不存在侵权行为的声明。

（5）网站向原告"转送该声明"：①网络服务提供者接到声明后，应当将该声明转送发出通知的权利人。②告知原告可以向有关部门投诉或者向人民法院提起诉讼。

（6）原告在接到转送的声明后15日内投诉或者起诉：①原告投诉了或起诉了，则网站已经采取的"必要措施""继续"。②原告没投诉也没起诉，则网站终止所采取的"必要措施"。

> **秒杀**：原告发通知→网站转发通知给被告→被告发声明→网站转发声明给原告→原告15天内投诉或起诉了吗？诉了则网站必要措施继续；没诉网站终止必要措施。

> **问1**：原告滥发通知导致网站错误采取"必要措施"删除了被告发布内容，被告能否要求网站承担"加害给付"的责任？①否。②被告不能诉加害给付：发布的信息被采取删除、屏蔽、断开链接等措施的网络用户，主张网络服务提供者承担违约责任或者侵权责任，网络服务提供者以收到通知为由抗辩的，人民法院应予支持。③被告可以诉网站恢复：被错误采取措施的网络用户请求网络服务提供者采取相应恢复措施的，人民法院应予支持，但受技术条件限制无法恢复的除外。
>
> **问2**：原告滥发通知折腾网站和被告网民，需要因此负责吗？①要。②因错误通知造成网络用户或者网络服务提供者损害的，应当承担侵权责任。
>
> **问3**：原告与被告达成协议有偿删除侵权内容、原告与网站达成协议有偿删除侵权内容，该约定是否有效？①无效。②被侵权人与构成侵权的网络用户或者网络服务提供者达成一方支付报酬，另一方提供删除、屏蔽、断开链接等服务的协议，人民法院应认定为无效。

2. "红旗规则": 连带责任

（1）网络服务提供者知道或者应当知道网络用户利用其网络服务侵害他人民事权益，未采取必要措施的，与该网络用户承担连带责任。

（2）网民的侵权行为显而易见，就像"五星红旗"一样飘扬，技术网站有义务直接删除侵权内容，不得以等待原告通知为由拒绝删除或者迟延删除侵权内容。

（五）网民过错侵权，"技术网站"进行教唆帮助的，负连带责任

1、教唆或帮助：网络服务提供者在提供网络服务时教唆或者帮助网络用户实施侵害信息网络传播权行为的，人民法院应当判令其承担侵权责任。

2. 教唆：网络服务提供者以言语、推介技术支持、奖励积分等方式诱导、鼓励网络用户实施侵害信息网络传播权行为的，人民法院应当认定其构成教唆侵权行为。

3. 帮助：网络服务提供者明知或者应知网络用户利用网络服务侵害信息网络传播权，未采取删除、屏蔽、断开链接等必要措施，或者提供技术支持等帮助行为的，人民法院应当认定其构成帮助侵权行为。

> **问：** 技术网站教唆帮助网民过错侵犯他人人身权，怎么办？负连带责任。

四、安全保障义务人的过错侵权责任

（一）场所直接侵权

1. 安保义务人：宾馆、商场、银行、车站、体育场馆、娱乐场所等经营场所、公共场所的经营者、管理者或者群众性活动的组织者，未尽到安全保障义务，造成他人损害的，应当承担侵权责任。如公园确保游乐设备安全、灯会组织者要通过安排治安人员、设置疏散通道防止发生踩踏事件等。

例：【洗澡洗残】某洗浴中心大堂处有醒目提示语："到店洗浴客人的贵重物品，请放前台保管"。甲在更衣时因地滑摔成重伤，并摔碎了手上价值 20 万元的定情信物玉镯。经查明：因该中心雇用的清洁工乙清洁不彻底，地面湿滑导致甲摔倒。如何处理本案侵权关系？（1）人身损害：①洗浴中心有过错，应负过错侵权责任。②员工乙不对外。③受害人甲无过错。（2）财产损害：①洗浴中心有过错，应负过错侵权责任。②员工乙不对外。③受害人甲有过错，未将贵重玉镯放前台保管，减轻洗浴中心的责任。（3）甲也可诉洗浴中心承担合同责任。人身全赔，财产要过错分责。

2. "他人"：（1）可能与安保义务人有合同关系，如住宿合同、储蓄合同、买卖合同。（2）也可能曾有合同但已消灭，如在饭店吃饭并结账正准备离开。（3）还可能压根无合同关系，如到宾馆拜访朋友的人。（4）不能是安保义务人自己的管理人或组织者工作人员，因为他们受害启动工伤保险（社会保障法），而非启动侵权责任（民法）。

（二）第三人介入侵权

1. 第三人侵权：因第三人的行为造成他人损害的，由第三人承担侵权责任。（1）第三人实施的侵权行为，可能是过错责任：如犯罪分子进入宾馆抢劫并杀害客人。（2）第三人实施的侵权行为，也可能是无过错责任：如某人携带烈性犬进入宾馆将住客咬伤。

2. 安保义务人过错相应补充责任：经营者、管理者或者组织者未尽到安全保障义务的，承担相应的补充责任。如宾馆公共区域未安装摄像头、门卫未在岗致凶手上下5次电梯如入无人之境，将客人杀害。宾馆负相应的补充责任。

例：【室内：吃饭被隔壁打】甲在某酒店就餐，邻座乙、丙因喝酒发生争吵，继而动手打斗，酒店保安见状未出面制止。乙拿起酒瓶向丙砸去，丙躲闪，结果甲头部被砸伤。甲支出的医疗费可以向谁要？①无关第三人丙：丙与乙吵架、丙躲闪，相对于甲的损害，丙无过错、无侵权行为，其丙行为与甲的损害之间无直接因果关系，丙不负责。②第三人乙：乙用酒瓶砸到甲，有过错、有侵权行为、与损害有直接因果关系，故乙构成过错侵权。③安保义务人酒店：酒店保安未制止，酒店作为安保义务人应承担与其过错相应的补充赔偿责任。保安是员工，不对外。④酒店承担责任后，可向乙追偿，承担多少追多少。

例：【室内：借用商场厕所被撞】小偷甲在某商场窃得乙的钱包后逃跑，乙发现后急追。甲逃跑中撞上欲借用商场厕所的丙，因商场地板湿滑，丙摔成重伤。丙可向谁主张侵权责任？①无关第三人追小偷的人乙：乙急追小偷，无过错、无侵权行为、该行为与丙的损害结果无直接因果关系，故乙不负责。②第三人小偷甲：甲逃跑撞上乙，有过错、有侵权行为、该行为与丙的损害结果有直接因果关系，故甲要负侵权责任。③安保义务人商场：安保义务场所地板湿滑有相应过错，故商场承担与其过错相应的责任。④商场承担责任后，可向小偷甲追偿，承担多少追多少。

例：【户外：游客互挤】某旅行社导游李某带团游览一处地势险峻的景点时，众人争相拍照，李某未提示注意安全，该团游客崔某不慎将唐某撞下陡坡摔伤。唐某可向谁主张侵权责任？①第三人游客崔某：崔某不慎推倒唐某，有过错、有侵权行为、与损害有直接因果关系，故崔某构成过错侵权。②安保义务人旅行社：导游李某未提示，旅行社作为安保义务人应承担与其过错相应的补充赔偿责任。导游是员工，不对外。③旅行社承担责任后，可向崔某追偿，承担多少追多少。

3. 经营者、管理者或者组织者承担补充责任后，可以向第三人追偿。

> **原理**：为什么允许安保义务人向"肇事第三者"追偿？①第三者在一般场合侵权对受害人负全责；第三者在安保义务场所对受害人也应该是负全责。②如果不允许安保义务人向第三者追偿，将会导致矛盾和不合理现象：第三者在街上偷东西要赔 500 元，第三者在"酒店"偷同样的东西可能只要赔 250 元，因为另外的由酒店赔。

第三节　过错推定责任

①幼儿园：教育机构对无民事行为能力人遭受损害的赔偿责任
②动物园：动物园的动物致人损害责任
③脚下的井盖"在施工"：窨井等地下设施致人损害责任+施工致人损害责任
④头上的林木：林木折断致人损害责任
⑤头上的搁置物、悬挂物：建筑物、构筑物等及其搁置物、悬挂物致人损害责任
⑥堆放物：堆放物倒塌致人损害责任
⑦高度危险物：非法占有高度危险物致害，所有人、管理人的责任
⑧医疗：违规诊疗、不提供病历、破坏病历，医疗致人损害责任

> **原理**：侵权责任编第 1 大记忆口诀：①从 幼儿园 接璁璁。②去 动物园 玩。③注意，进大门就遇到 "井盖" 在 "施工"，小心过井盖。④过了井盖要走林荫小道，注意掉 林木 。⑤过完小道走楼边，注意掉 悬挂物等物件 。⑥一路走来发现掉的东西很多都堆放起来形成 堆放物 ，注意堆放物倒塌。⑦到达"猛兽区"，非法占有高度 危险物 所有人、管理人的过错推定连带责任（与非法占有人的连带）。⑧有人受伤去 医院 看，医疗机构违规诊疗或不提供病历或破坏病历。

一、"幼儿园"：教育机构对无人遭受损害的赔偿责任

（一）无人受害：学校过错推定

无民事行为能力人在幼儿园、学校或者其他教育机构学习、生活期间受到人身损害的，幼儿园、学校或者其他教育机构应当承担侵权责任，但是能够证明尽到教育、管理职责的，不承担侵权责任。

（二）限人受害：学校过错

限制民事行为能力人在学校或者其他教育机构学习、生活期间受到人身损害，学校或者其他教育机构未尽到教育、管理职责的，应当承担侵权责任。

（三）外人致害：学校承担与过错相应的补充责任

无民事行为能力人或者限制民事行为能力人在幼儿园、学校或者其他教育机构学习、

生活期间，受到幼儿园、学校或者其他教育机构以外的第三人人身损害的，由第三人承担侵权责任；幼儿园、学校或者其他教育机构未尽到管理职责的，承担相应的补充责任。

幼儿园、学校或者其他教育机构承担补充责任后，可以向第三人追偿。

例：【校外：春游被小贩打】某小学组织春游，队伍行进中某班班主任张某和其他教师闲谈，未跟进照顾本班学生。该班学生李某私自离队购买食物，与小贩刘某发生争执被打伤。李某如何主张侵权责任？①小学组织春游，视为孩子在学校学习生活期间。②学生被小贩刘某打，刘某属于第三人，应负过错侵权责任。③班主任张某未跟进照顾本班学生，视为学校有过错，员工不对外，应由学校承担与其过错相应的补充责任。④学校赔偿后，可向小贩刘某追偿，赔多少追多少。

例：【校内：霸凌】小学生小杰和小涛在学校发生打斗，在场老师陈某未予制止。小杰踢中小涛腹部，致其脾脏破裂。小涛如何主张侵权责任？①小涛在校内受害，属于在学校学习生活期间。②小杰侵害小涛，小杰属于第三人，应负过错侵权责任，但是小杰属于"坑爹"的孩子，由小杰的监护人承担侵权责任。③学校老师陈某在场未制止，视为学校有过错，员工不对外，应由学校承担与其过错相应的补充责任。④学校赔偿后，可向小杰的监护人追偿，赔多少追多少。

> **问1：**什么是教育机构？幼儿园、小学、初中、高中和中等职业教育学校、培训学校、补习学校、特殊教育学校、公办学校、民办学校。
>
> **问2：**什么是受害人与受害对象？①"无限人"的"人身"受害。②如果是"无限人"的财产受害，则适用普通过错侵权责任。③如果是"完人"受害，则适用普通过错侵权责任。
>
> **问3：**什么是在教育机构学习、生活期间？①在校内。②在校外但由学校控制期间如春游。③在上学和放学回家路上，不属于在教育机构学习生活期间。

二、"动物园"：动物园的动物致害责任

动物园的动物造成他人损害的，动物园应当承担侵权责任，但是能够证明尽到管理职责的，不承担侵权责任。

三、脚下的井盖在"施工"：窨井等地下设施致人损害责任

（一）脚下的井盖

窨井等地下设施造成他人损害，管理人不能证明尽到管理职责的，应当承担侵权责任。

例：【被粪坑淹死】4名行人正常经过北方牧场时跌入粪坑，1人获救3人死亡。据查，当地牧民为养草放牧，储存牛羊粪便用于施肥，一家牧场往往挖有三四个粪坑，深者达三四米，之前也发生过同类事故。如何评价牧场的侵权责任？①之前发生过同类事故，可见这不是不可抗力。②粪坑属于地下设施致人损害，适用过错推定责任。③牧场管理人可通过证明自己尽到管理职责而免责。

（二）在施工

在公共场所或者道路上挖坑、修缮安装地下设施等造成他人损害，施工人不能证明已经设置明显标志和采取安全措施的，应当承担侵权责任。

四、头上的"林木"：林木折断致人损害责任

因林木折断、倾倒或者果实坠落等造成他人损害，林木的所有人或者管理人不能证明自己没有过错的，应当承担侵权责任。

五、头上的"搁置物、悬挂物"：建筑物、构筑物等及其搁置物、悬挂物致人损害责任

建筑物、构筑物或者其他设施及其搁置物、悬挂物发生脱落、坠落造成他人损害，所有人、管理人或者使用人不能证明自己没有过错的，应当承担侵权责任。所有人、管理人或者使用人赔偿后，有其他责任人的，有权向其他责任人追偿。

六、"堆放物"：堆放物倒塌致人损害责任

堆放物倒塌、滚落或者滑落造成他人损害，堆放人不能证明自己没有过错的，应当承担侵权责任。

七、"高度危险物"：非法占有高度危险物致害，所有人、管理人的"过错推定"的连带责任

非法占有高度危险物造成他人损害的，由非法占有人承担侵权责任。所有人、管理人不能证明对防止他人非法占有尽到高度注意义务的，与非法占有人承担连带责任。

八、"医疗"：违规诊疗、不提供病历、破坏病历，医疗致人损害责任

（一）一般情况下医疗过错责任

1. "过错"：（1）患者在诊疗活动中受到损害，医疗机构或者其医务人员有过错的，由医疗机构承担赔偿责任。（2）医务人员在诊疗活动中未尽到与当时的医疗水平相应的诊疗义务，造成患者损害的，医疗机构应当承担赔偿责任。

2. 说明和取得明确同意义务

（1）向患者说明和取得患者明确同意义务：医务人员在诊疗活动中应当向患者说明病情和医疗措施。需要实施手术、特殊检查、特殊治疗的，医务人员应当及时向患者具体说明医疗风险、替代医疗方案等情况，并取得其明确同意。

（2）向患者近亲属说明和取得近亲属明确同意义务：不能或者不宜向患者说明的，应当向患者的近亲属说明，并取得其明确同意。

（3）违反说明义务和取得明确同意义务，造成损害才负赔偿责任：医务人员未尽到前款义务，造成患者损害的，医疗机构应当承担赔偿责任。

3. 紧急处置义务：因抢救生命垂危的患者等紧急情况，不能取得患者或者其近亲属意见的，经医疗机构负责人或者授权的负责人批准，可以立即实施相应的医疗措施。

（二）特殊情况下"医疗过错推定"责任：患者在诊疗活动中受到损害，因下列情形之一的，推定医疗机构有过错

1. 违反法律、行政法规、规章以及其他有关诊疗规范的规定。

2. 隐匿或者拒绝提供与纠纷有关的病历资料。

3. 遗失、伪造、篡改或者违法销毁病历资料。

记忆：①教育和医疗很类似，一般是过错责任，例外是过错推定责任。②教育：限人对应学校的过错责任；无人对应幼儿园的过错推定责任。③医疗：一般医疗对应过错责任；特殊情形对应过错推定责任。

（三）医疗责任中医疗机构免责事由：患者在诊疗活动中受到损害，因下列情形之一的，医疗机构不承担赔偿责任

1. 患者或者其近亲属不配合医疗机构进行符合诊疗规范的诊疗。医疗机构或者其医务人员也有过错的，应当承担相应的赔偿责任。

2. 医务人员在抢救生命垂危的患者等紧急情况下已经尽到合理诊疗义务。

3. 限于当时"中国"的医疗水平难以诊疗。

（四）与医院有关不属于医疗责任的侵权责任

1. 医疗产品致人损害责任

（1）外部"连带"：药品、消毒药剂、医疗器械的缺陷，或者输入不合格的血液造成患者损害的，患者可以向生产者或者血液提供机构请求赔偿，也可以向医疗机构请求赔偿。

（2）内部"全额追偿"：患者向医疗机构请求赔偿的，医疗机构赔偿后，有权向负有责任的生产者或者血液提供机构追偿。

例1：【医疗产品致人损害责任】田某突发重病神志不清，田父将其送至医院，医院使用进口医疗器械实施手术，手术失败，田某死亡。田父认为医院在诊疗过程中存在一系列违规操作，应对田某的死亡承担赔偿责任。如何评价本案侵权责任？①医疗损害适用过错责任原则，由患方承担举证责任。②如医疗器械缺陷致害，患方可向生产者主张赔偿，也可向医疗机构主张赔偿，生产者和医疗机构属于不真正连带侵权责任人。③如医院拒绝提供病历，则须承担相应后果，即启动过错推定归责原则。

例2：【医疗产品质量责任】甲因工伤导致左手被切断，在乙医院做了安装假肢手术。出院后，甲发现假肢经常出问题，无法正常使用。甲可否要求乙医院承担侵权责任？①否。②假肢不能使用，而非假肢这一产品本身导致甲损害，故甲不得主张医疗侵权责任，甲仅可要求乙医院承担违约责任。

2. 医疗机构侵害患者隐私权或个人信息

医疗机构及其医务人员应当对患者的隐私和个人信息保密。泄露患者隐私和个人信息，或者未经患者同意公开其病历资料的，应当承担侵权责任。

3. 医疗机构作为安保义务人承担过错侵权责任

例：【住院期间摔跤】甲在医院住院，晚上去上厕所时，因地面湿滑而摔倒，导致右

腿骨折。<u>甲如何主张侵权责任?</u> ①甲可要求安保义务人医院承担过错侵权责任。②如甲在医院被乙殴打,在场医务人员未劝止,则第三人侵权人乙负侵权责任,安保义务人医院承担与其过错相应的责任。

第四节　无过错责任

①孩子坑爹:监护人责任
②员工坑老板:用人单位责任
③帮工人坑被帮工人:被帮工人责任
④产品坑百姓:产品责任
⑤机动车撞人:机动车致人损害责任
⑥高度危险:高度危险责任
⑦大楼倒:建筑物倒塌致人损害责任
⑧污染环境:环境污染和破坏生态责任
⑨狗咬人:饲养动物致人损害责任

> 侵权责任编第 2 大记忆口诀:"坑爹的孩子"(监护人责任)在"用人单位"(用人单位责任)"帮工"(被帮工人责任)时驾驶新"产品"(产品责任)"机动车"(机动车撞人)"高速"(高度危险作业)撞倒"大楼"(楼倒塌)"污染了环境"(环境污染致人损害)然后"go die"(狗,饲养动物致人损害)。

一、监护人责任

(一)"坑爹"

1. 一般监护:孩子坑爹

(1)受害人、加害人、监护人"3 方角度"的无过错责任:无民事行为能力人、限制民事行为能力人造成他人损害的,由监护人承担侵权责任。监护人尽到监护职责的,可以减轻其侵权责任。

(2)层次①"孩子的侵权责任":孩子是否需要承担侵权责任,要根据情况判断。如孩子打人,孩子存在过错,乃过错侵权。如孩子驾驶汽车撞人,乃无过错侵权。

(3)层次②"监护人无过错替代侵权责任":监护人尽到监护职责也只是可减轻侵权责任,不能免除监护责任,故即使监护人没错,也需负侵权责任,我们称之为"监护人为孩子的行为承担无过错替代侵权责任"。

例 1:【餐厅中的"霸凌"】小刘(16 岁)因获奖请小王(15)和小李(15)在曾某开的餐厅里吃饭,期间小王与小李闹矛盾,服务员并未劝阻,而后小王趁小李去洗手间期间,用一瓶大汽水砸小李脑袋致其脑震荡。<u>小李如何主张侵权责任?</u> ①小刘:无过错,无侵权行为,无须负侵权责任。②小王:小王打小李,存在过错,构成侵权。但这属于"坑爹",故由小王监护人负无过错替代侵权责任。③餐馆:安保义务人承担与其过错相应的补充责任。

例1： 2007-64 未成年人摘葡萄中的过错

例2：【偷摘葡萄争抢受害】 丁某在自家后院种植了葡萄，并垒起围墙。谭某（12岁）和马某（10岁）爬上围墙攀摘葡萄，在争抢中谭某将马某挤下围墙，围墙上松动的石头将马某砸伤。马某如何主张侵权责任？①丁某：丁某葡萄种植在自家后院，垒起围墙，故丁某不属于安保义务人。围墙松动的石头致人损害，启动物件致人损害的过错推定责任，但是丁某没有过错，故不承担侵权责任。②谭某：谭某将马某挤下导致马某受害，谭某有过错、有侵权行为、且与马某受害有直接因果关系，谭某构成过错侵权。谭某父母作为监护人，应承担无过错替代侵权责任。③马某：马某作为受害人，对损害的发生有部分过错，故自负部分损失。

2. 委托监护：孩子坑爹+坑有过错的受托人

无民事行为能力人、限制民事行为能力人造成他人损害，监护人将监护职责部分或者全部委托给他人的，由监护人承担侵权责任；受托人有过错的，承担相应的责任。

例：【坑爹妈和坑托管班】 小明9周岁是小学4年级学生，因为小学放学比较早，小明父母便将小明托管在甲公司开设的课后兴趣班，每次托管2个小时。岂料在托管班中，托管班老师疏于看管，小明打了小亮导致后者住院治疗花去1万元。谁承担侵权责任？①小明父母将监护职责全部委托给了甲公司，每次为期2小时。②小明打了小亮，属于过错侵权。③小明父母作为监护人，应承担无过错替代侵权责任。④甲公司作为受托人，承担与其过错相应的责任。

（二）"富二代坑爹"：先孩子财产，再大人财产

有财产的无民事行为能力人、限制民事行为能力人造成他人损害的，从本人财产中支付赔偿费用。不足部分，由监护人赔偿。

例：【富二代坑爹】 甲的儿子乙（8岁）因遗嘱继承了祖父遗产10万元。某日，乙玩耍时将另一小朋友丙的眼睛划伤。丙的监护人要求甲承担赔偿责任2万元。后法院查明，甲已尽到监护职责。本案如何赔偿？①乙过错侵害了丙，构成过错侵权。②乙的监护人甲承担无过错替代侵权责任，但因孩子乙自己有财产10万元，足够赔偿丙监护人索赔的2万元，故本案用乙的财产赔偿就足矣。③根据民诉规则，无民事行为能力人、限制民事行为能力人造成他人损害的，无民事行为能力人、限制民事行为能力人和其监护人为共同被告。④故本案在程序法上，应该这么列当事人：原告丙，原告丙的法定诉讼代理人是其监护人。被告1乙，被告2甲。

二、用人者责任

```
          ┌─①致人损害，用人单位无过错责任
  ①用人单位责任┤            ┌─①自己受害：工伤保险
          └─②工人受害┤
                   └─②第三人侵权：可选工伤或第三人，工伤保险机构可追第三人
          ┌─①用工单位无过错责任
  ②劳务派遣致人损害┤
          └─②派遣单位过错相应责任
          ┌─①致人损害：接受劳务一方无过错责任
  ③个人劳务 ┤            ┌─①自己受害：双方过错分责
          └─②工人受害┤
                   └─②第三人侵权：可选择雇主或第三人，雇主可追第三人
```

记忆：坑老板，老板赔。害自己有工伤保险走工伤保险，没工伤保险就双方分责。有凶手则单位保险（或个人老板）和凶手赔，单位老板追凶手。

（一）单位用人者责任

1. 员工坑单位

（1）单位对外，员工不对外：用人单位的工作人员因执行工作任务造成他人损害的，由用人单位承担侵权责任。

（2）单位找有错员工算账：<u>用人单位承担侵权责任后，可以向有故意或者重大过失的工作人员追偿</u>。

> **问1**：什么是用人单位？①广义"用人单位"，自然人之外，都是单位。②具有法人资格的用人单位，机关法人（立法、行政、司法、军事机关）、事业单位法人、社会团体法人、企业法人。③不具有法人资格的用人单位，合伙企业（普通合伙企业、有限合伙等）、法人的分支机构（如分公司）、合伙律师事务所、合伙会计师事务所、个人独资企业、个体工商户等。
>
> **问2**：什么是工作人员？①既包括用人单位的正式员工，也包括临时在单位工作的员工。②如医疗"空中飞刀"，医疗机构邀请本单位以外的医务人员对患者进行诊疗，因受邀医务人员的过错造成患者损害的，由邀请医疗机构承担赔偿责任。
>
> **问3**：什么是工作任务？（1）岗位职责标准＝授权或指示范围内的活动：无论是否生产经营活动，是法律行为还是非法律行为，只要致人损害，都属于"因"执行工作任务造成损害。如代驾公司司机代驾致人损害，代驾公司负责。如酒店为客人安排代驾致人损害，酒店负责。（2）岗位职责外标准＝区分判断是否客观关联。①超出授权或指示范围的活动，但与执行任务客观关联：如快递公司快递员利用从事快递机会窃取邮件中的财物，应属于与执行工作任务具有相关性。②违反指示或命令从事的活动且与执行工作任务没有相关性：如公交售票员在公交车上掐死学生，与执行任务没有关联，应由售票员个人负责。（3）个人劳务中保姆是否属于"因劳务"致人损害，参照上述判断标准。

例1：【换人完成工作＝岗位职责】某机关法定代表人甲安排驾驶员乙开车执行公务，乙以身体不适为由拒绝。甲遂临时安排丙出车，丙在途中将行人丁撞成重伤。有关部门认定丙和丁对事故的发生承担同等责任。丁如何主张侵权责任？①机动车撞人，启动无过错责任，但受害人丁也有过错，故机动车一方负50%责任。②机动车一方是机关，不是法定代表人甲，也不是员工丙，更不是员工乙。③因为丙是在执行工作任务中致人损害，启动用人单位承担无过错替代责任，员工不对外，故丁向机关主张50%责任。④机关赔偿后，可向丙追偿。追偿多少，由法官裁量。

例2：【运货顺路回家撞人＝客观关联】甲是乙运输公司的雇员，乙派甲承担一批货物的长途运输任务。由于途经甲的老家，甲便想顺路回家看看。在回家途中，因车速过快与丙驾驶的轿车相撞，造成丙车毁人伤，交通部门认定甲负全责。丙如何主张侵权责任？①交通部门认定甲负全责是从行政责任角度作的认定，即本起事故是甲引起的。②民事侵权责任的判定，要看甲是"为谁开车"。③甲运输货物是执行工作任务，顺路回家是与执行工作任务客观外观关联，故仍应由乙运输公司对外无无过错替代侵权责任。④乙运输公司承担责任以后，可向甲追偿。追偿多少，由法院自由裁量。

> 问：东哥在哥伦比亚大学与女孩发生关系，京东公司需要负责吗？否。

> 秒杀：员工是执行工作任务吗？是岗位职责吗？是客观关联吗？是的话，由单位对外，员工永远不对外。单位内部追有错的员工。

2. 派遣员工坑2个单位。

（1）用工单位对外，员工不对外：劳务派遣期间，被派遣的工作人员因执行工作任务造成他人损害的，由接受劳务派遣的用工单位承担侵权责任。

（2）派遣单位过错相应责任：①劳务派遣单位有过错的，承担相应的责任。②民诉中怎么告？原告可以告用工单位；可以告用工单位和派遣单位；如只告派遣单位则必须追加用工单位为共同被告。（与一般保证的诉讼安排类似）

例：【派去搬家摔坏电视机】甲公司为劳务派遣单位，根据合同约定向乙公司派遣搬运工。搬运工丙脾气暴躁常与人争吵，乙公司要求甲公司更换丙或对其教育管理，甲公司不予理会。一天，乙公司安排丙为顾客丁免费搬运电视机，丙与丁发生激烈争吵故意摔坏电视机。丁如何主张侵权责任？①乙公司是用工单位，甲公司是派遣单位，丙是派遣员工。②丙搬运电视机而摔坏电视机，不是岗位职责，但是与执行任务客观关联，属于在执行工作任务致人损害。③应由用工单位乙负责，派遣单位甲公司承当与其过错相应的责任。

3. 员工坑自己

（1）员工自己坑自己：工伤保险。工伤保险属于社会保险范畴，其本质是国家对劳动者劳动权益的社会保障措施，目的是将损害负担社会化，实现对劳动者利益的充分保护和快速补偿。

（2）员工被第三人侵权：①医疗费不可兼得，故工伤保险机构可向第三侵权人追偿。②除医疗费用外，员工可以兼得工伤保险和第三人侵权赔偿。

> **原理：**为什么员工坑单位，员工不对外，由单位对外承担无过错替代侵权责任？①控制力理论：被使用者要听从用人者的指令，受用人者的管理和控制。控制方法如扣发工资、奖金甚至解雇等处分，形成威慑力。②报偿理论：用人者使用他人为自己服务，扩展了业务范围，增加了获利机会，享受了社会分工带来的好处。用人者享受利益时也应承担相应的风险。③深口袋理论：用人者责任有助于更好地保护被侵权人的合法权益。大部分情况下，用人者的赔偿能力强于被使用者。作为公司、企业来讲，其因此产生的成本完全可以通过提高产品与服务的定价、投保责任保险等措施予以分散。

（二）个人用人者责任

1. 保姆坑雇主

（1）雇主对外，保姆不对外：个人之间形成劳务关系，提供劳务一方因劳务造成他人损害的，由接受劳务一方承担侵权责任。

（2）雇主找有错保姆算账：接受劳务的一方承担侵权责任后，可以向有故意或者重大过失的提供劳务的一方追偿。

例：【误将游泳者当小偷】甲在乙承包的水库游泳，乙的雇工丙、丁误以为甲在偷鱼苗将甲打伤。甲向谁主张侵权责任？①丙丁受乙雇佣，形成个人劳务关系。②丙丁劳务显然不包括打人，但是其打人与劳务客观关联，故应由接受劳务一方乙承担无过错替代侵权责任。③乙赔偿后，可向丙丁追偿。（追偿多少，由法官裁量）

2. 保姆坑自己

（1）保姆自己坑自己：过错分责。提供劳务一方因劳务自己受到损害的，根据双方各自的过错承担相应的责任。

（2）保姆被第三人侵权：①可以选择。提供劳务期间，因第三人的行为造成提供劳务一方损害的，提供劳务的一方有权请求第三人承担侵权责任，也有权请求接受劳务的一方承担侵权责任。②雇主可追第三人。接受劳务的一方承担侵权责任后，可以向第三人追偿。

> **原理：**承揽合同中承揽人是提供劳务，保姆给雇主做家务也是提供劳务，为什么归责形态不一样？（1）单纯提供劳务型合同，如雇佣合同，当事人之间存在支配关系，如劳动内容、劳动时间、劳动地点、劳动方式等。（2）处理事务型合同，如委托、中介、行纪、仓储合同，当事人之间没有身份上的支配和从属关系。（3）完成工作成果型合同，如承揽合同，当事人之间没有身份上的支配和从属关系，承揽人可按自己的独立意志完成交付的工作任务，向定作人提供工作成果。（4）法律上处理方案：①单纯提供劳务合同汇总，"干活"是手段式债务，不是结果性债务，手段性债务如何履行，由债权人（接受劳务一方）决定时间、地点、方式。接受劳务一方对"干活"的人具有很强的控制力，符合用人者责任要求。因此，个人劳务对外致害，启动无过错责任。②处理事务型合同和完成工作成果型合同，接受劳务者都无法支配和控制"干活"人。因此，不能要求他们承担无过错替代责任。

三、被帮工人责任

①致人损害
- ①接受帮工：被帮工人对外＋帮工人故意或重大过失负连带
- ②拒绝帮工：帮工人对外

②工人受害
- ①自己坑自己
  - ①接受帮工：被帮工人负责
  - ②拒绝帮工：被帮工人受益范围内适当补偿
- ②第三人坑帮工人
  - ①第三人负责
  - ②第三人找不到或赔不起，被帮工人适当补偿

③致被帮工人损害：启动过错责任

（一）帮工害人

例：【帮代驾撞人】甲酒后不能开车，便请朋友乙帮忙代驾。乙违章驾驶撞伤了丙，交通部门认定乙负全责。丙如何主张侵权责任？①甲邀请乙帮工，乙对外致人损害，由甲负无过错侵权责任，乙有重大过失，故负连带责任。②丙可要求甲乙负连带侵权责任。如甲拒绝乙帮工，乙强行要求帮忙，则由乙对外负侵权责任。

（二）帮工害己

例1：【被帮工人害帮工人】甲搬家公司指派员工郭某为徐某搬家，郭某担心人手不够，请同乡蒙某帮忙。搬家途中，因郭某忘记拴上车厢挡板，蒙某从车上坠地受伤。蒙某向谁主张侵权责任？①甲公司郭某请蒙某来帮忙，郭某属于执行工作任务，故蒙某帮的是甲公司，甲公司是被帮工人，蒙某是帮工人。②蒙某在帮工过程中受害，该侵害来自郭某执行任务，故本质是来自被帮工人甲公司，因此，蒙某应向甲公司主张侵权责任。③徐某是定作人，无选任、指示、定作的过错，不负侵权责任。

例2：【第三人害帮工人】甲为父亲祝寿宴请亲友，请乙帮忙买酒，乙骑摩托车回村途中被货车撞成重伤，公安部门认定货车司机丙承担全部责任。经查：丙无赔偿能力。乙如何主张侵权责任？①乙是在帮工过程中遭受第三人侵权，由第三人负侵权责任。②但是第三人赔不起，则应由被帮工人甲适当补偿。

例3：【自己害自己还害外人】甲家盖房，邻居乙、丙前来帮忙。施工中，丙因失误从高处摔下受伤，乙不小心撞伤小孩丁。如何评价侵权责任？①甲邀请乙丙来帮工。②丙帮工中导致自己受害，由被帮工人甲承担无过错替代侵权责任，但是丙"失误"，故作为受害人自己有过错，应减轻甲的责任。③乙帮工中对外致人损害，由甲对外承担无过错替代侵权责任，乙有重大过失，故与甲负连带责任。丁可要求甲乙负连带侵权责任。④本案，假设甲拒绝乙丙来帮工，其他事实不变，则丙的损害，由被帮工人适当补偿。丁的损害，由帮工人乙承担侵权责任。

（三）帮工害被帮工人

例：【月嫂照顾大人＝无因管理；钟点工帮忙照看邻居孩子＝帮工】甲聘请乙负责照看小孩，丙聘请丁做家务。甲和丙为邻居，乙和丁为好友。一日，甲突生急病昏迷不醒，乙联系不上甲的亲属，急将甲送往医院，并将甲的小孩委托给丁临时照看。丁疏于照看，

致甲的小孩在玩耍中受伤。<u>甲如何代理小孩主张侵权责任？</u>①乙是甲的月嫂，负责照看小孩，但是乙却将甲送医院救治，这属于无因管理。②乙将小孩临时托付给他人照看，采取措施适当，没有过错，不负侵权责任。③丁是丙的钟点工，属于个人劳务关系，丁帮甲照看小孩，相对于丙来讲，超出工作范围，亦无客观关联，故丙不负任何责任。④丁帮忙甲照看小孩，故丁是帮工人，甲是被帮工人，丁在帮工中不慎导致被帮工人损害，应启动过错侵权责任，故由丁承担过错侵权责任。

四、产品责任

（一）生产者、销售者无过错连带侵权责任

1. 外部：受害人选择主张。因产品存在缺陷造成他人损害的，被侵权人可以向产品的生产者请求赔偿，也可以向产品的销售者请求赔偿。

2. 内部：向终局责任人追偿。产品缺陷由生产者造成的，销售者赔偿后，有权向生产者追偿。因销售者的过错使产品存在缺陷的，生产者赔偿后，有权向销售者追偿。

例：【大学生看球赛被电视炸】大学生甲在寝室复习功课，隔壁寝室的学生乙、丙到甲寝室强烈要求甲打开电视观看足球比赛，甲只好照办。由于质量问题，电视机突然爆炸，甲乙丙三人均受重伤。<u>三人遭受的损害如何主张侵权责任？</u>①电视机是产品，学校是购买者，电视机质量问题爆炸导致了电视机之外的损害，属于产品责任。②受害人不是学校，而是与商家无合同关系的甲乙丙，故甲乙丙可诉电视机商家或厂家承担不真正连带的无过错侵权责任。③甲的损害不能诉乙丙，因为乙丙无过错。乙丙不能诉甲，因为甲无过错。④甲乙丙不能诉学校，因为这不是学校过错。

> **问1**：外部连带，内部终局追偿而不是按份，这叫什么责任？不真正连带责任。
>
> **问2**：什么是产品？①加工制作的动产。②未经过加工、制作的动产，如原煤、原油和矿石，不适用产品责任。③没有用于销售的产品，不适用产品责任。如果是只供自己试验、测试用，未进入流通领域，不会对他人造成损害。④不动产责任不适用产品责任，而适用建筑物致人损害责任。⑤动物不是产品，不适用产品责任，而适用动物致人损害规则。
>
> **问3**：什么是缺陷？①产品存在危及人身、他人财产安全的不合理的危险。②无视缺陷的三种情形：未投入流通；产品投入流通时，引起损害的缺陷尚不存在；将产品投入流通时的科学技术水平尚不能发现缺陷的存在。
>
> **问4**：什么是产品缺陷责任（产品责任）？什么是产品瑕疵责任（产品质量）？两者有何差异？①购买手机，无法充电，启动产品瑕疵责任，是产品质量问题，仅可以诉商家违约。②购买手机，发生爆炸，未损及其他，虽然产品有缺陷，但没有导致产品之外的其他利益损害，故仍然属于产品瑕疵责任，是产品质量问题，仅可以诉商家违约。③购买手机，发生爆炸，损害了手机，还导致人身或其他财产损害，启动产品责任，是产品缺陷问题，导致侵权。购买人针对商家可选择诉合同或诉侵权，购买人针对厂家和商家可诉侵权。非直接购买人如借用人或二手购买人则只能诉厂家和商家侵权。

（二）运输者、仓储者不是产品责任被告

因运输者、仓储者等第三人的过错使产品存在缺陷，造成他人损害的，产品的生产者、销售者赔偿后，有权向第三人追偿。

（三）流通后发现存在产品缺陷的补救

1. 产品投入流通后发现存在缺陷的，生产者、销售者应当及时采取停止销售、警示、召回等补救措施。未及时采取补救措施或者补救措施不力造成损害扩大的，对扩大的损害也应当承担侵权责任。

2. 采取召回措施的，生产者、销售者应当负担被侵权人因此支出的必要费用。

（四）产品责任中的对恶意者启动惩罚性赔偿

<u>明知</u>产品存在缺陷仍然生产、销售，或者没有对流通后发现产品存在缺陷采取补救措施，<u>造成他人死亡或者健康严重损害</u>的，被侵权人有权请求相应的惩罚性赔偿。

例：【召回不当没造成健康严重损害】 甲系某品牌汽车制造商，发现已投入流通的某款车型刹车系统存在技术缺陷，即通过媒体和销售商发布召回该款车进行技术处理的通知。乙购买该车，看到通知后立即驱车前往丙销售公司，途中因刹车系统失灵撞上大树，造成伤害。<u>乙如何主张侵权责任？</u>①产品存在缺陷，厂家采取召回措施不当造成损害，启动产品责任。②受害人乙可诉厂家甲、商家丙承担无过错侵权责任。③受害人可诉商家丙承担违约责任。④本案未导致人死亡或健康严重损害，故不启动惩罚性赔偿。

> **秒杀：** 产品责任，告商家违约。告商家和厂家侵权。不能告物流或仓储侵权。坏人+损害人身=惩罚性赔偿。

五、机动车致人损害责任

（一）机动车责任保险与机动车致人损害

1. 什么是机动车责任保险？（1）甲车撞了行人乙导致乙死亡，交警认定甲负全责。（2）甲对此事故须承担如下责任：①行政责任：如吊销驾照。②刑事责任：如有期徒刑。③民事责任：如赔偿10万元。（3）甲可将民事责任向保险公司投保，由保险公司取代甲，向受害人承担民事赔偿责任。我们把这个险种叫"责任保险"，因为是机动车致人损害产生的民事责任，故称"机动车责任保险"。（4）责任保险的起初宗旨是转移责任风险，即为了甲的利益，既然如此，就应该由甲选择是否投保，是否转移其责任风险给保险公司。（5）但是机动车要上路行驶，会影响到不特定的人，故其产生的风险具有公共性。故法律将机动车责任保险区分为：①强制责任保险，简称"交强险"，强制甲投保。②商业第三者责任险，简称"三者险"，由甲自愿投保。③交强险的价值是保护"路人"获得赔偿，三者险的价值是转移"车方"风险。

2. 什么是交强险？（1）甲有车，必须投保交强险，才能上路。甲车撞了行人乙。（2）如甲有责，则交强险限额是12.2万元：①死亡伤残限额11万元。②医疗费用限额1万元。③财产限额2000元。（3）如甲无责，则交强险限额是1.21万元：①死亡伤残限额1.1万元。②医疗费用限额 1 千元。③财产限额 100 元。（4）如甲没投交强险就上路，甲车撞了行人乙。①如交警认定甲有责，甲必须先就交强险 12.2 万元范围内赔偿受害人乙。如果乙损失 12.2 万元，则甲全部赔偿，即使交警可能认定甲只有 30% 责任。②如交警认定甲无责，甲必须先就交强险 1.21 万元范围内赔偿受害人乙。

3. 什么是商业三者险？（1）甲有车，投保了交强险后，还另外购买了 50 万元的第三者责任险。甲车撞了行人乙导致人身损失 72 万元。交警认定甲有 70% 责任。（2）先用交强险 12 万元赔偿乙，乙还有 60 万元未获得赔偿。（3）因为甲有 70% 责任，故甲需赔偿 42 万元，该责任由保险公司通过商业三者险（上限 50 万元）全部赔偿。如此一来，本起交通事故，甲实际上不用掏钱。（4）假设交警认定甲负全责，则甲需要赔偿 60 万元，商业三者险只能赔到 50 万元，则剩余 10 万元就需要甲自己掏腰包了。（5）可见，侵权责任在有机动车责任保险制度框架下，发挥的作用是确定交强险的限额、确定商业三责险赔偿比例。

> **秒杀**：甲车撞乙致害，甲车"顶"上有蛋糕（交强险）。①先分这块蛋糕，不管责任不责任，一定要分。②不过，如果车方有责任，那么蛋糕大。③如果车方无责任，蛋糕小。④用"蛋糕"补偿受害人。⑤如果损失全部填补完毕，那么结案。⑥如果损失没有填补完毕，则启动该车之商业三者险。⑦如果商业三者险还搞不定，那么就按侵权责任法分配的双方责任解决损失问题。

（二）机动车致人损害责任

1. 车撞车：过错分责

（1）1 车全错，1 车全责。如 1 车撞了 2 车导致损害 10 万元，1 车自己损害 5 万元，则合计 1 车自负 5 万元，赔 2 车 10 万元。

（2）1 车部分错，1 车部分责。如 1 车撞了 2 车导致损害 10 万元，1 车自己损害 5 万元。假设 1 车是 30% 责任，2 车是 70% 责任。则 1 车承担 15×0.3＝4.5 万元，2 车承担 15×0.7＝10.5 万元。1 车可向 2 车要 0.5 万元，结案。

（3）1 车无错，1 车无责。如 1 车撞了 2 车导致损害 10 万元，1 车自己损害 5 万元，则 1 车可要求 2 车赔偿 5 万元。

2. 车撞车外人

（1）车方无错，则车方负无过错责任，不超过全部损失的 10%。

（2）车方有错：①车方全错，车方全赔。②车方部分错，双方分责。

（3）人故意"碰瓷"，车方免责。

3. 车撞导致本车内人损害

（1）合同责任：①有合同关系，启动无过错违约责任。②无合同关系，则不发生合同责任。

（2）侵权责任：①本车方有过错，受害人可要求本车方承担侵权责任。②本车方无过错，受害人不可要求本车方承担侵权责任。③提供好意搭乘一方导致搭乘人损害，负侵权责任，但应减轻其责任。如果提供方有故意或重大过失则不应减轻其责任。

例：【坐车内被石头砸中】小牛在从甲小学放学回家的路上，将石块扔向路上正常行驶的出租车，致使乘客张某受伤，张某经治疗后脸上仍留下一块大伤疤。出租车为乙公司所有。<u>张某向谁主张索赔？</u>①张某可诉乙公司承担违约责任，因为张某和乙公司之间有合同关系，合同责任采用无过错责任原则。②张某不可诉乙公司承担侵权责任，因为乙公司不存在过错，不负侵权责任。③张某可诉小牛监护人承担侵权责任，因为小牛实施了侵权行为，小牛监护人承担无过错替代侵权责任。④放学回家路上孩子致人损害而发生的侵权，与学校无关。

> **秒杀：** ①先走交强险。②然后，车车事故，过错责任。③车人事故，车方有10%的无过错责任。人过错，减轻车方责任。④人"碰瓷"，车方无责。

（三）谁是机动车致人损害的"车方"

1. 租赁人、借用人是车方，所有人、管理人负与过错相应的赔偿责任

（1）租借人是车方：因租赁、借用等情形机动车所有人、管理人与使用人不是同一人时，发生交通事故造成损害，后属于该机动车一方责任的，由机动车使用人承担赔偿责任。

（2）车主是过错责任：机动车所有人、管理人对损害的发生有过错的，承担相应的赔偿责任。①车有病；②用车人喝酒有病；③用车人没驾照。

2. 买方"钥匙人"是车方

（1）当事人之间已经以买卖或者其他等方式转让并交付机动车但是未办理登记，发生交通事故造成损害，后属于该机动车一方责任的，由受让人承担赔偿责任。

例：【试用买车取得交付人是车方】周某从迅达汽车贸易公司购买了1辆车，约定周某试用10天，试用期满后3天内办理登记过户手续。试用期间，周某违反交通规则将李某撞成重伤。现周某困难，无力赔偿。<u>李某有权向谁主张侵权责任？</u>①周某。②汽车基于买卖合同已经交付给了周某，故周某是车方。

（2）借用身份证购车，取得交付方是车方。

3. 挂靠人和被挂靠人是车方负连带责任

以挂靠形式从事道路运输经营活动的机动车，发生交通事故造成损害，属于该机动车一方责任的，由挂靠人和被挂靠人承担连带责任。

4. 偷开人是车方，所有人、管理人负与过错相应的赔偿责任

未经允许驾驶他人机动车，发生交通事故造成损害，属于该机动车一方责任的，由机动车使用人应当承担赔偿责任。机动车所有人或者管理人对损害的发生有过错的，承担相应的赔偿责任，但是法律另有规定的除外。

5. 非法买卖双方是车方负连带责任

以买卖或者其他方式转让拼装或者已达到报废标准的机动车，发生交通事故造成损害的，由转让人和受让人承担连带责任。

6. 盗抢人是车方

（1）盗抢人是车方：盗窃、抢劫或者抢夺的机动车发生交通事故造成损害的，由盗窃人、抢劫人或者抢夺人承担赔偿责任。

（2）盗抢人与实际用车人是车方负连带责任：盗窃人、抢劫人或者抢夺人与机动车使

用人并非同一人，发生交通事故后属于该机动车一方责任的，由盗窃人、抢劫人或者抢夺人与机动车使用人承担连带责任。

（3）保险公司在交强险限额内垫付抢救费用，有权向"车方"追偿。

7. 套牌人是车方

套牌机动车致人损害，套牌人为"车方"。如被套牌人同意套牌则套牌人和被套牌人负连带责任。

例：【同意套牌连带】指导案例 19 号"赵春明等诉烟台市福山区汽车运输公司、卫德平等机动车交通事故责任纠纷案"之裁判要点：机动车所有人或者管理人将机动车号牌出借他人套牌使用，或者明知他人套牌使用其机动车号牌不予制止，套牌机动车发生交通事故造成他人损害的，机动车所有人或者管理人应当与套牌机动车所有人或者管理人承担连带责任。

8. 提供试乘人是车方

试乘车致人损害，则提供试乘服务方负侵权责任。导致试乘人损害，提供试乘服务人负过错侵权责任。

9. 试驾人是车方

试驾致人损害，驾驶人承担责任。提供试驾服务一方有过错，承担相应责任。

10. 驾校是车方

驾校学员驾驶培训车致人损害，驾校是"车方"。

六、高度危险责任

（一）高度危险物致害：无过错责任

占有或者使用易燃、易爆、剧毒、高放射性、强腐蚀性等高度危险物造成他人损害的，占有人或者使用人应当承担侵权责任，但是能够证明损害是因受害人故意或者不可抗力造成的，不承担责任。被侵权人对损害的发生有重大过失的，可以减轻占有人或者使用人的责任。

（二）高度危险作业致害：无过错责任

从事高空、高压、地下挖掘活动或者使用高速轨道运输工具造成他人损害的，经营者应当承担侵权责任，但是能够证明损害是因受害人故意或者不可抗力造成的，不承担责任。被侵权人对损害的发生有重大过失的，可以减轻经营者的责任。

例：【放风筝被电死】12 周岁的吴某放风筝，突然风筝挂到了路边的电线杆上，于是吴某爬上电线杆欲取下风筝。电线杆上的变压器早前已被挪走，但尚有装变压器的平台和横杆没有拆除，故吴某顺利爬了上去，突然吴某被一股强劲的电流击中并从电线杆跌落，后经抢救无效死亡。吴某父母起诉某电力公司，主张该电力公司从事高度危险作业致吴某某死亡应当承担侵权损害赔偿责任。吴某父母主张能否成立？①能。②电力公司属于从事高度危险作业者，应承担无过错责任。③吴某对损害的发生有重大过失，故应减轻电力公司责任。

（三）乱丢"月光宝盒"致人损害

遗失、抛弃高度危险物造成他人损害的，由所有人承担侵权责任。所有人将高度危物交由他人管理的，由管理人承担侵权责任；所有人有过错的，与管理人承担连带责任。

（四）抢"月光宝盒"致人损害

非法占有高度危险物造成他人损害的，由非法占有人承担侵权责任。所有人、管理人不能证明对防止他人非法占有尽到高度注意义务的，与非法占有人承担连带责任。

七、建筑物倒塌责任

（一）城市楼倒倒：无过错责任

1. "楼本身倒了"：发包方和承包方负连带无过错责任

（1）发包方、承包方连带：建筑物、构筑物或者其他设施倒塌造成他人损害的，由建设单位与施工单位承担连带责任，但是建设单位与施工单位能够证明不存在质量缺陷的除外。

（2）向勘察、设计、监理人追偿：建设单位、施工单位赔偿后，有其他责任人的，有权向其他责任人追偿。

2. "楼被撞倒了"：撞的人负无过错侵权责任

因所有人、管理人、使用人或者第三人的原因，建筑物、构筑物或者其他设施倒塌造成他人损害的，由所有人、管理人、使用人或者第三人承担侵权责任。如业主不当使用，破坏承重墙导致房屋倒塌、超过合理使用期限导致倒塌；如船舶把大桥撞倒等。只能让这些直接肇事者赔，因为建筑物的危险不是来自施工、建设、设计、监理，而是来自外力原因。

（二）农村晒谷子：无过错责任

1. 行为人无过错责任

在公共道路上堆放、倾倒、遗撒妨碍通行的物品造成他人损害的，由行为人承担侵权责任。

2. 道路管理人过错推定责任

公共道路管理人不能证明已经尽到清理、防护、警示等义务的，应当承担相应的责任。

八、环境污染和生态破坏责任

（一）污染方负无过错责任

因污染环境、破坏生态造成他人损害的，侵权人应当承担侵权责任。

（二）连带污染方负连带责任

1. 主观共同故意：两个以上污染者共同实施污染行为造成损害，被侵权人有权请求污染者承担连带责任。

例：【1 故意+1 故意＝连带】甲厂和乙厂共同故意排污导致丙养殖鱼类死亡，甲乙构成故意加害行为。丙如何主张权利？丙可诉甲乙承担连带侵权责任。

2. 客观共同结果：两个以上污染者分别实施污染行为造成同一损害，每一个污染者的污染行为都足以造成全部损害，被侵权人有权请求污染者承担连带责任。

例：【1＝全部损害结果；1＝全部损害结果；1+1＝"2个"全部损害结果】 甲厂排污、乙厂也排污，彼此之间无意思沟通。但是甲厂排放的污水足以导致丙养殖鱼类死亡，乙厂排放的污水也足以导致丙养殖鱼类死亡，"鱼死了2次"。<u>丙如何主张权利?</u> 丙可诉甲乙负连带侵权责任。

3. 客观共同重合结果：两个以上污染者分别实施污染行为造成同一损害，部分污染者的污染行为足以造成全部损害，部分污染者的污染行为只造成部分损害，被侵权人有权请求足以造成全部损害的污染者与其他污染者就共同造成的损害部分承担连带责任，并对全部损害承担责任。

例：【1＝全部损害结果；1＝部分损害结果；1+1＝重合部分损害结果负连带】 甲厂排污、乙厂也排污，彼此之间无意思沟通。但是甲厂排污足以导致丙养殖鱼类全部死亡，乙厂排放污水会导致丙养殖鱼类部分死亡。<u>丙如何主张权利?</u> 就重合部分丙可诉甲乙负连带责任，就剩余部分丙要求甲负侵权责任。

（三）按份污染方负按份责任

1. 按份责任：两个以上污染者分别实施污染行为造成同一损害，每一个污染者的污染行为都不足以造成全部损害，被侵权人有权请求污染者承担按份责任。

2. 份额确定：两个以上侵权人污染环境、破坏生态的，承担责任的大小，根据污染物的种类、浓度、排放量，破坏生态的方式、范围、程度，以及行为对损害后果所起的作用等因素确定。

例：【1+1+1＝损害结果】 甲、乙、丙三家公司生产三种不同的化工产品，生产场地的排污口相邻。某年，当地大旱导致河水水位大幅下降，三家公司排放的污水混合发生化学反应，产生有毒物质致使河流下游丁养殖场的鱼类大量死亡。经查明，三家公司排放的污水均分别经过处理且符合国家排放标准。后丁养殖场向三家公司索赔。<u>如何评价本案侵权纠纷?</u> ①三家公司无过错，但要承担环境污染侵权责任。②三家公司应按照污染物的种类、排放量等因素承担责任。③损害赔偿请求权诉讼时效期间为3年。

（四）恶意污染方负惩罚性赔偿责任

侵权人故意违反国家规定污染环境、破坏生态造成严重后果的，被侵权人有权请求相应的惩罚性赔偿。

（五）第三人导致污染与污染方负不真正连带责任

因第三人的过错污染环境、破坏生态的，被侵权人可以向侵权人请求赔偿，也可以向第三人请求赔偿。侵权人赔偿后，有权向第三人追偿。

例：【偷油污染农田】 小偷甲豁开中石油埋在地下的管道偷油，导致原油泄漏污染了乙的农田。<u>乙如何主张权利?</u> 乙可诉中石油和小偷承担责任，如中石油赔偿，则可向小偷甲全额追偿，这属于"不真正连带责任"。

（六）环境污染、破坏生态纠纷的证明责任分配

1. 原告证明：（1）被告的污染行为。（2）原告的损害结果。

2. 被告证明：（1）存在免责事由。（2）被告行为与原告损害结果无因果关系。

（七）环境污染、破坏生态侵权责任承担方式

1. 停止侵害、排除妨碍、消除危险

被侵权人有权提起诉讼，请求污染者停止侵害、排除妨碍、消除危险，该请求权不适用诉讼时效。

2. 修复责任

违反国家规定造成生态环境损害，生态环境能够修复的，国家规定的机关或者法律规定的组织有权请求侵权人在合理期限内承担修复责任。侵权人在期限内未修复的，国家规定的机关或者法律规定的组织可以自行或者委托他人进行修复，所需费用由侵权人承担。该请求权不适用诉讼时效。

3. 赔偿损失

违反国家规定造成生态环境损害的，国家规定的机关或者法律规定的组织有权请求侵权人赔偿下列损失和费用：（1）生态环境修复期间服务功能丧失导致的损失；（2）生态环境功能永久性损害造成的损失；（3）生态环境损害调查、鉴定评估等费用；（4）清除污染、修复生态环境费用；（5）防止损害的发生和扩大所支出的合理费用。

九、饲养动物损害责任

（一）"违例动物"的绝对责任：仅受害人故意可免责（1免）

1. 违反管理规定，未对动物采取安全措施致人损害

违反管理规定，未对动物采取安全措施造成他人损害的，动物饲养人或者管理人应当承担侵权责任，但是能够证明损害是因被侵权人故意造成的，可以减轻责任。

2. 禁止饲养的烈性犬等危险动物致人损害

禁止饲养的烈性犬等危险动物造成他人损害的，动物饲养人或者管理人应当承担侵权责任。

例：【孩子翻墙被藏獒咬】甲8周岁的儿子翻墙进入邻居院中玩耍，被院内藏獒咬伤，<u>邻居应否承担侵权责任？</u>①应承担侵权责任。②藏獒，为烈性、危险动物，指向绝对责任，只有一个免责事由，即受害人故意。③甲8周岁的儿子没有找藏獒"碰瓷"，不构成故意。

（二）"家养动物"的无过错责任：受害人故意可免责、受害人重大过失可减责（1免1减）

饲养的动物造成他人损害的，动物饲养人或者管理人应当承担侵权责任，但是能够证明损害是因被侵权人故意或者重大过失造成的，可以不承担或者减轻责任。

例1：【小猪绊人】丁下夜班回家途经邻居家门时，未看到邻居饲养的小猪趴在路上而绊倒摔伤，<u>邻居应否承担侵权责任？</u>①应承担侵权责任。②小猪是家养动物，启动无过错侵权责任。③动物的危险来自于饲养人和管理人，因为它会"动"，一会这儿，一会那儿，管理不当使得危险暴发。可见，动物积极行为+动物消极行为，均属于侵权的不同表现形态。④丁可要求邻居承担无过错侵权责任。

例2：【牛斗牛的受害人过错】甲乙各牵一头牛于一桥头相遇。甲见状即对乙叫道："让我先过，我的牛性子暴，牵你的牛躲一躲"。乙说"不怕"，继续牵牛过桥，甲也牵牛

上桥。结果二牛在桥上打架，乙的牛跌入桥下摔死。<u>乙如何主张侵权责任?</u> ①甲牛导致乙牛死亡，属于动物致人损害侵权责任，即动物致人财产损害。②甲牛是家养牛，启动无过错侵权责任。③乙作为受害人，明知可能发生损害而没有采取措施去避免，对损害结果的发生有一定过错，应减轻甲的责任。

（三）"动物园动物"的过错推定责任：受害人故意可免责、受害人重大过失可减责、动物园尽到管理职责可免责（1 免 1 减 1 免）

动物园的动物造成他人损害的，动物园应当承担侵权责任，但是能够证明尽到管理职责的，不承担侵权责任。

例：【动物园老虎笼子破损】戊带女儿到动物园游玩时，动物园饲养的老虎从破损的虎笼蹿出将戊女儿咬伤，<u>动物园应否承担侵权责任?</u> ①应承担侵权责任。②老虎，是动物园动物，启动过错推定责任。③虎笼破损，可见动物园管理失职的过错。

（四）因第三人过错致动物致人损害：动物饲养人或管理人，与第三人负不真正连带责任

因第三人的过错致使动物造成他人损害的，被侵权人可以向动物饲养人或者管理人请求赔偿，也可以向第三人请求赔偿。动物饲养人或者管理人赔偿后，有权向第三人追偿。

例 1：【第三人挑逗狗是过错】小学生乙和丙放学途经养狗的王平家，丙故意逗狗，狗被激怒咬伤乙，<u>乙如何主张侵权责任?</u> ①家养狗，启动无过错侵权责任。②王平负无过错侵权责任。③受害人乙没有过错，不减轻加害人责任。④丙故意逗狗导致狗被激怒咬人，属于第三人过错导致动物造成他人损害，丙也需要承担侵权责任。⑤乙可要求王平或丙承担侵权责任，如王平赔偿后，可向丙追偿。

例 2：【第三人壮胆不是过错】小女孩甲（8 岁）与小男孩乙（12 岁）放学后常结伴回家。一日，甲对乙讲："听说我们回家途中的王家昨日买了一条狗，我们能否绕道回家?"乙答："不要怕！被狗咬了我负责。"后甲和乙路经王家同时被狗咬伤住院。<u>该案赔偿责任应如何承担?</u> ①家养狗，启动无过错侵权责任。②王家负无过错侵权责任。③受害人甲没有过错，不减轻加害人责任。④乙给甲壮胆，并无挑逗激怒狗的过错，不属于第三人导致动物致人损害，故乙无须承担侵权责任。

（五）流浪狗咬人，原主人或管理人赔

遗弃、逃逸的动物在遗弃、逃逸期间造成他人损害的，由动物原饲养人或者管理人承担侵权责任。

> **记忆**：由重到轻，免减责事由，1→2→3：①违规动物=绝对责任，有 1 项免责=受害人故意。②家养动物=无过错责任，有 1 项免责=受害人故意，有 1 项减责=受害人重大过失。③动物园动物=过错推定责任，有 1 项免责=受害人故意，有 1 项减责=受害人重大过失，有 1 项免责=动物园尽到管理职责。

> **秒杀**：①是家养动物吗？无过错责任。②是动物园动物吗？过错推定责任。③是违规动物吗？绝对责任。④是第三人逗狗吗？不真正连带责任。⑤是流浪狗吗？原饲养人或管理人承担责任。

第五节 公平责任

①"高空"抛物或坠物：由可能加害的建筑物使用人对受害人补偿
②见义勇为：受助人对被侵权人补偿
③帮工两种情形下的被帮工人对帮工人公平补偿：帮工人受自己或他人害
④自然原因引起紧急避险：避险人对受害人公平补偿
⑤完全民事行为能力人突发无意识："完人"对受害人公平补偿

> 原理：侵权责任编第 3 大记忆口诀：①楼上掉下来一个孩子（高空抛物），②有的人见义勇为（见义勇为），③因此帮倒忙害了自己（帮工坑自己或者被第三人坑），④有的人紧急避险（自然原因引起险情），⑤有的人当做没看见（完人无意识致害）。

一、为什么要把"根据实际情况"修改为"依照法律的规定"

（一）原来的规定："根据实际情况"

受害人和行为人对损害的发生都没有过错的，可以根据实际情况，由双方分担损失。

（二）现在的规定："依照法律的规定"

受害人和行为人对损害的发生都没有过错的，可以依照法律的规定，由双方分担损失。

例1：【电梯内劝禁烟气死人】医生在小区电梯内劝阻一吸烟老人不要吸烟，吸烟老人愤怒之下与劝阻吸烟者发生争吵，随后老人回家后心脏病发作身亡。事后，老人家属将杨欢告上法庭，要求赔偿40余万元。医生要赔吗？否。

例2：【交通肇事逃逸跳站台找死】唐山小伙朱振彪追踪交通肇事逃逸者的过程中，逃逸者逃入火车铁道被火车撞死，逃逸者家属竟然将追踪者朱振彪告上法庭，要求其赔偿各项费用60万元人民币。朱振彪要赔吗？否。

例3：【英雄救美无赖作死】一个成年男人在 KTV 酒后乱性试图性侵同行女子，在女子受伤流血之后仍不停手，最后遭众人殴打。这人还不服气非要追到二楼，怒踹房门想要找别人报复，结果门没踹开，自己被反弹回来掉楼下摔死了。然后这个男人的全家（父母妻女）将同行者们告上法院，要求打他的人赔偿经济损失130万元。英雄要赔吗？否。

例4：【盗开小黄车被撞】一个11周岁的小孩子，捅开了共享单车的密码锁，骑着车在大街上发生了交通意外身亡。然后小孩儿的父母将共享单车公司告上了法庭，索赔精神损害赔偿金以及死亡赔偿金760多万元。索赔的理由很简单，家长认为共享单车公司的车锁太容易被打开，存在安全隐患，所以才导致了孩子出现了安全事故。单车公司要赔吗？否。

例5：【公园爬树摔倒害自己】一个65周岁的老人，在公园爬树偷摘柿子，岂料树枝枯老被压断，老人摔下受伤，要求公园赔偿医疗费支出5万元。公园要赔吗？否。

（三）公平责任不能被滥用

对公共场合吸烟者，任何人都有劝阻的权利。对交通肇事逃逸者，任何人都有追踪的权利。对侵犯他人权益者，任何人都有提供援助之手的权利。盗窃他人财产导致自己受害，自甘风险。公园不得破坏公物，风险自负。法院不能因为一方死人了、一方受伤了，就觉得结果不公平，因此滥用公平责任。以上情形均无适用公平责任的依据，送给受害人2 个字："活该"。

二、高空抛物或坠物：由可能加害的建筑物使用人对受害人的补偿

（一）找到侵权人由侵权人负责（过错侵权）

从建筑物中抛掷物品或者从建筑物上坠落的物品造成他人损害的，由侵权人依法承担侵权责任。

（二）找不到侵权人由可能加害的建筑物使用人给予补偿（公平责任）

1. 经调查难以确定具体侵权人的，除能够证明自己不是侵权人的外，由可能加害的建筑物使用人给予补偿。

2. 可能加害的建筑物使用人补偿后，有权向侵权人追偿。

例：【高空抛砚台】张小飞邀请关小羽来家中做客，关小羽进入张小飞所住小区后，突然从小区的高楼内抛出一块砚台，将关小羽砸伤。如何评价砸伤关小羽的责任承担？①张小飞没有过错，不负侵权责任。②如顶层业主通过证明当日家中无人，可以免责。③如查明系从 10 层抛出，则 10 层以上业主无需承担责任。④小区物业并未违反安全保障义务，因为案件事实不存在建筑物管理人应采取必要安全措施而未采取的情形。

（三）无论是否找到侵权人，建筑物管理人应负安保义务侵权责任

建筑物管理人应当采取必要的安全保障措施防止高空抛物情形的发生；未采取必要的安全保障措施的，应当依法承担未履行安全保障义务的侵权责任。

> **原理：**楼上住户怎样才可以不用补偿？①证明自己不是侵权人即可，无需找到真凶。②因为这个规则本身天生就是会"冤枉"好人，因此给好人一个比较容易的脱责机会，即证明自己不是就可以。

三、见义勇为：受助人对被侵权人的补偿

（一）受益人可以给"英雄"适当补偿

因保护他人民事权益使自己受到损害的，由侵权人承担民事责任，受益人可以给予适当补偿。

例 1：【英雄救美反被揍】甲调戏美女乙，丙路见不平拔刀相助，甲将丙痛打继续将美女乙调戏完毕。丙因受伤支出医疗费 1 万元。如何评价本案侵权关系？①甲故意侵害丙的人身，须对丙负侵权责任。②乙作为受益人，可以给丙适当补偿。

例 2：【救小学生反被马踢伤】李某赶着马车运货，某食品店开业燃放爆竹（该地并

不禁止燃放爆竹），马受惊，带车向前狂奔，李某拉扯不住，眼看惊马向刚放学的小学生冲去，张某见状拦住惊马，但是被惊马踢伤。<u>张某可怎么主张侵权责任？</u>①马是家养动物，致人损害，启动无过错侵权责任。②张某为保护小学生权益而自己受害，故张某可要求李某承担侵权责任，同时，受益人即小学生可给予适当补偿。③食品店燃放爆竹，没有挑逗马的过错，不属于第三人过错导致动物致人损害，无须承担责任。

（二）受益人应当给"英雄"适当补偿

没有侵权人、侵权人逃逸或者无力承担民事责任，受害人请求补偿的，<u>受益人应当给予适当补偿。</u>

例：【救落水者成功而救人者死亡】甲将不慎落水的乙救起，甲自己死亡。<u>如何评价本案侵权关系？</u>甲保护他人民事权益而使自己受害，没有侵权人，故受益人乙应当给予适当补偿。

四、帮工两种情形下的被帮工人对帮工人的公平补偿

（一）被帮工人拒绝帮工，帮工人因帮工活动遭受人身损害，被帮工人不承担赔偿责任，但可以在受益范围内适当补偿。

（二）帮工人受第三人侵权，第三人不能确定或者没有赔偿能力，可以由被帮工人予以适当补偿。

> **秒杀**：反正不是由被帮工人负无过错责任情形，帮工人受害，无论是第三人害还是自己害自己，都启动公平补偿。

五、自然原因引起紧急避险由避险人对受害人公平补偿

（一）人祸=险情引起人承担民事责任。
因紧急避险造成损害的，由引起险情发生的人承担民事责任。

（二）天灾=避险人可以给予适当补偿
危险由自然原因引起的，紧急避险人不承担民事责任，<u>可以给予适当补偿。</u>

六、完人突发无意识致人损害对受害人公平补偿

（一）完人因过错突发无意识致人损害，应负过错侵权责任
完全民事行为能力人对自己的行为暂时没有意识或者失去控制造成他人损害有过错的，应当承担侵权责任。

（二）完人因明显过错突发无意识致人损害，应负过错侵权责任
完全民事行为能力人因醉酒、滥用麻醉药品或者精神药品对自己的行为暂时没有意识或者失去控制造成他人损害的，应当承担侵权责任。

（三）完人无过错而突发无意识致人损害，完人给受害人适当补偿
完全民事行为能力人对自己的行为暂时没有意识或者失去控制造成他人损害没有过错

的，根据行为人的经济状况对受害人适当补偿。

例：【突发癫痫病致人损害】李某患有癫痫病。一日李某骑车行走时突然犯病，将一在路边玩耍的 6 岁儿童撞伤，用去医疗费 200 元。如何评价本案侵权纠纷？①李某是完人，突然丧失意识致人损害。②李某对其突然丧失意识并无过错，故启动公平补偿，根据李某的经济状况对受害人儿童适当补偿。③6 岁儿童在路边玩耍，没有过错。

> 问：为什么根据行为人的经济状况对受害人适当补偿，而非根据双方的经济状况对受害人适当补偿？①因为如果根据双方经济状况对受害人适当补偿，会背离公平责任的初衷。②如我晕倒撞到王某聪，我穷就少补点；王某聪晕倒撞到我，王某聪有钱就多补点。③如果我晕倒撞到王某聪，我穷但王某聪有钱，我取折中数补偿王某聪，这显然会导致不公平结果。

第六节 建筑物和物件损害责任

谁不是个东西？产品、医疗产品、机动车、高度危险物、狗，不都是东西吗？也就是物件。因此，物件致人损害，属于兜底"大箩筐"。物件损害责任是指因为自己管领下的物件造成他人损害，应当由物件的所有人、管理人或者使用人承担侵权责任的特殊侵权责任。

一、2 个无过错责任

（一）建筑物等倒塌致人损害

1. 楼自己倒了的无过错责任

建筑物、构筑物或者其他设施倒塌造成他人损害的，由建设单位与施工单位承担连带责任，但是建设单位与施工单位能够证明不存在质量缺陷的除外。建设单位、施工单位赔偿后，有其他责任人的，有权向其他责任人追偿。

2. 楼被撞倒了的侵权责任

因所有人、管理人、使用人或者第三人的原因，建筑物、构筑物或者其他设施倒塌造成他人损害的，由所有人、管理人、使用人或者第三人承担侵权责任。

（二）公共道路遗撒物等妨碍通行的物品致人损害

1. 堵路人的无过错责任

在公共道路上堆放、倾倒、遗撒妨碍通行的物品造成他人损害的，由行为人承担侵权责任。

2. 公路管理人过错推定责任

公共道路管理人不能证明已经尽到清理、防护、警示等义务的，应当承担相应的责任。

> 记忆：城市楼倒倒；农村路堵堵。

二、5 个过错推定责任

(一) 建筑物及其搁置物、悬挂物等脱落、坠落致害责任

建筑物、构筑物或者其他设施及其搁置物、悬挂物发生脱落、坠落造成他人损害，所有人、管理人或者使用人不能证明自己没有过错的，应当承担侵权责任。所有人、管理人或者使用人赔偿后，有其他责任人的，有权向其他责任人追偿。

例：【装好的广告牌掉落】 大华商场委托飞达广告公司制作了一块宣传企业形象的广告牌，并由飞达公司负责安装在商场外墙。某日风大，广告牌被吹落砸伤过路人郑某。经查，广告牌的安装存在质量问题。如何评价本案侵权纠纷？①广告牌制作完毕，不属于承揽合同履行过程中发生的侵权，也不是施工中发生的侵权。②本案属于物件致人损害的侵权。③大华商场作为所有人应负过错推定责任。④大华商场赔偿后，可以向飞达广告公司追偿。

(二) 堆放物倒塌致害责任

堆放物倒塌、滚落或者滑落造成他人损害，堆放人不能证明自己没有过错的，应当承担侵权责任。

(三) 林木折断致害责任

因林木折断、倾倒或者果实坠落等造成他人损害，林木的所有人或者管理人不能证明自己没有过错的，应当承担侵权责任。

(四) 窨井等地下设施致害责任

窨井等地下设施造成他人损害，管理人不能证明尽到管理职责的，应当承担侵权责任。

(五) 挖坑、修缮安装地下设施致害责任

在公共场所或者道路上挖坑、修缮安装地下设施等造成他人损害，施工人不能证明已经设置明显标志和采取安全措施的，应当承担侵权责任。

例：【施工人负责】 甲开发商将工程发包给乙施工，乙施工中致人损害，谁承担侵权责任？①乙。②施工致人损害，由施工人负过错推定侵权责任，发包人并不负侵权责任。

记忆： 上往下掉；下往地下掉。"施工"、"道路未及时清扫路堵堵"的过错推定责任。

三、1 个公平责任：抛掷物或坠落物致害责任

(一) 可能加害人公平补偿

从建筑物中抛掷物品或者从建筑物上坠落的物品造成他人损害的，由侵权人依法承担侵权责任；经调查难以确定具体侵权人的，除能够证明自己不是侵权人的外，由可能加害的建筑物使用人给予补偿。可能加害的建筑物使用人补偿后，有权向侵权人追偿。

(二) 安保义务人过错责任

建筑物管理人应当采取必要的安全保障措施防止前款规定情形的发生；未采取必要的安全保障措施的，应当依法承担未履行安全保障义务的侵权责任。

第七节 多数人侵权

　　甲货车在路上高速行驶把高压线撞下来了，后乙货车路过此地再次撞到高压线致无过错行人丙受伤，问甲、乙该如何担责？按份责任。

①有意思联络数人侵权 {
①共同加害行为
②教唆帮助行为 } 连带责任
③共同危险行为

②无意思联络数人侵权 {
①每个原因力均足以导致全部损害＝连带责任（聚合因果关系）
②单个原因力不足以导致全部损害＝按份责任（累积因果关系）

一、有意思联络数人侵权：连带责任

（一）共同加害行为

　　二人以上共同实施侵权行为，造成他人损害的，应当承担连带责任。

　　例1：【2 打 1】甲乙共同殴打丙，致丙支出医疗费 500 元。如何评价甲乙行为？甲乙之间有意思联络，共同殴打丙，这属于共同加害行为，甲乙应对丙负连带责任。

　　例2：【委托他人做黑客】擅自篡改、删除、屏蔽特定网络信息或者以断开链接的方式阻止他人获取网络信息，发布该信息的网络用户或者网络服务提供者请求侵权人承担侵权责任的，人民法院应予支持。接受他人委托实施该行为的，委托人与受托人承担连带责任。

　　例：【网民与网站分工合作侵犯他人知识产权】有证据证明网络服务提供者与他人以分工合作等方式共同提供作品、表演、录音录像制品，构成共同侵权行为的，人民法院应当判令其承担连带责任。

（二）教唆帮助行为

　　1. 教唆帮助的连带责任：教唆、帮助他人实施侵权行为的，应当与其承担连带责任。

　　例1：【糊弄"打小偷"】赵某在公共汽车上因不慎踩到售票员而与之发生口角，售票员在赵某下车之后指着他大喊："打小偷！"赵某因此被数名行人扑倒在地致伤。如何评价本案侵权纠纷？①售票员与赵某发生口角，指使他人殴打乘客，不属于执行工作任务，应由售票员对外承担过错侵权责任。②售票员与数名行人属于教唆与被教唆关系，应对赵某负连带侵权责任。③售票员和数名行人内部责任份额上，分配责任时应考虑行为人的主观状态。售票员属于故意，且其动机为恶意报复，应当承担主要的赔偿责任；行人属于过失，且其动机为见义勇为，应当承担次要责任。

　　例2：【教唆帮助他人利用网络侵犯人身权】雇佣、组织、教唆或者帮助他人发布、转发网络信息侵害他人人身权益，被侵权人请求行为人承担连带责任的，人民法院应予支持。

　　例3：【网站教唆网民侵犯他人信息网络传播权】网络服务提供者以言语、推介技术支持、奖励积分等方式诱导、鼓励网络用户实施侵害信息网络传播权行为的＝教唆侵权行为。

例 4：【网站帮助网民侵犯他人信息网络传播权】 网络服务提供者明知或者应知网络用户利用网络服务侵害信息网络传播权，未采取删除、屏蔽、断开链接等必要措施，或者提供技术支持等帮助行为的 = 帮助侵权行为。

2. 教唆帮助无限人

（1）教唆人帮助人承担侵权责任：教唆、帮助无民事行为能力人、限制民事行为能力人实施侵权行为的，应当承担侵权责任。

（2）无限人的监护人承担相应责任：该无民事行为能力人、限制民事行为能力人的监护人未尽到监护职责的，应当承担相应的责任。

（三）共同危险行为

二人以上实施危及他人人身、财产安全的行为，其中一人或者数人的行为造成他人损害，能够确定具体侵权人的，由侵权人承担责任；不能确定具体侵权人的，行为人承担连带责任。

例：【楼上扔酒瓶】 甲乙丙均未成年人，各拿一酒瓶从 3 楼往下扔，以比试谁扔得远，岂料 2 个酒瓶掉地上，1 个击中 2 岁的丁致其死亡。无法查明砸中丁的酒瓶是谁扔的，丁的监护人如何主张侵权责任？①甲乙丙明知其行为可能导致危险，而放任危险的发生，彼此之间有意思联络，构成共同危险的侵权行为。②如果能够确定砸中丁的酒瓶是谁扔的，则由其承担侵权责任。③如果不能确定是谁砸中丁，则由甲乙丙负连带责任。甲乙丙内部各 1/3 责任。

问 1： 如何区分共同加害行为和共同危险行为？①共同加害行为 = 积极追求损害发生：甲乙丙在楼上扔啤酒瓶，向丁砸去，结果甲的酒瓶砸中了丁，甲乙丙构成共同加害行为，负连带责任。②共同危险行为 = 消极放任危险发生：甲乙丙在楼上扔啤酒瓶，看谁扔得最远，岂料丁恰巧经过被砸中，甲乙丙构成共同危险行为，负连带责任。

问 2： 共同危险行为中行为人的脱责理由是什么？必须找到具体侵权人，才能脱责。

问 3： 高空抛物中楼上业主的脱责理由是什么？只要证明自己不是侵权人，就可以脱责。

二、无意思联络数人侵权

（一）每个原因力均足以导致全部损害 = 连带责任（聚合因果关系 = 等价因果关系）

二人以上分别实施侵权行为造成同一损害，每个人的侵权行为都足以造成全部损害的，行为人承担连带责任。

例：【可以让人死 2 次】 甲、乙"不约而同"投放剂量均足以导致人死亡的毒药于丙早餐，丙因此死亡。如何评价甲乙的侵权责任？①甲要置丙于死地、乙也要置丙于死地。

②甲乙之间无意思联络，不属于共同加害行为。③甲乙之间属于无意思联络数人侵权。④甲的原因力可以导致全部损害，乙的原因力也可以导致全部损害，故甲乙应负连带侵权责任。

（二）单个原因力不足以导致全部损害＝按份责任（累积因果关系＝部分因果关系）

二人以上分别实施侵权行为造成同一损害，能够确定责任大小的，各自承担相应的责任；难以确定责任大小的，平均承担赔偿责任。

例1：【羊1和羊2啃中药】甲、乙、丙三家毗邻而居，甲、乙分别饲养山羊各一只。某日二羊走脱，将丙辛苦栽培的珍稀药材悉数啃光。如何评价甲、乙的责任？①山羊属于家养动物，启动无过错责任。②甲羊致人损害，乙羊致人损害，甲乙之间无意思联络，且任何一只羊都不足以导致全部损害，故甲乙应负按份责任。③如果不能确定二羊各自啃食的数量，则甲乙平均承担相应赔偿责任。

例2：【车1和摩托车2致人损害】甲晚10点30分酒后驾车回家，车速每小时80公里，该路段限速60公里。为躲避乙逆向行驶的摩托车，将行人丙撞伤，丙因住院治疗花去10万元。如何评价本案侵权责任？甲或乙的行为单独均不会导致全部损害的发生，甲乙之间无意思联络，故甲乙对丙承担按份责任。

例3：【狗1咬狗2导致人跌入施工坑中】甲饲养的一只狗在乙公司施工的道路上追咬丙饲养的一只狗，行人丁避让中失足掉入施工形成的坑里，受伤严重。乙公司不能证明其采取了安全措施。如何评价本案侵权责任？①狗是家养动物，启动无过错侵权责任。②甲狗和丙狗追咬，导致丁避让跌入坑里，甲和丙无意思联络，任何一个单一的原因力都不足以导致全部损害，故甲丙负按份责任。③乙公司施工致人损害，启动过错推定责任，乙公司对本案损害发生也有原因力。④甲丙乙三方无意思联络，且单一原因力均无法导致全部损害，故甲、丙、乙公司对丁承担按份责任。

> **秒杀：**①原因力1或原因力2可以独当一面，则负连带责任。②原因力1+原因力2才能导致全部损失，则按份责任，无法确定份额，则对半开。

三、连带责任中受害人可以随便放弃吗

（一）原告放弃被告1，只向被告2主张责任

（二）法院释明，被告2只承担他自己的那部分

例：【不能随便放弃连带责任人】甲乙共同加害丙，导致丙500元损害，丙明确放弃对乙的索赔，要求甲承担500元损害赔偿责任。丙的主张能否成立？①丙的主张不能成立。②赔偿权利人在诉讼中放弃对部分共同侵权人的诉讼请求的，其他共同侵权人对被放弃诉讼请求的被告应当承担的赔偿份额不承担连带责任。③责任范围难以确定的，推定各共同侵权人承担同等责任。④法院应当将放弃诉讼请求的法律后果告知赔偿权利人，并将放弃诉讼请求的情况在法律文书中叙明。

> **秒杀：**连带责任中放弃一个责任人，剩余责任人只承担自己的。

> 　　**步骤：**①一起帮助教唆加害，连带责任。②多个危险行为，能确定具体谁，才可免责。③原因力合计才侵权，按份责任。④原因力单独即侵权，连带责任。⑤连带中免掉1个，剩余人只承担自己的。

第八节　侵权责任的承担

一、非损害赔偿

侵权行为危及他人人身、财产安全的，被侵权人有权请求侵权人承担停止侵害、排除妨碍、消除危险等侵权责任。

二、损害赔偿

（一）人身损害

1. 常规赔偿项目

侵害他人造成人身损害的，应当赔偿医疗费、护理费、交通费、营养费等为治疗和康复支出的合理费用，以及因误工减少的收入。

2. 残疾赔偿项目

造成残疾的，还应当赔偿辅助器具费和残疾赔偿金。

3. 死亡赔偿项目

（1）死亡赔偿项目：造成死亡的，还应当赔偿丧葬费和死亡赔偿金。

（2）同命同价：因同一侵权行为造成多人死亡的，可以以相同数额确定死亡赔偿金。

（3）原告1：被侵权人死亡的，其近亲属有权请求侵权人承担侵权责任。

（4）原告2：被侵权人死亡的，支付被侵权人医疗费、丧葬费等合理费用的人有权请求侵权人赔偿费用，但是侵权人已支付该费用的除外。

（二）人身权益造成财产损失

1. 受害人损失或侵权人得益：侵害他人人身权益造成财产损失的，按照被侵权人因此受到的损失或者侵权人因此获得的利益赔偿。

2. 搞不定则法院定：被侵权人因此受到的损失以及侵权人因此获得的利益难以确定，被侵权人和侵权人就赔偿数额协商不一致，向人民法院提起诉讼的，由人民法院根据实际情况确定赔偿数额。

（三）精神损害赔偿

1. 自然人人身权益受害：侵害自然人人身权益造成严重精神损害的，被侵权人有权请求精神损害赔偿。

2. 自然人人格物受害：因故意或者重大过失侵害自然人具有人身意义的特定物造成严重精神损害的，被侵权人有权请求精神损害赔偿。

（四）财产损害赔偿

侵害他人财产的，财产损失按照损失发生时的<u>市场价格</u>或者<u>其他合理方式</u>计算。

例：【试戴手镯不慎摔坏】姚某旅游途中，前往某玉石市场参观，在唐某经营的摊位上拿起一只翡翠手镯，经唐某同意后试戴，并问价。唐某报价18万元（实际进货价8万元，市价9万元），姚某感觉价格太高，急忙取下，不慎将手镯摔断。<u>姚某的赔偿责任范围是多少？</u>①9万元。②姚某不慎摔断手镯，须负过错侵权责任。③财产损失按照损害发生时的市场价格计算。

例：【不慎摔坏假"古董"】王某以5万元从甲商店购得标注为明代制品的瓷瓶一件，放置于家中客厅。李某好奇把玩，不慎将瓷瓶摔坏。经鉴定，瓷瓶为赝品，市场价值为100元，甲商店系知假卖假。<u>王某可提出何种索赔主张？</u>①王某可向甲商店提出惩罚性赔偿。经营者提供商品或者服务有欺诈行为的，应当按照消费者的要求增加赔偿其受到的损失，增加赔偿的金额为消费者购买商品的价款或者接受服务的费用的三倍。故王某可请求甲商店增加赔偿15万元。②李某不慎导致瓷瓶摔坏，负过错侵权责任，赔偿范围为损失发生时市场价格，即100元。

三、免责事由

（一）不可抗力

1. 因不可抗力不能履行民事义务的，不承担民事责任。法律另有规定的，依照其规定。

2. 不可抗力是指不能预见、不能避免且不能克服的客观情况。

（二）正当防卫

1. 因正当防卫造成损害的，不承担民事责任。

2. 正当防卫超过必要的限度，造成不应有的损害的，正当防卫人应当承担适当的民事责任。

（三）紧急避险

1. 因紧急避险造成损害的，由引起险情发生的人承担民事责任。

2. 危险由自然原因引起的，紧急避险人不承担民事责任，可以给予适当补偿。

3. 紧急避险采取措施不当或者超过必要的限度，造成不应有的损害的，紧急避险人应当承担适当的民事责任。

（四）见义勇为

1. 因保护他人民事权益使自己受到损害的，由侵权人承担民事责任，受益人可以给予适当补偿。

2. 没有侵权人、侵权人逃逸或者无力承担民事责任，受害人请求补偿的，受益人应当给予适当补偿。

（五）紧急救助

因自愿实施紧急救助行为造成受助人损害的，救助人不承担民事责任。

（六）自甘风险

1. 自愿参加具有一定风险的文体活动，因其他参加者的行为受到损害的，受害人不得请求其他参加者承担侵权责任，但是其他参加者对损害的发生有故意或者重大过失的除外。

2. 活动组织者的责任适用安保义务责任规则。

（七）自助行为

1. 合法权益受到侵害，情况紧迫且不能及时获得国家机关保护，不立即采取措施将使其权益受到难以弥补的损害的，受害人可以在必要范围内采取扣留侵权人的财物等合理措施，但是应当立即请求有关国家机关处理。

2. 受害人采取的措施不当造成他人损害的，应当承担侵权责任。

（八）受害人故意

损害是因受害人故意造成的，行为人不承担责任。

2.0升级版《民法宝典》读后感

——用勇气去改变你可以改变的事

承蒙方老师邀约，有幸提前阅读完 2020 年全新升级版的《民法宝典》并为此撰写读后感。历经 2 个月的阅读，最大的感受是《民法宝典》是一本备考法考客观主观题最好用且最全面的书。

任何书籍和考试都要讲究体系和逻辑。对于备考法考和初步接触法律的小白来讲，首先要选择一本通俗易懂且对考试有益的书。而 2020 年的《民法宝典》全面升级，使用最通俗的语言，通过"十万个为什么"的思路撰写，不仅让法律小白看得懂，更让考过的同学吃得透。

在内容方面，《民法宝典》紧跟即将颁布的《民法典》，增加了保理合同、物业服务合同、合伙合同，无一疏漏。书中考点全面，重点突出，对每一个重要的知识点都会有相应的"秒杀"总结。如多物一债之银行的选择，秒杀口诀是"自物优先，全部乱来"，不仅解决了多物一债中债权人选择"讨债"的复杂难题，还让读者过目不忘，经得起时间的遗忘。法考的考题设置通常都是逐字推敲的，考生不可遗漏每个题眼，这往往打乱考生的做题思路，书中会有相应的做题套路和做题步骤，无论是合同编中的违约责任还是继承编中的遗嘱考点套路和步骤等，均可在宝典中查阅得到。

在难度方面，《民法宝典》每一篇章每一节都会介绍法律的相关基本概念，从考题的设问到做题套路的总结，由易到难，逐渐提到民法的最高水准，适合不同法律层次的读者学习。不仅如此，面对较深较难记忆的考点，书中还有相应的"技术流"和脑洞大开的记忆口诀，不仅帮助读者消化知识点，还真正做到帮读者减轻记忆的负担，如侵权责任编的过错推定口诀、无过错责任口诀等。

《民法宝典》不仅内容全面，书中的逻辑和法律思维体系让我颇为惊喜。美国大法官本杰明·N·卡多佐曾经在法学院的毕业典礼上说过："你们所获得的，不仅仅是一些纯粹与原则、规则和先例有关的东西，你们学到的有更为重要的，就是以法律方式思考问题的能力"。书中分为民法总则、物权、合同等编章，将债权编和合同编融为一体，合同编中，又围绕着合同来展开。以合同为中心，从合同的订立、合同的生效、合同的履行、合同的保全、合同的解除再到合同解除的后果，尽突显民法的逻辑美和体系美。而法考主观题恰恰是以合同为核心进行考核的，学习该书，不仅收获了法考知识，更是打开了民法法律思维的大门，而这不正是我们考生所需要的吗？

目前法考市面上的各种法考教材良莠不齐，选择一本好的教材无异于手握利器，而《民法宝典》就是法考最好的武器。任何一本书，读者拿到之后第一要做的是阅读前言、目录和后记，对书的内容进行整体把握和作者的写作目的。如果你是法律小白，翻开书看到了我的此番感言，首先你要做的是静下心来好好通读一遍宝典，把握民法的整体体系。每一本好书背后都有一位好的作者，其次你要做一枚听话的小白，持着《民法宝典》乖乖的跟着方志平老师的课，紧跟老师的步伐。如果你是二战主观题的考生，差几分不过有时候并不是运气的问题，可能是你的法律思维学不到位，那么请调整好自己的心态，一切清零，重新学习2020年的《民法宝典》，跟着方志平学习民法法律思维，争取2020年拿回属于你的东西。

最后，与法考路上不断奋斗的你共勉一句话：要用勇气改变可以改变的事，用胸怀接受不能改变的事，并用智慧分辨两者的不同。法考是你可以改变的选择，请拿着《民法宝典》的利剑跟随方志平老师大胆勇敢的去改变吧！

李雅灵，笔名飞扬
（现于暨南大学法学院在读法律硕士）
2019 年 12 月 1 日于广州

法考面授无忧班

名师授课主客一体
通关法考无忧上岸

课程价格

无忧A班：49800 限招8人

意外不过重读同等班次

无忧B班：63800 限招5人

客观题不过全退，主观题不过重读或退60%

无忧班课程优势

定制规划
报名即签订保障协议，法考通关有保障

名师授课
根据考生个人学习情况制定全程法考通关规划

学长带学
全程大咖名师授课，跟名师学习效率高

通关保障
高分学长全程带学，并提供1V1答疑服务

客观题名师私塾直播班

大咖名师传授技巧　　手把手教你过法考

课程优势

精英师资

8位业内大咖名师，亲自给学生制定学习计划、教授学习方法

体系完整

既有基础，又有提高，既能全面学习，又能重点突破

时间便利

网络直播，随时回看，时间自由，在职脱产两相宜

QQ群答疑

哪里都能找到名师的课，但是这里可以找到名师的人

名师私塾班课程设置

班次名称	课时	课程资料	课程价格
方志平民法私塾直播班	60		1280
方鹏刑法私塾直播班	60		1280
白斌理论法私塾直播班	60		1280
汪华亮商经法私塾直播班	50	名师私房内部讲义	888
陈龙刑诉私塾直播班	65		888
黄文涛行政法私塾直播班	50		888
蔡辉民诉私塾直播班	60		888
李亮三国法私塾直播班	40		688
全套价格			6980

添加客服
领取课程规划

扫码领取
学习包课程

具体课时以实际课程安排为准